Kohlhammer

Praktische Theologie heute

Herausgegeben von
Stefan Altmeyer
Christian Bauer
Kristian Fechtner
Albert Gerhards
Thomas Klie
Helga Kohler-Spiegel
Isabelle Noth
Ulrike Wagner-Rau

Band 163

Andreas Stahl

Traumasensible Seelsorge

Grundlinien für die Arbeit
mit Gewaltbetroffenen

Verlag W. Kohlhammer

Dieses Werk einschließlich aller seiner Teile ist urheberrechtlich geschützt. Jede Verwendung außerhalb der engen Grenzen des Urheberrechts ist ohne Zustimmung des Verlags unzulässig und strafbar. Das gilt insbesondere für Vervielfältigungen, Übersetzungen, Mikroverfilmungen und für die Einspeicherung und Verarbeitung in elektronischen Systemen.

1. Auflage 2019

Alle Rechte vorbehalten
© W. Kohlhammer GmbH, Stuttgart
Gesamtherstellung: W. Kohlhammer GmbH, Heßbrühlstr. 69, 70565 Stuttgart
produktsicherheit@kohlhammer.de

Print:
ISBN 978-3-17-037456-0

E-Book-Format:
pdf: ISBN 978-3-17-037457-7

Für den Inhalt abgedruckter oder verlinkter Websites ist ausschließlich der jeweilige Betreiber verantwortlich. Die W. Kohlhammer GmbH hat keinen Einfluss auf die verknüpften Seiten und übernimmt hierfür keinerlei Haftung.

Meinen Eltern

Winfried und Annette Stahl

Inhaltsverzeichnis

Vorwort	13
A. Einleitung	15
1. Hinführung zum Thema	15
1.1 Stimmen von Betroffenen	15
1.2 Problem- und Aufgabenstellung	16
1.3 Standortbestimmung	17
2. Seelsorge	18
2.1 Verwundung, Verwundet-Sein und Heilung	20
2.2 Seelsorge und Traumatherapie	24
2.3 Religiosität und Spiritualität	26
3. Forschungsstand	28
4. Aufbau und Methodik der Arbeit	37
B. Gewalt im sozialen Nahraum	41
1. Vorbemerkungen	41
1.1 Gewalt	41
1.2 Gewalt im sozialen Nahraum	46
1.3 Opfer, Überlebende, Betroffene	48
2. Historische Perspektiven	49
2.1 Was macht ein „soziales Problem" aus?	49
2.2 Historische Skizze: Frauen- und Kinderschutzbewegung	51
2.3 Gewalt im sozialen Nahraum als Thema der Kirche	55
3. Erklärungsansätze	58
4. Phänomenologie und Prävalenz	59
4.1 Methodische Probleme	59
4.2 Gewalt gegen Frauen	62
4.3 Gewalt gegen Männer	66
4.4 Gewalt gegen alte Menschen	68

4.5 Gewalt gegen Kinder	69
4.5.1 Sexueller Kindesmissbrauch	70
4.6 Gewalt gegen Menschen mit Behinderung	72
5. Fazit	73

C. Trauma — 75

1. Annäherung	75
1.1 Bedeutungsfacetten	75
1.2 Geschichte der Psychotraumatologie anhand wichtiger Stationen	77
1.3 Trauma als Ereignis in aktuellen Definitionen	88
2. Der Mensch im Trauma	91
2.1 Gehirn und Körper	92
2.2 Gedächtnis	96
2.3 Beziehungen und Bindungen	99
2.4 Emotionen	100
3. Traumafolgen	103
3.1 Die Posttraumatische Belastungsstörung	103
3.1.1 Intrusion	104
3.1.2 Vermeidung	105
3.1.3 Negative Veränderung von Kognitionen und Stimmung	106
3.1.4 Veränderung von Reaktivität und Erregungsniveau	107
3.1.5 Dissoziation	108
3.2 Die komplexe Posttraumatische Belastungsstörung	110
3.3 Weitere Traumafolgen und Komorbiditäten	112
4. Wann wirkt Gewalt im sozialen Nahraum traumatisierend?	116
4.1 Prätraumatische Faktoren	117
4.2 Peritraumatische Faktoren	120
4.2.1 Objektive Ereignisfaktoren	120
4.2.2 Subjektive Ereignisfaktoren	123
4.3 Posttraumatische Faktoren	124
5. Die Verletzlichkeit von Kindern	127
6. Von Trauma zu Trauma	130
7. Die Integration von Traumata	133
7.1 Sicherheit und Stabilisierung	135

7.2 Traumaexposition: Erinnern und Trauern	138
7.3 Wiederanknüpfung	140
8. Fazit	142

D. Die religiöse Dimension von Traumata ... 143

1. Einleitende Problematisierung	143
2. Methodische Reflexion	146
3. Quantitative Studien	150
3.1 Zusammenhänge zwischen Traumata und Religiosität	150
3.1.1 Zunahme, Abnahme oder Transformation von Religiosität	151
3.1.2 Transformationen	154
3.1.3 Faktoren	159
3.1.4 Tabellarische Aufstellung der Studien aus 3.1	161
3.2 Zusammenhänge zwischen Religiosität und Traumata	165
3.2.1 Selbstbild und Gesundheit	165
3.2.2 Religious Coping und Gesundheit	171
3.2.3 Tabellarische Aufstellung der Studien aus 3.2	175
3.3 Diskussion und Fazit	179
4. Qualitative Studien	181
4.1 Grundzüge qualitativer Forschung	181
4.2 Qualitative Forschung im Detail	189
4.3 Tabellarische Aufstellung der Studien aus 4.1 und 4.2	201
4.4 Fazit	203

E. Perspektiven für eine traumasensible Theologie ... 205

1. Problematik überlieferter Traditionsbestände	211
1.1 Biblische Gewalttexte und ihre Auslegungsgeschichte	211
1.2 Gewalt gegen Kinder	213
1.3 Elterngebot	217
1.4 Abwertung von Frauen	219
1.5 ‚Idolisierung' von Ehe und Familie	222
1.6 Defizitäre Sexualmoral	224
2. Zentrale Topoi einer traumasensiblen Theologie	228
2.1 Sünde	228

2.2 Schuld, Schuldgefühle und Scham 235
2.3 Vergebung 240
2.4 Leiden 246
2.5 Theodizee 250
2.6 Gottesbilder 255
2.7 Kreuz, Auferstehung, Karsamstag 259

F. Grundlinien einer traumasensiblen Seelsorge 265

1. Traumasensible Seelsorgende 271
1.1 Traumasensible Einzelpersonen 271
1.1.1 Selbstverständnis und Eignung 271
1.1.2 Qualifizierung und Theoriebezüge 273
1.1.3 Vernetzung und Grenzen 277
1.1.4 Selbstsorge statt sekundärer Traumatisierung 281
1.2 Traumasensible Beziehungsgestaltung 284
1.2.1 Vertrauen 284
1.2.2 Personenzentrierung 287
1.2.3 Beziehungsmodell multidimensionaler Präsenz 290
1.2.3.1 Hoffnung 291
1.2.3.2 Information 292
1.2.3.3 Empathie 292
1.2.3.4 Respekt 293

2. Traumasensible Kirche 297
2.1 Verantwortung der Kirche nach innen 297
2.1.1 Missbrauch in der Kirche 297
2.1.2 Befähigte Mitarbeitende 303
2.2 Verantwortung der Kirche nach außen 305
2.3 Traumasensible Gemeinde 307
2.3.1 Ein informierter und sicherer Ort 307
2.3.2 Ein Raum für Initiativen 310
2.3.3 Eine heilsame Gemeinschaft 311

3. Traumasensible christliche Spiritualität 315
3.1 Grundlagen 315
3.1.1 Die Kompetenz der Betroffenen 315
3.1.2 Einsatz für Gerechtigkeit 316
3.1.3 Unterstützende Beziehungen 319
3.1.4 Ausdrucksformen für Unsagbares 319

3.1.5 Die Bedeutung des Körpers	324
3.1.6 Die Kraft der Rituale	326
3.1.7 Die Texte der Bibel	331
3.2 Applikationen	334
3.2.1 Raum für Trauer, Zweifel und Klage	334
3.2.2 Raum für Zorn	339
3.2.3 Die Kraft der Natur	342
3.2.4 Orte der Heimat und des Friedens	345
3.2.5 Der Blick auf die Freude	347
3.2.6 Identität	350
3.2.7 Die Suche nach Sinn	353

G. Abschließende/Anschließende Gedanken ... 359

1. Zusammenfassung und zentrale Erkenntnisse ... 359
2. Impulse für die Weiterarbeit ... 363
3. Abschließendes Gedicht ... 365

H. Literaturverzeichnis ... 367

Vorwort

Es freut mich, dass Sie dieses Buch in die Hand genommen haben. Was auch immer Sie dazu bewogen hat und welchen eigenen Bezug Sie zu dem Thema haben: ich wünsche Ihnen, dass sie aus der Lektüre einige Impulse für Ihren eigenen menschlichen und theologischen Weg mitnehmen.

Es handelt sich bei diesem Buch um eine Doktorarbeit, die unter dem Titel „Traumasensible Seelsorge: Grundlinien für die Arbeit mit Betroffenen von Gewalt im sozialen Nahraum" an der Evangelisch-Theologischen Fakultät der WWU Münster angenommen wurde. Das Gelingen des Dissertationsvorhabens verdanke ich einer Vielzahl von Menschen.

Zuerst sei mein Betreuer Prof. Dr. Traugott Roser genannt. Die große Zuverlässigkeit zusammen mit der richtigen Mixtur aus Freiheit und korrigierender Unterstützung im Betreuungsprozess, trug wesentlich zum Gelingen dieses Vorhabens bei. Für den fachlichen und persönlichen Austausch samt konstruktiver Rückmeldungen danke ich Erika Kerstner und Dr. Barbara Haslbeck von der inzwischen gemeinsamen Initiative Gottes-Suche.de. Der Studienstiftung des deutschen Volkes verdanke ich das großzügige Promotionsstipendium, das mir Foren für inspirierenden Austausch mit anderen Promovierenden und materielle Freiheiten ermöglichte. Für die fachliche Rückmeldung zum Thema Traumata danke ich Prof. Dr. Luise Reddemann. Für die Zeit des Forschungsaufenthaltes in Chicago danke ich Dr. Kathleen D. Billman für die großzügige Betreuung und der LSTC für die Gastfreundschaft. Ebenso waren für mich die Gespräche mit Dr. Marie Fortune, Dr. Lisa Dahill und Dr. Carrie Doehring sehr hilfreich. Kerstin Hedlund und Shinhae Oh verdanke ich neben Fachgesprächen auch ein Stück Heimat in den USA. Prof. Dr. Isabelle Noth und dem Forschungskolloquium in Bern danke ich für einen fruchtbaren fachlichen Austausch. Ein besonderer Dank gilt Tobias Stäbler, der mit einer mich bannenden Präzision das Manuskript auf Fehler durchleuchtete. Für die Unterstützung beim Korrekturlesen danke ich weiterhin besonders Dr. Rebecca Scherf und Dr. David Scherf. In diesem Bereich unterstützen mich weiterhin – teils auch inhaltlich: Hanna Kuestner, Sebastian Mattes, Martin Neumann und Rebecca Fuder. Florian Specker vom Kohlhammer Verlag verdanke ich eine sehr kompetente Projektbetreuung. Frére Richard und der Communauté de Taizé danke ich für die Räume seelischen Auftankens bei der Arbeit an diesem bisweilen sehr schweren Thema.

Für die Bezuschussung der Druckkosten danke ich der Evangelisch-Lutherischen Kirche in Bayern und der VELKD.

Abschließend möchte ich meiner Liebsten Judith danken, die mich nicht nur durch zahlreiche Gespräche und präzises Korrekturlesen fachlich unterstützt, sondern auch zwischenmenschlich liebevoll durch diese Zeit getragen hat.

A. Einleitung

1. *Hinführung zum Thema*

1.1 Stimmen von Betroffenen

„Angst ist ein Gefühl, das alles andere übertrifft, denn alles ist diesem Gefühl unterworfen. Ich war vor Angst wie gelähmt und nur die Entschlossenheit, meine Kinder zu beschützen, setzte etwas Energie in mir frei, um mich dieser völligen Auflösung meines Ichs schließlich zu entziehen. Viel zu lange hatte ich Degradierungen und Demütigungen akzeptiert. Ich dachte ständig an die Worte des Hochzeitsgottesdienstes: ‚In guten und schlechten Zeiten, in Gesundheit und Krankheit.' Ich erlebte diese schlechten Zeiten und ich war Teil der Krankheit, und irgendwie schien alles mein Fehler zu sein. Wenn unser Ehegelöbnis von Gott gesegnet worden wäre, wäre mir doch sicher geholfen worden? Mir war nie der Gedanke gekommen, daß in einer christlichen Ehe Mißbrauch herrschen könnte. Ich war eine Versagerin. Und diese Überzeugung steigerte natürlich meine Isolation noch. Wenn man beginnt, sich sein Leben zurückzuholen, fühlt man sich verraten – von Gott, von der Kirche, von der Kommune. Es ist, als habe man dir etwas besonders Romantisches verkauft, und wenn du es aufmachst, ist es widerlich und faulig. Früher erwartete ich, daß die Kirche Antworten auf alle meine Fragen haben würde. Aber jetzt denke ich, daß ich Antworten auf viele der Fragen habe, die die Kirche stellen sollte."[1] (Anna)

„Mein Vater hat sie öfters geschlagen und auch an den Haaren gezogen ... und ich hab immer geweint, weil mir das auch wehtat ... und da hat er immer zu ihr gesagt, du Hure, und so, du schläfst mit anderen und dabei hat es gar nicht gestimmt. Ich hab immer gesagt, hört auf, aber ich hab nichts getan, weil ich hatte Angst, ich weiß nicht, ich hatte sehr viel Angst. Ich hatte da keine Kraft, oder ich war dann eigentlich nicht ich selber, sondern da war ich irgendwie ganz verändert, immer wenn sie gestritten haben. Weil da hatte ich keine Kraft, oder hatte ich alles vergessen, also ich wusste nicht, was ich tue, ... ich spürte mich fast nicht mehr ... Es ist viel schrecklicher als ich es hier erzähle ... das war halt schrecklich irgendwie, wie er meine Mama gehaut hat ... und da lag sie einmal am Boden halt, am Bauch halt, und er hat sie dann an den Haaren gezogen und das tat ihr am meisten weh, ich kann mich nur an das erinnern. Ich war auf dem Bett halt und habe da geweint, die [Mama] hat eigentlich immer geschrien ... ich wollte ihr, glaub ich, schon helfen, aber ich konnte das nicht. [...]
Mir ging es ganz anders als sonst. Mein Bauch hatte ständig andere Gefühle. Mir kamen die Tränen von selbst heraus, sie kamen einfach von selbst. [...]
Die Schläge, die meine Mutter bekam, spürte ich in meinem Bauch von einem hin und her Zerren ... das machte mich traurig und [ich] bekam Angst ... Mein Bauch hatte

---

[1] MACDONALD, Lesley (1998): *Jetzt schweigen die Frauen nicht mehr: Die Antwort der Kirche auf männliche Gewalt gegen Frauen*, in: Reformierte Kirchenzeitung, 139, H. 2, 65.

Angst, manchmal hatte er um meine Mama Angst, manchmal sogar hatte ich um meinen Vater Angst. Dass er nicht weiß, was er tut [...].
... also ich fühle mich zu schwach, weil immer wenn ich daran denke, habe ich immer angefangen zu weinen, dann war alles wieder da, die Angst im Bauch und so ... und ich hatte halt in der Schule auch Angst, hab ich dann wieder alles falsch gemacht oder ich hab immer so gezittert oder so was halt ... und am Abend da konnte ich nie schlafen, da hatte ich immer Albträume, ... von anderen Männern, die Kinder stehlen ... oder schlagen, ... und von Gespenstern ... das kam eh immer vom Vater."[2] (Amela)

1.2 Problem- und Aufgabenstellung

Anna und Amela entstammen nicht der gleichen Familie, teilen aber das Schicksal, Opfer von Gewalt im sozialen Nahraum geworden zu sein. Amela könnte Seelsorgenden an verschiedenen Orten und zu verschiedenen Zeiten begegnen: Vielleicht als Schülerin im Religionsunterricht, wo sie sich verhaltensauffällig zeigt; vielleicht etwas später als Konfirmandin, die sich mit dem Gottesprädikat „Vater" schwer tut; oder vielleicht bei der Taufe ihres eigenen Kindes, wenn sie bei Gedanken an dessen zukünftiges Leben von Ängsten geplagt wird. Schließlich begegnet sie uns vielleicht auf dem Sterbebett, wo sie ein drückendes Geheimnis teilen will. Anna könnte in einem Gottesdienst in der letzten Reihe sitzen, um noch einmal zu fragen, ob Geschichten wie die ihre in der Kirche einen Platz haben. Vielleicht hat sie aber auch mit dem christlichen Glauben gebrochen, nachdem sie sich von ihrer Gemeinde nicht unterstützt, sondern verraten fühlte. Vielleicht hat sie mit Gott aber noch nicht abgeschlossen und fühlt neben Sehnsucht nach seiner heilsamen Gegenwart auch Zorn, Leere und Enttäuschung. Amela und Anna erlebten auf direkte oder indirekte Weise Gewalt im sozialen Nahraum und wurden dadurch traumatisiert. Sie sind damit kein Einzelfall, sondern stehen für eine verbreitete, aber häufig verdrängte gesellschaftliche Realität. Verschiedene Studien machen deutlich, dass es sich dabei um kein Problem spezifischer Milieus oder Gruppen handelt. Betroffene gehören unterschiedlichsten Weltanschauungen, Altersklassen oder sozialen Schichten an. Auch eine christliche Religionszugehörigkeit schützt nicht davor, Opfer (ebenso wenig wie TäterIn) zu sein. Vielmehr legen die Daten nahe, dass sich z.B. in jeder größeren kirchlichen Veranstaltung sehr wahrscheinlich Betroffene finden.[3] Seelsorgende verhalten sich je schon zu dieser Realität. Sie tun dies, auch wenn

---

[2] STRASSER, Philomena (2013): „In meinem Bauch zitterte alles." Traumatisierung von Kindern durch Gewalt gegen die Mutter, in: Handbuch Kinder und häusliche Gewalt, hrsg. von KAVEMANN, Barbara; KREYSSIG, Ulrike, 3. Aufl., Springer: Wiesbaden, 48ff. So erlebte die zwölfjährige Amela die Gewalt ihres Vaters gegen ihre Mutter. Die Interviewsequenz ist der qualitativen Studie „Kinder legen Zeugnis ab" mit Kindern und Müttern aus Frauenhäusern entnommen. Sprachfehler wurden nicht korrigiert, um die Schilderung in ihrem Eigenrecht bestehen zu lassen.

[3] Siehe dazu die Angaben in Kapitel B.

sie nicht um diese Realität wissen. Sie tun dies auch, wenn sie zwar um diese wissen, aber sie dennoch lieber verdrängen. Oder sie tun dies, indem sie sich für diese Realität sensibilisieren lassen und nach einem angemessenen Umgang damit fragen. Wo auch immer sich Seelsorgende in dem damit aufgemachten Spektrum verorten, sie haben nicht die Wahl, ob sie mit der Realität von Traumata infolge von Gewalt im sozialen Nahraum umgehen. Sie haben nur die Wahl, auf welche Weise sie dies tun.

Mit der Problem- ist auch die Aufgabenstellung dieser Arbeit umrissen. Ziel dieser seelsorgetheoretischen Dissertation ist es, das Phänomen von Traumata infolge von Gewalt im sozialen Nahraum möglichst klar wahrzunehmen, damit einhergehende theologische Themen zu reflektieren und fußend darauf, Grundlinien einer traumasensiblen Seelsorge zu entwickeln. Also eben einer solchen Seelsorge, die an der Realität Betroffener nicht vorbeigeht, sondern stehen bleibt, sich sensibilisieren lässt und fragt, was die Betroffenen stärken kann.

1.3   Standortbestimmung

Jede geisteswissenschaftliche Reflexion ist durch ihren Kontext und die persönliche Beziehung der Forschenden zum Forschungsgegenstand geprägt. Es ist von daher redlich, den eigenen Standpunkt samt der ihm zugrundeliegenden sozialen Zusammenhänge und Strukturen den Lesenden zu Beginn einer wissenschaftlichen Arbeit offen zu legen: Ich bin nicht selbst Betroffener und auch bisher von Gewalterfahrungen weitestgehend verschont geblieben. Dazu kommen die Privilegien materieller Absicherung, eines bildungsnahen Familienhintergrundes und als Mann die Zugehörigkeit zu einer Gruppe, die von schweren Formen von Gewalt im sozialen Nahraum deutlich seltener betroffen ist.[4] Mein Interesse an dem Thema ist dennoch ein persönliches. In meinem näheren Bekanntenkreis erlebte ich immer wieder Betroffene. Während eines Auslandssemesters in Hong Kong fand ich im Rahmen eines Seminars zum ersten Mal die Theorie, die mir plausibilisierte, was ich in Begegnungen erlebte. Hinzu kam ein theologischer Perspektivwechsel durch die Besuche einer indonesischen christlichen Gemeinde aus vorwiegend weiblichen Hausangestellten. Die Weltwahrnehmung aus Sicht dieses anderen sozialen Ortes veränderte meinen Standort. Meine Examensarbeit wollte ich zum Thema der häuslichen Gewalt schreiben, der weiterführende Verweis auf die Traumatheorie kam dabei vom damaligen Betreuer. Am Ende der Examensarbeit stand ich am Anfang dieser Dissertation.

---

[4]   Einige der genannten Privilegien werden in der deutschsprachigen Theologie bisweilen vorausgesetzt, ohne ihre möglicherweise signifikante Bedeutung für die akademische Reflexion zu thematisieren.

Sie verdankt einem Forschungsaufenthalt in Chicago wichtige Impulse. Das Thema dieser Arbeit gewann für mich durch verschiedene Begegnungen weiterhin auch an persönlicher Relevanz. Je nach Blickwinkel und Fragestellung sind also sowohl Nähe als auch Distanz in hoffentlich konstruktiver Mischung zu den hiesigen Forschungsfragen gegeben.

2. *Seelsorge*

Für eine seelsorgetheoretische Arbeit ist elementar, zu Beginn das zugrundeliegende Verständnis zentraler Begriffe – zumal den der Seelsorge selbst – transparent zu machen. Ein solches bezieht sich meistens auf bisher schon vorhandene Konzeptionen. Das ist an dieser Stelle aber nur bedingt sinnvoll: Die obige Problem- und Aufgabenstellung engt den Fokus auf einen bestimmten Fragenkreis ein. Ziel der Arbeit ist die Entwicklung von Grundlinien traumasensibler Seelsorge für Betroffene von Gewalt im sozialen Nahraum. Dafür bedarf es der Darstellung und Einbeziehung verschiedener Theoriehintergründe, vor denen solche Grundlinien erst entwickelt werden können. Dies impliziert zweierlei:

- Erstens ist die Beschäftigung mit Traumata in der Poimenik zumindest im deutschsprachigen Raum noch ein junges und relativ wenig beachtetes Forschungsfeld. Entsprechend sind psychotraumatologische Inhalte in deren Theoriebildung noch wenig eingegangen.[5] Die aus ihr hervorgegangenen Seelsorgekonzeptionen sind als Grundlage einer traumasensiblen Seelsorge deswegen nur bedingt geeignet, auch wenn sich Anknüpfungspunkte finden lassen.
- Wie sich traumasensible Seelsorge gestalten kann, wird erst im Voranschreiten der Arbeit nach und nach klar werden können. Dies liegt ein Stück weit im Thema selbst begründet: Traumata erschüttern, verletzen und überfordern Menschen auf verschiedenen Ebenen. Sie durchbrechen hermeneutische Horizonte, verdrehen diese oder entleeren sie ihrer Bedeutung. Traumasensibilität ist deswegen nicht etwas, das sich von vornherein konstituieren kann. Sie muss sich im Nachdenken über diese und ähnliche Dynamiken erst entwickeln.

Es wird an dieser Stelle ein weit gefasstes Verständnis von Seelsorge allgemein dargelegt, das einige Aspekte umfasst, die auch für traumasensible Seelsorge wichtig sind. Traumasensible Seelsorge selbst meint aber etwas Spezielleres, als

---

[5] Dies hat bspw. Maike Schult an verschiedenen Stellen ihrer Arbeit gezeigt: SCHULT, Maike (in Vorbereitung): *Ein Hauch von Ordnung: Traumaerzählung und seelsorgerliche Arbeit* (Habilitationsschrift im Fach Praktische Theologie, unveröffentlichtes Manuskript; angekündigt für 2019), Evangelische Verlagsanstalt: Leipzig, 140–147.

A. Einleitung

sich zu Beginn der Arbeit durch eine Definition darstellen ließe. Als grundlegendes Verständnis von Seelsorge allgemein soll folgende Bestimmung dienen: *Seelsorge ist eine Dimension diakonischen Handelns, die aus dem christlichen Glauben heraus Lebensgestaltung und -bewältigung unterstützen will.*[6] Alle drei Teile dieser Bestimmung transportieren wichtige Bedeutungsgehalte.

– Zunächst ist Seelsorge, wie sie hier verstanden wird, eine Dimension *diakonischen* Handelns. Dies heißt, dass sie der Diakonie, und nicht der Verkündigung zugeordnet ist.[7] Ihr letztes Ziel ist nicht die inhaltliche Weitergabe des christlichen Glaubens, sondern dessen praktische Umsetzung durch die Unterstützung von Menschen, die in Not geraten sind. Seelsorge richtet sich an Menschen unabhängig von ihren weltanschaulichen Voraussetzungen und respektiert diese, ohne sie christlich-theologisch umprägen zu wollen. Seelsorge gelangt an ihr Ziel, wenn die Not von Menschen gelindert wird, nicht wenn diese ein größeres Maß an Zustimmung zu christlichen Glaubensaussagen finden. Sie will helfen, keine Konversion initiieren. Sie ist dabei aber nur *eine* Dimension diakonischen Handelns. Das heißt, dass sie sich als nur eine unter mehreren möglichen und eventuell nötigen Formen helfenden Handelns versteht. Dies ist besonders in Bezug auf eine so umfangreiche und komplizierte Thematik wie den Umgang mit Traumata infolge von Gewalt im sozialen Nahraum relevant. Seelsorgende verstehen sich im besten Fall als Teil eines multiprofessionellen Unterstützungskreises mit je unterschiedlichen Aufgaben, Expertisen und Handlungsmöglichkeiten. Betroffene von Traumata können dann am besten unterstützt werden, wenn unterschiedliche helfende Berufe im Bewusstsein eigener Möglichkeiten und eigener Grenzen zusammenarbeiten. Seelsorge ist nur eine dieser Professionen. Sie ist aber nicht auf das Pfarramt oder andere hauptamtlich Seelsorgende beschränkt, sondern wird im Protestantismus „als Auftrag aller Christinnen und Christen beschrieben" und „darf nicht ausschließlich mit Bezug auf das Pfarramt konzipiert werden"[8]. Entsprechend sollen in dieser Arbeit auch Perspektiven entwickelt werden, die über die Aufgabe von hauptberuflichen Seelsorgenden hinausreichen.

– Dies wirft auch die Frage nach dem Proprium von Seelsorge auf. Als dieses kann ihre Bezogenheit auf den christlichen Glauben verstanden werden.

---

[6] Hier klingt leicht das Seelsorgeverständnis von Uta Pohl-Patalong an: „Seelsorge ist christliche Unterstützung der Lebensgestaltung." POHL-PATALONG, Uta (2007): *Seelsorge*, in: *Handbuch Praktische Theologie*, hrsg. von GRÄB, Wilhelm; WEYEL, Birgit, Gütersloher Verlagshaus: Gütersloh, 676.

[7] Diesem Gedanken liegt an dieser Stelle die Gesamtkonzeption Praktischer Theologie zugrunde, wie sie sich bei Dietrich Rössler findet. Seelsorge ist hier Teil der Diakonie, und nicht der Predigt oder des Unterrichts. RÖSSLER, Dietrich (1994): *Grundriß der Praktischen Theologie*, 2. Aufl., De Gruyter: Berlin [u.a.], 158–226.

[8] KLESSMANN, Michael (2015): *Seelsorge: Begleitung, Begegnung, Lebensdeutung im Horizont des christlichen Glaubens: Ein Lehrbuch*, 5. Aufl., Neukirchener Verlag: Neukirchen-Vluyn, 5.

Seelsorge geschieht aus dem christlichen Glauben heraus und ist in dessen institutionellen, gedanklichen und existentiellen Bezügen verortet. Damit besitzt sie eine besondere Offenheit gegenüber Fragestellungen aus dem Bereich von Religiosität und Spiritualität. In dieser Bezogenheit und dieser besonderen Offenheit liegt ihr spezifischer Beitrag.
– Schließlich will Seelsorge Lebensgestaltung und Lebensbewältigung unterstützen. Vor allem Menschen, die Schweres erleben – und Traumata gehören zu dem Schwersten, was Menschen durchleiden können –, sollen in der Seelsorge dabei unterstützt werden, ihr Leben zu bewältigen und zu gestalten.[9]

Alle drei Teile der genannten Bestimmung von Seelsorge bringen auch Fragen mit sich, die besonders im Horizont des Umgangs mit Traumata geklärt werden müssen:
– Wie später gezeigt werden wird, bedeutet ‚Trauma' wörtlich so viel wie ‚Wunde' oder ‚Verwundung'. Wenn Seelsorge die Lebensgestaltung und Lebensbewältigung von traumatisierten Menschen unterstützen will, muss sie klären, welcher Form der Bewältigung einer solchen Verwundung im Leben der Betroffenen sie dienen will. Sie muss also klären, welches Verständnis von Verarbeitung, Integration bzw. Heilung ihr zugrundeliegt.
– Da Seelsorge sich als Teil eines Teams helfender Berufe versteht, ist die Verhältnisbestimmung zu anderen Berufsgruppen elementar. Dies gilt vor allem für das Verhältnis zur psychotherapeutischen Traumatherapie, der in der Bearbeitung von Traumata eine besondere Bedeutung zukommt.
– Wenn das Proprium von Seelsorge die Bezogenheit auf den christlichen Glauben ist, und sie damit eine besondere Offenheit gegenüber Fragen aus dem Bereich von Religiosität und Spiritualität besitzt, ist genauer zu klären, was mit den Begriffen Religiosität und Spiritualität beschrieben werden soll, und wie sie sich zueinander verhalten.

2.1   Verwundung, Verwundet-Sein und Heilung

William S. Sax hat in einem Vortrag über die heilsame Kraft von Ritualen eine auch für diesen Zusammenhang weiterführende Differenzierung getroffen. Im Rückgriff auf einen Text von Arthur Kleinmann und Lilias H. Sung[10] nimmt er die

---

[9] So auch der Titel des Buches von LAMMER, Kerstin; BORCK, Sebastian u.a. (Hrsg.) (2015): *Menschen stärken: Seelsorge in der evangelischen Kirche*, Gütersloher Verlagshaus: Gütersloh.
[10] Artur Kleinmann unterscheidet dabei die beiden Begriffe disease und illness: „Let us call disease any primary malfunctioning in biological and psychological processes. And let us call illness the secondary psychosocial and cultural responses to disease. e.g. how the patient, his family and social network react to his disease." KLEINMANN, Arthur; SUNG, Lilias

A. Einleitung

medizinethnologische Unterscheidung zwischen „Krankheit" und „Krank-sein" (im Folgenden: „Krank-Sein") vor.[11] Krankheit bezieht sich dabei auf die im engeren Sinne biologische oder psychische Dimension des Leidens, also z.B. die Stoffwechselstörung im Gehirn oder den Virus und die durch ihn hervorgerufenen Symptome. Krank-Sein dagegen bezeichnet stärker die existentielle Verfasstheit, in die der Mensch durch seine Krankheit geraten kann, und bezieht psychosoziale und kulturelle Faktoren mit ein. Krankheit lässt sich stärker objektiv bestimmen, Krank-Sein ist ein subjektives Empfinden. Krank-Sein meint also weniger den medizinischen Befund an sich, sondern bezeichnet dessen Auswirkungen auf die verschiedenen Beziehungen, in denen sich der Mensch vorfindet.[12] Theologisch gesprochen kann dieser durch die Krankheit aus der Beziehung zu sich selbst, seinen Mitmenschen und transzendenten Größen herausgerissen werden bzw. in diesen Beziehungen in einen leidvollkrisenhaften Zustand geraten. Er erlebt sich dann in einem Zustand des Krank-Seins.

In Anlehnung daran soll an dieser Stelle eine ähnliche Differenzierung zwischen „Verwundung" und „Verwundet-Sein" getroffen werden. Verwundung meint dabei das Trauma an sich, das psychisch tief erschütternde Ereignis, das in einer quälenden Zeitlosigkeit bis in die Gegenwart reicht. Verwundet-Sein bezeichnet die existentielle Verfasstheit, in die ein Mensch durch eine solche Verwundung geraten kann. Seine Beziehung zu sich selbst, der Welt, seinen Mitmenschen und transzendenten Größen kann durch die Verwundung tief gestört werden. Das Existenzerleben ist dann auf der subjektiven Erfahrungsebene durch das Verwundet-Sein geprägt.

Nun hat eine solche Schematisierung in jedem Fall auch Grenzen. Im Falle psychischer Leiden verläuft die Trennlinie zwischen Krankheit und Krank-Sein bzw. zwischen Verwundung und Verwundet-Sein nicht so scharf, wie das bei körperlichen Gebrechen der Fall ist. Die Bezüge zueinander sind enger. Bei einem Trauma sind Verwundung und Verwundet-Sein nicht voneinander zu trennen. Dennoch sollte die heuristische Kraft einer solchen Differenzierung deutlich werden. Verwundung bezeichnet das Ereignis an sich, samt seinen unmittelbaren medizinisch-relevanten Auswirkungen. Das Verwundet-Sein ist demgegenüber das weitere Konzept, reicht in verschiedene Bereiche der menschlichen Existenz hinein und betont die Beziehungsdimension des Lebens.

H. (1979): *Why Do Indigenous Practitioners Successfully Heal?*, in: *Social Science and Medicine*, 13B, 8.

[11] SAX, William S. (2008): *Heilen Rituale?*, in: *Die neue Kraft der Rituale*, hrsg. von ALTHOFF, Gerd; MICHAELS, Axel, 2. Aufl., Winter: Heidelberg, 231.

[12] Vgl. KLEINMANN; SUNG (1979): *Why Do Indigenous Practitioners Successfully Heal?*, 8.

Seelsorge will Lebensgestaltung und -bewältigung unterstützen und muss deswegen klären, welches Verständnis von Heilung ihr zugrundeliegt.[13] Dabei ist es wichtig, vorneweg zu sagen, dass Traumata nicht in dem Sinne geheilt werden können, dass sie zum Verschwinden zu bringen sind, oder aus dem menschlichen Körper und Gedächtnis vollständig gelöscht werden könnten. Dies wird an verschiedenen Stellen der Arbeit noch deutlich werden. Dabei ist bedeutend, dass den Betroffenen die Langsamkeit oder das Ausbleiben der Heilung nicht vorgeworfen wird. Denn der Weg der Traumabewältigung kann auch für das Umfeld sehr belastend sein. Dennoch können Traumata bearbeitet und überwunden werden, selbst wenn dies manchmal nur bruchstückhaft der Fall ist. Dabei gibt es unterschiedliche Verständnisse und Konzeptionen, die jeweils beschreiben wollen, wann eine solche Heilung bzw. Integration[14] erreicht ist.[15] Für diese seelsorgetheoretische Arbeit soll das Folgende leitend sein: *Heilung bzw. Integration hat sich je stärker dann eingestellt, je stärker das Verwundet-Sein als primäres Existenzerleben zurücktritt. Dies ist besonders dann der Fall, wenn sich der Mensch in seinen Beziehungsgefügen zu Selbst, Welt und Gott als gestärkt erlebt.* An diesem Heilungsverständnis sind verschiedene Aspekte wichtig:

- Heilung wird als ein Weg bzw. ein Kontinuum verstanden. Sie ist kein Zustand, den man absolut erreichen kann. Sie ist vielmehr eine Größe, an die nur eine schrittweise Annäherung möglich ist. Häufig ist es nicht möglich, die Verwundung völlig zu integrieren, z.B. wenn zu verschiedenen Zeiten im Leben immer wieder posttraumatische Belastungssymptome auftreten. Doch auch wenn die Verwundung weiterbesteht, kann das Verwundet-Sein eingehegt werden. Die Verwundung ist dann zwar noch spürbar, aber Betroffene von Traumata erleben, dass das Verwundet-Sein nur noch ein Aspekt ihres Lebens ist, und nicht dessen fatale Grundierung. Heilung des Verwundet-Seins ist also auch ein Stück weit möglich, obwohl die Verwundung nach wie vor leidvoll spürbar ist.
- Seelsorge wendet sich dem Verwundet-Sein zu. Dessen Verarbeitung und bessere Integration kann auf die Verwundung positiv zurückwirken.[16] Eine

---

[13] Zu dieser Thematik nach wie vor lesenswert ist die Arbeit von: REUTER, Wolfgang (2004): *Heilsame Seelsorge: Ein psychoanalytisch orientierter Ansatz von Seelsorge mit psychisch Kranken*, Lit-Verlag: Münster.

[14] Die Begriffe der Heilung und der Integration werden in dieser Arbeit synonym verwendet. Die semantische Spannung, die dadurch erzeugt wird, ist beabsichtigt. Sie weist darauf hin, dass Traumata eingehegt und ihrer destruktiven Kraft weitestgehend beraubt, aber nicht zum Verschwinden gebracht werden können.

[15] Kristina Augst befragt bspw. unterschiedliche Therapiekonzepte auf das ihnen jeweils zugrundeliegende Heilungsverständnis. Es zeigen sich dort signifikante Unterschiede: Vgl. AUGST, Kristina (2012): *Auf dem Weg zu einer traumagerechten Theologie: Religiöse Aspekte in der Traumatherapie - Elemente heilsamer religiöser Praxis*, Kohlhammer: Stuttgart, 69–73.99–100.123–125.

[16] Siehe dazu die Überlegungen zum sogenannten „meaning effect" bei: SAX (2008): *Heilen Rituale?*, 229f.

A. Einleitung

solche Auswirkung von Seelsorge ist erfreulich, ist aber ein Nebeneffekt, und nicht das eigentliche Ziel von Seelsorge. Ein solcher kann sich einstellen, muss es aber nicht.
— Die Art der Beschreibung und die Betonung der Wichtigkeit der Beziehungsdimension des menschlichen Lebens beruht auf einem bestimmten anthropologischen Vorverständnis. Seelsorge ist auf den christlichen Glauben bezogen und speist sich entsprechend aus dessen Menschenbild. Dieses sieht den Menschen in einem Beziehungsgefüge zu Selbst, Welt und Gott. Es wird im Laufe der Arbeit zu klären sein, wie es zu verstehen ist, dass sich ein Mensch in diesen Relationen als gestärkt erlebt.[17]
— Weiterhin ist es für eine theologische Arbeit wichtig, die Beziehung zwischen Heil und Heilung zu klären. Unter der Voraussetzung des hier dargestellten Verständnisses von Heilung wäre eine Erfahrung von Heil eine solche, in der sich ein Mensch in seiner Gottesbeziehung als auf eine Weise gestärkt erlebt, dass er ihrer besonders unmittelbar innewird. Eine Erfahrung von Heil kann also Ausdruck von Heilung sein, ebenso wie das umgekehrt der Fall ist. Eine Erfahrung von Heil ist aber auch möglich, wenn Heilung in einem umfassenderen Sinne in Beziehung zu Selbst und Welt noch weit entfernt ist.
— Heilung bezieht sich in diesem seelsorgetheoretischen Verständnis auf die Integration bzw. Verarbeitung des Verwundet-Seins, nicht der Verwundung an sich. Da im Falle von Traumata Verwundung und Verwundet-Sein eng zusammenhängen, weist dies auf die Grenzen von Seelsorge hin. Sie ist nur eine von mehreren Formen helfenden Handelns und eben nicht diejenige, welcher bei der Bearbeitung der Verwundung die größte Kompetenz zukommt. Professionen, die sich dezidiert der Integration der Verwundung widmen, liegt deswegen ein anderes Heilungsverständnis zugrunde, das stärker auf diese Verarbeitung zielt. Seelsorge, welche mit dem Anspruch auftritt, Heilung für die traumatische Verletzung zu ermöglichen, verwechselt sich selbst mit Therapie und wird den Betroffenen mehr Schaden als Nutzen bringen.

---

[17] Diese und damit verbundene Fragen werden in Teil F näher thematisiert. Dies ist besonders wichtig, weil z.B. zu klären ist, was es zu bedeuten hat, wenn ein Mensch, der sich dezidiert als areligiös versteht, in Respekt vor dieser weltanschaulichen Grundentscheidung in seinem Bezug zu Gott gestärkt werden soll.

2.2 Seelsorge und Traumatherapie

Mit diesem letztgenannten Punkt ist eine für diese Arbeit sehr wichtige Fragestellung angesprochen: Wie sind Seelsorge und Traumatherapie voneinander abzugrenzen? Hierbei geht es um die Verhältnisbestimmung von traumasensibler Seelsorge und Traumatherapie.[18] Diese Frage ist kompliziert, weil die Traumatherapie ein ausgesprochen vielfältiges und sich stark entwickelndes Arbeitsfeld darstellt. Die Abgrenzung zwischen Seelsorge und Traumatherapie ist anders, je nachdem ob diese z.B. kognitive Verhaltenstherapie, Körpertherapie, psychodynamische Verfahren, EMDR oder Gruppentherapie näher bezeichnet. Auch ist die Frage wichtig, zu welchem Stadium einer Therapie samt entsprechender Methoden die Bezugnahme erfolgt. Die Frage der Bestimmung von Überschneidungen und Trennlinien zwischen Traumatherapie und Seelsorge zieht sich also durch diese Arbeit und wird sich an verschiedenen Stellen immer wieder neu stellen.

Eine wichtige Grundunterscheidung soll dabei schon an dieser Stelle getroffen werden. Vor dem Hintergrund der Differenzierung zwischen Verwundung und Verwundet-Sein ist zu sagen, dass das Proprium von Traumatherapie die Behandlung der Verwundung ist. Traumatherapie setzt sich potentiell – auf der dem jeweiligen Therapiemodell entsprechenden Behandlungsstufe – mit dem traumatischen Ereignis direkt auseinander. Dieser Schritt, der fachsprachlich mit „Traumaexposition" bezeichnet wird, kann je nach Therapieschule unterschiedlich erfolgen, ist aber immer Sache professioneller Therapie, und nicht Aufgabenfeld der Seelsorge.[19] Traumatherapie hat damit eine Dimension, die stärker in die Vergangenheit zurückreicht und deren Aufarbeitung dienen will.

Dagegen richtet sich die Thematisierung des Verwundet-Seins weniger auf die Vergangenheit, sondern viel stärker auf die Gegenwart. Es geht um das menschliche Erleben im Hier und Jetzt. Bei der Thematisierung des Verwundet-Seins überschneiden sich Seelsorge und Traumatherapie, wobei die gemeinsamen Bereiche je nach Therapiekonzept unterschiedlich zu definieren sind. Auch spielt der Schweregrad der Traumafolgen von Betroffenen eine wichtige Rolle bei der Grenzziehung zwischen Zuständigkeitsbereichen. Jedoch ist insgesamt zu sagen, dass Seelsorgende und TherapeutInnen unabhängig von möglichen weltanschaulichen Differenzen Partner und Verbündete in ihrem helfenden

---

[18] Eine Bestimmung zwischen Seelsorge und Therapie insgesamt muss sehr viel umfänglicher erfolgen und verschiedene Seelsorgekonzepte zu verschiedenen Therapiekonzepten in ein Verhältnis setzen.

[19] Die Traumaexposition wird in Kapitel C unter 7.2 Traumaintegration: Erinnern und Trauern näher thematisiert. Grundsätzliche Informationen finden sich bei: MAERCKER, Andreas (2013): *Systematik und Wirksamkeit der Therapiemethoden*, in: *Posttraumatische Belastungsstörungen*, hrsg. von MAERCKER, Andreas, 4. Aufl., Springer: Berlin [u.a.], 153.

A. Einleitung

Handeln für Betroffene und keine Konkurrenten sind. Beiden liegt an der Stärkung der Betroffenen. Beide wollen unterstützen, ein Leben in Freiheit zu ermöglichen. Damit die Zusammenarbeit in Respekt und bestmöglichem Bewusstsein für eigene Potentiale und Limitationen erfolgt, ist es aber nicht nur wichtig, die spezifischen Möglichkeiten von Therapie gegenüber Seelsorge herauszuarbeiten, sondern dies auch umgekehrt zu tun.

Seelsorgende bringen Voraussetzungen mit, die sie in vielen Fällen von therapeutischen Fachkräften unterscheiden. Einige davon sind an dieser Stelle zu nennen:

- Sehr häufig ist die Kontaktaufnahme zu Seelsorgenden niedrigschwellig. Da Seelsorgende in verschiedenen Teilen des gesellschaftlichen Lebens präsent sind, kann die Kontaktaufnahme erst einmal geschützt oder unter einem Vorwand erfolgen. Da Seelsorgende z.B. durch Gottesdienste häufig in der Öffentlichkeit stehen, können Betroffene diese erst einige Zeit beobachten, bevor sie sich entschließen, Kontakt aufzunehmen.
- Seelsorge ist zumindest im deutschsprachigen Raum in den großen Amtskirchen unentgeltlich. Sie kann deswegen auch besonders einfach von Menschen mit begrenzten finanziellen Ressourcen in Anspruch genommen werden.
- Seelsorgende stehen nicht nur für sich, sondern sind immer auch auf die Kirche bezogen. Es sind somit nicht nur die Ressourcen Einzelner, sondern auch einer ganzen Gemeinschaft verfügbar, zumal, wenn Seelsorgende selbst in diese eingebunden sind. Auch die Möglichkeiten, Menschen in Gruppen und Initiativen einzubeziehen – sofern diese dies wünschen –, sind vielfältig. Seelsorge erfolgt auf diese Weise nicht nur durch Einzelpersonen, sondern durch die Gemeinde und Kirche als Ganze.
- Sofern das Existenzgefühl des Verletzt-Seins sich auch auf den Bereich von Religiosität und Spiritualität erstreckt, und hier nach Verarbeitungsmöglichkeiten zu suchen ist, bringen Seelsorgende wichtige Qualifikationen mit. Diese sind inhaltlich in den meisten Fällen durch eine lange wissenschaftlich-theologische Ausbildung erworben. Wenn Seelsorgende in ihrer religiösen Gemeinschaft ein Amt innehaben, erhöht dies ebenfalls die Handlungsmöglichkeiten.[20] Um näher beschreiben zu können, inwiefern Kompetenz von Seelsorgenden im Umgang mit Religiosität und Spiritualität besteht, sind diese Begriffe genauer zu klären.

---

[20] Bspw. in Bezug darauf, ein religiöses Ritual durchzuführen oder Traditionsbestände auszulegen.

2.3 Religiosität und Spiritualität

Da die Begriffe der Religiosität und Spiritualität sich durch diese Arbeit ziehen, sind sie für sich und in ihrem Verhältnis zueinander genauer zu bestimmen. Dies ist ein komplexes Unterfangen, da beide Begriffe inzwischen eine kaum zu überblickende Diskurskarriere unterschiedlicher akademischer Disziplinen in sich tragen. Entsprechend findet sich eine enorme Zahl verschiedenster Definitionen, Verstehensweisen und methodischer Zugriffe auf die damit bezeichneten Phänomene. Anliegen dieser Arbeit ist es nicht, die daraus entstandenen Schwierigkeiten einer Lösung zuzuführen. Es geht im Rahmen der hiesigen Fragestellung darum, näher zu klären, wie die beiden Begriffe im Rahmen dieser Arbeit verstanden und aufeinander bezogen werden sollen. Dass die inhaltliche Füllung und Verhältnisbestimmung legitimerweise auch anders erfolgen kann, ist damit nicht in Abrede gestellt.[21]

Es wird mit dem Begriff der Spiritualität begonnen.[22] Für die inhaltliche Klärung wird an dieser Stelle an die Überlegungen von Heinz Streib und Barbara Keller angeschlossen.[23] Wichtig ist nach Streib und Keller, den Begriff in seiner Funktion als subjektiv füllbare Selbstattribution von seiner wissenschaftlichen Verwendung zu unterscheiden.[24] Im zweiten genannten Sinne bestimmen Streib und Keller den Begriff der Spiritualität vom Begriff der Religion her und weisen auf die großen Probleme einer Trennung oder gar Gegenüberstellung beider Termini hin.[25] Das Verständnis von Religion wird ausgehend von der Erfahrung des Einzelnen entwickelt: „In Erfahrung gegründet kommt ‚Religion' allen substantialen und funktionalen Bestimmungen und Engführungen zuvor, sie liegt diesen voraus."[26] Im Rückgriff auf Thomas Luckmann und Paul Tillich werden als die beiden Grundcharakteristika von Religion „Transzendenzerfahrung

---

[21] Ein Spiritualitätsbegriff, der stärker den Gesundheitsdiskurs im Blick hat, findet sich z.B. bei Traugott Roser (Vgl. ROSER, Traugott [2017]: *Spiritual Care: Der Beitrag von Seelsorge zum Gesundheitswesen*, 2. Aufl., Kohlhammer: Stuttgart, 429–453.). Wird ein entsprechendes Begriffsverständnis zugrunde gelegt, stellt sich stärker die ebenfalls wichtige Frage, welche Rolle Spiritualität bzw. Religiosität in der Traumatherapie zukommen kann. Mit dieser Frage setzt sich an anderer Stelle Kristina Augst ausführlich auseinander (Vgl. AUGST [2012]: *Auf dem Weg zu einer traumagerechten Theologie*, 60–155.).
[22] Klärende und differenzierende Kritik an einer vorschnellen Übernahme des Begriffes in die Theologie findet sich bei: GRETHLEIN, Christian (2016): *Praktische Theologie*, 2. Aufl., De Gruyter: Berlin [u.a.], 178–181.
[23] Die hier angestellten Überlegungen sind dabei voraussetzungsreich. Grundlegende Einsichten verdanken sich dem Denken von Paul Tillich und Thomas Luckmann.
[24] Vgl. STREIB, Heinz; KELLER, Barbara (2015): *Was bedeutet Spiritualität?: Befunde, Analysen und Fallstudien aus Deutschland*, Vandenhoeck & Ruprecht: Göttingen, 20ff.
[25] Vgl. STREIB; KELLER (2015): *Spiritualität*, 25ff.
[26] STREIB; KELLER (2015): *Spiritualität*, 28.

A. Einleitung

und *ultimate concern*"[27] gesehen. Wichtig ist hierfür, dass die primäre Transzendenzerfahrung trotz der Voraussetzung interpersonaler Interaktion von der nachfolgenden Interpretation und Symbolisierung unterschieden wird. Für Religion sind vor allem die großen Transzendenzen entscheidend, wobei die Verbindung mit gegebener Religion erst auf der Ebene des Deutungs- und Symbolsystems aus der sozialen Umwelt erfolgen kann.[28] Die Erfahrung ist erst einmal interpretationsoffen. Den religiösen Charakter der Symbolisierungen kennzeichnet für Streib und Keller in Rückgriff auf Tillich der Bezug zum *ultimate concern*: „nur was uns *unbedingt* angeht, kann als religiös gelten"[29]. Die entsprechenden Symbolisierungen von Transzendenz können sich dabei sowohl horizontal auf diesseitige (z.B. diesseitige Handlungsziele) als auch vertikal auf jenseitige Größen (z.B. Gott, Himmel) beziehen.[30]

Wie ist nun Spiritualität zu einem solchen Religionsbegriff ins Verhältnis zu setzen? Nach Streib und Keller zeichnet sich Spiritualität im Verhältnis zu anderen Formen von Religion durch ihre besondere Erfahrungsorientierung und Privatisierung aus.[31] Dieser Analyse soll hier zugestimmt werden, auch wenn die folgende Darstellung gegenüber den Überlegungen von Streib und Keller eigene Wege geht.[32] Erfahrungsorientierung und Privatisierung können auch als Signum von Religiosität im Sinne eines Subphänomens von Religion gesehen werden. Anton A. Bucher bestimmt beide deswegen zu Recht „als sich überlappende Konstrukte"[33]. Unabhängig von unterschiedlichen Konnotationen hat deshalb auch die bisweilen austauschbare Verwendung der Begriffe seine Berechtigung: Nicht alle semantischen Facetten eines Begriffes müssen bei seiner Verwendung mitgemeint sein, und der äquivalente Gebrauch kann auf die Gemeinsamkeiten beider Konstrukte verweisen. Sowohl Religiosität als auch Spiritualität können affektive, kognitive und behaviorale Aspekte aufweisen, die sich gegebenenfalls überschneiden. Barbara Haslbeck stellt die Gemeinsamkeit der Begriffe folgendermaßen heraus: „Beide bezeichnen konkrete, in persönliche Praxis umgesetzte Formen menschlichen Transzendenzbezuges."[34]

Es ist dennoch eine wichtige Frage, wo die spezifische Differenz beider Begriffe liegt. In der Verwendungsweise dieser Arbeit sollen beide Begriffe folgendermaßen unterschieden werden:

---

[27] STREIB; KELLER (2015): *Spiritualität*, 28 (H.i.O.).
[28] Vgl. STREIB; KELLER (2015): *Spiritualität*, 28f.
[29] STREIB; KELLER (2015): *Spiritualität*, 30 (H.i.O.).
[30] Vgl. STREIB; KELLER (2015): *Spiritualität*, 31.
[31] Vgl. STREIB; KELLER (2015): *Spiritualität*, 32.
[32] Dies ist insofern notwendig, als die Darstellung von Streib und Keller sich dem Begriff der Religiosität nicht gesondert zuwendet.
[33] BUCHER, Anton A. (2004): *Wer sind die „nur" Spirituellen?: Eine spiritualitätspsychologische empirische Pilotstudie*, in: *Wege zum Menschen*, 60, H. 5, 470.
[34] HASLBECK, Barbara (2007): *Sexueller Missbrauch und Religiosität: Wenn Frauen das Schweigen brechen: eine empirische Studie*, LIT Verlag: Berlin [u.a.], 90.

- Religiosität betont stärker, wo sich diese Praxisformen[35] des Individuums überindividuellen Größen verdanken. Sie stellt heraus, wo diese sich aus bereits sozial Vorgegebenem empfangen. Entsprechend ist es angemessen, wenn der Begriff der Religiosität häufig im Kontext der Beschreibung von persönlich angeeigneten Formen institutionalisierter Religion Verwendung findet.
- Spiritualität betont die Unmittelbarkeit menschlichen Transzendenzbezuges und die Autonomie auf der Suche nach angemessenen Praxisformen. Sie betont, wo das Individuum aneignend und mitgestaltend mit diesen Praxisformen umgeht, und mithin das individuelle vor dem kollektiven Element.

Spiritualität und Religiosität haben entsprechend große semantische Schnittflächen, können im Kontext dieser Arbeit aber auch voneinander unterschiedene Bedeutungsfacetten in sich tragen. Dass an dieser Stelle mit sehr offenen und abstrakten Konzeptionen gearbeitet wird, liegt in der vielfältigen Verwendung beider Begriffe und den Anforderungen dieser Arbeit begründet. Vor allem in Bezug auf den Systematic Review in Kapitel D ist es wichtig, ein Verständnis von Religiosität und Spiritualität zu entwickeln, das möglichst integrativ viele andere Konzepte in sich aufnehmen kann.

Nachdem einführend wichtige Verstehensgrundlagen dieser Arbeit einer grundständigen Klärung zugeführt wurden, kann nach der Beschreibung des Forschungsstandes die Hinwendung zu Aufbau und Methodik der Arbeit erfolgen.

3. Forschungsstand

Im Folgenden soll der Forschungsstand in Bezug auf Traumata infolge von Gewalt im sozialen Nahraum in der deutschsprachigen Praktischen Theologie insgesamt und der Poimenik im Besonderen dargestellt werden. Um den Forschungsstand übersichtlich darzustellen, ist die Differenzierung in zwei Forschungsstränge hilfreich, die sich an einigen Stellen überschneiden. Der erste Forschungsstrang umfasst die Thematisierung von Traumata, ist dabei aber deutlich weiter und umfasst diese auch als Folgen von Unfällen, Naturkatastrophen, Folter, Terror oder Krieg. Der zweite Forschungsstrang umfasst verschiedene Phänomene, die sich unter dem tendenziell seltenen Terminus der ‚Gewalt im sozialen Nahraum' versammeln, aber dabei nicht unbedingt auf die hermeneutische Konzeption Trauma bezogen werden: gemeint sind dabei vor allem häusliche Gewalt und sexueller Missbrauch. Besagte Forschungsstränge

---

[35] „Praxis" meint in diesem Kontext nicht einfach Handlung, sondern Lebenstätigkeit insgesamt mit den besagten affektiven, kognitiven und behavioralen Komponenten.

A. Einleitung

verlaufen vor allem in ihren Anfangsjahren getrennt, überschneiden sich aber im Laufe der Zeit immer häufiger.

Den praktisch-theologischen Forschungsstand in Bezug auf die Thematisierung von Traumata hat jüngst und in großer Präzision Maike Schult in ihrer Habilitationsschrift herausgearbeitet.[36] Sie zeichnet nach, wie der Begriff ab Mitte der 1990er Jahre durch erste Zeitschriften- und Lexikonartikel in der Poimenik Aufnahme findet.[37] In den Folgejahren und ca. der ersten Dekade nach der Jahrtausendwende bringt vor allem die in der Entwicklung befindliche Notfallseelsorge eine poimenische Thematisierung von Traumata mit sich. Der Natur der Sache entsprechend liegt der Fokus dabei auf der psychosozialen Akutversorgung und weniger auf langfristigen Folgen.[38] Für den Bereich der Notfallseelsorge stammen dabei einige wesentliche Publikationen von Thomas Zippert.[39] Das Zugunglück in Eschede, der 11. September 2001, die Tsunami-Flutkatastrophe von 2004 und die Amokläufe von Erfurt und Winnenden rufen nach der Darstellung von Maike Schult immer wieder eine Beschäftigung mit Traumata hervor, gehen insgesamt aber über verhältnismäßig kurze und schlaglichtartige Reflexionen nicht hinaus.[40] Außerdem machen einige eher grundsätzlich-reflektierende Artikel von z.B. Michael Meyer-Blanck[41], Thomas Zippert[42], Ingeborg Roessler[43], Kerstin Lammer[44] und Sabine Haupt-Scherer mit Uwe

---

[36] Vgl. SCHULT (in Vorb.): *Ein Hauch von Ordnung*.
[37] SCHULT (in Vorb.): *Ein Hauch von Ordnung*, 39.
[38] Vgl. SCHULT (in Vorb.): *Ein Hauch von Ordnung*, 39ff.
[39] Siehe z.B.: ZIPPERT, Thomas (2000): *Traumatische Wahrheiten: Zum gegenwärtigen Umgang mit traumatischen Erfahrungen*, in: *Befreiende Wahrheit. FS für Eilert Herms zum 60. Geburtstag*, hrsg. von HÄRLE, Wilfried; HEESCH, Matthias u.a., Elwert: Marburg, 395–426. ZIPPERT, Thomas (2001): *Zur Theologie der Notfallseelsorge*, in: *Handbuch Notfallseelsorge*, hrsg. von MÜLLER-LANGE, Joachim, Stumpf & Kossendey: Edewecht [u.a.], 25–56. ZIPPERT, Thomas (2006): *Notfallseelsorge: Grundlegungen – Orientierungen – Erfahrungen*, Winter: Heidelberg.
[40] Vgl. SCHULT (in Vorb.): *Ein Hauch von Ordnung*, 40f. Dass entsprechende Reflexionen nur kurz und schlaglichtartig erfolgen, ist dabei meine eigene Einschätzung.
[41] MEYER-BLANCK, Michael (2000): *Traumatische Erlebnisse: Theologische Reflexionen*, in: *Wege zum Menschen*, 52, H. 2, 68–77.
[42] ZIPPERT, Thomas (2004): *Indikationen für die Seelsorge: Versuch einer Grundlegung zu ihren genuinen Themen in Auseinandersetzung mit der Psychotraumatologie*, in: *Pastoraltheologie*, 93, 312–332.
[43] ROESSLER, Ingeborg (2007): *Krise, Trauma und Konflikt als Ausgangspunkte der Seelsorge*, in: *Handbuch der Seelsorge: Grundlagen und Profile*, hrsg. von ENGEMANN, Wilfried, Evangelische Verlagsanstalt: Leipzig, 354–376.
[44] LAMMER, Kerstin (2009): *Kalter Schweiß auf dem Rücken: Seelsorge nach traumatischen Ereignissen*, in: *Deutsches Pfarrerblatt*, 109, H. 4, 179–183. An verschiedenen Stellen teils leicht verändert neu abgedruckt (siehe Publikationsliste der Autorin: www.eh-freiburg.de/hochschule/personenverzeichnis/prof-dr-kerstin-lammer/19/publications [aufgerufen am 2. August 2018]).

Scherer⁴⁵ auf die Notwendigkeit einer intensiven theologischen Bearbeitung der Thematik deutlich, und geben dazu teils wichtige Impulse, stellen diese ausgiebige Thematisierung selbst aber noch nicht dar.⁴⁶

Der zweite Forschungsstrang ist seit den Anfängen stark vom Feminismus und der darin häufig zu findenden engen Verbindung von Reflexion und Aktion geprägt. Nach ersten Ansätzen in den 80er Jahren beginnt sich um die 90er Jahre die Publikationstätigkeit zu intensivieren.⁴⁷ Dabei kommt feministisch-theologischen Organen wie „Schlangenbrut" oder „Fama", aber auch der Zeitschrift „Concilium" eine zentrale Rolle zu.⁴⁸ Darin veröffentlichen Autorinnen wie Elisabeth Schüssler-Fiorenza⁴⁹ oder Marie M. Fortune⁵⁰. Ein wichtiger Text dieser Zeit stammt von Ulrike Bail „‚Vernimm, Gott, mein Gebet': Psalm 55 und Gewalt gegen Frauen".⁵¹ Wichtig ist insgesamt, dass die theologischen Beiträge in einer Zeit erwachenden Bewusstseins in Bezug auf Gewalt gegen Frauen und Kinder entstehen und auch von zahlreichen Publikationen und Initativen außerhalb des wissenschaftlichen Kontextes begleitet werden.⁵² 1997 publiziert Annegret Reese-Schnitker „Gewalt gegen Frauen: Macht und Geschlecht als Instrumente einer feministisch-theologischen Analyse"⁵³. Für die deutschsprachige theologische Forschung ist aus dem Jahr 1999 der Sammelband von Ulrike Eichler und Ilse Müller „Sexuelle Gewalt gegen Mädchen und Frauen als Thema der feministischen Theologie" dank seiner Rück- und Ausblicke samt unterschiedlicher

---

[45] HAUPT-SCHERER, Sabine; SCHERER, Uwe (2011): *Einen Schritt voran folgen: Psychotraumatologische Grundlagen und konzeptionelle Überlegungen zu einer traumazentrierten Seelsorge*, in: *Wege zum Menschen*, 63, H. 6, 561–571.

[46] Eine knappe Zusammenfassung der Inhalte dieser Artikel findet sich bei: SCHULT (in Vorb.): *Ein Hauch von Ordnung*, 40ff.

[47] Erste Artikel in deutschsprachigen feministisch-theologischen Zeitschriften: BROOTEN, Bernadette (1982): *Das Problem von Sexualität und Macht*, in: Schlangenbrut, 2, 25–27. MEYER-WILMES, Hedwig (1983): *Gewalt gegen Frauen - Vergewaltigung*, in: Schlangenbrut, 3, 22–25.

[48] Siehe die zahlreichen Belege im Literaturverzeichnis von: KIRCHENAMT DER EKD (2000): *Gewalt gegen Frauen als Thema der Kirche: Ein Bericht in zwei Teilen*, Gütersloher Verlagshaus: Gütersloh, 94–99.

[49] SCHÜSSLER-FIORENZA, Elisabeth (1994): *Gewalt gegen Frauen*, in: Concilium, 30, H. 2, 95–107.

[50] Marie M. Fortune hatte 1983 ein Buch publiziert, das sie zusammen mit ihrem Engagement zu einer der theologischen Vorreiterinnen in diesem Forschungsbereich machen sollte: FORTUNE, Marie M. (1983): *Sexual Violence: The unmentionable Sin*, The Pilgrim Press: New York.

[51] BAIL, Ulrike (1994): *„Vernimm, Gott, mein Gebet": Psalm 55 und Gewalt gegen Frauen*, in: *Feministische Hermeneutik und Erstes Testament: Analysen und Interpretationen*, hrsg. von JAHNOW, Hedwig, Kohlhammer: Stuttgart, 67–84.

[52] Siehe die Ausführungen bei: HASLBECK (2007): *Sexueller Missbrauch und Religiosität*, 82ff.

[53] REESE-SCHNITKER, Annegret (1997): *Gewalt gegen Frauen: Macht und Geschlecht als Instrumente einer feministisch-theologischen Analyse*, LIT Verlag: Münster [u.a.].

A. Einleitung 31

fachlich-theologischer Perspektiven sehr wichtig.[54] Damit seien nur einige der wichtigsten Stationen benannt.[55]

Die beiden oben genannten Forschungsstränge überschneiden sich ein erstes Mal in der zugleich ersten theologischen Monographie in diesem Themenbereich durch das im Jahr 2002 erschienene Buch „Wenn frühe Wunden schmerzen: Glaube auf dem Weg zur Traumaheilung" der katholischen Autorin Cornelia Faulde. Das Buch, das sich vor allem an Betroffene von sexuellem Kindesmissbrauch richtet, orientiert sich an verschiedenen Phasen der Traumabearbeitung. In den jeweiligen Abschnitten verbindet die Autorin u.a. psychotraumatologische Wahrnehmung, theologische Reflexion und konkrete Impulse für die Spiritualität der Betroffenen.[56]

Aus dem gleichen Jahr stammt die katholisch-theologische Qualifikationsarbeit von Andrea Lehner-Hartmann: „Wider das Schweigen und Vergessen. Gewalt in der Familie: Sozialwissenschaftliche Erkenntnisse und praktisch-theologische Reflexionen". Die Arbeit rezipiert sehr intensiv sozialwissenschaftliche Forschung und verbindet diese mit Erkenntnissen der Psychotraumatologie. Den Abschluss der Arbeit bildet eine theologische Reflexion unter dem Leitmotiv der Erinnerungsarbeit.[57]

Die erste wissenschaftliche Untersuchung, die innerhalb des deutschsprachigen Raumes die Zusammenhänge zwischen Religiosität und Traumata infolge von Gewalt im sozialen Nahraum näher untersucht, stammt von der katholischen Theologin Barbara Haslbeck aus dem Jahr 2007.[58] In ihrer Arbeit „Sexueller Missbrauch und Religiosität. Wenn Frauen das Schweigen brechen: eine empirische Studie" werden acht betroffene Frauen im Rahmen qualitativer Interviews auf die teils ambivalente Bedeutung von Spiritualität und Religiosität auf dem Weg ihrer Traumabearbeitung befragt. Die Arbeit von Barbara Haslbeck knüpft

---

[54] EICHLER, Ulrike; MÜLLNER, Ilse (Hrsg.) (1999): *Sexuelle Gewalt gegen Mädchen und Frauen als Thema der feministischen Theologie*, Chr. Kaiser: Gütersloh.

[55] Eine Zusammenstellung vorwiegend feministischer Literatur zum Thema sexueller Gewalt findet sich bei: BIELER, Andrea (2000): *Psalmengottesdienste als Klageräume für Überlebende sexueller Gewalt: Poimenische und liturgische Überlegungen*, in: Evangelische Theologie, 60, H. 2, 120.

[56] FAULDE, Cornelia (2002): *Wenn frühe Wunden schmerzen: Glaube auf dem Weg zur Traumaheilung*, Matthias Grünewald Verlag: Mainz.

[57] LEHNER-HARTMANN, Andrea (2002): *Wider das Schweigen und Vergessen: Gewalt in der Familie: Sozialwissenschaftliche Erkenntnisse und praktisch-theologische Reflexionen*, Tyrolia-Verlag: Innsbruck [u.a.].

[58] Barbara Haslbeck hat seitdem immer wieder über das Thema des sexuellen Missbrauchs und den kirchlichen Umgang damit publiziert. In Auswahl (neben dem weiter unten erwähnten Handbuch): HASLBECK, Barbara (2010): *Der Stachel der Opfer: Zum kirchlichen Umgang mit Opfern sexualisierter Gewalt*, in: *Sexuelle Gewalt: Fragen an Kirche und Theologie*, hrsg. von GOERTZ, Stephan; ULONSKA, Herbert, LIT Verlag: Münster [u.a.], 83–92. HASLBECK, Barbara; KERSTNER, Erika (2016): *„Es dauerte mehr als 10 Jahre, bis ich einen Seelsorger fand, der mir zuhörte": Was Menschen mit Missbrauchserfahrung in der Kirche erleben*, in: *Pastoraltheologische Informationen*, 36, H. 1.

an die Darstellung und Auswertung der Ergebnisse eine intensive theologische Reflexion und Interpretation der für die betroffenen Frauen relevanten Traditionsbestände. Im letzten Teil der Arbeit finden sich Impulse für die Praxis.[59]

Aus dem Jahr 2008 stammt die Arbeit der katholischen Theologin Veronika Bock: „Die Erfahrung der Gegenmenschlichkeit: pastoraltheologische und sozialethische Zugänge zur Psychotraumatologie". Bezugspunkt dieser Arbeit sind nicht Traumata infolge von Gewalt im sozialen Nahraum, sondern infolge von politisch motivierter Gewalt. Die sehr dichte Arbeit verbindet dabei historische, psychotraumatologische und theologische – vor allem auch jüdisch-theologische – Zugänge.[60]

Ebenfalls aus dem Jahr 2008 stammt die Wiederauflage des 1995 in sehr kleiner Auflage erschienenen Buches „Missbrauchtes Vertrauen: Sexueller Missbrauch als Herausforderung an Seelsorge, Kirche und Bibelauslegung" von Helmut Schütz. Das Buch, das sich weniger der Psychotraumatologie bedient, sondern neben sozialwissenschaftlichen Perspektiven sich vor allem auf Psychoanalyse und Exegese bezieht, ist eher eine Zusammenstellung persönlicher Reflexionen als eine wissenschaftliche Darstellung. Das Problemfeld wird aber durchaus umfassend abgesteckt, und Fragen werden in Bezug auf die größeren Zusammenhänge von Kirche, Theologie und neuen Perspektiven der Bibelauslegung gestellt. Diesen Fragen wäre eine intensivere Rezeption auch in der Wissenschaft zu wünschen gewesen.[61]

Ein Autorenteam aus Ursula Gast, Elisabeth C. Markert, Klaus Onnasch und Thomas Schollas hat 2009 ein Buch über „Trauma und Trauer: Impulse aus christlicher Spiritualität und Neurobiologie" vorgelegt. Das methodisch innovative Buch verbindet neurowissenschaftliche und theologische Perspektiven in Bezug auf Gemeinsamkeiten von Trauer und Trauma und deren Verarbeitung. Die Passionsgeschichten werden als Modi der Traumabearbeitung interpretiert. Die Darstellung der im Titel genannten Zusammenhänge werden an verschiedenen Stellen durch die Praxiserfahrung der jeweiligen AutorInnen bereichert.[62]

An einigen Stellen enthält der Sammelband von 2010 „Trauma und Versöhnung: Heilungswege in Psychotherapie, Kunst und Religion" von Andreas Kick und Günther Dietz theologische Perspektiven.[63]

In das Jahr 2010 fällt für den deutschsprachigen Raum der Anfang der sukzessiven Aufdeckung von Missbrauch in kirchlichen Einrichtungen. Die

---

[59] HASLBECK (2007): *Sexueller Missbrauch und Religiosität*.
[60] BOCK, Veronika (2008): *Die Erfahrung der Gegenmenschlichkeit: pastoraltheologische und sozialethische Zugänge zur Psychotraumatologie*, LIT Verlag: Berlin [u.a.].
[61] SCHÜTZ, Helmut (2008): *Missbrauchtes Vertrauen: Sexueller Missbrauch als Herausforderung an Seelsorge, Kirche und Bibelauslegung*, Bibelwelt: Gießen.
[62] GAST, Ursula; MARKERT, Elisabeth C. u.a. (2009): *Trauma und Trauer: Impulse aus christlicher Spiritualität und Neurobiologie*, Klett-Cotta: Stuttgart.
[63] KICK, Andreas; DIETZ, Günther (Hrsg.) (2010): *Trauma und Versöhnung: Heilungswege in Psychotherapie, Kunst und Religion*, LIT Verlag: Berlin [u.a.].

A. Einleitung

wichtigsten dazu erschienenen wissenschaftlichen Publikationen sollen an dieser Stelle gesammelt dargestellt werden. Es geht dabei immer wieder auch um die von den Betroffenen erlittenen Traumata, insgesamt aber um den deutlich weiteren Themenbereich von sexuellem Missbrauch in kirchlichen Einrichtungen und die damit verbundenen teils grundsätzlichen Anfragen an die dahinterstehenden Institutionen. Einen guten Überblick über die vorhandene Forschung für den katholischen Bereich bietet der Artikel „Child Sexual Abuse in the Context of the Roman Catholic Church: A Review of Literature from 1981–2013" von Bettina Böhm, Hans Zollner, Jörg M. Fegert und Hubert Liebhardt.[64] Bei deutschsprachigen Publikationen handelt es sich vor allem um Sammelbände aus dem katholischen bzw. institutionskritisch darauf bezogenen Spektrum. So z.B. der von Stephan Goertz und Herbert Ulonska herausgegebene Band „Sexuelle Gewalt: Fragen an Theologie und Kirche" (2010).[65] Stärker institutionskritisch sind die Sammelbände „Missbrauch: Kirche – Täter – Opfer" (2010) von Rotraud A. Perner[66] und „Hände weg! Sexuelle Gewalt in der Kirche" (2011) von Michael Albus und Ludwig Brüggemann.[67] Eine der aktuelleren Monographien aus dem Jahr 2010 stammt von Wunibald Müller, der zu ähnlichen Fragestellungen schon vorhergehend publiziert hatte: „Verschwiegene Wunden: Sexuellen Missbrauch in der katholischen Kirche erkennen und verhindern"[68]. Einer der wenigen protestantischen Beiträge ist der von Isabelle Noth und Ueli Affolter herausgegebene Sammelband: „Schaut hin! Missbrauchsprävention in Seelsorge, Beratung und Kirchen" aus dem Jahr 2015.[69] Reflexionen zu den Geschehnissen mit etwas zeitlichem Abstand und unter Einbeziehung unterschiedlicher Perspektiven finden sich in dem von Mary Hallay-Witte und Bettina Janssen herausgegebenen Buch „Schweigebruch: Vom sexuellen Missbrauch zur institutionellen Prävention" aus dem Jahr 2016.[70] Dies soll als Forschungsüberblick in Bezug auf sexuellen Missbrauch in den Kirchen an dieser Stelle genügen. Die diesbezügliche Forschung ist damit zwar nicht erschöpfend dargestellt, deren spezifische Fragestellung ist aber auch meist anders gerichtet als die Fragestellung dieser Arbeit.

---

[64] Böhm, Bettina; Zollner, Hans u.a. (2014): *Child Sexual Abuse in the Context of the Roman Catholic Church: A Review of Literature from 1981-2013*, in: *Journal of Child Sexual Abuse*, 23, H. 6.

[65] Goertz, Stephan; Ulonska, Herbert (2010): *Sexuelle Gewalt: Fragen an Kirche und Theologie*, LIT Verlag: Münster [u.a.].

[66] Perner, Rotraud A. (Hrsg.) (2010): *Missbrauch: Kirche – Täter – Opfer*, LIT Verlag: Münster [u.a.].

[67] Albus, Michael; Brüggemann, Ludwig (Hrsg.) (2011): *Hände weg! Sexuelle Gewalt in der Kirche*, Butzon & Bercker: Kevelaer.

[68] Müller, Wunibald (2010): *Verschwiegene Wunden: Sexuellen Missbrauch in der katholischen Kirche erkennen und verhindern*, Kösel: München.

[69] Noth, Isabelle; Affolter, Ueli (Hrsg.) (2015): *Schaut hin! Missbrauchsprävention in Seelsorge, Beratung und Kirchen*, Theologischer Verlag Zürich: Zürich.

[70] Halay-Witte, Mary; Janssen, Bettina (Hrsg.) (2016): *Schweigebruch: Vom sexuellen Missbrauch zur institutionellen Prävention*, Herder: Freiburg [u.a.].

In der theologischen Traumaforschung erscheint 2011 der Sammelband „After Violence: Religion, Trauma and Reconciliation" von Andrea Bieler, Christian Bingel und Hans-Martin Gutmann. Dieser hat einen stärker sozialethischen Blick auf gewaltbeladene politische Konflikte der jüngeren Vergangenheit aus verschiedenen Teilen der Welt.[71] Hans-Martin Gutmann und Andrea Bieler haben an verschiedenen Stellen zum Thema Gewalt publiziert,[72] wobei Andrea Bieler dabei als eine der wenigen Forschenden auch die anglophone Literatur rezipiert und sich auch dem Thema der sexuellen Gewalt zugewandt hat.[73]

Aus dem Jahr 2012 stammt das Buch „Auf dem Weg zu einer traumagerechten Theologie: Religiöse Aspekte in der Traumatherapie – Elemente heilsamer religiöser Praxis" von Kristina Augst. Die drei Kernanliegen dieses wichtigen Buches sind mit dem Titel prägnant formuliert. Die Autorin will eine tiefgehende theologische Auseinandersetzung mit Traumata anregen. Auf der Suche nach Anknüpfungspunkten befragt sie die therapeutischen Entwürfe von Gottfried Fischer, Luise Reddemann und Michaela Huber auf religiöse Aspekte hin. Darauf aufbauend entwickelt sie Leitgedanken und Elemente einer traumagerechten Theologie und religiösen Praxis.[74]

Ebenfalls im Jahr 2012 erschienen ist ein Buch, das der Bibelwissenschaft und nicht der Praktischen Theologie zuzuordnen ist, aber auch für letztere wichtige Perspektiven beinhaltet. Ruth Poser hat in ihrer Dissertation „Das Ezechielbuch als Trauma-Literatur" die Psychotraumatologie für die Exegese fruchtbar gemacht. Die Kategorie des Traumas wird als Deutungsmuster an die teils verstörend wirkenden Texte des Buches herangetragen, wodurch diese in ihrem Sinngehalt neu aufgeschlossen werden können. Das Ezechielbuch erscheint so als literarisches Zeugnis einer durch Kriegsgewalt traumatisierten Gemeinschaft und Sinnraum für die Versprachlichung der dadurch evozierten theologischen Diskurse (z.B. Schuld und Strafe).[75] Auch verweist das Buch auf den für die Praktische Theologie interessanten Diskurs von Trauma und Bibel, der im

---

[71] BIELER, Andrea; BINGEL, Christian u.a. (Hrsg.) (2011): *After Violence: Religion, Trauma and Reconciliation*, Evangelische Verlagsanstalt: Leipzig.
[72] Für Hans-Martin Gutmann siehe z.B.: GUTMANN, Hans-Martin (2009): *Gewaltunterbrechung: Warum Religion Gewalt nicht hervorbringt, sondern bindet. Ein Einspruch*, Gütersloher Verlagshaus: Gütersloh.
[73] Vgl. BIELER (2000): *Psalmengottesdienste als Klageräume für Überlebende sexueller Gewalt: Poimenische und liturgische Überlegungen*, 117–130.
[74] AUGST (2012): *Auf dem Weg zu einer traumagerechten Theologie*.
[75] POSER, Ruth (2012): *Das Ezechielbuch als Trauma-Literatur*, Brill: Leiden [u.a.].

deutschsprachigen Raum erst vereinzelt aufbricht,[76] sich im englischsprachigen Raum aber bereits zu einem breiten Strom ausgedehnt hat.[77]

Der altkatholische Theologe Ralph Kirscht hat mit seinem Buch „Der Emmaus-Weg: Trauma-Heilung in der Emmauserzählung (Lukas 24,13–35) und das Modell einer Spirituellen Traumafolgen-Therapie" (2014) den Entwurf einer sonst so im deutschsprachigen Raum nicht üblichen spiritualitätsbasierten Therapie vorgelegt. Das Grundmodell dafür orientiert sich an der Emmauserzählung, die als Bearbeitung des potentiell traumatischen Kreuzestodes Jesu verstanden wird. Wichtig ist, dass der Autor selbst sich therapeutisch weitergebildet hat, das ansonsten vielseitige Buch und die darin enthaltenen Arbeitsweisen also stärker im Kontext der Therapie als dem der Seelsorge zu sehen sind.[78]

Eine für die hiesige Arbeit sehr wichtige Publikation erschien 2016 von den Autorinnen Erika Kerstner, Babara Haslbeck und Annette Buschmann: „Damit der Boden wieder trägt: Seelsorge nach sexuellem Missbrauch". Dieses Handbuch will sich weniger als wissenschaftliche Abhandlung verstanden wissen, sondern richtet sich konkret praktisch sowohl an Seelsorgende als auch an Betroffene selbst. Die besondere Stärke des Buches ist es, dass es der Perspektive der Gewaltopfer, die paradoxerweise im Diskurs oft überhört wird, eine existentiell durchdachte Stimme gibt. Ausgehend von biblischen Anknüpfungspunkten, der spezifischen religiösen Situation Betroffener und der ambivalenten bis problematischen Rolle der Kirchen werden – besonders in Bezug auf Opfer von sexueller Gewalt in der Kirche selbst – weiterführende Perspektiven darauf entwickelt, was Betroffene von Seelsorgenden brauchen und welche Fähigkeiten diese wiederum für ein Gelingen der Seelsorgebeziehung benötigen.[79]

Eine aktuelle bereits einleitend erwähnte wissenschaftlich-theologische Thematisierung von Traumata im deutschsprachigen Raum stammt von Maike Schult. Im Laufe des Jahres 2019 wird deren Habilitationsarbeit: „Ein Hauch von Ordnung: Traumaerzählung und seelsorgerliche Arbeit" erscheinen. Die in

---

[76] Als eines der wenigen Beispiele siehe: FANDER, Monika (2005): „Mein Gott, mein Gott, warum hast du mich verlassen?" (Mk 15,34): (Kriegs-)Traumatisierung als Thema des Markusevangeliums, in: Christologie im Lebensbezug, hrsg. von MOLTMANN-WENDEL, Elisabeth; KIRCHHOFF, Renate, Vandenhoeck & Ruprecht: Göttingen, 116–156.

[77] Siehe z.B.: CARR, David M. (2014): Holy Resilience: The Bible's Traumatic Origins, Yale University Press: New Haven [u.a.]. Eine Literaturliste zu Bibel und Trauma findet sich auf S. 303ff. Siehe auch den Sammelband mit zahlreichen Literaturangaben: BOASE, Elizabeth; FRECHETTE, Christopher G. (Hrsg.) (2016): Bible through the Lens of Trauma, SBL Press: Atlanta.

[78] KIRSCHT, Ralph (2014): Der Emmaus-Weg: Trauma-Heilung in der Emmauserzählung (Lukas 24,13–35) und das Modell einer Spirituellen Traumafolgen-Therapie, Uthlande-Verlag: Nordstrand.

[79] KERSTNER, Erika; HASLBECK, Barbara u.a. (2016): Damit der Boden wieder trägt: Seelsorge nach sexuellem Missbrauch, Schwabenverlag: Ostfildern.

Teilen fast literarische Arbeit bietet akribisch gearbeitete historische Reflexionen über die Genese und Konzeptionierung des Trauma-Begriffes. Dabei unterscheidet sie zwischen Trauma als medizinisch-fachsprachlichem Begriff und Trauma als kulturellem Deutungsmuster. Besonders zweiteres greift Maike Schult als erste im deutschsprachigen Raum in dieser Ausführlichkeit auf und macht es vor allem anhand philologischer Reflexionen von Literaturwerken für die Poimenik fruchtbar.[80]

Ebenso erscheint 2019 die Dissertation von Miriam Schade „Dem Schrecklichen begegnen: Seelsorge mit traumatisierten Kindern"[81]. Die Arbeit bietet einen detaillierten Blick über die gegenwärtige Psychotraumatologie und entwickelt ausführlich ein Verständnis von Seelsorge. Den Schwerpunkt der Arbeit bildet ein Kapitel über Seelsorge als emotionspsychologisches Interaktionsgeschehen. Es handelt sich dabei m.E. um die durchdachteste Thematisierung von Emotionen und der seelsorglichen Arbeit damit, die in der theologischen Trauma-Literatur bisher vorliegt. Den Abschluss der Arbeit bilden konkrete Handreichungen für die seelsorgliche Arbeit mit traumatisierten Kindern.

Auch wenn sich insgesamt die praktische-theologische Forschung in Bezug auf Traumata zu intensivieren beginnt, lassen sich in Bezug auf den Forschungsstand vor allem drei Defizite ausmachen, zu deren Behebung diese Arbeit einen Beitrag leisten will:

– Auch wenn Traumata schon an verschiedenen Stellen Gegenstand der Praktischen Theologie geworden sind, gibt es kaum Literatur, die sich mit den Zusammenhängen zwischen Traumata auf der einen und Religiosität und Spiritualität auf der anderen Seite auseinandersetzt. Es scheint, als sei dieser Bereich zwischen Theologie und Psychotraumatologie zumindest im deutschsprachigen Raum weitestgehend verwaist. Dazu trägt bei, dass der empirische Forschungsstand bisher weitestgehend unklar und entsprechend auch nicht theologisch rezipiert ist.

– Der psychotraumatologisch-interessierte theologische Diskurs im deutschsprachigen Raum nimmt abgesehen von wenigen Ausnahmen kaum Bezug

---

[80] SCHULT (in Vorb.): *Ein Hauch von Ordnung*. Im Kontext ihres Forschungsschwerpunktes hat Maike Schult an verschiedenen Stellen Fachartikel im Spannungsfeld von Trauma, Theologie und Literatur verfasst. In Auswahl: SCHULT, Maike (2011): *Aus der Spur: Traumaarbeit als Aufgabe der Seelsorge*, in: Praktische Theologie, 46, H. 3, 168–175. SCHULT, Maike (2013): *Einbruch des Fremden: Trauma-Erzählung und seelsorgliche Arbeit*, in: *Kulturwelten: Zum Problem des Fremdverstehens in der Seelsorge*, hrsg. von MERLE, Kristin, LIT Verlag: Berlin [u.a.], 151–170. SCHULT, Maike (2016): *Wunden versorgen. Dimensionen der Sorge in der Traumaarbeit*, in: *Dimensionen der Sorge. Soziologische, philosophische und theologische Perspektiven*, hrsg. von HENKEL, Anna; KARLE, Isolde u.a., Nomos Verlag: Baden-Baden, 225–238. SCHULT, Maike (2017): *„Unkraut vergeht nicht." Resilienz und posttraumatische Reifung*, in: *Ohnmacht und Angst aushalten: Kritik der Resilienz in Theologie und Philosophie*, hrsg. von RICHTER, Cornelia, Kohlhammer: Stuttgart, 183–196.

[81] Schade, Miriam (2019): *Dem Schrecklichen begegnen: Seelsorge mit traumatisierten Kindern*, Evangelische Verlagsanstalt: Leipzig.

auf die englischsprachige Literatur. Es ist zu fragen, welche Impulse von diesem sehr viel umfassenderen Forschungskontext, dem sowohl in der Thematisierung von Gewalt im sozialen Nahraum als auch von Traumata eine gewisse historische Vorreiterrolle zukommt, auch für die Poimenik in Deutschland ausgehen können.
- Schließlich bieten die meisten Publikationen nur abschließend einige Bemerkungen zu einer konkreten Praxis. Diese Überlegungen erschöpfen sich in den meisten Darstellungen in wenigen Seiten. Die praktisch-theologische Theoriebildung ist hier von einem konsistenten Modell, das seelsorgliches Handeln in seinen verschiedenen Aspekten darstellen und verantworten kann, noch weit entfernt.

4. Aufbau und Methodik der Arbeit

Grundlegend für Aufbau und Methodik dieser Arbeit ist ein Verständnis Praktischer Theologie, wie es Traugott Roser entfaltet hat:

> „Praktische Theologie für theologische Praktikerinnen und Praktiker bewegt sich zwischen Wahrnehmung, kritischer Reflexion, Theorie der Praxis in enzyklopädischer Perspektive, und der Kunst des Gestaltens von Leben und Handeln in christlicher Perspektive. Eine solchermaßen enzyklopädisch verstandene Praktische Theologie verbindet Wahrnehmungs-, Reflexions- und Gestaltungskunst in handlungsorientiertem Interesse."[82]

Vom handlungsorientierten Interesse grundiert folgt der Aufbau dieser Arbeit dem damit benannten Dreischritt. Die Funktion des jeweiligen Arbeitsschrittes geht mit je unterschiedlichen Methoden einher, wobei eine genauere Reflexion der Methodik in den jeweiligen Kapiteln erfolgen soll. Im Unterschied zu bisherigen theologischen Publikationen im deutschsprachigen Raum auf diesem Themenfeld wird dabei auch intensiv englischsprachige Literatur rezipiert.
- Am Anfang steht die Wahrnehmung des Phänomens. Dieser widmen sich nach der Einleitung die ersten drei Kapitel. In Kapitel B wird *Gewalt im sozialen Nahraum* als Begriff geklärt und nach einer historischen Perspektive anhand von Methoden empirischer Sozialforschung in seiner gesamtgesellschaftlichen Verbreitung untersucht. Wie die Wahrnehmung mittels sozialwissenschaftlicher Methoden zeigt, handelt es sich bei Gewalt im sozialen Nahraum um ein verbreitetes Phänomen. Im Anschluss daran richtet sich Kapitel C auf eine Wahrnehmung von *Trauma*. Es soll im Rückgriff auf das Methodenspektrum der Psychotraumatologie dargestellt werden, was unter

---

[82] ROSER (2017): *Spiritual Care: Der Beitrag von Seelsorge zum Gesundheitswesen*, 42.

einem Trauma zu verstehen ist, wie es die menschliche Verfasstheit beeinträchtigt, welche Folgen damit einhergehen können, warum besonders Gewalt im sozialen Nahraum traumatisierend ist und auch, wie eine Integration von Traumata gelingen kann. Unter den Voraussetzungen der oben entwickelten Bestimmungen ist für eine seelsorgetheoretische Arbeit die Wahrnehmung von Religiosität und Spiritualität wichtig. Dazu sollen in Kapitel D anhand eines Systematic Review die Ergebnisse möglichst aller Studien zusammengetragen werden, die für den Zusammenhang dieser Arbeit relevante Aussagen über die Bezüge zwischen Religiosität und Spiritualität auf der einen und Traumata infolge von Gewalt im sozialen Nahraum auf der anderen Seite machen.
- An die Wahrnehmung schließt sich die Reflexion an. In Kapitel E steht das Nachdenken über eine traumasensible Theologie im Vordergrund. Methodisch folgt dieser enzyklopädisch orientierte Abschnitt einer kritischen Reflexion im Spannungsfeld von wissenschaftlich reflektierender Vernunft, historisch gewachsener Tradition und der Erfahrung Betroffener. Im ersten Teil werden problematische überlieferte Traditionsbestände thematisiert, während im zweiten Teil zentrale Topoi einer traumasensiblen Theologie näher erläutert werden.
- Kapitel F schließlich gibt der „Kunst des Gestaltens von Leben und Handeln in christlicher Perspektive"[83] Raum. An dieser Stelle sollen Grundlinien einer traumasensiblen Seelsorge entwickelt werden. Dafür werden in einem ersten Schritt die seelsorgerliche Einzelperson und ihre Beziehungsgestaltung näher reflektiert. Der zweite Schritt wendet sich stärker der institutionellen Ebene der Kirche und den Möglichkeitsräumen von Gemeinden zu. Schließlich werden in einem dritten Schritt der Darstellung Grundlinien einer traumasensiblen christlichen Spiritualität aufgezeigt.

Wahrnehmung	Reflexion	Gestaltung
B. Gewalt im sozialen Nahraum C. Trauma D. Die religiöse Dimension von Traumata	E. Perspektiven für eine traumasensible Theologie	F. Grundlinien einer traumasensiblen Seelsorge

Der damit gespannte Bogen dieser Arbeit ist sehr weit und streift unterschiedliche Fachbereiche. Die inhaltliche Vertiefung verschiedener Fragestellungen erfolgt jeweils in dem Maße, wie dies im Rahmen einer poimenischen Arbeit möglich und notwendig ist. Der hier gewählte Aufbau samt seiner inhaltlichen Gewichtung legt sich aus der einleitend ausgeführten Problem- und Aufgabenstellung heraus nahe. Nur durch die Zusammenschau der unterschiedlichen Perspektiven ist jene Syntheseleistung möglich, welche die Voraussetzung für

---

[83] ROSER (2017): *Spiritual Care: Der Beitrag von Seelsorge zum Gesundheitswesen*, 42.

A. Einleitung

die Entwicklung von Grundlinien einer traumasensiblen Seelsorge ist, wie sie in dieser Arbeit geleistet werden soll. Es handelt sich um eine wissenschaftlich-theologische Suchbewegung, die versucht, der oft lebenslangen Suchbewegung Betroffener zu entsprechen:

> „Manche Leute fragen mich: ‚Warum zerrst du das jetzt hervor?' Warum? *Warum?* Weil es mein Leben in wirklich jeder Hinsicht bestimmt hat. Es hat mir geschadet, wo es nur ging. Es hat alles Wertvolle in meinem Leben zerstört. Ich habe kein richtiges Gefühlsleben. Ich habe Angst zu leben. Es hat mir meine Kinder genommen. Ich habe es in der Welt zu nichts gebracht. Hätte ich eine schöne Kindheit gehabt, könnte ich heute alles mögliche sein. Ich weiß, alles, mit dem ich mich heute nicht beschäftige, wird mich auch noch für den Rest meines Lebens belasten. Es ist mir egal, ob das alles vor 500 Jahren passiert ist! Es hat mich die ganze Zeit beeinflußt und es ist wichtig. Es ist sehr wichtig."[84]

---

[84] So die Überlebende Jennierose Lavender in: BASS, Ellen; DAVIS, Laura (2001): *Trotz allem: Wege zur Selbstheilung für sexuell mißbrauchte Frauen*, 9. Aufl., Orlando: Berlin, 27 (H.i.O.).

B. Gewalt im Sozialen Nahraum

1. Vorbemerkungen

1.1 Gewalt

Das Wort „Gewalt" leitet sich von der indogermanischen Wurzel „val" ab, das als Verb „giwaltan"/„waldan" für „Verfügungsgewalt besitzen, [...] Kraft haben, Macht haben, [...] etwas beherrschen"[1] steht. Der Begriff liegt damit von seiner Etymologie her semantisch in der Nähe von Erhalt und Durchsetzung von Macht. Eine moralisch negative Wertung ist in diesem frühen Stadium der Begriffsbildung noch nicht enthalten. Dieser Aspekt erhält sich bis in den modernen Sprachgebrauch hinein insofern, als auch dieser Formen akzeptierter und notwendiger Gewalt – bspw. „Staatsgewalt" – kennt. Peter Imbusch hat als besondere Problematik des deutschsprachigen Gewaltbegriffes festgestellt, dass dieser die Unterscheidung zwischen *violentia* und *potestas* also zwischen meist illegitimer[2] persönlicher und legitimer institutioneller Gewalt nicht nachvollzogen habe. Das Englische, Französische und Spanische kenne hingegen die Unterscheidung von *violence/violence/violencia* einer- und *power/pouvoir/poder* andererseits.[3] Das Wort „Gewalt" kann folglich deskriptiv ganz unterschiedliche Phänomene bezeichnen.

Dabei kann es bei der wissenschaftlichen Thematisierung Schwierigkeiten geben. Im „Internationalen Handbuch der Gewaltforschung" beschreiben Wilhelm Heitmeyer und John Hagan als mögliche Probleme bei der Beschäftigung mit Gewalt die „Reduktionsfalle", die „Skandalisierungsfalle", die „Inflationsfalle", die „Moralisierungsfalle" und die „Normalitätsfalle"[4].

- Erliegt man der „Reduktionsfalle", wird das komplexe Phänomen der Gewalt auf monokausale Erklärungsmuster zurückgeführt.[5]

---

[1] IMBUSCH, Peter (2002): *Der Gewaltbegriff*, in: *Internationales Handbuch der Gewaltforschung*, hrsg. von HEITMEYER, Wilhelm; HAGAN, John, Westdeutscher Verlag: Wiesbaden, 29.

[2] Die Hervorhebung des illegitimen Aspektes ist eine Ergänzung des Autors.

[3] Vgl. IMBUSCH (2002): *Gewaltbegriff*, 28f.

[4] Vgl. HEITMEYER, Wilhelm; HAGAN, John (2002): *Gewalt: Zu den Schwierigkeiten einer systematischen internationalen Bestandsaufnahme*, in: *Internationales Handbuch der Gewaltforschung*, hrsg. von HEITMEYER, Wilhelm; HAGAN, John, Westdeutscher Verlag: Wiesbaden, 21. Die jeweiligen Begriffe sind exakt dem Referenztext entnommen, während die inhaltliche Füllung bereits die gedankliche Auseinandersetzung damit spiegelt.

[5] Die im Referenztext zusätzlich benannten „Umdeutungsfallen" werden hier in die „Reduktionsfallen" eingeordnet.

- In eine „Skandalisierungsfalle" gerät, wer durch spekulative Fallzahlen und emotionsgeladenes Vokabular eine möglichst große gesellschaftliche Wirkung erzielen will.
- Bei einer „Inflationsfalle" wird der Gewaltbegriff so weit gefasst bzw. vielfältig angewendet, dass er seine Beschreibungskraft verliert.
- Einer „Moralisierungsfalle" bzw. Entmoralisierungsfalle[6] erliegt, wer die Frage nach zutreffendem Verstehen mit der Frage nach zutreffender Bewertung zu stark in eins setzt. Der Entmoralisierungsfalle erliegt, wer meint, gewaltförmige Phänomene ohne die Frage nach moralischen Verantwortlichkeiten adäquat beschreiben zu können.
- „Normalitätsfallen" drohen, wenn Gewalt als eine unvermeidbare anthropologische Konstante oder ein zwangsläufiges soziales Geschehen gekennzeichnet wird.[7]

Die verschiedenen Thematisierungsfallen haben gemeinsame Schnittmengen, wenn auch jeweils ein spezifisches Proprium. Können bestimmte Fallen nicht umgangen werden, so handelt es sich oft um einen Lösungsversuch verschiedener, dem Gewaltforschungsdiskurs inhärenter Spannungsformen.[8]

Das Thema der Gewalt ist nicht frei von einer ethischen Dimension. Denn Gewalt, verstanden als *violentia*, haftet in modernen Zivilgesellschaften das Stigma des Illegitimen an. Da ethische Reflexion aber stark den gesellschaftlichen und historischen Kontexten und deren Wandlungen unterworfen ist, folgt

---

[6] Während der Begriff der „Moralisierungsfallen" dem Referenztext entnommen ist, handelt es sich bei den „Entmoralisierungsfallen" um eine Ergänzung des Autors.

[7] Vgl. HEITMEYER; HAGAN (2002): *Gewalt*, 21.

[8] Hierbei sind zum einen die Komplexität des Themas und die Vielzahl der gerechtfertigten fachlichen und thematischen Zugänge zu nennen. Nur in Auswahl genannt seien hier psychologische, soziologische, theologische, anthropologische, historische, biologische und neurowissenschaftliche Perspektiven, die jeweils eigenen Erklärungswert haben. Eine weitere Spannungsform ist die Frage nach dem ethischen Standpunkt der Forschenden gegenüber dem Forschungsgegenstand. Dies gilt noch einmal verstärkt für Geisteswissenschaften, in denen wissenschaftliche Erkenntnis in besonderer Weise standortgebunden ist. Gewalt fordert mit einer großen Selbstevidenz Parteinahme und Positionierung heraus, die wissenschaftliche Beschäftigung dagegen verlangt Distanz. Beide Standpunkte müssen zueinander in Spannung gehalten werden. Mangelnde wissenschaftliche Distanz verstellt den Blick auf das Problem und damit auf seine sachgemäße Erfassung und konstruktive Bearbeitung. Mangelnde Parteinahme dagegen unterschlägt die ethische Dimension des Themas und erklärt Gewalt zum wertneutralen Geschehen. Vor allem für eine seelsorgetheoretische Arbeit, die im Dienste einer Arbeit mit Opfern von Gewalt stehen will, wäre dies hochproblematisch. Die dritte Spannungsform liegt begründet in den „Grenzen der Kommunizierbarkeit und Versprachlichung von Gewalterleben, die einen Teil des Geschehens der Forschung unzugänglich machen" (HELFFERICH, Cornelia; KAVEMANN, Barbara u.a. (2016): *Einleitung*, in: *Forschungsmanual Gewalt*, hrsg. von HELFFERICH, Cornelia; KAVEMANN, Barbara u.a., Springer VS: Wiesbaden, 8.). Erleben lässt sich nur zu einem geringen Teil versprachlichen und mit erhöhter Erlebnisintensität (und diese ist bei Gewalterleben in besonderem Maße gegeben) umso weniger. Es scheint verständlich, diesen Mangel durch Skandalisierung ein Stück weit zu beheben zu wollen.

Ähnliches für die Bestimmung von Gewalt. So wurde in westlichen Gesellschaften bspw. die Züchtigung von Kindern über lange Zeit nicht als illegitime Form von Gewalt erkannt. Ein entsprechend adäquates Verständnis von Gewalt ist deshalb immer wieder Gegenstand von Diskussionen.[9]

Aufgrund der ethischen Dimension des Themas besitzt es eine große Nähe zum gesellschaftspolitischen Diskurs. Verschärft wird dieser Umstand weiterhin dadurch, dass ethische Wertungen zu einem hohen Grade politisierbar sind und entsprechend Handlungsdruck erzeugen. Gewalt als ein widermoralisches Geschehen muss dann vom Gemeinwesen möglichst umfassend angegangen und im besten Fall beendet werden. Eine Frucht dieses stärker politischen Gebrauches des Gewaltbegriffes ist die Unterscheidung zwischen direkter bzw. personaler Gewalt einerseits und struktureller Gewalt andererseits. Der Ausdruck der „strukturellen Gewalt" geht auf den norwegischen Friedensforscher Johann Galtung zurück und weist weg von individuellen Gewalttätern hin zu gesellschaftlichen Strukturen.[10] Diese sind dann gewaltförmig, wenn sie bestimmten Menschengruppen deutlich geringere Lebensmöglichkeiten einräumen als anderen, wobei Gewalt hier definiert wird „als die Ursache für den Unterschied zwischen dem Potentiellen und dem Aktuellen[.]"[11] Durch die Kennzeichnung als Gewalt soll die Destruktivität solcher Ungleichheiten sichtbar gemacht werden.[12] Die Wortschöpfung macht sich das Skandalisierungspotential des Gewaltbegriffes zunutze und weist auf die ethischen Probleme entsprechender Missstände hin. Gewalt wird damit zu einer Kategorie politischer Ethik und so zu einer Anfrage an die gesamtgesellschaftliche Verfasstheit. Der Begriff der strukturellen Gewalt hat damit eine große Stärke und eine große Schwäche. Die Schwäche ist mit der oben genannten Inflationsfalle zutreffend umschrieben. Gewalt wird so leicht zu einem allgegenwärtigen, akteurlosen Geschehen mit nicht fassbaren Grenzen. Strukturelle Gewalt ist dann ein politischer Protestbegriff und verliert seine wissenschaftliche Beschreibungskraft. Die große Stärke des Begriffs liegt aber darin, dass er auf die größeren sozialen Zusammenhänge verweist, in die jede personale Gewalthandlung eingebettet ist.

---

[9] Es ist entsprechend die Aufgabe der Wissenschaft, sogenannte Adäquatheitsbedingungen für die Beurteilung und Bewertung von Handlungen als Gewalt zu formulieren, wobei diese jeweils durchaus diskutabel sind, vgl. WERBIK, Hans (2018): *Zur Terminologie der Begriffe „Aggression" und „Gewalt"*, in: *Aggression und Gewalt: Theorien, Analysen und Befunde*, hrsg. von STRASSMAIER, Stephan; WERBIK, Hans, De Gruyter: Oldenbourg, 244ff.

[10] Der Begriff wird von Galtung schon früher verwendet, zum ersten Mal aber ausführlich behandelt in: GALTUNG, Johann (1975): *Strukturelle Gewalt. Beiträge zur Friedens- und Konfliktforschung*, Rohwohlt: Reinbek.

[11] GALTUNG (1975): *Strukturelle Gewalt*, 9.

[12] Gegen das Konzept der strukturellen Gewalt wendet sich z.B. Hans Werbik, der anmerkt, man könne „jedes beliebige gesellschaftliche System in einem undifferenzierten Sinn als *gewaltsam* bezeichnen [...], da man in einem vernetzten System überhaupt nicht feststellen kann, was an *Selbstverwirklichung* für jeden einzelnen maximal möglich ist." WERBIK (2018): *Zur Terminologie der Begriffe „Aggression" und „Gewalt"*, 246 (H.i.O.).

Besonders für Gewalt im sozialen Nahraum gilt, dass sie durch vorherrschende Rollenbilder, Machtverhältnisse und Wertekonventionen beeinflusst bzw. mitverursacht wird.

Für eine Arbeit, die sich mit Traumata infolge von Gewalt im sozialen Nahraum beschäftigt, liegen personale und strukturelle Gewalt allerdings auf zwei unterschiedlichen ursächlichen Ebenen. Während personale Gewalt traumatische Erfahrungen unmittelbar verursachen kann, ist dies für strukturelle Gewalt nur mittelbar der Fall, insofern als sie Akte personaler Gewalt in einem hohen Maß bedingen kann.[13] Um dies an einem Exempel zu verdeutlichen: Ein Vater verprügelt seinen Sohn auf brutale Weise, so dass dieser dadurch traumatisiert wird. Die personale Gewalt ist hier die Trauma-Ursache. Die Gewalthandlung wurde aber womöglich mitbeeinflusst von gesellschaftlichen Vorstellungen über väterliche Autorität, ökonomische Abhängigkeitsverhältnisse, ein bestimmtes Männlichkeitsideal und gesetzliche Graubereiche. Ebenso können diese Aspekte die psychische Verarbeitung des Erlebnisses für den Sohn besonders schwer und ihn somit für anhaltende Traumafolgen besonders vulnerabel machen.[14] Der Problemstellung soll insofern Rechnung getragen werden, als sich die Gewaltdefinition für die vorliegende Arbeit auf personale Gewalt beschränkt, da diese die unmittelbare Ursache von Traumata ist. Da aber auch die hohe Bedeutung struktureller Gewalt offensichtlich ist, soll im Laufe der Arbeit, wo immer möglich, auf die Phänomene eingegangen werden, die hinter der Bezeichnung der strukturellen Gewalt stehen.

Wie oben gesagt wurde, hängt auch das Verständnis dessen, was als personale Gewalt bezeichnet werden kann, stark mit dem historischen Kontext und den Wertemustern der definierenden Akteure zusammen. Die Diskussion um Gewalt im sozialen Nahraum hat ihren historischen Ort, wo

> „sie im Verlauf der letzten 35 Jahre zunehmend von dem Konsens getragen wird, dass solche Gewalt keine Legitimität hat und beendet werden muss. Erzieherische Ziele, Verteidigung der Ehre, [...] sexuelles Verlangen oder die Wiederherstellung bedrohter Autorität und Ordnung rechtfertigen niemals Gewalt. Diese Einsicht wurde Stück für Stück errungen, vor allem durch den Nachweis des Leides und der

---

[13] Umgekehrt ist das in gleicher Weise der Fall, für die Fragestellung der Arbeit aber nur in zweiter Linie wichtig.

[14] Hierzu wird in Kapitel C ein multifaktorielles Rahmenmodell von Laura Pielmaier und Andreas Maercker näher dargestellt, vgl. PIELMAIER, Laura; MAERCKER, Andreas (2015): *Risikofaktoren, Resilienz und posttraumatische Reifung*, in: Handbuch der Psychotraumatologie, hrsg. von SEIDLER, Günter H.; FREYBERGER, Harald J. u.a., 2. Aufl., Klett-Cotta: Stuttgart, 77ff. Darin gibt es u.a. sozial-interaktive Faktoren, wie z.B. gesellschaftliche Wertschätzung für Betroffene, die durchaus von Phänomenen beeinflusst werden können, die in den Bereich der strukturellen Gewalt fallen.

Folgeschäden für die Opfer, und ging deshalb damit einher, den Gewaltbegriff selber auszuweiten."[15]

Die Geschichte der sukzessiven Aufdeckung und gesellschaftlichen Thematisierung von Gewalt im sozialen Nahraum wird später nachzuzeichnen sein. Für das Verständnis des Gewaltbegriffes ist aber an dieser Stelle wichtig, dass er mit einer Beschränkung auf rein physische Gewalt deutlich unterbestimmt ist. Besonders aus der Perspektive der Opfer sind der physischen Gewalt in ihrer Destruktivität auch sexuelle und psychische[16] Gewalt beizustellen. Häufig sind diese verschiedenen Formen auch ineinander verwoben und potenzieren sich gegenseitig.[17] Eine genaue inhaltliche Füllung dieser begrifflich umschriebenen Gewaltformen wird im Laufe der gesamten Arbeit erfolgen. Denn Gewalt lässt sich nur unter Einbezug ihrer möglicherweise verheerenden Folgen angemessen verstehen.

Vor dem Hintergrund dieser allgemeineren Erläuterungen kann nun eine Bestimmung dessen erfolgen, was in dieser Forschungsarbeit als Gewalt definiert werden soll. Deskriptiv und verhältnismäßig weit wird Gewalt verstanden als *eine zu verantwortende, schädigende Handlung (was Tun oder Unterlassen in sich einschließt) in physischer, psychischer oder sexueller Form, unter Ausnutzung bestehender Machtverhältnisse.*

An dieser Definition sind verschiedene Aspekte wichtig:
— Sie macht deutlich, dass Gewalt kein wertfreies Geschehen ist, sondern immer verantwortet werden muss.
— Gewalt ist dabei nicht, was die ausführende Person darunter versteht, sondern was für die betroffene Person mit einer Beeinträchtigung ihres Wohlergehens, also einer Schädigung verbunden ist. Eine Schädigung kann nur unter Einbeziehung der Perspektive der betroffenen Person angemessen beurteilt werden. Deshalb muss ein signifikanter Teil der Deutungsmacht beim Opfer liegen.
— Die Definition trägt der Vielgestaltigkeit von Gewalt Rechnung. Dabei werden sowohl direkte also auch indirekte Formen aufgenommen. Dies ist vor allem für die Frage nach den traumatischen Wirkungen von Gewalt wichtig. Wie in der Einleitung ersichtlich wurde, kann die direkte Gewalt

---

[15] HAGEMANN-WHITE, Carol (2016): *Grundbegriffe und Fragen der Ethik bei der Forschung über Gewalt im Geschlechterverhältnis*, in: *Forschungsmanual Gewalt*, hrsg. von HELFFERICH, Cornelia; KAVEMANN, Barbara u.a., Springer VS: Wiesbaden, 14.

[16] Dieser Form von Gewalt werden dabei die Phänomene „ökonomische Gewalt" (massive finanzielle Kontrolle) und „soziale Gewalt" (Kontaktverbote) untergeordnet, die in manchen Definitionen eigens aufgeführt werden. Sie sind insofern unter „psychische Gewalt" zu subsumieren, als es sich jeweils um Weisen der gewaltsamen Einwirkung auf die Psyche der betroffenen Person handelt.

[17] Siehe dazu die Studien in 4. Phänomenologie und Prävalenz.

gegen eine Mutter eine indirekte, aber traumatisierende Form der Gewalt gegen ein Kind sein, so dies Zeuge des Geschehens wird.
- Dass eine Handlung als Tun oder Unterlassen bezeichnet wird, weist auf zwei wichtige Aspekte hin. Zum einen, dass auch starke körperliche oder emotionale Vernachlässigung eine Form von Gewalt ist. Zum anderen, dass es in einem Gewaltgeschehen nicht nur die Rolle der Opfer und Täter, sondern auch die der Dulder und Unterstützer geben kann.[18]
- Schließlich sind mit dem Hinweis auf die Machtverhältnisse, die soziale Einbettung und die mögliche Bedeutung von Herrschaft und Zwang bei jeder Form von Gewalt benannt. Damit ist der Rückbezug auf das Phänomen der strukturellen Gewalt gegeben.

Eine Bestimmung von Gewalt ist jedoch unzureichend, wenn sie nicht in ihren Kontext verwoben wird. Entsprechend ist im Folgenden nach der Bedeutung von Gewalt im sozialen Nahraum zu fragen.

1.2   Gewalt im sozialen Nahraum

Der Begriff „Gewalt im sozialen Nahraum" klingt etwas formal. Seine Vorzüge erschließen sich aber in Auseinandersetzung mit anderen semantisch verwandten Begriffen.[19] Diese lassen sich in drei Gruppen kategorisieren: 1. Äquivalente Begriffe, 2. umfassende aber tendenziell unpräzise Begriffe, 3. Begriffe zur Bezeichnung von Subphänomenen.

Zur ersten Gruppe gehören Begriffe wie „Gewalt im sozialen Nahbereich", „Gewalt im personalen Nahbereich", „Gewalt im personalen Nahraum" sowie die jeweiligen Begriffe unter Weglassung der Adjektive.[20] Diese Termini sind semantisch relativ äquivalent.[21]

Zur zweiten Gruppe gehören Begriffe wie „häusliche Gewalt", „Gewalt in Familien" bzw. „verhäuslichte Gewalt" oder „familiäre Gewalt". Vor allem bei den ersten beiden handelt es sich um die in der Forschung gängigen Bezeichnungen. Die Schwäche von „häuslich" liegt aber darin, dass er zu enge Verbindungen zu einem bestimmten räumlich oder sozial gedachten Ort herstellt. Die

---

[18]   Vgl. HELFFERICH; KAVEMANN u.a. (2016): Einleitung, 3f.
[19]   Es werden im Folgenden nur die wichtigsten, bei weitem aber nicht alle gebräuchlichen Begriffe angeführt.
[20]   Der Begriff „Gewalt im sozialen Nahraum" wird bspw. von Alberto Godenzi verwendet. Aus Gründen, die aus diesem Abschnitt hervorgehen, soll er hier als der präziseste übernommen werden. Vgl. GODENZI, Alberto (1996): Gewalt im sozialen Nahraum, 3. Aufl., Helbing & Lichtenhahn: Basel, Frankfurt am Main.
[21]   Man kann allerdings fragen, ob das Adjektiv „personal" in diesem Zusammenhang relevanten Erklärungswert hat und ob die Weglassung der Adjektive stärker räumliche statt zwischenmenschliche Assoziationen weckt.

damit normativ verknüpfte besonders fürsorgliche und vertrauensvolle Beziehungsgestaltung, die dann durch Gewalt eben in ihr Gegenteil verkehrt wird, findet sich aber auch außerhalb häuslicher Orte. Hier ist an freundschaftliche oder erweitert verwandtschaftliche Beziehungen ebenso zu denken wie an solche Akteure, die in häusliche Kontexte zwischenzeitig oder nur geringfügig eintreten (z.B. Lebenspartner, Ex-Partnerinnen, Lebenspartner von Eltern).

Die Problematik in Bezug auf „Familie" besteht darin, dass der Begriff in seiner genauen Füllung umstritten bzw. unklar ist und auch – ähnlich wie beim Ausdruck „häuslich" – die Sozialformen am Rande dieser Lebensform nur unzureichend erfasst. So kann die Schwelle, an der Lebenspartnerinnen oder ehemalige Lebenspartner zur Familie gezählt werden, sehr verschieden sein. Das gleiche gilt für freundschaftliche, stiefelterliche oder erweitert verwandtschaftliche Beziehungen.

Zur dritten Gruppe gehören Begriffe, die entweder ein Subphänomen beschreiben, dessen Grenzen innerhalb von Gewalt im sozialen Nahraum liegen, oder ein übergeordnetes Phänomen, dessen Grenzen darüber hinausreichen. Zur ersten Subkategorie gehören Begriffe wie „Partnergewalt", „Geschwistergewalt" und „Erziehungsgewalt". Zur zweiten übergeordneten Kategorie gehören u.a. „Missbrauch", „sexueller Missbrauch", „Männergewalt" und „Gewalt gegen alte Menschen". Die zweite Gruppe reicht u.a. weit in ein Feld hinein, das in der Forschung als „Gewalt in Institutionen" behandelt wird. Es geht dabei um Gewalt in Schulen, kirchlichen Einrichtungen, Heimen, Sportvereinen etc. Dieser Kontext hat gegenüber dem sozialen Nahraum eine eigene Dynamik und fordert entsprechend eigene Forschungsperspektiven.[22]

Die im englischsprachigen Diskurs verwendete Forschungsterminologie lässt sich vor allem in die Gruppen zwei und drei einordnen.[23] Die gebräuchlichsten Termini sind hier „domestic violence", „abuse", „sexual abuse", „child abuse", „wife abuse", „wife battering", „battering", „intimate partner violence", „elderly abuse", „acquaintance rape" und „family violence".[24]

Vor dem Hintergrund dieser Überlegungen wird deutlich, warum dem Begriff „Gewalt im sozialen Nahraum" der Vorzug gegeben wird. Er zeichnet sich durch die größte Präzision aus und vermittelt eine prägnante Vorstellung des Problems: *Soziale Nahräume sind eben jene Räume, in denen Menschen geschützt durch Privatheit und getragen von gesellschaftlichen Vorstellungen in besonderem Maße*

---

[22] Auch dieser Bereich verlangt nach einer umfassenden theologischen Reflexion und ist nach Aufdeckung der Missbrauchsskandale ab dem Jahr 2010 bei weitem noch nicht hinreichend bearbeitet. Diese Forschungsarbeit will auf diesen Fragenkreis hinweisen, hat aber mit dem sozialen Nahraum selbst einen anderen Fokus.

[23] Sieht man hier einmal von der Schwierigkeit der absolut präzisen Übersetzung ab. Dass bspw. „violence" und „Gewalt" semantisch nicht deckungsgleich sind, wurde weiter oben schon bei der Gegenüberstellung von *violentia* und *potestas* benannt.

[24] Zu den verschiedenen politischen Kontexten entsprechender Forschungsterminologie siehe die späteren Ausführungen über Frauen- und Kinderschutzbewegung.

verlässliche, gefühl- und vertrauensvolle Bindungen aufbauen können. Diese Orte sind sozial gesehen sehr oft Familien und Partnerschaften, räumlich gesehen sehr oft das eigene Zuhause (wenn auch eben jeweils nicht ausschließlich). Privatheit und/oder Vertrautheit gehen aber mit einer erhöhten Verwundbarkeit einher. In diesem Kontext ist Gewalt im sozialen Nahraum dann eine zu verantwortende, schädigende Handlung (was Tun oder Unterlassen in sich beschließt) in physischer, psychischer oder sexueller Form, unter Ausnutzung bestehender Machtverhältnisse.[25] Sie macht sich die Verwundbarkeit sozialer Nahräume zu Nutze und entfaltet dadurch eine besondere Zerstörungskraft.

1.3 Opfer, Überlebende, Betroffene

Für eine seelsorgetheoretische Arbeit, die in den Diensten einer Stärkung von Gewaltopfern stehen will, ist es wichtig zu klären, welche Bezeichnung für diese angemessen ist. Der Begriff des Opfers ist auf der einen Seite präzise, weil dieser semantisch dem Begriff des Täters gegenübersteht und damit die Unterschiede in der Verantwortlichkeit betont. Außerdem macht der Begriff des Opfers deutlich, dass Gewalt mit leidvollen Folgen verknüpft ist. Diese zwei Aspekte sind wichtig. Die Schwäche des Begriffes liegt aber darin, dass er zu einer „Totalisierung"[26] neigt, der alle anderen Aspekte des Menschseins überdecken kann. Der Begriff des Opfers überlagert schnell andere z.B. Identitätsmerkmale, soziale Rollen oder Kompetenzbereiche der betroffenen Person und führt zu einer Art Etikettierung.

Dies erzeugt eine Spannung: Auf der einen Seite ist es wichtig, dass das Opfer-Sein der Gewalterleidenden anerkannt wird. Auf der anderen Seite sind die Gefahren des Begriffes im Auge zu behalten.

Im anglophonen Raum ist aus einer vergleichbaren Problemwahrnehmung heraus die Rede von *survivor* oder *victim-survivor* entstanden. Der Begriff des *survivor* will bestärken, auf Ressourcen verweisen und deutlich machen, dass das Überleben von schwerer Gewalt Respekt verdient. Er trägt in sich allerdings die Gefahr, als Kampfbegriff das vor allem nach traumatischer Gewalt anhaltende Leiden zu überspielen. Hilfreich scheint der Begriff *victim-survivor*, der die Spannung zwischen Leiden und Überlebenskraft in sich aufhebt. Jedoch neigen auch diese beiden Begriffe zu der genannten Totalisierung. Der Mensch wird ganz in Bezugnahme auf das Gewalterlebnis definiert.

Für diese Arbeit ist folgende Sprachregelung sinnvoll: Der Begriff des Opfers soll dann verwendet werden, wenn die oben beschriebene Gegenüberstellung zu

---

[25] Siehe die Definition von „Gewalt".
[26] HELFFERICH; KAVEMANN u.a. (2016): *Einleitung*, 3.

TäterInnen und die Anerkennung des individuellen Leides im Vordergrund stehen.

Ansonsten wird aber vor allem die Bezeichnung „Betroffene" Verwendung finden. Sie macht deutlich, dass die Menschen, die Gewalt erlitten haben, dadurch signifikant geprägt sind: Traumatische Gewalt kann ein Ereignis sein, welches das menschliche Leben in ein Vorher und Nachher einteilt. Besonders wenn die Gewalt in der frühen Kindheit erlitten wird, kann sie das Leben in allen Bereichen beeinflussen. Der Begriff der Betroffenen macht aber auch deutlich, dass auch ein Mensch, der Gewalt erlitten hat, dennoch viel mehr ist als ein Gewaltopfer. Es gibt viele weitere Aspekte, die das Leben der individuellen Person ausmachen. Und auch wenn die Gewalt einen Menschen tief gezeichnet hat, besitzt sie dennoch keine Definitionshoheit über ihn.

Wichtig ist, dass es hier um den angemessenen Gebrauch wissenschaftlicher Reflexionstermini geht. In konkreter seelsorglicher Interaktion ist es angemessen, Betroffene selbst danach zu fragen, welche Sprachregelung sie für geeignet erachten.

2. *Historische Perspektiven*

2.1 Was macht ein „soziales Problem" aus?

Hin zur Thematisierung von Gewalt im sozialen Nahbereich als soziales, zu lösendes Problem war es historisch ein langer Weg. Nach Michal Schetsche sind soziale Probleme[27]

> „wissenschaftlich definiert als *öffentliche Thematisierungen*, bei denen soziale Akteure Forderungen materieller oder immaterieller Art an gesellschaftliche oder staatliche Instanzen stellen, indem sie die Existenz sozialer Sachverhalte mit drei Eigenschaften *behaupten*:
> 1. Der betreffende Sachverhalt ist nach der dominierenden Werteordnung der Gesellschaft negativ zu bewerten und damit unerwünscht.
> 2. Es existieren Geschädigte oder Benachteiligte, die an ihrer Lage zumindest teilweise schuldlos sind.
> 3. Abhilfe oder wenigstens Linderung ist im Rahmen der bestehenden Sozialordnung möglich und ethisch auch erstrebenswert."[28]

---

[27] „Soziale Probleme" sind ist eine theoretische Kategorie in einem wissenssoziologischen Zugang.
[28] SCHETSCHE, Michael (2014): *Empirische Analyse sozialer Probleme: Das wissenssoziologische Programm*, 2. Aufl., Spinger VS: Wiesbaden, 48 (H.i.O.).

Mit Appelt, Höllriegl und Logar ließe sich ergänzen, dass das Problem „ein signifikantes Ausmaß haben" und „der Gesellschaft Kosten" verursachen muss.[29]

Nicht nur das, was als Gewalt bezeichnet wird, sondern auch, ob sie als gesamtgesellschaftliches und veränderbares Problem erkannt und diskutiert wird, hängt von vielen geschichtlich wandelbaren Faktoren ab. So widersprachen viele der unter Gewalt im sozialen Nahraum gefassten Phänomene über viele Jahrhunderte nicht der dominierenden Wertordnung.[30] Beispielsweise wurde die Vergewaltigung in der Ehe erst 1997 der außerehelichen gleichgestellt.[31] Das elterliche Züchtigungsrecht wurde erst im Jahr 2000 abgeschafft.[32] Unter entsprechenden gesellschaftlichen Vorzeichen wurden deswegen Geschädigte nicht als solche wahrgenommen oder hatten nicht die nötigen Ressourcen, um als handlungsfähiger sozialer Akteur Forderungen an Gemeinwesen und Staat zu richten. Diese historische Dimension macht verstehbarer, warum die umfassende Thematisierung eines so schwerwiegenden sozialen Problems noch relativ jung ist. Es müssen viele Faktoren zusammenwirken, damit ein destruktives gesellschaftliches Phänomen als soziales Problem erkannt und aktiv an seiner Veränderung gearbeitet wird.

Bei dem Versuch, den langwierigen Prozess der sukzessiven Aufdeckung und Problematisierung nachzuzeichnen, ist es für die Fragestellung dieser Forschungsarbeit hinreichend, die Entwicklung ab der Frauen- und Kinderschutzbewegung darzustellen. In der Bewusstmachung und Bearbeitung von Gewalt im sozialen Nahraum leisteten sie Entscheidendes. Ihre Akteure durchbrachen zahlreiche Tabus, eröffneten neue Diskurse, veränderten dominierende Werteordnungen und wiesen auf die enorme gesellschaftliche Verbreitung und die oft traumatisierende Wirkung von Gewalt im sozialen Nahbereich hin.

---

[29] APPELT, Birgit; HÖLLRIEGL, Angelika u.a. (2001): *Gewalt gegen Frauen und ihre Kinder*, in: *Gewalt in der Familie. Gewaltbericht 2001. Von der Enttabuisierung zur Professionalisierung*, hrsg. von BUNDESMINISTERIUM FÜR SOZIALE SICHERHEIT UND GENERATIONEN: Wien, 384.

[30] Vgl. mit Beispielen aus Antike und Neuzeit: GELLES, Richard J. (2017): *Intimate Violence and Abuse in Families*, 4. Aufl., Oxford University Press: New York, 19ff.

[31] Der §177 des Strafgesetzbuches lautete bis dahin: „Wer eine Frau mit Gewalt oder durch Drohung mit gegenwärtiger Gefahr für Leib oder Leben zum außerehelichen Beischlaf mit ihm oder einem Dritten nötigt, wird mit Freiheitsstrafe nicht unter zwei Jahren bestraft." MÜTING, Christina (2010): *Sexuelle Nötigung; Vergewaltigung (§177 StGB): Reformdiskussion und Gesetzgebung seit 1870*, De Gruyter: Berlin, New York, 244.

[32] Vgl. www.bpb.de/nachschlagen/lexika/recht-a-z/23282/zuechtigungsrecht (aufgerufen am 18. August 2018).

2.2 Historische Skizze: Frauenbewegung und Kinderschutzbewegung

Die Linien historischer Skizzen lassen sich bis in zahlreiche Details hinein immer auch feiner zeichnen. Weder bei der Frauenbewegung noch bei der Kinderschutzbewegung handelt es sich um einheitliche soziale Phänomene. Auch können beide Bewegungen ihre Geschichte lange zurückverfolgen und erlebten zahlreiche Wandlungen. In Bezug auf Gewalt im sozialen Nahraum begannen sich aber erst ab den 60er und vor allem 70er Jahren des 20. Jh. die bis heute besonders wichtigen Diskurse und Institutionen herauszubilden. In die 70er Jahre fallen auch die ersten empirischen Erhebungen.[33] Ihre Anfänge nahmen diese Entwicklungen primär in den Vereinigten Staaten von Amerika und strahlten von dort auch auf den deutschen Sprachraum aus. Wie noch zu zeigen sein wird, standen und stehen sich beide Bewegungen dabei bisweilen spannungsvoll gegenüber. Dass sie hier gemeinsam dargestellt werden, soll vor allem der Tatsache Rechnung tragen, dass beide Bewegungen zahlreiche Anliegen teilen und sich immer wieder auch überlagerten.[34]

Ein Meilenstein in der öffentlichen Thematisierung von Gewalt gegen Kinder war die Publikation „The Battered-Child Syndrome" von Kempe, Silverman und Kollegen im Jahr 1962.[35] In diesem Artikel machte der Kinderarzt C. Henry Kempe auf die medizinischen Befunde von physisch misshandelten Kindern aufmerksam und warb für ein verstärktes Problembewusstsein. Neben einer Schilderung der Symptome stellte er außerdem Überlegungen zur Verbreitung der Problematik in verschiedene Gesellschaftsschichten hinein an und das Fehlen entsprechender wissenschaftlicher Literatur fest.[36] Diese Publikation spiegelte und verstärkte die allmählich anwachsende gesellschaftliche Sensibilität in Bezug auf Kindesmisshandlungen, die ab den 70er Jahren zu einer intensivierten wissenschaftlichen Publikationstätigkeit führte.[37] In seiner inzwischen klassischen Studie „Gewalt im sozialen Nahraum" wies Alberto Godenzi aus, dass sich ab den späten 70er Jahren in den USA und Kanada – und eigentlich nur dort – der Forschungsbereich „family violence" als eigenständige wissenschaftliche Forschungsdisziplin, samt entsprechenden Publikationsorganen

---

[33] Vgl. GELLES (2017): *Intimate Violence*, 19.
[34] Vgl. CIZEK, Brigitte; BUCHNER, Gabriele (2001): *Entwicklung des Gewaltverständnisses*, in: *Gewalt in der Familie. Gewaltbericht 2001. Von der Enttabuisierung zur Professionalisierung*, hrsg. von BUNDESMINISTERIUM FÜR SOZIALE SICHERHEIT UND GENERATIONEN: Wien, 29f.
[35] KEMPE, C. Henry; SILVERMAN, Frederic N. u.a. (1962): *The Battered-Child Syndrome*, in: *Journal of the American Medical Association*, H. 181.
[36] Zehn Jahre später gründete er zusammen mit seiner Frau und einigen Kollegen ein bis heute existierendes Kinderschutzzentrum.
[37] Vgl. GODENZI (1996): *Gewalt im sozialen Nahraum*, 20.

entwickelt habe.[38] Nach dem Ort der ersten nationalen Konferenz 1981 nannte Godenzi den entsprechenden Verbund von Forscherinnen und Forschern die „New-Hampshire-Schule".[39]

In relativer zeitlicher Analogie etablierte sich das Thema in der Frauenbewegung. Während deren Protagonistinnen der 60er Jahre, wie etwa Simone de Beauvoir, ihren Fokus stärker auf strukturelle Formen der Gewalt richteten, wandte sich ab den 70er Jahren eine neue Generation feministischer Denkerinnen den offenen Formen von personaler Gewalt, vor allem sexueller Gewalt, zu.[40] Der Fragehorizont ging dabei über soziale Nahbereiche hinaus, befasste sich aber besonders auch mit Gewalt durch Partner und Väter. Wichtige Vordenkerinnen waren hierbei Susan Brownmiller,[41] Diana E.H. Russel[42] und Susan Griffin.[43] Die Ursache für die Gewalt gegen Frauen und Kinder wurde primär in den patriarchalen Machtverhältnissen gesehen, und es wurde aktiv an deren Veränderung gearbeitet. An die Theoriebildung knüpfte sich konkretes soziales Engagement und mündete in die Gründung zahlreicher Initiativen und Vereine. In London wurde im Jahr 1972 das erste Frauenhaus ins Leben gerufen.[44] Dies stellte den Beginn einer weite Teile der Welt umspannenden Bewegung dar und führte zur Gründung vergleichbarer Häuser vor allem in der westlichen Welt, aber auch darüber hinaus. Der große Erfolg der Bewegung kann als sicheres Indiz für die tiefgreifende Notwendigkeit vergleichbarer Institutionen verstanden werden: „In den europäischen Ländern existieren [2001] 1.000 bis 1.500 Frauenhäuser, die laufend ca. 50.000 Frauen und Kinder beherbergen."[45] In den 80er Jahren verbanden sich die Diskurse aus 60er und 70er Jahren und führten verstärkt zur Frage nach der Verbindung zwischen personaler und struktureller Gewalt.[46]

Die jeweils vom Feminismus oder der New-Hampshire-Schule inspirierten Ansätze traten dabei – trotz geteilter Anliegen – in kritische Distanz zueinander. So wurde nach Godenzi der „family violence"-Forschung vorgeworfen, sie lenke durch Forschungstermini wie „domestic violence" oder „marital violence" von

---

[38] Vgl. GODENZI (1996): *Gewalt im sozialen Nahraum*, 21. Die von ihm aufgeführten Zeitschriften umfassen: „Journal of Family Violence"; „Journal of Interpersonal Violence"; „Family Violence Bulletin"; „Violence and Victims"; „Child Abuse and Neglect"; „Journal of Elder Abuse and Neglect"; „Journal of Child Sexual Abuse".

[39] Vgl. GODENZI (1996): *Gewalt im sozialen Nahraum*, 21. Die wichtigsten Akteure sind dabei: Murray A. Straus; Richard J. Gelles; Suzanne K. Steinmetz; David Finkelhor; Gerald T. Hotaling.

[40] Vgl. CIZEK; BUCHNER (2001): *Entwicklung*, 23.

[41] Vgl. BROWNMILLER, Susan (1975): *Against Our Will: Men, Women and Rape*, Simon & Schuster: New York.

[42] Vgl. RUSSEL, Diana E. H. (1975): *The Politics of Rape*, Stein & Day: New York.

[43] Vgl. GRIFFIN, Susan (1979): *Rape and the Power of Consciousness*, Harper & Row: New York.

[44] Vgl. APPELT; HÖLLRIEGL u.a. (2001): *Gewalt gegen Frauen und ihre Kinder*, 384.

[45] APPELT; HÖLLRIEGL u.a. (2001): *Gewalt gegen Frauen und ihre Kinder*, 383f.

[46] Vgl. CIZEK; BUCHNER (2001): *Entwicklung*, 23f.

der geschlechtsspezifischen Dimension ab. So seien in den meisten Fällen Männer die Täter, die sich bei der Ausübung ihrer Gewalt durch einen undurchlässigen Schleier gesellschaftlicher Privilegien gedeckt wüssten. In Entgegnung wurden der feministischen Forschung vorgeworfen, sie sehe Frauen als Täterinnen grundsätzlich nicht vor und habe wichtige Komponenten der Familie als Gesamtsystem nicht im Blick.[47]

Die Auseinandersetzungen wurden bisweilen mit ausgesprochen großer Heftigkeit geführt.[48] Die jeweiligen Ansätze reichten dabei auch in den deutschsprachigen Raum hinein. In besonderer Weise lässt sich dies für die Frauenbewegung sagen. 1976 wurde das erste Frauenhaus Deutschlands in Berlin gegründet, 1978 das erste österreichische Frauenhaus in Wien und 1979 das erste schweizerische in Zürich.[49] Englischsprachige Literatur, die sich mit Gewalt gegen Frauen befasste, wurde übersetzt und weitergedacht. Es etablierten sich verstärkt ein feministisch inspiriertes intellektuelles Leben und ein in die Politik und Gesellschaft hinein wirksames Engagement.[50]

Der „family violence"-Ansatz lässt sich mit vielen seiner Grundannahmen in der *neuen* Kinderschutzbewegung wiederfinden. Diese entwickelte sich ab den 70er Jahren in Abgrenzung zur als moralistisch und ineffektiv gesehenen *traditionellen* Kinderschutzbewegung.[51] Ebenfalls 1976 formierte sich aus einer Seminarveranstaltung der Berliner Freien Universität heraus eine „Arbeitsgruppe Kinderschutz", was noch im gleichen Jahr zur Gründung des ersten neuen Kinderschutzzentrums im deutschsprachigen Raum in Berlin führte.[52] Auch hier setzte wissenschaftliche Publikationstätigkeit ein, jedoch erreichte die Etablierung nie den Stand der „family violence"-Forschung in den USA.[53]

Kinderschutz- und Frauen(haus)bewegung haben für die öffentliche Thematisierung verschiedener Phänomene von Gewalt im sozialen Nahraum Entscheidendes geleistet. Beide engagierten sich konkret für die Belange Betroffener und nahmen Staat nebst Gesellschaft in die Pflicht. Doch obwohl eine politische Kooperation größere Gestaltungsmöglichkeiten und eine wissenschaftliche

---

[47] Vgl. GODENZI (1996): *Gewalt im sozialen Nahraum*, 21f.
[48] Vgl. mit Beispielen dazu: LAMNEK, Siegfried; LUEDTKE, Jens u.a. (2012): *Tatort Familie: Häusliche Gewalt im gesellschaftlichen Kontext*, 3. Aufl., Springer VS: Wiesbaden, 50.
[49] Vgl. APPELT; HÖLLRIEGL u.a. (2001): *Gewalt gegen Frauen und ihre Kinder*, 439. Die Angabe bzgl. des ersten Frauenhauses der Schweiz findet sich auf der Homepage der „Stiftung Frauenhaus Zürich": www.frauenhaus-zhv.ch/frauenhaus-stiftung.php?t=Geschichte&read_group=68 (aufgerufen am 12. Juni 2018).
[50] Vgl. LAMNEK; LUEDTKE u.a. (2012): *Tatort Familie*, 25ff.
[51] Zu den Unterschieden beider Bewegungen siehe: CIZEK; BUCHNER (2001): *Entwicklung*, 24f.
[52] Vgl. CIZEK; BUCHNER (2001): *Entwicklung*, 25.
[53] Auch wenn sich in Deutschland etwas Forschung zu diesem Thema entwickelte, etablierten sich keine vergleichbaren Strukturen (z.B. große Konferenzen, spezifische Publikationsorgane). Es handelt sich dabei um einen bemerkenswerten Sachverhalt, der mehr wissenschaftliche Aufmerksamkeit verdient hätte.

Zusammenarbeit so manchen Synergieeffekt ergeben hätten, standen sich auch im deutschsprachigen Raum beide Bewegungen nie spannungsfrei gegenüber.[54] Brigitte Cizek und Gabriele Buchner sehen die entscheidenden Unterschiede zwischen beiden Bewegungen im Umgang mit männlichen Tätern und in der Bewertung der Mutterrolle. So wende sich die Frauenhaus-Bewegung ausschließlich an Frauen und deren Kinder, die unter Männergewalt leiden, und suche darüber hinaus die ermöglichenden patriarchalen Strukturen zu verändern. Um dies zu erreichen, sollen Täter stigmatisiert und möglichst auch bestraft werden. Dagegen stehe die Kinderschutzbewegung unter dem Paradigma „Hilfe statt Strafe" und gehe bei Gewaltvorkommen von der schlechten Verfassung des gesamten Familiensystems aus, das Hilfe benötige. Gewalt ist hier also ein Produkt mangelnder sozialer Unterstützung.[55] Auch die Mutterrolle werde unterschiedlich gesehen. Die Frauenbewegung kritisiere die enorme Belastung der durch die Mutterrolle entstehenden sozialen Verbindlichkeiten für misshandelte Frauen, was beispielsweise die Loslösung aus Gewaltverhältnissen möglicherweise erheblich erschwere, während die Kinderschutzbewegung an der Frauenbewegung ein Zurücktreten der Kindesinteressen hinter die der Mutter beanstande.[56] Man darf den Gegensatz zwischen beiden Bewegungen nicht allzu scharf konstruieren. Hinter beiden Ansätzen stehen berechtigte Anliegen, die wechselseitig wohl auch oft erkannt wurden. Dennoch bleiben signifikante Unterschiede bestehen, die sich bspw. im Kampf gegen sexuellen Kindesmissbrauch in der Etablierung verschiedener Institutionen äußerten. So steht unter den innerhalb Deutschlands wichtigsten Vereinen wie etwa „Wildwasser e.V." eher der Frauen-, „Zartbitter e.V." hingegen eher der Kinderschutzbewegung nahe.[57]

In jüngerer Zeit ergaben sich weitere Entwicklungen: Auch wenn sie in ihrer gesellschaftlichen Bedeutung und Relevanz für das Thema nicht der Frauen- und Kinderschutzbewegung gleichgestellt werden kann, machen Lamnek und Kollegen auf die Männerbewegung aufmerksam. Zum Teil in Auseinandersetzung mit feministischen Männerbildern soll für eine männliche Perspektive

---

[54] Ein Text, an und in dem viele der Spannungen und Probleme zwischen beiden Bewegungen sichtbar werden, und daher, kritisch gelesen, zahlreiche Einsichten bereithält: HAMEL, John (2013): *Häusliche Gewalt: Eine geschlechtsspezifische Auffassung*, in: *Handbuch: Familiäre Gewalt im Fokus: Fakten, Behandlungsmodelle, Prävention*, hrsg. von HAMEL, John; NICHOLLS, Tonia L., Ikaru-Verlag: Frankfurt am Main, 35–62.
[55] Was die rechtliche Ahndung von Straftaten nicht ausschließen soll.
[56] Vgl. CIZEK; BUCHNER (2001): *Entwicklung*, 29f.
[57] Vgl. GÖRGEN, Arno; GRIEMMERT, Maria u.a. (2015): *Sexueller Missbrauch und Kinderschutz – Perspektiven im Wandel*, in: *Sexueller Missbrauch von Kindern und Jugendlichen: Ein Handbuch zur Prävention und Intervention für Fachkräfte im medizinischen, psychotherapeutischen und pädagogischen Bereich*, hrsg. von FEGERT, Jörg M.; HOFFMANN, Ulrike u.a., Springer: Berlin, Heidelberg, 33.

sensibilisiert und auf die Opfererfahrungen von Jungen und Männern hingewiesen werden.[58] Dies ist besonders auch in Bezug auf Gewalt in Institutionen wichtig.[59] Auch die Frage nach Gewalt in homosexuellen Partnerschaften erhält zunehmend mehr Aufmerksamkeit. Autoren wie Richard J. Gelles gehen hier von einer stark zunehmenden Forschungstätigkeit in den nächsten Jahren aus.[60]

Durch den demographischen Wandel und die damit immer stärker in den Mittelpunkt rückende Lebenswirklichkeit älterer Menschen, stellt sich in jüngster Zeit vermehrt die Frage, inwiefern diese Opfer von Gewalt im sozialen Nahbereich werden.[61]

Eine Entwicklung die sich erst nach und nach abzuzeichnen beginnt, ist die Berücksichtigung transsexueller Menschen. Für diese Personengruppe gibt es in Bezug auf Gewaltbetroffenheit für den deutschsprachigen Raum noch keine empirisch belastbaren Zahlen. Denkbar ist aber, dass die Abweichung von gängigen Geschlechtsnormen die Akzeptanz z.B. in Herkunftsfamilien erschwert, und auf diese Weise eine höhere Gefahr, Opfer von Gewalt zu werden, mit sich bringt.[62]

2.3 Gewalt im sozialen Nahraum als Thema der Kirche[63]

Im EKD-Bericht „Gewalt gegen Frauen als Thema der Kirche" aus dem Jahr 2000 findet sich eine Feststellung, die nicht nur hinsichtlich der Gewalt gegen Frauen, sondern hinsichtlich der Gewalt im sozialen Nahraum insgesamt auch heute noch weitgehend gültig ist:

> „Es gibt in der Kirche eine Diskrepanz in der Problemwahrnehmung zwischen Diakonie und einem großen Teil der kirchlichen Frauenbewegung einerseits und kirchlichen Gremien und Leitungsorganen sowie der wissenschaftlichen Theologie andererseits, die zu überwinden ein gesamtkirchliches Interesse ist."[64]

---

[58] Vgl. LAMNEK; LUEDTKE u.a. (2012): Tatort Familie, 41.
[59] So gibt es bspw. Belege dafür, dass ein Großteil der in katholisch-kirchlichen Einrichtungen sexuell missbrauchten Opfern männlichen Geschlechts ist. Vgl. BÖHM; ZOLLNER u.a. (2014): Child Sexual Abuse in the Context of the Roman Catholic Church: A Review of Literature from 1981-2013, 640f.
[60] Vgl. GELLES (2017): Intimate Violence, 107.
[61] Weiterführend dazu: GÖRGEN, Thomas; KREUZER, Arthur u.a. (2003): Gewalt gegen Ältere im persönlichen Nahraum: Wissenschaftliche Begleitung und Evaluation eines Modellprojekts, Kohlhammer: Stuttgart [u.a.], 27-76.
[62] Dies ist ein an dieser Stelle noch nicht verifizierbarer Eindruck, der sich mir aber nach verschiedenen Gesprächen in Chicago aufdrängte.
[63] Der Fokus liegt hier vor allem auf der evangelischen Kirche in Deutschland. Für die katholische Kirche siehe: HASLBECK (2007): Sexueller Missbrauch und Religiosität, 71ff.
[64] KIRCHENAMT DER EKD (2000): Gewalt gegen Frauen, 18.

Als ab den 1970er Jahren die ersten Frauenhäuser in Deutschland entstanden und das Problem der Gewalt gegen Frauen dezidierte gesellschaftliche Aufmerksamkeit erhielt, wurden sehr bald Frauenhäuser in kirchlicher bzw. diakonischer Trägerschaft ins Leben gerufen.[65] Die feministisch-theologische Reflexion entwickelte sich tendenziell ab den 70er Jahren, wobei – wie im Forschungsüberblick dargestellt – Gewalt zunehmend erst in den 80er Jahren zum Thema wurde.[66] Von Seiten der feministischen Theologie und auch der ökumenischen Bewegung gingen fortan immer wieder Impulse hin zu einer vertieften Problematisierung an die etablierten Kirchenleitungen aus.[67] Sehr prominent an dieser Stelle ist die indische feministische Theologin Aruna Gnanadason zu nennen, deren Wirken als Referentin des ÖRK u.a. durch ihr Buch „Die Zeit des Schweigens ist vorbei – Kirche und Gewalt gegen Frauen" im Jahr 1993 die theologische Thematisierung auch in Deutschland stark unterstützt hat.[68] Dies dürfte wiederum die Beauftragung zum oben genannten Studienbericht durch die EKD-Synode im November 1995 mit bewirkt haben, der schließlich 2000 fertiggestellt wurde. Das oben zitierte Resümee plausibilisiert sich aus der dortigen Darstellung bisheriger Beschäftigung verschiedenster kirchlicher Organe mit dem Thema: Während Gewalt gegen Frauen und Kinder selten auf der Agenda von Leitungsgremien auftaucht, scheint sie für Diakonie, Frauengruppen und ehrenamtlich Engagierte eine drängende Realität darzustellen.[69] In den Jahren nach der Jahrtausendwende verschwindet das Thema wieder weitgehend aus dem Fokus. Eine positive Ausnahme stellt die Veröffentlichung „Handreichung häusliche Gewalt: Interventionsmöglichkeiten in Fällen häuslicher Gewalt in Pfarramt, Diakonat und Religionsunterricht" der Württembergischen Landeskirche aus dem Jahr 2008 dar.[70]

---

[65] Vgl. HARDMEIER, Ursula (2003): *Gewalt gegen Frauen: Ein Thema in Theologie und Kirche*, in: *Frauen und Gewalt: Interdisziplinäre Untersuchungen zu geschlechtsgebundener Gewalt in Theorie und Praxis*, hrsg. von HILBIG, Antje; KAJATIN, Claudia u.a., Königshausen & Neumann: Würzburg, 47.

[66] Nur exemplarisch sei hier auf die zahlreichen Artikel in der Zeitschrift *Schlangenbrut* hingewiesen (Ab 1983 erschienen; seit 2014 unter dem neuen Namen *INTA. Interreligiöses Forum*) oder die inzwischen nicht mehr ganz aktuelle aber dafür sehr umfassende Literaturzusammenstellung mit zahlreichen feministisch orientierten Beiträgen aus dem oben genannten EKD-Bericht zum Thema Gewalt gegen Frauen und sexuellem Missbrauch von Kindern: KIRCHENAMT DER EKD (2000): *Gewalt gegen Frauen*, 94–99.106.119f.130f.147f.157f.

[67] Vgl. KIRCHENAMT DER EKD (2000): *Gewalt gegen Frauen*, 73ff.

[68] GNANADASON, Aruna (1993): *Die Zeit des Schweigens ist vorbei: Kirche und Gewalt gegen Frauen*, Edition Exodus: Luzern. Siehe auch: KIRCHENAMT DER EKD (2000): *Gewalt gegen Frauen*, 73f.

[69] Vgl. KIRCHENAMT DER EKD (2000): *Gewalt gegen Frauen*, 40–72.

[70] NOLLER, Annette; BRÜCKNER, Susanne (2008): *Handreichung häusliche Gewalt: Interventionsmöglichkeiten in Fällen häuslicher Gewalt in Pfarramt, Diakonat und Religionsunterricht*, Evangelisches Medienhaus im Auftrag des Evangelischen Oberkirchenrates Stuttgart: Stuttgart.

Die vom Jesuitenpater Klaus Mertes angestoßene sukzessive Aufdeckung der Missbrauchsskandale in kirchlichen Einrichtungen im Jahr 2010 hat vor allem zu einer Sensibilisierung gegenüber sexuellem Missbrauch in kirchlichen Institutionen und Gemeinden geführt. Entsprechend hat sich in der Folgezeit das Engagement der evangelischen Kirche an dieser Stelle verstärkt, wobei das Augenmerk hierbei vor allem auf Gewalt in kirchlichen Institutionen liegt.[71]

Wie weiterführend die bisherigen Bemühungen waren, wird noch zu diskutieren sein. Einen Beleg dafür, dass sich das Problembewusstsein in Bezug auf Gewalt in Institutionen nach und nach auch auf den sozialen Nahraum ausweitet, stellt die EKD Familiendenkschrift von 2013 dar. Dort wird häusliche Gewalt – wenn auch unter Aussparung der damit verbundenen theologischen Fragen – in verschiedenen Facetten relativ ausführlich thematisiert.[72]

Schließlich ist an dieser Stelle und vor dem Hintergrund der Erläuterungen dieses Kapitels noch ein Blick auf die universitäre Theologie interessant. Auffällig ist, dass abgesehen von feministisch-theologischen Beiträgen – wie im Forschungsüberblick dargestellt – kaum Publikationen vorliegen.[73] Dies ist umso auffälliger, als sich bspw. im US-amerikanischen Diskurs seit vielen Jahren eine sehr breite theologische Beschäftigung mit verschiedenen Formen von Gewalt im sozialen Nahraum findet.[74] Eine mögliche Teilerklärung für diesen Befund mag die obige historische Skizze zu Kinderschutz- und Frauenbewegung beitragen. Denn während sich in den USA und Kanada neben der feministischen auch die „family violence"-Forschung mit ihrer tendenziell größeren Anschlussfähigkeit für nicht dezidiert feministische Forschende etablierte, hat sich diese im Gegensatz zu feministischer Wissenschaft in Deutschland nicht in vergleichbarer Weise entwickelt. Dies kann eine wichtige Ursache dafür sein,

---

[71] An dieser Stelle ist auf die zahlreichen Hotlines hinzuweisen, die von vielen Landeskirchen eingerichtet wurden, nebst Broschüren zu sexuellem Missbrauch, die erarbeitet bzw. wiederaufgelegt wurden. Exemplarisch seien hier zwei Handreichungen der EKD genannt: EVANGELISCHE KIRCHE IN DEUTSCHLAND (EKD) (2014): *Unsagbares sagbar machen. Anregungen zur Bewältigung von Missbrauchserfahrungen insbesondere in evangelischen Kirchengemeinden.* DIAKONIE DEUTSCHLAND; EVANGELISCHE KIRCHE IN DEUTSCHLAND (EKD) (2014): *Auf Grenzen achten – Sicheren Ort geben: Prävention und Intervention. Arbeitshilfe für Diakonie und Kirche bei sexualisierter Gewalt.*

[72] Vgl. KIRCHENAMT DER EKD (2013): *Zwischen Autonomie und Angewiesenheit: Familie als verlässliche Gemeinschaft stärken*, Gütersloher Verlagshaus: Gütersloh, 107–115.

[73] Siehe z.B. die Literaturlisten im zweiten Teil des Berichts: KIRCHENAMT DER EKD (2000): *Gewalt gegen Frauen*, 103–158.

[74] Siehe z.B. JOHNSON, Andy J. (Hrsg.) (2015): *Religion and Men's Violence Against Women*, Springer: New York [u.a.]. Der Sammelband beinhaltet Beiträge verschiedener Autoren zu der Thematik und bietet Reflexionen über Gewalt gegen Frauen aus der Sicht ganz unterschiedlicher christlicher Kirchen und darüber hinaus auch anderer Religionen. Die Artikel sind zudem meist mit einem umfangreichen Literaturverzeichnis ausgestattet. Anhand deutschsprachiger Literatur ist ein vergleichbares Unterfangen bei Weitem nicht möglich.

dass im Vergleich zu den USA Anstöße für die theologische Forschung in Deutschland von der feministischen und nicht von der „family violence"-Forschung ausgegangen sind und hierzulande die Beschäftigung mit dieser Thematik entsprechend geformt haben.

3. Erklärungsansätze

Die Ergründung möglicher Ursachen von Gewalt im sozialen Nahraum liegt nicht im Fragefokus dieser Forschungsarbeit. Es soll an dieser Stelle nur auf die Theorievielfalt hingewiesen und vor zu kurzschlüssigen Erklärungsmodellen gewarnt werden.[75] Gewalt ist weder ein unerklärliches und unerklärbares noch pauschal verständliches und verstehbares Phänomen. Durch die folgenden kurzen Ausführungen soll diese Spannung gehalten und zur aufmerksamen Analyse des jeweiligen Einzelfalles angehalten werden.

Schon Alberto Godenzi referierte in seiner Studie aus den 90er Jahren eine Vielzahl theoretischer Modelle mit potentieller Erklärungskraft. Diese stammen aus: Biologie,[76] Psychoanalyse, Psychopathologie, sozialen Lerntheorien,[77] Austauschtheorien, Sozialen Kontrolltheorien, Theorien zu Symbolischer Interaktion, Funktionalistischen Ansätzen, Kulturtheoretischen Ansätzen, Ressourcen- und Machttheoretischen Ansätzen, Sozialstrukturellen Ansätzen, Feministischen- und Patriarchatskritischen Ansätzen.[78] Hinzu kommen verschiedene Mischformen und Weiterentwicklungen.[79] Die Ansätze lassen sich nach unterschiedlichen Gesichtspunkten strukturieren. Den Vorannahmen und Methoden der jeweiligen Disziplin entsprechend werden Ursachen stärker innerhalb des Individuums, des sozialen (Familien-)Systems oder des gesellschaftlichen Kontextes gesucht. Kaum jemand wird heutzutage nur einen einzigen Ansatz für berechtigt halten. Multikausale Modelle haben dabei meist höheren Erklärungswert als monokausale. Es ist außerdem sinnvoll, verschiedene Formen von Gewalt zu differenzieren und bspw. nicht Partnergewalt mit den gleichen Theoremen erklären zu wollen wie sexuellen Kindesmissbrauch.[80] Es stellt sich vor

---

[75] Einen sehr guten Überblick über unterschiedliche Erklärungsmodelle bietet: GELLES (2017): *Intimate Violence*, 128–145.
[76] Auf dem aktuellen Forschungsstand hierzu: STRASSMAIER, Stephan (2018): *Neuro- und Evolutionsbiologie der Aggression*, in: *Aggression und Gewalt: Theorien, Analysen und Befunde*, hrsg. von STRASSMAIER, Stephan; WERBIK, Hans, De Gruyter: Oldenbourg, 11–53.
[77] Unter den sozialen Lerntheorien ist besonders der Entwurf von Albert Bandura einflussreich geworden: STRASSMAIER (2018): *Soziale Lerntheorie nach Albert Bandura*, 143–192.
[78] Vgl. GODENZI (1996): *Gewalt im sozialen Nahraum*, 51–136.
[79] Vergleiche hierzu: LAMNEK; LUEDTKE u.a. (2012): *Tatort Familie*, 83–112.
[80] Zu verschiedenen Erklärungsmodellen zu sexuellem Kindesmissbrauch mit umfassender Literatur siehe: KUHLE, Laura F.; GRUNDMANN, Dorit u.a. (2015): *Sexueller Missbrauch von*

dem Hintergrund des bisher Gesagten jedoch insgesamt die Frage nach der tatsächlichen Verbreitung von Gewalt im sozialen Nahraum.

4. *Phänomenologie und Prävalenz*

Wie viele Menschen werden in welcher Schwere Opfer solcher Gewalt? Wenn im Folgenden Phänomenologie und Prävalenz innerhalb der Bundesrepublik möglichst zutreffend erfasst werden sollen, ist es sinnvoll, zum einen nach Lebensphase (Kindheit, Jugend / Erwachsenenalter / ältere Menschen), zum anderen nach Geschlecht (Frau, Mädchen / Mann, Junge) zu differenzieren. Dieser Erfassung von Erscheinungsformen (Phänomenologie) und Häufigkeit (Prävalenz) müssen allerdings einige methodische Bemerkungen vorangestellt werden.

4.1 Methodische Probleme

Um einen Eindruck von der gesellschaftlichen Verbreitung verschiedener Formen von Gewalt im sozialen Nahraum zu gewinnen, ist es notwendig, aktuelle quantitative Studien zu sichten. Diese ergeben aber nur unter bestimmten Bedingungen ein gesellschaftlich repräsentatives Bild. Hierbei muss zwischen Hellfeld- und Dunkelfeldstudien differenziert werden. Bei Hellfeldstudien handelt es sich bspw. um Erhebungen der offiziellen Kriminalstatistik.[81] Es geht dabei um jene Fälle, die offiziell zur Anzeige gebracht wurden. So weist die „Polizeiliche Kriminalstatistik (PKS)" für das Jahr 2015 7022 Fälle von Vergewaltigung und sexueller Nötigung aus.[82] Damit ist aber kein repräsentatives Bild sexueller Gewalt gewonnen. Je nach Art des Verbrechens gibt es viele Gründe, von einer Anzeige abzusehen. Dies führt dazu, dass das Verbrechen statistisch nicht erfasst wird. Mögliche Ursachen können Angst, Scham, Sozialdruck, mangelndes Vertrauen in staatliche Behörden, Furcht vor Stigmatisierung, Drohungen oder bei Gewalt durch nahestehende Personen auch der Wille sein, die entsprechende Person zu schützen. Je näher die gewaltausübende Person der gewalterleidenden Person steht, desto mehr Gründe sind denkbar, von einer Anzeige abzusehen. Da bei Hellfeldstudien die Stichprobe also auf verschiedene

---

Kindern: Ursachen und Verursacher, in: *Sexueller Missbrauch von Kindern und Jugendlichen: Ein Handbuch zur Prävention und Intervention für Fachkräfte im medizinischen, psychotherapeutischen und pädagogischen Bereich*, hrsg. von FEGERT, Jörg M.; HOFFMANN, Ulrike u.a., Springer: Berlin, Heidelberg.

[81] Andere mögliche Hellfelder wären Daten aus Frauenhäusern oder Täterprogrammen.
[82] Vgl. BUNDESMINISTERIUM DES INNERN: *Polizeiliche Kriminalstatistik 2015*, Version 5.0, 3.

Weise verzerrt sein kann (welche Menschen mit welchen Merkmalen erstellen unter welchen Bedingungen Anzeige und welche Menschen mit welchen Merkmalen werden unter welchen Bedingungen angezeigt?) sind die jeweiligen Daten nur vor dem Hintergrund eines entsprechenden Problembewusstseins adäquat einzuschätzen und zu würdigen. Hinreichend zu erfassen ist die gesamtgesellschaftliche Prävalenz von Gewalt im sozialen Nahbereich allein mittels Hellfelddaten jedoch nicht.[83]

Dunkelfeldstudien arbeiten (je nach Fragestellung) mit einer möglichst repräsentativen Bevölkerungsstichprobe. Unter bestimmten Merkmalen werden Befragte ausgewählt, die mit dem erfragten Gegenstandsbereich in keinem direkten Zusammenhang stehen. Ist die Stichprobe entsprechend groß, kommt das Ergebnis einem repräsentativen Eindruck deutlich näher. Es gibt aber auch hier ein doppeltes Dunkelfeld, also ein Dunkelfeld, das auch durch Dunkelfeldstudien nicht hinreichend ausgeleuchtet wird. Es ist nicht immer klar, ob Angaben in Studien zutreffend gemacht werden. So werden bspw. bei Face-to-Face-Interviews die Angaben durch das Geschlecht der Fragenden mitbeeinflusst.[84] Außerdem sind die oben genannten Gründe, Gewalterleben zu verschleiern, auch bei anonymisierten Befragungen nicht vollständig aufgehoben. Die tatsächlichen Fallzahlen liegen also auch hier mit großer Wahrscheinlichkeit höher. Insgesamt sind aber für die Erfassung gesamtgesellschaftlicher Prävalenz gut durchgeführte Dunkelfeldstudien für die hiesige Fragestellung am weiterführendsten.

Wenn die Ergebnisse von denen anderer Studien abweichen, so kann das verschiedene Ursachen in der Konzeption der jeweiligen Studie haben. Andreas Jud benennt diesbezüglich vier Themenbereiche: Definitionen, Studiendesign, Informationsquelle, Stichprobe.[85]

— Definitionen: Diese können sich auf das zugrunde gelegte Gewalthandeln beziehen. Werden zwar versuchte aber nicht vollendete Handlungen beachtet? Wird mit einem engen oder weiten Gewaltbegriff gearbeitet? Werden nur physische oder auch psychische Gewaltformen integriert? In welchem Altersspektrum spricht man von Kindern bzw. Erwachsenen, oder wird z.B. mit Jugendlichen oder Heranwachsenden eine dritte Kategorie eröffnet? Werden bspw. Ex-Partner eigens, als Partner, oder anderweitig erfasst?

---

[83] Eine Ausnahme davon bilden besonders schwere Formen von Gewalt, die z.B. aufgrund von Todesfolge mit sehr großer Wahrscheinlichkeit zur Anzeige gebracht werden.

[84] Vgl. BANGE, Dirk (2016): *Geschichte der Erforschung von sexualisierter Gewalt im deutschsprachigen Raum unter methodischer Perspektive*, in: Forschungsmanual Gewalt, hrsg. von HELFFERICH, Cornelia; KAVEMANN, Barbara u.a., Springer VS: Wiesbaden, 42.

[85] Vgl. JUD, Andreas (2015): *Sexueller Kindesmissbrauch: Begriffe, Definitionen und Häufigkeiten*, in: *Sexueller Missbrauch von Kindern und Jugendlichen: Ein Handbuch zur Prävention und Intervention für Fachkräfte im medizinischen, psychotherapeutischen und pädagogischen Bereich*, hrsg. von FEGERT, Jörg M.; HOFFMANN, Ulrike u.a., Springer: Berlin, Heidelberg, 47.

B. Gewalt im sozialen Nahraum

– Studiendesign und 3. Informationsquelle:[86] Wird mit Fragebögen, Telefonbefragungen oder Face-to-Face-Interviews oder einer Mischung daraus gearbeitet? Wird der abgefragte Forschungsbereich als solcher zu Beginn der Studie gekennzeichnet? Wie werden Fragen formuliert und wie werden Antworten gemessen? Werden Betroffene, TäterInnen oder Dritte (z.B. Betreuungspersonen) befragt?
– Stichprobe: Werden gesellschaftliche Randgruppen in z.B. Gefängnissen und Heimen hinreichend berücksichtigt? Wie ist die Altersstruktur der Kohorte? In welcher Weise wird auf Migrationshintergründe eingegangen? Werden regionale Unterschiede, bzw. Unterschiede zwischen Stadt und Land beachtet?

Die Vielzahl der Fragen und die Fülle möglicher Antwortmöglichkeiten deuten darauf hin, wie unterschiedlich Studien und damit auch die jeweiligen Resultate sein können. In der Literatur finden sich immer wieder zahlreiche Ergebnisse verschiedenster Studien von ganz unterschiedlicher Qualität ohne Rücksicht auf deren Vergleichbarkeit aneinandergereiht. Dies sorgt oft für mehr Verwirrung als für Klarheit. Vielversprechender scheint es, sich auf wenige große und aktuelle Studien zu konzentrieren. Diese sind in ihrer Anzahl überschaubar und werden jeweils kurz vorgestellt. Studien sind dabei nie exakte Abbildungen der Realität und immer auch angreifbar. Doch zur Erfassung des Phänomens sind empirische Daten unerlässlich. Was der folgende Überblick leisten kann, ist ein verhältnismäßig genaues Bild über die Verbreitung der wichtigsten Phänomene[87] von Gewalt im sozialen Nahraum in Deutschland zu geben.[88] Einschränkend ist hier aber anzumerken, dass das statistische Datenmaterial sexuelle oder ethnisch-kulturelle Minderheiten zwar mit erfasst, deren spezifische Situation

---

[86] Anders als bei Andreas Jud werden beide Kategorien hier zusammengefasst. Dies ist dann sinnvoll, wenn explizit von Dunkelfeldstudien ausgegangen wird.
[87] Der Anspruch ist also nicht alle, sondern nur die für diese Forschungsarbeit relevantesten Phänomene zu behandeln.
[88] Wobei davon auszugehen ist, dass die statistischen Daten in Österreich und der Schweiz den Daten in Deutschland sehr ähnlich sind.

aber nur in Einzelfällen näher reflektiert wird.[89] So fehlt bspw. für den deutschsprachigen Raum bisher noch eine repräsentative Studie zu Gewalt in homosexuellen Partnerschaften.[90]

4.2 Gewalt gegen Frauen

Die bisher wichtigste Studie zum Gewalterleben erwachsener Frauen in Deutschland wurde in den Jahren 2002 bis 2004 im Auftrag des Bundesministeriums für Familie, Senioren, Frauen und Jugend unter dem Titel „Lebenssituation, Sicherheit und Gesundheit von Frauen in Deutschland – Eine repräsentative Untersuchung zu Gewalt gegen Frauen in Deutschland" durchgeführt.[91] Befragt wurden in einer repräsentativen Stichprobe Frauen im Alter von 16–85 Jahren. Die Studie basiert auf 10 264 Interviews, mit einem 60 bis 90-minütigen Face-to-Face-Interview durch professionelle, weibliche Interviewerinnen und einem schriftlichen Fragebogen zu Gewalt in Familien- und Paarbeziehungen.[92] In die Resultate zu Gewalt im sozialen Nahraum gehen Ergebnisse aus Interview und Fragebogen ein. Die Studie liegt in einer doppelten Auswertung vor.[93]

---

[89] Vergleiche zu den spezifischen Problemen schwuler und lesbischer Paare: COLEMAN, Vallerie E. (2013): *Ein Eiertanz: Therapie häuslicher Gewalt bei gleichgeschlechtlichen Paaren*, in: *Handbuch: Familiäre Gewalt im Fokus: Fakten, Behandlungsmodelle, Prävention*, hrsg. von HAMEL, John; NICHOLLS, Tonia L., Ikaru-Verlag: Frankfurt am Main, 455–458. Zu der Dynamik von häuslicher Gewalt bei ethnisch-kulturellen Minderheiten siehe: MALLEY-MORRISON, Kathleen; HINES, Denise A. u.a. (2013): *Häusliche Gewalt in ethnisch-kulturellen Minderheiten*, in: *Handbuch: Familiäre Gewalt im Fokus: Fakten, Behandlungsmodelle, Prävention*, hrsg. von HAMEL, John; NICHOLLS, Tonia L., Ikaru-Verlag: Frankfurt am Main, 391–414.

[90] Diese scheint sich hinsichtlich der Häufigkeit und Schwere auf einem ähnlichen Niveau zu bewegen, wie das in heterosexuellen Beziehungen der Fall ist. Zumindest lässt sich dies so für den englischsprachigen Kontext feststellen: COLEMAN (2013): *Ein Eiertanz: Therapie häuslicher Gewalt bei gleichgeschlechtlichen Paaren*, 453f.

[91] Die Studie kann nicht in allen Details dargestellt werden. Für forschungsmethodische oder sonstige Fragen ist der kostenlose Download der Studie samt zwei umfassender Auswertungen auf der Homepage des BMFSFJ möglich: www.bmfsfj.de/bmfsfj/studie--lebenssituation--sicherheit-und-gesundheit-von-frauen-in-deutschland/80694 (aufgerufen am 18. Juni 2018). Eine gute Zusammenfassung auch mit kritischen Anmerkungen zu dieser Studie findet sich bei: LAMNEK; LUEDTKE u.a. (2012): *Tatort Familie*, 128ff.

[92] Vgl. MÜLLER, Ursula; SCHRÖTTLE, Monika (2004): *Lebenssituation, Sicherheit und Gesundheit von Frauen in Deutschland: Eine repräsentative Untersuchung zu Gewalt gegen Frauen in Deutschland*, Bundesministerium für Familie, Senioren, Frauen und Jugend, 13ff.

[93] Die Sekundäranalyse: SCHRÖTTLE, Monika; ANSORGE, Nicole (2008): *Gewalt gegen Frauen in Paarbeziehungen: Eine sekundäranalytische Auswertung zur Differenzierung von Schweregraden, Mustern, Risikofaktoren und Unterstützung nach erlebter Gewalt*, Bundesministerium für Familie, Senioren, Frauen und Jugend.

B. Gewalt im sozialen Nahraum

Nach dieser Studie gaben 37% der Frauen an, ab dem 16. Lebensjahr irgendeine Form körperlicher Gewalt erlebt zu haben.[94] Das Spektrum der erfassten Handlungen umfasst dabei leichte (wütendes Wegschubsen) bis schwere (Faustschläge) Formen.[95] 61% der betroffenen Frauen haben als schwer eingestufte Gewalthandlungen erlebt.[96] Besonders wichtig für die vorliegende Fragestellung ist der Blick auf die Tätergruppe. Dabei ist zu beachten, dass Mehrfachnennungen möglich sind, die aufaddierte Prozentsumme also über 100% beträgt (man kann Gewalt durch ein Familienmitglied und in einem anderen Fall durch eine/n Partner/in erlitten haben). 50,2% der betroffenen Frauen erlitten Gewalt durch frühere oder aktuelle BeziehungspartnerInnen, 30,1% durch jemanden aus der Familie (davon 57,9% durch Vater/Mutter und 31,8% durch Bruder/Schwester) und 11,8% durch Freunde/Bekannte/Nachbarn. Kontrastiert man dies mit 19,5% bzw. 10,8% durch Unbekannte oder flüchtig Bekannte, so wird deutlich, dass Frauen viel eher durch Menschen aus dem sozialen Nahraum Gewalt erleiden als durch Fremde.[97] Dem entspricht, dass mit 71% die eigene Wohnung der mit Abstand am häufigsten genannte Tatort war.[98] 9,6% erlebten dabei Gewalt nur durch weibliche, 71,4% nur durch männliche und 18,9% sowohl durch weibliche als auch männliche TäterInnen.[99] Frauen haben auch als Täterinnen einen signifikanten Anteil, insgesamt fällt dieser aber deutlich geringer als der männliche aus. Zu beachten ist zudem, dass Männergewalt ein sehr viel höheres Verletzungsrisiko in sich birgt.[100]

Im Sinne eines weiten Gewaltverständnisses, wie es auch in der vorliegenden Forschungsarbeit Anwendung findet, wurde auch das Erleiden psychischer Gewalt abgefragt. Darunter fallen aggressives Anschreien, Drohungen, schwere Beleidigungen, Demütigungen und Mobbing.[101] Knapp 42% der Frauen gaben dabei an, bereits psychische Gewalt erlebt zu haben.[102] Circa 65,6% davon erlebten diese in ihrer Arbeit/Ausbildung, 33,5% durch Freunde/Bekannte/Nachbarn, 29,6% durch PartnerInnen und 32,2% durch jemanden aus der Familie.[103] Es wäre freilich zu fragen, ob hier Sensibilitäten

---

[94] Vgl. MÜLLER; SCHRÖTTLE (2004): *Lebenssituation*, 35.
[95] Vgl. MÜLLER; SCHRÖTTLE (2004): *Lebenssituation*, 35ff.
[96] Vgl. MÜLLER; SCHRÖTTLE (2004): *Lebenssituation*, 40. Dort werden heftige Gewalthandlungen verstanden als: „heftiges Wegschleudern, so dass die Frau taumelte oder umfiel, heftige Ohrfeigen, mit Gegenständen werfen oder schlagen, die verletzen können, mit Fäusten schlagen, verprügeln oder zusammenschlagen, Würgen, Erstickungsversuche, Verbrühen/Verbrennen, Waffengewalt oder andere körperliche Übergriffe, die Angst machten oder weh taten".
[97] Vgl. MÜLLER; SCHRÖTTLE (2004): *Lebenssituation*, 46f.
[98] Vgl. MÜLLER; SCHRÖTTLE (2004): *Lebenssituation*, 50f.
[99] Vgl. MÜLLER; SCHRÖTTLE (2004): *Lebenssituation*, 49.
[100] Vgl. MÜLLER; SCHRÖTTLE (2004): *Lebenssituation*, 49.
[101] Zu den einzelnen Items siehe: MÜLLER; SCHRÖTTLE (2004): *Lebenssituation*, 23f.
[102] Vgl. MÜLLER; SCHRÖTTLE (2004): *Lebenssituation*, 105f.
[103] Vgl. MÜLLER; SCHRÖTTLE (2004): *Lebenssituation*, 108.

jeweils verschieden ausgeprägt sind. 47% der Befragten gaben überwiegend Männer als Täter, 32% gleichermaßen Männer wie Frauen und 20% überwiegend Frauen als Täterinnen an.

Die Studie enthält außerdem einen umfassenden Teil zu sexueller Gewalt. Diese wurde von sexueller Belästigung abgegrenzt und umfasst „erzwungene sexuelle Handlungen unter Anwendung von körperlichem Zwang oder Drohungen"[104]. Insgesamt gaben 10% aller befragten Frauen an, sexuelle Gewalt erlebt zu haben, 44% davon einmal, 56% (!) mehrfach.[105] Hierbei wurde festgestellt, dass

> „die Frage von Einfach- und Mehrfachviktimisierung durch sexuelle Gewalt mit den Täter-Opfer- Kontexten in Zusammenhang steht. Die Anzahl erlebter Situationen steigt mit dem Grad der Bekanntheit von Täter und Opfer und mit der Enge der Beziehung und eventuellen Abhängigkeitsverhältnissen gegenüber dem Täter an."[106]

Auch wenn sexueller Kindesmissbrauch zu einem späteren Zeitpunkt genauer betrachtet werden soll, sei hier auf einen statistisch signifikanten Zusammenhang hingewiesen. Die Wahrscheinlichkeit für in der Kindheit sexuell missbrauchte Frauen, auch im Erwachsenenalter sexuelle Gewalt zu erleiden, ist vierfach höher, als bei in der Kindheit nicht sexuell viktimisierten Frauen. Die Wahrscheinlichkeit steigt für Mehrfachviktimisierung noch weiter an und erreicht ihren Höchststand, wenn der Missbrauch durch Familienmitglieder verübt wurde.[107]

Wie bei physischer Gewalt erfolgt ein Großteil sexueller Gewalt an erwachsenen Frauen durch Menschen aus dem sozialen Nahraum: 49,3% geben (Ex-)PartnerInnen, Geliebte, 10,1% jemanden aus der Familie und 19,8% Freunde oder Nachbarn als Täter an (gegenüber 14,5% Unbekannte, 22,3% jemand flüchtig Bekanntes).[108] Die maskuline Schreibweise scheint angesichts der über 99% männlichen Täter gerechtfertigt.[109] Auch hier wird die Wohnung mit 68,5% als häufigster Tatort angegeben.[110]

Ein gesonderter Auswertungsteil befasst sich mit Gewalt in Paarbeziehungen und eventuellen Trennungsphasen.[111] Zu dem hier zugrundeliegenden Datenmaterial findet sich eine präzisere sekundäranalytische Auswertung aus

---

[104] MÜLLER; SCHRÖTTLE (2004): *Lebenssituation*, 73. Zu Sexueller Belästigung siehe in derselben Studie 90–103. Der soziale Nahraum ist in diesem Bereich aber weniger bedeutend.
[105] Vgl. MÜLLER; SCHRÖTTLE (2004): *Lebenssituation*, 75.
[106] MÜLLER; SCHRÖTTLE (2004): *Lebenssituation*, 75.
[107] Vgl. MÜLLER; SCHRÖTTLE (2004): *Lebenssituation*, 77.
[108] Vgl. MÜLLER; SCHRÖTTLE (2004): *Lebenssituation*, 78. Auch hier ist zu beachten, dass Mehrfachnennungen möglich sind, die Prozentzahlen sich also auf über 100% addieren.
[109] Vgl. MÜLLER; SCHRÖTTLE (2004): *Lebenssituation*, 79.
[110] Vgl. MÜLLER; SCHRÖTTLE (2004): *Lebenssituation*, 82.
[111] Vgl. MÜLLER; SCHRÖTTLE (2004): *Lebenssituation*, 220ff. Aus der Gesamtstichprobe werden dabei vor allem die 8862 Frauen berücksichtigt, die bereits in einer festen Paarbeziehung gelebt haben oder leben.

B. Gewalt im sozialen Nahraum

dem Jahr 2008. In dieser Sekundäranalyse wurden besonders Muster und gewaltbeeinflussende Faktoren untersucht. Schon aus der Erstauswertung ging hervor, dass 25% aller befragten Frauen (also jede vierte), die bisher schon einmal in einer Partnerschaft gelebt hatten, Opfer einer Form körperlicher oder sexueller Gewalt in dieser wurden.[112] In Trennungssituationen ist Gewalt dabei besonders häufig.[113] Bezüglich vorhandener Muster wurden zum einen Paarbeziehungen unterschieden, in denen es nur zu leichten bis mäßig schweren einmaligen Gewalthandlungen kam. Sehr schwere, lebensbedrohliche Gewalt und sexuelle Gewalt war zum anderen meist in ein Muster immer wiederkehrender Gewalthandlungen eingebettet.[114] 9% der Betroffenen waren mäßiger bis schwerer körperlicher Gewalt, verbunden mit erhöhter psychischer Gewalt, ausgesetzt, 7% sehr schweren und lebensbedrohlichen Formen körperlicher Gewalt in Verbindung mit intensiver psychischer Gewalt.[115]

Von den verschiedenen unmittelbaren oder vermittelnden Risikofaktoren[116] können hier nur die wichtigsten benannt werden.[117] Unterschieden werden muss zwischen personen-, situations- und beziehungsbezogenen Faktoren. Geringe ökonomische Ressourcen und Bildung stellen vor allem bei unter 35-Jährigen Risikofaktoren dar. Erstaunlicherweise dreht sich der Zusammenhang bei über 45-Jährigen tendenziell um.[118] Auch Migrationshintergrund wird mit einer Höherbelastung assoziiert.[119]

> „Gewaltsame Kindheitserfahrungen in Form von selbst erlebter körperlicher, sexueller und psychischer Gewalt, aber auch in Form der Zeugenschaft elterlicher Gewalt bildeten den mit Abstand stärksten Prädikator für die Betroffenheit der Frauen durch schwere Gewalt und Misshandlung im späten Erwachsenenleben."[120]

Der sozialen Isolation der Frauen und dem Alkoholkonsum männlicher Beziehungspartner kommt ebenfalls signifikante Bedeutung zu.[121] Hier sei jedoch auf die Gefahr verwiesen, Gewaltakte durch Verweis auf Alkohol jeweils zu entschuldigen.[122] Bezüglich der Rollen- und Machtverteilung innerhalb von Beziehungen

---

[112] Vgl. MÜLLER; SCHRÖTTLE (2004): Lebenssituation, 220.
[113] Vgl. MÜLLER; SCHRÖTTLE (2004): Lebenssituation, 205.
[114] Vgl. SCHRÖTTLE; ANSORGE (2008): Gewalt gegen Frauen in Paarbeziehungen, 204f.
[115] Vgl. SCHRÖTTLE; ANSORGE (2008): Gewalt gegen Frauen in Paarbeziehungen, 207.
[116] Diese bezeichnen Merkmale, die bei der Gruppe der Betroffenen überrepräsentiert sind. Es handelt sich dabei um Zusammenhangs-, aber keine Kausalaussagen.
[117] Die folgende Zusammenfassung bezieht sich auf die Auswertung von SCHRÖTTLE; ANSORGE (2008): Gewalt gegen Frauen in Paarbeziehungen, 208ff.
[118] Vgl. SCHRÖTTLE; ANSORGE (2008): Gewalt gegen Frauen in Paarbeziehungen, 208f.
[119] Vgl. SCHRÖTTLE; ANSORGE (2008): Gewalt gegen Frauen in Paarbeziehungen, 209.
[120] SCHRÖTTLE; ANSORGE (2008): Gewalt gegen Frauen in Paarbeziehungen, 209.
[121] SCHRÖTTLE; ANSORGE (2008): Gewalt gegen Frauen in Paarbeziehungen, 209.
[122] Ronald T. Potter-Efron meint dazu: „Das vielleicht treffendste Wort zur Beschreibung der Zusammenhänge zwischen Wut/Aggression/häuslicher Gewalt und Substanzmissbrauch/chemischer Abhängigkeit/Sucht lautet ‚kompliziert'. Wie im Folgenden näher erläutert, umfasst es eine Spannbreite von mindestens sieben grundlegenden

zeigt sich, dass jeweils Paare mit einer asymmetrischen Machtverteilung, also entweder zu Ungunsten, aber auch zu Gunsten der Frauen, mit einem erhöhten Gewaltvorkommen assoziiert sind.[123]

Abschließend ist noch einmal darauf hinzuweisen, dass es sich bei den Zahlen – selbst wenn sie tendenziell hoch erscheinen mögen – eher um Mindestwerte handelt. Denn die oben beschriebene Problematik eines doppelten Dunkelfeldes bleibt auch hier bestehen.

4.3 Gewalt gegen Männer

„Männer – die ewigen Gewalttäter?" lautet der Titel einer Studienauswertung, die besagtes Klischee hinterfragen und mögliche männliche Opferperspektiven erheben will.[124] Der provokante Titel deutet an, dass es sich um emotional und heftig diskutiertes, zum Teil intellektuell vermintes Terrain handelt. Denn ein traditionell männliches Rollenverständnis mit seiner Betonung von Stärke und Souveränität verträgt sich kaum mit Ohnmacht und Gewalterleiden.[125] Engagierte Frauen wiederum fürchten bei der Thematisierung von Gewalt gegen Männer, dass die geschlechtsspezifischen Proportionen innerhalb der Gewalttäterschaft verwischt, damit Verantwortlichkeiten und die daraus zu ziehenden gesamtgesellschaftlichen Folgen unkenntlicher und letztlich auch eine frauenspezifische Infrastruktur (Frauenhäuser, bestimmte Hotlines etc.) in ihrer Förderung durch das Gemeinwesen angefragt werden.

> „Gewalt, vor allem die ‚eigentliche', d.h. die körperliche Gewalt, gilt in der allgemeinen Wahrnehmung als ‚männlich'. In diesem Punkt begegnen sich Feministinnen und Vertreter eines traditionellen Rollenbildes durchaus – nur nicht in der Bewertung."[126]

Möglichkeiten, die vom völligen Fehlen jeglicher Verbindung zwischen den beiden Variablen bei manchen Menschen bis zum uneingeschränkt vorhandenen Kausalzusammenhang bei anderen Menschen reichen können." POTTER-EFRON, Ronald T. (2013): *Wut, Aggression, häusliche Gewalt und Substanzmissbrauch*, in: *Handbuch: Familiäre Gewalt im Fokus: Fakten, Behandlungsmodelle, Prävention*, hrsg. von HAMEL, John; NICHOLLS, Tonia L., Ikaru-Verlag: Frankfurt am Main, 501.

[123] Vgl. SCHRÖTTLE; ANSORGE (2008): *Gewalt gegen Frauen in Paarbeziehungen*, 129–142.
[124] DÖGE, Peter (2013): *Männer – die ewigen Gewalttäter? Gewalt von und gegen Männer in Deutschland*, 2. Aufl., Springer VS: Wiesbaden.
[125] Vergleiche bspw. die verschiedenen Umgangsweisen bei sexuellen Gewalterfahrungen: GAHLEITNER, Silke-Birgitta (2003): *Geschlechtsspezifische Aspekte sexueller Gewalterfahrung*, in: *Frauen und Gewalt: Interdisziplinäre Untersuchungen zu geschlechtsgebundener Gewalt in Theorie und Praxis*, hrsg. von HILBIG, Antje; KAJATIN, Claudia u.a., Königshausen & Neumann: Würzburg, 219ff.
[126] LAMNEK; LUEDTKE u.a. (2012): *Tatort Familie*, 22.

Dass entsprechende Annahmen einen festen Anhalt in statistischen Daten haben, insgesamt aber doch unterbestimmt sind, wurde aus dem bisher Gesagten schon deutlich. Im Auftrag der „Gemeinschaft der Katholischen Männer Deutschlands (GKMD)" und der „Männerarbeit der Evangelischen Kirche in Deutschland" wurde die Männerstudie 2009 „Männer in Bewegung" durchgeführt.[127] Die oben genannte gewaltspezifische Studienauswertung bezieht sich auf die darin erhobenen Daten von 1470 Männern und 970 Frauen und kann damit für den deutschsprachigen Raum als am ehesten repräsentativ gelten.[128] Die Daten wurden durch Face-to-Face-Interviews erhoben, wobei Gewalt nicht das zentrale, sondern nur eines von mehreren Themen war. Gewalt wurde weit gefasst, unter Einbeziehung auch psychischer Gewalt und auf Vorkommen in der ganzen bisherigen Lebensspanne hin abgefragt.

Es sei an dieser Stelle nachdrücklich davor gewarnt, die Ergebnisse dieser Studie zur Gewalt gegen Männer den vorher dargestellten Ergebnissen zu Gewalt gegen Frauen unreflektiert gegenüberzustellen oder sie gar gegeneinander aufzuwiegen.[129]

Nach der Sonderauswertung zur Männerstudie ist auch für Männer (unter Einbeziehung der Kindheit) der soziale Nahraum der entscheidende Ort erlittener Gewalt.[130] In der Ausübung neigen Männer zu physischen Gewaltformen, Frauen zu Verbal- und Kontrollgewalt. Beide üben zu ähnlichen Anteilen Gewalt gegen den/die PartnerIn aus; Männer neigen aber auch hier stärker zu physischer, Frauen zu psychischer Gewalt.[131] Männer sind allerdings von schwerer physischer und sexualisierter Gewalt in Paarbeziehungen sehr viel seltener betroffen.[132] Zu beachten ist außerdem, dass bei dieser Studie die Gewaltfolgen nicht abgefragt wurden. Diese sind für die Erfassung aber nicht unwichtig. Ob in einem Beziehungsstreit eine Frau einem Mann, ein Mann einem Mann oder ein Mann einer Frau einen Faustschlag versetzt, wird in vielen Fällen Verletzungen verschiedener Schweregrade hervorrufen, so man von einem Durchschnittswert körperlicher Verfasstheit ausgeht. Schließlich lässt sich aus

---

[127] VOLZ, Rainer; ZULEHNER, Paul M. (2008): *Männer in Bewegung. Zehn Jahre Männerentwicklung in Deutschland. Ein Forschungsprojekt der Gemeinschaft der Katholischen Männer Deutschlands und der Männerarbeit der Evangelischen Kirche in Deutschland*, Nomos Verlag: Baden-Baden.

[128] Unter anderem auch zum Forschungsdesign: Vgl. DÖGE (2013): *Männer - die ewigen Gewalttäter?*, 23ff.

[129] Dies wäre zum einen nicht hilfreich, weil es sich um zwei völlig unterschiedliche Studiendesigns, Stichprobengrößen und Frageschwerpunkte handelt. Es wäre zum anderen nicht hilfreich, weil so ein fragwürdiges Gegenüber von Männern und Frauen kreiert würde, als könnten Opfer „auf der einen Seite" auch Opfer „auf der anderen Seite" rechtfertigen. Schließlich wäre ein solcher Zugang in hohem Maße unterkomplex, weil bspw. Beziehungsgewalt nicht nur zwischen Männern und Frauen, sondern auch zwischen Frauen und zwischen Männern vorkommt.

[130] Vgl. DÖGE (2013): *Männer - die ewigen Gewalttäter?*, 34ff.

[131] Vgl. DÖGE (2013): *Männer - die ewigen Gewalttäter?*, 40.

[132] Vgl. DÖGE (2013): *Männer - die ewigen Gewalttäter?*, 64.

dieser Studie erheben, dass ähnlich wie Gewalt gegen Frauen auch Gewalt gegen Männer ein Phänomen ist, das sich durch alle Bevölkerungsschichten zieht.[133]

Aus den Ergebnissen der Studie lässt sich folgern, dass auch Gewalt gegen Männer ein signifikantes Teilphänomen von Gewalt im sozialen Nahraum ist. Sie ist allerdings in ihrem Bezug zu Gewalt gegen Frauen differenziert zu bewerten. Es ist außerdem festzustellen, dass Forschung von Gewalt gegen Männer sowohl in homo- als auch in heterosexuellen Partnerschaften noch auf keine Studien von vergleichsweiser hoher empirischer Qualität zurückgreifen kann, wie das bei der Forschung von Gewalt gegen Frauen möglich ist.[134]

4.4 Gewalt gegen alte Menschen

An dieser Stelle soll auf einen eigenen Forschungsbereich verwiesen werden, der Gewalt gegen alte Menschen untersucht. Dieser Forschungsbereich hat insofern seine Berechtigung, als sich alte Menschen gegenüber anderen Erwachsenen in einer besonderen Situation befinden: Die körperliche und geistige Kraft lässt schrittweise nach, und es entstehen neue Verwundbarkeiten und Bedürfnislagen. Entsprechend sind andere Formen der Gewalt (z.B. extreme Vernachlässigung) mit unterschiedlichem Motivhintergrund (z.B. monetäres Interesse oder Überforderung) möglich. Neben dem sozialen Nahraum ist Gewalt in Institutionen wie Heimen und Pflegeeinrichtungen ein wichtiges Thema. In den beiden aufgeführten Studien zu Gewalt gegen Frauen und Männer sind in der jeweiligen Stichprobe auch alte Menschen repräsentativ miterfasst. Da es sich bei den dezidiert gegen alte Menschen gerichteten Gewaltformen in den seltensten Fällen um traumatisierende Gewalt im später noch zu definierenden Sinne handelt, soll hier der Verweis auf weiterführende Literatur genügen.[135] Sensibilität gegenüber dieser Thematik ist nichtsdestoweniger wichtig.

---

[133] Vgl. DÖGE (2013): *Männer – die ewigen Gewalttäter?*, 60ff.
[134] Die parallel zur großen Studie des BMFSFJ ebenfalls für Männer in Auftrag gegebene Studie (PUCHERT, Ralf; JUNGNITZ, Ludger u.a. [2004]: *Gewalt gegen Männer in Deutschland. Personale Gewaltwiderfahrnisse von Männern in Deutschland. Pilotstudie im Auftrag des Bundesministeriums für Familie, Senioren, Frauen und Jugend.*) kann mit 266 Befragten leider nicht als repräsentativ gelten.
[135] Ein sehr aktueller und prägnanter Artikel mit neuerer Literatur: HIRSCH, D. Rolf (2016): *Gewalt gegen alte Menschen*, in: Bundesgesundheitsblatt, 59, H. 1. Im Internet frei zugänglich, umfassend und profund: GÖRGEN, Thomas (2009): *„Sicherer Hafen" oder „gefahrvolle Zone"? Kriminalitäts- und Gewalterfahrungen im Leben alter Menschen*, Bundesministerium für Familie, Senioren, Frauen und Jugend.

4.5 Gewalt gegen Kinder

Mit der schrittweisen Aufdeckung zahlreicher Missbrauchsfälle in kirchlichen und pädagogischen Einrichtungen im deutschsprachigen Raum ab dem Jahr 2010, trat auch vielen Verantwortungstragenden dieser blinde Fleck gesellschaftlicher Wahrnehmung neu ins Bewusstsein. Angesichts des Fehlens aktueller und repräsentativer Daten zur Thematik sexuellen Kindesmissbrauchs führte das „Kriminologische Forschungsinstitut Niedersachsen" eine groß angelegte Studie zu verschiedenen Formen der Gewalt-Viktimisierung in Deutschland durch.[136] Die zur Erfassung von Gewalt gegen Kinder relevanten Daten wurden durch selbstständig und anonym bearbeitete Fragebögen ermittelt. Insgesamt wurden 11 428 Datensätze als verwertbar befunden.[137] Die Stichprobe ist in vielfacher Hinsicht repräsentativ (Bundesland, Stadt-Land-Verteilung, Geschlecht, Bildungshintergrund etc.), umfasst aber nur Menschen in der Altersgruppe zwischen 16 und 40 Jahren, weswegen diese Studie für die Erfassung von Gewalt gegen Frauen und Männer in dieser Arbeit bisher nicht herangezogen wurde.[138]

In diesem Abschnitt zur Gewalt gegen Kinder umfasst Gewalt neben seinen physisch/emotional aktiven Formen auch körperliche und emotionale Vernachlässigung. Sexueller Kindesmissbrauch wird in einem gesonderten Abschnitt behandelt. Die Studie erfasst Gewalt durch Erziehungsberechtigte, also primär Eltern (im Folgenden deswegen „elterliche Gewalt"). Da Gewalt im sozialen Nahraum auch Gewalt von Geschwistern/Stiefgeschwistern, Verwandten oder anderen Nahestehenden Personen beinhaltet, handelt es sich bei den diesbezüglichen Prozentangaben um Mindestwerte.[139] Da Erziehungsberechtigten aber eine primäre Bedeutung zukommt, haben die Daten eine wichtige Orientierungskraft.

---

[136] Vgl. HELLMANN, Deborah F. (2014): *Repräsentativbefragung zu Viktimisierungserfahrungen in Deutschland*, Kriminologisches Forschungsinstitut Niedersachsen: Hannover, 1.

[137] Vgl. HELLMANN (2014): *Repräsentativbefragung*, 37f.

[138] Vgl. HELLMANN (2014): *Repräsentativbefragung*, 49f. Die Studie hat auch für die Beschreibung von Gewalt gegen Kinder ihre Grenzen, wo entsprechende Erfahrungen außerhalb der Stichprobe liegender Altersgruppen nicht einbezogen werden. Es ist auch zu fragen, ob Betroffene nicht mit größerem zeitlichem Abstand tendenziell eher Gewalterfahrungen offenlegen. Der verwendete Gewaltbegriff ist außerdem verhältnismäßig eng und umfasst primär physische Gewalt. Psychischer Gewalt wird nur im Falle von emotionaler Vernachlässigung gegenüber Kindern Rechnung getragen.

[139] Dies liegt auch zum Teil am Sample. Ursula Enders kritisiert in einer Stellungnahme die Stichprobe und merkt an, dass z.B. Kinder aus Heimen, Menschen aus psychiatrischen Einrichtungen und andere Bevölkerungsgruppen, die sehr wahrscheinlich stärker von Gewalt betroffen sind, in der Studie unterrepräsentiert sind. Vgl. www.zartbitter.de/gegen_sexuellen_missbrauch/Aktuell /Stellungnahme_zu _KFN_03.11.2011.pdf (aufgerufen am 25. Juli 2018).

Insgesamt 51,4% der Befragten wurden nach eigenen Angaben völlig gewaltfrei erzogen. 35,7% hatten mindestens einmal leichte Gewalt erlebt und 13% berichten von schwerer Gewalt.[140] Weibliche Befragte wurden dabei häufiger gewaltfrei erzogen (54,2%) als männliche (48,6%), ebenso jüngere als ältere Befragte (besonders schwere Gewalt erlebten von den 16–20 Jährigen ca. 8,5% von den 31–40 Jährigen hingegen 16,2%).[141] Gegenüber 12,7% derer ohne Migrationshintergrund hatten 16% der Befragten mit türkischem und 17,5% der Befragten mit russischen Migrationshintergrund schwere elterliche Gewalt erlebt.[142] Väter waren dabei in Summe etwas gewalttätiger als Mütter, wobei Väter gegenüber ihren Söhnen häufiger gewalttätig wurden als gegenüber ihren Töchtern, während sich bei mütterlicher Gewalt keine geschlechtsspezifischen Unterschiede zeigen.[143] Im Nachklang einer Gewaltwiderfahrnis sprachen 44,8% der Frauen und 31,8% der Männer mit einer anderen Person darüber.[144]

8,7% der Befragten berichten von keiner (0,5%), bzw. wenig (8,2%) elterlicher Zuwendung, 91,3% dagegen von häufigen bzw. sehr häufigen Akten der Zuwendung. 72,5% der von schwerer Gewalt betroffenen Befragten erlebten gleichzeitig ein hohes Maß an Zuwendung.[145]

Aus der Studie geht hervor, dass Gewalt gegen Kinder in allen Bevölkerungsschichten verhältnismäßig unabhängig vom Bildungsstand vorkommt.[146] Wurde Gewalt zwischen den Eltern beobachtet, war die Wahrscheinlichkeit, selbst durch eine/n Erziehungsberechtigten schwere Gewalt zu erleiden um ein 12,5-Faches (!) höher, beim Fehlen elterlicher Zuwendung sogar um ein 17-Faches.[147] Aus Ersterem geht hervor, dass Gewalt in Partnerschaften eng mit Gewalt gegen Kinder verknüpft ist. Auch in dieser Studie erhärtete sich die These einer transgenerationalen Perpetuierung von Gewalt. So erhöhte eigene schwere Misshandlungserfahrung das Risiko eigene Kinder zu viktimisieren fast um das Siebenfache (Faktor 6,8).[148] Dem ist aber auch gegenüberzustellen, dass 59,2% der von schwerer Gewalt in der Kindheit Betroffenen, also die Mehrheit (!), ihre eigenen Kinder völlig gewaltfrei erzogen.[149]

4.5.1 Sexueller Kindesmissbrauch

Die Daten zu sexuellem Kindesmissbrauch sind der gleichen Studie entnommen, sollen aber gesondert vorgestellt werden. Sexueller Missbrauch wurde hier

---

[140] Vgl. HELLMANN (2014): *Repräsentativbefragung*, 82.
[141] Vgl. HELLMANN (2014): *Repräsentativbefragung*, 82.
[142] Vgl. HELLMANN (2014): *Repräsentativbefragung*, 83f.
[143] Vgl. HELLMANN (2014): *Repräsentativbefragung*, 90ff.
[144] Vgl. HELLMANN (2014): *Repräsentativbefragung*, 99.
[145] Vgl. HELLMANN (2014): *Repräsentativbefragung*, 85.
[146] Vgl. HELLMANN (2014): *Repräsentativbefragung*, 87f.
[147] Vgl. HELLMANN (2014): *Repräsentativbefragung*, 88.
[148] Vgl. HELLMANN (2014): *Repräsentativbefragung*, 162.
[149] Vgl. HELLMANN (2014): *Repräsentativbefragung*, 160.

B. Gewalt im sozialen Nahraum

definiert als eine sexuelle Handlungsform[150] eines mindestens fünf Jahre älteren Erwachsenen an einem bis zu einschließlich 16 Jahre alten Kind/Jugendlichen.[151] Die Ergebnisse können dabei für das Schutzalter von bis zu 14 Jahren größtenteils separat eingesehen werden.[152] Sexuelle Handlungen unter Gleichaltrigen[153] wurden nicht erfasst.[154]

Nach der Studie haben 4,4 % – davon 1,4 % einmalig, 3 % mehrmalig – der deutschstämmigen[155] Bevölkerung sexuellen Kindesmissbrauch mit Körperkontakt erlebt. Dabei waren 1,5 % männlich und 7,4 % – also die fünffache Anzahl – weiblich.[156]

Es können in dieser Studie „keine Zusammenhänge zwischen sexuellem Missbrauch und sozialer Schicht abgeleitet werden."[157] Auch sexueller Missbrauch wird zum größten Teil im sozialen Nahraum von weit überwiegend männlichen Tätern verübt. 49,1 % der Täter sind dabei männliche Familienangehörige, 27,3 % männliche Bekannte und bei nur 19,8 % handelt es sich um männliche Unbekannte. Unter den männlichen Betroffenen berichten 15,3 % von einer Täterin, unter den weiblichen Betroffenen sind dies nur 1,5 %.[158] Ein genauerer Blick auf die Zusammensetzung der größten Tätergruppe männlicher Familienangehöriger ist aufschlussreich. Dabei wurden der Onkel mit 10,3 %, der Stiefvater[159] mit 9,9 % und der Vater mit 8,6 % der Gesamtnennungen am häufigsten angeführt.[160] Die Nennung leiblicher Väter dürfte das Mindestmaß

---

[150] Sexuelle Handlungsform bezeichnen hier die Aufforderung zur Berührung bzw. Stimulierung des Geschlechtsteils der älteren Person, das Berührtwerden an Geschlechtsteil, Busen oder Po und verschiedene Formen der Penetration. Die Ausübung von Zwang spielt dabei keine Rolle. Die genauen Frage-Items finden sich bei: STADLER, Lena; BIENECK, Steffen u.a. (2012): *Repräsentativbefragung Sexueller Missbrauch 2011*, Kriminologisches Forschungsinstitut Niedersachsen: Hannover, 14.
[151] Vgl. STADLER; BIENECK u.a. (2012): *Sexueller Missbrauch*, 13.
[152] Dies ist der Tatsache geschuldet, dass verschiedene strafrechtlich relevante Definitionen von sexuellem Kindesmissbrauch existieren. Siehe dazu: STADLER; BIENECK u.a. (2012): *Sexueller Missbrauch*, 13.
[153] Verstanden als ein Altersunterschied von weniger als fünf Jahren.
[154] Das soll nicht heißen, dass es sexuelle Gewalt hier nicht gibt, sondern nur, dass sie durch diese Studie nicht erfasst wurde. Selbstverständlich gibt es sexuellen Missbrauch in verschiedenen Formen auch unter Gleichaltrigen, und es kann sich dabei um äußerst gravierende Formen von Gewalt handeln. Dieser Tatsache ist auch insofern Rechnung zu tragen, als die Prozentangaben hier Mindestwerte darstellen.
[155] Die Daten beziehen sich bei dem nachfolgend verwendeten gesonderten Forschungsbericht vor allem auf die 9134 Befragten ohne Migrationshintergrund. Zu den Spezifika eines türkischen oder russischen Migrationshintergrundes siehe: STADLER; BIENECK u.a. (2012): *Sexueller Missbrauch*, 23ff.
[156] Vgl. STADLER; BIENECK u.a. (2012): *Sexueller Missbrauch*, 19f.
[157] STADLER; BIENECK u.a. (2012): *Sexueller Missbrauch*, 21.
[158] Vgl. STADLER; BIENECK u.a. (2012): *Sexueller Missbrauch*, 36.
[159] Vgl. dazu auch: RADHAKRISHNA, Aruna; BOU-SAADA, Ingrid E. u.a. (2001): *Are Father Surrogates a Risk Factor for Child Maltreatment?*, in: *Child Maltreatment*, 6, H. 4, 281–289.
[160] Vgl. STADLER; BIENECK u.a. (2012): *Sexueller Missbrauch*, 37.

darstellen, da der Bereich des Inzests mit besonders großer Scham besetzt ist. Insgesamt werden nur 13,6% der Fälle angezeigt, wobei die Anzeigebereitschaft bei weiblichen Betroffenen etwas höher lag (14% zu 11,6%).[161]

Besonders für den sexuellen Kindesmissbrauch gilt es festzuhalten, dass die Dunkelziffer mit großer Wahrscheinlichkeit höher liegt. Scham oder Verdrängung sind hierbei nachvollziehbare und als Faktoren mit einzubeziehende Größen. Doch schon die Daten des beleuchteten Dunkelfeldes machen deutlich, dass viele Menschen betroffen sind.[162]

4.6 Gewalt gegen Menschen mit Behinderung

Abschließend sei das Forschungsgebiet ‚Gewalt gegen Menschen mit Behinderung' benannt. Dieser Themenbereich erfordert je nach Art der Behinderung spezielle Seelsorgetheorie und kann hier nicht hinreichend behandelt werden. Eine Forschungsarbeit im Motivkreis von Gewalt im sozialen Nahraum muss aber auf die besondere Verwundbarkeit von Menschen mit Behinderung hinweisen. Sehr schnell befinden sich diese in starken Machtasymmetrien. Geringere Artikulationsmöglichkeiten fördern Verschleierung und ermutigen TäterInnen. Die Forschung fokussiert sich dabei größtenteils auf die besonders vulnerablen Gruppen behinderter Kinder und Frauen.[163] Dabei ist inzwischen klar:

> „Frauen mit Behinderung und Beeinträchtigung haben alle Formen von Gewalt deutlich häufiger erfahren als Frauen im Bevölkerungsdurchschnitt. Auffällig sind die hohen Belastungen insbesondere durch sexuelle Gewalt in Kindheit und Jugend, die sich im Erwachsenenleben oftmals fortsetzten."[164]

Nach einer Studie des Bundesministeriums für Familie, Senioren, Frauen und Jugend waren Frauen mit Behinderung und Beeinträchtigung zwei- bis dreimal häufiger als andere Frauen von sexuellem Missbrauch in Kindheit und Jugend

---

[161] Vgl. STADLER; BIENECK u.a. (2012): *Sexueller Missbrauch*, 41.

[162] So auch eine weitere für den deutschsprachigen Raum verhältnismäßig repräsentative Studie: HÄUSER, Winfried; SCHMUTZER, Gabriele u.a. (2011): *Misshandlungen in Kindheit und Jugend*, in: Deutsches Ärzteblatt, 108.

[163] Ein sehr informativer Artikel mit – bei einem Schwerpunkt bzgl. Kinder und Jugendlicher –Literatur zur Thematik sexuellen Missbrauchs samt Präventionsmöglichkeiten: CHODAN, Wencke; REIS, Olaf u.a. (2015): *Sexueller Missbrauch von Kindern und Jugendlichen mit Behinderung*, in: *Sexueller Missbrauch von Kindern und Jugendlichen: Ein Handbuch zur Prävention und Intervention für Fachkräfte im medizinischen, psychotherapeutischen und pädagogischen Bereich*, hrsg. von FEGERT, Jörg M.; HOFFMANN, Ulrike u.a., Springer: Berlin, Heidelberg.

[164] SCHRÖTTLE, Monika; HORNBERG, Claudia (2013): *Lebenssituation und Belastung von Frauen mit Behinderung und Beeinträchtigung in Deutschland*, Bundesministerium für Familie, Senioren, Frauen und Jugend, 217.

betroffen.[165] Die Notwendigkeit erhöhter Achtsam- und Aufmerksamkeit aller in diesem Bereich seelsorglich Arbeitenden und seelsorgetheoretisch Forschenden sollte damit selbstevident sein.

5. Fazit

In diesem Kapitel wurde das Phänomen der Gewalt im sozialen Nahraum grundlegend beschrieben. Ausgehend von etymologischen Perspektiven und der Thematisierung unterschiedlicher Forschungsprobleme, welche den wissenschaftlichen Zugriff verkomplizieren, wurde eine grundlegende Definition entwickelt. Gewalt wird in dieser Arbeit verstanden als eine zu verantwortende, schädigende Handlung (was Tun oder Unterlassen in sich einschließt) in physischer, psychischer oder sexueller Form, unter Ausnutzung bestehender Machtverhältnisse. In der historischen Skizze wurde aufgezeigt, wie vor allem durch den Einsatz von Frauen- und Kinderschutzbewegung diese Form der Gewalt als soziales Problem ausgemacht und Ansätze zu ihrer Beendigung entwickelt wurden. Etwas zeitversetzt wurde die Thematik auch von der Kirche in ihrer Wichtigkeit erfasst, wobei dieser Erkenntnisprozess sich in höheren Hierarchieebenen stark verzögert durchzusetzen beginnt. Im Anschluss daran wurden die Komplexität von Erklärungsmodellen für Gewalt im sozialen Nahraum benannt. Monokausale Erklärungsmuster sind hier nicht weiterführend. Nach der Erläuterung methodischer Probleme wurden anhand verschiedener Studien unterschiedliche Formen der Gewalt je nach der Zielgruppe der Betroffenen näher beschrieben. Die Übersicht über die verschiedenen Studien zeigt, dass es sich bei Gewalt im sozialen Nahraum um ein schwerwiegendes, durch alle gesellschaftlichen Schichten verbreitetes soziales Problem handelt. Besonders für vulnerable Gruppen wie Frauen und Kinder ereignen sich im sensiblen, nächsten sozialen Umfeld die gravierendsten Formen von Gewalt. Bei schwerer körperlicher und sexueller Gewalt sind die Verursachenden vor allem männlichen Geschlechts, leichtere Formen werden auch signifikant häufig von Täterinnen verübt. Angesichts der durch die Studien eruierten Prozentzahlen ist davon auszugehen, dass sich auch in allen kirchlichen Handlungsfeldern zahlreiche Betroffene finden.

---

[165] Vgl. SCHRÖTTLE; HORNBERG (2013): *Frauen mit Behinderung*, 218.

C. Trauma

1. Annäherung

1.1 Bedeutungsfacetten

Der Begriff „Trauma" geht auf das griechische „τὸ τραῦμα" zurück, das „Wunde, Verletzung, Schaden, Leck (bei Schiffen)" oder übertragen „Verlust, Niederlage"[1] bedeutet. Derivate sind „τὸ θραῦμα", das als „Bruchstück, Trümmer" stärker poetisch verwendet wird.[2] Das Verb „θραύω" lässt sich mit „zerbrechen" oder übertragen mit „niederbeugen, entkräften, vernichten"[3] wiedergeben.[4]

Alltagssprachlich wird der Begriff bisweilen inflationär für besonders leidvolle und als belastend erlebte Vorkommnisse verwendet. Dem gegenüber stehen neben einer medizinischen Verwendung für physische Wunden – der Begriff stammt aus der Chirurgie und wurde erst im 19. Jh. auf die Psyche übertragen[5] – präzisere Definitionen aus dem Bereich von Psychologie, Medizin und Neurowissenschaften. Davon zu unterscheiden ist die Verwendung des Traumabegriffs als „kulturelles Deutungsmuster"[6]. Im kulturwissenschaftlichen Bereich wird – in größerer Nähe oder Distanz zu den psychologisch-klinischen Definitionen – der Begriff Trauma in den hermeneutischen Horizont des jeweiligen Faches als neuer Reflexionsterminus einbezogen und dient hier der vertieften Bearbeitung der dem Fach jeweils eigenen Fragen. So lässt sich etwa medienwissenschaftlich fragen, wie sich Traumata in Medien einschreiben, die wiederum als Auslagerungsort psychischer Prozesse verstanden werden.[7]

---

[1] GEMOLL (2006): *Griechisch-deutsches Schul- und Handwörterbuch*, 10. Aufl., Oldenbourg Schulbuchverlag: München, 799.
[2] GEMOLL (2006): *Griechisch-deutsches Schul- und Handwörterbuch*, 400.
[3] GEMOLL (2006): *Griechisch-deutsches Schul- und Handwörterbuch*, 400.
[4] Im Titel der Arbeit wird die Pluralform ‚Traumata' verwendet. Dies soll der Tatsache Rechnung tragen, dass die Variationsbreite möglicher traumatischer Situationen einerseits und individueller Reaktionen andererseits sehr breit ist.
[5] SCHULT (in Vorb.): *Ein Hauch von Ordnung*, 52.
[6] SCHULT (in Vorb.): *Ein Hauch von Ordnung*, 19. Ausführlichere Darstellung der Bedeutung als kulturelles Deutungsmuster: 118ff.
[7] Z.B. STEINMANN, Christina L. (2013): *Medien und Psychische Prozesse: Wie sich Traumata und Wünsche in Medien ausdrücken und deren Entwicklung antreiben*, Transcript: Bielefeld.

Ebenso findet der Begriff politikwissenschaftlich Verwendung.[8] Diese Aufzählung ließe sich noch in verschiedene Richtungen erweitern.[9] Zu beachten ist allerdings, dass der Terminus „kulturelles Deutungsmuster" ein anderes Konzept in sich birgt, als das englische „cultural trauma", das vielmehr so etwas wie ein kollektives Trauma bezeichnet.[10] Hier sind die konzeptionellen Trennlinien noch nicht fest umrissen.[11]

Für die Fragestellung der Dissertation ist die Orientierung an den medizinisch-psychologischen Traumadefinitionen wegweisend.[12] Ford und Kollegen weisen dabei auf zwei Verwendungsweisen des Begriffes ‚Trauma' hin, die zu unterscheiden, wenn auch nicht zu trennen sind. Trauma kann sich entweder auf ein Ereignis an sich oder auf die psychischen Folgen während oder nach diesem Ereignis beziehen.[13] Im Deutschen finden sich beide Bedeutungsfacetten in ähnlicher Weise in dem Wort ‚Verletzung'.[14] Ein gewisses Problembewusstsein bezüglich dieser Varianz ist für die psychotraumatologische Lektüre in jedem Fall hilfreich. In dieser Doppelbedeutung konserviert sich allerdings auch eine tiefgreifende Einsicht: Ein traumatisches Ereignis geht nicht einfach vorüber, sondern bleibt präsent. Eben dass das verletzende Ereignis auch nach langer Zeit noch gegenwärtig sein kann, zeichnet ein traumatisches Erlebnis aus.

Die Verbundwissenschaft, in der sich verschiedene Fachrichtungen der umfassenden Erforschung von psychischen Traumata widmen, nennt sich

---

[8] Z.B. BELL, Duncan (2006): *Memory, Trauma and World Politics: Reflections on the Relationship between Past and Present*, Palgrave Macmillan: Basingstoke [u.a.].

[9] Es sei noch ein Beispiel aus der Literaturwissenschaft gegeben. Hier kann ‚Trauma' als Analysekategorie prosaischer Realitätsbewältigung und Instrument von Sozialkritik dienen. Vgl. BASSELER, Michael (2008): *Kulturelle Erinnerung und Trauma im zeitgenössischen afroamerikanischen Roman*, Wissenschaftlicher Verlag Trier: Trier.

[10] Der wichtigste Theoretiker zum Konzept des „cultural trauma" ist wahrscheinlich Jeffrey C. Alexander. Das klassische Zitat zu dessen Hypothese lautet: „[C]ultural trauma occurs when members of a collectivity feel they have been subjected to a horrendous event that leaves indelible marks upon their group consciousness, marking their memories forever and changing their future identity in fundamental and irrevocable ways." (Jeffrey, Alexander [2004]: Toward a Theory of Cultural Trauma, in: Cultural Trauma and Collective Identity, hrsg. von Alexander, Jeffrey C.; Eyerman, Alexander R. u.a., University of California Press: Berkeley, 1.)

[11] Sehr klärend in Bezug auf die Kategorie des kollektiven Traumas ist die Darstellung von Ruth Poser, in: Poser (2012): Das Ezechielbuch als Trauma-Literatur, 78ff.

[12] Die Habilitationsarbeit von Maike Schult *Ein Hauch von Ordnung* wendet sich stärker dem kulturwissenschaftlichen Bedeutungsaspekt zu und macht diesen für die Seelsorge fruchtbar.

[13] Vgl. FORD, Julian D.; GRASSO, Damion J. u.a. (2015): *Posttraumatic Stress Disorder*, 2. Aufl., Elsevier: Amsterdam [u.a.], 5.

[14] Der Begriff ‚Verletzung' kann ein Ereignis bezeichnen, oder als ein Oberbegriff für dessen unterschiedliche Folgen dienen (z.B. ‚Ich leide unter der Verletzung').

C. Trauma 77

Psychotraumatologie, also übersetzt die ‚Lehre von der seelischen Verletzung'[15]. Bei der Psychotraumatologie handelt es sich um ein ausgesprochen dynamisches, vielfältiges und starken Wandlungen unterworfenes Forschungsfeld. Dies ist durch die Pluralität der beteiligten Fachdisziplinen, vorherrschenden Menschenbilder, Interessenslagen, gesellschaftlichen Umstände und eine rasant voranschreitende Forschung bedingt. So wurden zu verschiedenen Zeiten verschiedene Modelle für die Beschreibung des Phänomens entwickelt, das heutzutage unter der Chiffre ‚(Psycho-)Trauma' behandelt wird. Auch wenn diese häufig im Kontext empirisch rückgebundener Forschung entwickelt wurden, handelt es sich um zeitgebundene Konzeptualisierungen.[16] Bevor eine Darstellung der gegenwärtig wegweisenden Definitionen erfolgen kann, ist deswegen ein Blick auf die historische Genese der klinischen Verwendungsweise des Traumabegriffs sinnvoll.

1.2 Geschichte der Psychotraumatologie anhand wichtiger Stationen[17]

Naturkatastrophen, Gewalt und Krieg sind seit jeher Begleiter der Menschheitsgeschichte und die Bearbeitung ihrer (in heutigem Sprachduktus) traumatischen Auswirkungen immer wieder Gegenstand kulturellen Schaffens geworden.[18] Im Fokus dieser Arbeit stehen Traumata, die durch Gewalt im sozialen Nahraum verursacht wurden. Doch so wie die Erforschung von Gewalt im sozialen Nahraum als Ursache von Traumata hochgradig mit gesellschaftlichen Gegebenheiten und Wertvorstellungen verwoben war und ist, so auch die Thematisierung von Psychotraumata selbst. Die Anerkennung, dass schreckliche Ereignisse einen Menschen psychisch tief verletzen können, diese seelischen Verletzungen sich auf äußerst belastende Weise auswirken und diese Folgen in keiner Weise im Verschulden des betroffenen Menschen liegen, musste erst nach und nach erkämpft werden. Vor allem Traumata infolge von Gewalt im

---

[15] Das Wort ‚Psychotraumatologie' wurde im Jahr 1991 im Kontext der Gründung des Deutschen Instituts für Psychotraumatologie in den deutschsprachigen Diskurs eingeführt. Vgl. SEIDLER, Günter H. (2013): *Einleitung: Geschichte der Psychotraumatologie*, in: *Posttraumatische Belastungsstörungen*, hrsg. von MAERCKER, Andreas, 4. Aufl., Springer: Berlin [u.a.], 4.
[16] Vgl. SEIDLER (2013): *Geschichte*, 5.
[17] Eine ausgezeichnete historische Abhandlung, die sich mit der Entwicklung der Trauma-Konzeption ausführlich beschäftigt, findet sich bei: SCHULT (in Vorb.): *Ein Hauch von Ordnung*, 52–109.
[18] Zwar stellt sich die Frage nach Unterschieden zwischen verschiedenen Epochen und Kulturräumen und von diesen ist in jedem Fall auszugehen. Doch ist dieser Befund mit den Argumenten für eine gewisse Äquifinalität verschiedener Traumaverläufe in Spannung zu halten. Vgl. FORD; GRASSO u.a. (2015): *Posttraumatic Stress Disorder*, 21.

sozialen Nahraum lagen über den Großteil der Menschheitsgeschichte hinweg außerhalb der gesellschaftlich akzeptierten Wirklichkeit. Judith Herman spricht deswegen von einer „periodische[n] Amnesie"[19] also einer regelmäßig wiederkehrenden Verluststörung des kollektiven Gedächtnisses in der Beschäftigung mit Traumata.

> „Der Grund für diese periodische Amnesie ist nicht der übliche Wechsel der gerade aktuellen Themen, dem jede geistige Arbeit unterliegt. [...] Das Thema provoziert so starke Kontroversen, dass es periodisch tabuisiert wird. [...] Die Untersuchung psychischer Traumata konfrontiert den Forscher mit der Verwundbarkeit des Menschen in seiner natürlichen Umwelt und mit der Fähigkeit zum Bösen als Teil der menschlichen Natur."[20]

„Verwundbarkeit des Menschen" meint hier Verwundbarkeit aller Menschen. Kein Mensch ist so stark, als dass er psychisch nicht von einem traumatischen Ereignis gebrochen werden könnte. Dies ist eine Einsicht, deren Bewusstwerdung von tiefen Infragestellungen menschlichen Selbstverständnisses begleitet und unter bestimmten gesellschaftlichen Vorzeichen nahezu unannehmbar wird.[21] Hinzu kommt die Frage nach der „Fähigkeit zum Bösen als Teil der menschlichen Natur". Denn bei Traumata infolge von Gewalt im sozialen Nahraum geht es um brutale Handlungen, die innerhalb von Partnerschaften, Familien und der Verwandtschaft bis in die ‚besten' gesellschaftlichen Kreise hinein verübt werden. Also in dem Rahmen, in dem Fürsorge, Zuwendung, Respekt und Liebe nach menschlichem Ermessen am ehesten ihren Ort haben. Sprachlosigkeit, Tabuisierung oder Verdrängung liegen hier besonders nahe.

Die ersten kulturgeschichtlichen Zeugnisse der Folgen von traumatischer Gewalt sind schon sehr alt. Für manche Psychotraumatologen sind die Texte des Gilgamesch-Epos und darin die Reaktion des Gilgamesch auf den Tod des Enkidu ein erster Beleg.[22] Als eine der ältesten Zeuginnen von Traumata infolge von Gewalt im sozialen Nahraum kann innerhalb des Alten Testaments die Königstochter Tamar in 2. Samuel 13 gesehen werden. Aus dem höchsten gesellschaftlichen Milieu und der angesehensten Familie des Landes stammend, wird sie von ihrem Halbbruder Amnon vergewaltigt. Die Reaktion ihres Bruders Absalom ist dabei bezeichnend. Auch wenn dieser infolge der Tat in Hass auf Amnon entbrennen und diesen später töten wird, spricht er zu seiner Schwester: „Nun denn, meine Schwester, schweige [Imperativ]! Er ist dein Bruder. Du sollst dir diese Sache nicht zu Herzen nehmen [Jussiv]" (2. Sam 13,20).[23] Tabuisierung und

---

[19] HERMAN, Judith L. (1993): *Die Narben der Gewalt: Traumatische Erfahrungen verstehen und überwinden*, Kindler: München, 17.
[20] HERMAN (1993): *Die Narben der Gewalt*, 17.
[21] Bspw. erkenntlich an den militaristischen Gesellschaften während des ersten Weltkrieges.
[22] Vgl. FORD; GRASSO u.a. (2015): *Posttraumatic Stress Disorder*, 7f.
[23] Eigene Übersetzung.

C. Trauma

Verdrängung kennzeichnen die Handlung Absaloms. Tamar bleibt fortan im Haus ihres Bruders Amnon in einem Zustand, für den der hebräische Text ein Partizip Feminin des Wortes שמם gebraucht.[24] Das Bedeutungsspektrum dieses Wortes umfasst „starr vor Entsetzen sein", „verstört" „erstarrt", „isoliert", „verwüstet", „benommen", „erschüttert sein" und „starr werden"[25]. Diese Übersetzungsmöglichkeiten beschreiben schon vieles, was später in diagnostischem Vokabular weiter präzisiert werden wird.[26]

Als Vokabel kennt auch das Neue Testament Traumata. Die Bedeutung bezeichnet dabei – z.B. in der Geschichte vom barmherzigen Samariter in Lukas 10,34 – primär physische Verwundungen. Doch zeigt Eve-Marie Becker, die verschiedene Belegstellen für das Lexem in frühchristlichen Schriften näher betrachtet, dass das semantische Feld auch in psychisches Verwundet-sein bzw. den metaphorischen Gebrauch des Wortes hineinreicht.[27] Theologisch interessant ist die Belegstelle in Lukas 4,18. Im Rückgriff auf ein eingefügtes Jesaja-Zitat[28], sagt Jesus an dieser Stelle im Lukasevangelium über sich, er sei gekommen, die Zerschlagenen bzw. Gebrochenen in die Freiheit zu entlassen. Das Wort für die „Gebrochenen" ist dabei ein Partizip Perfekt Passiv von „θραύω", entstammt also direkt dem Trauma-Vokabular.

Eine wissenschaftlich betriebene Psychotraumatologie hebt in der Mitte des 19. Jh. an. So beobachteten Ärzte bei Überlebenden von Eisenbahnunfällen Symptome wie Depression, Angst, Erschöpfung, Zittern und Schmerzen. Prominentester Vertreter wurde der britische Chirurg Jon Eric Erichsen (1818–1896) mit seinem Buch „On Railway and Other Injuries of the Nervous System" (1866).[29] Er beschrieb dort das Krankheitsbild eines „railway spine", also einer „Eisenbahn-Wirbelsäule". Zugrunde lag dabei die Annahme, dass die beschrie-

---

[24] Die Wiedergabe dieses Wortes ist in vielen Übersetzungen nicht gelungen. Beispielsweise gibt es die revidierte Lutherbibel von 2017 schlichtweg mit „einsam" wieder.
[25] Vgl. GESENIUS (2013): *Hebräisches und Aramäisches Handwörterbuch über das Alte Testament*, 18. Aufl., Springer: Heidelberg [u.a.], 1379f.
[26] Eine sehr interessante und ausführliche Analyse des hebräischen Lexems bietet Ruth Poser in: POSER (2012): *Das Ezechielbuch als Trauma-Literatur*, 311ff.
[27] BECKER, Eve-Marie (2014): 'Trauma Studies' and Exegesis: Challenges, Limits and Prospects, in: Trauma and Traumatization in Individual and Collective Dimensions: Insights from Biblical Studies and Beyond, hrsg. von BECKER, Eve-Marie; DOCHHORN, Jan; HOLT, Else K., Vandenhoeck & Ruprecht: Göttingen, 17f.
[28] Interessant ist, dass das Jesaja-Zitat aus dem Septuagintatext von Jes 58,6 in den Text von Jes 61,1f eingefügt worden ist, die Bedeutungsfacette, die Jes 58,6 in Lukas 4,18f einbringt, für den Verfasser also wichtig gewesen sein muss.
[29] ERICHSEN, John Eric (1866): *On Railway and Other Injuries of the Nervous System*, Walton and Maberly: London.

benen Symptome aus den Folgen einer physischen Verletzung des Rückenmarkes bei entsprechenden Unfällen entstanden.[30] Die Ursache für die Symptomatik wurde zu Beginn weniger, später aber immer stärker in der psychischen Einwirkung gesehen.[31]

Etwa zwei Jahrzehnte später und für den deutschen Sprachraum sehr wirkmächtig veröffentlichte der jüdische Neurologe und Rabbinersohn Hermann Oppenheim (1858-1919) das Buch „Die traumatischen Neurosen" (1889).[32] Seine Kasuistik umfasste dabei verschiedenste Unfallopfer, setzte sich aber von dem Konzept des „railway spine" ab.[33] Auch er ging noch von einer hohen Bedeutung der physischen Einwirkung aus, sah aber mit großer Deutlichkeit die Bedeutung des psychischen Traumas.[34] So konnte er formulieren: „Die Hauptrolle spielt das psychische [sic!]: der Schreck, die *Gemüths*erschütterung. Die im Momente des Unfalls eintretende schreckhafte Aufregung ist meistens so bedeutsam, dass sie eine dauernde psychische Alteration bedingt."[35] Oppenheims Einsichten wurden jedoch immer wieder von verschiedener Seite angegriffen, so dass sein Ansatz in der Breite nicht weiterverfolgt wurde.[36]

Ebenfalls gegen Ende des 19. Jh. entwickelte sich ein weiterer wichtiger Strang der frühen Psychotraumatologie.[37] In Frankreich hatte der Neurologe Jean-Martin Charcot (1825-1893) die Erforschung der sogenannten „Hysterie" ins Zentrum seines Forschungsinteresses gestellt.[38] Seine Arbeit zog ambitionierte Wissenschaftler aus der ganzen Welt an. Zu den klangvollsten Namen gehören William James (1842-1910), Pierre Janet (1859-1947) und Sigmund Freud (1856-1939).[39] Während sich Charcot vor allem einer exakten Beschreibung der Symptomatik widmete, setzten seine beiden letztgenannten Nachfolger die Suche nach den Ursachen der Hysterie fort. „Ein kurzes Jahrzehnt lang lauschten Männer der Wissenschaft mit vorher wie später unbekannter Hingabe und

---

[30] Vgl. FORD; GRASSO u.a. (2015): *Posttraumatic Stress Disorder*, 9.
[31] Vgl. SEIDLER (2013): *Geschichte*, 5. Auch wenn Erichsen die Auswirkungen wahrscheinlich nie alleine durch die psychische Einwirkung verursacht dachte.
[32] OPPENHEIM, Hermann (1889): *Die traumatischen Neurosen*, Hirschwald: Berlin.
[33] Vgl. SEIDLER (2013): *Geschichte*, 6. In diesem Kontext wurde auch das folgende Zitat von Oppenheim das erste Mal wahrgenommen.
[34] Siehe zum Beispiel: OPPENHEIM, Hermann (1915): *Der Krieg und die traumatischen Neurosen*, Springer-Verlag: Berlin [u.a.], 4.
[35] OPPENHEIM (1889): *Die traumatischen Neurosen*, 123f (H.i.O.).
[36] Zu dieser wichtigen Figur deutscher Medizingeschichte vgl. insbesondere: MENNEL, Hans-Dieter; HOLDORFF, Bernd u.a. (2007): *Hermann Oppenheim und die deutsche Nervenheilkunde zwischen 1870 und 1919*, Schattauer: Stuttgart [u.a.].
[37] Eine scharfsinnige Darstellung dieses Zeitabschnittes, auf die auch hier immer wieder Bezug genommen wird, findet sich bei: HERMAN (1993): *Die Narben der Gewalt*, 21-34.
[38] Hysterie leitet sich vom griechischen ὑστέρα „Gebärmutter" ab und war über viele Jahrhunderte ein Sammelbegriff für verschiedene als dezidiert weiblich gedeutete Krankheitsbilder.
[39] Wobei weniger William James als vielmehr die letzten beiden für die Traumaforschung wichtig wurden.

C. Trauma

Respekt auf das, was Frauen zu sagen hatten[,]" wie Judith Herman formuliert und dabei einen Verweis auf den ausgesprochen patriarchalen Kontext dieser Forschungsepoche gibt.[40] Sowohl Janet als auch Freud kamen dabei zu dem Ergebnis, dass das als „Hysterie" bezeichnete Krankheitsbild seine Ursache in Bewusstseinsveränderungen infolge von traumatischen Erlebnissen hatte. Beide erkannten deren pathogene Wirkung und die positive Wirkung des therapeutischen Gesprächs darüber.[41]

Als Freud 1896 mit seinem Vortrag „Zur Ätiologie der Hysterie" vor den Wiener Verein für Psychiatrie und Neurologie trat, fasste er sein Forschungsergebnis so zusammen: „Ich stelle also die Behauptung auf, zugrunde jedes Falles von Hysterie befinden sich – durch die analytische Arbeit reproduzierbar, trotz des Dezennien umfassenden Zeitintervalls – ein oder mehrere Erlebnisse von vorzeitiger sexueller Erfahrung, die der frühesten Jugend angehören."[42] Sexueller Kindesmissbrauch als Ursache von Hysterie mit Fallbeispielen bis in die besten Familien Wiens hinein? Ein unmöglicher Tabubruch, der Freud abweisende, kalte Reaktionen von Kollegen und Gesellschaft entgegenbrachte. In einem Brief an Wilhelm Fließ schrieb er wenig später:

> „Ein Vortrag über die Ätiologie der Hysterie im psychiatrischen Verein fand bei den Eseln eine eisige Aufnahme und von Krafft-Ebing die seltsame Beurteilung: Es klingt wie ein wissenschaftliches Märchen. Und dies, nachdem man ihnen die Lösung eines mehrtausendjährigen Problems, ein caput Nili aufgezeigt hatte!"[43]

Trotz der starken Indizien für ihre Plausibilität, distanzierte sich Freud deswegen bald wieder von seiner These und deutete die Berichte seiner missbrauchten Patientinnen zumindest teilweise als Phantasiegebilde.[44] Und obwohl Janet an seiner Traumatheorie festhielt, wurde auch sein Ansatz nicht weiterverfolgt. Beide lebten in einer Zeit, deren Wertesysteme durch die Konsequenzen der

---

[40] HERMAN (1993): *Die Narben der Gewalt*, 23.
[41] Vgl. HERMAN (1993): *Die Narben der Gewalt*, 21ff.
[42] FREUD, Sigmund (1886): Zur Ätiologie der Hysterie, in: *Gesammelte Werke Band 1*, hrsg. von FREUD, Anna; BIBRING, Edward u.a., 2. Aufl., Fischer: Frankfurt am Main 1964, 439.
[43] FREUD, Sigmund (1986): *Briefe an Wilhelm Fließ, 1887-1904*, Fischer: Frankfurt am Main, 193.
[44] Welche Gründe ihn zur Verwerfung seiner sogenannten „Verführungstheorie" veranlassten, inwiefern sie für ihn persönlich eine gewisse Überzeugungskraft behielt oder verlor und welche Folgen diese geistige Wendung hatte, ist inzwischen Gegenstand zahlreicher wissenschaftlicher Untersuchungen geworden. Von außen betrachtet scheint es, als würden Streitigkeiten verschiedener Strömungen der Psychologie immer auch über die Bewertung ihrer Gründungsfiguren ausgefochten. Einen guten Überblick bzgl. Freud bietet: KRUTZENBICHLER, Sebastian (2004): *Sexueller Missbrauch als Thema der Psychoanalyse von Freud bis zur Gegenwart*, in: *Sexueller Missbrauch, Misshandlung, Vernachlässigung: Erkennung, Therapie und Prävention der Folgen früher Stresserfahrungen*, hrsg. von EGLE, Ulrich T.; HOFFMANN, Sven O. u.a., 3. Aufl., Schattauer: Stuttgart [u.a.], 170–179.

erforschten Sachverhalte massiv in Frage gestellt worden wären. Traumata infolge von Kindesmissbrauch fielen der gesellschaftlichen Amnesie anheim.[45]

Das Traumathema insgesamt kehrte mit Wucht infolge des ersten Weltkrieges zurück. Hunderttausende von Männern erlebten unvorstellbare Grauen: „Eingepfercht und zu hilflosem Abwarten verdammt, ständig in Angst vor dem Tod [...] benahmen sich viele Soldaten auf einmal wie hysterische Frauen. Sie schrien und weinten unkontrolliert, sie erstarrten und konnten sich nicht mehr bewegen, sie wurden stumm und reagierten nicht mehr."[46] In der medizinischen Beschäftigung bildeten sich für die Folgen bald Begriffsschöpfungen wie „Schlachtfeldtrauma" und „Bombenschock", die Betroffenen wurden „Kriegszitterer" genannt.[47] Innerhalb der Kunst waren bspw. die Werke von Otto Dix (expressionistisch-)erschütternde Zeugnisse der durchlebten Seelenqualen.[48] Der Umgang mit den traumatisierten Soldaten war dabei innerhalb von Gesellschaft und Staat aus heutiger Sicht inhuman. Aus einem Weltbild heraus, in dem die destruktiven psychischen Folgen von Krieg keinen Platz hatten, sahen viele der behandelnden Ärzte die Ursache der Störungsbilder in charakterlichen und moralischen Defiziten der Leidtragenden. Willensschwäche, Hypochondrie und Feigheit seien die eigentlichen Wurzeln des Problems. Es ging deswegen nicht darum, Wunden zu heilen, sondern falsche Haltungen zu korrigieren. Die vorgeschlagene Kur kann aus heutiger Perspektive teilweise als Folter bezeichnet werden.[49] Durch Elektroschocks (bspw. in den Kehlkopf verstummter Soldaten), Diskreditierung und Isolationsfolter sollten die Soldaten möglichst schnell wieder kampffähig gemacht werden. Eine tragende Rolle bei der Legitimierung dieser Behandlungsansätze kam auch Karl Bonhoeffer (1868–1948), dem Vater von Dietrich Bonhoeffer, zu.[50]

Zur gleichen Zeit begannen sich aber auch weiterführende Ansätze zu entwickeln. Abram Kardiner (1891–1981), ein junger amerikanischer Psychoanalytiker[51], der Leid aus seinem eigenen familiären Kontext kannte, arbeitete ebenfalls mit traumatisierten Soldaten des Ersten Weltkrieges.[52] 1941 veröffentlichte er seine Untersuchung „The Traumatic Neuroses of War", in der er bis

---

[45] Die Amnesie war dabei nie eine vollständige, aber eine weitestgehende. Eine Ausnahme innerhalb der psychoanalytischen Tradition bildete bspw. der ungarische Psychoanalytiker Sándor Ferenczi. Siehe für eine sehr differenzierte Darstellung Freuds und eben auch Sándor Ferenczis: HIRSCH, Mathias (2004): *Psychoanalytische Traumatologie: Das Trauma in der Familie*, Schattauer: Stuttgart, 7–56.
[46] HERMAN (1993): *Die Narben der Gewalt*, 34.
[47] SCHULT (in Vorb.): Ein Hauch von Ordnung, 75.
[48] Siehe z.B. die Bilder „Das Feld der Ehre" oder „Der Krieg". Für den Hinweis auf Otto Dix danke ich Traugott Roser.
[49] Siehe z.B. die „Kaufmann-Kur": Vgl. SCHULT (in Vorb.): *Ein Hauch von Ordnung*, 76.
[50] Vgl. SEIDLER (2013): *Geschichte*, 7f.
[51] Wobei hinzuzusagen ist, dass sich Kardiner nicht auf die Psychoanalyse beschränkte.
[52] Interessante Einsichten über die zum Teil sehr schwere Kindheit von Kardiner sind der Tatsache zu verdanken, dass dieser in seinen frühen Jahren die Möglichkeit einer Analyse

C. Trauma

heute relevante Grundlagen der Psychotraumatologie legte.[53] Kardiner sprach von einer „Physioneurose"[54] und wies damit auf die Betroffenheit des ganzen Körpers bei einer traumatischen Erfahrung hin.[55] Das Erscheinungsdatum spiegelt das durch den Zweiten Weltkrieg – nach einer erneuten Phase relativer gesellschaftlicher Amnesie in den Zwischenkriegsjahren – wiedergekehrte Interesse an Kriegsneurosen wieder.

Nach dem Zweiten Weltkrieg ging das gesamtgesellschaftliche Interesse wieder zurück und Millionen von traumatisierten Frauen und Männern wurde der Zwang zur – mehr oder minder möglichen – Verdrängung auferlegt. Es ist bezeichnend, dass vor allem für den deutschsprachigen Raum in der Nachkriegszeit wissenschaftliche Forschung in diesem offensichtlichen Problemfeld weitestgehend fehlt.[56] Dort herrschten noch die von Karl Bonhoeffer prominent vertretenen und gegen Hermann Oppenheim durchgesetzten Annahmen einer uneingeschränkten Ausgleichsfähigkeit der menschlichen Psyche auch bei massivsten Belastungen vor.[57] Teils auf dieser Grundlage wurden auch Rentenansprüche von KZ-Überlebenden über viele Jahrzehnte abschlägig beurteilt.[58] Doch auch in der deutschsprachigen Forschung gab es vereinzelt Ausnahmen. Hier sei exemplarisch das Buch von Häfner, Baeyer und Kisker „Psychiatrie der Verfolgten. Psychopathologische und gutachterliche Erfahrungen an Opfern der nationalsozialistischen Verfolgung und vergleichbarer Extrembelastungen" (1964) genannt, das allerdings kaum therapeutische Empfehlungen bot.[59] Die wirklich umfassende Problematisierung von Kriegstraumata ist in Deutschland ein Produkt der jüngeren Geschichte. So wurden nach der wissenschaftlichen Arbeit mit Holocaustüberlebenden innerhalb der Debatte um Kriegskinder und Kriegsenkel auch die generationenübergreifenden Folgen von Traumata thematisiert.[60]

---

[53] bei Freud wahrnehmen konnte und darüber später auch einen Bericht veröffentlichte: KARDINER, Abram (1977): *My Analysis with Freud: Reminiscences*, Norton: New York. Vgl. ECHTERLING, Lennis G.; FIELD, Thomas A. u.a. (2015): *Evolution of PTSD Diagnosis in the DSM*, in: *Future Directions in Post-Traumatic Stress Disorder: Prevention, Diagnosis, and Treatment*, hrsg. von SAFIR, Marilyn P.; WALLACH, Helene S. u.a., Springer: New York [u.a.], 191.

[54] Wortwörtlich: „Körpernervenkrankheit". Geht man von einem weiteren Begriff von Neurose, als Sammelbegriff für verschiedene psychische Störungen aus, meint der Begriff wohl etwas wie eine psychische Störung die sich deutlich im Körper niederschlägt.

[55] Vgl. VAN DER KOLK, Bessel A. (2015): *Verkörperter Schrecken: Traumaspuren in Gehirn, Geist und Körper und wie man sie heilen kann*, Probst: Lichtenau, 19.

[56] Wobei die Ursachen hierfür vielfältig sind.

[57] Vgl. SEIDLER (2013): *Geschichte*, 9.

[58] Vgl. SEIDLER (2013): *Geschichte*, 9.

[59] VON BAEYER, Walter Ritter; HÄFNER, Heinz u.a. (1964): *Psychiatrie der Verfolgten. Psychopathologische und gutachterliche Erfahrungen an Opfern der nationalsozialistischen Verfolgung und vergleichbarer Extrembelastungen*, Springer: Berlin.

[60] Ausführlich und ergiebig dazu: SCHULT (in Vorb.), *Ein Hauch von Ordnung*, 54–109.

Anders verlief die Entwicklung in den USA. Auch durch die fortgesetzte, zum Teil starke Involvierung in verschiedene militärische Konflikte blieb die Thematik von Kriegstraumata stärker präsent und wuchsen Institutionen für Veteranen signifikant an. Als 1952 das erste Diagnostische Manual der American Psychiatric Association erschien (DSM-I), enthielt es die Diagnosekategorie „Gross stress reaction"[61]. In dieser wurde zuerkannt, dass auch „more or less ‚normal' people" unter außergewöhnlich belastenden Situationen wie „combat or civilian catastrophe (fire, earthquake, explosion etc.)" verschiedene Symptome – abhängig von der jeweiligen Vorgeschichte – ausbilden könnten.[62] So diese länger als einige Zeit andauerten, solle aber eine andere Diagnose gestellt werden.[63]

Als allerdings 1968 mit dem DSM-II das Nachfolgemanual erschien, war die Diagnose wieder verschwunden. Die damit einsetzende amnestische Periode erstreckte sich zwar auf die zentrale psychiatrische Institution der Vereinigten Staaten, nicht allerdings auf die heimkehrenden Kriegsveteranen aus Vietnam, die, von der Antikriegsbewegung befördert, ihr Leiden immer stärker in die Öffentlichkeit trugen. Nun verdichteten sich auch Forschungsergebnisse weiter, die unabweisbar klare Zusammenhänge zwischen den Kriegserlebnissen und den posttraumatischen Symptomen der Soldaten herstellen konnten.[64]

1980 schließlich wurde die „Post-traumatic Stress Disorder" (dt. Posttraumatische Belastungsstörung) in die dritte Edition des DSM als offizielle Diagnose unter die Angststörungen aufgenommen.[65] Als Grundbedingung für diese Diagnose galt ein traumatisches Ereignis außerhalb der normalen menschlichen Erfahrung.[66] Das erste Diagnosekriterium lautete: „Existence of a recognizable stressor that would evoke significant symptoms of distress in almost everyone."[67]

Eine Vergewaltigung wurde im DSM-III als traumatisches Erlebnis benannt. Was heute nach einer Selbstverständlichkeit klingt, musste vor einigen Jahrzehnten hart erkämpft werden. Wie im vorhergehenden Kapitel skizziert, wandte sich die Frauenbewegung ab den 1970er Jahren verstärkt der Thematik sexueller Gewalt zu. Unter großem persönlichem Einsatz zahlreicher Aktivistinnen wurden nach und nach sowohl die schieren Ausmaße dieser Gewalt, als

---

[61] Vgl. AMERICAN PSYCHIATRIC ASSOCIATION (1952): *Diagnostic and Statistical Manual: Mental Disorders*, Mental Hospital Service: Washington D.C., 7.
[62] AMERICAN PSYCHIATRIC ASSOCIATION (1952): *DSM-I*, 40.
[63] Vgl. AMERICAN PSYCHIATRIC ASSOCIATION (1952): *DSM-I*, 40.
[64] Vgl. HERMAN (1993): *Die Narben der Gewalt*, 42ff.
[65] Zur historischen Genese und Entwicklung der PTSD im DSM siehe: ECHTERLING; FIELD u.a. (2015): *Evolution of PTSD Diagnosis in the DSM*, 189–212.
[66] Vgl. AMERICAN PSYCHIATRIC ASSOCIATION (1980): *Diagnostic and Statistical Manual of Mental Disorders (DSM-III)*, 3. Aufl.: Washington D.C., 236.
[67] AMERICAN PSYCHIATRIC ASSOCIATION (1980): *DSM-III*, 238.

C. Trauma

auch ihre verheerende Wirkung auf die Psyche der betroffenen Frauen offengelegt. So befragten Ann Wolbert Burgess und Lynda Lytle Holmstrom über ein Jahr lang Opfer von Vergewaltigungen und stellten bei vielen von ihnen ein Symptommuster fest, dass sie als „Rape Trauma Syndrome" bezeichneten.[68] Dabei gab es große Schnittmengen zur später beschriebenen Posttraumatischen Belastungsstörung.

Innerhalb der feministischen Diskurse wurde aber auch immer wieder klar, dass sexuelle Gewalt Folgen haben kann, die durch das Diagnosecluster des DSM-III nicht adäquat abgebildet werden. Einen entscheidenden Beitrag leistete dabei Judith Herman mit ihrem auch in dieser Forschungsarbeit viel verwendeten Buch „Trauma and Recovery: The Afermath of Violence – From Domestic Abuse to Political Terror" (1992).[69] In diesem schlug sie die Diagnose der „Komplexen Posttraumatischen Belastungsstörung" vor, die von grundlegenden Veränderungen von Persönlichkeitsstrukturen, Selbstbild und Gefühlsleben infolge langanhaltender Formen von Gewalt, also z.B. sexuellem Kindesmissbrauch innerhalb der Familie ausgeht. Darauf wird zu einem späteren Zeitpunkt zurückzukommen sein.[70] Insgesamt wurden die gesellschaftlichen Konsequenzen, der durch die Frauenbewegung aufgedeckten Missstände, meist gegen männlichen Widerstand, durchgesetzt.[71]

Blickt man auf diesen kurzen historischen Abriss der Psychotraumatologie zurück, so konnten einige weiterführende und für diese Arbeit wichtige Aspekte aufgezeigt werden. Zum einen wurde deutlich, welch starke Verdrängungskräfte gesamtgesellschaftlich in Bezug auf Traumata wirken. Zu keiner Zeit war Menschen daran gelegen, sich mit der eigenen psychischen Verletzlichkeit profund auseinanderzusetzen. Wiesen die Erlebnisse traumatisierter Menschen auf diese Verletzlichkeit hin, so suchte man sich meist mit dem Hinweis auf psychische oder moralische Defizite der Betroffenen zu beruhigen. Dies ist ein Reflex, der im Umgang mit traumatisierten Menschen auch heute noch große Wirksamkeit hat.[72]

Besonders stark ist dieser Verdrängungsreflex in Bezug auf im sozialen Nahraum erlittene Traumata. Schon im Krieg erlittene traumatische Erfahrungen hatten – wie aus der historischen Darstellung deutlich wurde – kaum Platz

---

[68] BURGESS, Ann W.; HOLMSTROM, Lynda L. (1974): *Rape Trauma Syndrome*, in: *The American Journal of Psychiatry*, 131, H. 9, 981–986.
[69] In Fußnoten und Literaturverzeichnis unter dem deutschen Titel „Die Narben der Gewalt" zu finden.
[70] Im Rahmen der Thematisierung der kPTBS.
[71] Das große Ausmaß der Gewalt gegen Frauen und ihre jahrhundertelange Verdrängung, bzw. Rechtfertigung, kann man nur als einen Skandal bezeichnen, der auch heute noch zu denken geben sollte.
[72] So z.B. verschiedene Phänomene, die heutzutage meist unter dem Begriff des „victim blaming" zusammengefasst werden.

in der Zivilgesellschaft. Nun liegt die menschliche Fähigkeit zum Bösen im Falle von kriegerischen Auseinandersetzungen noch weitestgehend innerhalb des von den meisten Menschen als möglich Erachteten. Schließlich stehen sich hier Kombattanten gegenüber und die Tötungsabsicht ist meist wechselseitig. Doch dass die Fähigkeit des Menschen zu äußerst destruktivem Handeln sich auch im Rahmen des sozialen Nahraumes Bahn brechen kann, wo gerade ein liebevoller Umgang naheliegen würde, wird meist verdrängt. Dass Großeltern ihren Enkelkindern, Väter ihren Töchtern, Lebenspartner untereinander, je die grausamsten Dinge antun können, liegt außerhalb der von den meisten Menschen zu wohl allen Zeiten bewusst gesehenen Wirklichkeit. Hier ist noch einmal ein Blick auf die Forschungsergebnisse des vorhergehenden Kapitels hilfreich. Es konnte gezeigt werden, dass ein primärer Ort von Gewalterleben der soziale Nahraum ist und es sich um eine sehr hohe Zahl von Betroffenen handelt. In diesem Kapitel wird deutlich werden, inwiefern Gewalt besonders hier traumatisierend wirken kann. Da davon auszugehen ist, dass dieser Befund auf eine auch zu früheren Zeiten in ähnlichem Umfang bestehende Realität hinweist, wird das historische Ausmaß dieser umfassenden Verdrängung deutlich.

Neben der Darstellung der immer wiederkehrenden Phasen der Amnesie und Verdrängung ist für den Fortgang der Arbeit vor allem der Hinweis auf die Zeitgebundenheit verschiedener Konzeptualisierungen von traumatischen Folgewirkungen wichtig. Zu verschiedenen Zeiten haben sich Menschen verschiedener Konzepte und Modelle bedient, um die Phänomene zu beschreiben, die wir heute als „Trauma", „Posttraumatische Belastungsstörung", „traumatisches Ereignis" etc. benennen. Dabei ist nicht von einer Gleichwertigkeit verschiedener Konzeptualisierungen, sondern von einem Erkenntnisfortschritt auszugehen. Die Rede von „Traumafolgen" ist sachgerechter, respektvoller und differenzierter als das Pauschalurteil „Hysterie". Doch auch bei den zu unserer Zeit verwendeten Konzepten handelt es sich um zeitgebundene Darstellungs- und Deutungskategorien. Die Entwicklung wird sich auch hier fortsetzen. Außerdem können sie weder dem betroffenen Menschen an sich, noch seinem je eigenen Erleben vollkommen gerecht werden. „Was es gibt, sind traumatogene Ereignisse und ein spezifisches, individuell aber recht unterschiedliches Erleben solcher Ereignisse sowie Theorien, Konzepte und Denkmodelle, die das Zusammenspiel von Ereignis und Erleben zu klären suchen, und viele persönliche Leidensgeschichten, die das, was den Betroffenen die Sprache verschlagen hat, nachträglich in Worte fassen."[73] Dies ist auch mit Blick auf die etablierte Diagnostik wichtig.

Seit 1980 handelt es sich bei der Posttraumatischen Belastungsstörung (PTBS) um eine offiziell anerkannte Diagnose. Diese wurde stetig weiterentwickelt und wird im folgenden Abschnitt in ihren aktuellsten Varianten dargestellt. Es war für die Psychotraumatologie eine große Errungenschaft, dass

---

[73] SCHULT (in Vorb.): Ein Hauch von Ordnung, 51.

dieses Symptombild damit im psychomedizinischen Kontext fest verankert wurde. Tatsächlich kann als erwiesen gelten,

> „dass es nach dem Erleben von Extremsituationen ein gemeinsames klinisches Bild von posttraumatischen Belastungsstörungen gibt, das als eine gemeinsame Endstrecke nach ganz verschiedenen traumatischen Erlebnissen aufgefasst werden kann."[74]

Die Aufnahme in die etablierten Diagnosesysteme war deswegen entscheidend. Forschungsgelder können damit wesentlich einfacher und umfänglicher akquiriert, therapeutische Behandlungen über das Krankenversicherungssystem abgerechnet und auf einer relativ normativen Grundlage entsprechende forschungspolitische Entscheidungen getroffen werden.

Es tun sich damit aber auch zwei mögliche Problemfelder auf. Bei aller Griffigkeit und Klarheit einer Diagnose besteht die Gefahr, dass diese vor den widersprüchlichen und mehrdeutigen Menschen tritt und so zu einer Kategorisierung und Etikettierung führt. Das Schicksal des Einzelnen verschwindet dann hinter einem Diagnoseraster, das ursprünglich einmal dazu entwickelt wurde, den individuellen Schicksalen gerechter zu werden. Doch Menschen haben Lebensgeschichten, soziale Beziehungen, Erfahrungsschätze und viel mehr, was ihren Umgang mit traumatischen Erfahrungen ausmachen kann. Eine Etikettierung durch eine Diagnose wird dem nicht gerecht. Luise Reddemann bringt dies aus ärztlicher Perspektive sehr treffend auf den Punkt: „Wir behandeln Menschen und keine Traumata oder gar Diagnosen!"[75]

Zum anderen handelt es sich bei der Posttraumatischen Belastungsstörung und der Akuten Belastungsreaktion um diejenigen Diagnosen, die ein traumatisches Ereignis zur notwendigen Voraussetzung haben.[76] Andere mögliche direkte oder indirekte Folgen traumatischer Erlebnisse, die in der etablierten Diagnostik auch andere Ursachen haben können (z.B. Depressionen) oder eine Diagnoseschwelle insgesamt nicht überschreiten, treten deswegen potentiell im traumatologischen Forschungsinteresse zurück. Es besteht also die Gefahr einer verengenden Fokussierung der Psychotraumatologie auf die Posttraumatische Belastungsstörung. Das Problembewusstsein verschiedener Forscher ist in diesem Bereich verschieden groß. Beispielsweise Bessel van der Kolk, ein wichtiger Akteur jüngerer Traumaforschung, weist immer wieder vehement auf die Gefahren der Blickverengung und vorschnellen Etikettierung durch das Diagnosesystem insgesamt und die Diagnose der Posttraumatischen Belastungsstörung im Speziellen hin.[77]

---

[74] MAERCKER (2013): *Symptomatik, Klassifikation und Epidemiologie*, 14.
[75] REDDEMANN, Luise (2016): *Imagination als heilsame Kraft*, 19. Aufl., Klett-Cotta: Stuttgart, 24.
[76] Geht man hier vom DSM-5 aus.
[77] Siehe dazu die Kritik samt entsprechenden Fallbeispielen in: VAN DER KOLK (2015): *Verkörperter Schrecken*, 166–181.

Gleichzeitig ist anzuerkennen, dass in der Erforschung der Posttraumatischen Belastungsstörung aktuell die entscheidenden psychotraumatologischen Erkenntnisse zu Tage gefördert werden. Außerdem deuten sich im breiten Symptomspektrum der PTBS bereits mehrere weitere Krankheitsbilder an.[78] Es ist deswegen sinnvoll, die aktuellen Traumadefinitionen in diesem Forschungskontext zur Kenntnis zu nehmen. An dieser Stelle wird die oben genannte Bedeutungsvarianz des Traumabegriffs zwischen Ereignis und Ereignisfolge relevant. Zunächst soll hierfür erst einmal ein Verständnis von einem potentiell traumatischen Ereignis entwickelt werden, bevor später auch die Bedingungen entsprechender Folgen und die Folgen selbst in den Fokus gerückt werden.

1.3 Trauma als Ereignis in aktuellen Definitionen

Fragt man nach leitenden Definitionen, kommt vor allem den medizinischen Diagnosesystemen der WHO (ICD-10) und der American Psychiatric Association (DSM-5) besondere Orientierungskraft zu. Das Verständnis von potentiell traumatischen Ereignissen wird, wie oben hergeleitet, innerhalb der Diagnosekategorie der „Posttraumatische[n] Belastungsstörung" formuliert. Es wird darin geklärt, wie ein Ereignis beschaffen sein muss, damit es als Trauma und damit notwendige Ursache für das entsprechende Krankheitsbild – also bestimmte traumatische Folgen – anerkannt werden kann. Wann also ist ein Ereignis ein potentiell traumatisches Ereignis?[79]

Unter dem ICD 10-GM-2018 F 43.1[80] wird im Kontext der Posttraumatischen Belastungsstörung (PTBS) ein solches Ereignis verstanden als

> „ein belastendes Ereignis oder eine Situation kürzerer oder längerer Dauer, mit außergewöhnlicher Bedrohung oder katastrophenartigem Ausmaß, die bei fast jedem eine tiefe Verzweiflung hervorrufen würde."[81]

---

[78] Dazu mehr im Abschnitt 3. Traumafolgen. Als Beispiele seien hier depressive Phänomene, Probleme der Emotionsregulation und dissoziative Krankheitsbilder genannt.

[79] Im Folgenden ist weniger von „potentiell traumatischen Ereignissen" als von „Traumata" die Rede, da die Ereignisse im Zusammenhang dieser Arbeit besonders dann relevant sind, wenn sie für Betroffene tatsächlich zum Trauma werden.

[80] ICD-10 bedeutet, dass es sich um die zehnte revidierte Auflage der „International Statistical Classification of Diseases and Related Health Problems" handelt. „GM" steht für „German Modification" und stellt die für Deutschland maßgebliche Ausgabe dar. Es folgt die entsprechende Jahreszahl. Unter den alphabetisch nummerierten Krankheitskapiteln des ICD werden unter „F" psychische- und Verhaltensstörungen behandelt. „F 43.1" bildet die Untergliederung zu Kapitel „F 43", in dem „Reaktionen auf schwere Belastungen und Anpassungsstörungen" behandelt werden.

[81] www.icd-code.de/icd/code/F43.1.html (aufgerufen am 9. Mai 2018).

C. Trauma

Diese Traumadefinition ist relativ allgemein gehalten und kennzeichnet das Ereignis vor allem durch das bedrohliche Ausmaß und die daraus potentiell bei fast jedem resultierende Verzweiflung näher.

Ausführlicher ist das „Diagnostic-Statistical-Manual of Mental Disorders" in seiner fünften Auflage (DSM-5). Ein Trauma wird hier verstanden als

> „Konfrontation mit tatsächlichem oder drohenden [sic] Tod, ernsthafter Verletzung oder sexueller Gewalt auf eine (oder mehrere) der folgenden Arten: 1. Direktes Erleben eines oder mehrerer traumatischer Ereignisse. 2. Persönliches Erleben eines oder mehrerer solcher Ereignisse bei anderen Personen. 3. Erfahren, dass einem nahen Familienmitglied oder einem engen Freund ein oder mehrere traumatische Ereignisse zugestoßen sind. [...] 4. Die Erfahrung wiederholter oder extremer Konfrontation mit aversiven Details von einem oder mehreren derartigen Ereignissen [...]"[82].

Einige Aspekte sind an dieser Definition wichtig:
— Zum einen wird sexuelle Gewalt gesondert aufgeführt und damit in ihrem besonders destruktiven Potential benannt. Dies war in den vorhergehenden Ausgaben des DSM nicht der Fall und ist als Fortschritt der Erkenntnis und politischen Haltung zu würdigen.
— Aus der Definition geht hervor, dass neben sexueller Gewalt die „Konfrontation mit tatsächlichem oder drohendem Tod" oder „ernsthafter Verletzung" zum Ereigniskriterium gehört. Es handelt sich also um schwere Formen der Gewalt.[83] Aus dem vorhergehenden Kapitel wurde deutlich, dass Gewalt insgesamt zwar von Menschen beiderlei Geschlechts, schwere Formen physischer Gewalt und sexuelle Gewalt aber weit überwiegend von Männern verübt werden.
— Weiterhin macht das DSM-5 deutlich, dass nicht nur das eigene Erleiden eines traumatischen Ereignisses, sondern auch das Miterleben potentiell traumatisierend sein kann. Dieser Sachverhalt ist in Bezug auf Gewalt im sozialen Nahraum besonders wichtig. Denn hier ist die Wahrscheinlichkeit hoch, dass eine Gewalthandlung im Beisein anderer geschieht. Handelt es sich dabei um schwere Formen von Gewalt mit ernsthaften Verletzungsfolgen, so kann es z.B. für ein Kind zum Trauma werden, wenn es schwere Gewalt des Vaters gegen die Mutter, oder der Mutter gegen den Bruder mit ansehen muss.

---

[82] AMERICAN PSYCHIATRIC ASSOCIATION (2015): *Diagnostisches und Statistisches Manual Psychischer Störungen (DSM-5)*, Hogrefe: Göttingen [u.a.], 369.

[83] Zu fragen bleibt freilich, ob schwere Formen psychischer Gewalt und Vernachlässigung hier hinreichend Berücksichtigung finden. Bessel van der Kolk stellt fest, dass „emotionale Mißhandlung und Vernachlässigung ebenso verheerend wirken können wie körperliche Mißhandlungen und sexueller Mißbrauch." (VAN DER KOLK [2015]: *Verkörperter Schrecken*, 107.) Im DSM-5 wird den Folgen von Vernachlässigung durch die „Reaktive Bindungsstörung" und die „Beziehungsstörung mit Enthemmung" zumindest teilweise Rechnung getragen. (Vgl. AMERICAN PSYCHIATRIC ASSOCIATION (2015): *DSM-5 (Deutsche Ausgabe)*, 362–369.)

– Erlebt ein nahestehender Mensch ein traumatisches Ereignis, kann, wie unter 3. bei obiger Definition aufgeführt, schon das Wissen darum traumatisierend sein. Dies ist z.B. gegeben, wenn ein nicht-missbrauchender Elternteil vom sexuellen Missbrauch am eigenen Kind erfährt.[84]
– Die unter 4. aufgeführte Möglichkeit wird in Richtung helfender Berufe zu einem späteren Zeitpunkt noch genauer zu reflektieren sein.

Für den deutschen Sprachraum ist außerdem die Traumadefinition im hierzulande verbreitetsten *Lehrbuch der Psychotraumatologie* von Gottfried Fischer und Peter Riedesser interessant. Ein Trauma wird hier verstanden als

> „vitales Diskrepanzerlebnis zwischen bedrohlichen Situationsfaktoren und den individuellen Bewältigungsmöglichkeiten, das mit Gefühlen von Hilflosigkeit und schutzloser Preisgabe einhergeht und so eine dauerhafte Erschütterung von Selbst- und Weltverständnis bewirkt."[85]

An dieser Definition ist hilfreich, dass betroffenen Menschen in ihren Voraussetzungen und ihrem Erleben stärker Rechnung getragen wird. Dies ist insofern auch in höherem Maße möglich, als diese Definition nicht aus einem Klassifikationssystem stammt, das eine möglichst präzise medizinische Diagnose ermöglichen will, sondern innerhalb eines Lehrbuches einem möglichst umfassenden Verständnis von Traumata dient. Ob ein Ereignis traumatisch wirkt, hängt nach dieser Definition stark von den individuellen Bewältigungsmöglichkeiten ab. Und diese sind von Mensch zu Mensch verschieden. An dieser Definition ist außerdem wichtig, dass die Gefühle während des traumatischen Ereignisses benannt werden. Gefühle „von Hilflosigkeit und schutzloser Preisgabe"[86] begleiten die Überforderung der eigenen Bewältigungsmöglichkeiten. Dieser Bezug zum individuellen Erleben fand sich noch im DSM-IV, wurde dann aber – mangels Möglichkeit der exakten Nachprüfung bei der Diagnostik – aus dem DSM-5[87] gestrichen.[88] Für ein plastisches Verständnis eines traumatischen Ereignisses ist

---

[84] Vergleiche dazu die Ausführungen bei: BANGE, Dirk (2015): *Unterstützung für Bezugs- und Kontaktpersonen sexuell missbrauchter Kinder und Jugendlicher*, in: *Sexueller Missbrauch von Kindern und Jugendlichen: Ein Handbuch zur Prävention und Intervention für Fachkräfte im medizinischen, psychotherapeutischen und pädagogischen Bereich*, hrsg. von FEGERT, Jörg M.; HOFFMANN, Ulrike u.a., Springer: Berlin, Heidelberg, 277f. Dort findet sich auch der Hinweis auf den folgenden Forschungsüberblick mit Studien zu PTBS bei betroffenen Eltern: ELLIOTT, Ann N.; CARNES, Connie N. (2001): *Reactions of Nonoffending Parents to the Sexual Abuse of Their Child: A Review of the Literature*, in: *Child Maltreatment*, 6, H. 4, 220.
[85] FISCHER, Gottfried; RIEDESSER, Peter (2009): *Lehrbuch der Psychotraumatologie*, 4. Aufl., Reinhardt: München, 84.
[86] FISCHER; RIEDESSER (2009): *Psychotraumatologie*, 84.
[87] Den Wechsel vom lateinischen zum arabischen Zahlensystem im Titel hat das DSM von der vierten zur fünften Auflage vollzogen.
[88] Im DSM-IV heißt es noch: „Die Reaktion der Person umfasste intensive Furcht, Hilflosigkeit oder Entsetzen." Es stellte sich aber heraus, dass retrospektive Berichte über die Emotionen während des Erlebnisses nicht zuverlässig berichtet werden können. Zu den

diese Dimension aber in jedem Fall wichtig. Besonders sind in diesem Traumaverständnis auch Folgen inbegriffen. So wird durch ein traumatisches Erlebnis „eine dauerhafte Erschütterung von Selbst- und Weltverständnis bewirkt"[89]. Hier deutet sich an, dass die Auswirkungen von Traumata bis hinein in die Religiosität der Betroffenen reichen können.

Die vorhergehenden Definitionen beschreiben, wie ein Ereignis beschaffen sein muss, um im medizinischen Sinne als traumatisierendes Ereignis zu gelten. Es handelt sich um eine „außergewöhnliche Bedrohung", eine „Konfrontation mit tatsächlichem oder drohendem Tod, ernsthafter Verletzung oder sexueller Gewalt" auf direkte oder indirekte Weise und damit womöglich ein „vitales Diskrepanzerlebnis zwischen bedrohlichen Situationsfaktoren und den individuellen Bewältigungsmöglichkeiten, das mit Gefühlen von Hilflosigkeit und schutzloser Preisgabe einhergeht"[90]. Wie für Definitionen sinnvoll, befinden sich diese auf einem hohen Abstraktionslevel, aber können ob dieser Generalisierungsleistung subjektive Deutungsunterschiede nur bedingt abbilden. Doch es gibt ein traumatisches Ereignis nicht an sich, sondern nur konkret im Leben einzelner Menschen. Die Unterschiede zwischen den Definitionen machen deutlich, dass die Bewertung eines Ereignisses als „Trauma" auch eine Deutung ist. Die subjektive Bewertung eines Ereignisses steht dabei in einem Interaktionsverhältnis mit intersubjektiven, gesellschaftlich-konventionsgebundenen Maßstäben.

2. *Der Mensch im Trauma*

Was geschieht mit einem Menschen in einer traumatischen Situation? Jeder Mensch und jede Situation sind unterschiedlich. Aus der Arbeit mit traumatisierten Menschen und der Beobachtung der Belastungsfolgen lassen sich jedoch wichtige Einsichten gewinnen, auch wenn die wissenschaftliche Forschung selbstverständlich nicht abgeschlossen ist. Es ist ein wichtiges Merkmal traumatischer Erlebnisse besonders infolge von Gewalt im sozialen Nahraum, dass sie Menschen auf verschiedenen Ebenen verletzen. An dieser Stelle sollen Einsichten zu den Auswirkungen auf Gehirn und Körper, Gedächtnis, Beziehungen und

---

Unterschieden zwischen DSM IV und DSM-5 im Vergleich zum ICD 10 siehe: FREYBERGER, Harald J.; STIEGLITZ, Rolf-Dieter (2015): *Die Posttraumatische Belastungsstörung und die Anpassungsstörungen in der ICD-10 und im DSM-IV bzw. DSM-5*, in: *Handbuch der Psychotraumatologie*, hrsg. von SEIDLER, Günter H.; FREYBERGER, Harald J. u.a., 2. Aufl., Klett-Cotta: Stuttgart, 160–168.

[89] FISCHER; RIEDESSER (2009): *Psychotraumatologie*, 84.
[90] Es handelt sich bei den Zitaten um eine Zusammenstellung der oben genannten Definitionen aus ICD-10, DSM-5 und dem Lehrbuch von Fischer und Riedesser.

Emotionen näher dargestellt werden.[91] Diese Ebenen sind zu unterscheiden, aber in keinem Fall zu trennen. Vielmehr interagieren sie intensiv, bzw. entsprechen sich auch partiell. Es handelt sich hier also um eine Reflexionsperspektive, die verschiedene Ebenen für sich betrachtet, um sie dadurch in ihrem Zusammenhang besser zu verstehen. Es handelt sich bei der Psychotraumatologie um eine sehr vielfältige Disziplin mit starken Bezügen in verschiedene Wissenschaften hinein. Für das Verständnis von Traumata ist die medizinisch-naturwissenschaftliche und besonders neurowissenschaftliche Perspektive unerlässlich. Sie soll deswegen in ihren Grundzügen hier einfließen.

2.1 Gehirn und Körper[92]

Eine traumatische Situation stellt eine massive Bedrohung für Leib und Leben des betroffenen Menschen dar. Wird ein Mensch einer außergewöhnlichen Gefahr gewahr, treten Notfallreaktionen in Kraft. Im Gehirn übernehmen die für Verteidigung und Entkommen relevanten Regionen die Kontrolle, das autonome Nervensystem wird aktiviert, Stresshormone ausgeschüttet, die Herzschlagrate erhöht sich. Die für Kampf und Flucht relevanten Körperfunktionen werden massiv verstärkt, andere Körperfunktionen heruntergefahren.

Gelingt die Gefahrenabwehr, können Gehirn und Körper nach und nach zu einer inneren Balance zurückkehren. Ist dies aber nicht möglich, weil z.B. ein Junge die Gewalt gegen seine Mutter durch den neuen Lebenspartner oder eine Frau die Vergewaltigung durch ihren Ehemann nicht verhindern kann, bleiben die Stresssysteme aktiviert und senden fortwährend Impulse aus, ohne die Situation entscheidend verändern zu können. Erreicht die Reizschwelle ein bestimmtes Level und wird unerträglich, kann es zu einer Art psychischem Kollaps bzw. einem „Not-Aus"[93] kommen.

Um diese Vorgänge genauer verstehen zu können, müssen das Gehirn und auch Teile des ganzen Nervensystems detaillierter betrachtet werden. Das Gehirn als Teil des zentralen Nervensystems ist über das periphere Nervensystem mit dem übrigen Körper, seinen Organen und Funktionen eng verbunden.[94] Das periphere Nervensystem erstreckt sich in die „Peripherie" des

---

[91] Dies ist keine vollständige Zusammenstellung. Unter anderem ließe sich weiterführend auf Kognitionen oder behaviorale Aspekte eingehen. Da es sich dabei aber um Thematiken handelt, die vor allem (wenn auch nicht nur) im Nachhinein einer traumatischen Situation relevant werden, soll darauf stärker in der Schilderung der Traumafolgen eingegangen werden.

[92] Weiterführende Literatur findet sich bei: FORD; GRASSO u.a. (2015): *Posttraumatic Stress Disorder*, 183–232.

[93] Für den Hinweis auf den Begriff „Not-Aus" sei Tita Kern und Simon Finkeldei im Rahmen einer Fortbildung des Traumahilfezentrum München am 15.06.2018 gedankt.

[94] Das zentrale Nervensystem besteht aus Gehirn und Rückenmark.

Körpers hinein. Zentrales und peripheres Nervensystem gemeinsam unterscheiden sich wiederum in viszerales bzw. autonomes und somatisches Nervensystem. Das somatische Nervensystem umfasst willentlich wahrnehmbare und steuerbare Funktionen (z.B. bewusste Bewegungen). Das autonome Nervensystem umfasst vor allem innerkörperliche Vorgänge, die der bewussten Kontrolle nicht zugänglich, die also „autonom" sind (z.B. Körperwärme, Blutdruck). Das autonome Nervensystem wiederum gliedert sich in Parasympathikus und Sympathikus. Der Sympathikus ist für die Aktivierung des Körpers in Gefahrensituationen zuständig, aktiviert also die für Kampf und Flucht entscheidenden Körperfunktionen (z.B. erhöhte Herzschlagfrequenz) und hemmt die für Gefahrensituationen sekundären (z.B. Verdauung). Der Parasympathikus arbeitet entsprechend gegenläufig.[95]

Bei der Betrachtung des Gehirns an sich ist es nach van der Kolk sinnvoll, von einer schematischen Dreiteilung[96] auszugehen:[97]

Den entwicklungsgeschichtlich ältesten Teil des Gehirns bilden Hirnstamm und Hypothalamus. Sie regulieren die grundlegenden, unbewussten Körperfunktionen wie Atmung, Schlaf, Ausscheidung, Körpertemperatur und verschiedene Hormondrüsen und halten den Körper meist in einem inneren Gleichgewicht. Über diesem Teil des Gehirns befindet sich als zweiter Teil das sogenannte limbische System. Diese Region ist für die Entstehung und Verarbeitung von Emotionen wesentlich und hat eine zentrale Rolle bei der Registrierung und Beurteilung von Gefahr. Das limbische System entwickelt sich in Interaktion von Anlagen und Erfahrungen. Die Neurowissenschaften nennen dieses Phänomen ‚Neuroplastizität', das Gehirn wird abhängig von seiner Benutzung geformt und eben auch umgeformt.[98] Negative wie positive Erfahrungen schlagen sich entsprechend in der Beschaffenheit des Gehirns nieder. Dieser Entwicklungsprozess ist in der Kindheit besonders wichtig, verläuft aber über das ganze Leben hinweg.[99] Die ersten beiden Gehirnregionen fasst van der Kolk unter dem Begriff des emotionalen Gehirns zusammen. Dieses ist zusammen mit den Verzweigungen des autonomen Nervensystems für unbewusste Notfallprogramme wie Kampf oder Flucht in Gefahrensituationen zuständig. Die dritte Gehirnregion

---

[95] Vgl. BÖCKERS, Anja (2015): *Gliederung des Nervensystems*, in: *Anatomie: Das Lehrbuch*, hrsg. von WASCHKE, Jens; BÖCKERS, Tobias M. u.a., Urban und Fischer: München, 603ff.
[96] Auch wenn hier ebenso gilt, dass diese Dreiteilung eine stark vereinfachte, schematische ist und die verschiedenen Hirnregionen in enger Interaktion stehen.
[97] Die sehr klaren Ausführungen von Bessel van der Kolk sind hier leitend. Besonders VAN DER KOLK (2015): *Verkörperter Schrecken*, 65–90. Die folgenden Ausführungen sind eine Zusammenfassung dieser Darstellung.
[98] Vgl. COSTANDI, Moheb (2016): *Neuroplasticity* The MIT Press: Cambridge, MA, 10ff.
[99] Details zu Veränderungen während der Kindheit finden sich in der sehr interessanten Darstellung – die sehr ähnliche Phänomene auch aus dem Tierreich einbezieht – bei: Vgl. GUZMAN, Dora B.; HOWELL, Brittany u.a. (2016): *Early Life Stress and Development: Preclinical Science*, in: *Posttraumatic Stress Disorder: From Neurobiology to Treatment*, hrsg. von BREMNER, J. Douglas, Wiley: Hoboken, 61–80; besonders 70ff.

umfasst vor allem den Neokortex, also die äußere Schicht des Gehirns und kann als rationales Gehirn bezeichnet werden. Das rationale Gehirn ist u.a. für die Empfindung von Zeit und Kontext, Reflexionsvermögen, Sprachfähigkeit, Selbstbeherrschung aber auch Mitgefühl zentral. Die verschiedenen Gehirnregionen stehen in einer engen Interaktion. Das rationale Gehirn ist in der Informationsverarbeitung dabei langsamer aber differenzierter als das emotionale Gehirn. Ein Objekt oder eine Person, die im ersten Moment vom emotionalen Gehirn als Gefahr eingestuft wird, löst eine Schreckreaktion aus, bevor das rationale Gehirn eventuell erkennt, dass die Reizquelle tatsächlich harmlos ist. Wenn es sich nachts im Wald z.B. am Wegesrand nicht um einen fremden Menschen, sondern einen obskur geformten Baum handelt.[100] Beim genannten Beispiel folgt nach einem Moment des Schrecks die Beruhigung. Das rationale Gehirn kann die Impulse des emotionalen Gehirns zwar dämpfen, um z.B. nicht bei jedem Eindruck von Bedrohung zu Angriff oder Flucht überzugehen. Diese Fähigkeit lässt aber nach, je intensiver die Impulse des emotionalen Gehirns sind.[101]

Was passiert nun bei großer Gefahr, wie sie bspw. durch interpersonale Gewalt gegeben ist?[102] Informationen aus der Außenwelt gelangen über die Sinnesorgane hin zum Thalamus, einem Teil des limbischen Systems. Der Thalamus erstellt aus den verschiedenen Reizen einen zusammenhängenden Eindruck der Situation und leitet diese Informationen auf zweierlei Wegen weiter. Zum einen an die Amygdala, einem mandelförmigen Gebilde im limbischen System, das für die schnelle Einschätzung einer gefährlichen Situation entscheidend ist und zum anderen an die Frontallappen, also einen Teil des rationalen Gehirns, der aber gegenüber der Amygdala leicht verzögert arbeitet. In enger Interaktion mit dem Hippocampus – ebenfalls einer Region des limbischen Systems, das neue Eindrücke mit vorhergehenden Erfahrungen abgleicht – entscheidet die Amygdala innerhalb von Bruchteilen einer Sekunde über die Bewertung einer Situation und sendet bei empfundener Gefahr einen Impuls an Hypothalamus und Hirnstamm, was zur Aktivierung der Stresssysteme führt. Stress führt zur Aktivierung bestimmter Gehirn- und Körperregionen und zur Deaktivierung anderer.

Da die Amygdala schneller arbeitet als die Frontallappen, hat der Körper eines Menschen oft schon auf eine gefährliche Situation reagiert, bevor diese

---

[100] Vergleiche die Ausführungen zum Präfrontalen Kortex: FORD; GRASSO u.a. (2015): *Posttraumatic Stress Disorder*, 202f.
[101] Für den vorhergehenden Absatz vgl. VAN DER KOLK (2015): *Verkörperter Schrecken*, 69–73.
[102] Eine detaillierte neurowissenschaftliche Darstellung (samt umfassender Literaturliste), die der Komplexität der in solchen Stresssituationen ablaufenden Prozesse tendenziell gerecht wird, findet sich bei: BREMNER, J. Douglas; PEARCE, Brad (2016): *Neurotransmitter, Neurohormonal, and Neuropeptidal Function in Stress and PTSD*, in: *Posttraumatic Stress Disorder: From Neurobiology to Treatment*, hrsg. von BREMNER, J. Douglas, Wiley: Hoboken.

C. Trauma

dem Menschen zu Bewusstsein steigt. Das rationale Gehirn, bzw. besonders der mediale Präfrontalkortex[103], ist gegenüber den eingeleiteten Stressreaktionen nicht ohne Einfluss, sondern kann diese ein Stück weit modulieren. Weiter oben wurde das Beispiel eines menschenähnlich wirkenden Baumes im Wald genannt. Besteht keine Gefahr, werden die Stressreaktionen nach und nach verringert. Nach traumatischen Erlebnissen können aber die Modulationsfähigkeit stark reduziert und eigene Impulse und Emotionen sehr viel schwieriger zu kontrollieren sein. Die Abwehrsysteme sind übersensibilisiert und das emotionale Gehirn ist für die Impulse des rationalen Gehirns weniger zugänglich. Eine Folge von Traumata kann sein, dass das Gehirn Situationen falsch bewertet und deswegen kontraindizierte Reaktionen, also Stress in ungefährlichen Situationen oder mangelnde Abwehr in gefährlichen Situationen, einleitet.[104]

Mit Kampf oder Flucht sind die möglichen Verhaltensweisen bei Bedrohung noch nicht hinreichend abgedeckt. Im Rückgriff auf die Polyvagal-Theorie von Stephen Porges schildert Bessel van der Kolk drei unterschiedliche Zustände des autonomen Nervensystems, abhängig von der Sicherheit der jeweiligen Situation.[105] In Situationen relativer Sicherheit und geglückter sozialer Interaktion sei der ventral-vagale Komplex (VVK), der vor allem mit den Muskeln des Gesichts, Rachens und Kehlkopfes verknüpft ist, besonders aktiviert. Auch veranlasse dieser eine Beruhigung von Herzschlag und Atmung und trage so zur Entspannung bei. Sei Gefahr im Verzug, wandle sich auch der VVK und die mit ihm verknüpften Körperregionen. Stimme und Gesichtsausdruck verändern sich und sollen andere Menschen zu Hilfe veranlassen. Bleibe diese jedoch aus und werde die Situation bedrohlicher, werde der Sympathikus aktiviert und mache den Körper zu Kampf oder Flucht bereit. So jedoch auch dies erfolglos ist, weil der betroffene Mensch sich nicht wehren kann, setze das dritte und letzte Notfallsystem, der dorsal-vagale Komplex ein (DVK). Der Stoffwechsel werde drastisch reduziert, die Herzfrequenz sinke, das Gehirn schalte weitestgehend ab. Der Mensch erstarrt. Als letzte Selbstschutzreaktion komme es nach Porges zu einem psychischen Kollaps.[106] Oft treten dissoziative Phänomene auf.[107] Das Auftreten dieses Not-Aus ist das besondere Kennzeichnen potentiell traumatischer Ereignisse. Fischer und Riedesser formulieren in Anschluss an ihre Traumadefinition: „In der traumatischen Situation sind einige Regeln der normalen

---

[103] In der Mitte der vordersten Region des Frontallappens, also ca. über den Augen gelegen.
[104] Vgl. VAN DER KOLK (2015): *Verkörperter Schrecken*, 75ff.
[105] Die Polyvagal-Theorie findet sich ausführlich bei: PORGES, Stephen W. (2010): *Die Polyvagal-Theorie: Neurophysiologische Grundlagen der Therapie. Emotionen, Bindung, Kommunikation & ihre Entstehung*, 2. Aufl., Junfermann: Paderborn.
[106] Die hiesigen Ausführungen beziehen sich auf die Darstellung der Polyvagal Theorie bei: VAN DER KOLK (2015): *Verkörperter Schrecken*, 98ff.
[107] Ein Terminus technicus, der in diesem Kapitel unter *3.1.5 Dissoziation* genauer behandelt werden soll.

Erlebnisverarbeitung gewöhnlich außer Kraft gesetzt. Es kommt zur Veränderung *der rezeptorischen Sphäre* (Veränderung des Zeit-, Raum- und Selbsterlebens). Mit Bezug auf die *effektorische Sphäre* können wir Trauma als *unterbrochene Handlung* in einer vital bedeutsamen Problemsituation definieren."[108]

Ein Teil möglicher Traumafolgen kann als eine Fortsetzung der verschiedenen Mechanismen zur Bewältigung von Gefahren über die gefährliche Situation hinaus verstanden werden. Das Trauma bleibt gegenwärtig und so auch die Reaktionen darauf, auch wenn die gefährliche Situation bereits vorüber ist.

2.2 Gedächtnis

Traumatische Erlebnisse sind Ereignisse maximaler Überforderung. Die Erinnerung an sie kann sich von sonstigen Erinnerungen fundamental unterscheiden: „Die traumatische Erfahrung wird aufgrund eines physiologischen Hyperarousals als eine sensomotorische, visuelle und affektive Erinnerung und nicht als symbolisch-linguistischer Kode in Form eines Narrativs gespeichert[.]"[109] Dies bedeutet Folgendes: Konventionelle Erinnerungen werden im menschlichen Gedächtnis als eine Art Erzählung gespeichert. Das Geschehen hat einen Anfang und ein Ende, kann einer bestimmten Zeit und einem Kontext zugeordnet werden und lässt sich versprachlichen. Verschiedene Sinneseindrücke sind dabei weitestgehend miteinander verbunden: das liebevolle Arrangement des Geburtstagskuchens, der Geruch ausgeblasener Kerzen, das Johlen der anwesenden Gäste, die herzlichen Umarmungen und der Geschmack des Kuchens auf der Zunge. Das Erlebnis ist mit Freude und Dankbarkeit verbunden. Der rationale versprachlichte Narrativ und die zugehörigen Emotionen entsprechen sich.[110]

Traumatische Erinnerungen dagegen werden oft als fragmentiert, zeitlos, mit überwältigenden Emotionen oder Taubheit verknüpft und zum Teil als nicht bewusst abrufbar erlebt. Verschiedene Sinneseindrücke oder Gefühle treten voneinander isoliert auf und sind der Versprachlichung unzugänglich. Narrativ und Emotionen können entkoppelt sein. Aufgrund der oben beschriebenen körperlichen Reaktionen auf große Gefahr kann das Gedächtnis in traumatischen Situationen nicht wie gewohnt arbeiten. Bestimmte Gehirnregionen setzen ihre Funktionsweise als Reaktionen auf traumatischen Stress aus. Zu diesem Ergebnis kommt Bessel van der Kolk in der Auswertung von Gehirnscans an traumatisierten Menschen, die inmitten eines Flashbacks mittels funktioneller

---

[108] FISCHER; RIEDESSER (2009): *Psychotraumatologie*, 84 (H.i.O.).
[109] KIRSCH, Anke; MICHAEL, Tanja u.a. (2015): *Trauma und Gedächtnis*, in: *Handbuch der Psychotraumatologie*, hrsg. von SEIDLER, Günter H.; FREYBERGER, Harald J. u.a., 2. Aufl., Klett-Cotta: Stuttgart, 15.
[110] Vgl. KIRSCH; MICHAEL u.a. (2015): *Trauma und Gedächtnis*, 15f. Das Beispiel ist selber gewählt.

C. Trauma

Magnetresonanztomographie aufgenommener wurden.[111] So setzen u.a. jene Regionen, die für die Produktion von Zeit- und Ortsgefühl, die Umwandlung von Gefühlen in Worte zuständig sind und der Thalamus aus.[112] Wie oben beschrieben ist bspw. der Thalamus für die Kombination verschiedener Sinneseindrücke zu einem konsistenten Eindruck der Situation sehr wichtig. Sofern es zutreffend ist, dass dieser in einer traumatischen Situation seiner Funktionsweise nicht nachkommen kann, wäre das ein hilfreicher Erklärungsansatz dafür, dass verschiedene Sinneseindrücke während des Traumas, also Gerüche, Bilder oder Geräusche später als Erinnerungen vereinzelt und ohne Bezug zueinander auftreten können.

Bereits erwähnt wurde auch der Hippocampus.[113] Dieser ist für Gedächtnisprozesse von zentraler Bedeutung: zum einen für die Überführung von Informationen in das deklarative Gedächtnis, von wo aus sie in Sprache gefasst werden können, zum anderen für die Wahrnehmung des Kontextes, in dem das erinnerte Ereignis steht. Verschiedene Studien zeigen nun, dass eine PTBS mit einer stark verringerten Aktivität des Hippocampus assoziiert ist.[114] Es ist sehr wahrscheinlich, dass die Stressreaktionen im menschlichen Gehirn bei tatsächlicher oder angenommener Gefahr die Gedächtnisfunktion des Hippocampus stark mindern.[115] Daraus plausibilisieren sich die Schwierigkeit, traumatische Erfahrungen zu versprachlichen ebenso, wie die Probleme, sie einem bestimmten abgeschlossenen Kontext zuzuordnen.[116]

Diese Sachverhalte aufnehmend haben Chris R. Brewin und Kollegen ein duales Gedächtnismodell konzipiert.[117] Dabei wird zwischen einem

---

[111] Es ist damit nicht bewiesen, dass es sich um Reaktionen handelt, die in gleicher Weise während einer traumatischen Situation ablaufen. Es ist auch möglich, dass es sich um die Ergebnisse von Prozessen handelt, die zeitlich nach dem traumatischen Ereignis liegen und z.B. eine Anpassungsleistung darstellen. In jedem Fall aber haben die Beobachtungen einen hohen Erklärungswert für die Spezifität traumatischer Erinnerungen. Eine genauere Erläuterung des Phänomens eines „Flashbacks" folgt in diesem Kapitel im Zusammenhang der Darstellung von Traumafolgen.
[112] Vgl. VAN DER KOLK (2015): *Verkörperter Schrecken*, 86f.213.
[113] Ein wichtiger Bestandteil des limbischen Systems, der seinen Namen seiner Seepferdchen-ähnlichen Form verdankt.
[114] Vgl. CAMPANELLA, Carolina; BREMNER, J. Douglas (2016): *Neuroimaging of PTSD*, in: *Posttraumatic Stress Disorder: From Neurobiology to Treatment*, hrsg. von BREMNER, J. Douglas, Wiley: Hoboken, 293f.
[115] Vgl. CAMPANELLA; BREMNER (2016): *Neuroimaging of PTSD*, 295ff.
[116] Vgl. FORD; GRASSO u.a. (2015): *Posttraumatic Stress Disorder*, 198ff.
[117] Der erste Entwurf findet sich unter folgendem Vermerk. Die Theorie wurde seitdem immer wieder aktualisiert und verschiedentlich weiterentwickelt. BREWIN, Chris R.; DALGLEISH, Tim u.a. (1996): *A Dual Representation Theory of Posttraumatic Stress Disorder.*, in: *Psychological Review*, 103, H. 4.

hippocampalen und einem Amygdala-gesteuerten Verarbeitungssystem unterschieden.[118] Ersteres wird als *Verbally Accessible Memory (VAM)* bezeichnet, letzteres als *Situationally Accessible Memory (SAM)*. Das VAM enthält – wie der Name sagt – sprachlich zugängliche Gedächtnisinhalte des Traumas, die bewusst verarbeitet, kontextualisiert und in das autobiographische Gedächtnis eingebunden sind. Die SAM-Erinnerungen hingegen können nicht bewusst abgerufen oder versprachlicht werden. Es handelt sich um Erinnerungsfragmente, die oft sehr emotionsgeladen sind und plötzlich, z.B. durch einen Hinweisreiz ausgelöst (also etwa einen bestimmten Geruch, den Blick auf den Jahrestag des Ereignisses im Kalender oder ein ereignisverbundenes Geräusch) in das Bewusstsein einbrechen können. SAM-Erinnerungen haben oft einen dissoziativen Charakter, sind also desintegriert und mit Derealisation wie Depersonalisation verknüpft.[119] Bei einer Depersonalisation wird das eigene körperliche und seelische Erleben bei Derealisation die Umwelt und das Geschehen, als unwirklich wahrgenommen.[120]

Eine mögliche Umgangsweise mit solchen desintegrierten Gedächtnisinhalten ist die Verdrängung, und diese kann zu einem erheblichen Grad gelingen.[121] Ist die Verdrängung aber nicht erfolgreich, ruft ein assoziierter Hinweisreiz die Erinnerung wach, bzw. sucht der Körper, die Gedächtnisbruchstücke zu integrieren, kann es zu Intrusionen kommen.[122] Dabei schießen die Erinnerungsfragmente in das Bewusstsein ein. Die verschiedenen Ausprägungen von Intrusionen werden später bei der Schilderung möglicher Traumafolgen näher skizziert.

---

[118] Sofern man von der neurowissenschaftlich aktualisierten Fassung dieser Theorie ausgeht. Siehe den Literaturvermerk zu Andreas Maercker in der nächsten Fußnote.

[119] Die hiesige Schilderung des dualen Gedächtnismodells bezieht sich auf die kurze Darstellung von: MAERCKER (2013): *Psychologische Modelle*, 42ff. Dissoziative Phänomene werden weiter unten näher beleuchtet.

[120] Vgl. AMERICAN PSYCHIATRIC ASSOCIATION (2015): *DSM-5 (Deutsche Ausgabe)*, 397.

[121] Dies kann so weit gehen, dass Menschen Erinnerungen an traumatische Erlebnisse über Jahre oder sogar Jahrzehnte vergessen bzw. verdrängen und diese zu einem späteren Zeitpunkt wiederkehren. Es wurde immer wieder gefragt, wie zuverlässig solche Erinnerungen sind, und teils wurden heftige Debatten darüber geführt (Vgl. zur „False Memory Syndrome Controversy": FORD; GRASSO u.a. [2015]: *Posttraumatic Stress Disorder*, 11f.). Klar ist, dass auch nach langen Jahren wiederkehrende Erinnerungen nicht prinzipiell unglaubwürdig sind. In juristisch relevanten Zusammenhängen sollten Entscheidungen über die Glaubwürdigkeit im Einzelfall von dafür zuständigen Experten bzw. Expertinnen getroffen werden. In Seelsorgekontexten ist es hilfreich, ohne Suggestion in irgendeine Richtung erst einmal von der Glaubwürdigkeit einer Erinnerung auszugehen.

[122] Vgl. KIRSCH; MICHAEL u.a. (2015): *Trauma und Gedächtnis*, 17f.

2.3 Beziehungen und Bindungen[123]

Beziehungen sind die Essenz des menschlichen Lebens. Bindung und Beziehung sind dabei Synthesephänomene, die emotionale, kognitive und behaviorale Aspekte verknüpfen und eine Form der wohlwollenden und sicheren Interaktion eines Menschen mit einer anderen Person darstellen. Von der Wiege bis zur Bahre sind Menschen für die grundlegende Versorgung ihrer Bedürfnisse auf Kooperation mit anderen Menschen angewiesen. Positive soziale Beziehungen sind die entscheidende Quelle für Sicherheit, den hilfreichen Umgang mit Emotionen und Glück. Es ist von daher sachgemäß, bei der Frage nach den unmittelbaren Auswirkungen eines traumatischen Geschehens diese soziale Ebene mit einzubeziehen. Bei Gewalt im sozialen Nahraum sind Vertrauens- und Bindungspersonen die TäterInnen, insofern wiegt der zwischenmenschliche Aspekt besonders schwer. „Je vertrauter ein Mensch dem anderen ist, je mehr Zuneigung er diesem gegenüber verspürt, je abhängiger er von ihm und je unmittelbarer die Bedrohung ist, desto schwerwiegender werden die Erschütterungen bleiben, die oft als langfristige Verunsicherung oder Störung im Bindungserleben und -verhalten der Betroffenen erhalten bleiben."[124] Die Bindungsforschung hat herausgestellt, dass vor allem für Kinder verlässliche und liebevolle Bezugspersonen eine zentrale Bedeutung haben. Dieser Aspekt ist so wichtig, dass er zu einem späteren Zeitpunkt der Arbeit separat dargestellt wird.[125]

Doch auch für erwachsene Menschen sollte die Bedeutung der sozialen Einbettung und die empfundene Destruktion derselben nicht vernachlässigt werden:

> „Die Zerstörung von Beziehungen ist kein Sekundäreffekt des Traumas, wie man ursprünglich glaubte. Traumatische Ereignisse wirken sich nicht nur direkt auf die psychischen Strukturen aus, sondern ebenso auf Bindungen und Wertevorstellungen, die den einzelnen mit der Gemeinschaft verknüpfen."[126]

Eine Beziehung wird dadurch massiv gestört, dass sich die Bindungsperson im krassen Gegensatz zum erwartbaren, wohlwollenden Handlungsschema verhält und so eine Erschütterung von emotionalen, kognitiven und behavioralen Mustern herbeiführt. Gewalt in ihren physischen, psychischen und sexuellen Formen ist dabei eine der tiefgreifendsten Weisen der destruktiven Einwirkung

---

[123] Die beiden Begriffe werden im Folgenden äquivalent verwendet. Eine Bindung bezeichnet meist eine emotional positive Form der Beziehung und ist damit genauer qualifiziert. Es wird hier aber eben auf solche Beziehungen Bezug genommen, die eben diese Bindungsqualitäten haben bzw. haben sollten.
[124] SCHERWATH, Corinna; FRIEDRICH, Sibylle (2014): *Soziale und pädagogische Arbeit bei Traumatisierung*, 2. Aufl., Ernst Reinhardt Verlag: München, 48.
[125] Siehe 5. Die Verletzlichkeit von Kindern.
[126] HERMAN (1993): *Die Narben der Gewalt*, 77.

auf eine Beziehung. An die Stelle von Vertrauen treten Verrat und Kränkung. Doch auch wer unbeteiligt dabeisteht, bricht Vertrauen durch Unterlassung. Traumaopfer fühlen sich deswegen häufig von ihrem sozialen Umfeld und der Gesellschaft im Stich gelassen.[127] Gewalt im sozialen Nahraum führt dabei oft zu einer paradoxen Situation: „Das Trauma zwingt die Opfer, sich aus engen Bindungen zurückzuziehen und sie gleichzeitig verzweifelt zu suchen. Die schwere Beschädigung des Urvertrauens, die verbreiteten Scham-, Schuld- und Minderwertigkeitsgefühle [...] fördern den Rückzug aus engen Bindungen. Doch der Schrecken des traumatischen Ereignisses intensiviert gleichzeitig das Bedürfnis nach schützender Zuneigung. Der Traumatisierte schwankt daher häufig zwischen Isolation und ängstlichem Anklammern hin und her. Die Dialektik des Traumas berührt nicht nur das Innenleben des Opfers, sondern auch seine engsten Bindungen."[128] Dass gelungene soziale Interaktion und vor allem sichere Bindungen nach Situationen extremsten Stresses eine beruhigende Wirkung haben, bzw. haben könnten, ist eine bindungstheoretische Einsicht, die sich auch innerhalb der Traumaforschung bestätigt.[129] Die große Bedeutung von Emotionen klang an dieser Stelle mehrfach an. Im nächsten Abschnitt soll deswegen nach den Auswirkungen eines Traumas auf die emotionale Verfasstheit eines Menschen gefragt werden.[130]

2.4 Emotionen

Im bisher Gesagten deutete sich mehrfach die Bedeutung von Emotionen an. Diese stellen ein Interaktionsfeld von Gehirn und Körper, Gedächtnis und

---

[127] Vergleiche dazu und zur Bedeutung sozialer Interaktion insgesamt: MAERCKER (2013): *Psychologische Modelle*, 47ff.
[128] HERMAN (1993): *Die Narben der Gewalt*, 83f.
[129] Vgl. MIKULINCER, Mario; SHAVER, Phillip R. u.a. (2015): *An Attachment Perspective on Traumatic and Posttraumatic Reactions*, in: *Future Directions in Post-Traumatic Stress Disorder: Prevention, Diagnosis, and Treatment*, hrsg. von SAFIR, Marilyn P.; WALLACH, Helene S. u.a., Springer: New York [u.a.], 87ff.
[130] Abschließend sei hier noch eine Anmerkung zu systemischen Ansätzen gemacht. Eine besondere Sensibilität für Beziehungen und interpersonale Dynamiken findet sich häufig in Ansätzen der Systemischen Therapie. Einige Aspekte der Systemischen Therapie wurden inzwischen in verschiedene Arten der Traumatherapie aufgenommen (z.B. „Das Innere System/Team". Vgl. VAN DER KOLK (2015): *Verkörperter Schrecken*, 329ff.). Systemische Ansätze sollten aber in keinem Fall unreflektiert rezipiert werden, sondern müssen auf die spezifischen Fragen und Probleme durch traumatische Erfahrungen im sozialen Nahraum hin hinterfragt und eventuell auch modifiziert werden. (Siehe als ein Beispiel die problematischen Aussagen von Oesterreich auf S. 157 des folgenden Artikels.) Näheres dazu: HANSWILLE, Reinert (2015): *Trauma und Systemische Therapie*, in: *Handbuch der Psychotraumatologie*, hrsg. von SEIDLER, Günter H.; FREYBERGER, Harald J. u.a., 2. Aufl., Klett-Cotta: Stuttgart, 150–159.

C. Trauma

sozialen Beziehungen dar. Schon in diesen Bereichen bewegten sich die möglichen Reaktionen auf ein Trauma in Spannungsformen aus maximaler Aktivierung und totaler Passivität, intrusiver Erinnerung und Vergessen, Suche nach Bindung und Isolation. Ein ähnliches, teils widersprüchliches Taumeln findet sich zwischen verschiedenen, äußerst intensiven Emotionen und empfundener Taubheit. Bei diesem Wechsel aus bedrängenden Affekten oder auch Apathie, den verschiedene Menschen ganz unterschiedlich erleben können, handelt es sich um einen Verarbeitungsprozess, der je nach Ereignisschwere nur für beschränkte Zeit, bei schweren Traumata aber auch unbestimmt länger anhalten kann.[131] Emotionen spielen deswegen in der traumatischen Situation an sich und deren Bearbeitung eine wichtige Rolle.

In der Traumadefinitionen von Fischer und Riedesser werden „Gefühle [...] von Hilflosigkeit und schutzloser Preisgabe"[132] benannt, im ICD-10 eine Situation, die „bei fast jedem eine tiefe Verzweiflung hervorrufen würde"[133], und im DSM-IV noch, dass die „Reaktion der Person [...] intensive Furcht, Hilflosigkeit oder Entsetzen"[134] umfasst.[135] Ein traumatisches Erlebnis geht mit sehr intensiven Emotionen einher. Es ließen sich zu den bereits genannten noch Schrecken, Todesangst und Panik in einer ausweglosen Situation anfügen. Diese heftigen Emotionen gehen an einem Menschen nicht spurlos vorüber. Wie bereits beschrieben formt und bildet sich das emotionale Gedächtnis in Abhängigkeit von Erfahrungen. Scheinbar willkürlich ausgelöste oder durch Hinweisreize evozierte Erinnerungen können die während des Traumas erlebten Emotionen wiederbringen. Der Körper reagiert und empfindet entsprechend, die Erinnerung brennt sich weiter ein. Hinzu kommt, dass es beim Einschießen traumatischer Gedächtnisfragmente zu einer Deaktivierung eben jener Gehirnareale kommen kann, die für die Umwandlung von Emotionen in Sprache relevant sind.[136] Worte können das Erlebte und Empfundene dann in keiner Weise adäquat beschreiben.

Eine mögliche Reaktion auf erlebte Gewalt sind das Empfinden von Zorn und Wut. Diese können sich auf unterschiedliche Ziele richten. Stärker als gegen TäterInnen werden sie häufig gegen das eigene Selbst gerichtet. Es gibt empirisch gut fundierte Hinweise darauf, dass die verständliche Wut gegen den/die

---

[131] Vgl. REDDEMANN (2016): *Imagination als heilsame Kraft*, 84.
[132] FISCHER; RIEDESSER (2009): *Psychotraumatologie*, 84.
[133] www.icd-code.de/icd/code/F43.1.html (aufgerufen am 9. Mai 2018).
[134] FREYBERGER; STIEGLITZ (2015): *Die Posttraumatische Belastungsstörung und die Anpassungsstörungen*, 163.
[135] Für eine kurze Erläuterung, warum diese Passage im DSM-5 nicht mehr auftaucht, findet sich in den Fußnoten zu Abschnitt *1.3 Trauma als Ereignis in aktuellen Definitionen*.
[136] Vgl. VAN DER KOLK (2015): *Verkörperter Schrecken*, 213.

TäterIn, aber auch die Wut gegen sich selbst, sehr stark mit dem Auftreten einer PTBS assoziiert sind.[137]

Daneben sind weitere Emotionen besonders nach einem traumatischen Ereignis relevant. Eine große Bedeutung kommt Schuldgefühlen zu. Diese können teilweise als eine Anpassungsleistung an eine Ohnmachtserfahrung gesehen werden. So kann durch eigene Schuldübernahme die Illusion der Kontrollierbarkeit bzw. Beeinflussbarkeit der traumatischen Situation aufrechterhalten werden.[138] Es ist einfacher, sich für das Vergangene selber Schuld zuzuschreiben, als die eigene Ohnmacht zu ertragen und damit auch die Hilflosigkeit in einer vergleichbaren zukünftigen Situation. Dies gilt besonders, wenn der gefährliche Kontext nach dem traumatischen Ereignis fortbesteht, wie das in häuslichen oder partnerschaftlichen Kontexten oft der Fall ist.[139] Vor allem Kindern, die in einer Missbrauchssituation gefangen sind, können durch eigene Schuldübernahme den illusionären Glauben an eine eigentlich gute und vertrauenswürdige Bindungsperson aufrechterhalten. Sofern das Kind selber Schuld übernimmt, kann es die lebensnotwendige Bindung bewahren und hat außerdem eine eingebildete Möglichkeit, weitere traumatische Situationen in Zukunft zu verhindern.[140] Eine weitere Quelle von Schuldgefühlen kann sein, wenn z.B. Familienmitglieder die Gewalt an anderen Familienmitgliedern nicht verhindern konnten, sich sogar daran beteiligen mussten oder die Schuld von TäterInnen eingeredet wird.

Emotionen wie Ekel und Scham sind von Schuldgefühlen und Wut gegen sich selbst nicht weit entfernt. Ekel empfinden besonders Opfer von sexueller Gewalt. Die Ekelgefühle können sich dabei gegen sich selbst oder mit dem Trauma assoziierte Hinweisreize, also z.B. bestimmte Gerüche richten.[141] Auch Scham ist infolge von Gewalt in sozialen Nahräumen plausibel. Was war, hätte nie sein dürfen. Scham und Ekel wirken sich sehr negativ auf das Selbstbild aus. So lautet das eindrückliche Zitat eines ehemaligen Inzest-Opfers: „Ich bin voll von schwarzem Schleim. Wenn ich den Mund aufmache, kommt das alles heraus. Ich sehe mich als schlammiges Abwasser, in dem die Schlangen brüten."[142]

---

[137] Siehe die Studie von: ORTH, Ulrich; MAERCKER, Andreas (2009): *Posttraumatic Anger in Crime Victims: Directed at the Perpetrator and at the Self*, in: *Journal of Traumatic Stress*, 22, H. 2, 158–161.
[138] Vgl. MAERCKER (2013): *Psychologische Modelle*, 38.
[139] Siehe dazu auch die Anmerkung zu Gewalt in Partnerschaften bei: IVERSON, Katherine; RESICK, Patricia A. (2013): *Kognitive Verarbeitungstherapie für Opfer sexuellen Missbrauchs und anderer Traumata*, in: *Posttraumatische Belastungsstörungen*, hrsg. von MAERCKER, Andreas, 4. Aufl., Springer: Berlin [u.a.], 446.
[140] Vergleiche zu dieser Thematik: HERMAN (1993): *Die Narben der Gewalt*, 135–160.
[141] Vgl. SCHMAHL, Christian (2013): *Neurobiologie*, in: *Posttraumatische Belastungsstörungen*, hrsg. von MAERCKER, Andreas, 4. Aufl., Springer: Berlin [u.a.], 62.
[142] HERMAN (1993): *Die Narben der Gewalt*, 147.

C. Trauma   103

3. Traumafolgen

Traumafolgen können äußerst vielfältig sein. Bei ihrer wissenschaftlichen Erfassung handelt es sich um kontextgebundene Konzeptualisierungen. Schon innerhalb der beiden aktuellen Diagnosesysteme DSM-5 und ICD-10 gibt es Unterschiede. Da diesen beiden Systemen aber enorme Orientierungskraft zukommt, sollen sie auch hier leitend sein. Beide Diagnosesysteme kennen in ähnlicher Weise die Posttraumatische Belastungsstörung, der im Spektrum der Traumafolgestörungen eine besondere Bedeutung zukommt. An dieser Stelle soll jedoch die Orientierung primär am DSM-5 erfolgen. Dies liegt zum einen daran, dass dieses in seiner Darstellung ausführlicher ist, zum anderen, weil sich das ICD-10 zum Zeitpunkt der Abfassung dieser Arbeit in einem Revisionsprozess hin auf das ICD-11 befindet, der konkrete Schlüsse auf verlässlicher Basis schwierig macht.

3.1 Die Posttraumatische Belastungsstörung

Nach dem DSM-5 müssen für die Diagnose einer Posttraumatischen Belastungsstörung (PTBS) folgende Kriterien erfüllt sein: 1. Die betroffene Person hat ein Ereignis erlebt, dass die oben genannten Kriterien eines traumatischen Erlebnisses erfüllt.[143] Das Ereignis liegt dabei in den meisten Fällen nicht länger als sechs Monate, in selteneren Fällen auch sehr viel länger zurück.[144] 2. Es müssen aus bestimmten Symptomgruppen verschiedene Einzelsymptome auftreten, die jeweils auf das traumatische Ereignis bezogen sind.[145] 3. Das Störungsbild muss längere Zeit andauern[146] und kann nicht anderweitig

---

[143] Siehe dazu Abschnitt: *1.3 Trauma als Ereignis in aktuellen Definitionen*. An dieser Stelle ist noch anzumerken, dass das DSM-5 ein leicht variiertes Diagnosesystem für Kinder bis zum Alter von sechs Jahren bietet.
[144] Der Zeitraum kann sich über viele Jahre erstrecken. Vgl. AMERICAN PSYCHIATRIC ASSOCIATION (2015): *DSM-5 (Deutsche Ausgabe)*, 377.
[145] Die genaue Abgrenzung bzw. Unterteilung kann in den Diagnosemanualen selbst eingesehen werden.
[146] Das ICD-10 spricht von einer „protrahierte[n]", also einer über längere Zeit fortwirkenden, Reaktion auf ein traumatisches Ereignis, ohne diesen Zeitraum genauer anzugeben. Das DSM-5 formuliert das zeitliche Kriterium sehr präzise und spricht von einer Symptomdauer von mindestens einem Monat. Halten die Symptome mehr als drei Tage bis zu einem Monat nach dem Ereignis an, spricht das DSM-5 von einer „Akuten Belastungsstörung". Diese ist der Posttraumatischen Belastungsstörung im Symptombild sehr ähnlich, klingt aber nach spätestens einem Monat ab. Ist dies nicht der Fall, kann die Diagnose in eine PTBS umgewandelt werden. (Vgl. AMERICAN PSYCHIATRIC ASSOCIATION [2015]: *DSM-5 [Deutsche Ausgabe]*, 382ff.) Die Frist von mindestens drei Tagen wird eingeräumt, da die

(Wirkung durch Substanz oder anderes Krankheitsbild) hinreichend erklärt werden.[147]

Im Zentrum stehen an dieser Stelle die verschiedenen, unter 2. erwähnten Symptomgruppen. Das DSM-5 bietet derer vier, die im Folgenden kurz benannt und danach ausführlich dargestellt werden: Symptome der Intrusion (Wiedererleben); der Vermeidung; der negativen Veränderung von Kognitionen und Stimmungen; der Veränderung von Reaktivität und Erregungsniveau.[148] Es ist zu betonen, dass die PTBS ein höchst vielfältiges Erscheinungsbild bietet. So können einzelne Symptomgruppen überwiegen oder in verschiedenen Kombinationen auftreten. Bei manchen Betroffenen dominiert intrusive, bei anderen dissoziative, oder eine andere der zu nennenden Symptomatiken.[149] Viele der Symptome haben gemein, dass sie unmittelbar nach dem Ereignis eine natürliche Weise der Stressverarbeitung sind, und erst ihre anhaltende, pathologische Übersteigerung sie zu einem medizinisch relevanten Problem macht.[150]

3.1.1 Intrusion

Bei intrusiven Phänomenen dringen Erinnerungsfragmente unkontrollierbar in das Bewusstsein ein und zwingen den betroffenen Menschen zum partiellen Neudurchleben der traumatischen Situation. Von sonstigen Erinnerungen unterscheiden sich Intrusionen meist durch die starke Involvierung von körper-

---

verschiedenen Symptome unmittelbar nach dem Ereignis eine normale Reaktion darstellen. Klinisch relevant werden diese erst, wenn sie sich anhaltend fortsetzen. Die „Akute Belastungsreaktion" (F 43.0) im ICD-10 wird oft in die Nähe der Akuten Belastungsstörung des DSM-5 gerückt, doch gibt es hier signifikante Unterschiede.

[147] Vgl. AMERICAN PSYCHIATRIC ASSOCIATION (2015): *DSM-5 (Deutsche Ausgabe)*, 369ff.
[148] An vielen Stellen wird von der Symptomtrias, bzw. den drei Symptomgruppen 1. Intrusion, 2. Vermeidung/Betäubung und 3. Hyperarousal bzw. 1. Intrusion, 2. Restriktion und 3. Exzitation gesprochen (vgl. PFEIFER, Samuel (2014): *Traumaverarbeitung und Spiritualität*, in: Psychotherapie und Spiritualität, hrsg. von UTSCH, Michael; BONELLI, Raphael M. u.a., SpringerMedizin: Heidelberg, 166.) Die Differenzierung in vier Symptomgruppen, wie sie im DSM-5 vorgenommen wird, scheint aber sachgemäßer zu sein. So kann Frank Wagner überzeugend begründen, inwiefern die Zusammenfassung von Vermeidung und Betäubung nur bedingt sinnvoll ist. Denn während Vermeidung einen eher phobischen Charakter habe, handle es sich bei Betäubung bzw. Numbing um einen unbewussten Selbstschutzmechanismus zur Verdrängung negativer Gefühle. Die neue Kategorie im DSM-5 beschreibe negative Veränderungen in Kognition und Stimmung, worunter Numbing-Symptome wie dissoziative Amnesie, die Unfähigkeit, positive Gefühle zu empfinden, anhaltend negatives Gefühlserleben, aber auch negativ veränderte Kognitionen fielen. Vgl. WAGNER, Frank (2015): *Die Posttraumatische Belastungsstörung*, in: Handbuch der Psychotraumatologie, hrsg. von SEIDLER, Günter H.; FREYBERGER, Harald J. u.a., 2. Aufl., Klett-Cotta: Stuttgart, 186.
[149] Vgl. AMERICAN PSYCHIATRIC ASSOCIATION (2015): *DSM-5 (Deutsche Ausgabe)*, 373.
[150] Dies gilt in besonderem Maße für Phänomene der Intrusion, der Vermeidung, des Numbing und der Hypervigilanz.

lichen Reaktionen (z.B. Schweißausbrüche, Zittern) und Affekten (z.B. Panik, Angst). Die Intrusionen werden dabei häufig von einem Hinweisreiz (Trigger) ausgelöst bzw. getriggert. Dabei handelt es sich um einen Reiz, der mit dem traumatischen Ereignis (bzw. den Ereignissen) in Zusammenhang steht. Dies ist oft ein äußerer oder innerer Reiz, also ein Sinneseindruck (z.B. ein Geruch, eine dem Täter ähnlichsehende Person, eine Berührung, ein Gegenstand oder Symbol usw.), oder ein inneres Empfinden (z.B. eine empfundene Grenzüberschreitung, eine Emotion). Die entsprechenden Trigger sind der betroffenen Person dabei nicht unbedingt bewusst. Entsprechend kann eine Intrusion getriggert werden, ohne dass der Hinweisreiz benannt werden könnte.[151]

Im Schlaf können Intrusionen in Form von Albträumen auftreten. Besonders bei Kindern können diese Träume allerdings einen stark veränderten Inhalt haben. Der Traum enthält dann nicht dezidiert traumabezogene Inhalte, sondern anderweitig mit Gefühlen wie Angst und Schrecken verknüpfte Situationen oder Figuren.[152]

Um besonders gravierende Formen der Intrusion handelt es sich bei Flashbacks. Diese sind ein dissoziatives Phänomen, bei dem „die Person in die traumatische Situation zurückversetzt wird bzw. sie neu durchlebt; hierbei kommt es oft zu subjektiv erlebten Überflutungszuständen, die kaum kontrollierbar sind. Betroffene verhalten sich dann oft so, als ob die Bedrohung in der Gegenwart erneut stattfände. Je nach Schwere eines Flashbacks kann eine Person hierbei den Gegenwartsbezug beibehalten oder diesen verlieren, d.h. jegliches Bewusstsein dafür verlieren, was gerade in der Gegenwart geschieht. Die zeitliche Achse, d.h. die Differenzierungsfähigkeit, was in der Vergangenheit und was in der Gegenwart liegt, geht während der Episode verloren. Dieser dissoziative Zustand kann einige Sekunden bis Stunden andauern."[153]

3.1.2 Vermeidung

Aufgrund der großen Belastung durch Intrusionen ist es nur verständlich, dass der betroffene Mensch versucht, entsprechende Trigger zu vermeiden. Den oben genannten inneren und äußeren Reizen entspricht ein stärker nach innen bzw. außen gerichtetes Vermeidungsverhalten. Inneres Vermeidungsverhalten bezieht sich vor allem auf Gefühle, Erinnerungen und Gedanken, die mit dem traumatischen Ereignis in Verbindung gebracht werden. Es soll möglichst jeder Aspekt des eigenen Innenlebens vermieden werden, der an das Trauma erinnern könnte.[154] Diese oft sehr ausgeprägten Verdrängungsversuche sind allerdings in

---

[151] Vgl. WAGNER (2015): *Die Posttraumatische Belastungsstörung*, 184f.
[152] Vgl. AMERICAN PSYCHIATRIC ASSOCIATION (2015): *DSM-5 (Deutsche Ausgabe)*, 369.
[153] WAGNER (2015): *Die Posttraumatische Belastungsstörung*, 185.
[154] Vgl. ASMUNDSON, Gordon J.G.; TYLOR, Steven (2008): *Avoidance*, in: *The Encyclopedia of Psychological Trauma*, hrsg. von REYES, Gilbert; ELHAI, Jon D. u.a., Wiley: Hoboken, 70f.

vielen Fällen nicht erfolgreich und können sogar zu „Teilamnesien führen, bei denen man sich nur sehr unscharf an das Erlebte erinnern kann."[155]

Das äußere Vermeidungsverhalten richtet sich auf Personen, deren Handlungsweisen, Gerüche, Gegenstände, Symbole, Orte oder Bilder, die einen entsprechenden Hinweisreiz aussenden und damit die sehr schwierige innere Verdrängung nötig machen könnten. Eine Variante davon, stellt ein sehr stark ausgeprägtes Schutz- und Kontrollverhalten dar. Das Möglichste wird getan, um belastende Hinweisreize zu vermeiden. In vielerlei Hinsicht handelt es sich um einen Schutzmechanismus, der das erneute Auftreten einer traumatischen Situation verhindern soll.[156]

Was als belastender Hinweisreiz wahrgenommen wird, kann für das Umfeld unverständlich sein, denn Wahrnehmung ist ein subjektiver Vorgang. Bessel van der Kolk bspw. berichtet über eine Studie anhand von Rorschach-Tests.[157] Den Probanden wurden Bilder von Tintenklecksen vorgelegt. Viele der daran teilnehmenden Vietnamveteranen erkannten darin zerfetzte Menschenteile oder andere grausige Bilder. Er folgert daraus: „Aufgrund dieser Reaktionen auf den Rorschach-Test fanden wir heraus, daß Traumatisierte dazu neigen, ihr Trauma in alles, was in ihrer Umgebung geschieht, hineinzusehen, [und dadurch] die Welt völlig anders sehen als andere Menschen. Für die meisten von uns ist ein Mann, der auf der Straße auf uns zukommt, jemand, der einen Spaziergang macht. Ein Vergewaltigungsopfer sieht in solch einem Menschen oft jemanden, der sie belästigen könnte, und gerät deshalb in Panik. Ein strenger Lehrer ist für ein normales Kind eine einschüchternde Person. Für ein Kind, das von seinem Stiefvater immer wieder geschlagen wird, ist dieser Mensch möglicherweise ein Folterer."[158]

3.1.3 Negative Veränderungen von Kognitionen und Stimmung

Unter dieser Kategorie, die sich in dieser Form in der ICD-10 und zumindest in der Beta-Version des ICD-11 nicht als eigenständige diagnoserelevante Symptomgruppe findet, werden verschiedene Phänomene versammelt. Als Erstes führt das DSM-5 die „Unfähigkeit, sich an einen wichtigen Aspekt des oder der traumatischen Ereignisse zu erinnern" auf.[159] Die Frage nach der Bedeutung des

---

[155] MAERCKER (2013): *Symptomatik, Klassifikation und Epidemiologie*, 17.
[156] Vgl. WAGNER (2015): *Die Posttraumatische Belastungsstörung*, 185.
[157] Benannt nach dem Erfinder Hermann Rohrschach. Dabei werden den Probanden Bilder von schwarzen oder farbigen Tintenklecksen vorgelegt. Entscheidend ist nun, was die Probanden in den Tintenklecksen zu erkennen meinen. Dies kann laut Verfahren Aufschluss über teilweise oder vollständig unbewusste Wahrnehmungsprozesse des Probanden liefern.
[158] VAN DER KOLK (2015): *Verkörperter Schrecken*, 26f.
[159] AMERICAN PSYCHIATRIC ASSOCIATION (2015): *DSM-5 (Deutsche Ausgabe)*, 370.

Gedächtnisses bei traumatischen Erlebnissen wurde weiter oben bereits berührt. Traumatische Erlebnisse werden nicht wie andere Erfahrungen im Gedächtnis abgespeichert. Es handelt sich deswegen oft nur um vorhandene Erinnerungsfragmente, die zu verdrängen eine mögliche Umgangsweise damit darstellt.

Verschiedene Symptome beziehen sich auf anhaltende negative Kognitionen und Emotionen. Gefühle von Wut, Scham, Angst, Ekel, Schuld und ein taumelnder Wechsel zwischen ihnen, sind häufig eine Folge besonders von Gewalt im sozialen Nahraum. So auch im Bereich der Kognitionen, in denen das Selbst als unwiederbringlich beschädigt oder verdorben, Mitmenschen und Welt als feindselig gedacht werden können. Im Falle einer Posttraumatischen Belastungsstörung handelt es sich dabei oft nicht um vorübergehende, sondern anhaltende Erscheinungen.[160]

In die Kategorie der negativen Veränderungen von Kognitionen und Stimmungen gehören auch verschiedene Phänomene des sog. „Numbing", einer unterbewussten Selbstbetäubung. Phänomene des Numbing umfassen „vermindertes Interesse oder verminderte Teilnahme an wichtigen Aktivitäten" und „Gefühle der Abgetrenntheit oder Entfremdung von anderen", „Anhaltende Unfähigkeit, positive Gefühle zu empfinden (z.B. Glück, Zufriedenheit, Gefühle der Zuneigung)."[161] Die stark verminderte Empfindung bis hin zur Betäubung und der Rückzug auf sich selbst kann während oder unmittelbar nach einer traumatischen Situation eine wichtige Schutzfunktion ausüben.[162] Handelt es sich aber um ein anhaltendes Symptom, wird der ursprüngliche Schutzmechanismus maladaptiv.

3.1.4 Veränderung von Reaktivität und Erregungsniveau

Ein traumatisches Ereignis ist ein heftiger Angriff auf die körperliche und seelische Integrität einer Person. Wie oben beschrieben, setzen in einer derartigen Situation die biologischen Stresssysteme ein und versuchen die Grundlagen für eine möglichst erfolgreiche Abwehr zu schaffen. Für schwer traumatisierte Menschen zeichnet sich das Ereignis dadurch aus, dass es nicht einfach vorübergeht, sondern präsent bleibt und den Menschen immer wieder ganz in sich gefangen nehmen kann. Entsprechend werden die Stresssysteme schon bei minimalen, als bedrohlich empfundenen Reizen aktiviert. Die Einzelphänomene dieser Symptomgruppe sind vor allem auf diesen Sachverhalt zurückzuführen.

---

[160] Vgl. AMERICAN PSYCHIATRIC ASSOCIATION (2015): DSM-5 (Deutsche Ausgabe), 370.
[161] AMERICAN PSYCHIATRIC ASSOCIATION (2015): DSM-5 (Deutsche Ausgabe), 370.
[162] Vgl. VINE, Vera; SALTERS-PEDNEAULT, Kristalyn u.a. (2008): Emotional Numbing, in: The Encyclopedia of Psychological Trauma, hrsg. von REYES, Gilbert; ELHAI, Jon D. u.a., Wiley: Hoboken, 249ff.

Eine mögliche Ausprägung sind stark erhöhte Reizbarkeit und aggressives Verhalten gegenüber Menschen, Tieren oder Gegenständen. Wut und Aggression, die in gefährlichen Situationen zusätzliche Kraft zur Verfügung stellen und deswegen in solchen sehr wichtig und sinnvoll sind, können im Alltag destruktiv sein. Ähnlich verhält es sich mit übermäßig erhöhter Wachsamkeit (Hypervigilanz) und übersteigerten Schreckreaktionen. Auch bei diesen handelt es sich um sinnvolle Schutzmechanismen, die in ihrer Übestei-gerung aber sehr belastende Folgen haben können. Zu den Folgen von Hypervigilanz und Hyperarousal (permanent erhöhtes Erregungsniveau) gehören dann auch Konzentrationsschwierigkeiten und Schlafstörungen. Das ist insofern verstehbar, als eine Person, die Lebensgefahr im Verzug sieht, sich nur sehr bedingt auf fokussierte Tätigkeiten oder Ruhepausen einlassen kann.[163]

Auch wird unter diese Kategorie selbstgefährdendes bis selbstverletzendes Verhalten gefasst. Die Gründe dafür können sich auf vielfältige Weise aus traumatischen Erlebnissen ergeben.[164]

3.1.5 Dissoziation[165]

Weiterhin bestimmt das DSM-5 näher, ob die PTBS mit oder ohne dissoziative Symptome auftritt. Hierbei handelt es sich vor allem um Erfahrungen der Depersonalisation (Erfahrung der Trennung oder Außenbetrachtung von Körper, Gedanken und Gefühlen) und Derealisation (Umgebung wird als unwirklich erlebt).[166]

An dieser Stelle sollen die Phänomene um den Terminus „Dissoziation" (von lat. *dissociare* / „trennen, spalten, auflösen, entzweien") genauer betrachtet werden.[167] Medizinhistorisch erste Belege für den Begriff der „Dissoziation" finden sich beim französischen Psychiater Jacques Joseph Moreau de Tours (1804–1884).[168] Später wurde der Begriff von Pierre Janet aufgenommen und weiterentwickelt. Dieser legte in seiner Dissertation ein umfassendes Modell der menschlichen Psyche vor.[169] Dabei entdeckte er die Möglichkeit, dass sich unter besonders belastenden Umständen und intensiven emotionalen Reaktionen

---

[163] Vgl. die verschiedenen Einzelsymptome: AMERICAN PSYCHIATRIC ASSOCIATION (2015): *DSM-5 (Deutsche Ausgabe)*, 370f.

[164] Vgl. CHAPMAN, Alexander L. (2008): *Self-Injurious Behavior*, in: The Encyclopedia of Psychological Trauma, hrsg. von REYES, Gilbert; ELHAI, Jon D. u.a., Wiley: Hoboken, 595f.

[165] Es handelt sich dabei nicht um ein notwendiges Kriterium für eine PTBS, sondern eine genauere Spezifizierung.

[166] Vgl. AMERICAN PSYCHIATRIC ASSOCIATION (2015): *DSM-5 (Deutsche Ausgabe)*, 371.

[167] Vgl. PONS (2001): *Wörterbuch für Schule und Studium: Lateinisch-Deutsch*, 2. Aufl., Ernst Klett Verlag: Stuttgart [u.a.], 304.

[168] Vgl. SPITZER, Carsten; WIBISONO, Dennis u.a. (2015): *Theorien zum Verständnis von Dissoziation*, in: Handbuch der Psychotraumatologie, hrsg. von SEIDLER, Günter H.; FREYBERGER, Harald J. u.a., 2. Aufl., Klett-Cotta: Stuttgart, 24.

[169] JANET, Pierre (1889): *L'Automatisme psychologique*, Librairie Félix Alcan: Paris.

darauf einzelne psychische Elemente vom Bewusstsein abspalten, also dissoziieren können. Diese wirken fortwährend eigendynamisch und sind der Kontrolle des Bewusstseins unzugänglich. Trotz seiner hohen Erklärungskraft für verschiedene Phänomene der „Hysterie" geriet Janets Dissoziationskonzept in Vergessenheit, bis es ab den 1970er Jahren im Zuge des oben beschriebenen Wiedererstarkens der Traumaforschung und einem vermehrten Interesse an multipler Persönlichkeitsstörung zu neuer Geltung gelangte.[170]

Der Begriff der Dissoziation wird inzwischen innerhalb der Psychotraumatologie uneinheitlich verwendet. Er ist dort meist eine Konstruktion, die verschiedene Phänomene der Trennung normalerweise verbundener Funktionen der menschlichen Psyche bezeichnet.[171] Das DSM-5 versteht Dissoziation als

> „eine Störung und/oder eine Unterbrechung der normalen Integration von Bewusstsein, Gedächtnis, Identität, Emotionen, Wahrnehmung, Körperbild, Kontrolle motorischer Funktionen und Verhalten[...]. Dissoziative Symptome werden erlebt als a) unerwünschte Störung des Bewusstseins und des Verhaltens, begleitet von einem Verlust der Kontinuität des subjektiven Erlebens ([...] Fragmentierung der Identität, Depersonalisation und Derealisation) und/oder b) die Unfähigkeit, Informationen abzurufen oder psychische Funktionen zu kontrollieren, welche normalerweise leicht zugänglich sind oder kontrolliert werden können ([...] wie die Amnesie)."[172]

Es fallen bestimmte Funktionen aus bzw. auseinander, die normalerweise miteinander interagieren. Schon Janet sah den Zusammenhang zwischen traumatischen Erlebnissen und Dissoziation. Auch wenn die genauen Ursachen dissoziativer Phänomene noch nicht vollkommen erforscht und verstanden sind, gilt der Zusammenhang zwischen schweren traumatischen Erfahrungen besonders in der Kindheit und gravierenden Formen der Dissoziation als erwiesen.[173] Abspaltungen können in besonders schweren Fällen zur Ausbildung unterschiedlicher Persönlichkeiten führen. Wahrscheinlich handelt es sich dabei um eine Schutzreaktion der menschlichen Psyche in nicht aushaltbaren Situationen. Das Erlebte ist so überwältigend und verstörend, dass es als Ganzes nicht integriert werden kann. Es kommt zu einer Fragmentierung.[174] Die Dissoziation erlaubt es dabei, die Situation zu überstehen. Angst und Schmerz werden begrenzt oder abgestellt. Solche „Personen berichten bspw., dass sie im Moment der Traumatisierung mental ihren Körper verlassen und das Geschehen aus

---

[170] Vgl. SPITZER; WIBISONO u.a. (2015): *Dissoziation*, 25f. Es handelt sich bei diesem Text um einen Artikel, der einen guten Überblick über das Phänomen und seine verschiedenen Facetten bietet.
[171] Vgl. SPITZER; WIBISONO u.a. (2015): *Dissoziation*, 22f.
[172] AMERICAN PSYCHIATRIC ASSOCIATION (2015): *DSM-5 (Deutsche Ausgabe)*, 397.
[173] Vgl. CHU, James A. (2011): *Rebuilding Shattered Lives: Treating Complex PTSD and Dissociative Disorders*, 2. Aufl., Wiley: Hoboken, 3-19.
[174] Ob, wann und in welcher Weise eine Dissoziation auf- bzw. eintritt, ist von zahlreichen psychischen, genetischen und lebensgeschichtlichen Faktoren abhängig. Siehe dazu: SPITZER; WIBISONO u.a. (2015): *Dissoziation*, 34f.

einer Distanz beobachten."[175] Es handelt sich dabei um eine automatisierte Schutzreaktion und keine bewusste Entscheidung. Auch wenn Menschen berichten, sie könnten sich in eine Dissoziation zurückziehen, handelt es sich dabei wahrscheinlich eher um eine Wahrnehmung des in einer traumatischen Situation einsetzenden Dissoziationsprozesses als um eine bewusste Steuerung.[176]

3.2 Die komplexe Posttraumatische Belastungsstörung

In der Beschäftigung mit massiven Formen der Traumatisierung wuchs vor allem innerhalb der feministischen Bewegung bald das Bewusstsein dafür, dass bestimmte schwerwiegende Folgen traumatischer Ereignisse durch das Symptomcluster der PTBS nicht hinreichend abgebildet werden. Dies betrifft vor allem Folgen von mehrfachen, äußerst gravierenden (z.B. sexuellen) Gewaltformen, besonders an Kindern. Eine wichtige Rolle kam dabei Judith Herman durch ihr bereits erwähntes Buch „Die Narben der Gewalt" zu. In diesem schlug sie die Diagnosekategorie der „komplexen Posttraumatischen Belastungsstörung" (kPTBS) vor, um den verschiedenen über die klassische PTBS hinausreichenden Symptomen Rechnung zu tragen.[177] Diese enthalten Störungen der Affektregulation (z.B. chronische Suizidgedanken), Bewusstseinsveränderungen (z.B. Amnesie oder dissoziative Phänomene), Störungen der Selbstwahrnehmung (z.B. Selbstbezichtigung, Gefühl der Beschmutzung und Stigmatisierung), eine gestörte Wahrnehmung des Täters (z.B. Idealisierung), Beziehungsprobleme (z.B. Isolation oder Unfähigkeit zum Selbstschutz) und Veränderungen des Wertesystems (z.B. Verlust fester Glaubensinhalte).[178] Die Auseinandersetzung von Judith Herman bezog sich damals auf das DSM-III. Die Diagnose für die PTBS nach dem DSM-5 hat einige der von Herman für die kPTBS vorgeschlagenen Symptome aufgenommen.[179] Das DSM-5 kennt aber nach wie vor keine der kPTBS vergleichbare Diagnosekategorie. Anders verhält es sich mit dem ICD-11. Auch wenn sich dieses zum Zeitpunkt der Abfassung dieser Arbeit noch im Revisionsprozess befand und entsprechend die finale und durch die WHO autorisierte Fassung noch nicht vorlag, scheint es sehr sicher, dass diese die kPTBS enthalten wird. In der Beta-Version wird die „Complex post traumatic stress

---

[175] SPITZER; WIBISONO u.a. (2015): *Dissoziation*, 30.
[176] Vgl. FORD; GRASSO u.a. (2015): *Posttraumatic Stress Disorder*, 26f.
[177] Siehe: HERMAN (1993): *Die Narben der Gewalt*, 161–179.
[178] Es handelt sich bei dieser Aufzählung um selektierte, aber wortwörtliche Entnahmen des Diagnosevorschlages von Judith Herman: Vgl. HERMAN (1993): *Die Narben der Gewalt*, 169f.
[179] Z.B. dissoziative Phänomene.

C. Trauma

disorder" unter den „Disorders specifically associated with stress" aufgeführt und folgendermaßen beschrieben:[180]

> „Complex post-traumatic stress disorder (Complex PTSD) is a disorder that may develop following exposure to an event or series of events of an extremely threatening or horrific nature, most commonly prolonged or repetitive events from which escape is difficult or impossible (e.g., torture, slavery, genocide campaigns, prolonged domestic violence, repeated childhood sexual or physical abuse). The disorder is characterized by the core symptoms of PTSD; that is, all diagnostic requirements for PTSD have been met at some point during the course of the disorder. In addition, Complex PTSD is characterized by 1) severe and pervasive problems in affect regulation; 2) persistent beliefs about oneself as diminished, defeated or worthless, accompanied by deep and pervasive feelings of shame, guilt or failure related to the traumatic event; and 3) persistent difficulties in sustaining relationships and in feeling close to others. The disturbance causes significant impairment in personal, family, social, educational, occupational or other important areas of functioning."[181]

Nach dieser Definition wird eine kPTBS in den meisten Fällen infolge einer langanhaltenden oder wiederkehrenden traumatischen Situation auftreten. Als Beispiele werden u.a. Folter, anhaltende häusliche Gewalt oder verschiedene Formen des Kindesmissbrauchs aufgeführt. Eine kPTBS umfasst die Volldiagnose einer PTBS, geht über diese aber noch hinaus. Sie umfasst schwere und tiefgreifende Probleme der Affektregulation. Weiterhin weisen Betroffene anhaltende Überzeugungen über sich selbst als minderwertig, niedergeschlagen, wertlos, begleitet von anhaltenden Scham- und Schuldgefühlen in Bezug auf das traumatische Ereignis auf. Drittens haben Betroffene anhaltende Schwierigkeiten, Beziehungen aufrechtzuerhalten und Nähe zu anderen Menschen zu empfinden. All dies führt zur leidvollen Beeinträchtigung verschiedener wichtiger Lebensbereiche. Die angeführte Beschreibung einer kPTBS ist nicht so weitgreifend wie die Vorschläge von Judith Herman. Die aufgeführten Symptome machen aber deutlich, dass vor allem schwere Traumatisierungen Folgen haben können, die über das Bild einer PTBS hinausgehen und zentrale Bereiche der menschlichen Verfasstheit (Gefühlsregulation, Selbstbild, soziale Beziehungen) beeinträchtigen.

Eine sehr komplexe Debatte knüpft sich an die Frage, in welchem Verhältnis die kPTBS und die Borderline-Persönlichkeitsstörung (BPS) zu sehen sind. Von manchen Forschenden wird die BPS als Variante der kPTBS gesehen.[182] Ob und

---

[180] https://icd.who.int/dev11/l-m/en#/http%3a%2f%2fid.who.int%2ficd%2fentity%2f58583 3559 (auf-gerufen am 09. Mai 2018)

[181] https://icd.who.int/dev11/l-m/en#/http%3a%2f%2fid.who.int%2ficd%2fentity%2f58583 3559 (auf-gerufen am 09. Mai 2018)

[182] Vgl. SPITZER; WIBISONO u.a. (2015): *Dissoziation*, 24f.

inwiefern dies zutrifft, ist nicht einfach zu beantworten.[183] Es lässt sich aber sagen, dass BPS und kPTBS eine große Übereinstimmung der Symptombilder aufweisen und die Phänomene einer BPS auch als Versuch verstehbar sind, mit traumatischen Erfahrungen umzugehen.[184]

3.3 Weitere Traumafolgen und Komorbiditäten

Mit dem Hinweis auf die BPS und kPTBS ist ein sehr weites thematisches Feld berührt. Es stellt sich die Frage nach dem Zusammenhang zwischen traumatischen Erfahrungen und weiteren Traumafolgen, die durch die Diagnosekategorien PTBS nicht abgebildet werden. Luise Reddemann stellt fest:

> „Wir wissen inzwischen sehr genau, dass hinter sehr vielen seelischen und psychosomatischen Erkrankungen, insbesondere den Persönlichkeitsstörungen vom Borderlinetyp, aber auch depressiven Erkrankungen, Suchtkrankungen, Essstörungen, selbstverletzendes Verhalten und den Somatisierungs- und Angststörungen, traumatische Erfahrungen als Ursache oder Mitursache zu finden sind."[185]

Das Spektrum klinisch relevanter Traumafolgen reicht über die PTBS hinaus. An dieser Stelle ist anzumerken, dass die Psychotraumatologie ein sich dynamisch entwickelnder Forschungsbereich ist. Vor allem bei der Frage nach den vielfältigen Auswirkungen traumatischer Erfahrungen ist der Wissensstand fortwährenden Aktualisierungen unterworfen. Über die letzten Jahrzehnte scheint sich abzuzeichnen, dass traumatischen Erlebnissen eine tendenziell immer größere Rolle in der (Mit-) Erklärung verschiedener psychischer Krankheitsbilder zukommt.[186] Bei den hiesigen Ausführungen handelt es sich um den aktuellen Forschungsstand, der aber selbstverständlich weiterentwickelt werden kann und wird. Bisher lässt sich sagen, dass mit einer Volldiagnose einer PTBS insgesamt nur ein Teil möglicher Traumafolgen abgedeckt ist:

> „PTSD is not the only serious problem that can occur in the wake of psychological trauma. Several other psychiatric disorders occur more often following exposure to traumatic stressors than if psychological trauma does not occur, including complicated bereavement [...], depression, other anxiety disorders (such as fears and phobias), serious mental illness [...], addictive disorders, eating disorders, dissociative disorders, and personality disorders. Chronic problems with anger, violence, suicidality, poor school and work outcomes, troubles relationships, and

---

[183] Siehe zu dieser Frage die Ausführungen in: SACHSSE, Ulrich; SACK, Martin (2015): *Die komplexe Posttraumatische Belastungsstörung*, in: *Handbuch der Psychotraumatologie*, hrsg. von SEIDLER, Günter H.; FREYBERGER, Harald J. u.a., 2. Aufl., Klett-Cotta: Stuttgart, 196–206.
[184] Siehe dazu: SACHSSE; SACK (2015): *Die komplexe Posttraumatische Belastungsstörung*, 201ff.
[185] REDDEMANN (2016): *Imagination als heilsame Kraft*, 13f.
[186] Diese Folgerung lässt sich aus der Etablierung und Verfeinerung der Diagnose PTBS ziehen, der Etablierung der Kategorie „Trauma- und belastungsbezogene Störungen" im DSM-5 und der Aufnahme der Diagnose kPTBS in das ICD-11.

C. Trauma

serious mental illness also have been linked to exposure to traumatic stress [...] and PTSD."[187]

Besonders vielfältig, gravierend und je nach Alter sich verändernd sind die Folgen von Kindesmisshandlung.[188] Es ist an dieser Stelle sinnvoll, eine dreifache Differenzierung vorzunehmen: Erstens gibt es Traumafolgen, die für den betroffenen Menschen belastend sind, aber nicht die Diagnoseschwelle für ein bestimmtes Krankheitsbild überschreiten. Zweitens gibt es klinisch relevante Krankheitsbilder, die als Komorbiditäten, also Begleiterkrankungen zusammen mit einer PTBS auftreten. Drittens gibt es Krankheitsbilder, die sich mitverursacht durch ein traumatisches Ereignis, aber ohne gleichzeitiges Vorliegen einer PTBS entwickeln können. Die Beispiele, die folgend zu den jeweiligen Gruppen gegeben werden, haben keinen Anspruch auf Vollständigkeit, sondern sollen im Rahmen des hier Möglichen nur auf die Breite eventueller Traumafolgen verweisen.

In die erste Gruppe gehören Einzelsymptome, die nicht das Vollbild einer PTBS oder anderen Diagnose erreichen. Ein Beispiel wären negative Veränderungen von Kognitionen oder Stimmung, wie z.B. eine extrem negative Weltsicht oder ein stark erhöhtes Aggressionsniveau. Auch Schwierigkeiten in Schule, Privatleben und Beruf können durch traumatische Erfahrungen mitverursacht werden, ohne deswegen gleich die Kriterien für eine medizinische Diagnose zu erfüllen.[189]

Als Komorbiditäten werden Begleiterkrankungen bezeichnet, die mit einer PTBS auftreten oder in vielen Fällen durch diese mitbedingt sind. Circa 80% aller Erwachsenen mit einer PTBS erfüllen die Kriterien für mindestens eine, viele von ihnen für mehrere, weitere psychiatrische Diagnosen.[190] Die häufigsten davon sind „Angststörungen, Depressionen, Suizidalität, Medikamenten-, Alkohol- und Drogenmissbrauch oder -sucht, Somatisierungsstörungen, [...] antisoziale Persönlichkeitsstörung [und] Herz-Kreislauf-Erkrankungen."[191] Ähnlich verhält es sich bei Kindern, wobei die Art und Ausprägung von Komorbiditäten altersspezifisch und deswegen von Erwachsenen abweichend ist.[192]

---

[187] FORD; GRASSO u.a. (2015): *Posttraumatic Stress Disorder*, 45.

[188] Siehe die sehr umfassende Zusammenstellung bei: DEEGENER, Günther (2013): *Kindesmisshandlung und Vernachlässigung*, in: *Posttraumatische Belastungsstörungen*, hrsg. von MAERCKER, Andreas, 4. Aufl., Springer: Berlin [u.a.], 387ff.

[189] Ein sehr umfassender Überblick über verschiedenste Gewaltfolgen findet sich in der groß angelegten Studie von Müller und Schröttle: MÜLLER; SCHRÖTTLE (2004): *Lebenssituation*, 134–158.

[190] Vgl. FORD; GRASSO u.a. (2015): *Posttraumatic Stress Disorder*, 153f.

[191] Vgl. MAERCKER (2013): *Symptomatik, Klassifikation und Epidemiologie*, 30.

[192] Vgl. STEIL, Regina; ROSNER, Rita (2013): *Posttraumatische Belastungsstörung bei Kindern und Jugendlichen*, in: *Posttraumatische Belastungsstörungen*, hrsg. von MAERCKER, Andreas, 4. Aufl., Springer: Berlin [u.a.], 356. Entsprechend unterschieden verhält es sich ebenso mit alten Menschen: Vgl. KUWERT, Philipp; KNAEVELSRUD, Christine (2013):

Die Gruppen zwei und drei überschneiden sich weitestgehend. Es wäre aber nicht präzise, bei der dritten Gruppe von Komorbiditäten zu reden. Denn die Bezeichnung einer „Begleiterkrankung" indiziert das Vorhandensein einer Diagnose, zu der die Komorbidität nur zusätzlich auftritt. Doch alle in Gruppe zwei genannten Krankheitsbilder können auch unabhängig von einer PTBS auftreten.[193] Ein traumatisches Ereignis ist für diese Leiden kein notwendiges Diagnosekriterium, aber eventuell ein zentraler, mitverursachender Faktor.

Hier seien zum Ersten Suchterkrankungen genannt.[194] Ingo Schäfer weist darauf hin, dass laut „Studien an der Allgemeinbevölkerung [...] nach sexueller und/oder körperlicher Gewalt in der Kindheit 14–35% der Betroffenen während ihres Lebens an einer substanzbezogenen Störung leiden, verglichen mit 3–12% der Personen ohne diese Erfahrungen[.]"[195] Es gibt verschiedene Erklärungsmodelle für einen solchen Befund. So kann die entspannende bzw. betäubende Wirkung von z.B. Alkohol als Selbstmedikation, also Bearbeitungsversuch belastender Traumafolgen gesehen werden. Ein traumatisierter Mensch kann auf diese Weise versuchen, zwischenmenschliche Probleme, sozialen Rückzug, negative Veränderungen von Selbst- und Weltbild, peinigende emotionale Zustände oder Suizidgedanken[196] einfacher zu verarbeiten, bzw. auszuhalten. Insgesamt handelt es sich dabei um eine nachvollziehbare, aber tendenziell dysfunktionale Bewältigungsstrategie.[197]

Ein weiteres Krankheitsbild, das komorbid oder auch ohne PTBS auftreten kann, sind depressive Störungen. Ein traumatisches Ereignis ist ein grundnegatives Erlebnis mit tiefgreifenden Auswirkungen auf verschiedene Aspekte des Menschseins. Der Verlust von Freude, depressive Stimmungen, Niedergeschlagenheit und eine pessimistische Wirklichkeitssicht sind deswegen verständlich. Auch die PTBS enthält einige depressionsähnliche Symptome. Doch auch unab-

---

Gerontopsychotraumatologie, in: *Posttraumatische Belastungsstörungen*, hrsg. von MAERCKER, Andreas, 4. Aufl., Springer: Berlin [u.a.], 459.

[193] Vergleiche dazu auch die Ausführungen von: MAHLER, Jessie; GRABE, Hans J. (2015): *Traumatisierung und Depression*, in: *Handbuch der Psychotraumatologie*, hrsg. von SEIDLER, Günter H.; FREYBERGER, Harald J. u.a., 2. Aufl., Klett-Cotta: Stuttgart, 282.

[194] Eine profunde Zusammenfassung bieten: SCHÄFER, Ingo; BARNOW, Sven u.a. (2016): *Substanzbezogene Störungen als Ursache und als Folge früher Gewalt*, in: *Bundesgesundheitsblatt*, 59, H. 1, 35–41.

[195] SCHÄFER, Ingo (2015): *Traumatisierung und Sucht*, in: *Handbuch der Psychotraumatologie*, hrsg. von SEIDLER, Günter H.; FREYBERGER, Harald J. u.a., 2. Aufl., Klett-Cotta: Stuttgart, 263.

[196] Siehe dazu die Ausführungen zu „Adverse Childhood Experiences" innerhalb einer großangelegten Studie. Lagen sieben oder mehr solcher negativen Kindheitserfahrungen vor, lag die Anzahl der Suizidversuche gegenüber der nicht betroffenen Gruppe um ein 17faches (!) höher. Vgl. FORD; GRASSO u.a. (2015): *Posttraumatic Stress Disorder*, 97.

[197] Vgl. SCHÄFER (2015): *Traumatisierung und Sucht*, 264f.

hängig von einer PTBS treten Symptome bis hin zur Volldiagnose einer Depression als eine der häufigsten Traumafolgen auf und stellen für den betroffenen Menschen eine große Belastung dar.[198]

Eine sehr gravierende mögliche Traumafolge bilden dissoziative Phänomene. Es sind „dissoziative Symptome und Störungen als unspezifische Reaktionsmodi auf intrapsychische und interpersonelle Konflikte, welche die Ich-Integrität massiv bedrohen, ebenso zu verstehen wie als Folge schwerer Realtraumatisierungen."[199] Zu der Gruppe dieser Symptomcluster gehören dissoziative Bewusstseinsstörungen, wie die dissoziative Amnesie, bei der z.B. wichtige Informationen über die eigene Person oder bedeutende Lebensereignisse nicht mehr erinnert werden können, ebenso wie Konversionsstörungen (z.B. Bewegungsstörungen und Krampfanfälle).[200] Depersonalisation und Derealisation wurden bereits erläutert. Besonders schwerwiegend ist die Dissoziative Identitätsstörung, bei der Betroffene mehrere unterschiedliche Persönlichkeitszustände aufweisen, die in ihren Funktionen (Gedächtnis, Bewusstsein, Handeln etc.) oft nicht miteinander verbunden sind.[201] Historisch wurden solche Phänomene oft mit „Besessenheit" verknüpft. Tatsächlich handelt es sich möglicherweise um eine besonders komplexe Folge traumatischer Ereignisse.[202]

Die traumatischen Erfahrungen können sich außerdem in Somatisierungen niederschlagen. In solchen Fällen kommt es zu medizinisch nicht anderweitig erklärbaren Symptomen, bei denen es sich um körperliche Folgen psychischer Prozesse handelt. Die Beispiele hierfür reichen von körperlichen Schmerzen und chronischen Erkrankungen bis hin zu partiellen Lähmungserscheinungen. Damit sind einige, aber bei weitem nicht alle möglichen Formen von Somatisierungen benannt. Auch in diesem Bereich handelt es sich um ein Zusammenspiel biologischer und kultureller Faktoren.[203]

Auch auf andere Lebensbereiche können Traumata destruktiv wirken. „Wer traumatischen Stress in Kindheit und Jugend erlebt und erlitten hat, wird

---

[198] Vergleiche dazu den Artikel: MAHLER; GRABE (2015): *Traumatisierung und Depression*, 282–292.

[199] SPITZER, Carsten; FREYBERGER, Harald J. (2015): *Dissoziative Störungen*, in: *Handbuch der Psychotraumatologie*, hrsg. von SEIDLER, Günter H.; FREYBERGER, Harald J. u.a., 2. Aufl., Klett-Cotta: Stuttgart, 257.

[200] Vgl. SPITZER; FREYBERGER (2015): *Dissoziative Störungen*, 252ff.

[201] Zu der Thematik Dissoziativer Identitätsstörung bzw. multiplen Persönlichkeiten sehr informativ: Huber, Michaela (2010): Multiple Persönlichkeiten: Seelische Zersplitterung nach Gewalt, Jungfermann Verlag: Paderborn.

[202] Vgl. American PSYCHIATRIC ASSOCIATION [2015]: *DSM-5 [Deutsche Ausgabe]*, 399ff. Dort auch nähere Hinweise zu verschiedenen dissoziativen Krankheitsbildern.

[203] Vgl. FORD, Julian D. (2008): *Somatic Complaints*, in: *The Encyclopedia of Psychological Trauma*, hrsg. von REYES, Gilbert; ELHAI, Jon D. u.a., Wiley: Hoboken, 614ff.

häufiger nicht nur seelisch, sondern auch körperlich krank."[204] Traumatische Ereignisse wirken dabei sowohl direkt als auch indirekt (z.B. durch Substanzmissbrauch als Bewältigungsstrategie). Je schwerwiegender und häufiger dabei die traumatischen Erfahrungen, desto gravierender die Auswirkungen.[205] Ein Grund dafür ist, dass permanent aktivierte Stresssysteme körperlich sehr anstrengend sind und zu Lasten eines gut funktionierenden Immunsystems gehen.[206] Hinzu kommen soziale Probleme, erhöhter Konsum schädlicher Substanzen, erhöhter Medikamentenkonsum und häufig geringerer Arbeitserfolg. So ist das Risiko für verschiedene körperliche Erkrankungen, aber besonders Leber- und Herzkreislauferkrankungen, signifikant erhöht.[207]

Zusammenfassend ist zu sagen, dass Traumafolgen sehr vielfältig sein können, und sowohl auf direkte als auch indirekte Weise den betroffenen Menschen große Belastungen aufbürden. Es ist wichtig, für die Wahrnehmung der Bandbreite möglicher Auswirkungen in verschiedenste Lebensbereiche hinein sensibilisiert zu sein und eine große Klarheit darüber zu besitzen, welche Leistung Menschen in der Bewältigung ihrer traumatischen Erfahrungen erbringen.

4. *Wann wirkt Gewalt im sozialen Nahraum traumatisierend?*

Nicht jedes potentiell traumatische Ereignis führt bei jedem Menschen zur Ausbildung langanhaltender Belastungsstörungen. Wie stark sich ein Ereignis auf einen Menschen auswirkt und ob es selbstständig verarbeitet werden kann, hängt von einer Vielzahl von Faktoren ab. Im Rahmen der Forschung zur PTBS haben Laura Pielmaier und Andreas Maercker ein multifaktorielles Rahmenmodell entwickelt, das verschiedene Komponenten einbezieht.[208] Dieses Modell soll im Folgenden dargestellt und auf den spezifischen Problemkomplex der Gewalt

---

[204] SCHICKEDANZ, Harald; PLASSMANN, Reinhard (2015): *Belastende Kindheitserfahrungen und körperliche Erkrankungen*, in: *Handbuch der Psychotraumatologie*, hrsg. von SEIDLER, Günter H.; FREYBERGER, Harald J. u.a., 2. Aufl., Klett-Cotta: Stuttgart, 455.
[205] Vgl. SCHICKEDANZ; PLASSMANN (2015): *Belastende Kindheitserfahrungen und körperliche Erkrankungen*, 455f.
[206] Vgl. FORD; GRASSO u.a. (2015): *Posttraumatic Stress Disorder*, 190.
[207] Vgl. SCHICKEDANZ; PLASSMANN (2015): *Belastende Kindheitserfahrungen und körperliche Erkrankungen*, 458ff.
[208] PIELMAIER; MAERCKER (2015): *Risikofaktoren*, 77ff.

im sozialen Nahraum bezogen werden. Grundsätzlich wird zwischen prätraumatischen, peritraumatischen und posttraumatischen Faktoren unterschieden. Nach diesem temporalen Kriterium wird auch hier gegliedert.[209]

4.1 Prätraumatische Faktoren

Unter dem Begriff „Prätraumatische Faktoren" werden verschiedene Gegebenheiten subsumiert, die dem traumatischen Ereignis vorangehen und mit der betroffenen Person und ihrem Umfeld verknüpft sind. An die obige Definition von Fischer und Riedesser anschließend beziehen sich viele davon auf die grundsätzlichen Faktoren, die den Rahmen „individuelle[r] Bewältigungsmöglichkeiten"[210] vorgeben und sich auf diese positiv (Schutzfaktoren) oder negativ (Risikofaktoren) auswirken. Die Faktoren selbst – die sich teilweise überschneiden – können dabei direkt, vermittelnd oder sowohl direkt als auch vermittelnd wirken.[211]

- Im Rückgriff auf verschiedene Studien gehen Pielmaier und Maercker dabei von einer erhöhten Vulnerabilität in jungen Jahren und im erhöhten Alter aus.[212] Insgesamt ist davon auszugehen, dass die konkreten Auswirkungen von extremem Stress auf das menschliche Gehirn altersspezifisch sind.[213]
- Ein viel diskutierter Faktor bezieht sich auf das biologische Geschlecht. Der Diskussion liegt die Beobachtung zahlreicher Studien zugrunde, dass männliches Geschlecht sich zwar mit einer erhöhten Wahrscheinlichkeit verknüpft, ein potentiell traumatisches Ereignis zu erleben, die Prävalenz einer Posttraumatischen Belastungsstörung bei Frauen und Mädchen

---

[209] Ein Review, der große Mengen empirischen Materials vor allem in Bezug auf verschiedene Faktoren systematisiert, findet sich bei: MCGUIRE, Leah A. (2016): *The Epidemiology of Posttraumatic Stress Disorder in Children and Adolescents: a Critical Review*, in: *Posttraumatic Stress Disorder: From Neurobiology to Treatment*, hrsg. von BREMNER, J. Douglas, Wiley: Hoboken, 27–60.

[210] FISCHER; RIEDESSER (2009): *Psychotraumatologie*, 84.

[211] Direkt wirkt ein Faktor, wenn sein Vorhandensein unmittelbare kausale Auswirkungen hat. So wirkt sich „schlechte psychische Gesundheit" direkt negativ auf die psychische Widerstandskraft aus. Ein vermittelnder Faktor hat diese Auswirkungen nur indirekt. So wirkt sich „niedriger sozioökonomischer Status" nicht direkt negativ auf die psychischen Bewältigungsmöglichkeiten aus. Er kann dies aber indirekt tun, wenn sich an ihn z.B. Möglichkeiten der sozialen Unterstützung knüpfen, die wiederum direkte Auswirkungen haben. Sowohl direkt als auch vermittelnd wirkt bspw. der Faktor „Alter". Er wirkt direkt, wenn z.B. mit einem geringen Alter eine erhöhte Vulnerabilität einhergeht. Er wirkt indirekt, wenn mit geringem Alter ein reduzierter Pool an möglichen Bindungspersonen einhergeht, die wiederum selbst für die Resilienz sehr wichtig sind.

[212] Vgl. PIELMAIER; MAERCKER (2015): *Risikofaktoren*, 78.

[213] Das legt zumindest der folgende Review nahe: LUPIEN, Sonia J.; MCEWEN, Bruce S. u.a. (2009): *Effects of Stress Throughout the Lifespan on the Brain, Behaviour and Cognition*, in: *Nature Reviews Neuroscience*, 10, H. 6, 434–445.

gegenüber Männern und Jungen aber etwa um das doppelte erhöht ist.[214] Es deutet vieles darauf hin, dass weibliches Geschlecht vor allem einen vermittelnden Faktor darstellt. Tatsächlich konnten die Studien im vorhergehenden Kapitel klar aufzeigen, dass weibliches Geschlecht mit einer erhöhten Wahrscheinlichkeit der Viktimisierung durch besonders traumatogene Formen der Gewalt, wie z.B. sexuelle Gewalt einhergeht. Insgesamt aber muss die Frage nach dem weiblichen Geschlecht als Risikofaktor aus Sicht bisheriger Forschung als noch nicht eindeutig beantwortbar eingestuft werden.[215]

— Einen wichtigen Faktor stellt das Bindungs- und Beziehungssystem dar. Dass vertrauensvolle und verlässliche Beziehungen für die psychische Gesundheit eine entscheidende Rolle spielen, ist eine Grundeinsicht der Resilienzforschung. Umgekehrt wirken sich negative und unsichere Beziehungen destruktiv auf die psychische Belastungsfähigkeit aus.[216] Hier liegt einer der Hauptgründe, warum Gewalt im sozialen Nahraum so traumatogen ist: Die Bezüge, in denen Erlebnisse verarbeitet und Affekte reguliert werden könnten, werden zum Ort der Gefahr und Unsicherheit. Weiterhin kann das Beziehungssystem als vermittelnder Faktor wirken. So kann z.B. bei Gewalt in Partnerschaften ein dichtes soziales Netzwerk eine wichtige Ressource darstellen, um sich aus der destruktiven Paarbeziehung zu befreien.

— Aversive bis traumatische Vorerfahrungen stellen einen Risikofaktor dar. So scheinen diese in Summe weniger zu einer Resistenz und Abhärtung, sondern vielmehr zu einer erhöhten Verwundbarkeit beizutragen.[217] Die Vorerfahrungen wirken sich speziell dann negativ aus, wenn sie in der Kindheit erlebt wurden und/oder die Schwelle zur traumatischen Erfahrung überschritten haben.[218]

— Die psychische Gesundheit stellt einen weiteren wichtigen Faktor dar. Vorhergehende oder aktuelle psychische Beeinträchtigungen erhöhen insgesamt die Vulnerabilität. Aufgrund der engen Interaktion von Körper und Psyche ist auch der Psyche körperliche Gesundheit häufig zu- und ihr

---

[214] Vgl. SPITZER, Carsten; WINGENFELD, Katja u.a. (2015): *Geschlechtsspezifische Aspekte der Posttraumatischen Belastungsstörung*, in: *Handbuch der Psychotraumatologie*, hrsg. von SEIDLER, Günter H.; FREYBERGER, Harald J. u.a., 2. Aufl., Klett-Cotta: Stuttgart, 108ff. In diesem Artikel findet sich auch eine Grobskizze der debattierten Themen und weiterführende Literatur.

[215] Vgl. SPITZER; WINGENFELD u.a. (2015): *Geschlechtsspezifische Aspekte*, 117f.

[216] Vgl. MIKULINCER; SHAVER u.a. (2015): *An Attachment Perspective on Traumatic and Posttraumatic Reactions*, 86f.

[217] Vgl. FORD; GRASSO u.a. (2015): *Posttraumatic Stress Disorder*, 101ff.

[218] Vgl. RICHTER-LEVIN, Gal; HOROVITZ, Omer u.a. (2015): *The Early Adolescent or „Juvenile Stress" Translational Animal Model of Posttraumatic Stress Disorder*, in: *Future Directions in Post-Traumatic Stress Disorder: Prevention, Diagnosis, and Treatment*, hrsg. von SAFIR, Marilyn P.; WALLACH, Helene S. u.a., Springer: New York [u.a.], 67ff.

C. Trauma

Mangel entsprechend abträglich. Es gibt außerdem Hinweise auf eine negative Rolle vorhandener Psychopathologie innerhalb der Familie, doch sind hier die Zusammenhänge nicht eindeutig.[219]
- Ein Bündel von Faktoren summiert sich unter den dezidierten Persönlichkeitsfaktoren. So sind hohe kognitive Fähigkeiten tendenziell ein Schutzfaktor.[220] Auch unter Persönlichkeitsfaktoren können neben genereller Stresstoleranz noch „adäquate Kontrollüberzeugungen und Selbstwirksamkeitserwartung"[221] gerechnet werden.[222]
- Eine in verschiedene andere Bereiche hineinreichende Rolle kommt nach Ansicht zahlreicher Forscher der Genetik zu.[223] Diese bedingt verschiedene Faktoren wie z.B. die Funktionsweise der menschlichen Stresssysteme mit.[224]
- Abschließend ist noch der ökonomische Status zu nennen. Dieser wirkt vor allem – aber nicht nur – als vermittelnder Faktor. So entscheiden ökonomische Grundlagen z.B. über Bildungschancen und den Zugang zu bestimmten medizinischen Gütern mit. Dies gilt besonders für Menschen mit prekärem rechtlichem Status (z.B. Menschen ohne Aufenthaltsgenehmigung).

Die verschiedenen prätraumatischen Faktoren zeigen an, dass die Auswirkungen eines traumatischen Erlebnisses von zahlreichen Komponenten mitbeeinflusst werden, die zeitlich noch vor dem Ereignis selber liegen.[225] Es sollte dabei klar

---

[219] Vgl. BAR-SHAI, Marina; KLEIN, Ehud (2015): *Vulnerability to PTSD: Psychosocial and Demographic Risk and Resilience Factors*, in: *Future Directions in Post-Traumatic Stress Disorder: Prevention, Diagnosis, and Treatment*, hrsg. von SAFIR, Marilyn P.; WALLACH, Helene S. u.a., Springer: New York [u.a.], 6.

[220] Vgl. BAR-SHAI; KLEIN (2015): *Vulnerability to PTSD: Psychosocial and Demographic Risk and Resilience Factors*, 9.

[221] PIELMAIER; MAERCKER (2015): *Risikofaktoren*, 79.

[222] Inwiefern sieht und erlebt sich ein Mensch als handlungsfähig und wertvoll oder als minderwertig und determiniert? Die Antwort auf diese Frage wird durch kulturelle und religiöse Überzeugungen mitbeeinflusst. Die christliche Religion enthält dabei Traditionsbestände, die entweder in die eine oder die andere Richtung weisen. Das DSM-5 benennt „kulturelle Besonderheiten (z.B. fatalistische oder selbstbeschuldigende Bewältigungsstrategien)" (AMERICAN PSYCHIATRIC ASSOCIATION [2015]: *DSM-5 [Deutsche Ausgabe]*, 378.).

[223] Zwei Darstellungen der Thematik – je deutsch und englischsprachig – seien hier angeführt: GRABE, Hans J. (2015): *Genetik der Posttraumatischen Belastungsstörung*, in: *Handbuch der Psychotraumatologie*, hrsg. von SEIDLER, Günter H.; FREYBERGER, Harald J. u.a., 2. Aufl., Klett-Cotta: Stuttgart, 84–92. ZANNAS, Anthony S.; BINDER, Elisabeth u.a. (2016): *Genomics of PTSD*, in: *Posttraumatic Stress Disorder: From Neurobiology to Treatment*, hrsg. von BREMNER, J. Douglas, Wiley: Hoboken, 233–264.

[224] Vgl. BAR-SHAI; KLEIN (2015): *Neurobiological Risk Factors and Predictors of Vulnerability and Resilience to PTSD*, 35ff.

[225] Dies sei kurz an dem fiktiven Beispiel einer Frau skizziert, die von ihrem Partner misshandelt wurde: Ist diese Frau sozial gut vernetzt, hat sie eine positive Beziehung zu ihren Eltern, ist sie körperlich und psychisch gesund, ohne aversive Kindheitserfahrungen, besitzt sie zudem eine fundierte Bildung, die ihr entsprechende

sein, dass auch alle Schutzfaktoren zusammen nicht zu einer Immunität gegenüber traumatischen Folgestörungen führen können, noch umgekehrt, dass unter bestimmten prätraumatischen Bedingungen z.B. eine PTBS unvermeidbar ist. Es wirken jeweils verschiedenste Faktoren auf individuelle Weise zusammen.

4.2 Peritraumatische Faktoren

Peritraumatische Faktoren beziehen sich direkt auf die traumatische Situation. Ein Ereignis wird im Leben von Menschen zu einem Erlebnis. Subjektive Komponenten, Gefühle und Wertungen gehen in das Ereignis als Erlebnis ein. Im referierten Modell wird deswegen zwischen objektiven und subjektiven Ereignisfaktoren differenziert.[226] Während objektive Ereignisfaktoren auf äußerlich beschreibbare Umstände und den Ereignishergang an sich abheben, beziehen sich die subjektiven Ereignisfaktoren auf das innere Erleben der betroffenen Person. Beides ist dabei nicht immer zu trennen.[227]

4.2.1 Objektive Ereignisfaktoren

Ereignisse, zumal traumatische, können nur partiell objektiviert werden. Bei der Frage nach der Traumaschwere lassen sich außerdem verschiedene Gradmesser anlegen. Beispiele hierfür wären z.B. die Dauer der traumatischen Situation, die tatsächliche Lebensbedrohung, die Art der Gewalt oder die Verletzungsschwere. Orientiert man sich an der Schwere der Traumafolgen insgesamt, und inwiefern sie mit psychischen Konsequenzen verbunden sind, so ist eine Zusammenstellung von Ford und Kollegen weiterführend. Diese bezieht sich auf verschiedene Arten traumatischer Situationen. Es werden sechs Faktoren ausgemacht,

---

ökonomische Möglichkeiten und eine gute medizinische Versorgung einräumen und religiöse Überzeugungen, die ihren Selbstwert steigern und ihre Handlungsfähigkeit fördern, so besitzt diese Frau viele Ressourcen, die eine konstruktive Bewältigung des Traumas unterstützen können. Handelt es sich bei dem gewalttätigen Partner allerdings um die einzige Bindungsperson, blickt diese Frau auf eine lange psychische Krankheits- und Leidensgeschichte familiärer Gewalt zurück, sind die ökonomischen Möglichkeiten gering und religiöse Überzeugungen präsent, die Selbstwert und Selbstwirksamkeitserwartung mindern, so kann das traumatische Ereignis sehr viel gravierendere Auswirkungen haben.

[226] Vgl. PIELMAIER; MAERCKER (2015): *Risikofaktoren*, 77.
[227] Vergleiche auch folgende Studie, die ebenfalls nach subjektiven und objektiven Ereignisfaktoren differenziert: WEINBERG, Michael; GIL, Sharon (2016): *Trauma as an Objective or Subjective Experience: The Association between Types of Traumatic Events, Personality Traits, Subjective Experience of the Event, and Posttraumatic Symptoms*, in: Journal Of Loss And Trauma, 21, H. 2, 137–146.

die eine besonders traumatisierende Situation kennzeichnen.[228] Diese werden jeweils angeführt und dann auf ihren Bezug zu Gewalt im sozialen Nahraum hin befragt werden. Nach Ford und Kollegen gilt:[229]

— Zum Ersten ist eine Situation meist dann besonders traumatisierend, wenn sie auf intentional verübte Gewalt durch eine andere Person zurückgeht („intentional physical or sexual violence perpetrated by another person or group"[230]). Dem entspricht auch die psychotraumatologische Grundunterscheidung zwischen „menschlich verursachten" und „zufälligen" Traumata.[231] Während unter erstere verschiedene Formen interpersonaler Gewalt fallen, bezeichnen zweitere schwere Verkehrsunfälle oder Naturkatastrophen. Die von anderen Menschen verursachten Traumata weisen dabei schwerwiegendere Folgen auf.[232] Das kann z.B. daran liegen, dass diese Traumata eine soziale Dimension haben. Während ein Autounfall meist nicht intentional verursacht wird, wird bei einem interpersonalen Trauma die Schädigung der betroffenen Person meist bewusst gewollt, oder zumindest billigend in Kauf genommen. Die Erschütterung des Selbst- und Weltverständnisses greift hier tiefer.

— Zweitens sind menschengemachte Traumata dann besonders schädlich, wenn es sich bei den Tätern oder Täterinnen um Personen handelt, denen gegenüber dem betroffenen Menschen eine Fürsorgepflicht zukommt („betrayal by a person or organization responsible for protecting the safety and rights of vulnerable individuals"[233]). Besonders Kinder sind auf fürsorgepflichtige Bezugspersonen fortwährend angewiesen. Gegenüber anderen Formen der Gewalt ist sie besonders im sozialen Nahraum durch den Missbrauch von Vertrauen und damit Störung der Bindung gekennzeichnet.[234]

— Der dritte Faktor wird angeführt als „violation of victims' bodies or selves or homes by extreme violence and destruction."[235] Demnach sind jene Formen der Gewalt besonders schädigend, die neben den physischen Verletzungen besonders stark Selbst und Identität angreifen, wie z.B. sexuelle Gewalt: „Das Erleben sexueller Gewalt birgt generell ein gegenüber anderen Formen der

---

[228] Es werden von Ford und Kollegen sechs Faktoren aufgeführt. Der fünfte Faktor allerdings – „prolonged complete isolation from human contact and social interaction" – wird in diesem Modell unter den posttraumatischen Faktoren seinem Inhalt nach aufgegriffen.
[229] Vgl. FORD; GRASSO u.a. (2015): Posttraumatic Stress Disorder, 93f.
[230] FORD; GRASSO u.a. (2015): Posttraumatic Stress Disorder, 93.
[231] MAERCKER (2013): Symptomatik, Klassifikation und Epidemiologie, 15.
[232] Vgl. MAERCKER (2013): Symptomatik, Klassifikation und Epidemiologie, 15f.
[233] FORD; GRASSO u.a. (2015): Posttraumatic Stress Disorder, 93.
[234] Vgl. BRISCH, Karl Heinz (2017): Trauma ist nicht gleich Trauma, in: Bindungstraumatisierungen: Wenn Bindungspersonen zu Tätern werden, hrsg. von BRISCH, Karl Heinz, Klett-Cotta: Stuttgart, 14f.
[235] FORD; GRASSO u.a. (2015): Posttraumatic Stress Disorder, 93.

Traumatisierung 6- bis 7-fach höheres PTBS Risiko"[236]. Mit der Gewalt geht eine tiefe Demütigung und Erniedrigung einher. Durch Gewalt im sozialen Nahraum wird das Zuhause als sicherer Rückzugsort zerstört. Ein Zuhause als Ort der Geborgenheit, der Vertrautheit und der emotionalen Wärme hat eine wichtige psychische Funktion. Erleiden Menschen aber in ihrer eigenen Wohnung Gewalt – und wie im vorhergehenden Kapitel gezeigt wurde, ist diese der primäre Ort, an dem vor allem Frauen und Kinder, aber auch viele Männer Gewalt erleiden – ist dieser Ort nicht mehr sicher.[237] Rückzug und Schutz sind dann nicht möglich, wenn sie am dringendsten benötigt werden. Eine widersprüchliche Situation, die verstehbarerweise zu widersprüchlichen Handlungen führen kann.[238]

- Den vierten Faktor bildet „coercion used to destroy people's self respect and will to resist."[239] Die Gründe sind hier dem vorher Genannten sehr ähnlich. Auch hier reichen die Angriffe tief und rühren an die Wurzeln menschlicher Bewältigungsfähigkeit. Für Gewalt im sozialen Nahraum ist dabei spezifisch, dass Täter und Opfer oft über lange Zeit zusammenleben und/oder in regelmäßigem Kontakt stehen. Anders als bei einer einmaligen Gewalttat durch eine unbekannte Person, besteht hier zwischen Opfer und Täter eine Beziehung, die in ihrem Muster durch die Gewalt geprägt wird. Bei mehrmaligem Vorkommen der Gewalt, wie sie in signifikant vielen Beziehungen geschieht, muss dem Täter besonders daran gelegen sein, das Opfer zu entmächtigen, also an der Offenlegung der Taten, an Widerstand und Hinzunahme von Unterstützung zu hindern. Dies gelingt besonders wirkungsvoll, wenn die physische Gewalt von Formen der psychischen Gewalt, also der Drohung, Schuldzuweisung, Erpressung, Beleidigung und Erniedrigung begleitet wird.[240]

- Fünftens nennen Ford und Kollegen: „prolonged complete isolation from human contact and social interaction"[241]. Bei anhaltender sozialer Isolation kommt es zu massiver Vernachlässigung psychosozialer Bedürfnisse. Auch

---

[236] STEIL; ROSNER (2013): *Posttraumatische Belastungsstörung bei Kindern und Jugendlichen*, 355. Die Angabe bezieht sich auf sexuelle Gewalt gegen Jugendliche und junge Erwachsene.

[237] Hier sei noch einmal an eine Zahl aus dem vorhergehenden Kapitel erinnert: Dort war bei Gewalt gegen Frauen mit 71% die Wohnung der mit Abstand am häufigsten genannte Tatort.

[238] Bessel van der Kolk berichtet bspw., dass er noch nie ein Kind von unter 10 Jahren kennen gelernt habe, das – obwohl es zu Hause schwerer Gewalt ausgesetzt war – vor die Wahl gestellt lieber zu einer Pflegefamilie als zu seiner gewaltbelasteten Herkunftsfamilie ziehen würde. Ähnlich widersprüchlich scheinende Reaktionen finden sich auch bei anderen Betroffenen von häuslicher Gewalt. Vgl. VAN DER KOLK (2015): *Verkörperter Schrecken*, 163f.

[239] FORD; GRASSO u.a. (2015): *Posttraumatic Stress Disorder*, 93.

[240] Dem entspricht, dass beide Formen, wie im vorhergehenden Kapitel gezeigt, oft gemeinsam auftreten.

[241] FORD; GRASSO u.a. (2015): *Posttraumatic Stress Disorder*, 93.

die wichtige Ressource zwischenmenschlicher Unterstützung steht für die Verarbeitung nicht zur Verfügung.
- Traumatische Ereignisse sind auch dann von einer besonderen Schwere, wenn sie entweder von langer Dauer sind oder sich wiederholen, bzw. langanhaltend eine Situation großer Unsicherheit vorherrscht.[242] In den Worten von Ford und Kollegen: „Lengthy duration or numerous repetitions of exposure to traumatic stressors, or of uncertainty in the face of imminent exposure"[243]. Die verschiedenen Phänomene von Gewalt im sozialen Nahraum sind auch deswegen so destruktiv, weil sie innerhalb von Kontexten geschehen, die Wiederholung und lange Dauer begünstigen. Familien und Partnerschaften genießen die Intransparenz des Privaten. Die Schwelle bis zum gesellschaftlichen und staatlichen Eingreifen ist hoch. Die besondere Schwere wiederholter und/oder langandauernder Traumata wird in der Psychotraumatologie durch die Differenzierung in Typ I und Typ II Traumata abgebildet. Diese Unterscheidung wurde ursprünglich von Leonore Terr eingeführt und hat sich inzwischen weitestgehend etabliert.[244] Bei Typ I Traumata handelt es sich um einmalige, zeitlich limitierte Erlebnisse, wie Unfälle oder singuläre Übergriffe. Typ II Traumata bezeichnen hingegen langdauernde bzw. sich wiederholende traumatisierende Ereignisse. Typ II Traumata sind, zumal wenn sie von Menschen verübt werden, oft mit starken posttraumatischen Folgen verknüpft.[245] Neben Kriegstraumata und Folter sind sexueller Kindesmissbrauch und chronische häusliche Gewalt die wichtigsten Ursachen für Typ II Traumata: „Betroffene Kinder und Jugendliche verlieren oft das grundlegende Gefühl von Sicherheit sowie die Überzeugung, eine wertvolle und achtenswerte Person zu sein. Das Vertrauen in zwischenmenschliche Beziehungen als Ort der Zuwendung, Wärme und Geborgenheit wird erheblich verletzt"[246].

4.2.2 Subjektive Ereignisfaktoren

Ein Erlebnis ist kein objektives Geschehen. Die subjektiven Vorgänge sind substantieller Teil des Ereignisses. Es gibt subjektive Faktoren, die mitentscheiden, wann und wie ein potentiell traumatisches Ereignis Traumafolgen

---

[242] Mit außerdem zahlreichen Studien zu dieser Thematik vgl. McGuire (2016): *The Epidemiology*, 47ff.
[243] Ford; Grasso u.a. (2015): *Posttraumatic Stress Disorder*, 96.
[244] Vgl. Stermoljan, Christine; Fegert, Jörg M. (2015): *Unterstützung für von sexuellem Missbrauch betroffene Kinder und Jugendliche*, in: Sexueller Missbrauch von Kindern und Jugendlichen: Ein Handbuch zur Prävention und Intervention für Fachkräfte im medizinischen, psychotherapeutischen und pädagogischen Bereich, hrsg. von Fegert, Jörg M.; Hoffmann, Ulrike u.a., Springer: Berlin, Heidelberg, 252ff.
[245] Vgl. Maercker (2013): *Symptomatik, Klassifikation und Epidemiologie*, 15f.
[246] Stermoljan; Fegert (2015): *Sexueller Kindesmissbrauch*, 254.

nach sich zieht. Schematisch lässt sich hier zwischen der Interpretation, peritraumatischen Emotionen und Dissoziation differenzieren.[247]

Wie eine Situation und das eigene Verhalten in ihr interpretiert werden, entscheidet mit darüber, in welcher Schwere das Trauma erlebt wird. Der Prozess der Interpretation ist dabei ein zeitlich offener und nicht auf die traumatische Situation beschränkt. Einen entscheidenden Anfangspunkt für den Interpretationsprozess stellt jedoch die Bewertung während des Ereignisses selber dar. Je größer seine Bedeutung für das Selbst- und Weltverständnis des betroffenen Menschen ist, desto gravierender die Folgen.[248]

Die Emotionen während des Ereignisses sind von der Interpretation zwar zu unterscheiden, aber nicht völlig zu trennen. Diese bilden beim Erleben eines traumatischen Ereignisses eine wichtige Komponente und entscheiden in ihrer Intensität mit darüber, wie stark sich das Ereignis psychisch auswirkt.[249] Wie im Abschnitt über Emotionen während einer traumatischen Situation beschrieben, reicht das Spektrum von Todesangst, Furcht, Schrecken, Panik bis hin zu Taubheit. Derartige Emotionen können sich tief in das Gedächtnis einprägen, sind kaum zugänglich und schwer zu kontrollieren.

In einer traumatischen Situation kann es bei dem sog. Not-Aus/Kollaps, das in der englischsprachigen Literatur bisweilen als „mental defeat"[250] (dt. „Selbstaufgabe" oder „psychische Unterwerfung") bezeichnet wird, zu dissoziativen Phänomenen kommen, die hochgradig mit posttraumatischen Symptomen assoziiert sind. Im Kontext peritraumatischer Faktoren ist wichtig, dass dissoziative Reaktionen situativ eine Schutzfunktion haben, ihr Auftreten aber – auch wenn der kausale Zusammenhang nicht eindeutig ist – ein signifikanter Prädikator für das Auftreten Posttraumatischer Belastungsstörungen ist. Es entsteht das Problem der Integration abgespaltener psychischer Anteile.[251]

4.3 Posttraumatische Faktoren

Ob und wie ein potentiell traumatisches Ereignis in der Folgezeit verarbeitet und bewältigt werden kann, hängt von verschiedenen Faktoren ab. Die zeitlich nach dem Ereignis gelegenen werden als posttraumatische Faktoren oder Aufrechterhaltungsfaktoren bezeichnet. Im Modell von Pielmaier und Maercker stehen dabei neben weiteren belastenden Ereignissen vor allem sozial-interaktive

---

[247] Vgl. PIELMAIER; MAERCKER (2015): Risikofaktoren, 77ff. Es wurde der Begriff der „Todesangst" im Modell an dieser Stelle vom Verfasser durch „peritraumatische Emotionen" ersetzt und außerdem die Reihenfolge der Begriffe verändert.
[248] Vgl. EHLERS, Anke; CLARK, David M. (2000): A Cognitive Model of Posttraumatic Stress Disorder, in: Behaviour Research and Therapy, 38, 320ff.
[249] Vgl. SCHERWATH; FRIEDRICH (2014): Soziale Arbeit bei Traumatisierung, 21.
[250] EHLERS; CLARK (2000): A Cognitive Model of Posttraumatic Stress Disorder, 331.
[251] Vgl. SPITZER; WIBISONO u.a. (2015): Dissoziation, 31.

C. Trauma

Faktoren im Zentrum.[252] Dass weitere belastende Ereignisse sich negativ auf eine konstruktive Traumabewältigung auswirken, bedarf keiner ausführlichen Erklärung. Weitere belastende Erlebnisse mindern Ressourcen und erschweren den Prozess der Bearbeitung und Integration.[253] Das Spezifikum von Gewalt im sozialen Nahraum ist, dass die Gefährdungslage nie vollkommen aufgelöst werden kann, solange Täter und Opfer die gleichen sozialen Kontexte, also z.B. den Wohnraum teilen. Selbst wenn diese Gewalt nicht immer die Schwelle zum traumatischen Ereignis überschreiten muss, ist ihre Möglichkeit für Opfer und Zeugen in hohem Maße belastend.

Komplex gestalten sich im Falle von Gewalt im sozialen Nahraum die Bedeutung sozial-interaktiver Komponenten. Im Modell von Pielmaier und Maercker werden diese in die drei Kategorien „Soziale Unterstützung", „Offenlegung der Erfahrung" und „Gesellschaftliche Wertschätzung" differenziert.[254]

— Soziale Unterstützung wird von vielen PsychotraumatologInnen als der wichtigste Schutzfaktor gegenüber schweren posttraumatischen Folgen gesehen.[255] Es geht dabei um das wahrgenommene Verhalten vor allem der nahen sozialen Bezugspersonen, aber auch von Menschen darüber hinaus. Verhalten sich diese mitfühlend, verständnisvoll und solidarisch, können diese gelungenen sozialen Interaktionen viel zur Heilung der durch das traumatische Erlebnis verursachten Wunden beitragen. Soziale Unterstützung kann dabei sowohl direkt als auch als vermittelnder Faktor wirken, indem menschliche Zuwendung sich direkt förderlich auf das psychische Befinden auswirkt und den Zugang zu weiteren Ressourcen erleichtert. Umgekehrt wirken sich Konflikte und Zurückweisung im sozialen Unterstützungsnetzwerk negativ aus und erhöhen die Vulnerabilität.[256]

— Damit eng verknüpft ist die Frage nach der Offenlegung der traumatischen Erfahrung. Das Erzählen des Erlebten hat in den meisten Fällen positive Auswirkungen auf den Prozess der Verarbeitung.[257] Überdies ist es notwendige Voraussetzung für eine situationsgerechte soziale Unterstützung. Betroffene von traumatischer Gewalt im sozialen Nahraum stehen vor

---

[252] Vgl. PIELMAIER; MAERCKER (2015): *Risikofaktoren*, 77.
[253] In einem Bild gesprochen ließe sich sagen: Wurde ein Haus von einem Erdbeben erschüttert, können daran anschließende Nachbeben nicht nur weiteren Schaden verursachen, sie werden auch die Reparaturarbeiten empfindlich stören.
[254] PIELMAIER; MAERCKER (2015): *Risikofaktoren*, 77.
[255] Vgl. FORD; GRASSO u.a. (2015): *Posttraumatic Stress Disorder*, 115f.
[256] Näheres hierzu wurde schon im Zuge der Thematisierung von Beziehungen und Bindungen in *2.3 Beziehungen und Bindungen* dargelegt. Vergleiche auch die Studien bei: MCGUIRE (2016): *The Epidemiology*, 50.
[257] Siehe z.B. folgende Studie, die positive Zusammenhänge zwischen der Offenlegung des Traumas und posttraumatischem Wachstum belegt: HASSIJA, Christina M.; TURCHIK, Jessica A. (2016): *An Examination of Disclosure, Mental Health Treatment Use, and Posttraumatic Growth Among College Women Who Experienced Sexual Victimization*, in: *Journal Of Loss And Trauma*, 21, H. 2, 124–136.

einem schwierigen Konflikt: Sie müssen Vertrauen fassen, wo dieses erst durch eine Bezugsperson missbraucht wurde. Bei Gewalt im sozialen Nahraum überschneiden sich das Beziehungssystem von TäterIn und Opfer oft. Zudem kommt TäterInnen häufig eine deutlich machtvollere Position in diesem System zu.[258] Verstärkt wird diese Problematik noch durch die hochgradige Tabuisierung und Stigmatisierung bestimmter Gewaltformen.[259] So geht bspw. Dirk Bange nach Zusammenschau verschiedener Studien davon aus, dass nach sexuellem Kindesmissbrauch dreiviertel der nicht-missbrauchenden Mütter den betroffenen Kindern die Tat bei der Offenlegung glaubte, ein viertel das aber nicht tat, wobei der Anteil in der zweiten Gruppe bei innerfamiliärem Missbrauch tendenziell höher lag.[260]

– In den Kontext sozial interaktiver Komponenten gehört auch die Frage nach der gesamtgesellschaftlichen Anerkennung des Traumas. Diese gesamtgesellschaftlichen und kulturellen Aspekte haben Einfluss auf das Verhalten des unmittelbaren Umfeldes, aber auch darüber hinaus. Ob und wie wird bspw. in den Medien über vergleichbare Erfahrungen berichtet, wie gestaltet sich die Rechtslage und wie stellen sich Institutionen des Gemeinwesens zu der Thematik? Verschiedene Faktoren wirken sich darauf aus, ob sich ein betroffener Mensch von seinem gesellschaftlichen Umfeld als anerkannt oder verleugnet erlebt.[261] Angesichts der beschriebenen Verdrängungsmechanismen stellt die gesamtgesellschaftliche Sensibilisierung für Gewalt im sozialen Nahraum eine bleibende Aufgabe dar. Das relative Schweigen von Theologie und Kirche bildet deswegen ein signifikantes Problem. Denn gesellschaftliche Aufmerksamkeit und Sensibilität bildet nicht nur einen Schutzfaktor gegen das Vorkommen von Gewalt, sie wirkt

---

[258] Es ist bspw. für ein Kind, das von seinen Eltern misshandelt wird, sehr schwierig, die Unterstützung eines Menschen zu finden, der bereit ist, in Opposition zu den Eltern zu treten. Die Eltern können die Beziehungsgestaltung des Kindes weitestgehend kontrollieren und besitzen gegenüber den Vorgängen eine größere Deutungsmacht.

[259] Vgl. zum Thema Stigmatisierung: STERMOLJAN; FEGERT (2015): *Sexueller Kindesmissbrauch*, 254.

[260] Vgl. BANGE (2015): *Intervention nach Aufdeckung*, 208.

[261] Die große Bedeutung sozialer Prozesse wird im sozio-interpersonellen Kontextmodell von Andreas Maercker und Andrea B. Horn gut abgebildet und behandelt. Eine knappe Darstellung dieses Modells auf Deutsch findet sich bei: MAERCKER, Andreas; HORN, Andrea B. (2015): *Psychologische Theorien zum Verständnis der Posttraumatischen Belastungsstörung*, in: *Handbuch der Psychotraumatologie*, hrsg. von SEIDLER, Günter H.; FREYBERGER, Harald J. u.a., 2. Aufl., Klett-Cotta: Stuttgart, 46ff. Ansonsten findet sich das Modell ausführlich unter: MAERCKER, Andreas; HORN, Andrea B. (2013): *A Socio-Interpersonal Perspective on PTSD: The Case for Environments and Interpersonal Processes*, in: *Clinical Psychology and Psychotherapy*, 20, H. 6, 465–481.

sich auch substantiell auf den Leidens- und Bewältigungsweg betroffener Menschen aus.[262]

Zusammenfassend lässt sich konstatieren, dass es keine einfache Kausalitätsbeziehung zwischen traumatischen Ereignissen und bestimmten Traumafolgen gibt. Vielmehr hängt es vom individuellen Zusammenwirken prä-, peri-, und posttraumatischer Faktoren ab, ob und in welcher Weise ein traumatisches Ereignis für den betroffenen Menschen anhaltende Folgen hat.

5. *Die Verletzlichkeit von Kindern*[263]

Wie beschrieben wurde, betreffen traumatische Erfahrungen Menschen auf verschiedenen Ebenen, die sich bei Kindern noch in der grundlegenden Entwicklung befinden. Wenn diese fundamentalen Prozesse durch traumatische Erfahrungen gestört werden, kann dies das ganze Leben spürbar sein. Im vorhergehenden Abschnitt wurde innerhalb des multifaktoriellen Rahmenmodells beschrieben, dass die Folgenschwere eines traumatischen Ereignisses von einer Vielzahl von prä-, peri- und posttraumatischen Faktoren abhängt. Insgesamt sind bei Traumata infolge von Gewalt im sozialen Nahraum für Kinder die Risikofaktoren für die Entstehung von schweren Traumafolgen tendenziell groß.

Aufgrund dieser Zusammenhänge können akute und langzeitige Folgen im Leben von in der Kindheit traumatisierten Menschen sehr schwer und auch unterschiedlich, also auch sehr viel weiter als eine PTBS sein.[264] Vor allem bei Kindern können einzelne Symptome durch Diagnosen kategorisiert werden, welche Auswirkungen beschreiben (z.B. Konzentrationsschwierigkeiten, Bindungsstörungen, Probleme der Affektregulation), aber keine Verbindung zu

---

[262] Von einer Schutzwirkung gegenüber sexuellem Kindesmissbrauch durch gesellschaftliche Aufmerksamkeit und Ächtung der Taten geht bspw. Dirk Bange aus: Vgl. BANGE (2015): *Gefährdungslagen und Schutzfaktoren*, 106. Die Bedeutung bei der Bearbeitung wird im oben genannten sozio-interpersonellen Kontextmodell von Andreas Maercker und Andrea B. Horn betont.

[263] Die Perspektive in diesem Abschnitt ist psychotraumatologisch. Eine weiterführende sozialwissenschaftliche Perspektive findet sich bei: DAVIES, Patrick T.; STURGE-APPLE, Melissa L. (2013): *Die Auswirkungen häuslicher Gewalt auf die Entwicklung des Kindes*, in: Handbuch: Familiäre Gewalt im Fokus: Fakten, Behandlungsmodelle, Prävention, hrsg. von HAMEL, John; NICHOLLS, Tonia L., Ikaru-Verlag: Frankfurt am Main, 219–247.

[264] Vgl. RIEDESSER, Peter (2009): *Entwicklungspsychopathologie von Kindern mit traumatischen Erfahrungen*, in: Bindung und Trauma: Risiken und Schutzfaktoren für die Entwicklung von Kindern, hrsg. von BRISCH, Karl H.; HELLBRÜGGE, Theodor, 3. Aufl., Klett-Cotta: Stuttgart, 169.

den möglicherweise traumatischen Ursachen problematischer Verhaltensweisen erkennen lassen.[265] Annette Streek-Fischer schlägt für ein besseres Verständnis von Traumata in der Entwicklung eine Differenzierung in drei Aspekte vor, nämlich in die „Traumafolgen im engeren Sinne, die Bindungs- und die Entwicklungsfolgen"[266]. Die spezifischen Entwicklungs- und Bindungsfolgen sollen an dieser Stelle noch einmal genauer thematisiert werden.

Es gehört zu den Grundeinsichten der Entwicklungspsychologie, dass sich in der Kindheit – und besonders in den ersten Jahren – basale Grundlagen für den weiteren Lebensweg entwickeln. In jeder Phase der Kindheit sind dabei bestimmte Entwicklungsaufgaben zu bewältigen bzw. Konflikte zu lösen, mag die genaue Einteilung der Phasen und die Beschreibung spezifischer Thematiken auch von einem wissenschaftlichen Modell zum anderen unterschiedlich ausfallen.[267] Eine traumatische Erfahrung stellt eine extrem aversive Erfahrung dar. Erleidet ein Kind eine solche Erfahrung, hat dies eventuell konkrete Auswirkungen auf die in der entsprechenden Entwicklungsphase zu bewältigenden Aufgaben.[268] Als ein Beispiel wird später die Bindungsentwicklung genauer ausgeführt. Wichtig ist, dass ein fundamentaler Einschnitt in einer Entwicklungsphase in allen folgenden spürbar sein kann.[269] Kann z.B. keine sichere Bindung an die primäre Bezugsperson aufgebaut werden, weil diese sich vernachlässigend oder gewalttätig verhält, so kann ein Kind später Schwierigkeiten haben, zu Gleichaltrigen gesunde Beziehungen zu entwickeln. Die Probleme können sich bis in die eigene Partnerschaft und hin zu eigenen Kindern und Enkelkindern fortsetzen.[270] Ähnlich verhält es sich auch mit der Entwicklung eines positiven Selbstbildes. Steht sehr früh die Erfahrung der eigenen Minderwertigkeit und Objektifizierung, kann sich dieses Paradigma durch verschiedene Lebensphasen hindurchtragen.

Sichere und emotional erfüllende Bindungen stellen ein existentielles menschliches Grundbedürfnis dar.[271] Durch Gewalt im sozialen Nahraum werden die Möglichkeiten, Beziehungen solcher Qualität zu entwickeln, stark

---

[265] Vgl. VAN DER KOLK (2015): *Verkörperter Schrecken*, 190ff.
[266] STREECK-FISCHER, Annette (2015): *Traumafolgestörungen bei Kindern und Jugendlichen*, in: *Handbuch der Psychotraumatologie*, hrsg. von SEIDLER, Günter H.; FREYBERGER, Harald J. u.a., 2. Aufl., Klett-Cotta: Stuttgart, 478. Alle drei Aspekte hängen eng zusammen, können aber dennoch unterschieden werden.
[267] Exemplarisch seien hier nur sozialpsychologische, psychoanalytische und konstruktivistische Ansätze mit ihren unterschiedlichen Vertretern genannt.
[268] In der wissenschaftlichen Beschreibung wird die Präzisierung der jeweiligen Probleme auch immer vom zugrunde gelegten Entwicklungsmodell abhängen.
[269] Vgl. SCHERWATH; FRIEDRICH (2014): *Soziale Arbeit bei Traumatisierung*, 32ff.
[270] Vgl. SCHERWATH; FRIEDRICH (2014): *Soziale Arbeit bei Traumatisierung*, 39. Siehe zu dieser Thematik auch ausführlicher den Abschnitt über die transgenerative Übertragbarkeit von Traumata bei 6. *Von Trauma zu Trauma*.
[271] So proklamiert es mit guten Begründungen die Bindungsforschung im Gefolge von John Bowlby, James Robertson und Mary Ainsworth.

C. Trauma

beeinträchtigt, zumal wenn die primären Bindungspersonen die Gewalt selber ausüben oder deren Auswirkungen nicht entsprechend abfedern können: „Traumatische Erfahrungen zerstören die Bindungssicherheit und wirken sich besonders zerstörerisch auf die gesunde psychische Entwicklung aus, wenn das Trauma durch Bindungspersonen ausgeübt wird."[272] In Bearbeitung solcher Bindungstraumata werden deswegen oft Verhaltensoptionen genutzt, die dem Selbstschutz dienen, oder einen intuitiven Versuch darstellen, das Grundbedürfnis nach Bindung auf anderen Wegen zu befriedigen. Karl Heinz Brisch schildert verschiedene dieser Verhaltensoptionen:[273] Möglicherweise entwickelt das Kind kein Bindungsverhalten, wendet sich also auch in Angstsituationen an keine Bindungsperson. Auch „soziale Promiskuität" mit einem undifferenzierten und wahllosen Bindungsverhalten gegenüber unterschiedlichen Personen ist möglich.[274] Es ist infolge von Gewalterfahrungen mit der Bindungsperson auch denkbar, dass das Kind in deren Gegenwart sehr gehemmt bis hin zu erstarrt ist. Weitere Versuche, das Bindungsbedürfnis zu befriedigen, stellen übermäßiges Klammern, aggressive Kontaktformen oder erhöhtes Unfallverhalten dar. Hierdurch kann zwar punktuell Aufmerksamkeit erregt werden, der Aufbau einer vertrauensvollen Bindung ist aber nur sehr bedingt möglich. Ähnlich problematisch ist eine Rollenumkehr, bei der eigene Bedürfnisse zu Gunsten eines übermäßigen Fürsorgeverhaltens gegenüber Erwachsenen zurückgestellt werden.[275] Um eine weitere entwicklungsspezifische Folge handelt es sich bei der Regression. Dabei fällt ein Kind auf ein früheres Entwicklungsniveau zurück. Zum Beispiel werden bereits erworbene Fähigkeiten wieder verlernt.[276] Dies kann nach Peter Riedesser verstanden werden als ein Versuch „auf das sichere Fundament früherer, prätraumatischer Entwicklungsphasen zurückzukehren in der Hoffnung auf einen Neuanfang; außerdem sind sie Appelle an die primären Bindungspersonen, das Kind schonend zu behandeln und ihm Zuwendung und Aufmerksamkeit wie einem Kleinkind zu schenken."[277]

Denkt man die Häufigkeit und Destruktivität von Gewalt im sozialen Nahraum und die Verletzlichkeit von Kindern zusammen, wird deutlich, um welch gravierendes Problem es sich bei der Misshandlung von Kindern handelt.[278]

---

[272] BRISCH, Karl H. (2009): *Bindungsstörungen und Trauma: Grundlagen für eine gesunde Bindungsentwicklung*, in: *Bindung und Trauma: Risiken und Schutzfaktoren für die Entwicklung von Kindern*, hrsg. von BRISCH, Karl H.; HELLBRÜGGE, Theodor, 3. Aufl., Klett-Cotta: Stuttgart, 114.

[273] Vgl. BRISCH, Karl Heinz (2013): *Bindungsstörungen: Von der Bindungstheorie zur Therapie*, 12. Aufl., Klett-Cotta: Stuttgart, 102–111.

[274] BRISCH (2013): *Bindungsstörungen*, 185.

[275] Vgl. BRISCH (2013): *Bindungsstörungen*, 102ff.

[276] Vgl. RIEDESSER (2009): *Entwicklungspsychopathologie von Kindern*, 169.

[277] RIEDESSER (2009): *Entwicklungspsychopathologie von Kindern*, 169.

[278] Siehe auch die Ausführungen zu „Adverse Childhood Experiences" bei FORD; GRASSO u.a. (2015): *Posttraumatic Stress Disorder*, 96f.

6. Von Trauma zu Trauma

Ein traumatisches Ereignis trägt in sich die Dynamik, sich fortzusetzen. Dass ein Trauma im Leben der betroffenen Menschen auf verschiedene Weise präsent bleiben kann, indem z.B. Erinnerungsfragmente stetig wiederkehren oder scheinbar banale Hinweisreize massive körperliche Reaktionen hervorrufen, wurde an verschiedenen Stellen gezeigt. Diese iterative Dynamik von Traumata kann sich darüber hinaus aber auch andere Wege bahnen.

Es wurde im vorhergehenden Kapitel ein zentrales Ergebnis der Sekundärauswertung von Schröttle und Ansorge referiert: „Gewaltsame Kindheitserfahrungen in Form von selbst erlebter körperlicher, sexueller und psychischer Gewalt, aber auch in Form der Zeuginnenschaft elterlicher Gewalt bildeten den mit Abstand stärksten Prädikator für die Betroffenheit der Frauen durch schwere Gewalt und Misshandlung im späten Erwachsenenleben."[279] Wie gezeigt wurde, ist die Wahrscheinlichkeit, dass Frauen mit Erfahrungen sexuellen Kindesmissbrauchs auch im Erwachsenenalter sexuelle Gewalt erleiden, um ein vierfaches höher.[280] Diese Zahl ist signifikant. Opfer von traumatischer Gewalt werden dies in ihrem Leben oft nicht einmal, sondern mehrfach. Die Gründe hierfür sind vielfältig. Die Psychotraumatologie kann aber zumindest einige Erklärungsansätze beitragen.

Solche und ähnliche Fragestellungen werden dort häufig unter dem Terminus „Retraumatisierung" verhandelt. Dabei müssen zwei Bedeutungsgehalte unterschieden werden.

- Retraumatisierung kann eine signifikante und überfordernde Verstärkung der posttraumatischen Stressfolgen bezeichnen, die bei intensiver Konfrontation mit dem traumatischen Ereignis entsteht. Ein Paradebeispiel hierfür wäre ein Gerichtsprozess, bei dem das Opfer unvorbereitet viele Details wiedergeben oder sich diffamierenden Fragen z.B. des Täteranwalts stellen muss.[281] Die Überforderung und das verstärkte Auftreten von Symptomen kulminieren zu einem negativen Erlebnis, welches das Trauma verstärkt.[282]
- Die zweite und an dieser Stelle fokussierte Bedeutung von Retraumatisierung bezeichnet das wiederholte Auftreten eines traumatischen Ereignisses über die Lebensspanne desselben Menschen hinweg. Der zeitliche Abstand spielt dabei eine untergeordnete Rolle. Weiter oben wurde schon darauf verwiesen,[283] dass das abermalige Vorkommen einer traumatischen

---

[279] SCHRÖTTLE; ANSORGE (2008): *Gewalt gegen Frauen in Paarbeziehungen*, 209.
[280] Vgl. MÜLLER; SCHRÖTTLE (2004): *Lebenssituation*, 77.
[281] In dieser ersten Bedeutung meint Retraumatisierung eine Art von heftiger Reaktualisierung. Zu beachten ist außerdem, dass das Konzept der Retraumatisierung (vor allem im ersten Bedeutungssinn) innerhalb der Psychotraumatologie durchaus umstritten ist.
[282] Vgl. FORD; GRASSO u.a. (2015): *Posttraumatic Stress Disorder*, 94f.
[283] Siehe: 4.1 Prätraumatische Faktoren.

C. Trauma

Situation die Wahrscheinlichkeit von schweren Traumafolgen erhöht, es in den meisten Fällen also nicht zu einer Abhärtung, sondern einer erhöhten Verwundbarkeit kommt. Innerhalb der Psychotraumatologie gibt es verschiedene Ansätze, um die relativ hohe Wahrscheinlichkeit einer Retraumatisierung zu erklären. Einige davon können hier genannt werden:[284]
Wie gezeigt wurde, können traumatische Erlebnisse, besonders in der Kindheit, ein positives Selbstbild destruieren. Ein als Kind sexuell missbrauchter Mensch kann früh lernen, dass er nicht über den eigenen Körper verfügen kann und sexuelle Objektifizierung auch durch Vertrauenspersonen etwas durchaus Wahrscheinliches darstellt. Herabwürdigung und Demütigung zählen zu Grunderfahrungen. Hinzu kommen negative Auswirkungen auf das Selbstvertrauen. TäterInnen erkennen hier schneller Opfer, von denen nur geringer Widerstand zu erwarten ist.

Manchmal führen Traumafolgen zu Bewältigungsversuchen, die sich als destruktiv erweisen. In Anschluss an die psychoanalytische Theoriebildung weist Streek-Fischer auf die „Bedeutung der traumatischen Reinszenierung infolge des Wiederholungszwanges"[285] hin. So sah Freud die Möglichkeit einer Fixierung auf die traumatische Situation, die auf verschiedene Weise neu inszeniert und durchlebt werden soll. Sollte dies eine zutreffende Beobachtung sein – und nach Streek-Fischer ist dem so – kann dies als ein möglicher, aber dysfunktionaler Verarbeitungsmechanismus betrachtet werden.[286]

Traumatologische Erkenntnisse haben Erklärungswert auch bei der Frage nach der Viktimisierung durch Menschen, die selber traumatische Erfahrungen durchlebt haben. Diese Frage ist von der vorhergehenden deutlich zu unterscheiden. Opfer und Täter dürfen nicht miteinander identifiziert, noch Gewalttaten in ihrer Verantwortbarkeit wegerklärt werden. Dies ist auf der normativen Ebene weder gewollt noch möglich. Allerdings gibt es in Spannung zu dieser normativen Ebene auch eine evaluative Ebene, auf der sich wichtige Perspektiven gewinnen lassen. Hier sei noch einmal an das Studienergebnis aus dem vorhergehenden Kapitel erinnert, nach dem eigene schwere elterliche Misshandlungserfahrung das Risiko eigene Kinder zu viktimisieren um fast das Siebenfache erhöht.[287] Dies ist ein erklärungswürdiger Sachverhalt, auch wenn – und auch das muss betont werden – die Mehrheit der betroffenen Eltern die

---

[284] Wie gesagt bilden hier Erklärungsansätze aus der Psychotraumatologie nur einen Teil des Gesamtbildes. Menschen werden z.B. sehr oft nicht aufgrund spezifischer Traumafolgen reviktimisiert, sondern weil sie in gewalttätigen familiären und gewaltfördernden gesellschaftlichen Kontexten aufwachsen.
[285] STREECK-FISCHER (2015): *Traumafolgestörungen bei Kindern*, 478.
[286] Vgl. STREECK-FISCHER (2015): *Traumafolgestörungen bei Kindern*, 478. Siehe ein Fallbeispiel dazu: FRAUENFELDER, Arnold (2002): *Neuinszenierungen der Traumen: Von der Macht des Wiederholungszwangs*, in: Recht & Psychiatrie, 20, H. 4, 215–223.
[287] Vgl. HELLMANN (2014): *Repräsentativbefragung*, 162.

Gewalterfahrungen an ihren Kindern nicht perpetuieren.[288] Zur Erklärung dieser Studienergebnisse können psychotraumatolgische Perspektiven einen Beitrag leisten, der selbstverständlich immer noch ergänzt werden kann.[289]

Einige mögliche Traumafolgen begünstigen das Ausbrechen von Gewalt. So wurde gezeigt, dass traumatische Erlebnisse die Fähigkeit einer adäquaten Situationseinschätzung stark verringern können. Die körperlichen Stress- und Angriffsreaktionen werden auch in harmlosen Situationen in Gang gesetzt. Hinzu können Belastungen durch Intrusionen kommen. Ein gestörtes Bindungsverhalten kann in Kombination mit einem erhöhten Kontroll- und Sicherheitsbedürfnis eine plausible, aber destruktive Mischung sein. Das Profil einer Person, die aufgrund eigener Traumata eine absolut sichere Bindung sucht und sich deswegen gewalttätigen Kontrollverhaltens bedient, hat eine hohe Plausibilität. Die Belastung durch Traumafolgen kann außerdem zum verstärkten Konsum von Rauschmitteln führen (z.B. Alkohol), die dann wiederum zu einer Enthemmung gegenüber Gewalthandeln beitragen. Insgesamt tragen verminderte emotionale Ressourcen und ein negatives Selbstbild dazu bei, dass sich Aggression in Form von Gewalt entlädt. Schließlich ist auch an die oben angedeutete Möglichkeit der Wiederholung und Reinszenierung zu denken. Viele Wege können vom erlittenen zum verursachten Trauma führen. Auch wenn dies zwar einen Teil der Erklärung, nicht aber eine Rechtfertigung darstellen kann.

Betreffen die traumatischen Erfahrungen einer Generation auch deren Kinder und Enkelkinder, ist man bei dem Fragenkomplex der transgenerationalen Weitergabe von Traumata angelangt. Innerhalb des deutschen Sprachraums wurde diese Thematik besonders im Zusammenhang der Kinder und Enkel von Holocaustüberlebenden erörtert.[290] Doch auch und besonders bei Traumata infolge von Gewalt im sozialen Nahraum spielt die Traumatransmission über Generationen hinweg eine große Rolle. Hierbei ist zwischen pränatalen und postnatalen Prozessen zu unterscheiden.[291] Die Beschreibung pränataler Prozesse bezieht sich – neben möglicherweise epigenetischen Faktoren, deren genaueres Verstehen aber noch in den Anfängen begriffen ist – auf die Auswirkungen auf das heranwachsende Kind durch die Traumatisierung seiner schwangeren Mutter. Die Auswirkungen können dabei erheblich sein. Abgesehen davon, dass das Kind durch die Gewalt direkt zu Schaden kommen kann, ist die Übertragung von Stresshormonen in den kindlichen Organismus und

---

[288] Vgl. HELLMANN (2014): *Repräsentativbefragung*, 160.
[289] Hier sei ebenfalls auf die Forschungsansätze zu Gewalt im sozialen Nahraum bei *3. Erklärungsansätze* verwiesen. Was für die Thematik der Retraumatisierung angemerkt wurde, gilt auch hier.
[290] Vgl. FREYBERGER, Hellmuth; GLAESNER, Heide u.a. (2015): *Transgenerationale Traumatransmission (am Beispiel der Überlebenden des Holocaust)*, in: *Handbuch der Psychotraumatologie*, hrsg. von SEIDLER, Günter H.; FREYBERGER, Harald J. u.a., 2. Aufl., Klett-Cotta: Stuttgart, 93ff.
[291] Vgl. SCHERWATH; FRIEDRICH (2014): *Soziale Arbeit bei Traumatisierung*, 57.

damit eine Umprägung und Beeinträchtigung von dessen Stressregulationsfähigkeiten möglich.[292] Eine Traumatisierung während der Schwangerschaft kann außerdem das sich entwickelnde Fürsorgeverhalten auf Seiten der Mutter und das Bindungssystem des Kindes empfindlich stören.[293] Traumata der Mutter und anderer Bindungspersonen können aber vor allem postnatal zu spüren sein. So ist es möglich, dass Kinder unbewusst Hinweisreize aussenden, die bei Bindungspersonen durch eigene Kindheitstraumata induzierte Reaktionen auslösen. So kann das Schreien eines Kindes z.B. einen unkontrollierten Aggressionsausbruch bedingen.[294] Von den weiter oben genannten Traumafolgen sind an dieser Stelle vor allem die Auswirkungen auf den Bindungs- und Kommunikationsstil der Erziehenden, also meist der Eltern, relevant.[295] Können diese dem Kind keine sichere Bindung ermöglichen, kann dies die psychische Entwicklung stark beeinträchtigen und die emotionale Widerstandkraft schmälern. Schließlich seien die oben genannten möglichen Zusammenhänge zwischen eigener Traumatisierung und dem Gewalthandeln an anderen Menschen noch einmal vergegenwärtigt. Insgesamt lässt sich konstatieren, dass die iterative Dynamik von Traumata sehr stark ist.

7. Die Integration von Traumata

Auch wenn die Auswirkungen von traumatischen Ereignissen tiefgreifend und langanhaltend sein können, sind auch die menschlichen Fähigkeiten zum Umgang mit Traumata erheblich. Menschen verfügen über psychische Selbstheilungskräfte. Betroffene besitzen Ressourcen, die ihnen bei der Verarbeitung eines Traumas helfen können. Sind diese groß genug, kann das potentiell traumatische Ereignis selbstständig integriert werden. Mardi J. Horowitz beschreibt in einem Modell den natürlichen Verarbeitungsprozess folgendermaßen:[296] Nach dem potentiell traumatisierenden Ereignis treten meist damit verbundene Gefühle von Angst, Wut und Trauer auf. Danach folgt ein Stadium, in dem die betroffene Person zwischen Abwehr und Vermeidung ereignisspezifischer Gedanken bzw. Erinnerungen auf der einen Seite, und der Intrusion solcher Gedanken bzw. Erinnerungen auf der anderen Seite alteriert. „Die

---

[292] Vgl. SCHERWATH; FRIEDRICH (2014): *Soziale Arbeit bei Traumatisierung*, 57f. .
[293] Die hiesige Aussage ist belegt durch: LEVENDOSKY, Alytia A.; BOGAT, G. Anne u.a. (2011): *The Influence of Domestic Violence on the Development of the Attachment Relationship between Mother and young Child*, in: Psychoanalytic Psychology, 28, H. 4, 523.
[294] Vgl. SCHERWATH; FRIEDRICH (2014): *Soziale Arbeit bei Traumatisierung*, 58f.
[295] Vgl. FREYBERGER; GLAESNER u.a. (2015): *Transgenerationale Traumatransmission*, 101.
[296] Vgl. HOROWITZ, Mardi J. (2013): *Persönlichkeitsstile und Belastungsfolgen*, in: Posttraumatische Belastungsstörungen, hrsg. von MAERCKER, Andreas, 4. Aufl., Springer: Berlin [u.a.], 260f.

Pendelbewegung zwischen Intrusion und Vermeidung kann psychodynamisch als ein Selbstheilungsversuch des verletzten psychischen Systems verstanden werden. Man kann in diesem Sinne von einer Art ‚natürlichem Wundheilungsprozess' auch bei psychischer Traumatisierung sprechen, der als Analogie zur spontanen Heilungstendenz körperlicher Wunden zu verstehen ist."[297] Bei gelungener Verarbeitung folgt eine Phase des Durcharbeitens, in der das Geschehene anerkannt und integriert wird. Den Abschluss im Modell von Horowitz bildet schließlich die Fortsetzung des jeweiligen Lebensweges.[298]

Wichtig ist an dieser Stelle, dass die verschiedenen Phasen der Reaktion nicht nur den beschriebenen ‚normalen' Verlauf nehmen können, sondern jeweils immer auch pathologische Reaktionen bzw. Übersteigerungen möglich sind. Zum Beispiel kann eine normale Abwehr in extreme Vermeidung münden oder eine der Verarbeitung dienliche Intrusion zu Belastungsgrenzen überschreitender Überflutung führen.[299]

Verfestigen sich die in ihrer Anlage natürlichen und konstruktiven psychischen Verarbeitungsmechanismen in pathologischer, den Betroffenen anhaltendes Leiden verursachender Form, kann externe Unterstützung notwendig sein. Dies gilt in besonderer Weise bei den oben beschriebenen spezifischen Traumafolgestörungen. In solchen Fällen ist die Arbeit mit entsprechend ausgebildeten TraumatherapeutInnen sinnvoll. Durch die inzwischen entwickelten, unterschiedlichen traumatherapeutischen Ansätze können Betroffene professionell bei der Integration traumatischer Erfahrungen unterstützt werden. Die Bandbreite verschiedenster Konzepte samt vielfältiger Methoden und Schwerpunkte ist dabei groß.[300] Die Therapiekonzepte haben dabei in den meisten Fällen mit dem Vorgang einer natürlichen Verarbeitung eines potentiell traumatisierenden Erlebnisses gemeinsam, dass sie verschiedene Phasen unterscheiden, in denen eine gelungene Traumaintegration verläuft.

---

[297] REDDEMANN, Luise (2013): *Psychodynamisch-imaginative Traumatherapie (PITT)*, in: *Posttraumatische Belastungsstörungen*, hrsg. von MAERCKER, Andreas, 4. Aufl., Springer: Berlin [u.a.], 284.

[298] Vgl. HOROWITZ (2013): *Belastungsfolgen*, 261.

[299] Vgl. HOROWITZ (2013): *Belastungsfolgen*, 261.

[300] Ein Überblick über unterschiedliche traumatherapeutische Ansätze kann und muss an dieser Stelle nicht gegeben werden. Derartige Zusammenstellungen finden sich an vielen Stellen innerhalb der Fachliteratur. Ein grundlegendes Verständnis verschiedener Ansätze ist dabei auch für Seelsorgende hilfreich, ohne dass diese versuchen sollten, therapeutische Methoden unreflektiert zu übernehmen. Eine gute Auflistung und Beschreibung unterschiedlicher Therapiekonzeptionen findet sich bei: SEIDLER, Günter H.; FREYBERGER, Harald J. u.a. (Hrsg.) (2015): *Handbuch der Psychotraumatologie*, 2. Aufl., Klett-Cotta: Stuttgart, 639–813.

C. Trauma

Die konkreten Modelle und Phasenbeschreibungen sind dabei von Therapieansatz zu Therapieansatz meist unterschiedlich benannt und beschrieben.[301] Insgesamt scheint aber die Orientierung an einem Drei-Phasen-Modell hohe Plausibilität zu besitzen.[302] An dieser Stelle soll dabei die Orientierung an der Konzeption von Judith Herman erfolgen, welche die drei Phasen einer gelungenen, therapeutisch begleiteten Genesung mit den programmatischen Begriffen 1. „Sicherheit", 2. „Erinnern und Trauern" und 3. „Wiederanknüpfung" kennzeichnet.[303] Eine solche Systematisierung besitzt nach wie vor eine hohe Schlüssigkeit.[304] Sie soll an dieser Stelle in nur leicht modifizierter Form aufgegriffen werden.

Wichtig ist dabei, dass die Reihenfolge der verschiedenen Phasen nicht zwangsweise chronologisch-sequenziell verläuft, sondern immer wieder auch Rückbezüge, Neuanfänge und Kreisbewegungen wahrscheinlich sind. Vor allem die Rückkehr zu Sicherheit und Stabilisierung kann immer wieder notwendig sein. Es ist sinnvoll, im Bewusstsein zu halten, dass Modelle eine wichtige Orientierungskraft besitzen, die Komplexität des jeweiligen Einzelfalles aber nie ganz abbilden können.[305]

7.1 Sicherheit und Stabilisierung

Für die erste Phase einer gelungenen Traumatherapie sind drei eng miteinander verknüpfte Komponenten elementar: Der Aufbau einer vertrauensvollen Arbeitsbeziehung, das Herstellen von äußerer Sicherheit und die Stabilisierung der betroffenen Person.[306]

Jede therapeutische Arbeit ist getragen von einer vertrauensvollen Arbeitsbeziehung zwischen betroffener Person und TherapeutIn. Sie ist die Grundlage für jede Zusammenarbeit, die wiederum für einen Therapieerfolg unerlässlich ist. Dazu gehört die genaue Information des/der Betroffenen über die therapeutischen Grundannahmen, Arbeitsschritte und Methoden. Nach der Erfahrung des Kontrollverlustes während des Traumas ist die Stärkung von Sicherheit und konstruktiven Kontrollmöglichkeiten basal.[307]

---

[301] Die Orientierung an dieser Stelle erfolgt anhand von Ansätzen, die für Erwachsene entwickelt wurden. Für die therapeutische Arbeit mit Kindern siehe: FORD; GRASSO u.a. (2015): *Posttraumatic Stress Disorder*, 367–411.
[302] Vgl. HERMAN (1993): *Die Narben der Gewalt*, 216.
[303] HERMAN (1993): *Die Narben der Gewalt*, 215.
[304] Vgl. FORD; GRASSO u.a. (2015): *Posttraumatic Stress Disorder*, 303f.
[305] Vgl. HERMAN (1993): *Die Narben der Gewalt*, 215f.
[306] Wobei alle drei Bereiche so stark ineinandergreifen, dass die Prozesse stärker parallel als sequentiell verlaufen.
[307] REDDEMANN (2013): *Psychodynamisch-imaginative Traumatherapie*, 284f.

Auf Basis einer vertrauensvollen Arbeitsbeziehung ist das gemeinsame Bemühen um die äußere Sicherheit der bzw. des Betroffenen möglich. Eine gelungene Verarbeitung von Traumata ist ohne äußere Sicherheit kaum möglich.[308] Situationen außergewöhnlicher Gefahr und massiver Stressüberflutung können nicht integriert werden, solange die bedrohliche Situation weiterhin besteht. Die Stresssymptome werden nicht abklingen, solange sie für das Überleben nach wie vor wichtig sind. Der Herstellung und Aufrechterhaltung von Sicherheit kommt deswegen zu Beginn einer Therapie, aber auch jeder anderen helfenden Intervention, große Bedeutung zu. Äußere Sicherheit bedeutet, dass sich das Opfer von Gewalt in einem Rahmen befindet, in dem es dem Zugriff des Täters entzogen ist. Opfer und Täter müssen also möglichst räumlich getrennt sein.[309] Vor allem bei Gewalt im sozialen Nahraum kann dies sehr schwirig und die Zusammenarbeit mit verschiedenen anderen Berufsgruppen (sozialen Diensten, Polizei u.a.) notwendig sein. Wichtig ist dabei, dass das Ziel jeder Unterstützung die Ich-Stärkunng der Betroffenen ist. Dies bedeutet auch, sie in ihrer Entscheidungsfähigkeit und Souveränität zu respektieren und keine Maßnahmen an ihnen vorbei zu ergreifen.

Mit der Herstellung von äußerer Sicherheit ist die Ermöglichung von innerer Sicherheit und Stabilisierung eng verwoben. Beides bedingt einander. Innere Sicherheit und Stabilisierung – die an dieser Stelle synonym gebraucht werden sollen – bedeuten, dass es gelingt, die Traumafolgen möglichst einzudämmen und Ressourcen zu aktualisieren. Je nach Schwere des Traumas kann dies ein sehr langwieriger und umfassender Prozess sein: „Unter Stabilisierung versteht man die Förderung bzw. Wiederherstellung von (psychischer) Sicherheit, die Reduktion von Suizidalität, selbstverletzendem Verhalten und Dissoziation, Gewinnung von Kontrolle über heftige, den Patienten oft überwältigende Affekte, Verringerung von Impulsivität und Verbesserung der Selbstregulation. Damit assoziiert sind der Aufbau sozialer Beziehungen sowie die Reduktion anderer assoziierter Probleme."[310] Je nach Ausprägung der Symptomatik kann professionelle therapeutische Hilfe bei der Stabilisierung unbedingt notwendig sein (z.B. bei Suizidalität). Unterschiedliche therapeutische Ansätze verfolgen unterschiedliche Strategien zur Stabilisierung und besitzen ein je eigenes Repertoire an Methoden. Sven Barnow und Julia Lotz nennen bspw. imaginative Techniken, Techniken zur Förderung der Affektdifferenzierung, Kognitiv-behaviorale Ansätze, EMDR und tiefenpsychologisch orientierte Ansätze.[311] Dabei ist nicht – unter Voraussetzung von Evidenzbasierung – ein Ansatz grundsätzlich besser als ein anderer, sondern vielmehr sind die Fragen

---

[308] Vgl. FISCHER; RIEDESSER (2009): *Psychotraumatologie*, 215f.
[309] Vgl. FISCHER; RIEDESSER (2009): *Psychotraumatologie*, 215.
[310] BARNOW, Sven; LOTZ, Julia (2013): *Stabilisierung und Affektregulation*, in: *Posttraumatische Belastungsstörungen*, hrsg. von MAERCKER, Andreas, 4. Aufl., Springer: Berlin [u.a.], 206.
[311] Vgl. die unterschiedlichen methodischen Ansätze, die allesamt das Ziel der Stabilisierung verfolgen: BARNOW; LOTZ (2013): *Stabilisierung*, 207–213.

wichtig, auf welche Weise Betroffene arbeiten wollen, und welche Methode welches Symptom vielversprechend reduzieren kann.[312]

Wichtige Elemente jeder Stabilisierung (und in den oben genannten Ansätzen oft auch inbegriffen) sind weiterhin Psychoedukation, Skilltraining und Ressourcen-Aktivierung. Bei Psychoedukation geht es darum, mit Betroffenen auf verständliche Weise grundlegendes Wissen über die menschliche Psyche unter den Bedingungen von Traumata zu teilen, bzw. besser dieses in einem Gesprächsprozess gemeinsam herauszuarbeiten.[313] Damit Betroffene das Gefühl der Kontrolle über ihren Körper zurückgewinnen können, ist es wichtig, dass sie die verschiedenen Symptome einordnen und deren psychische Funktion verstehen können. Zum Beispiel ist Vermeidung in ihrer Anlage eine wichtige psychische Schutzfunktion und Intrusionen können einer besseren Verarbeitung dienen. Eine gelungene Psychoedukation kann in Zusammenarbeit mit Betroffenen herausstellen, dass die jeweilige Symptomatik einen erklärbaren Grund hat, sie dieser nicht ausgeliefert sind, und jeweils ein gestaltender Umgang damit möglich ist. Bei Skilltraining geht es dann um die Vermittlung von konkreten Techniken und Fähigkeiten, mit denen die Betroffenen selbstständig mit verschiedenen Symptomen umgehen können. Beispielsweise geht es hier um Techniken der Distanzierung bzw. Reorientierung und Selbstberuhigung unter akuter Stressbelastung. Der Begriff der Stabilisierung im engeren Sinne kann außerdem verschiedene Techniken und Übungen bezeichnen, die bei der Vergrößerung des Stresstoleranzfensters helfen können.[314]

Schließlich geht es bei Stabilisierung auch um das Erkennen, Aktualisieren und Ausbauen von Ressourcen. Jeder Mensch bringt Ressourcen mit, die ihm bei der Verarbeitung von Traumata weiterhelfen können. Von Mensch zu Mensch unterschiedlich können dies soziale Kontakte, Begabungen, positive Lebenserinnerungen, Fähigkeiten und viel anderes mehr in je unterschiedlicher Zusammensetzung sein. Es ist von Anfang an sehr wichtig, dass ein Bewusstsein für all das Positive und Stärkende entsteht, das Betroffene jeweils selbst schon mitbringen.

---

[312] Vgl. HERMAN (1993): *Die Narben der Gewalt*, 222.
[313] Dies ist zumindest für den Kontext dieser Arbeit zutreffend. Psychoedukation ist ansonsten ein sehr viel weiteres Konzept und meint wortwörtlich erst einmal Bildung/Erziehung in Bezug auf die Psyche/Seele und ist auch außerhalb der Psychotraumatologie gebräuchlich.
[314] Einen guten Überblick über verschiedene Techniken zur Distanzierung und Stabilisierung bietet das online verfügbare Skript für PatientInnen zum Behandlungsprogramm der Traumastation der Klinik St. Irmgard: www.stirmingard.de/fileadmin/05_Klinik_St._Irmingard/Downloads/Traumastation_Skript_2016.pdf (aufgerufen am 16. Juli 2018).

7.2 Traumaexposition: Erinnern und Trauern

Sind Sicherheit und Stabilisierung hinreichend hergestellt – was ein sehr langwieriger Prozess sein kann –, ist der Übergang in die nächste Phase möglich. Die Arbeit an Sicherheit und Stabilisierung ist dabei nicht abgeschlossen, sondern grundiert auch alle folgenden Therapiephasen. Wichtig ist an dieser Stelle noch einmal der Hinweis auf den heuristischen Charakter entsprechender Modelle. In großer Klarheit sind die unterschiedlichen Therapiephasen in der Metatheorie, aber weniger stark in der Praxis abgegrenzt. Zum Beispiel gibt es in der PITT von Luise Reddeman die Arbeit mit sog. „ego states" (also Ich-Anteilen oder Ich-Zuständen), die noch zur Stabilisierung gehört, aber sich auch schon behutsam dem traumatischen Material zuwendet.[315] Sieht man die große Orientierungsleistung eines drei-Phasen-Modells und richtet sich nach diesem, folgt nach der Phase der Sicherheit und Stabilisierung eine zweite Phase. Diese wird in verschiedenen Modellen unterschiedlich bezeichnet, wie z.B. als „Traumasynthese/Traumaexposition"[316], „Emotionales Durcharbeiten und Rekonstruktion der traumatischen Erfahrung"[317], oder als „Erinnern und Trauern"[318]. An der Benennung wird deutlich, dass die dezidierten Konzeptionen je nicht ganz deckungsgleich sind. Andreas Maercker schreibt dazu:

> „Traumasynthese bzw. Traumaexposition wird von verschiedenen Therapieschulen unterschiedlich definiert. Ein minimaler gemeinsamer Nenner ist, dass das Trauma als solches benannt wird und die Patienten angeleitet werden, ihren Heilungsprozess als Überwindung ihrer konkreten Traumatisierungserfahrungen anzusehen. Die direkte Traumaexposition mit den traumatischen Gedächtnisbildern wurde ursprünglich in der Verhaltenstherapie entwickelt. Inzwischen gibt es eine Reihe von Varianten der Traumaexposition auch in anderen Therapieschulen."[319]

An diesem Zitat können an dieser Stelle drei wichtige Aspekte aufgezeigt werden:
– Bei den Verfahren der Traumaexposition handelt es sich um Elemente aus unterschiedlichen Therapieschulen, die aus diesem Kontext auch nicht einfach gelöst werden dürfen: Der Schritt der methodisch angeleiteten Exposition des Traumas und dessen emotionale Durcharbeitung ist speziell dafür ausgebildeten TraumatherapeutInnen vorbehalten und nicht Aufgabenfeld anderer Berufsgruppen. Die Akzeptanz dieser Grenzen ist zum Wohle der Betroffenen unbedingt notwendig.
– Zentral für die zweite Phase innerhalb eines Drei-Phasen-Modells ist die Aufdeckung, Bearbeitung und Integration der traumatischen Erfahrung. Das

---

[315] Vgl. REDDEMANN (2013): *Psychodynamisch-imaginative Traumatherapie*, 286ff.
[316] Vgl. MAERCKER (2013): *Systematik und Wirksamkeit*, 153
[317] REDDEMANN (2013): *Psychodynamisch-imaginative Traumatherapie*, 288.
[318] Vgl. HERMAN (1993): *Die Narben der Gewalt*, 216.
[319] MAERCKER (2013): *Systematik und Wirksamkeit*, 153.

C. Trauma

Trauma wird dabei als solches benannt, und in einem geschützten therapeutischen Rahmen an seiner Überwindung gearbeitet. Das Ziel ist dabei die Unterstützung des psychischen Heilungsprozesses durch eine kontrollierte Verarbeitung des Geschehenen. Dabei sind drei Grundaspekte wichtig: 1. Das traumatische Ereignis ist passiert. 2. Das traumatische Ereignis ist der betroffenen Person passiert. 3. Das traumatische Ereignis ist vorüber.[320]
- Wie die Traumaexposition im Einzelfall verläuft, ist von der jeweiligen Arbeitsbeziehung, den Therapiezielen und dem Methodenspektrum der jeweiligen Therapieschule abhängig. Dabei gibt es unterschiedliche Methoden mit unterschiedlicher affektiver Intensität und entsprechend unterschiedlichem Belastungsgrad.[321] Es gibt also nicht eine Weise der Traumaexposition, es gibt sehr viele verschiedene.

Wie Traumaexpostion genau verstanden wird und was TherapeutInnen und Betroffene dabei zu berücksichtigen haben, findet sich in der Fachliteratur der unterschiedlichen Modelle. Vor allem ist dabei wichtig, dass die Grundlage einer konstruktiven Traumaexposition immer die erarbeitete Sicherheit und Stabilität aus der ersten Therapiephase ist. Wo diese verloren zu gehen droht, ist die Rückkehr zu und die Wiederherstellung von Sicherheit und Stabilität notwendig, bevor über ein Voranschreiten in der Traumaexposition nachgedacht werden kann.

In einer seelsorgetheoretischen Arbeit ist wichtig zu fragen, wo und wie Seelsorgende Betroffene begleiten können. Da Seelsorge eine Traumatherapie nicht ersetzen kann und Traumaexposition nicht Sache der Seelsorge ist, stellt sich die Frage, ob es Prozesse in dieser zweiten Therapiephase gibt, bei denen Seelsorgende Betroffenen zusätzlich konstruktiv beistehen können. Sie können dies vor allem tun, indem sie Betroffene stärken und bei ihrem Bemühen um Sicherheit und Stabilität unterstützen. In der zweiten Therapiephase gibt es unter Umständen aber noch ein weiteres Element, in dem seelsorgliche Kompetenz weiterhelfen kann. Für Judith Herman ist das Trauern um durch das Trauma Verlorengegangenes ein wichtiger aber schwieriger Bestandteil des Genesungsprozesses. „Das Zulassen der tiefen Trauer ist nicht nur die notwendigste, sondern auch die am meisten gefürchtete Aufgabe in diesem Stadium der Genesung. Viele Patienten fühlen sich ihr nicht gewachsen und haben Angst, daß sie mit dem Trauern womöglich nie wieder aufhören können, wenn sie erst einmal damit angefangen haben."[322] Die Flucht in Rache- oder Vergebungsphantasien kann dabei eine nicht weiterführende Umgangsweise mit der schmerzhaften aber letztendlich heilsamen Trauer sein.[323] „Je weniger das Opfer

---

[320] Für den Hinweis auf diese drei entscheidenden Grundaspekte danke ich Simon Finkeldei.
[321] Vgl. das Schaubild bei: MAERCKER (2013): *Systematik und Wirksamkeit*, 153.
[322] HERMAN (1993): *Die Narben der Gewalt*, 266f.
[323] Vgl. HERMAN (1993): *Die Narben der Gewalt*, 268ff.

zur Trauer fähig ist, desto mehr bleibt es von einem Teil seiner selbst abgeschnitten und bringt sich so um einen wichtigen Schritt der Genesung. [...] Nur wenn der Patient um alles Verlorene trauert, kann er sein unzerstörbares Innenleben wiederentdecken."[324] Trauer ist also schwierig und schmerzhaft, aber Trauer kann auch wichtig und heilsam sein. Die Begleitung und Unterstützung von Menschen in Phasen der Trauer ist seit jeher ein wichtiges Element von Seelsorge. Später in dieser Arbeit wird zu fragen sein, wie diese im Falle von Betroffenen konkret erfolgen kann, und wo hier dezidiert Potentiale der Seelsorge liegen.

> „Die Rekonstruktion des Traumas ist nie endgültig beendet. Jeder neue Lebensabschnitt bringt neue Konflikte und Herausforderungen mit sich, die das Trauma zwangsläufig wieder zum Leben erwecken und einen neuen Aspekt der traumatischen Erfahrung ans Licht befördern. Die Hauptarbeit der zweiten Genesungsphase ist jedoch vollbracht, wenn der Patient seine ganz persönliche Lebensgeschichte zurückfordert und mit neuer Hoffnung und Kraft wieder am Leben teilnehmen will."[325]

7.3 Wiederanknüpfung

Die dritte Phase einer therapeutischen Beziehung wendet sich stärker der Wiederanknüpfung zu. Angeknüpft werden soll dabei an ein Leben, das von den Betroffenen als sinnvoll und lebenswert erachtet wird. Dazu sollten traumatische Erlebnisse so integriert sein, dass Betroffene im Umgang mit den Traumafolgen nicht überfordert werden. Ein Trauma ist allerdings auch durch eine Therapie nicht zum Verschwinden zu bringen. Auch weckt die Phasenbeschreibung der Wiederanknüpfung falsche Assoziationen, wenn davon ausgegangen wird, dass die Wiederaufnahme des Lebens vor dem Trauma in unveränderter Form möglich und angestrebt ist. Ob und wie sehr dies möglich, oder auch nur gewollt ist, hängt zu großen Teilen von der Art des Traumas ab (z.B. Monooder Polytrauma). Judith Herman beschreibt die Aufgaben der dritten Genesungsphase folgendermaßen:

> „Nachdem der Patient seine traumatische Vergangenheit erforscht und akzeptiert hat, steht er vor der Aufgabe, sich eine Zukunft aufzubauen. Er hat um sein altes, vom Trauma zerstörtes Selbst getrauert und muß ein neues Selbst entwickeln. Seine Beziehungen sind auf die Probe gestellt und vom Trauma endgültig verändert worden, jetzt muss der neue Beziehungen anknüpfen. Alte Überzeugungen, sie seinem Leben einst Sinn verliehen haben, sind in Frage gestellt worden; er muss einen neuen Glauben finden, der ihm Halt geben kann. Dies sind die Aufgaben des

---

[324] HERMAN (1993): *Die Narben der Gewalt*, 267.
[325] HERMAN (1993): *Die Narben der Gewalt*, 278.

C. Trauma

dritten Genesungsstadiums. Indem der Patient sie bewältigt, erkämpft er sich den Anspruch auf seine eigene Welt zurück."[326]

Die Rekonstruktion eines neuen Selbstbildes, die Entwicklung tiefer Beziehungen und der Aufbau eines neuen Weltbildes können als die Hauptaufgaben der dritten Genesungsphase bezeichnet werden. Sehr ähnlich und in starkem Rückbezug auf die ersten beiden Phasen beschreiben Ford und Kollegen diesen Therapieabschnitt so: „The third phase of PTSD treatment continues the activities of the first two phases, with the addition of helping the client to apply her or his new knowledge and skills to (re)building a satisfying and successful (based on the client's personal standards and values) life – including healthy and fulfilling relationships, success in work or school, and meaningful personal and spiritual activities"[327]. Sowohl in der Beschreibung von Herman („einen neuen Glauben finden") als auch bei Ford und Kollegen („meaningful personal and spiritual activities") klingt dabei die potentielle Bedeutung von Veränderungen in der persönlichen Spiritualität an. Der Heilungsprozess geht durch diese Wiederanknüpfung weiter. Richard Mollica spricht von gesellschaftlich-sozialen Heilmitteln, welche die Selbstheilungskräfte in Menschen besonders stark anregen. Er nennt Arbeit (im Sinne vom sinnstiftendem Tun), Altruismus (Einsatz für andere) und Spiritualität als besonders wirkungsvoll.[328]

Je weiter die Genesung in der dritten Therapiephase vorangeschritten ist, desto stärker kann entsprechend bei Betroffenen der Wunsch entstehen, sich für andere Menschen in Notlagen einzusetzen. Dies gilt besonders für den Einsatz für andere Opfer von Gewalt. Dies kann bspw. dadurch geschehen, dass Menschen ihre Lebenszeugnisse aufschreiben, um die gesellschaftliche Aufmerksamkeit für die Thematik zu erhöhen, sich beruflich für andere Betroffene engagieren oder soziale Initiativen gründen bzw. darin mitarbeiten.[329] Die Möglichkeiten sind vielfältig, aus der wiedergefundenen Stärke heraus, den Kreislauf der Gewalt nicht nur im eigenen Leben, sondern auch im Leben anderer möglichst zu durchbrechen.

---

[326] HERMAN (1993): *Die Narben der Gewalt*, 279.
[327] FORD; GRASSO u.a. (2015): *Posttraumatic Stress Disorder*, 304.
[328] Mit zahlreichen Beispielen: MOLLICA, Richard (2009): *Unsichtbare Wunden heilen: Wie traumatisierte Menschen inneren Frieden finden*, Südwest Verlag: München, 190–223.
[329] MAERCKER (2013): *Systematik und Wirksamkeit*, 156f.

8. Fazit

Zur Menschheitsgeschichte gehören seit jeher massive psychische Verletzungen, wie sie durch Gewalt im sozialen Nahraum hervorgerufen werden können. Über die Zeiten wurden diese Verletzungen unter verschiedenen Konzeptualisierungen thematisiert. Ab dem 19. Jh. bezieht sich die entsprechende Forschung immer stärker auf den Terminus „(Psycho-)Trauma". Durch mehrere Phasen der gesellschaftlichen Amnesie hindurch wurde 1980 die Posttraumatische Belastungsstörung in DSM und ICD aufgenommen, seitdem immer auch kritisiert und ergänzt durch andere Konzeptualisierungen, welche bestimmte über das Symptombild der PTBS hinausgehende Traumafolgen abbilden wollen. Nach wie vor konzentrieren sich große Teile der wissenschaftlichen Psychotraumatologie auf die PTBS, die mit ihrem vielfältigen Symptombild nach dem DSM-5 von Intrusion, Vermeidung, der negativen Veränderung von Kognitionen und Stimmungen und der Veränderung von Reaktivität und Erregungsniveau, nebst potentiell verschiedenen dissoziativen Phänomenen, auch andere Krankheitsbilder in sich andeutet.

Es wurden in diesem Kapitel verschiedene Definitionen eines potentiell traumatischen Ereignisses betrachtet und Theorien über die peritraumatischen und posttraumatischen Auswirkungen auf den Menschen zusammengetragen. Besonders wurden die Ebenen von Gehirn und Körper, Gedächtnis, Beziehungen und Emotionen näher betrachtet. Die möglichen Traumafolgen reichen über die PTBS weit hinaus und in verschiedene Lebensbereiche hinein. Ob und welche Traumafolgen auftreten, ist nicht nur vom Ereignis und dem betroffenen Menschen an sich, sondern von einem Zusammenspiel unterschiedlicher prä-, peri- und posttraumatischer Faktoren abhängig. Gewalt im sozialen Nahraum hat dabei ein sehr hohes Traumatisierungspotential. Die Verletzlichkeit von (vor allem kleinen) Kindern ist dabei besonders hoch und die Auswirkungen auf Entwicklung und Bindungsverhalten sind sehr destruktiv. Traumata tragen zudem die Dynamik in sich, sich zu wiederholen, im eigenen oder im Leben anderer. Sofern die Folgen eines potentiell traumatischen Ereignisses nicht selbstständig wieder abklingen, sondern sich verfestigen und den Betroffenen Menschen Leiden verursachen, kann eine Therapie eine wichtige Unterstützung auf dem Genesungsweg sein. Diese versucht den Menschen durch Phasen der Stabilisierung, Traumaexposition und Wiederanknüpfung eine möglichst gute Integration des Traumas zu ermöglichen.

D. Die religiöse Dimension von Traumata

1. Einleitende Problematisierung

Ein traumatisches Ereignis zeichnet sich im Leben vieler Betroffener tief in verschiedene Ebenen ihres Menschseins ein. Für unterschiedliche Bereiche wurde dies im vorhergehenden Kapitel entfaltet. Nur angedeutet wurde allerdings die Frage, wie sich Traumata infolge von Gewalt im sozialen Nahraum auf die persönliche Religiosität auswirken können. Dass sie dies auf irgendeine Weise tun, liegt nahe. Denn Religiosität äußert sich im Leben von Menschen oft in grundlegenden Überzeugungen und Annahmen über die Welt. Sie äußert sich in Beziehungen und Bezügen zu einer den Menschen transzendierenden Dimension und einer grundlegenden Selbstverortung des Individuums in diesem Gefüge. Ein traumatisches Ereignis kann basale Überzeugungen in Frage stellen und einen Menschen gefühlt aus seinen relationalen und transzendentalen Verbindungen reißen. Judith Herman schreibt:

> „Nach einem [traumatischen] Vorfall wird ein Mensch in der Regel zum Theologen, Philosophen oder Juristen. Er wird aufgefordert, seine einstigen, durch das Trauma zerstörten Werte und Glaubensinhalte darzulegen, steht jedoch oft sprachlos vor der Leere des Bösen und spürt deutlich die Unzulänglichkeit aller bekannten Erklärungsmodelle."[1]

Doch Religiosität kann auch eine Umgangsweise mit schwerem Leid und nicht zu beantwortenden Fragen sein. Ja, eben dass sie an den Grenzen des menschlich Möglichen, Machbaren und Denkbaren liegt, zeichnet sie aus.

Fragt man im Rahmen einer wissenschaftlichen Arbeit nach den Zusammenhängen zwischen traumatischen Erlebnissen und individueller Religiosität, ist es sinnvoll, dies nicht fußend auf Spekulation, sondern gegründet auf empirische Erkenntnisse zu tun. Zu diesem Zweck soll in diesem Kapitel ein *Systematic Review* möglichst aller wichtigen empirischen Studien zu dieser Thematik ausgearbeitet werden. Dieses Ansinnen weist nun auf verschiedene Problemfelder hin. Eines – und in einer transdisziplinären Forschungsarbeit wichtiges – ist, dass äquivalente Phänomene in verschiedenen Fachbereichen anhand unterschiedlicher Begrifflichkeiten erfragt werden können. An dieser Stelle ist die Verhältnisbestimmung von Religiosität und Spiritualität aus der Einleitung wichtig. Beide Phänomene wurden dort weitestgehend deckungsgleich als besonders privatisierte und erfahrungsorientierte Subphänomene von Religion verstanden. Das gleiche lässt sich für den theologischen Komplementärbegriff des Glaubens

---

[1] HERMAN (1993): *Die Narben der Gewalt*, 251.

sagen. Als die beiden Grundcharakteristika von Religion wurden dabei „Transzendenzerfahrung und *ultimate concern*"[2] bestimmt. Religiosität betont – bei all den semantischen Schnittflächen –, wo sich Praxisformen des menschlichen Transzendenzbezuges aus Vorgegebenem empfangen, während Spiritualität stärker die individuelle Aneignung betont. Diese Arbeit geht also ungeachtet kleiner Unterschiede von einer weitestgehenden Bedeutungsäquivalenz beider Begriffe aus. Wie in der Einleitung gesagt wurde, lassen sich die Konzepte jeweils aber auch anders füllen. Von manchen Forschenden werden beide Begriffe semantisch gegensätzlich bestimmt. In diesen Fällen wird Religiosität oft als etwas Äußerliches, Dogmatisches und Institutionelles, Spiritualität hingegen als innerlich, frei und individuell beschrieben.[3] Es wurde schon an verschiedenen Stellen gezeigt, dass diese Unterscheidung künstlich ist und die benannten Adjektive jeweils auch austauschbar sind.[4] In dieser Arbeit wird die Problemstellung insoweit eingeholt, als die Definition von Spiritualität und Religiosität relativ weit ist und dadurch unterschiedliche Konzeptualisierungen integriert werden können. Jedoch wird „Spiritualität" vor allem in jüngster Zeit inflationär benutzt und kann deswegen auch ein sehr viel offenerer Begriff sein.[5] Sollte der Begriff deswegen im weiteren Sinne gebraucht werden, als durch die eingeführte Definition abgedeckt, wird darauf hingewiesen. Selbiges gilt, wenn StudienautorInnen Religiosität und Spiritualität konträr konzeptualisieren und diese Gegenüberstellung für eine Wiedergabe der Studienergebnisse von Bedeutung ist.

Weiterhin ist die hohe Kulturdependenz von Religiosität und der wissenschaftlichen Reflexion über sie zu beachten. Es ist deswegen redlich, der Kulturvarianz von Religiosität Rechnung zu tragen und die Kontextualisierung der eigenen Reflexion sowohl anzuerkennen als auch offenzulegen. Es handelt sich bei dieser Arbeit um eine christlich-theologische Reflexion innerhalb eines westlichen Kontextes.[6] Innerhalb dieses Bezugsrahmens erfolgt die Theorie-

---

[2] STREIB; KELLER (2015): *Spiritualität*, 28 (H.i.O.).
[3] Eine ironische Gegenüberstellung findet sich bei: Vgl. BUCHER (2004): *Wer sind die „nur" Spirituellen?: Eine spiritualitätspsychologische empirische Pilotstudie*, 462.
[4] Vgl. HILL, Peter C.; PARGAMENT, Kenneth I. (2003): *Advances in the Conceptualization and Measurement of Religion and Spirituality: Implications for Physical and Mental Health Research*, in: American Psychologist, 58, H. 1, 64f.
[5] Vgl. KLESSMANN, Michael (2011): *Religion und Gesundheit*, in: Pastoralpsychologie und Religionspsychologie im Dialog, hrsg. von NOTH, Isabelle; MORGENTHALER, Christoph u.a., Kohlhammer: Stuttgart, 31ff.
[6] Selbstverständlich handelt es sich bei dem Begriff „der Westen" um ein Konstrukt, das immer auch kritisiert werden kann. Dieses Konstrukt hat aber insofern eine Beschreibungskraft, als es auf verschiedene kulturelle Formationen verweist, die ihre Wurzeln vor allem (wenn auch nicht ausschließlich) in europäisch bzw. europäisch-stämmigen Kontexten haben. Dass diese nicht monolithisch aus sich selbst, sondern in vielfältiger Interaktion mit verschiedenen anderen Kontexten erwachsen sind, ist selbstverständlich. Es

D. Die religiöse Dimension von Traumata

bildung. Diese Selbstbestimmung plausibilisiert auch die Begrenzung des herangezogenen empirischen Materials. Dieses soll einbezogen werden, sofern es sich auf Stichproben aus einem westlichen Kontext bezieht.[7] Der Tatsache, dass es sich um eine christlich-theologische Reflexion handelt, soll insofern entsprochen werden, als solche Studien ausgeschlossen werden, die sich auf eine dezidiert nicht-christlich religiöse Stichprobe beziehen. Diese Abgrenzung ist um der Präzision dieser Forschungsarbeit willen notwendig. Das heißt nicht, dass sich innerhalb der einbezogenen Stichproben nicht auch religiös ganz unterschiedlich orientierte Menschen finden. Jedoch ist aufgrund der kulturellen Signifikanz des Christentums in den Teilen der Erde, die mit dem Westen verknüpft sind, davon auszugehen, dass die meisten von ihnen ihre religiöse Selbstbestimmung in positiver Bezugnahme, Indifferenz oder Abgrenzung zu christlichem Gedankengut vollzogen haben.

Schließlich soll nach dem Zusammenhang von Religiosität einerseits und Traumata infolge von Gewalt im sozialen Nahraum andererseits gefragt werden. Hier treten drei Probleme zu Tage:
— Wie in Kapitel A 1.3 gezeigt wurde, handelt es sich bei dem Begriff „Gewalt im sozialen Nahraum" um einen Terminus, den es auf diese Weise nur im deutschsprachigen Diskurs gibt und der in seiner exakten inhaltlichen Füllung kein englischsprachiges Äquivalent hat. Dies ist insofern ein Problem, als die Forschungsliteratur zu Fragen von Religiosität und Traumata fast ausschließlich englischsprachig ist.
— Das zweite (und mit dem ersten verknüpfte) Problem ergibt sich daraus, dass auch solche Studien psychotraumatologische Erkenntnisse erbringen können, die nicht dezidiert innerhalb der Traumaforschung verortet sind. So kann, aber muss eine Studie über häusliche Gewalt nicht Traumaforschung sein.[8] Wird nach Zusammenhängen zwischen physischer Gewalt und Religiosität gefragt und von verschiedenen Graden von Gewalt ausgegangen, werden für die Auswirkungen von schweren Formen solcher Gewalt durchaus, für schwächere Formen dagegen nur sehr bedingt, traumatologisch relevante Erkenntnisse zu Tage gefördert werden.[9] Eine solche Studie nicht zu berücksichtigen, hieße möglicherweise wertvolles Wissen zu ignorieren;

---

ließe sich einwenden, dass zwischen den USA und Deutschland bspw. sehr große Unterschiede in der gesamtgesellschaftlichen Rolle von Religion bestehen, und „der Westen" damit ein zu allgemeines Konstrukt ist. Wie sich jedoch zeigen wird, stammen die für die vorliegende Arbeit entscheidenden qualitativen Studien neben Deutschland je aus den Niederlanden und Schweden, also Kontexten, die dem deutschsprachigen relativ ähnlich sind.

[7] Die Studienstichproben stammen konkret aus den USA, Europa und Australien.
[8] Auch wenn gezeigt wurde, wie hoch das Traumatisierungspotential von häuslicher Gewalt ist.
[9] Ohne dass diese damit gutgeheißen oder legitimiert werden soll. Es soll lediglich darum gehen, den Trauma-Begriff nicht auf Kosten seiner Beschreibungskraft zu weit auszudehnen.

sie hingegen unreflektiert einzubeziehen jedoch, das Ergebnis zu verfälschen.
– Das dritte Problem besteht darin, dass es keine allgemeinverbindliche Definition von Traumata gibt. Dies ist ein Sachverhalt, der im letzten Kapitel genauer behandelt wurde und auch an dieser Stelle kritisch reflektiert werden muss.

Aus allen drei Problemen ergeben sich also potentiell große Unschärfen, die nur anhand methodischer Reflexion eingedämmt werden können.

2. *Methodische Reflexion*

Die drei benannten Probleme müssen auf je unterschiedliche Weise behandelt werden. Für den Systematic Review müssen in Bezug auf das erste Problem der Begriff der „Gewalt im sozialen Nahraum" entsprechend übersetzt, bzw. die darunter subsumierten Einzelphänomene benannt werden. Hierzu kann auf die Reflexionen in Kapitel A 1.3 zurückgegriffen werden. Innerhalb des Systematic Review soll Gewalt im sozialen Nahraum durch die Begriffe „domestic violence"[10], „family violence", „abuse"[11], „rape"[12] und „battering" wiedergegeben werden. Studien, die sich auf Gewalt außerhalb des sozialen Nahraumes, also z.B. Gewalt in Institutionen beziehen, wurden ausgeschlossen.[13] Dies rührt bereits an das zweite Problem, nämlich ob mit der genannten Auswahl eventuell Phänomene einbezogen werden, die nicht unbedingt die Schwelle zur traumatischen Gewalt überschreiten. Ob eine Studie für die hiesige Fragestellung aussagekräftig ist, kann jeweils nur im Einzelfall entschieden werden. Jedoch wird sich zeigen, dass die meisten Studien die unterschiedlichen Schweregrade von Gewalt bedenken und den Unterschieden auch durch methodische Differenzierung Rechnung tragen.[14] Einer inflationären Ausweitung der verwendeten

---

[10] Bei „domestic violence" handelt es sich um den in der Forschung gängigen, aber, wie ausgeführt, etwas ungenauen Überbegriff.

[11] Damit werden auch die Phänomene des „sexual abuse", „child abuse", „wife abuse" und „elderly abuse" mit eingefasst.

[12] Studien werden hier nur dann einbezogen, wenn davon auszugehen ist, dass es sich bei einem wesentlichen Teil der Täterschaft um Personen aus dem sozialen Nahraum handelt.

[13] Wie im zweiten Kapitel erläutert, ist dies notwendig, um an dieser Stelle ein möglichst präzises Bild der Problemstellung zu gewinnen. So kann bspw. Missbrauch in Kirchengemeinden und durch Amtsträger besonders gravierende Auswirkungen auf die Religiosität der Betroffenen haben, wobei dies in einen anderen Fragenkreis hineinführt und eigene, fokussierte Forschung erfordert.

[14] War dies nicht der Fall und war der Begriff der Gewalt zu weit gefasst, wurden die Studien ebenfalls ausgeschlossen. So zum Beispiel: KIM, Jungmeen; MCCULLOUGH, Michael E. u.a.

Begrifflichkeiten kann von daher vorgebeugt werden. Ein ähnliches Problem ergibt sich für den Begriff des Traumas. Vor dem Hintergrund des vorhergehenden Kapitels sollen hier nur solche Studien einbezogen werden, die den dortigen Überlegungen entsprechen. Dies schließt solche Traumata aus, die ihre Ursache nicht in Gewalt im sozialen Nahraum, sondern z.B. Naturkatastrophen oder Unfällen haben. Außerdem wurden solche Studien ausgeschlossen, die traumatische Ereignisse inflationär mit sehr unangenehmen oder belastenden Lebensereignissen gleichsetzen.[15]

Basierend auf den vorhergehenden Reflexionen wurde das Datenmaterial für den Systematic Review folgendermaßen gesammelt: Aufgrund der primären Verortung der Psychotraumatologie innerhalb von Medizin und Psychologie wurde die Datenbank PsycINFO ausgewählt. Die Datenbank enthält über 4 Millionen Einträge verschiedenster Publikationsformen (u.a. aus über 2500 Zeitschriften) aus allen Bereichen der Psychologie, den Sozialwissenschaften und angrenzenden Bereichen, u.a. auch aus der Praktischen Theologie. Verantwortet wird die Datenbank von der American Psychological Association.[16] Zugegriffen wurde über eine Plattform von EBSCO Information Services.

Als Suchbegriff wurde „(trauma or domestic violence or family violence or abuse or battering or rape) AND (religion or spirituality or faith)" eingegeben. Sowohl die Option „Apply equivalent subjects" als auch „Apply related words" wurden gewählt, um eine möglichst umfassende Abdeckung zu garantieren. Da der Zeitpunkt der Recherche auf Anfang 2017 datiert, erschien es sinnvoll, die möglichen Ergebnisse chronologisch auf einen Publikationszeitpunkt bis Ende 2016 zu beschränken, um so die Kontrollierbarkeit des Suchvorganges aufrechtzuerhalten. Ein Anfangsdatum wurde nicht gesetzt, jedoch erschien die erste hier einbezogene Studie im Jahr 1989. Die geforderte Methodologie wurde mit „Empirical Study" angegeben. Um die Qualität der berücksichtigten Studien möglichst zu garantieren, wurden nur Peer-Reviewed Journals einbezogen.[17]

Die durchgeführte Suche ergab 1759 Suchergebnisse, davon 1694 in englischer und 3 in deutscher Sprache. Die damit relevanten 1697 Ergebnisse

---

(2009): *Parents' and Children's Religiosity and Child Behavioral Adjustment Among Maltreated and Nonmaltreated Children*, in: Journal of Child and Family Studies, 18, H. 5, 594–605.

[15] Wegen einem zu weiten/unpräzisen Traumabegriff wurden bspw. folgende Studien ausgeschlossen: WERDEL, Mary Beth; DY-LIACCO, Gabriel S. u.a. (2014): *The Unique Role of Spirituality in the Process of Growth Following Stress and Trauma*, in: Pastoral Psychology, 63, H. 1, 57–71. JOHNSON, Sharon D.; WILLIAMS, Sha-Lai L. u.a. (2016): *Trauma, Religion, and Social Support Among African American Women*, in: Social Work & Christianity, 43, H. 1, 60–73. KRAUSE, Neal; HAYWARD, R. David (2012): *Humility, Lifetime Trauma, and Change in Religious Doubt Among Older Adults*, in: Journal of Religion and Health, 51, H. 4, 1002–1016.

[16] www.apa.org/pubs/databases/psycinfo/index.aspx?tab=3 (aufgerufen am 21. Juni 2018).

[17] Die Ergebnisse wurden in einem zweiten Durchgang um Publikationen in verschiedenen Buchformaten ergänzt.

(darunter allerdings zahlreiche Mehrfachnennungen) wurden im Anschluss sortiert:[18]
- Entscheidendes Kriterium für die nähere Berücksichtigung war, inwiefern die Studien Zusammenhänge zwischen Traumata infolge von Gewalt im sozialen Nahraum und der Religiosität der betroffenen Menschen in der einen oder anderen Richtung auszuleuchten versuchten.
- Wie oben erläutert, wurden nur Studienstichproben einbezogen, die in einem westlichen Land erhoben wurden (was einer ethnischen Vielfalt nicht entgegensteht), und deren Befragte eine dezidierte oder in großen Teilen wahrscheinliche Sozialisation im Horizont des Christentums durchlaufen hatten.[19]
- Zu diesem Zeitpunkt der Arbeit nicht berücksichtigt wurden Studien aus dem weiteren Fragenkreis von Gewalt im sozialen Nahraum und christlicher Religion. Diese bezogen sich bspw. auf Fragen der Reaktion von Amtsträgern auf häusliche Gewalt oder in Religion verankerte Faktoren, die verschiedene Formen von Gewalt hemmen oder befördern können.

Nach mehreren Sortierungsdurchläufen genügten 49 Studien den formulierten Kriterien.[20] Eine auf den gleichen Überlegungen fußende Zweitsuche auf PsycINFO für Bücher, bzw. Buchkapitel ergab drei weitere relevante Studien.

Um zu garantieren, dass Publikationen kleinerer theologischer Journale oder deutschsprachige Literatur nicht vernachlässigt werden, wurden zwei ergänzende Recherchen in zwei weiteren Datenbanken durchgeführt. Für die theologische Datenbank ATLA wurden bei Eingabe der gleichen Suchbegriffe innerhalb von Peer-Reviewed Journals vor dem Hintergrund der gleichen methodischen Überlegungen und unter Ausschluss der zahlreichen Dopplungen

---

[18] Die Auswahl erfolgte aufgrund der Sprachkenntnisse des Autors auf Deutsch und Englisch.
[19] Siehe eine nähere Erläuterung zu beiden Kriterien weiter oben.
[20] Diese seien hier noch einmal aufgelistet: Suchbegriffe auf PsycINFO waren: (trauma or domestic violence or family violence or abuse or battering or rape) AND (religion or spirituality or faith). Für eine umfassende Abdeckung wurden die Optionen „Apply equivalent subjects" und „Apply related words" gewählt. Die Ergebnisse wurden auf den Publikationszeitpunkt bis Ende 2016 beschränkt, und nur deutsch- und englischsprachige Publikationen in Peer-Reviewed Journals einbezogen. Die geforderte Methodologie wurde mit „Empirical Study" angegeben. Studienstichproben mussten in einem westlichen Land erhoben worden sein und durften sich nicht dezidiert auf nicht christliche Stichproben beziehen. Die Studien mussten außerdem dem dargestellten Verständnis von Traumata und Gewalt im sozialen Nahraum entsprechen. Jene Studien wurden ausgeschlossen, die mit in dieser Arbeit vorgestellten Überlegungen zu Traumata inkompatibel sind, indem sie z.B. ein inflationär weites Traumaverständnis zugrundelegen. Weiterhin wurden Studien ausgeschlossen, die sich dezidiert auf Missbrauch in Institutionen und nicht den sozialen Nahraum beziehen. Siehe dazu eingehend die Überlegungen in Kapitel B.

(mit Suchergebnissen der vorhergehenden Suche auf PsycINFO) zwei weitere Studien gefunden.[21]

Um den Suchfokus stärker für deutschsprachige Literatur einzustellen, wurde abschließend eine Recherche im Index Theologicus durchgeführt. Die erste Suchgruppe bildeten die Begriffe „Trauma", „Gewalt im sozialen Nahraum", „Häusliche Gewalt", und „Missbrauch"; die zweite Suchgruppe umfasste die Begriffe „Religion", „Religiosität", „Spiritualität", und „Glaube". Jeweils ein Begriff der ersten Suchgruppe musste in Kombination mit einem Begriff der zweiten Suchgruppe auftreten.[22] Der Publikationszeitraum wurde wieder durch das Jahr 2016 limitiert. Zwei weitere empirische Studien wurden auf diesem Wege ausfindig gemacht.[23]

Insgesamt konnten 56 empirische Studien zusammengestellt werden, die den Zusammenhang zwischen Traumata infolge von Gewalt im sozialen Nahraum und Religiosität näher zu erschließen versprechen. Es ist dabei sinnvoll, in der Darstellung zwischen primär quantitativen und primär qualitativen Studiendesigns zu differenzieren. So haben quantitative Studien die Stärke, vorhandene Hypothesen gezielt zu überprüfen. Ein Schwachpunkt quantitativer Studien ist aber, dass Antworten in vorgefertigte Schemata eingepasst und damit verengt werden. Die Stimme des oder der Einzelnen wird hier nicht gehört. Qualitative Studien geben dem meist mehr Raum. Ein Sachverhalt, der besonders bei so individuellen und vielschichtigen Themen wie Religiosität und Traumata für sich genommen, und viel mehr noch in ihrer Zusammenschau, von großer Bedeutung ist. Es ist hier wichtig, die betroffenen Menschen selbst und möglichst individuell zu Wort kommen zu lassen. Bei qualitativen Studien jedoch stellt sich die Frage nach der Verallgemeinerbarkeit ihrer Ergebnisse. Den größten Erkenntnisgewinn verspricht deswegen die anfängliche Differenzierung und spätere Verknüpfung beider Studienarten.

Wie stark auch Ergebnisse durch eine bestimmte Methodologie beeinflusst werden können, wird in einem Systematic Review von Donald F. Walker und Kollegen aus dem Jahr 2009 deutlich.[24] Es deutet sich hier bereits an, dass die Fragestellung dieses Kapitels zu Problemen und Suchbewegungen führt, die sich einer einfachen Schematisierung entziehen. Die Forschungsfrage von Walker und Kollegen war der hiesigen sehr ähnlich, bezog sich aber auf verschiedene

---

[21] Auch hier wurden die Option „Apply equivalent subjects" und „Apply related words" gewählt und die Ergebnisse auf Publikationen bis 2016 eingeschränkt. Die Einschränkung auf empirische Studien war durch die Suchmaske nicht möglich und erfolgte durch manuelle Auswahl.
[22] Gewählt wurde die Option „Alle Felder" (also primär als Teil des Titels, als Schlagwort oder Teil der Inhaltsangabe) jeweils „Mit irgendeinem der Wörter".
[23] Zwei davon englisch- und eine deutschsprachig.
[24] WALKER, Donald F.; REID, Henri Webb u.a. (2009): *Changes in Personal Religion/Spirituality During and After Childhood Abuse: A Review and Synthesis*, in: Psychological Trauma: Theory, Research, Practice, and Policy, 1, H. 2, 130–145.

Formen von Kindesmissbrauch in ihrem Zusammenhang mit der Religiosität der Betroffenen.[25] Dabei wurden die herangezogenen 34 Studien in drei Gruppen eingeteilt, je nachdem ob sie tendenziell auf eine Intensivierung von Religiosität bzw. Spiritualität hindeuteten, ein Abnehmen oder auf beides gleichermaßen. Frappierend ist dabei, dass unter acht Studien, die eine Intensivierung nahelegten, fünfen ein qualitatives Studiendesign zugrunde lag, während dies unter den 14 Studien, die auf eine Abnahme schlossen, nur zwei waren.[26]

3. Quantitative Studien

In die folgende Auswertung wurden 37 quantitative Studien des Systematic Review einbezogen. Es waren bei der Auswertung zwei Fragen zentral: Erstens, ob und wie Traumata infolge von Gewalt im sozialen Nahraum mit der Religiosität betroffener Menschen zusammenhängen und Traumata potentiell die Religiosität beeinflussen. Und zweitens, wie dies umgekehrt der Fall ist. Wichtig ist dabei, dass die folgenden Studien Zusammenhänge beleuchten, aus denen nicht direkt Kausalitäten abgeleitet werden können. Die meisten Studien fokussieren sich auf Aspekte, die stärker einer der beiden Fragen zuzuordnen sind. Bei der Darstellung soll diese Einteilung beibehalten werden. Insgesamt gilt aber, dass beide Fragestellungen in einer Weise interdependent sind, dass sie nur zusammen gestellt und beantwortet werden können. Aufgrund der hohen Anzahl von Studien konzentriert sich die hiesige Darstellung auf Kernergebnisse. Es findet sich im Anschluss an die Darstellung eine chronologische Auflistung aller Studien unter Angabe der verwendeten Messinstrumente, der Zusammensetzung ihrer Stichproben und der entsprechenden Herkunftsländer. Wenn nicht anders angegeben, entstammen die Stichproben vollständig oder größtenteils dem US-amerikanischen und kanadischen Kontext. Eine weitere eigenständige Vertiefung ist jederzeit anhand der Literaturangaben möglich.

3.1 Zusammenhänge zwischen Traumata und Religiosität[27]

In der folgenden Darstellung sind die Studien anhand inhaltlicher Kriterien drei Gruppen zugeteilt. Eine erste Gruppe beschäftigt sich stärker mit der Frage, ob

---

[25] Inklusive Kindsmissbrauch außerhalb des sozialen Nahraum.
[26] Vgl. WALKER; REID u.a. (2009): *Changes in Personal Religion/Spirituality*, 132ff.
[27] Das Augenmerk liegt an dieser Stelle auf der Frage nach möglichen Einflüssen von Traumata auf Religiosität.

D. Die religiöse Dimension von Traumata

Traumata grundsätzlich mit einem Zunehmen, Abnehmen oder einer Transformation von Religiosität verknüpft sind. Studien der zweiten Gruppe fragen nach möglichen konkreten Transformationen von Religiosität, während in der dritten Gruppe Ergebnisse zu verschiedenen Wirkfaktoren dargestellt werden, welche diese Prozesse beeinflussen können.

3.1.1 Zunahme, Abnahme oder Transformation von Religiosität

Wie oben beschrieben, trägt Religiosität die Spannung in sich, sowohl grundlegende Annahmen buchstäblich über „Gott und die Welt" in sich zu tragen, als auch die Sphäre zu sein, in der die Gebrochenheit und Vorläufigkeit des Diesseits besonders erkannt und versprachlicht werden können. Als Reaktion auf ein traumatisches Ereignis sind deswegen sowohl Erschütterung und Verlust von Religiosität als auch deren Intensivierung denkbar. Diese Spannung ist in Religiosität selbst begründet und in diese spannungsvolle Richtung weisen auch die empirischen Studien.

In einer Studie mit Betroffenen von primär schwerer interpersonaler Gewalt (N=313, wobei nur N= 293 auch den „Changes in Religiosity Scale" und N= 227 alle Fragebögen bearbeiteten)[28] stellten Hager ter Kuile und Thomas Ehring bei fast der Hälfte aller Teilnehmenden nach Selbstauskunft eine Veränderung der Religiosität nach dem traumatischen Ereignis fest. 27,3% (N=80) der Teilnehmenden berichteten über eine Verringerung ihrer Partizipation an religiösen Aktivitäten nach dem Trauma und 11,6% (N=34) von deren Intensivierung.[29] Die Zustimmung zu religiösen Glaubensinhalten nahm bei 24,9% (N=73) stark ab, bei 19,4% (N=57) jedoch ungefähr ebenso stark zu.[30]

John Robst und Stacy Smith werteten Daten einer großen Stichprobe von 3201 Befragten aus der US-amerikanischen Allgemeinbevölkerung aus. Von den 1387 Männern und 1804 Frauen berichteten je 4,85% und 11,81% von sexueller Missbrauchserfahrung.[31] Diejenigen Betroffenen, die von Auswirkungen des Missbrauchs auf ihr Leben berichteten (66,3% der Betroffenen), änderten häufiger ihre religiöse Zugehörigkeit (in diesem Fall Konfession) und wiesen ein erhöhtes gottesdienstliches Teilnahmeverhalten im Vergleich zu der Gruppe auf, die ebenfalls Missbrauch erlebt hatte, aber angab, keine erheblichen

---

[28] Vgl. TER KUILE, Hagar; EHRING, Thomas (2014): Predictors of Changes in Religiosity after Trauma: Trauma, Religiosity, and Posttraumatic Stress Disorder, in: Psychological Trauma: Theory, Research, Practice, and Policy, 6, H. 4, 355.
[29] Vgl. TER KUILE; EHRING (2014): Predictors of Changes in Religiosity After Trauma, 356.
[30] TER KUILE; EHRING (2014): Predictors of Changes in Religiosity After Trauma, 356f. Gemessen wurden beide Werte durch den eigens für die Studie entwickelten „Changes in Religiosity Scale".
[31] Vgl. ROBST, John; SMITH, Stacy (2011): Childhood Sexual Victimization and the Role of Religion in Recovery, in: Sexual Abuse: Types, Signs and Treatments, hrsg. von HYNES, Lauren E., Nova Science Publishers: Hauppauge, 30f.

Auswirkungen zu spüren.³² Die Autoren folgern daraus, dass Betroffene in „Religion"³³ eine Ressource der Bewältigung sehen können, diese aber von der „Religion" der Kindheit (gemessen in dieser Studie anhand Konfessionszugehörigkeit) häufiger abweicht.³⁴

In die Richtung einer geringeren Religiosität unter Betroffenen von sexuellem Missbrauch weist eine Studie von Finkelhor, Hotaling, Lewis und Smith mit einer Stichprobe von 2626 US-Amerikanern und -Amerikanerinnen (27% der Frauen und 16% der Männer mit einer sexuellen Missbrauchsvergangenheit). Unter den Betroffenen von schwerem sexuellem Missbrauch³⁵ gaben 34% der Männer und 19% der Frauen im Vergleich zu 21% respektive 12% unter den Nicht-Betroffenen an, keine Religion zu praktizieren.³⁶ Unter Berücksichtigung des spezifischen religiösen Kontextes der USA lässt sich aber auch sagen, dass der größte Teil der Betroffenen von schwerem sexuellem Kindesmissbrauch nicht in die Kategorie „Religious nonpractitioner" fällt, Religiosität für die meisten Betroffenen also weiter eine Bedeutung zu haben scheint.³⁷

Während diese Studie sich bei der Beschreibung von Religiosität eines tendenziell binären Schemas von praktizierend/nicht-praktizierend bedient, versuchen andere Studien der Vielschichtigkeit von Religiosität und Spiritualität stärker gerecht zu werden. Interessante Einblicke gewährt die Arbeit von Sansone, Kelly und Forbis mit einer Stichprobe von 317 Teilnehmenden, von denen ca. 30% (N=95) nach Selbstauskunft eine Vergangenheit mit sexuellem oder physischem Missbrauch hatten. Gemessen wurde die Zustimmung zu verschiedenen Aussagen, die in den Bereich von Spiritualität und Religiosität fallen.³⁸ Der gemessene Mittelwert der Zustimmung fiel bei Betroffenen von Missbrauch zu folgenden Aussagen im Unterschied zur Vergleichsgruppe deutlich geringer aus: „I feel peaceful", „I have a reason for living", „My life has

---

[32] Vgl. ROBST; SMITH (2011): *Childhood Sexual Victimization*, 32ff.
[33] Die Studienautoren treffen nicht die Differenzierung zwischen Religion und Religiosität, wie sie in dieser Arbeit Anwendung findet.
[34] Vgl. ROBST; SMITH (2011): *Childhood Sexual Victimization*, 38f.
[35] Schwerer sexueller Missbrauch bezeichnet in dieser Studie Missbrauch, der Penetration einschließt.
[36] Vgl. FINKELHOR, David; HOTALING, Gerald T. u.a. (1989): Sexual Abuse and its Relationship to later Sexual Satisfaction, Marital Status, Religion, and Attitudes, in: Journal of Interpersonal Violence, 4, H. 4, 381ff.
[37] Vgl. FINKELHOR; HOTALING u.a. (1989): *Sexual Abuse*, 382. Grundsätzlich muss zu dieser Studie gesagt werden, dass das Phänomen „Religiosität" hier eher oberflächlich erfasst wird. Zudem wird hier nicht deutlich, inwiefern die Ergebnisse durch andere Faktoren (z.B. Zugehörigkeit zu einer bestimmten Gesellschaftsschicht) zumindest miterklärt werden können.
[38] Anhand dieser Studie wird allerdings auch bewusst, dass Religiosität und Spiritualität nicht deckungsgleich sein müssen. Einige der Aussagen lassen sich völlig unabhängig und abgesehen von der eigenen Religiosität treffen und fallen eher unter einen weiten Begriff von Spiritualität. Für religiöse Menschen hingegen können diese Aussagen auch sehr eng mit der eigenen Religiosität verknüpft sein.

D. Die religiöse Dimension von Traumata

been productive", „I feel a sense of purpose in my life", „I am able to reach down deep into myself for comfort", „I feel a sense of harmony within myself" und „I know that whatever happens with my emotional difficulties, things will be OK."[39] Auf gleichem Niveau zwischen beiden Gruppen waren hingegen die Selbsteinschätzung von Religiosität bzw. Spiritualität sowie die Zustimmung zu den Aussagen: „I find comfort in my faith or spiritual beliefs", „I find strength in my faith or spiritual beliefs", „My emotional difficulties have strengthened my faith or spiritual beliefs."[40] Religiosität und Spiritualität scheinen nach der Selbstauskunft der Menschen in dieser Stichprobe auch vor dem Hintergrund einer Missbrauchsvergangenheit eine mögliche Kraftquelle zu bleiben. Eine Studie von Connor, Davidson und Lee fand innerhalb einer Stichprobe von N=605 Betroffenen von interpersonalem Trauma eine positive Korrelation zwischen großen Gesundheitsbeschwerden und einer erhöhten Akzeptanz religiös-spiritueller Glaubensinhalte. Die Autoren der Studie erwägen, dass Spiritualität für die unter den Gesundheitsfolgen des Traumas stark leidenden Menschen eine Bewältigungsweise darstellen kann.[41]

Zu beachten in der Arbeit von Sansone, Kelly und Forbis ist an dieser Stelle aber die verminderte Zustimmung zur obigen Gruppe von Aussagen („I feel peaceful" etc.). Dies erscheint vor dem Hintergrund der Ausführungen des letzten Kapitels schlüssig. Ein traumatisches Ereignis kann einen Menschen „aus der Welt fallen" lassen. Die Sinnhaftigkeit des Lebens, innerer Friede und eine hoffnungsvolle Grundhaltung stellen sich nur sehr viel schwieriger ein. Es werden Kategorien berührt, die religiöse Komponenten haben können. Auf Antwortmöglichkeiten, die den obigen Aussagen vergleichbar sind, nehmen weitere Studien Bezug, die ein „Existential Well-Being" zu messen suchen. Hier geht es um ein Sich-aufgehoben-Fühlen in einer als sinnhaft erachteten Welt, in der ein bedeutungsvolles und glückliches Leben gelebt werden kann.[42] In einer Untersuchung von Feinauer, Middleton und Hilton wurden die Zusammenhänge

---

[39] Vgl. SANSONE, Randy A.; KELLEY, Amy R. u.a. (2013): Abuse in Childhood and Religious/Spiritual Status in Adulthood Among Internal Medicine Outpatients, in: Journal of Religion and Health, 52, H. 4, 1089.

[40] Vgl. SANSONE; KELLEY u.a. (2013): *Abuse in Childhood and Religious/Spiritual Status*, 1089.

[41] Abgefragt wurden die Items: „(1) the existence of a spiritual being or God; (2) the importance of spiritual forces influencing earthly events; (3) the existence of a spiritual part of the self after death; (4) life having a purpose; (5) life having a destiny; and (6) the helpfulness of prayer." Vgl. CONNOR, Kathryn M.; DAVIDSON, Jonathan R. T. u.a. (2003): *Spirituality, Resilience, and Anger in Survivors of Violent Trauma: A Community Survey*, in: Journal of Traumatic Stress, 16, H. 5, 487–494.

[42] Siehe vertiefend zum Konzept des Existential Well-Being in seiner Relation auch zu Religious Well-Being: ELLISON, Craig W. (1983): *Spiritual Well-Being: Conceptualization and Measurement*, in: Journal of Psychology & Theology, 11, H. 4, 330–340.

von sexuellem Kindesmissbrauch und Existential Well-Being erfragt.[43] Innerhalb der groß angelegten Studie (N=983, davon 582 mit sexueller Missbrauchserfahrung) wurde zwischen verschiedenen Schweregraden des Missbrauchs unterschieden.[44] Je gravierender der Missbrauch, desto geringer fiel der Messwert des „Existential Well-Being" aus.[45] In die gleiche Richtung weist eine Studie von Linda J. Weber und Anne L. Cummings. Die Betroffenen (N=64) von schwerer Misshandlung („high maltreatment") wiesen geringere Werte von Existential Well-Being auf, als eine Vergleichsgruppe, die unter keiner bzw. nur geringfügiger Misshandlung („low maltreatment") gelitten hatte – wobei interessanterweise die Werte für Religious Well-Being in beiden Gruppen gleich hoch waren.[46] Zu einem ähnlichen Ergebnis kommt eine Studie von Zhang und Kollegen.[47] Zusammengenommen sind dies starke Hinweise darauf, dass die Erfahrung des eigenen Lebens als sinnhaft, geborgen und glücklich für viele traumatisierte Menschen nur fragmentarisch erlebt wird.

3.1.2 Transformationen

Aus den bisherigen Befunden geht hervor, dass sich Traumata infolge von Gewalt im sozialen Nahraum auf ganz unterschiedliche Weise auf die Religiosität betroffener Menschen auswirken können. Auch die übrigen Studien zeichnen ein vielschichtiges Bild. Mehrere Studien legen eine zu problematisierende Veränderung von Religiosität durch traumatische Erfahrungen nahe. Vor dem theoretischen Hintergrund der Bindungstheorie[48] kamen Reinert und Edwards in einer Studie mit 150 Teilnehmenden zu dem Ergebnis, dass verbaler, physischer und sexueller Missbrauch durch Menschen aus (weitestgehend) dem sozialen Nahraum[49] mit jeweils selbst wahrgenommenen größeren Schwierigkeiten in der Bindung zu Gott einhergeht; ebenso wird Gott als weniger liebend

---

[43] Vgl. FEINAUER, Leslie; MIDDLETON, Kenneth C. u.a. (2003): *Existential Well-Being as a Factor in the Adjustment Of Adults Sexually Abused as Children*, in: The American Journal of Family Therapy, 31, 206f.
[44] Von „keinem Missbrauch" bis hin zu „Missbrauch mit Penetration".
[45] Vgl. FEINAUER; MIDDLETON u.a. (2003): *Existential Well-Being*, 207f.
[46] Vgl. WEBER, Linda J.; CUMMINGS, Anne L. (2003): *Relationships Among Spirituality, Social Support, and Childhood Maltreatment in University Students*, in: Counseling and Values, 47, H. 1, 86f.
[47] Vgl. ZHANG, Huaiyu; PITTMAN, Delishia M. u.a. (2015): Childhood Maltreatment and PTSD: Spiritual Well-Being and Intimate Partner Violence as Mediators, in: Journal of Aggression, Maltreatment & Trauma, 24, H. 5, 511ff.
[48] Von John Bowlby, James Robertson und Mary Ainsworth begründet, wendet diese psychologische Theorierichtung sich dem grundlegenden menschlichen Beziehungs- und Bindungsbedürfnis zu und betont dessen vitale Bedeutung für die menschliche Entwicklung.
[49] Die Teilnehmenden waren aufgefordert „to estimate the frequency of various verbal, physical and sexual maltreatment behaviors that may have been perpetrated by mother,

und dafür distanzierter und kontrollierender gesehen. Mit großem Abstand am destruktivsten waren die Auswirkungen von sexuellem Missbrauch.[50] Terese Hall stellte in einer Studie mit erwachsenen christlichen Frauen mit einer sexuellen Missbrauchsvergangenheit fest, dass diese sich nach Selbstauskunft im Vergleich zu Frauen ohne Missbrauchsvergangenheit von Gott weniger geliebt und angenommen fühlten, weniger Vertrauen in ihn hatten und auch weniger in organisierte Religion involviert waren.[51] Zu einem sehr ähnlichen Ergebnis kommen auch zwei Studien von Kane, Cheston und Greer einerseits und Ann F. Pritt andererseits.[52] Innerhalb der Stichprobe von Kane, Cheston und Greer verließen 27% der Missbrauchsüberlebenden ihre Glaubensgemeinschaft aufgrund des Missbrauchs durch eine Vaterfigur.[53]

Zweifel an der Verlässlichkeit der Gottesbeziehung, größere empfundene Distanz und Verletzung werden neben einer Verfinsterung des Gottesbildes noch in einigen weiteren Studien als religiöse Traumafolgen thematisiert. In einer Untersuchung von N=3424 Erwachsenen aus einer evangelikalen Stichprobe stellten Paul Kennedy und Charles E. Drebing bei Betroffenen von (nach Selbsteinschätzung) physischem oder sexuellem Missbrauch stärkere religiöse Zweifel fest als bei der Vergleichsgruppe.[54] Bei der Häufigkeit religiöser Handlungen wie Gebet oder Bibellektüre gab es keine Unterschiede zwischen beiden Vergleichsgruppen.[55] In einer anderen Studie machten Marcia Webb und Kara J. Otto Whitmer bei einem Teil der Stichprobe, der sich selbst als „physically abused" und/oder „emotionally abused" bezeichnete, in Bezug auf „Religious Problem Solving" bei Betroffenen von Missbrauch einen höheren Wert bzgl. eines „Self-Directing Coping Style" aus. Dahinter steht ein Konzept, das in einem theistischen Setting drei verschiedene Coping Stile differenziert. Probleme

---

father, sibling or other trusted adult." REINERT, Duane F.; EDWARDS, Carla E. (2009): Attachment Theory, Childhood Mistreatment, and Religiosity, in: Psychology of Religion and Spirituality, 1, H. 1, 29.

[50] Vgl. REINERT; EDWARDS (2009): Attachment Theory, 30f.
[51] Vgl. HALL, Terese A. (1995): Spiritual Effects of Childhood Sexual Abuse in Adult Christian Women, in: Journal of Psychology and Theology, 23, H. 2, 129–134.
[52] Die Stichprobe von Kane, Cheston und Greet bestand aus Frauen, die Opfer von Inzest durch eine Vaterfigur wurden. In ihren Ergebnissen ist diese Studie der obigen sehr ähnlich: KANE, Donna; CHESTON, Sharon E. u.a. (1993): Perceptions of God by Survivors of Childhood Sexual Abuse: An Exploratory Study in an Underresearched Area, in: Journal of Psychology and Theology, 21, H. 3, 228–237. Die Stichprobe von Ann F. Pritt bestand aus 115 Frauen mit sexueller Missbrauchsvergangenheit, die Teil der Church of Jesus Christ of Latter-Day Saints waren. Die betroffenen Frauen artikulierten ein deutlich negativeres Gottesbild und geringeres „spiritual well-being": PRITT, Ann F. (1998): Spiritual Correlates of Reported Sexual Abuse among Mormon Women, in: Journal for the Scientific Study of Religion, 37, H. 2, 278ff.
[53] Vgl. KANE; CHESTON u.a. (1993): Perceptions of God, 231.
[54] Vgl. KENNEDY, Paul; DREBING, Charles E. (2002): Abuse and Religious Experience: A Study of Religiously Committed Evangelical Adults, in: Mental Health, Religion & Culture, 5, H. 3, 231ff.
[55] Vgl. KENNEDY; DREBING (2002): Abuse and Religious Experience, 232.

werden entweder ganz in die eigene, ganz in Gottes oder in eine gemeinsame Verantwortung gestellt. Die starke Ausprägung des „Self-Directing Coping Style", also einer starken Verantwortungsübernahme, kann an dieser Stelle – muss aber nicht – als Ausdruck erschütterten Vertrauens gedeutet werden.[56]

Zu sehr ähnlichen Ergebnissen kommen Ronald Lawson und Kollegen bei der rein männlichen Stichprobe (N=1207 Kriegsveteranen; N=527 berichteten von Missbrauch in der Kindheit). Je massiver der Missbrauch (von emotionalem über physischen bis hin zu sexuellem Missbrauch sowie sexuellem in Kombination mit physischem Missbrauch), desto größer waren die Auswirkungen auch auf die Religiosität der Betroffenen.[57] Ein Wert, der als „Spiritual Injury" gemessen wurde (Schuld, Zorn, Trauer, Bedeutungslosigkeit, Verzweiflung, Empfindung eines ungerechten Gottes, Zweifel, Furcht vor dem Tod), korrelierte positiv mit der Schwere des Missbrauchs. Ein Wert, der als „Stability of Religious Behavior and Belief" bezeichnet wurde, korrelierte negativ, was auf Veränderungen in diesem Bereich hinweist.[58] Religiöse Gewohnheiten wie Gottesdienstbesuch und Bibellektüre unterlagen in dieser Stichprobe zwischen den verschiedenen Gruppen keiner Veränderung, abgesehen von der Gebetspraxis, die bei Betroffenen von Missbrauch stärker ausgeprägt war, ebenso wie die selbst angegebene Häufigkeit als spirituelle Erfahrung benannter Erlebnisse.[59]

In einer Studie von Stephen J. Rossetti wurden die Auswirkungen von sexuellem Kindesmissbrauch durch Priester und Nicht-Priester auf die Religiosität der Betroffenen verglichen.[60] Die Auswirkungen von sexuellem Kindesmissbrauch durch Priester auf die Beziehung der Betroffenen zur (in diesem Falle römisch-katholischen) Kirche und ihr angegebenes Vertrauen zu Gott waren dabei äußerst destruktiv. Waren die Täter keine Priester[61], also z.B. aus dem sozialen Nahraum, waren die gemessenen Parameter ebenfalls niedriger, wenn auch bei dieser Studie nur in geringem Maße.[62]

Spezifisch mit der Veränderung des Gottesbildes befasst sich eine Studie von Carrie Doehring mit einer Stichprobe aus 47 Frauen, die in die vier Gruppen „No Trauma", „Traumatized", „Highly Traumatized" und „Severely Traumatized" eingeteilt wurden. In mehreren Testverfahren ordneten die Frauen bestimmte Adjektive oder Metaphern zur Beschreibung ihres Gottesbildes als passend oder unpassend zu. Kodiert waren diese Adjektive bzw. Metaphern entsprechend

---

[56] Vgl. WEBB, Marcia; WHITMER, Kara J. Otto (2001): *Abuse History, World Assumptions, and Religious Problem Solving*, in: *Journal for the Scientific Study of Religion*, 40, H. 3, 448ff.

[57] Vgl. LAWSON, Ronald; DREBING, Charles u.a. (1998): *The Long Term Impact of Child Abuse on Religious Behaviour and Spirituality in Men*, in: *Child Abuse & Neglect*, 22, H. 5, 373.

[58] Vgl. LAWSON; DREBING u.a. (1998): *The Long Term Impact*, 376.

[59] Vgl. LAWSON; DREBING u.a. (1998): *The Long Term Impact*, 375ff.

[60] Vgl. ROSSETTI, Stephen J. (1995): *The Impact Of Child Sexual Abuse on Attitudes Toward God and The Catholic Church*, in: *Child Abuse & Neglect*, 19, H. 12, 1469–1481.

[61] Der statistischen Wahrscheinlichkeit nach also größtenteils aus dem sozialen Nahraum.

[62] ROSSETTI (1995): *The Impact Of Child Sexual Abuse*, 1476ff.

D. Die religiöse Dimension von Traumata

einer Einschätzung des Gottesbildes als „loving", „observing", „absent" oder „wrathful".[63] Während die Verteilung innerhalb der ersten drei Gruppen sehr ähnlich blieb, wies das Gottesbild der Frauen innerhalb der Gruppe, die als „Severely Traumatized" benannt wurde, drastische Unterschiede auf. Die Werte für „loving" waren sehr gering, die für „absent" und „wrathful" im Vergleich zu den anderen Gruppen drastisch hoch.[64] Doehring erwägt verschiedene Erklärungen für diesen Befund. Denkbar ist eine relative Beständigkeit eines positiven Gottesbildes, das unter zu großem Leidensdruck aber nahezu völlig kollabieren kann.[65]

Zwei weitere Studien zu den Auswirkungen von Traumata auf die Religiosität arbeiten mit dem Konzept des „Religious/Spiritual Coping", das kurz erläutert werden muss. Es war vor allem Kenneth Ira Pargament, der zu Entwurf und Fundierung dieses Theoriemodells Entscheidendes beitrug.[66] Drei Erkenntnisse sind für dieses Konzept grundlegend: 1. Religiosität kann in der Bewältigung von Lebenskrisen und schwierigen Situationen eine wichtige Rolle spielen. 2. Religiosität und (vor allem mentale, aber nicht nur) Gesundheit stehen in einem Zusammenhang. 3. Die Rolle von Religiosität ist ambivalent und kann in Bezug auf die beiden erstgenannten Phänomene sowohl negative als auch positive Auswirkungen haben. Auf diesen Pfeilern ruht das Konzept des Religious Coping und unterscheidet in seinen Grundzügen dabei zwischen positiven Formen der religiösen Bewältigung („positive/helpful forms of religious coping"), negativen Formen der religiösen Bewältigung („negative/harmful forms of religious coping") und Formen, die in ihrem Zwischenraum liegen („forms of religious coping with mixed implications").[67] Gradmesser für die positive oder negative Bewertung bilden primär die Auswirkungen auf Gesundheit und Wohlbefinden. Zu positiven Formen des religiösen Coping (PRC)[68] gehören bspw. die Auffassung, von Gott getragen und geführt zu werden, die Teilnahme an religiösen Gemeinschaftsangeboten, soziales Engagement oder die Unterstützung durch Mitgläubige. Zu den negativen Formen des religiösen Coping (NRC) zählt etwa, ein negatives Lebensereignis als Strafe Gottes zu sehen, starke Glaubenszweifel, Beziehungsunterbrechung zu Mitglaubenden und Religion als Verdrängungsmechanismus für Probleme.[69] Im Zwischenraum von Positiv und Negativ liegen

---

[63] Vgl. DOEHRING, Carrie (1993): *Internal Desecration: Traumatization and Representations of God*, University Press of America: Lanham, 59ff.
[64] DOEHRING (1993): *Internal Desecration*, 80–89.
[65] Siehe verschiedene Erklärungsmodelle: DOEHRING (1993): *Internal Desecration*, 109–122.
[66] Siehe das Standardwerk dazu: PARGAMENT, Kenneth I. (1997): *The Psychology of Religion and Coping: Theory, Research, Practice*, The Guilford Press: New York.
[67] Vgl. PARGAMENT (1997): *The Psychology of Religion and Coping*, 288ff.
[68] Mit entsprechend positiven Auswirkungen auf die Gesundheit.
[69] Zahlreiche jeweilige Beispiele finden sich weiter unten.

z.B. religiöse Konversionsprozesse – mit jeweils verschiedenen denkbaren Resultaten.[70] Das Konzept insgesamt ist gleichwohl elaborierter und kann auf eine breite empirische Basis verweisen; an dieser Stelle aber genügt ein grundlegendes Verständnis.[71] Wichtig ist, dass auf Basis dieses Theoriemodells unterschiedliche Instrumente quantitativer Religionsforschung entwickelt wurden, die durch diverse Frage-Items primär positives oder negatives religiöses Coping messbar machen.[72] Im Folgenden ist wichtig, dass eine Verstärkung von NRC für betroffene Menschen als belastend, PRC dagegen als unterstützend erlebt wird.[73]

Roger D. Fallot und Jennifer P. Heckmann fanden in einer großen Studie (N=666) mit traumatisierten Frauen, die zusätzlich unter Substanzmissbrauch und psychischen Problemen litten, heraus, dass die betroffenen Frauen sich insgesamt weit stärker des religiösen Copings bedienten als Frauen im gesellschaftlichen Durchschnitt. Dies deutet auf eine Intensivierung von Religiosität für diese besonders unter Leidensdruck stehende Gruppe hin. Die Items für PRC waren dabei „,I think about how my life is part of a higher spiritual force'; ,I work together with God as partners'; and ,I look to God for strength, support and guidance.'"[74] Die Items für NRC „,I feel God is punishing me for my sins or lack of spirituality'; ,I wonder whether God has abandoned me'; and ,I try to make sense out of my situation and decide what to do without relying on God.'"[75] Weit überwiegend bedienten sich die Frauen Formen von PRC.[76] In den meisten Fällen wirkte Religiosität also als konstruktive Kraft. Die Häufigkeit von Kindesmissbrauch aber war mit verstärktem NRC assoziiert.[77] Ebenso war unter sexuell viktimisierten Frauen NRC besonders dann stark verbreitet, wenn sie den Übergriff in der Kindheit und nicht im Erwachsenenalter erlitten hatten.[78] Weiterhin hatten ältere Frauen einen besseren Zugang zu PRC als jüngere

---

[70] Vgl. PARGAMENT (1997): *The Psychology of Religion and Coping*, 288ff.

[71] Vgl. PARGAMENT (1997): *The Psychology of Religion and Coping*, 407–464.

[72] Siehe z.B. das Messinstrument RCOPE: PARGAMENT, Kenneth I.; SMITH, Bruce W. u.a. (1998): *Patterns of Positive and Negative Religious Coping with Major Life Stressors*, in: Journal for the Scientific Study of Religion, 37, H. 4, 710–724.

[73] Man kann diesen primär religionspsychologischen Ansatz von theologischer Warte aus kritisieren und hier neben der Gefahr der Funktionalisierung von Religion auch die einseitige Wahrnehmung eines komplexen Phänomens attestieren. Dies sollte aber nicht blind für die große Leistungsfähigkeit des Theoriemodells und seiner Messinstrumente machen. Nicht nur wird das Bewusstsein für die Ambivalenz von Religion geschärft, sondern unter Vorgabe einer bestimmten Werteskala (die man anfragen kann, die aber ihre Berechtigung hat) werden positive oder negative Auswirkungen von Religiosität empirisch nachvollziehbar. Die Feststellung dieser Ambivalenz ist grundlegend.

[74] FALLOT, Roger D.; HECKMAN, Jennifer P. (2005): Religious/Spiritual Coping Among Women Trauma Survivors With Mental Health and Substance Use Disorders, in: The Journal of Behavioral Health Services & Research, 32, H. 2, 217.

[75] FALLOT; HECKMAN (2005): *Religious/Spiritual Coping*, 217.

[76] Vgl. FALLOT; HECKMAN (2005): *Religious/Spiritual Coping*, 224.

[77] Vgl. FALLOT; HECKMAN (2005): *Religious/Spiritual Coping*, 221.

[78] Vgl. FALLOT; HECKMAN (2005): *Religious/Spiritual Coping*, 221f.

Frauen.[79] Diese Ergebnisse rühren aber schon an die Fragestellung, welche Faktoren auf mögliche Einflüsse von Traumata auf Religiosität wirken können.

3.1.3 Faktoren

Im vorhergehenden Kapitel wurde deutlich, dass die konkreten Auswirkungen von Traumata meist das Produkt eines Zusammenwirkens unterschiedlicher Faktoren sind. Ähnliches lässt sich auch für die Auswirkung eines Traumas auf die Religiosität sagen. Es zeigte sich bereits, dass die Schwere des Traumas und das Alter bei ihrem Auftreten wichtige Faktoren sein können.

In einer sehr sorgfältig gearbeiteten Studie mit 101 Betroffenen von sexuellem Kindesmissbrauch entdeckte Terry Lynn Gall: Je schwerer der Missbrauch und dessen empfundene Auswirkungen auf die Kindheit, desto verbreiteter war NRC, und je geringer das Alter bei Beginn des Missbrauchs, desto weniger verbreitet PRC. Eine bessere Verarbeitung des Missbrauchs korrelierte in hohem Maße mit PRC.[80]

Alex Bierman fand bei einer Studie (N=3032) über die Auswirkungen von nicht sexuellen Formen von Kindesmisshandlung auf die Religiosität von Erwachsenen heraus, dass die Selbsteinschätzung als religiös bei Betroffenen elterlicher Gewalt nur dann geringer ausfiel, wenn die Gewalt vom Vater ausging. Gewalt vonseiten der Mutter oder außerhalb der Familie blieb ohne Auswirkungen.[81] Bierman zieht in Erwägung, dass dies mit dem Konzept eines abgelehnten Vater-Gottes in Verbindung stehen könnte.[82] Dies ist vor dem Hintergrund der Erkenntnisse des Kapitels über Gewalt im sozialen Nahraum insofern plausibel, als Männer besonders schwere Formen der Gewalt verüben. Es sollte aber gefragt werden, ob Veränderungen in der Religiosität primär aufgrund der väterlichen Täterschaft oder vielmehr wegen der größeren Schwere der Gewalt eintreten.

Eine sehr wichtige Studie stammt von Diana M. Elliott mit einer Stichprobe von 2500 Frauen (davon 918 mit sexueller Missbrauchsvergangenheit). Diese Untersuchung ist insofern sehr interessant, als sie die Religiosität der Herkunftsfamilie mit einbezieht, eingeteilt in „Conservative Christian", „Other Religious Faiths" und „Agnostic/Atheistic".[83] Größtenteils wurde die Religiosität der

---

[79] Vgl. FALLOT; HECKMAN (2005): Religious/Spiritual Coping, 223.
[80] Vgl. GALL, Terry Lynn (2006): Spirituality and Coping with Life Stress Among Adult Survivors of Childhood Sexual Abuse, in: Child Abuse & Neglect, 30, 834ff.
[81] Neben dem religiösen Teilnahmeverhalten wurde erfragt: „How religious are you?" und „How important is religion in your life?" Vgl. BIERMAN, Alex (2005): The Effects of Childhood Maltreatment on Adult Religiosity and Spirituality: Rejecting God the Father Because of Abusive Fathers?, in: Journal for the Scientific Study of Religion, 44, H. 3, 351ff.
[82] BIERMAN (2005): Rejecting God the Father Because of Abusive Fathers?, 356f.
[83] Vgl. ELLIOTT, Diana M. (1994): The Impact of Christian Faith on the Prevalence and Sequelae of Sexual Abuse, in: Journal of Interpersonal Violence, 9, H. 1, 97ff.

Frauen durch ihre Herkunftsfamilie vermittelt. Doch aus konservativen christlichen Familien stammend, praktizierten die Frauen, die sexuellen Missbrauch erlebt hatten, mit größerer Wahrscheinlichkeit keine Religion. Dieser Trend war stärker, wenn der Missbrauch innerhalb der Familie stattgefunden hatte. Praktizierten die Eltern jedoch einen anderen Glauben (als den konservativ-christlichen) oder waren agnostisch/atheistisch und hatte der Missbrauch innerhalb der Familie stattgefunden, lag die Quote der Frauen, die eine Religion praktizierten, deutlich höher.[84] Elliott sieht bei der ersten Gruppe die Ablehnung einer negativen Gott-Vater-Figur, bei der zweiten Gruppe die Suche nach einer alternativen, positiven Vater-Figur am Werk.[85] Denkbar wäre auch, allgemeiner von einer Abgrenzungsbewegung gegenüber der Herkunftsfamilie zu reden, die sich auch in der religiösen Identität niederschlagen kann.

Interessant ist an dieser Stelle außerdem ein Ergebnis der oben eingeführten Studie von ter Kuile und Ehring. Eine Intensivierung von religiösen Aktivitäten und Glaubensinhalten nach einem Trauma fand sich nicht in Abhängigkeit von einem religiösen Umfeld in der Kindheit (eher das Gegenteil ist der Fall), sondern einem gegenwärtig religiösen sozialen Umfeld.[86] Dies deutet darauf hin, dass Überlebende von Traumata dann ihre Religiosität intensivieren, wenn sie religiöse Bezugspersonen in ihrem aktuellen sozialen Umfeld haben. Das religiöse Umfeld der Kindheit spielt hingegen eine geringere Rolle.

---

[84] Vgl. ELLIOTT (1994): *The Impact of Christian Faith*, 100f.
[85] ELLIOTT (1994): *The Impact of Christian Faith*, 105f.
[86] Vgl. TER KUILE; EHRING (2014): *Predictors of Changes in Religiosity After Trauma*, 357.

D. Die religiöse Dimension von Traumata

3.1.4 Tabellarische Aufstellung der Studien aus 3.1

Studie, Stichprobe, Herkunftsland – Konfessionszugehörigkeit[1]	**Messinstrument(e) Religiosität/Spiritualität**	**Zentrale Befunde**
Finkelhor, Hotaling, Lewis, Smith (1989) 585T und 2033V: F: 1476 (416T; 1060V); M: 1142 (169T; 973V); USA – k.A.	Interviewfrage im Rahmen größerer Studie. Befragte konnten sich bzgl. ihrer Religiosität als sehr religiös, moderat religiös oder nicht praktizierend einordnen.	Überproportional viele der traumatisierten Befragten gaben bei Studienerhebung an, keine Religion zu praktizieren.
Doehring (1993) F: 47 (32T; 15V); USA – 60% P; 19% keine Zugehörigkeit; 11% K; 10% andere	Wootton Metaphor Characterization of God Task (WMCGT); Adjektive Characterization of God Task (ACGT); Wootton Adjusted Ranking Characterization of God Task (WARCGT).	Stichprobe wurde entsprechend der Traumatisierung in vier Untergruppen eingeteilt. Während Gottesbild der ersten drei sehr stabil war, wies die am schwersten traumatisierte Gruppe ein deutlich negativeres Gottesbild auf.
Kane, Cheston, Greer (1993) F: 66 (33T; 33V); USA – T: 57,3% P; 6% andere; 36,3% k.A. V: 87,6% P; 12,1% andere; 3% k.A.[2]	Interviewfragen in Bezug auf demographische Angaben und Herkunft; Adjektive Rating of God Scales.	Negativeres Gottesbild der T-Gruppe im Vergleich zur V-Gruppe. 27% der T-Gruppe verließen ihre Glaubensgemeinschaft aufgrund des Missbrauchs.
Elliott (1994) F: 2964 (918T; 2046 V); USA – 23,6% „conservative Christians"; 51,9% „other religions", 24,6% „religiously nonpracticing"[3]	Moral-/Religionsbezogene Subskala des Family Environment Scale (FES) (1986); daran orientiert Fragen in Bezug auf gegenwärtige religiöse Orientierung.	Bei Missbrauch in Kernfamilie: bei „conservative Christians" wendet sich T-Gruppe im Vergleich zur V-Gruppe eher von Religion ab; bei den beiden religiös anders orientierten Substichproben wendet sich T-Gruppe im Vergleich zur V-Gruppe eher Religion zu.
Hall (1995) F: 75 (33T; 42V); USA – k.A.	Religious Status Inventory (RIS) (1985)	T-Gruppe hat im Vergleich zur V-Gruppe größere Schwierigkeiten in Gottesbeziehung und ist weniger in organisierte Religion involviert.

---

[1] Jeweils bezogen auf die Gesamtstichprobe.
[2] Die Angaben beziehen sich auf die Religionszugehörigkeit der Herkunftsfamilien. „[A]ndere" meint andere protestantische Kirchen als die an entsprechender Stelle genannten. Die Prozentzahlen weichen aufgrund der Stichprobengröße leicht vom Wert 100% ab.
[3] Die Angaben beziehen sich auf die Religiosität im Erwachsenenalter.

Studie	Instrument	Ergebnis
Rossetti (1995) 1810 (davon 347T; 1376V); F: 1234 (21%T; 76%V; 3% unsicher); M: 575 (16%T; 80%V; 4% unsicher); USA und Kanada - 100% K (N=8 nicht praktizierend)	Für die Studie entwickeltes quantitatives Instrument mit Fragen in Bezug auf katholische Priesterschaft, die katholische Kirche und Gott.	Tendenziell geringeres Vertrauen in Priesterschaft, Kirche und Gott bei T- Gruppe.
Lawson, Drebing, Berg, et al. (1998) M: 1207 (527T; 680V)[4]; USA - 61,3% K; 26,4% P und 11,4% andere	KASL Religiosity Index; The Spiritual Injury Scale; religionsbezogene Items des Westberg Personal Health Inventory.	Je massiver der Missbrauch, desto größer die Auswirkung auf die Religiosität der Betroffenen; Auswirkungen können in verschiedenen Bereichen von Religiosität unterschiedlich sein.
Pritt (1998) F: 185 (115T; 70V); USA - 100% Church of Jesus Christ of Latter-Day Saints/ Mormonen	Spiritual Effects Questionnaire; Spiritual Well-Being Scale; Inner Core Scale; Adjective Rating of God Scales.	T-Gruppe weist negativeres Gottesbild und niedrigeres Spiritual Well-Being als die V-Gruppe auf.
Webb, Whitmer (2001) 167: F: 74%; M: 26%; USA - k.A., jedoch alle Teil einer „Christian university"	Religious Problem Solving Scales; The World Assumption Scale.	Befragte, die von einer Form von Missbrauch berichten, weisen ein negativeres Weltbild und stärkere Ausprägung eines von Gott unabhängigen Coping-Stiles auf.
Kennedy, Drebing (2002) 3424 (T: 34%); F: 52%; M: 48%; USA - Stichprobe in evangelikalen Kirchen erhoben.[5]	Auswertung von themenspezifischen Antworten aus einer größeren Studie innerhalb von vier evangelikalen Kirchen.	T-Gruppe berichtet häufiger als V-Gruppe von Zweifeln und Schwierigkeiten in Bezug auf ihre Religiosität. Andere Bereiche von Religiosität bei beiden Gruppen vergleichbar stabil.
Connor, Davidson, Lee (2003) 605T; F: 327, M: 277; USA - k.A.	13 Fragen in Bezug auf religiös-spirituelle Glaubensinhalte, zu denen mit einem Skalenwert zwischen 1-6 die Zustimmung gemessen wurde.	Akzeptanz von religiös-spirituellen Glaubensinhalten korreliert positiv mit größeren Gesundheitsbeschwerden.
Feinauer, Middleton, Hilton (2003) 983 (582T; 401V); F: 76,4%; USA - k.A.	Spiritual Well-Being Scale	Erhöhte Schwere des sexuellen Missbrauchs war für die T-Gruppe mit niedrigeren Werten von „Existential Well-Being" verknüpft.

---

[4] Zu beachten ist bei dieser Studie, dass der Begriff des Missbrauchs relativ weit gefasst ist: N=379 berichten von emotionalem, N=134 von physischem, N=41 von sexuellem Missbrauch (wobei N=28 der sowohl physisch als auch sexuell missbrauchten Gruppe zuzuordnen sind),

[5] Die Kindheitsreligion war für 47% protestantisch, 28% katholisch, 12% mit einer anderen Zugehörigkeit und 13% ohne Zugehörigkeit.

D. Die religiöse Dimension von Traumata

Studie	Instrument	Ergebnisse
Weber, Cummings (2003) 158 (64T; 94V); F: 125; M: 33; Kanada - k.A.	Spiritual Well-Being Scale	T-Gruppe weist niedrigeres „Existential Well-Being" auf als V-Gruppe. Keine Unterschiede zwischen beiden Gruppen in Bezug auf „Religious Well-Being".
Bierman (2005) 3032; F: 57%; M: 43% Kanada - k.A.	Innerhalb größerer Studie (National Survey of Midlife Development in the United States) je zwei Fragen zu religiösem Teilnahmeverhalten, religiöser und spiritueller Selbsteinschätzung.	Bei emotionaler oder physischer Misshandlung durch Eltern hat nur die Gewalt durch Väter negative Auswirkungen auf religiöses Teilnahmeverhalten und religiöse Selbsteinschätzung (beide Werte nehmen ab).
Fallot, Heckman (2005) F: 666T; USA - k.A.	Innerhalb größerer Studie (Women, Co-occuring Disorders and Violence Study) wurden aus dem Fetzer Measure of Religiousness and Spirituality 6 Items ausgewählt und erfragt. (3PRC, 3NRC)	Religious Coping (v.A. PRC) bei T-Gruppe stärker verbreitet als bei Allgemeinbevölkerung. Verstärkte Symptome, Häufigkeit von Missbrauch in der Kindheit und sexueller Übergriffe in der Kindheit (statt des Erwachsenenalters) waren mit erhöhtem NRC verknüpft.
Gall (2006) 101T; F: 88,2%; M: 17,8%; Kanada - 44,6% K; 23,8% P; 19,8% andere; 10,9% ohne Zugehörigkeit	8 der 21 Items des RCOPE	Schwere des Missbrauchs und der angenommenen Auswirkungen auf die Kindheit korrelierten positiv mit NRC. Das Alter bei erstem Missbrauch korrelierte positiv mit PRC. Verarbeitung des Missbrauchs korrelierte deutlich mit PRC.
Reinert, Edwards (2009) 150; F: 69%; M: 31%; USA - 43,3% P; 27,3% K; 15,3% andere; 14% ohne Zugehörigkeit	Geschlossene Fragen zu Religiosität der Eltern; „Loving and Controlling God scales" (Bensond und Spilka 1973); „Distant God scale" (Kirkpatrick und Shaver 1990); „Attachment to God Scale" (Rowatt und Kirkpatrick 2002).	Verbale, physische und sexuelle Misshandlung gehen mit empfundenen Schwierigkeiten in der Bindung zu Gott einher und haben negative Auswirkungen auf das Gottesbild. Am destruktivsten ist sexueller Missbrauch.
Robst, Smith (2011) 3201 (293T; 1908V); F: 1804; (218T; 1586V); M: 1397; (75T; 1322V); USA - 59,5% P; 35,2% K; 5, 2% keine/andere Zugehörigkeit[6]	Religionsbezogene Fragen aus dem National Health and Social Life Survey (NHSLS)	T-Gruppe, die von Auswirkungen des Missbrauchs auf ihr Leben berichtet, wechselt häufiger die religiöse Zugehörigkeit und wies höheren Gottesdienstbesuch auf als Vergleichsgruppen (V Gruppe und T-Gruppe ohne berichtete Auswirkungen).

---

[6] Die Angaben beziehen sich auf die Religionszugehörigkeit der Herkunftsfamilien. Die Zugehörigkeit bei Studienerhebung waren: 55,5% P, 30,7% K; 13,8% keine/andere Zugehörigkeit.

Sansone, Kelly, Forbis (2012) 317 (95T; 222V); F: 72,8%; M 27,1%; USA - k.A.	Fragen zu selbst wahrgenommener Spiritualität und Religiosität; Functional Assessment of Chronic Illness Therapy-Spiritual Well-Being Scale (FACIT-Sp-12)	T Gruppe weist niedrigere FACIT-Sp-12 Skalenwerte bei Aussagen auf, die sich auf Lebenssinn und innere Sicherheit beziehen. Werte sind stabil bei Aussagen zur Bedeutung von Religiosität und Spiritualität als Kraftquelle.
ter Kuile, Ehring (2014) 293T; F: 95,9%; M: 4%; USA: 40,6%; UK: 10,6% Australien; 8,5% Kanada; 13,4% andere - 41,6% keine; 25,6% P; 15,4% K; 17,3% andere	RCOPE; The World Assumptions Scale (WAS; Janoff-Bulman, 1989); Changes in Religiosity Scale (CRS); The Family and Environment Religiosity Questionnaire; Die beiden letzteren Messinstrumente wurden für die Studie entwickelt.	Fast die Hälfte der Stichprobe berichtet über Veränderungen ihrer Religiosität infolge des Traumas. „Shattered assumptions" und Religiosität vor dem Trauma indizierten tendenziell Abnahme der Skalenwerte für Religiosität, während die Zunahme mit der Verwendung von Religion als coping-Mechanismus und einem gegenwärtigen religiösen Lebensumfeld verknüpft war. Verlust religiöser Glaubensinhalte war mit verstärkten PTBS-Symptomen verknüpft.
Zhang, Pittman, Lamis, et al. (2015) F: 192T; USA - k.A.	Spiritual Well-Being Scale	Verknüpfung zwischen Kindesmisshandlung und „existential well-being" (EWB), aber nicht „religious well-being" (RWB). EWB und RWB korrelieren mit PTBS-Symptomen. EWB, aber nicht RWB vermittelte die Beziehung zwischen Kindesmisshandlung und PTBS-Symptomen.

T = studienrelevant-traumatisierte Menschen
V = Vergleichsgruppe ohne studienrelevante, bekannte Traumatisierung
P = protestantisch
K = katholisch
k.A. = keine Angabe

3.2 Zusammenhänge zwischen Religiosität und Traumata [87]

Im Forschungsfeld der Frage, welche Zusammenhänge zwischen Religiosität und Traumata im Leben betroffener Menschen möglich sind, eruieren die meisten Studien die Verbindung von Religiosität mit Gesundheit und Selbstbild. In der Darstellung soll eine Untergliederung der Studien anhand eines methodischen Aspektes vorgenommen werden: Studien, die vor dem theoretischen Hintergrund des Religious Coping und sehr ähnlicher Konzepte arbeiten, werden gesondert dargestellt.

3.2.1 Selbstbild und Gesundheit

Eine sehr umfassende Studie von Doxey, Jensen und Jensen, erfragte in einer Stichprobe von 5417 Frauen (N=653, also 13% mit sexuellem Kindesmissbrauch in der Vergangenheit) Zusammenhänge zwischen Religiosität, Missbrauch und mentaler Gesundheit.[88] Sexueller Missbrauch wurde eruiert durch die Frage: „At time sexual activities occur in families such as touching children in inappropriate places or performing sexual acts with children. Did these things ever happen to you while you grew up?"[89] Religiosität wurde durch die Zustimmung oder Ablehnung zu drei Aussagen gemessen: „Religion is an important part of my life"; „I do not see myself as a religious person"; „Going to religious service is important to me".[90] Weiterhin wurden Selbstvertrauen und depressive Symptomatik gemessen, aber auch emotionale Reife und Stabilität in Beziehungen. Eingeteilt wurde die Stichprobe schließlich in sechs Gruppen, entsprechend, ob einerseits Missbrauch vorlag oder nicht, und andererseits der Grad an Religiosität den Angaben nach als hoch, mittel oder niedrig eingeschätzt wurde.

Bei Frauen mit Missbrauchsvergangenheit waren die Werte für Selbstvertrauen (neben emotionaler Reife und Stabilität in Beziehungen) geringer und depressive Symptome stärker ausgeprägt als bei Frauen, die von solchen Erfahrungen nicht berichteten. Das ist mit den Ergebnissen des vorhergehenden Kapitels C kongruent. Neu an diesen Studienergebnissen ist aber, dass den Angaben nach erhöhte Religiosität mit erhöhtem Selbstvertrauen (neben erhöhter

---

[87] Der Fokus liegt an dieser Stelle auf der Frage nach möglichen Einflüssen von Religiosität auf Traumata.
[88] Es wurden Faktoren erfragt, welche direkt die mentale Gesundheit betreffen (depressive Symptome), oder diese beeinflussen können (Stabilität in Beziehungen, emotionale Reife, Selbstvertrauen).
[89] DOXEY, Cynthia; JENSEN, Larry u.a. (1997): *The Influence of Religion on Victims of Childhood Sexual Abuse*, in: *The International Journal for the Psychology of Religion*, 7, H. 3, 181.
[90] DOXEY; JENSEN u.a. (1997): *The Influence of Religion*, 181.

emotionaler Reife und Stabilität in Beziehungen) und milderen depressiven Symptomen verknüpft war.[91] Die Autoren der Studie folgern daraus:

> „We propose that religious experiences provide these women with both an emotional and cognitive support for dealing with this trauma. Emotional support is believed to come from establishing a relationship with another community of women and especially a relationship with a God with whom they can pray and gain feelings of acceptance and understanding of the wrong they have suffered as victims."[92]

Zu sehr ähnlichen Ergebnissen für Betroffene von sexuellem Kindesmissbrauch kommt eine Studie von Sarah Reiland und Dean Lauterbach (N=8098, davon 339 mit Missbrauchsvergangenheit). Im Rahmen der Untersuchung war für diese Gruppe erhöhte Religiosität mit erhöhtem Selbstvertrauen verknüpft.[93] Hipolito und Kollegen stellten für ihre Stichprobe (N=318) fest, dass Spiritualität indirekt als Mediation die mentale Gesundheit stärkte, indem sie das Selbstwertgefühl („sense of empowerment") erhöhte.[94]

Ähnliches zeigt eine Studie von Gillum, Sullivan und Bybee mit 151 Frauen, die Opfer häuslicher Gewalt wurden. 97% der Frauen gaben an, dass Spiritualität oder Gott eine Quelle der Stärke oder des Trostes („comfort") für sie sei.[95] Ein Ergebnis, das in dieser Ausprägung sicher auch zu großen Teilen dem vergleichsweise religiösen amerikanischen Kontext zuzuschreiben ist. Je intensiver Frauen aus der Stichprobe in organisierte Religion involviert waren (das Item war „How often did you attend religious services during the year?") und dies als Quelle von Stärke oder Trost („comfort") sahen, desto geringer waren depressive Symptomatik und desto höher die angegebene Lebensqualität.[96]

Eine Studie von Duane F. Reinert und Caroline E. Smith deutet ebenfalls darauf hin, dass Religiosität für Betroffene von sexuellem Missbrauch eine Ressource sein kann. Eine Stichprobe von N=266 Frauen, von denen N=82 (31%)

---

[91] Vgl. DOXEY; JENSEN u.a. (1997): *The Influence of Religion*, 182ff.
[92] DOXEY; JENSEN u.a. (1997): *The Influence of Religion*, 186.
[93] Vgl. REILAND, Sarah; LAUTERBACH, Dean (2008): *Effects of Trauma and Religiosity on Self-Esteem*, in: *Psychological Reports*, 102, H. 3, 784ff.
[94] Vgl. HIPOLITO, Edgar; SAMUELS-DENNIS, Joan A. u.a. (2014): Trauma-Informed Care: Accounting for the Interconnected Role of Spirituality and Empowerment in Mental Health Promotion, in: Journal of Spirituality in Mental Health, 16, H. 3, 204ff. Die Übersetzung von „sense of empowerment" mit „Selbstwertgefühl" scheint auf den ersten Blick nicht präzise, ist aber durch die hinter dieser Komponente stehenden Items gedeckt, die sich auf S. 209 der Studie finden.
[95] Vgl. GILLUM, Tameka L.; SULLIVAN, Cris M. u.a. (2006): *The Importance of Spirituality in the Lives of Domestic Violence Survivors*, in: *Violence Against Women*, 12, H. 3, 245.
[96] Vgl. GILLUM; SULLIVAN u.a. (2006): *The Importance of Spirituality*, 245ff. Interessant wäre auch, wie die Werte für die Aussage, dass Spiritualität oder Gott eine Quelle der Stärke oder des Trostes („comfort") sei, mit verschiedenen gemessenen Indikatoren korreliert.

D. Die religiöse Dimension von Traumata

eine Form sexuellen Missbrauches in Kindheit oder Jugend erlebt hatten,[97] bearbeiteten den Fragebogen der revidierten Edition des „Spiritual Experience Index (SEI-R)".[98] Die von sexuellem Missbrauch betroffenen Frauen erzielten auf dem SEI-R durchschnittlich höhere Werte als Frauen der Vergleichsgruppe, wobei die Unterschiede besonders im „Spiritual Support Subscale" groß waren.[99] Diese Unterskala umfasst vor allem Aussagen, die dem persönlichen Glauben eine unterstützende und sinnstiftende Wirkung zuschreiben, wobei hohe Werte eine hohe Zustimmung zu den Aussagen implizieren.[100] Interessanterweise erhöhen sich die entsprechenden Werte auch mit ansteigendem Alter, was auf die sich lebensgeschichtlich wandelnde Rolle von Religiosität verweist.[101]

Reinert und Kollegen befragten eine Stichprobe von 10 283 Siebenten-Tags-Adventisten (68% Frauen und 32% Männer) zu traumatischen Kindheitserfahrungen, mentaler und physischer Gesundheit und verschiedenen religionsbezogenen Faktoren (neben Religious Coping noch „intrinsische Religiosität", generelle Dankbarkeit und Vergebungsbereitschaft).[102] Erwartungsgemäß war eine höhere Intensität traumatischer Kindheitserfahrungen mit einer schlechteren sowohl mentalen als auch physischen Gesundheit verknüpft. Die negativen Auswirkungen auf die mentale Gesundheit wurden durch PRC, größere intrinsische Religiosität (persönliches Gebet, religionsbezogene Lektüre und Gottesdienstbesuch), Vergebungsbereitschaft und generelle Dankbarkeit jedoch abgemildert.[103]

In einer Stichprobe von 126 Frauen, die ebenfalls Gewalt in ihrer Beziehung erlitten hatten, konnten Dawnovise N. Fowler und Hope M. Hill keinen positiven

---

[97] Zu beachten ist hier, dass sich keine näheren Angaben bzgl. der Täter finden (wobei die statistische Wahrscheinlichkeit auf einen großen Anteil aus dem sozialen Nahraum hindeutet). Auch ist der Begriff des sexuellen Missbrauchs relativ weit gefasst und kann damit ein Spektrum von sehr schweren Missbrauchsformen bis hin zu Erfahrungen umfassen, die treffender als „sexuelle Belästigung" beschrieben werden könnten. In der Studie heißt es dazu: „Participants who admitted any form of unwanted sexual experience (touching, penetration, or other sexual acts) before age 18 were considered sexually abused." REINERT, Duane F.; SMITH, Caroline E. (1997): *Childhood Sexual Abuse and Female Spiritual Development*, in: Counseling and Values, 41, H. 3, 237.

[98] Vgl. REINERT; SMITH (1997): *Childhood Sexual Abuse*, 235f.

[99] Vgl. REINERT; SMITH (1997): *Childhood Sexual Abuse*, 237ff.

[100] Siehe zum Messinstrument insgesamt und der Subskala des „Spiritual Support" im Besonderen: GENIA, Vicky (1997): *The Spiritual Experience Index: Revision and Reformulation*, in: Review of Religious Research, 38, H. 4, 344–361.

[101] Vgl. REINERT; SMITH (1997): *Childhood Sexual Abuse*, 237ff.

[102] Die letzten beiden Faktoren sind nicht an Religiosität gebunden. Denkbar ist aber, dass Religiosität diese Werte unterstützt, insofern sie zum angestrebten Ethos auch des Christentums gehören. Zu beachten ist, dass der Wert für „forgiveness" nur mit einer Frage gemessen wurde.

[103] REINERT, Katia G.; CAMPBELL, Jacquelyn C. u.a. (2016): *The Role of Religious Involvement in the Relationship Between Early Trauma and Health Outcomes Among Adult Survivors*, in: Journal of Child & Adolescent Trauma, 9, H. 3, 231–241.

Effekt von Spiritualität auf die mentale Gesundheit finden, wobei dies auch auf das verwendete Messinstrument zurückzuführen sein könnte.[104] Ebenfalls in ihrer Aussagekraft nicht eindeutig ist eine Studie von Astin, Lawrence und Foy: In einer Stichprobe von 53 Frauen, die in ihren Partnerschaften Gewalt erlitten hatten, konnte erhöhte intrinsische Religiosität, je nach Messinstrument für die PTBS-Symptomatik, mit dieser positiv oder negativ korrelieren.[105]

Krejci und Kollegen fanden in einer Stichprobe von 96 Befragten (71 davon Betroffene eines sexuellen Traumas), dass erhöhtes „Spiritual Well-Being" mit einer niedrigeren Psychopathologie verknüpft war. Für die Betroffenen von Traumata hatte „Spiritual Well-Being" aber keinen vermittelnden Effekt zwischen dem Trauma und der gegenwärtigen Psychopathologie. Dies hängt evtl. damit zusammen, dass die Werte für „Spiritual Well-Being" in Trauma- und Vergleichsgruppe auf einem ähnlichen Niveau lagen.[106]

Dem gegenüber steht eine Studie von Christina G. Waltington und Christopher M. Murphy mit 65 Frauen, die im letzten Jahr vor der Erhebung Opfer häuslicher Gewalt geworden waren. Frauen mit höheren (auf Selbsteinschätzung basierenden) Werten von Spiritualität wiesen eine geringere depressive Symptomatik auf.[107]

Eine erneute Auswertung des Datenmaterials der bereits eingeführten Stichprobe von 101 Überlebenden von sexuellem Kindesmissbrauch mit weit überwiegend christlicher Konfessionszugehörigkeit durch Gall und Kollegen kommt zu ähnlichen Befunden. Je wichtiger die Befragten in ihrem Leben Spiritualität erachteten, desto weniger erlebten sie depressive Stimmungen und desto mehr persönliches Wachstum und bessere Verarbeitung des Missbrauchs („resolution of their history of abuse"). Die Einschätzung der persönlichen

---

[104] Möglich ist, dass das Messinstrument mit seiner Fokussierung auf spirituelle Erfahrungen und unter Absehung von Glaubensinhalten und bestimmten Praktiken das Phänomen Spiritualität/Religiosität nur unzureichend erfasste. Zudem wurden nur 5 der 15 Items des ursprünglichen Instruments verwendet. FOWLER, Dawnovise N.; HILL, Hope M. (2004): *Social Support and Spirituality as Culturally Relevant Factors in Coping Among African American Women Survivors of Partner Abuse*, in: Violence Against Women, 10, H. 11, 1267–1282.

[105] Vgl. ASTIN, Millie C.; LAWRENCE, Kathy J. u.a. (1993): *Posttraumatic Stress Disorder Among Battered Women: Risk and Resiliency Factors*, in: Violence and Victims, 8, H. 1, 17–28.
Der Begriff der Resilienz – von lat. resilio „zurückspringen", „abprallen" (Vgl. PONS [2001]: *Wörterbuch für Schule und Studium: Lateinisch-Deutsch*, 899.) – bezeichnet als Fachbegriff psychische Widerstandskraft, ein inzwischen intensiv beforschter Bereich. Aktuelle theologische Reflexionen des hinter dem Begriff stehenden Konzeptes finden sich bei: RICHTER, Cornelia (Hrsg.) (2017): *Ohnmacht und Angst aushalten: Kritik der Resilienz in Theologie und Philosophie*, Kohlhammer: Stuttgart.

[106] Vgl. KREJCI, Mark J.; THOMPSON, Kevin M. u.a. (2004): *Sexual Trauma, Spirituality, and Psychopathology*, in: Journal of Child Sexual Abuse, 13, H. 2, 85–103.

[107] WATLINGTON, Christina G.; MURPHY, Christopher M. (2006): *The Roles of Religion and Spirituality Among African American Survivors of Domestic Violence*, in: Journal of Clinical Psychology, 62, H. 7, 850f.

D. Die religiöse Dimension von Traumata

Bedeutung von Religion (nicht Religiosität) stand mit keinem Faktor in deutlichem Zusammenhang. Der häufige Besuch von Gottesdiensten war nach Selbstauskunft mit einer besseren Verarbeitung des Missbrauchs verknüpft.[108] Im Zentrum der Studie stand allerdings die Auswertung des jeweiligen Gottesbildes. Diejenigen Befragten, die eine stärkere Wahrnehmung („sense") einer Beziehung mit einem wohlwollenden („benevolent") Gott hatten, erlebten weniger ängstliche, wütende oder depressive Stimmungen, größeres persönliches Wachstum und eine bessere Verarbeitung des Missbrauchs. Die Empfindung eines fürsorglich-vorausschauenden („provident") Gottes war mit weniger depressiven Stimmungen und stärkerem persönlichem Wachstum verknüpft.[109] Vermittelt wurde diese positive Wirkung laut einer Theorie der Autoren durch größere Hoffnung und stärkere Selbstakzeptanz infolge eines positiven Gottesbildes.[110] Man kann diese Studienergebnisse so deuten, dass weniger die äußere Zustimmung (Bedeutung von Religion) als der innere Vollzug (Bedeutung von Spiritualität und persönlicher Gottesbeziehung) konstruktive Wirkung hat. In eine ähnliche Richtung weist auch eine Studie von Galea und Kollegen mit 312 maltesischen Studenten. Spiritualität war mit positiven Resultaten auch für Überlebende von Missbrauch (bezogen auf verschiedene Formen, nicht in erster Linie sexuellen) verknüpft, während Gottesdienstbesuch und Gebet, zumindest für die in dieser Studie gemessenen Skalen, keine wesentliche Bedeutung hatten.[111] Für diese Stichprobe liegt nahe, dass Spiritualität und Religiosität sehr große Schnittmengen haben. 97% der Teilnehmenden waren römisch-katholisch, 61% beteten häufig und 65% besuchten regelmäßig einen Gottesdienst. Auch wenn diese Studie immer wieder im Fragenkreis von Spiritualität/Religiosität und Traumata zu finden ist, ist kritische Zurückhaltung geboten. Nur ein relativ kleiner Teil der Stichprobe (11%) war von schweren Formen von Missbrauch oder Vernachlässigung betroffen, und die von unterschiedlicher Missbrauchsschwere betroffenen Gruppen wurden nicht separat untersucht. Die Studie kann also nur bedingt einen Beitrag zur Frage nach Zusammenhängen zwischen Religiosität bzw. Spiritualität und Traumata leisten.[112]

Die bereits oben eingeführte Studie von Diana M. Elliott legt Zusammenhänge zwischen praktizierter Religiosität und Gesundheit nahe. So wiesen die

---

[108] Vgl. GALL, Terry; BASQUE, Viola u.a. (2007): Spirituality and the Current Adjustment of Adult Survivors of Childhood Sexual Abuse, in: Journal for the Scientific Study of Religion, 46, H. 1, 107f.
[109] Vgl. GALL; BASQUE u.a. (2007): *Spirituality and the Current Adjustment*, 109f.
[110] Vgl. GALL; BASQUE u.a. (2007): *Spirituality and the Current Adjustment*, 110f.
[111] Zu beachten ist hier aber auch, dass die beiden Werte in sehr unterschiedlicher Ausführlichkeit gemessen wurden. Gebet und Gottesdienstbesuch wurden mit zwei Items erfragt, das Instrument für die Erfassung von Spiritualität (Spiritual Transcendence Scale) umfasste 24 Items. Vgl. GALEA, Michael; CIARROCCHI, Joseph W. u.a. (2007): *Child Abuse, Personality, and Spirituality as Predictors of Happiness in Maltese College Students*, in: Research in the Social Scientific Study of Religion, 18, H. 1, 144f.
[112] Vgl. GALEA; CIARROCCHI u.a. (2007): *Child Abuse, Personality, and Spirituality*, 141–154.

Frauen, die eine Religion praktizierten, ein abgeschwächtes traumatisches Symptombild gegenüber den Frauen auf, die sich als nicht-praktizierend bezeichneten. Fand der Missbrauch außerhalb der Kernfamilie statt, war dieser Effekt besonders stark. Interessant ist aber, dass sich diese Wirkung im Falle von Frauen, die sich als „conservative Christians" bezeichneten und innerhalb ihrer Kernfamilie missbraucht wurden, umkehrte.[113] Diese Gruppe hatte die am stärksten ausgeprägten Symptome.[114] Eine mögliche Teilerklärung dieses Befundes wäre, dass Religiosität zwar prinzipiell konstruktive Ressourcen zur Verfügung stellen kann, diese aber schwieriger zugänglich sind, wenn in der Kernfamilie selber, in welcher der Missbrauch stattfindet, Religiosität eine große Bedeutung hat. Eine sehr interessante und auch die Ergebnisse dieser Studie erhellende Forschungsfrage wäre, ob Gewalt im sozialen Nahraum für die Psyche der betroffenen Menschen schädlicher ist, wenn Religion bspw. zur Legitimation oder als Druckmittel in die Gewalt involviert ist. Eine Untersuchung von Bottoms und Kollegen legt dies nahe, wobei diese Studie aufgrund methodischer Defizite hier noch keine Eindeutigkeit schaffen kann.[115]

Dass die Thematisierung von religiösen Topoi in fachgerecht betreuten Kontexten zumindest für manche Gruppen von traumatisierten Menschen wahrscheinlich eine gesundheitlich konstruktive Wirkung haben kann, zeigt eine Studie von Bowland, Edmond und Fallot. Daran teil nahmen 43 Frauen (55 Jahre und älter) mit weit überwiegend christlichem Hintergrund, die in ihrer Vergangenheit interpersonale Gewalt (Kindesmissbrauch, sexueller Übergriff, häusliche Gewalt) erlebt hatten und infolgedessen unter posttraumatischen Symptomen litten. Die Stichprobe war insofern selektiv, als die teilnehmenden Frauen gefragt wurden, ob sie von einer Gruppe profitieren würden, in der religiöse und spirituelle Themen bzgl. ihrer Genesung („in recovery") diskutiert

---

[113] Wie oben beschrieben arbeitet die Studie mit der Unterscheidung „conservative Christian"; „religious faith other than conservative Christianity" und „agnostic/atheistic". Für die Gruppe „religious faith other than conservative Christianity" gilt der Befund in ähnlicher, wenn auch etwas abgeschwächter Weise.
[114] ELLIOTT (1994): *The Impact of Christian Faith*, 102ff.
[115] Diese Studie kommt zu dem Ergebnis, dass eine Involvierung von Religion in physische Gewalt zu schwerwiegenderen psychischen Folgen für die Betroffenen führt. Leider umfasst die Studie nur eine sehr kleine Stichprobe (N=116, davon aber nur 26 mit einer religionsbezogenen Gewalterfahrung) und trägt der Schwere der Gewalt nicht hinreichend Rechnung (sondern nur der Häufigkeit). Eine ausführliche Einbeziehung in diese Arbeit verhindert überdies, dass der Kreis der Gewaltverübenden über den sozialen Nahraum hinausreicht, und auch leichtere Formen von Gewalt einbezogen werden, die man nur unter Umständen als traumatisch bezeichnen kann. Die Forschungsrichtung dieser Studie ist jedoch hoch relevant und wird hoffentlich bald durch weitere Studien in diesem Bereich besser ausgeleuchtet werden. Vgl. BOTTOMS, Bette L.; NIELSEN, Michael u.a. (2003): *Religion-Related Child Physical Abuse: Characteristics and Psychological Outcomes*, in: *Journal of Aggression, Maltreatment & Trauma*, 8, H. 1, 87–114.

würden.[116] Die Stichprobe wurde randomisiert in Experimentalgruppe und Kontrollgruppe eingeteilt, und erstere absolvierte in drei Untergruppen elf therapeutische Sitzungen, in denen verschiedene Aspekte aus dem Themenkreis von Religiosität und Bewältigung der traumatischen Ereignisse unter Anleitung psychologisch und theologisch geschulter Fachkräfte besprochen wurden.[117] Die Intervention erwies sich dabei als sehr effektiv. Verschiedene posttraumatische Symptome konnten reduziert werden, wobei hier wahrscheinlich verschiedene Faktoren (wie z.B. auch wechselseitige soziale Unterstützung) zusammenwirkten.[118]

3.2.2 Religious Coping und Gesundheit

Mehrere Studien stellen die Frage nach den Auswirkungen von Religiosität auf das Leben von traumatisierten Menschen vor dem theoretischen Hintergrund des Religious Coping. Die oben formulierten Grundannahmen werden dabei weitgehend bestätigt: Religiosität kann in Bewältigungsprozessen eine wichtige Rolle spielen, hat eine Wirkung auf die mentale Gesundheit und kann dabei positive wie negative Folgen haben. Religiosität ist also nicht einfach nur positiv oder negativ, sondern kann konstruktive ebenso wie destruktive Formen annehmen.

Ahrens und Kollegen befragten in einer Studie 100 Frauen, die eine Vergewaltigung überlebt hatten und angaben, dass sie an Gott glaubten, zu Religious Coping im Umgang mit dem jüngsten sexuellen Übergriff.[119] Es ist an dieser Stelle hilfreich, einige der Items darzustellen, die im verwendeten Messinstrument PRC bzw. NRC anzeigten. Die Befragten konnten jeweils auf einer Skala von 1–4 bewerten (4 impliziert dabei eine hohe Zustimmung), inwiefern die Aussage auf sie zutrifft. Zu den Aussagen, die unter PRC fielen, gehörten u.a.: „Experienced God's love and care; Realized that God was trying to strengthen me; In dealing with the problem I was guided by God; Used Christ as an example of how I should live; Took control over what I could, and gave the rest up to God; My faith showed me different ways to handle the problem; Led a more loving life; Participated in church groups; Provided Help to other church members; Received support from clergy; Received support from other members of the church." In den Bereich des NRC fielen: „Felt angry with or distant from God; Felt angry with or distant from the members of the church; Questioned my

---

[116] Vgl. BOWLAND, Sharon; EDMOND, Tonya u.a. (2012): Evaluation of a Spiritually Focused Intervention with Older Trauma Survivors, in: Social Work, 57, H. 1, 75.
[117] Genaue Angaben zu den verschiedenen Themen der jeweiligen Sitzungen finden sich bei: BOWLAND; EDMOND u.a. (2012): Evaluation of a Spiritually Focused Intervention, 75.
[118] Vgl. BOWLAND; EDMOND u.a. (2012): Evaluation of a Spiritually Focused Intervention, 77ff.
[119] AHRENS, Courtney E.; ABELING, Samantha u.a. (2010): Spirituality and Well-Being: The Relationship Between Religious Coping and Recovery from Sexual Assault, in: Journal of Interpersonal Violence, 25, H. 7, 1242–1263.

religious beliefs and faith; Asked for a miracle; Bargained with God to make things better; I let God solve my problems for me; Prayed or read the Bible to keep my mind off of my problem."[120] Abstrahiert war PRC hier verknüpft mit einer wohlwollenden Verbundenheit mit Gott und den Mitmenschen, die der religiösen Dimension des Lebens Raum gibt, ohne alles von ihr zu erwarten. NRC zeichnete sich durch Zweifel und Bruch in der Beziehung zu Gott und den Mitmenschen aus und beinhaltete Religiosität als Mittel der Verdrängung. Während keine Auswirkungen auf erfasste PTBS-Symptome sichtbar wurden, war PRC mit weniger depressiven Symptomen und besserem psychischen Wohlbefinden („Psychological Well-Being") verknüpft, NRC dagegen mit stärkerer depressiver Symptomatik.[121]

Eine weitere wichtige (und oben bereits erwähnte) Studie stammt von Terry Lynn Gall und bezieht sich auf 101 Überlebende von sexuellem Kindesmissbrauch. Untersucht wurde das Religious Coping in Bezug auf aktuelle negative Lebensereignisse. Über verschiedene andere Faktoren (wie z.B. Schwere des Missbrauchs) hinaus hatte das religiöse/spirituelle Coping Auswirkungen auf die Gemütslage der Befragten. NRP war mit erhöhter Messung von wütender, ängstlicher und zorniger Gemütslage verbunden, PRC dagegen mit entsprechend niedrigeren Werten.[122] Es wird in dieser Studie aber auch sichtbar, dass eine schematische Einteilung in positiv und negativ nicht immer hilfreich ist. Religious Coping bspw., das sich als ein Abgeben der Kontrolle über ein Lebensereignis an Gott äußerte, war mit stärker ängstlicher, aber dafür schwächerer depressiver Gemütslage verknüpft.[123]

Die konstruktive Wirkung von PRC auf die mentale Gesundheit konnte auch in der oben genannten Studie von Reinert und Kollegen belegt werden.[124] In einer Studie von Bradley, Schwartz und Kaslow mit einer Stichprobe von 134 Frauen, die im vorhergehenden Jahr sowohl einen Suizidversuch als auch Partnergewalt erlebt hatten, fiel die Wirkung von PRC eher gering aus.[125] Bei der

---

[120] PARGAMENT, Kenneth I.; ENSING, David S. u.a. (1990): *God Help Me: (I): Religious Coping Efforts as Predictors of the Outcomes to Significant Negative Life Events*, in: American Journal of Community Psychology, 18, H. 6, 803.

[121] Vgl. AHRENS; ABELING u.a. (2010): *Religious Coping and Recovery from Sexual Assault*, 1249ff.

[122] Vgl. GALL (2006): *Spirituality and Coping with Life Stress*, 836ff.

[123] Vgl. GALL (2006): *Spirituality and Coping with Life Stress*, 838. Siehe dazu auch die Studie von ter Kuile und Ehring, bei der NRC mit geringerer PTBS-Symptomatik korrelierte. Denkbar ist, dass die Einordnung eines Ereignisses in einen religiösen Rahmen für Studienteilnehmende hilfreicher war, als diese Möglichkeit nicht zur Verfügung zu haben, selbst wenn diese Einordnung in den Bereich des NRC fiel. Zu beachten ist aber auch, dass diese Studienergebnisse eher einen Einzelfall darstellen. Vgl. TER KUILE; EHRING (2014): *Predictors of Changes in Religiosity After Trauma*, 358f.

[124] Vgl. REINERT; CAMPBELL u.a. (2016): *The Role of Religious Involvement*, 236ff.

[125] Vgl. BRADLEY, Rebekah; SCHWARTZ, Ann C. u.a. (2005): Posttraumatic Stress Disorder Symptoms Among Low-Income, African American Women With a History of Intimate

D. Die religiöse Dimension von Traumata

Stichprobe handelt es sich also um eine Gruppe, die relativ akut unter traumatischem Stress stand. Es wurden keine erheblichen Zusammenhänge zwischen PRC und geringerer PTBS-Symptomatik gefunden, sehr wohl aber zwischen NRC und erhöhter PTBS-Symptomatik.[126] Denkbar ist, dass PRC, ähnlich wie in der obigen Studie von Ahrens und Kollegen indiziert, keine deutlichen Auswirkungen auf PTBS-Symptome hat, durchaus aber auf z.B. eine ängstliche oder depressive Gemütslage. NRC hingegen – also Erschütterung, Zweifel und Verdrängung in Glaubensfragen – verstärkte in dieser Studie die PTBS-Symptomatik. Dies ist auch mit der bereits erwähnten Studie von Hager ter Kuile und Thomas Ehring kongruent: „As hypothesized, a decrease in religious beliefs was related to more PTSD symptoms, supporting the idea that a loss of faith leads to greater psychological stress beyond that of the traumatic experience itself."[127]

Die Forschung in den Theoriezusammenhängen des Religious Coping macht auch deutlich, wie stark die beiden Fragen – nach den Auswirkungen von Traumata auf Religiosität und umgekehrt – interdependent sind. Es wurde anhand mehrerer Studien gezeigt, dass Traumaschwere und Traumasymptomatik mit Veränderungen des Religious Coping ebenso einhergehen, wie Religious Coping mit Veränderungen im Bereich verschiedener Traumafolgen assoziiert ist. Auch wenn Kausalitäten nicht bewiesen werden, legen Studien, die Wirkweisen in beide Richtungen in mögliche Modelle integrieren, eine reziproke Beziehung nahe.[128]

Eine sehr interessante Ergänzung zu diesen Befunden bildet eine Studie von Harris und Kollegen.[129] Diese gründet nicht auf dem Konzept des Religious Coping, sondern arbeitet mit der Theorie der „Religious Comforts and Strains" von Julie J. Exline. Auch diese Theorie trägt der Ambivalenz von Religiosität Rechnung und erfasst unter den positiven „Comforts" z.B. Unterstützung von Glaubensgeschwistern, einer höheren Macht und eine Vertiefung von Lebenssinn, unter den negativen „Strains" dagegen Konflikte mit der Glaubensgemeinschaft, Entfremdung von Gott, Schuld und religionsbezogene Ängste.[130] Konkret setzt sich die Studie mit der Kritik auseinander, Effekte von Religiosität auf die mentale Gesundheit seien primär durch die erhöhte soziale Unterstützung der Betroffenen durch die jeweiligen Glaubensgemeinschaften vermittelt und leisteten keinen unabhängigen Beitrag. Die Studienteilnehmer (N=327) wurden über

---

Partner Violence and Suicidal Behaviors: Self-Esteem, Social Support, and Religious Coping, in: Journal of Traumatic Stress, 18, H. 6, 687.

[126] Vgl. BRADLEY; SCHWARTZ u.a. (2005): *Posttraumatic Stress Disorder Symptoms*, 689ff.

[127] TER KUILE; EHRING (2014): *Predictors of Changes in Religiosity After Trauma*, 358.

[128] Vgl. BRADLEY; SCHWARTZ u.a. (2005): *Posttraumatic Stress Disorder Symptoms*, 689ff.

[129] Vgl. HARRIS, J. Irene; ERBES, Christopher R. u.a. (2014): Social Support as a Mediator in the Relationship Between Religious Comforts and Strains and Trauma Symptoms, in: Psychology of Religion and Spirituality, 6, H. 3, 223–229.

[130] Vgl. HARRIS; ERBES u.a. (2014): *Social Support as a Mediator*, 223. „Religionsbezogene Ängste" meint etwa Angst vor der Hölle oder einem göttlichen Gericht.

christliche Gottesdienste rekrutiert und hatten jeweils ein potentiell traumatisches Ereignis erlebt. Es handelte sich also nicht ausschließlich um Betroffene von Gewalt im sozialen Nahraum, auch wenn diese den weit überwiegenden Anteil stellten.[131] Die Ergebnisse der Studie stützen vieles des bereits Gesagten: „Posttraumatic symptoms were negatively correlated with religious comfort, and positively correlated with alienation from God, fear and guilt, and religious rifts."[132] Weiterführend ist diese Studie aber besonders deshalb, weil sie aufzeigt, dass diese Effekte nur zu einem Teil durch soziale Unterstützung vermittelt wurden, der Bereich der Religiosität also einen eigenen, (auch gesundheitsrelevanten) Beitrag für Betroffene von Traumata leistet.[133]

---

[131] Vgl. HARRIS; ERBES u.a. (2014): *Social Support as a Mediator*, 224f.
[132] Vgl. HARRIS; ERBES u.a. (2014): *Social Support as a Mediator*, 226.
[133] Vgl. HARRIS; ERBES u.a. (2014): *Social Support as a Mediator*, 226ff.

D. Die religiöse Dimension von Traumata

3.2.3 Tabellarische Aufstellung der Studien aus 3.2[7]

Studie, Stichprobe *Herkunftsland – Konfessionszugehörigkeit*[8]	Messinstrument(e) Religiosität/Spiritualität	Zentrale Befunde
Astin, Lawrence, Foy (1993) F: 53 (33%T; 67%V); USA – k.A.	Age Universal Religious Orientation Scale (Gorsuch und McPherson 1989)	Intrinsische Religiosität kann positiv oder negativ mit PTBS-Symptomen korrelieren, je nach PTBS-Messinstrument.
Elliott (1994) F: 2964 (918T; 2046 V); USA – 23,6% „conservative Christians", 51,9% „other religions", 24,6% „religiously nonpracticing"[9]	Moral-/Religionsbezogene Subskala des Family Environment Scale (FES) (1986); daran orientiert Fragen in Bezug auf gegenwärtige religiöse Orientierung.	Praktizierte Religiosität mit abgeschwächtem traumatischem Symptombild verknüpft. Dieser Effekt besonders stark bei Missbrauch außerhalb der Kernfamilie. „Conservative Christians", die in ihrer Kernfamilie missbraucht wurden, weisen jedoch verstärktes Symptombild auf.
Doxey, Jensen, Jensen (1997) F: 5417 (653T; 4764V); USA –T-Gruppe: 194 P; 97 K; 286 Mormonen	Drei die Wichtigkeit von Religiosität indizierende Aussagen, zu denen sich die Befragten abgestuft zustimmend oder ablehnend verhalten konnten.	Bei T-Gruppe erhöhte Religiosität mit erhöhten Werten für Stabilität in Beziehungen und Selbstvertrauen und niedrigeren Werten für depressive Symptome verknüpft.
Reinert, Smith (1997) F: 266 (31%T; 69%V); USA – 77% K; 23% andere (inkl. P)	Revised Spiritual Experience Index (SEI-R)	T-Gruppe erzielte höhere Werte bei SEI-R als V-Gruppe. Dies besonders beim „Spiritual Support Subscale", der Aussagen misst, die eigener Religiosität sinnstiftende und unterstützende Wirkung zuschreiben.
Fowler, Hill (2004) F: 126T; USA – k.A.	5 der 15 Items des Daily Spiritual Experience (DSE; Underwood 1999)	Gemessene Werte für Spiritualität stehen in keinem Zusammenhang mit depressiver oder PTBS-Symptomatik.
Krejci, Thompson, Simonich et al. (2004) F: 96 (71T; 26V); USA – k.A.	JAREL Spiritual Well-Being Scale (Hungelmann 1989)	Für ganze Stichprobe hohe Werte von „Spiritual Well-Being" mit geringerer Psychopathologie verknüpft. Werte für „Spiritual Well-Being" haben aber keinen vermittelnden Effekt zwischen Trauma und Psychopathologie.

---

[7] Studien, die sowohl in 3.1 als auch 3.2 aufgeführt sind, werden in beiden Tabellen gelistet, jeweils unter Angabe der für den entsprechenden Abschnitt relevanten zentralen Befunde.

[8] Jeweils bezogen auf die Gesamtstichprobe.

[9] Die Angaben beziehen sich auf die Religiosität im Erwachsenenalter.

Studie	Instrument	Ergebnisse
Bradley, Schwartz, Kaslow (2005) F: 134T; USA - k.A.	Brief RCOPE (Pargament et al. 1998)	Keine erheblichen Zusammenhänge zwischen PRC und geringerer PTBS-Symptomatik, aber zwischen NRC und erhöhter PTBS-Symptomatik.
Gall (2006) 101 T: F: 88,2%; Kanada - 44,6% K; 23,8% P; 19,8 % andere; 10,9% ohne Zugehörigkeit	8 der 21 Items des RCOPE	Formen von PRC haben tendenziell konstruktive Auswirkungen auf Gemütslage der Befragten, Formen von NRC tendenziell negative Auswirkungen.
Gillum, Sullivan, Bybee (2006) F: 151T; USA - k.A.	Zwei Fragen zur Bedeutung von Gott/Spiritualität bzw. der Glaubensgemeinschaft als Kraft- und Trostquelle, eine Frage zu Teilnahmehäufigkeit an Gottesdiensten.	Für die meisten der Befragten sind Spiritualität und Involvierung in Glaubensgemeinschaften wichtige Kraftquellen. Religiöse Involvierung ist mit erhöhter Lebensqualität und geringerer depressiver Symptomatik verknüpft.
Waltington, Murphy (2006) F: 65T; USA - k.A.	Eine Subskala von COPE (Carver, Scheier und Weintraub 1989); zwei Fragen zu religiösem Teilnahmeverhalten kombiniert mit sechs Fragen des Religious Background and Behavior Scale (RBB; Connors, Tonigan und Miller 1996); Daily Spiritual Experience Scale (DSE; Underwood und Teresi 2002)	Befragte mit höheren Werten für religiöse Involvierung und Spiritualität berichten von weniger depressiven Symptomen. Religiöse Involvierung auch verknüpft mit weniger PTBS-Symptomen.
Gall, Basque, Damasceno-Scott, Vardy (2007)[10] 101T: F: 88,2% M: 17,8%; Kanada - 47,5% K; 23,8% P; 16,9 % andere; 10,9 % ohne Zugehörigkeit	Fragen zu religiösem Teilnahmeverhalten und Wichtigkeit von Religiosität und Spiritualität; zwei Subskalen des God Image Scale (GIS; Lawrence 1997)	Je wichtiger Spiritualität im eigenen Leben erachtet wird, desto weniger depressive Stimmungen und mehr persönliches Wachstum. Häufiger Besuch von Gottesdiensten mit besserer Verarbeitung des Missbrauchs verknüpft. Stärkere Beziehung zu einem wohlwollenden Gott mit weniger ängstlichen, wütenden und depressiven Stimmungen, größerem persönlichen Wachstum und besserer Verarbeitung des Missbrauchs verknüpft.
Galea, Ciarrocchi, Piedmont, Wicks, (2007) 312: (F: 68,6%, M: 31,4%) 11%T; Malta - 97% K; 0,6% P; 2,2 % k.A.	The Spiritual Transcendence Scale (STS; Piedmont 1999); Fragen zu Häufigkeit von Gebet und Gottesdienstbesuch	Höhere Werte von Spiritualität auch für Missbrauchsüberlebende mit stärkeren positiven Affekten und größerem „Cognitive Well-Being" verknüpft. Keine Effekte von religiöser Praxis auf gemessene Werte.

---

[10] Wahrscheinlich handelt es sich um die gleiche Stichprobe wie bei Gall 2006, jedoch stimmen nicht alle demographischen Angaben überein.

D. Die religiöse Dimension von Traumata

Reiland, Lauterbach (2008) 5877[11]: F: 50%, M: 50%; USA - 53,7% P; 30,3% K; 6,7% andere; 9,3% keine Zugehörigkeit	Vier Fragen zu Religiosität innerhalb des National Comorbidity Survey	Traumata in Kindheit mit geringerem Selbstvertrauen („self-esteem") verknüpft. Für Betroffene von sexuellem Kindesmissbrauch war hohe Religiosität mit hohem Selbstvertrauen verknüpft.
Ahrens, Abeling, Ahmad, Hinman (2010) F: 100T; USA - k.A	Religious Coping Activities Scale (RCOPE; Pargament, Ensing, Falgout, Olsen 1990)	PRC mit höheren Werten von „Psychological Well-Being" und niedrigeren Skalenwerte für depressive Symptomatik verknüpft. NRC mit höheren Skalenwerten für depressive Symptomatik verknüpft.
Bowland, Edmond, Fallot (2012) F: 43T(N=21 in Behandlungsgruppe, N=22 in Kontrollgruppe); USA - 51% P; 30% K; 19% andere	Stichprobenerhebung legt tendenziell hohe Religiosität nahe; zwei Subskalen des Spiritual Assessment Inventory (Hall, Edwards 1996); „Interpersonal Religious Discontent (IRD)"-Subskala von RCOPE (Pargament, Koenig, Perez 2000)	Studie legt hohe Effektivität von „spiritually focused group intervention" für ältere Frauen mit christlichem Hintergrund nahe. Behandlungsgruppe weist geringere Werte für depressive Symptome, Angst, und physische Symptome auf.
Harris, Erbes, Winskowski, et al. (2014) 327T: F: 228; M: 95; andere: 4; USA - 68% P; 29% K; 3% andere	Fragen zu religiöser Zugehörigkeit; Religious Comfort and Strain Scale (RCSS; Exline et al. 2000)	PTBS-Symptome korrelierten negativ mit „Religious Comfort" und positiv mit Entfremdung von Gott, Furcht, Schuld und religiösen Brüchen („Religious Rifts"). Diese Effekte wurden nur zum Teil durch soziale Unterstützung vermittelt.
Hipolito, Samuels-Dennis, Shammuganandapala, et al. (2014) 318T: F: 202; M: 113; keine Angabe: 3; Kanada - k.A.	Private Religious Practices Scale (Fetzer Institute 1999); Brief Daily Spiritual Experience Scale (Fetzer Institute 1999)	Spiritualität hat keine direkten positiven Auswirkungen auf mentale Gesundheit, aber einen indirekten, vermittelt über ihren positiven Effekt auf das Selbstwertgefühl („sense of empowerment").
ter Kuile, Ehring (2014) 293T: F: 95,9%, M: 4%; 40,6% USA; 26,6% UK; 10,6% Australien; 8,5% Kanada; 13,4% andere - 41,6% keine; 25,6% P; 15,4% K; 17,3% andere	RCOPE; The World Assumptions Scale (WAS; Janoff-Bulman, 1989); Changes in Religiosity Scale (CRS); The Family and Environment Religiosity Questionnaire; Die beiden letzteren Messinstrumente wurden für die Studie entwickelt.	Abnehmen von „religious beliefs" war mit stärkeren PTBS-Symptomen verknüpft. NRC war mit schwächeren PTBS-Symptomen und weniger „shattered assumptions" verknüpft.

---

[11] T-Gruppen: 339 sexueller Missbrauch; 203 physischer Missbrauch; 137 Vernachlässigung.

Reinert, Campbell, Bandeen-Roche, et al. (2016) 10282; F: 68%, M: 32%; USA - 100% Siebenten-Tags-Adventisten		Duke University Religion Scale (DUREL, Koenig et al. 1997); Brief RCOPE (Pargament 1999); Gratitude Scale (McCullough et al. 2002); Forgiveness Scale (Idler 1999)	Höhere Intensität traumatischer Kindheitserfahrungen mit schlechterer mentaler und physischer Gesundheit verknüpft. Negative Auswirkungen werden aber durch höhere Werte von PRC, intrinsischer Religiosität, Dankbarkeit und Vergebungsbereitschaft abgemildert.

T = studienrelevant-traumatisierte Menschen
V = Vergleichsgruppe ohne studienrelevante, bekannte Traumatisierung
P = protestantisch
K = katholisch
k.A. = keine Angabe

D. Die religiöse Dimension von Traumata

3.3 Diskussion und Fazit

Insgesamt lässt sich sagen, dass Religiosität nach dem Befund der Studien für viele Menschen durchaus eine Dimension darstellt, die von der traumatischen Erfahrung betroffen ist. Die konkreten Auswirkungen sind dabei komplex und individuell verschieden. Prinzipiell sind sowohl eine Intensivierung von Religiosität, ein Abnehmen derselben oder eine Mischung aus beidem denkbar. Es wird der Thematik insgesamt gerechter, nicht so sehr von einem Zu- oder Abnehmen zu reden, sondern vielmehr verschiedene, vielschichtige Transformationsprozesse zu beachten. Traumata können ein Sich-In-Der-Welt-Aufgehoben-Fühlen zerbrechen und dem Leben Sinn und Richtung nehmen. Ebenso kann sich durch traumatische Erfahrungen das Gottesbild verfinstern. Das Vertrauen in eine wohlwollende göttliche Macht kann Betroffenen ausgesprochen schwerfallen. Zudem können traumatische Ereignisse „Negative Religious Coping" verstärken und „Positive Religious Coping" verringern. In der Frage, ob sich religiöse Verhaltensmuster verändern, ergibt sich ein widersprüchlicher Befund. Manche Studien betonen hier (im Vergleich zu den Glaubensinhalten) eine größere Stabilität, andere sehen auch diesen Bereich starken Veränderungen unterworfen.

Ob und wie sich Religiosität verändert, ist von ganz verschiedenen Faktoren abhängig, von denen die Studien wahrscheinlich nur einige benennen. Die Art der Gewalt und ihre Schwere spielen ebenso eine Rolle wie das Lebensalter bei ihrem Auftreten. Ebenso scheint wichtig, von wem die Taten begangen wurden. Das religiöse Umfeld der Herkunftsfamilie spielt ebenso eine Rolle wie das soziale und religiöse Umfeld in späteren Lebensphasen.

Forschungsergebnisse aus dem Bereich des Religious Coping machen auf die ambivalente Rolle von Religiosität aufmerksam. Diese kann in der Bearbeitung von Traumata sowohl konstruktiv als auch destruktiv wirken.

Die meisten quantitativen Studien, die nach Zusammenhängen zwischen Religiosität und Traumata im Leben betroffener Menschen fragen, tun dies aus dem Blickwinkel der mentalen Gesundheit. Einige Studien legen eine positive Wirkung von Religiosität auf Selbstwertgefühl und Selbstbewusstsein nahe. Die meisten Untersuchungen deuten eine konstruktive Rolle von Religiosität in Bezug auf die Gesundheit der Betroffenen an, wobei dies nicht ausnahmslos für alle Stichproben festzustellen ist. Religiosität ist für unterschiedliche Leute unterschiedlich relevant und damit auch wichtig bzw. unwichtig im Bewältigungsprozess. Mehrere Studien deuten darauf hin, dass Religiosität mit geringerer depressiver Symptomatik verknüpft ist. Die Zusammenhänge zwischen PTBS-Symptomatik und Religiosität sind komplex: nicht alle, aber manche Studien legen eine symptommildernde Wirkung von Religiosität nahe, andere zeigen allerdings, dass Zweifel und Erschütterungen in diesem Bereich die PTBS-

Symptomatik verstärken können. Verschiedene Faktoren sind wichtig: Spielt Religiosität im Gewaltkontext (also z.B. der Familie) eine Rolle, ist sie weniger wahrscheinlich als Ressource zugänglich. Insgesamt scheinen intrinsische Formen von Religiosität bedeutungsvoller als extrinsische. Eine mögliche Effektstärke von Religiosität auf unterschiedliche Symptomatiken ergibt sich aus den Studien nicht eindeutig. Auch ist nicht immer klar, ob die unter Religiosität gemessenen Phänomene direkt oder vermittelnd wirken. Zweierlei wurde aber deutlich: Der Bereich der Religiosität stellt eine wichtige Komponente dar und sollte aus der Psychotraumatologie nicht ausgespart werden. Sie ist aber nur einer unter mehreren Faktoren. Religiosität ist kein Wundermittel, das andere konstruktive Faktoren wie soziale Unterstützung oder therapeutische Hilfe irgendwie ersetzen könnte.

Es seien an dieser Stelle auch einige kritische Anmerkungen zu den angeführten Studienergebnissen gemacht. Der wichtigste Kritikpunkt ist hierbei, dass fast alle Studien mit Messinstrumenten arbeiten, die nicht dezidiert für die Erforschung von Zusammenhängen zwischen Traumata und Religiosität entwickelt wurden. Es ist hier die Notwendigkeit angezeigt, in Zukunft spezifische Forschungsinstrumente zu entwickeln. Weiterhin beziehen einige der Studien sich auf sehr spezifische Stichproben, so dass deren Ergebnisse nur eingeschränkt verallgemeinerbar sind. Auf der anderen Seite fehlen bestimmte Bevölkerungsgruppen. Beispielsweise beschäftigt sich keine Studie dezidiert mit entsprechenden Fragestellungen in Bezug auf Kinder und Jugendliche. Schließlich fehlen Langzeitstudien. Diese wären aber von besonderem Interesse. So wäre denkbar, dass sich Auswirkungen von Traumata auf Religiosität über den Bearbeitungsprozess hinweg wandeln und in den verschiedenen Phasen des Bearbeitungsprozesses unterschiedliche Ausformungen von Religiosität variierende Wirkungen haben. Nur wenige Studien machen jedoch Angaben über den Zeitraum zwischen dem traumatischen Ereignis und der quantitativen Erhebung. Verläufe können auf diese Weise nur sehr bedingt nachempfunden werden. Die quantitative Erforschung der Bedeutung von Religiosität im Umgang mit Traumata steht insgesamt am Anfang. Die hiesige Zusammenschau konnte aber einen Rahmen erstellen, in den die qualitativen Studien konstruktiv eingeordnet werden können.

D. Die religiöse Dimension von Traumata

4. Qualitative Studien

In den Systematic Review wurden 19 qualitative Studien einbezogen.[134] Aufgrund der enormen Informationsfülle, die ein relativ offenes Studiendesign mit sich bringt, muss an dieser Stelle eine stärkere Gewichtung der unterschiedlichen Forschungsarbeiten vorgenommen werden. Bei der Gewichtung war die Frage leitend, inwiefern die Studien besonders wichtige Erkenntnisse für eine seelsorgetheoretische Arbeit zu Tage fördern. Während in einem ersten Abschnitt 15 Forschungsarbeiten in Gruppen zusammengefasst und in ihren Grundzügen skizziert werden, sollen vier weitere, besonders relevante Studien ausführlich dargestellt werden.

4.1 Grundzüge qualitativer Forschung

Eine *erste Gruppe* von Studien entspricht stärker individuellen Falldarstellungen. Dazu gehört die Arbeit von Kelly Beveridge und Monit Cheung.[135] Im Zentrum steht hier eine erwachsene Überlebende von Inzest, die das Pseudonym „Amy" trägt. Über den Therapieprozess hinweg wird mit besonderer Sensibilität für Fragen von Religiosität und Spiritualität die Aufarbeitung und Integration des durch den Missbrauch entstandenen Traumas angestrebt. Der Fall von Amy macht deutlich, wie sehr die Erfahrung von sexuellem Missbrauch zu einer zu problematisierenden Aneignung von Religiosität führen kann.[136] Die Autorinnen plädieren deswegen dafür, diesen Bereich in unaufdringlicher Weise unbedingt einzubeziehen.[137]

Ähnlich gelagert ist eine qualitative Fallstudie von Vincent R. Starnino. Die Bearbeitungsprozesse zweier Betroffener mit besonderem Fokus auf deren Religiosität werden näher dargestellt. Beide – James und Helen – ringen neben den unmittelbaren Traumafolgen mit schweren psychischen Erkrankungen. Ein kausaler Zusammenhang zwischen Trauma und Erkrankung ist vor dem Hintergrund der Ausführungen des vorhergehenden Kapitels denkbar, wird in der Studie aber nicht näher thematisiert. Wie in der vorhergehenden Studie wird

---

[134] Wobei die Studie von Rudolfsson und Tidefors in zwei unterschiedlichen Artikeln publiziert wurde, die Aufstellung in 4.3 also 19 statt 20 Artikel zählt.
[135] Vgl. BEVERIDGE, Kelli; CHEUNG, Monit (2004): A Spiritual Framework in Incest Survivors Treatment, in: Journal of Child Sexual Abuse: Research, Treatment, & Program Innovations for Victims, Survivors, & Offenders, 13, H. 2, 105–120.
[136] Siehe dazu z.B. bestimmte Annahmen, die dann auch Thema im Therapieprozess wurden: „Christians have to be perfect"; „God allowed and punished me"; „I am ashamed/feel unworthy"; „I cannot feel anger toward God". Vgl. BEVERIDGE; CHEUNG (2004): *A Spiritual Framework in Incest Survivors Treatment*, 115.
[137] Vgl. BEVERIDGE; CHEUNG (2004): *A Spiritual Framework in Incest Survivors Treatment*, 112ff.

deutlich, dass Religiosität in Bezug auf Traumata Fragen und Probleme aufwerfen, aber auch eine wichtige Ressource darstellen kann. In dieser Studie wird erkennbar, dass entscheidende Bewältigungsleistung auch in Fragen von Religiosität von den Betroffenen selbst, unabhängig von professionellen Akteuren, erbracht wird.[138]

Eine jedoch sehr hilfreiche professionelle Unterstützungsmaßnahme wurde von Nichole A. Murray-Swank und Kenneth I. Pargament entwickelt. Es handelt sich bei der Studie um die Evaluation einer von Murray-Swank entwickelten, spiritualitätsbasierten Intervention für weibliche Überlebende von sexuellem Missbrauch mit dem Namen „Solace for the Soul: A Journey Towards Wholeness".[139] Innerhalb von acht manualisierten[140] Einheiten werden verschiedene Themen aus dem Spannungsfeld von Religiosität und Missbrauch behandelt. Bemerkenswert ist dabei die Verschränkung der Thematisierung mit praktischen Übungen. So werden bspw. in der zweiten Einheit vorhandene Gottesbilder erfragt und die Klientinnen anschließend im Rahmen einer Übung dazu eingeladen, sich neue religiöse Perspektiven zu erschließen (in diesem Fall: sich Gottes Liebe als einen inneren Wasserfall vorzustellen).[141] Für die beiden Frauen, deren Schicksale bei dieser Studie im Zentrum stehen, erwies sich die Bearbeitung ihrer religiösen Anliegen und Zweifel, angeleitet von einer kompetenten Begleitung, als sehr hilfreich. In beiden Biographien hatte der Missbrauch starke Auswirkungen auf die Religiosität. Ebenso konnten beide Frauen religiositätsbezogene Ressourcen ausfindig machen.[142]

Durch die Linse eines narratologisch-analysierenden Zugangs beschreibt R. Ruard Ganzevoort die religiöse Lebensdeutung eines in der Kindheit sexuell missbrauchten Mannes, der das Pseudonym „Frits" trägt. Das Fallbeispiel von Frits macht die Komplexität und Vielschichtigkeit von Religion deutlich. Ganzevoort findet in den Beschreibungen von Frits unterschiedliche Narrative, die sich zu unterschiedlichen Zeitpunkten der Lebensgeschichte in Rückgriff auf

---

[138] Vgl. STARNINO, Vincent R. (2016): When Trauma, Spirituality, and Mental Illness Intersect: A Qualitative Case Study, in: Psychological Trauma: Theory, Research, Practice, and Policy, 8, H. 3, 375–383.

[139] MURRAY-SWANK, Nichole A.; PARGAMENT, Kenneth I. (2005): God, Where are You?: Evaluating a Spiritually-Integrated Intervention for Sexual Abuse, in: Mental Health, Religion & Culture, 8, H. 3, 191. Es handelt sich bei dem dahinterstehenden Konzept um ein dezidiert therapeutisches und sollte deswegen in dieser Form nicht vorschnell in die Seelsorge übertragen werden. Dennoch können sich in derartigen Konzepten nach kritischer Reflexion Anregungen für die Seelsorge finden.

[140] „Manualisiert" meint hier, dass die Einheiten einem fest vorgegebenen Therapiemodell folgen.

[141] Vgl. MURRAY-SWANK; PARGAMENT (2005): God, Where are You?, 191f.

[142] Vgl. MURRAY-SWANK; PARGAMENT (2005): God, Where are You?, 196ff.

D. Die religiöse Dimension von Traumata

die jeweils aktualisierte Religiosität zu entwickeln begannen und jeweils unterschiedliche Funktionen erfüllten.[143] Ganzevoort liegt daran, den dynamischen und polyphonen Charakter religiöser Sinnzuschreibungen in der Auseinandersetzung mit dem Missbrauch herauszustellen.[144] Religiosität ist eine sich über die Lebensgeschichte wandelnde Größe, die dabei auch nicht durchgängig von inneren Widersprüchen frei sein muss.

Während in den vorhergehenden Studien vor allem Missbrauchserfahrungen in der Kindheit im Zentrum standen, rückt die Studie von Shondrah Tarrezz Nash und Latonya Hesterberg das Schicksal dreier Frauen ins Zentrum, die Opfer von schwerer Gewalt durch ihren Lebenspartner wurden. Die Fallstudien gehen dabei der Frage nach, welche Rolle biblische Geschichten in der Bewältigung der Gewalt hatten.[145] Alle drei Frauen teilten ein wortwörtliches Bibelverständnis. Alle Frauen identifizierten sich – das Bezugswissen wurde dabei von den Frauen selber eingebracht – mit biblischen Figuren, welche schweres Leid erlebt hatten, was ihnen jeweils half die Situationen zu überstehen.[146] In Bezug auf die Beendigung von Gewalt macht die Studie deutlich, dass die Rolle von Religiosität ambivalent ist: Sie kann sowohl das passive Erleiden, als auch das aktive Verändern der Umstände begünstigen.[147]

Die *zweite Gruppe* von Studien umfasst größere Stichproben (N= 9–90) und soll hier zusammenfassend dargestellt werden, weil die jeweiligen zentralen Befunde überwiegend im Rahmen des bisher Gesagten liegen.

LaNae Valentine und Leslie L. Feinauer fragten in Interviews mit 22 Frauen, die sexuellen Kindesmissbrauch überlebt hatten und ihr Leben sehr erfolgreich bewältigten, nach Resilienzfaktoren. Viele der Frauen benannten dabei Religion und/oder Spiritualität als wichtige Kraftquellen mit je unterschiedlichen Funktionen. Für manche war das unterstützende Netzwerk einer religiösen Gemeinschaft besonders hilfreich, andere bezogen aus ihrer Religiosität ein positives Selbstbild, oder konnten aus ihr heraus ihrem Leben und auch der Missbrauchserfahrung stärker einen Sinn abringen.[148]

Zu sehr ähnlichen Ergebnissen kommen Christine B. Bogar und Diana Hulse-Killacky in ihren Interviews mit zehn Frauen, die ebenfalls sexuellen Kindesmissbrauch überlebt hatten. Die meisten Frauen identifizierten Spiritualität

---

[143] Vgl. GANZEVOORT, R. Ruard (2001): *Religion in Rewriting the Story: Case Study of a Sexually Abused Man*, in: *International Journal for the Psychology of Religion*, 11, H. 1, 49ff.56ff.
[144] Vgl. GANZEVOORT (2001): *Religion in Rewriting the Story*, 60f.
[145] Vgl. NASH, Shondrah Tarrezz; HESTERBERG, Latonya (2009): *Biblical Framings of and Responses to Spousal Violence in the Narratives of Abused Christian Women*, in: *Violence Against Women*, 15, H. 3, 344f.
[146] In diesem Fall vor allem Jesus, Hiob und Daniel.
[147] Vgl. NASH; HESTERBERG (2009): *Biblical Framings*, 345ff.
[148] Vgl. VALENTINE, LaNae; FEINAUER, Leslie L. (1993): *Resilience Factors Associated with Female Survivors of Childhood Sexual Abuse*, in: *The American Journal of Family Therapy*, 21, H. 3, 220f.

und/oder religiöse Überzeugungen als wichtige Resilienzfaktoren. Bei einigen zog sich ein Glaube an Gott durch das ganze Leben, bei anderen entwickelte er sich später. Die Wirkungen waren dabei jeweils verschieden: Manchen gab der Glaube ein Gefühl von Schutz und totaler Akzeptanz, einer Frau half der Glaube an eine Gerechtigkeit im Leben nach dem Tod, um sich von der Sehnsucht nach Vergeltung zu befreien, andere empfanden Glaube hilfreich in der Beziehung zu sich selbst und zu ihren Mitmenschen.[149]

Jennifer L. Manlowe untersuchte in ihrer Studie mit 9 Frauen (bzw. acht plus die Studienautorin selbst) die Zusammenhänge zwischen sexuellem Trauma, Körperbild und Religion. Alle Frauen in dieser Stichprobe wurden in ihrer Kindheit von Personen aus dem sozialen Nahraum sexuell missbraucht, alle litten (zu einem großen Teil infolgedessen) an Essstörungen und alle hatten eine größtenteils christlich-religiöse Sozialisation durchlaufen.[150] Manlowe identifizierte in ihrer Studie religiöse Themen, die für die meisten der Frauen sehr wichtig und drängend waren: Dazu gehört die Frage nach dem Sinn ihres Leidens, das oft verzweifelte Gebet um Schutz oder Heilung, die Frage nach dem Schweigen Gottes, die Verschränkung von Gottesbild und Elternbild, Schuld- und Schamgefühle und die Bedeutung von Nahrungsmitteln bis in die Sphäre der Religiosität hinein.[151] Der Autorin ist es aus ihrer feministischen Perspektive außerdem ein entscheidendes Anliegen, christliche Glaubensinhalte daraufhin zu hinterfragen, inwiefern sie Gewalt gegen Mädchen und Frauen befördern und bei deren Bewältigung hinderlich sind.[152] Ein Impuls dem im Laufe der Arbeit nachzugehen sein wird.

Grossmann und Kollegen fragten 16 Männer mit hoher Resilienz, die eine Vergangenheit von sexuellem Kindesmissbrauch hatten, wie sie in diesen Erfahrungen Sinn finden konnten.[153] Während nur zwei in religiöse Gemeinschaften involviert waren, berichteten etwa die Hälfte der Männer von spirituellen Glaubensinhalten, die ihr Leben bereicherten und den Heilungsprozess unterstützen. Für einige Männer war dabei der Kontakt zu den Anonymen Alkoholikern oder anderen Zwölf-Stufen-Programmen hilfreich.[154]

Eine sehr umfassende Studie von Skogrand und Kollegen mit 90 Teilnehmenden (72 Frauen und 18 Männern), die von einer traumatischen Kindheit

---

[149] Vgl. BOGAR, Christine B.; HULSE-KILLACKY, Diana (2006): *Resiliency Determinants and Resiliency Processes Among Female Adult Survivors of Childhood Sexual Abuse*, in: Journal of Counseling & Development, 84, H. 2, 322.

[150] Vgl. MANLOWE, Jennifer L. (1995): *Faith Born of Seduction: Sexual Trauma, Body Image and Religion*, New York University Press: New York [u.a.], 162ff.

[151] Vgl. MANLOWE (1995): *Faith Born of Seduction*, 79ff.

[152] Vgl. MANLOWE (1995): *Faith Born of Seduction*, 59ff.

[153] Vgl. GROSSMAN, Frances K.; SORSOLI, Lynn u.a. (2006): *A Gale Force Wind: Meaning Making by Male Survivors of Childhood Sexual Abuse*, in: American Journal of Orthopsychiatry, 76, H. 4, 434.

[154] Vgl. GROSSMAN; SORSOLI u.a. (2006): *A Gale Force Wind*, 439.

D. Die religiöse Dimension von Traumata

berichteten, abstrahiert Spiritualität als eine mögliche Stufe im Überwindungsprozess von Traumata. Während institutionalisierte Religion in den meisten Fällen als unzureichend („wanting") empfunden wurde, entwickelten – laut Selbstauskunft – viele Befragte im Laufe der Zeit eine persönliche Beziehung zu einer höheren Macht.[155] Spiritualität bedeutete für viele Teilnehmende, eine Verbindung mit einem höheren Sein zu haben, auf das sich meistens als „Gott" bezogen wurde. Manchen half diese Spiritualität bei der Sinnsuche, bot Halt in schwierigen Zeiten und unterstützte so den Heilungsprozess.[156] Interessant ist auch, dass dem Einsatz für andere eine wichtige Funktion in der Bearbeitung des Traumas zugeschrieben wurde.[157]

Drumm und Kollegen fanden in einer Studie mit 42 Frauen aus der Kirche der Siebenten-Tags-Adventisten, die Gewalt in ihrer Partnerschaft erlebt hatten, in ähnlicher Weise die große Wichtigkeit eines persönlichen Glaubens für die Resilienz der jeweiligen Frauen.[158] Zu beachten ist, dass die Frauen einem religiösen Kontext entstammen, in dem auf die persönliche Gottesbeziehung sehr großer Wert gelegt wird.[159] Schlüssigerweise spiegelt sich in den konkreten religiösen Ausdrucksformen sehr stark der dahinter stehende Frömmigkeitskontext:

> „Within the broad category of spiritual coping, the resilience strategies that emerged as themes from the analysis include: (1) experiencing God as a lifeline for survival, (2) utilizing Bible reading and prayer as spiritual coping practices, (3) attribution of resilience resources to God, (4) the role of spirituality versus religion in coping, and (5) spirituality leading to self-efficacy."[160]

Der vierte Aspekt „the role of spirituality versus religion in coping" sei hier noch einmal erklärt: Viele der Frauen gaben an, mit institutionalisierter Religion und ihren Traditionen Schwierigkeiten zu haben. Eine Abwendung von organisierter Religion und eine Vertiefung des persönlichen Glaubens waren dabei keine Gegensätze.[161]

Dawnovise N. Fowler und Michele A. Rountree fragten 22 Frauen, die Gewalt durch ihren Partner erlitten hatten, im Kontext eines Frauenhauses nach der Bedeutung von Spiritualität im Umgang mit ihren Erfahrungen. Die Frauen beschrieben Spiritualität dabei als etwas, das alle Lebensbereiche durchdringt und besonders tröstende und beruhigende Wirkung hat („comfort and

---

[155] Vgl. SKOGRAND, Linda; SINGH, Archana u.a. (2007): *The Process of Transcending a Traumatic Childhood*, in: Contemporary Family Therapy: An International Journal, 29, H. 4, 265.
[156] Vgl. SKOGRAND; SINGH u.a. (2007): *The Process of Transcending*, 265ff.
[157] Vgl. SKOGRAND; SINGH u.a. (2007): *The Process of Transcending*, 263ff.
[158] Vgl. DRUMM, René; POPESCU, Marciana u.a. (2014): *„God Just Brought Me Through It": Spiritual Coping Strategies for Resilience Among Intimate Partner Violence Survivor*, in: Clinical Social Work Journal, 42, H. 4, 387ff.
[159] Vgl. DRUMM; POPESCU u.a. (2014): *„God Just Brought Me Through It"*, 391.
[160] DRUMM; POPESCU u.a. (2014): *„God Just Brought Me Through It"*, 389.
[161] Vgl. auch mit Zitaten: DRUMM; POPESCU u.a. (2014): *„God Just Brought Me Through It"*, 390.

calming")._162_ Spiritualität wurde dabei als Glaube beschrieben und war für die meisten Frauen eine Beziehung zu Gott, Jesus Christus oder einer höheren Macht._163_ Für manche Frauen war Spiritualität sehr eng mit Emotionen verknüpft und für einige der Ort, an dem Lebenssinn gefunden wurde._164_ Sie wurde als Quelle moralischen Handelns erlebt und konnte über Gebet, Meditation bis hin zum Besuch von Gottesdiensten verschiedene Ausdrucksformen annehmen._165_ Für viele Frauen war Spiritualität eine wichtige Kraftquelle._166_

Zwei weitere Studien stechen durch ihre sehr spezifische Stichprobe hervor. Gary U. Behrman interviewte für eine Studie zwölf katholische Nonnen, die in ihrer Kindheit bzw. Jugend sexuellen Missbrauch erlitten hatten und sich in ihrer Lebensspanne jenseits der 65 Jahre befanden._167_ Neben Reflexionen über den besonderen Kontext der Studienteilnehmenden finden sich einige wichtige Feststellungen: Mehrere Frauen betonten die Wichtigkeit für ihren persönlichen Bewältigungsprozess, das Schweigen um den Missbrauch zu brechen._168_ An anderer Stelle wird betont, dass die psychologische und die spirituelle Verarbeitung des Missbrauchs zwei zu unterscheidende Sphären seien, die jeweils unterschiedliche Zugänge benötigten._169_ Die Studie gibt auch ein sehr prägnantes Zitat einer Schwester wieder:

> „Hope is what most survivors cling to. It's not faith because sometimes faith has gone out of the window, but it is the virtue of hope. There is something resilient in the hope, that something good is going to happen."[170]

Antonia M. van Loon und Debbie L. Kralik begleiteten über den Zeitraum von 18 Monaten 16 obdachlose Frauen, die in ihrer Kindheit sexuellen Missbrauch erlebt hatten. In regelmäßigen Gruppentreffen kamen immer wieder auch religiöse Themen zur Sprache._171_ Methodisch folgt die Studie einem Ansatz namens

---

[162] Vgl. FOWLER, Dawnovise; ROUNTREE, Michele (2010): *Exploring the Meaning and Role of Spirituality for Women Survivors of Intimate Partner Abuse*, in: *Journal of Pastoral Care & Counseling (Online)*, 64, H. 2, 6.

[163] Vgl. FOWLER; ROUNTREE (2010): *Exploring the Meaning and Role of Spirituality*, 6.

[164] Vgl. FOWLER; ROUNTREE (2010): *Exploring the Meaning and Role of Spirituality*, 6f.

[165] Vgl. FOWLER; ROUNTREE (2010): *Exploring the Meaning and Role of Spirituality*, 7f.

[166] Vgl. FOWLER; ROUNTREE (2010): *Exploring the Meaning and Role of Spirituality*, 8f.

[167] Der Inhalt des Artikels basiert weitestgehend auf der unveröffentlichten Dissertation von Gary Behrman an der University at Albany aus dem Jahr 2007 mit dem Thema: „Exploring the Effects of Early Life Sexual Abuse in Later Life Among Catholic Women Religious (Nuns)".

[168] Vgl. BEHRMAN, Gary U. (2013): *The Community as Family: Resilience in Older Women Religious Sexually Abused in Early Life*, in: *Handbook of Family Resilience*, hrsg. von BECVAR, Dorothy S., Springer: New York [u.a.], 538.

[169] Vgl. BEHRMAN (2013): *The Community as Family*, 540.

[170] Vgl. BEHRMAN (2013): *The Community as Family*, 546.

[171] Vgl. VAN LOON, Antonia M.; KRALIK, Debbie L. (2006): *Religious Understandings Inform Women's Self Discovery: Participatory Action Research With Adult Survivors of Child Sexual Abuse*, in:

D. Die religiöse Dimension von Traumata

„Participatory Action Research", der die Befragten nach Auskunft der Autorinnen mündig in den Studienablauf einbinden will. Die Gruppentreffen wurden transkribiert; den beteiligten Frauen wurde eine Woche nach den Zusammenkünften die Möglichkeit der Rückmeldung durch Feedbackbögen gegeben.[172] Entsprechend dem Studiendesign, das einen besonderen Fokus auf Identitätsfragen legte, kam Religiosität vor allem in ihrer identitätsstiftenden Funktion zur Geltung. Für viele der Frauen war Religion insofern hilfreich, als sie ihnen erlaubte, ihre persönliche Geschichte in einen größeren sinnstiftenden Kontext zu stellen und so Gefühle von Andersartigkeit und Entfremdung zu überwinden. Außerdem bot Religion einen Raum, in dem Fragen nach dem Sinn und Unsinn von Leid artikuliert werden konnten.[173] Auch diese Studie stellte die sinnstiftende Funktion des Einsatzes für andere heraus. Manche der Frauen konnten aus Religion positive, hoffnungsstiftende Selbstbilder beziehen. Für manche stiftete sie einen Rahmen, in dem sie mit anderen Menschen und auch einer höheren Macht, welche die meisten Gott nannten, in Verbindung treten konnten.[174]

Drei Studien unterscheiden sich von den vorhergehenden besonders durch ihre Methodik. Eine Studie von Knapik, Martsolf und Draucker mit 50 Betroffenen von sexueller Gewalt wählt einen Grounded-Theory-Ansatz.[175] Jedoch ist das Anliegen abzuspüren, das empirische Material äußerst zügig in ein konsistentes theoretisches Modell überführen zu wollen. Abgesehen von der Erkenntnis, dass Spiritualität für Betroffene sehr wichtig sein kann,[176] sagen die Ergebnisse mehr über die Befragenden als die Befragten aus[177].

Susan Shooter stellt in Ihrem Buch „How Survivors of Abuse Relate to God" die Frage nach der Spiritualität von neun Christinnen, die eine Form von Missbrauch überlebt hatten. Sie bedient sich dabei den Methoden empirischer Sozialforschung und verknüpft diese sehr eng mit theologischer Reflexion. Insgesamt überwiegt der theologisch-systematische Aspekt jedoch so stark

---

Religion and Psychology: New Research, hrsg. von AMBROSE, Sylvan D., Nova Science Publishers: New York, 153f.

[172] Vgl. VAN LOON; KRALIK (2006): *Religious Understandings*, 157ff. Siehe dort auch nähere Details zum „Participatory Action Research".

[173] Vgl. VAN LOON; KRALIK (2006): *Religious Understandings*, 174.

[174] Vgl. VAN LOON; KRALIK (2006): *Religious Understandings*, 177.

[175] Bei „Grounded Theory" handelt es sich um ein sozialwissenschaftliches Methodenspektrum, das anhand bestimmter Verfahren zur Auswertung empirischer Daten eine wirklichkeitsnahe Handlungstheorie entwickeln will. Siehe als Beispiel mit näheren Ausführungen zu diesem Ansatz: SHOOTER, Susan (2012): *How Survivors of Abuse Relate to God*, Ashgate: Farnham [u.a.], 29ff.

[176] Das Thema der Spiritualität war ursprünglich nicht Teil der Studie, wurde zu einem späteren Zeitpunkt aber eingefügt, da viele Befragte es von sich aus thematisierten. Vgl. KNAPIK, Gregory P.; MARTSOLF, Donna S. u.a. (2008): *Being Delivered: Spirituality in Survivors of Sexual Violence*, in: *Issues in Mental Health Nursing*, 29, H. 4, 337.

[177] Vgl. KNAPIK; MARTSOLF u.a. (2008): *Being Delivered*, 335–350.

gegenüber dem empirischen, dass die zentralen Inhalte der Studie eher systematischer als empirischer Natur sind.[178]

Eine Studie des bereits oben erwähnten R. Ruard Ganzevoort wählt einen narratologischen Zugang zu den Erzählungen von zwölf Männern mit Erfahrungen von sexuellem Kindesmissbrauch. Missbrauchsvergangenheit und Religiosität wurden dabei erfragt, jedoch methodisch-inhaltlich nicht dezidiert aufeinander bezogen, was diese Studie von den vorhergehenden unterscheidet.[179] Weiterführend ist diese Untersuchung aber für die hiesige Fragestellung dennoch. Zum einen werden Themen deutlich, die im Narrativ jedes der zwölf Männer ihren Ort haben. Alle Männer erzählen Geschichten – die Gegensätze werden hier jeweils einander zugeordnet – von Nähe und Distanz, Macht und Ohnmacht und schließlich Schuld und Unschuld. Einige Männer erzählen Geschichten von Akzeptanz und Zurückweisung, Wahrheit und Verwirrung und stellen Fragen der Identität.[180] Es sind all dies Themen, die jeweils auch in die Sphäre der Religiosität hineinreichen können. Schließlich zeigt die Studie auf, wie stark Inhalte und Geschichten im Bewältigungsprozess von den Betroffenen uminterpretiert werden können.[181] Damit wird die Spannung aufgedeckt zwischen dem Individuum im ringenden Bewältigungs- und Interpretationsprozess einerseits und religiösen Traditionen mit ihren relativ kanonischen Bedeutungsvorgaben andererseits.[182] Dies ist eine Spannung, die grundsätzlich besteht, jedoch im Falle von Traumata noch einmal deutlich verstärkt werden kann, sofern die Ursachen der Traumata starken gesellschaftlichen Verdrängungsmechanismen unterliegen, wie das bei Gewalt im sozialen Nahraum der Fall ist.

---

[178] SHOOTER (2012): *How Survivors of Abuse Relate to God*.
[179] Vgl. GANZEVOORT, R. Ruard (2002): *Common Themes and Structures in Male Victims' Stories of Religion and Sexual Abuse*, in: *Mental Health, Religion & Culture*, 4, H. 3, 113ff.
[180] Vgl. GANZEVOORT (2002): *Common Themes*, 316ff.
[181] Beispielsweise deutet einer der Befragten die biblische Erzählung der Bindung Isaaks als Gegengeschichte zu seinem eigenen Missbrauch: Während Abraham in der Geschichte durch Jahwe und seinen Engel geleitet wird, kann der Vater des Betroffenen dies nicht für sich beanspruchen. Er trägt die Verantwortung für den Missbrauch alleine. Vgl. GANZEVOORT (2002): *Common Themes*, 323.
[182] Vgl. GANZEVOORT (2002): *Common Themes*, 324.

D. Die religiöse Dimension von Traumata

4.2 Qualitative Forschung im Detail

Vier Studien werden hier detaillierter vorgestellt. In der Darstellung wird möglichst auch die Stimme der Betroffenen hörbar gemacht, es findet sich entsprechend eine größere Zahl direkter Zitate. Vor dem Hintergrund der bisher erarbeiteten Einsichten aus quantitativer und qualitativer Forschung können die ausgewählten Studien entscheidende Erkenntnisse vertiefen und wichtige Impulse für den im engeren Sinne seelsorgetheoretischen Teil der Arbeit beitragen.

Die erste Studie stammt von Patricia L. Ryan und hat die Spiritualität von 50 Frauen zum Thema, die vor dem Alter von 19 Jahren Gewalt erlitten hatten. Die überwiegende Mehrheit der Frauen erlebte schon sehr früh schwere Formen von Gewalt, verübt von Tätern, die weitestgehend aus dem sozialen Nahraum stammten.[183] Alle Frauen lebten in den USA und waren in Bezug auf Alter, Einkommen und Familienstand über verschiedene Bevölkerungsgruppen verteilt. Der religiöse Herkunftskontext war unterschiedlich. Etwa die Hälfte der Frauen ordnete sich keiner Religion zu. Da sich die Teilnehmenden aber auf eine Studienbeschreibung hin selbstständig meldeten, aus der die thematische Fokussierung auf Fragen der Spiritualität ersichtlich war, ist von einer gewissen Vertrautheit in Bezug auf diesen Bereich auszugehen. Die Methodik umfasste vor allem die Beantwortung von sieben offen formulierten Fragen als auch vertiefende Interviews mit einigen der Beteiligten.[184]

Auffällig ist, dass dreiviertel der religiös erzogenen Frauen mit der Religion ihrer Kindheit brachen. Aus den Antworten kristallisieren sich fünf Hauptgründe dafür heraus:[185] 1. Einige Frauen erlebten Missbrauch durch Amtspersonen. Dies zerstörte das Vertrauen sowohl in die Institution, als auch den dahinterstehenden Glauben. 2. Manche hatten erlebt, dass die Täter Glaubenssätze dazu benutzen, die Gewalt zu decken und die Betroffenen in die Verschwiegenheit zu drängen: „God will get you if you tell."[186] 3. Sehr viele Frauen (N=25) rangen mit der Frage, warum ein allmächtiger und wohlwollender Gott die Gewalt hatte geschehen lassen. Auch dadurch verloren viele Gottesbilder der Kindheit ihre Plausibilität. 4. Manche Frauen identifizierten missbrauchende Eltern mit dem Gott ihres Glaubens. Verschiedene Eigenschaften wurden damit von den Tätern in das Gottesbild übertragen und führten später zu einem Bruch. 5. Für einige der Befragten wurden bestimmte, mit ihrer Herkunftsreligion assoziierten Wertevorstellungen unannehmbar. Explizit benannt wurden: das

---

[183] Vgl. RYAN, Patricia L. (1998): *An Exploration of the Spirituality of Fifty Women Who Survived Childhood Violence*, in: *The Journal of Transpersonal Psychology*, 30, H. 2, 90.
[184] Vgl. RYAN (1998): *An Exploration of the Spirituality*, 89f.
[185] Die Auflistung findet sich unter: RYAN (1998): *An Exploration of the Spirituality*, 90ff.
[186] RYAN (1998): *An Exploration of the Spirituality*, 91.

(willige) Ertragen von Leiden, patriarchale Vorstellungen, Gehorsam gegenüber den Eltern und Vergebungsdruck.[187]

Für die Frauen in dieser Stichprobe führten diese Erfahrungen und Fragen aber letztlich nicht in Irreligiosität. Für viele ging die Aufarbeitung der Gewalterfahrungen auch mit einer spirituellen Suche und einem vertieften Fragen einher. Nach der konkreten Bedeutung von Spiritualität im Bewältigungsprozess gefragt, ergaben sich wieder verschiedene Hauptlinien (die sich gegenseitig nicht ausschließen): Ein Teil (N=16) der Frauen gab an, Gott – bzw. eine göttliche Energie oder höhere Macht – sei Grund für ihr Überleben gewesen. „Each step of the way, God was leading me along to where I could finally ... get the help I needed."[188] Manche der Frauen führte die Suche nach dem Sinn des Erlittenen in den Bereich der Spiritualität. Einige konnten hier Sicherheit, Trost und vor allem auch Hoffnung finden. Einige der Frauen hatten Erlebnisse, bei denen sie sich von einer höheren Macht angenommen und geliebt fühlten.[189]

„Christianity and Incest" lautet der Titel einer feministisch orientierten Studie von Annie Imbens und Ineke Jonker. 19 Frauen aus den Niederlanden, die sexuelle Gewalt durch männliche Familienmitglieder erfahren hatten, erzählten in strukturierten Interviews (von denen sich 10 abgedruckt finden) von den Auswirkungen der traumatischen Erfahrung(en) auf ihr Leben. Die meisten Familien waren christlich-religiös, wobei fast alle Frauen im Erwachsenenalter mit dieser Tradition zu brechen versuchten.[190] Die Interviewfragen bezogen sich auf ganz unterschiedliche Lebensbereiche, legten aber einen besonderen Fokus auf den Bereich der Religiosität.[191]

Die Frauen entstammten ganz verschiedenen Milieus und boten nach den Autorinnen einen Querschnitt verschiedener, ganz „normaler" Familien aus den Niederlanden.[192] Die Interviews sind ein erschütterndes Zeugnis der tiefgreifenden Auswirkungen sexueller Gewalt auf das Leben der Betroffenen. Die formulierten Erfahrungen sind sehr viel verheerender und komplexer, als dass die zusammenfassende Darstellung, die im Rahmen dieser Arbeit möglich ist, eine eigenständige Kenntnisnahme der Berichte ersetzen könnte.[193] An dieser Stelle ist jedoch eine gewisse Fokussierung notwendig.

---

[187] Vgl. RYAN (1998): *An Exploration of the Spirituality*, 91f.
[188] RYAN (1998): *An Exploration of the Spirituality*, 93.
[189] Vgl. RYAN (1998): *An Exploration of the Spirituality*, 92ff. Die Befragten gaben auch Auskunft darüber, was sie gerne anderen Betroffenen mitteilen würden. Nach der Studienautorin waren hier jeweils ganz entscheidende Kategorien: Anerkennung, Respekt, Vertrauen und die Suche nach Wahrheit. Vgl. RYAN (1998): *An Exploration of the Spirituality*, 94f.
[190] Vgl. IMBENS, Annie; JONKER, Ineke (1992): *Christianity and Incest*, Fortress Press: Minneapolis, 208. Bis auf eine Ausnahme hatten alle Frauen die Kirche ihrer Kindheit verlassen.
[191] IMBENS; JONKER (1992): *Christianity and Incest*.
[192] Vgl. IMBENS; JONKER (1992): *Christianity and Incest*, 21.
[193] Die Interviews finden sich ausführlich bei: IMBENS; JONKER (1992): *Christianity and Incest*, 25–115.

D. Die religiöse Dimension von Traumata

Aus meist hochreligiösen Familien stammend erlebten viele Frauen eine Verwobenheit von – neben anderen Aspekten – Familienleben, Inzest und Religiosität. So zeigte sich die religiöse Dimension des Traumas insbesondere in verschiedenen Bereichen, die nicht per se in die Sphäre der Religiosität gehören, aber von ihr deutlich durchzogen sein können. Dazu gehören Themen wie bspw. Schuld, Scham oder patriarchale Familienstrukturen. Imbens und Jonker betonen auch, dass die Erfahrung so heftiger Gewalt mit einer Art traumageprägten Aneignung von Religiosität einhergehen kann:

> „All sexual, relational, religious and theological texts, symbols, and actions are interpreted on the basis of both traumatic experiences[, the incest trauma and the religious trauma]. This means that a woman with these traumas is particularly receptive to everything in religion related to evil women, seductresses, punishment, blame, guilt and penance [and] patriarchal sexuality[.]"[194]

Unter den spezifisch religiösen Themen kommt in der Studie der Frage nach dem Gottesbild ein zentraler Ort zu. Die meisten Frauen zeichneten das finstere Bild eines patriarchalen, gebieterischen, allmächtigen und allwissenden Gottes, der eher eine Bedrohung als Zuflucht darstellte und mit den Inzesttätern damit einige Attribute teilte. Entsprechend evozierte der Gedanke an Gott bei vielen Frauen Zweifel, Schuldgefühle, Verwirrung, Angst und/oder Zorn.[195]

Für einige Frauen war Jesus hingegen sehr viel positiver besetzt. Er wurde als näher, sanfter, kinderfreundlicher und nicht erdrückend mächtig empfunden.[196]

Eine Frau namens Joan beschrieb die Abgründe und Widersprüche, mit denen sie zu kämpfen hatte, folgendermaßen:

> „I used to believe in God the Father and his son Jesus. Because of my father, I threw God away, although I'm very religious. I can still live with Jesus. But God the Father has such almighty power that it's frightening. It was like that at home and at church. That's why my faith in God the Father was totally destroyed. I still have trouble with it. I can't pray to a God, although I'm so religious. Divine power, I experience it, I feel it. But I'm afraid to call it that; I just can't."[197]

Tragischerweise waren für die meisten Frauen auch die Erfahrungen mit Geistlichen, beim Versuch über ihre Missbrauchserfahrungen zu sprechen, sehr negativ. Die Schilderungen zeichnen Bilder von wenig emphatischen, unsolidarischen Klerikern, die leider nicht fähig waren – die Gründe dafür mögen vielfältig sein – seelsorglich konstruktiv mit der jeweiligen Situation umzugehen.[198]

---

[194] IMBENS; JONKER (1992): *Christianity and Incest*, 166.
[195] Vgl. IMBENS; JONKER (1992): *Christianity and Incest*, 196–205.
[196] Vgl. IMBENS; JONKER (1992): *Christianity and Incest*, 51.95.211ff.
[197] IMBENS; JONKER (1992): *Christianity and Incest*, 39.
[198] Vgl. IMBENS; JONKER (1992): *Christianity and Incest*, 30.48.113. Dabei kann nicht Böswilligkeit unterstellt werden. Die Schilderungen machen vielmehr deutlich, dass die meisten Geistlichen für die Thematik weder sensibilisiert noch entsprechend ausgebildet sind, um bei

Einige weitere christliche Traditionsbestände wurden von den befragten Frauen als Bürde empfunden, die den Bearbeitungsprozess weiter erschwerten: dazu gehörten das Elterngebot, das als negativ empfundene Frauenbild der Bibel, patriarchale Strukturen im Eheverständnis, die Forderung zu vergeben und die starke Betonung menschlicher Schuld.[199] Es handelt sich hierbei um Topoi, die offen dafür sind, vor einem traumatischen Erfahrungshintergrund eine sehr destruktive Dynamik zu entfalten. Seelsorgetheorie muss um diese Gefahr wissen und entsprechend mit ihr umgehen.[200]

Von großer Wichtigkeit ist die bereits im Forschungsüberblick dargestellte Arbeit von Barbara Haslbeck: „Sexueller Missbrauch und Religiosität". Unter den hier wiedergegebenen Studien handelt es sich um die einzige (!) explizit im deutschen Sprachraum erhobene. Dies zeigt die enormen Forschungsdefizite im deutschsprachigen Raum an und räumt der Studie in der vorliegenden Darstellung einen herausgehobenen Platz ein. Die sehr umfassende qualitative Arbeit – die sich auf Interviews mit acht Frauen stützt, die in ihrer Kindheit von Tätern überwiegend aus dem sozialen Nahraum sexuell missbraucht wurden – zeichnet ein sehr klares Bild unterschiedlichster Traumafolgen und geht über den Bereich der Religiosität noch weit hinaus.[201] Jedoch soll genau dieser Bereich hier näher in Betracht kommen: „Alle Interviewten resümieren im Rückblick auf ihren Bewältigungsprozess, dass sich in diesem auch ihre Religiosität veränderte. Die Frauen begeben sich aus ihrer Not heraus auf [die] Suche nach etwas, das ihnen Kraft gibt und hilft."[202]

Religiöse Suchbewegungen sind in hohem Maße biographisch beeinflusst. Mit „Kirche" verbinden nach Barbara Haslbeck die meisten Befragten eine deutliche Benachteiligung von Frauen, ein unterwürfiges Frauenbild und ein problematisches Familienideal, das ein falsches Idyll vortäuschte. Eine der Befragten berichtet:

> „Für mich ist Familienleben ein Ort der Schmerzen. Werte, die man vermittelt bekommt oder was Kirche auch vermittelt über Familie, ist für mich nicht ... der schlimmste Feind hat in der Familie gelebt. Und dieses Gebot, dass man seine Eltern ehren soll, das übersteigt mittlerweile mein Fassungsvermögen."[203]

---

      der Konfrontation mit Betroffenen von Gewalt im sozialen Nahraum kompetent zu reagieren.

[199] Es handelt sich bei dieser Zusammenstellung um eine Abstraktion unterschiedlicher Subthemen, die aber größtenteils den oben genannten Begriffen zuzuordnen sind. Die jeweiligen Themen finden sich in verschiedenen Teilen der Studie, vgl. IMBENS; JONKER (1992): *Christianity and Incest*, 214–263.

[200] Entsprechend muss es im Laufe dieser Arbeit darum gehen, entsprechende Themen zu identifizieren und kritisch aus seelsorgetheoretischer Perspektive zu reflektieren.

[201] Vgl. HASLBECK (2007): *Sexueller Missbrauch und Religiosität*, 274–294.

[202] HASLBECK (2007): *Sexueller Missbrauch und Religiosität*, 378.

[203] HASLBECK (2007): *Sexueller Missbrauch und Religiosität*, 303.

D. Die religiöse Dimension von Traumata

Die Erfahrungen mit kirchlichen Vertretern können als moderat-negativ bezeichnet werden. Abgesehen von wenigen Ausnahmen haben die befragten Frauen hier kaum von Begegnungen zu berichten, bei denen sich kirchliche Vertreter als für die Thematik sensibilisiert und hilfreich zeigten.[204] Die Studienautorin resümiert:

> „Es fällt auf, dass keine Frau ausdrücklich von guten Erlebnissen und Begegnungen mit Kirche und Religion berichtet. Keine erlebt Unterstützung und Hilfestellung in der Auseinandersetzung mit dem Missbrauch durch das, was sie mit Kirche und institutionalisierter Religion verbindet."[205]

Neben den bereits genannten Aspekten christlicher Religion erlebten die betroffenen Frauen noch andere als problematisch. Davon sollen hier nur die wichtigsten aufgeführt werden: Einige befragte Frauen erlebten Aufforderungen zum Gehorsam – bisweilen geknüpft an das Elterngebot – als Ermöglichungsgrund für Missbrauch. Wie in vorhergehenden Studien wurde die Betonung von Sünde und Schuld als belastend empfunden, zumal wenn sie mit weiblicher Sexualität verknüpft wurden. Äußerst ambivalent war das Pendant der Vergebung: Einerseits berichteten einige Frauen von dem Wunsch, den zum großen Teil ja nahestehenden Tätern vergeben zu können, andererseits wurden externe Vergebungsforderungen als außerordentlich belastend erlebt. Auch die Idealisierung und Verklärung von Leiden erlebten Betroffene im Kontext christlichen Gedankengutes als sehr negativ.[206]

Die Studie differenziert in der Auswertung ihrer Ergebnisse sehr stark zwischen institutionalisierter Religion und individueller Religiosität, die kirchlich-christlich geprägt sein kann, aber nicht muss. In letzterer sieht sie eine wichtige Komponente im Bewältigungsprozess. In der Darstellung dieses sehr vielschichtigen Phänomens, werden einige Differenzierungen vorgenommen:

In einem ersten Schritt werden subjektives Erleben und Emotionen näher betrachtet. Drei der befragten Frauen berichten von Erfahrungen, die weit jenseits eines üblichen Erlebnisspektrums liegen, wie religiöse Trancezustände, Visionen und Begegnungen mit Engeln oder Verstorbenen. Der Selbstauskunft nach, werden diese Erlebnisse als unterstützend empfunden.[207] Es muss natürlich gefragt werden, wo Schnittmengen und Unterschiede zwischen religiösem und psychotischem Erleben liegen, oder ob dissoziative Phänomene auch einen religiösen Niederschlag finden können. Jedoch soll an dieser Stelle des Systematic Review die Erfahrungswelt der befragten Frauen urteilsfrei dargestellt werden.[208]

---

[204] Vgl. HASLBECK (2007): *Sexueller Missbrauch und Religiosität*, 300ff.
[205] HASLBECK (2007): *Sexueller Missbrauch und Religiosität*, 312.
[206] Vgl. HASLBECK (2007): *Sexueller Missbrauch und Religiosität*, 307ff.
[207] Siehe auch die ausführlichen Schilderungen der befragten Frauen: HASLBECK (2007): *Sexueller Missbrauch und Religiosität*, 313ff.
[208] Vgl. HASLBECK (2007): *Sexueller Missbrauch und Religiosität*, 369f.

Innerhalb eines gängigeren religiösen Erfahrungsspektrums berichten die Befragten sowohl von belastendem als auch positivem Erleben.[209] Belastend wurden Zorn oder Hass auf Gott erlebt, ebenso wie Gefühle der Sinnlosigkeit, Schuld oder Verlassenheit. Positiv hingegen waren Emotionen und Erleben wie zur Ruhe kommen, innerer Friede oder das Gewinnen von Kraft: „Dann spüre ich so (Pause) ja, so etwas Religiöses, oder so eine Kraft, so eine Ruhe, die sich in mir verbreitet."[210] Weiterhin berichteten die Frauen von religiös konnotierten Gefühlen von Dankbarkeit, Wärme, Ermutigung und einem Gewollt-Sein: „Und in dem Moment, als ich bei der Konfirmation den Spruch gesagt habe, ich war so in mir, habe angefangen so richtig die Wärme gespürt, es war so, als hätte mich jemand umarmt, total, war total schön."[211]

Die Studie betrachtet weiterhin Aussagen zu religiösen Praktiken. Die Frauen bringen größtenteils eine volkskirchliche Sozialisation mit und entstammen ansonsten dem kirchlichen Leben eher lose verbundenen Kontexten. Ein Teil der religiösen Ausdrucksformen tragen entsprechend eine Signatur, die sich im deutschsprachigen Raum eher außerhalb der Amtskirchen findet, mit einer starken Betonung von eigener Erfahrung, Körperlichkeit und Naturbezug. In Bezug auf Körperlichkeit schreibt Barbara Haslbeck:

> „Die starke Körperorientierung der Religiosität hängt wohl auch mit dem Bewältigungsprozess des Missbrauchs zusammen: In der Regel müssen sich betroffene Frauen mit der Beschädigung und Entgrenzung ihres Körpers auseinander setzen [...]. Stück für Stück müssen sie sich ihren Körper vertraut machen und ihn wieder spüren lernen. Die Rückeroberung des eigenen Körpers und damit der Aufbau von Selbstbestimmung kann auch religiös gedeutet werden."[212]

Die konkreten religiösen Praktiken können sich von Meditation und Bibellektüre bis hin zu künstlerischen Ausdrucksformen wie Schreiben, Tanz, Malerei und Musik erstrecken. Eine große Bedeutung kommt auch Ritualen zu, seien sie gemeinschaftlich oder alleine praktiziert.[213]

Soziale Bezüge spielen für die religiöse Suchbewegung ebenso eine wichtige Rolle. Impulse gehen für die befragten Frauen dabei von als Vorbilder erachteten Individuen aus, die sich zuwenden und als glaubwürdig erachtet werden. Empathisches menschliches Miteinander hat für einige der Frauen eine religiöse Dimension, wobei angesichts der Thematik sexuellen Missbrauchs besonders der Verbundenheit unter Frauen eine besondere Qualität zukommt. Die Auseinandersetzung mit der eigenen Gewalterfahrung ging für einige Frauen auch mit der Ausbildung einer sehr großen Einfühlungsgabe einher.[214]

---

[209] Vgl. HASLBECK (2007): *Sexueller Missbrauch und Religiosität*, 316ff.
[210] HASLBECK (2007): *Sexueller Missbrauch und Religiosität*, 317.
[211] HASLBECK (2007): *Sexueller Missbrauch und Religiosität*, 319.
[212] HASLBECK (2007): *Sexueller Missbrauch und Religiosität*, 321.
[213] Vgl. HASLBECK (2007): *Sexueller Missbrauch und Religiosität*, 323ff.
[214] Vgl. HASLBECK (2007): *Sexueller Missbrauch und Religiosität*, 327ff.

D. Die religiöse Dimension von Traumata

In einer weiteren Reflexionsebene thematisiert die Studie Religiosität auf der kognitiven Ebene. Hierbei geht es vor allem um Fragen der Integration der Missbrauchserfahrung in das eigene Weltbild und eventuelle Sinnzuschreibungen. Einige der Frauen sehen das eigene Leid unabhängig von Gott oder einer höheren Macht als Folge menschlich verantworteten Handelns. Andere integrieren transzendente Faktoren. Einen entsprechenden Deutungshorizont stellen bei den Frauen in dieser Stichprobe sowohl kirchlich-christliche als auch stärker esoterische Denkmuster dar, wobei vor allem einige der letzteren die Verantwortung für das Geschehen problematisch nahe in die Richtung der betroffenen Frauen verlagern.[215]

Die Frage nach dem Sinn ist dabei eng mit dem Gottesbild verknüpft. Diesbezüglich macht die Studienautorin sehr interessante Beobachtungen: Insgesamt lehnen die Frauen sowohl ein kindlich-naives als auch ein patriarchal-männliches Gottesbild ab. Das Gottesbild vieler Frauen enthält starke weibliche Elemente. Nach Barbara Haslbeck weisen die Befragten etwa je zur Hälfte ein personales bzw. eher unpersönliches Gottesbild auf. Die Frauen mit einem personalen Gottesbild können in Gott einen positiven Ansprechpartner finden, gleichzeitig stellt sich für diese Gruppe aber auch mit großer Heftigkeit die Frage nach der Theodizee. Frauen mit einem unpersönlichen Gottesbild erleben sich als mit einer stärkenden Kraft verbunden, suchen die Verantwortung für den Missbrauch bisweilen aber intensiver bei sich selbst.[216]

Einige Frauen nehmen auf Jesus Bezug. Er fungiert durch seinen positiven Umgang mit Frauen und anderen gesellschaftlich benachteiligten Gruppen als positive Größe. Von großer Ambivalenz ist die Kreuzesbotschaft geprägt. Diese kann sowohl das Leid verstärken, indem sie es rechtfertigt, idealisiert und zum Vorbild erhebt, oder Leid mildern, indem sie Jesu Solidarität mit menschlichem Leid herausstellt, menschliches Unrecht offenlegt und ein Deutungsmuster zur Verfügung stellt.[217] Die Offenheit christlicher Religion für theologisch fragwürdige Kreuzestheologien wird noch näher zu betrachten sein.

Schließlich reflektiert die Studie aus Perspektive der betroffenen Frauen die Rolle ihrer Religiosität im Prozess der Bewältigung. Alle Frauen berichten von Veränderungen: Während eine Frau sich enttäuscht von Glaube und Religion abwendet, erleben die meisten anderen Frauen eine Intensivierung.[218] Auf der Suche nach Sinn und neuen Kraftquellen führt die Auseinandersetzung mit dem Missbrauch viele der Frauen in eine religiöse Suchbewegung. Einige der Frauen

---

[215] Vgl. HASLBECK (2007): *Sexueller Missbrauch und Religiosität*, 330ff.
[216] Vgl. HASLBECK (2007): *Sexueller Missbrauch und Religiosität*, 375f.
[217] Vgl. HASLBECK (2007): *Sexueller Missbrauch und Religiosität*, 376ff.
[218] Was natürlich nicht heißen soll, dass dies auch in dieser Aufteilung repräsentativ ist. Eventuell fühlten sich durch die Studienbeschreibung Frauen mit einem aktuell intensiveren Bezug zu Religiosität stärker angesprochen.

können hier wichtige Ressourcen finden und erleben eine religiöse Vertiefung.[219] Eine Frau berichtet

> „Also meine Arbeitskollegin [...] hat mal zu mir gesagt: Menschen, die so schlimme Geschichten erlebt haben, die haben eine andere Tiefe. Und ich glaube, da ist was dran. Dass man eben diese Tiefe, die man eben auch erfährt [...] eher da für Spiritualität öffnet. Weil ja da auch ein Erstaunen ist, was ist eigentlich alles möglich."[220]

Religiosität ist dabei eine dynamische, mit der persönlichen Entwicklung verknüpfte Größe. Sie soll Lebenshilfe im Umgang mit der Missbrauchserfahrung sein. Es finden sich allerdings kaum Orte, an denen betroffene Frauen in einen Austausch über diesen Lebensbereich treten können. Und Religiosität bleibt ambivalent. Religiosität kann eine wichtige Kraftquelle sein, eine Auflösung des Traumas bewirkt sie aber nicht:[221]

> „[W]enn es mir schlecht geht und wenn ich dann irgendwo so Probleme habe mit dem, was da noch alles in mir ist, dann denke ich immer: Ich halt es nicht aus, weil da wirklich dieses Trauma in meinem Kopf totales Chaos verursacht. Aber wenn es mir dann so gut geht [...] denke ich mir: Mann, das ist echt phänomenal, das ist phänomenal wie viel Mist man in seinem Leben erleben kann und immer noch lebt, und eigentlich immer noch so denkt: Gott ist da."[222]

Eine für die Fragestellung dieser Arbeit wichtige Studie stammt schließlich von Lisa Rudolfsson und Inga Tidefors. Die Autorinnen interviewten innerhalb des schwedischen Kontextes sieben Frauen und einen Mann, die Opfer sexueller Gewalt geworden waren, die Mehrheit von ihnen in der Kindheit durch Täter aus dem sozialen Nahraum. Spezifisch an dieser Stichprobe ist, dass alle Befragten sich als praktizierende Christen bzw. Christinnen bezeichneten, größtenteils in Gemeindeleben involviert waren und in der Bearbeitung ihrer Gewalterfahrung bereits Seelsorge in Anspruch genommen hatten. Die Befragten waren zwischen 20 und 70 Jahren alt, die meisten hatten in ihrer Kindheit eine christliche Sozialisation durchlaufen. Vier gehörten zur „Church of Sweden", vier zum „Swedish Free Church Movement".[223]

Die Ergebnisse der Studie liegen in zwei unterschiedlichen Artikeln vor: Der erste fragt danach, wie die Befragten vor dem Hintergrund der Missbrauchserfahrung ihre Beziehung zu Gott und zu anderen Gemeindegliedern beschrieben. Der zweite widmet sich den Erfahrungen der Betroffenen mit christlicher Seelsorge.

---

[219] Vgl. HASLBECK (2007): *Sexueller Missbrauch und Religiosität*, 344ff.
[220] HASLBECK (2007): *Sexueller Missbrauch und Religiosität*, 348.
[221] Vgl. HASLBECK (2007): *Sexueller Missbrauch und Religiosität*, 348ff.
[222] HASLBECK (2007): *Sexueller Missbrauch und Religiosität*, 348f.
[223] Vgl. RUDOLFSSON, Lisa; TIDEFORS, Inga (2014): I Have Cried to Him a Thousand Times, But It Makes No Difference: Sexual Abuse, Faith, and Images of God, in: Mental Health, Religion & Culture, 17, H. 9, 912f.

D. Die religiöse Dimension von Traumata

Die Beziehung zu anderen Gemeindemitgliedern wird laut den Autorinnen als schwankend und widersprüchlich beschrieben. Für viele hat die christliche Gemeinde eine hohe Bedeutung für das persönliche Leben und die bisherige Entwicklung. Darunter jedoch mischen sich viele Zweifel. Einige der Befragten waren bzw. sind in ihrer Zugehörigkeit zur christlichen Kirche immer wieder verunsichert.[224] Besonders wenn Zusammenhänge zwischen z.B. Predigten oder biblischen Geschichten und der eigenen Missbrauchserfahrung hergestellt wurden, führte dies zu Gefühlen der Entfremdung. Die Zweifel und Gefühle der Nicht-Zugehörigkeit erlebten viele der Befragten als sehr schmerzhaft. Die Missbrauchserfahrung führte viele zur Infragestellung vorhandener Gottesvorstellungen und den Glaubenskonzepten anderer Gemeindeglieder. Als schmerzhaft wurde auch der Widerspruch empfunden, sich auf der einen Seite durch eine große Sehnsucht nach Gemeinschaft und Spiritualität zu Gemeindeveranstaltungen hingezogen, sich auf der anderen Seite dort aber entfremdet und ausgeschlossen zu fühlen.[225] Viele der Befragten erhofften sich von anderen Gemeindegliedern Unterstützung und Trost, erlebten aber oft, dass die Realität sexuellen Missbrauchs ausgeklammert wurde und sie selbst nicht gesehen wurden.[226]

In Bezug auf christliche Symbolik war der Befund ebenso spannungsvoll. Manche Sprachformen und Bilder wurden als destruktiv (z.B. das Lamm, das geopfert wird), andere als hilfreich empfunden (z.B. Jesus in Gethsemane). Ebenso verhielt es sich mit Ritualen. Eine befragte Person erinnerte eine im Knien empfangene Mundkommunion an erzwungenen Oralverkehr.[227] Andere drückten die Sehnsucht aus, eben besonders mit ihren Missbrauchserfahrungen in der christlichen Ritualsprache aufgehoben zu werden:[228]

> „They had arranged for us to sit by the altar; there were blankets and pillows and we sat in a circle (...) and they sent a rose round among us, that we were supposed to pull a leaf from. And I remember that as very powerful; it symbolized the blood, your own wounds (...) and it was very spiritual, because when you got the rose and when you held it you were alone in the process, but at the same time when receiving it and passing it on you shared your wound with the others."[229]

Wie die Beziehung zur Gemeinde wurde auch die Beziehung zu Gott als schwankend und widersprüchlich beschrieben. Auch die Befragten in dieser Studie rangen mit der Frage, wie ein guter und allmächtiger Gott den Missbrauch hatte zulassen können. Dies führte zu Gefühlen von Gott verlassen und betrogen worden zu sein, und infolgedessen zu einer großen Diskrepanz zwischen eigener negativer Erfahrung eines indifferenten Gottes und dem positiven Gottesbild der

---

[224] Vgl. RUDOLFSSON; TIDEFORS (2014): I Have Cried to Him, 913.
[225] Vgl. RUDOLFSSON; TIDEFORS (2014): I Have Cried to Him, 914.
[226] Vgl. RUDOLFSSON; TIDEFORS (2014): I Have Cried to Him, 913f.
[227] Vgl. RUDOLFSSON; TIDEFORS (2014): I Have Cried to Him, 915.
[228] Vgl. RUDOLFSSON; TIDEFORS (2014): I Have Cried to Him, 915.
[229] RUDOLFSSON; TIDEFORS (2014): I Have Cried to Him, 915.

christlichen Lehre. Viele Befragte gelangten an einen Punkt, an dem sie die Existenz Gottes verneinten. Einige erlebten langanhaltenden Zorn oder entwickelten ein deutlich eingetrübtes bzw. sehr negatives Gottesbild.[230]

Jedoch war für viele der Glaube an Gott auch eine Quelle der Hoffnung und Zuversicht. Die Autorinnen berichten von Dankbarkeit, die viele Befragte für die Möglichkeit artikulierten, sich immer an Gott wenden zu können, auch wenn dies nicht frei von Schmerz möglich sei. Zweifel und Glaube an Gott fanden sich oft in einer Spannungsform.[231] Das Bearbeiten und Ringen mit den Zweifeln und Fragen aber konnte für manche zu einer Vertiefung führen:

> „But I definitely think that I have gained a deeper and stronger faith, just because I've had to struggle so much ... with these questions. Because today, I can feel that God has worked through my life. Today I feel that He has been real and that He has stayed by my side through all the hurt."[232]

Die zweite Auswertung der Studie bezog sich auf die Erfahrungen und Erwartungen der Betroffenen in Bezug auf christliche Seelsorge, in welcher alle Befragten bereits auch ihre Missbrauchserfahrung thematisiert hatten. Nach Rudolfsson und Tidefors berichten viele der Befragten bei der Suche nach Hilfe von großen Schwierigkeiten. Die Erfahrung missbrauchten Vertrauens stelle ebenso eine Hürde dar, wie die Unsicherheit, ob die zuhörende Person die Erzählung über den Missbrauch ertragen könne. Gleichzeitig sei das Bedürfnis groß, wahrgenommen und anerkannt zu werden.[233] Studienteilnehmende berichten, dass ihre Andeutungen, mit denen sie den Missbrauch zu einem Inhalt des Gesprächs machen wollten, von Seelsorgenden oft entweder nicht wahrgenommen oder nicht aufgegriffen wurden. Kam es zu einer Thematisierung des Missbrauchs, wurde es als sehr negativ erlebt, wenn Seelsorgende versuchten den Missbrauch kleinzureden oder an der Glaubwürdigkeit der Erzählung zweifelten: „And I kind of got this feeling that he didn't believe me. He didn't want to recognize that my adoptive parents could be like that."[234] Deswegen suchten einige der Befragten sehr genau nach Hinweisen, bevor sie näher erwägen konnten sich anzuvertrauen: Neben Sensibilität für die Thematik und persönlicher Stabilität wurde Vertrauenswürdigkeit als hohes Gut genannt. Weiterhin war eine vertrauenswürdige Beziehung für die Befragten die Grundlage dafür, sich offenbaren zu können.[235]

Für viele der Befragten war entscheidend, dass es sich bei der seelsorgenden Person um eine Frau handelte. Frauen wurden im Gegensatz zu Männern als

---

[230] Vgl. RUDOLFSSON; TIDEFORS (2014): *I Have Cried to Him*, 916f.
[231] Vgl. RUDOLFSSON; TIDEFORS (2014): *I Have Cried to Him*, 917f.
[232] RUDOLFSSON; TIDEFORS (2014): *I Have Cried to Him*, 918.
[233] Vgl. RUDOLFSSON, Lisa; TIDEFORS, Inga (2015): *The Struggles of Victims of Sexual Abuse Who Seek Pastoral Care*, in: Pastoral Psychology, 64, H. 4, 456f.
[234] RUDOLFSSON; TIDEFORS (2015): *The Struggles of Victims*, 457.
[235] Vgl. RUDOLFSSON; TIDEFORS (2015): *The Struggles of Victims*, 456ff.

D. Die religiöse Dimension von Traumata

sicher und ungefährlich empfunden.[236] Dieser Wunsch ist aus den Geschlechterverhältnissen innerhalb der gewaltverübenden Personengruppe heraus verständlich.

Die konkreten Erwartungen der Befragten an Seelsorgende können nach dieser Studie durchaus spannungsvoll sein. Die Autorinnen schreiben: „The pastoral caregiver was sometimes described as an instrument of God to help the informant. In this context, the pastoral caregiver sometimes became idealized as a representation of what was good and pure in the world."[237] Auf der anderen Seite sollten Seelsorgende nahbare Menschen sein, die sich von den Erzählungen ehrlich berühren ließen, urteilsfrei zuhören konnten und bei der Formulierung von Zweifeln und Fragen halfen.[238]

Ebenso spannungsvoll war die Haltung der Befragten gegenüber dem „vow of silence"[239]. Einige konnten sich dadurch leichter öffnen, andere wurden an das von der missbrauchenden Person auferlegte Redeverbot erinnert. Sehr komplex wurde die Situation, wenn der Missbrauch zum Zeitpunkt des Gesprächs noch anhielt. Hinderte das „vow of silence" Seelsorgende an aktiver Hilfe, konnte dies als Verrat empfunden werden, ebenso aber auch ein vorschnelles Eingreifen, ohne entsprechende Rücksprache.[240]

Die Rolle der Seelsorgenden in der Bewältigung von Glaubenszweifeln und -problemen wurde immer wieder betont: „The need to work through the dimensions of faith affected by the trauma was recurrent and was often the main reason the informants sought pastoral care."[241] Die Betroffenen erlebten es als hilfreich, wenn Zweifel, Zorn und Enttäuschung in Bezug auf Gott Raum gegeben wurden, ebenso wie der Möglichkeit, vorhandene theologische Ideen und Konzepte zu kritisieren. Einen als normativ inszenierten, von Zweifeln freien Glauben seitens Seelsorgender nahmen Betroffene als befremdlich wahr.[242]

Wie in vorhergehenden Studien auch verbanden sich mit der Thematik der Vergebung zahlreiche Probleme. Als äußerst destruktiv wurde sie erlebt, wenn Seelsorgende ihrerseits darauf drangen. Nach Rudolfsson und Tidefors schilderten Betroffene zwar durchaus den Wunsch, zu einer Form der Vergebung fähig zu sein – zumal um sich von belastenden Empfindungen wie Hass zu befreien –,

---

[236] Vgl. RUDOLFSSON; TIDEFORS (2015): The Struggles of Victims, 458.
[237] RUDOLFSSON; TIDEFORS (2015): The Struggles of Victims, 458.
[238] Vgl. RUDOLFSSON; TIDEFORS (2015): The Struggles of Victims, 458f.
[239] Das Wort kann weder einfach mit „Beichtgeheimnis" noch mit „Seelsorgerlicher Verschwiegenheit" übersetzt werden, weil keiner der Begriffe die kirchenrechtliche Regulierung im schwedischen Kontext präzise wiedergibt. Es handelt sich bei den „vows of silence" eher um eine strengere Mischform aus seelsorgerlicher Vertraulichkeit und Beichtgeheimnis, die dem Artikel nach auch die Grenzen für die Meldung von Missbrauchsfällen (nach deren Offenlegung durch die Opfer) bisher sehr eng zieht. Vgl. RUDOLFSSON; TIDEFORS (2015): The Struggles of Victims, 463.
[240] Vgl. RUDOLFSSON; TIDEFORS (2015): The Struggles of Victims, 459.
[241] RUDOLFSSON; TIDEFORS (2015): The Struggles of Victims, 459.
[242] Vgl. RUDOLFSSON; TIDEFORS (2015): The Struggles of Victims, 460.

jedoch nicht auf Drängen hin, sondern auf einem eigenen Weg mit eigener Geschwindigkeit.²⁴³

Schließlich thematisiert die Studie Erfahrungen im Zusammenhang von Psychotherapie und Seelsorge. Die unterschiedlichen stärker psychisch oder stärker religionsbezogenen Auswirkungen der Traumata müssten in je unterschiedlichen Zugängen aufgearbeitet werden, auch wenn diese Differenzierung sowohl inhaltlich als auch persönlich nicht immer einfach sei. Für manche Betroffene war Seelsorge ein Schritt auf einem Weg, der sie später zu einer Psychotherapie führte. Entsprechend wurde betont, dass Seelsorgende die Suche nach weiteren, vor allem psychologisch-professionellen Helfern empfehlen und unterstützen sollten. Seelsorge und Psychotherapie bildeten jeweils keinen Ersatz füreinander, auch wenn sich manche Betroffenen einen umfassenden, beide Aspekte abdeckenden Zugang wünschten.²⁴⁴

---

[243] Vgl. RUDOLFSSON; TIDEFORS (2015): *The Struggles of Victims*, 460f.
[244] Vgl. RUDOLFSSON; TIDEFORS (2014): *I Have Cried to Him*, 461f.

4.3 Tabellarische Aufstellung der Studien aus 4.1 und 4.2

Studie	Stichprobe; Herkunftsland - Konfessionszugehörigkeit	Methode
Imbens, Jonker (1992)	F: 19T[12] Niederlande - 8 K; 6 P; 5 andere/gemischt	Strukturiertes Interview; Fragenkatalog im Spannungsfeld von christlicher Religion und Inzest
Valentine, Feinauer (1993)	F: 22T USA - 22 P/LDS[13]	Strukturiertes Interview; Fragenkatalog bezieht sich auf Religiosität, ist aber deutlich weiter
Manlowe (1995)	F: 9T USA - k.A.	Fragebogen mit Schwerpunkt auf Religiosität; basierend auf Fragebogen von Ana-Maria Rizutto zur Erforschung von Gottesbildern
Ryan (1998)	F: 50T USA - Diverse Zugehörigkeiten[14]	Fragebogen; neun Fragen auf Demographie bezogen, sieben offene Fragen mit Schwerpunkt Spiritualität
Ganzevoort (2001)	M: 1T Niederlande - 1 K	Fallbeispiel; offenes biographisches Interview mit anschließender narratologischer Analyse
Ganzevoort (2002)	M: 12T Niederlande - 6 K; 5 P; 1 andere	Offenes biographisches Interview mit anschließender narratologischer Analyse
Beveridge, Cheung (2004)	F: 1T USA - k.A.	Falldarstellung mit Fokus auf die Thematik der Integration des Traumas inkl. dessen religiöser Dimension
Murray-Swank, Pargament (2005)	F: 2T USA - k.A.	Falldarstellungen zur Evaluation von spiritualitätsbasiertem Therapieprogramm; auch quantitative Methoden enthalten
Grossman, Sorsoli, Kia-Keating (2006)	M: 16T USA - k.A.	Halbstrukturierte Interviews über ca. 5 Stunden; Fokus auf Sinnsuche („meaning making") bei der Auswertung
van Loon, Kralik (2006)	F: 16T USA - k.A.	Participatory Action Research; regelmäßige Gruppengespräche über 18 Monate; bei Auswertung Fokus auf Fragen der Identität

[12] Davon zehn Interviews in Auszügen abgedruckt.
[13] Latter-day Saints (Mormonen).
[14] Auch über das Christentum hinaus.

Haslbeck (2007)	F: 8T *Deutschland - 7 P (zwei davon im Erwachsenenalter konfessionslos); 1 K*	Interviews; biographische Verdichtungsprotokolle
Knapik, Martsolf, Draucker (2008)	F: 27T; M: 23T *USA - k.A.*	Offene Interviews; Grounded Theory
Nash, Hesterberg (2009)	F: 3T *USA - 2 P; 1 K*	Halbstrukturierte Interviews; Falldarstellungen
Fowler, Rountree (2010)	F: 22T *USA - k.A*	Aufteilung in drei Fokusgruppen; Gruppengespräche anhand von drei spiritualitätsbezogenen Leitfragen; Aufzeichnung derselben und Kodierung
Shooter (2012)	F: 9T *Großbritannien - vorwiegend anglikanisch*	Offene Interviews; Grounded Theory
Behrmann (2013)	F: 12T *USA - 12 K*	Strukturierte Interviews
Drumm, Popescu, Cooper et al. (2013)	F: 42T *USA - 42 P (Siebenten-Tags-Adventisten)*	Halbstrukturierte Interviews
Rudolfsson, Tidefors (2014); Rudolfsson, Tidefors (2015)	F: 7T; M: 1T *Schweden - 8 P*	Halbstrukturierte Interviews
Starnino (2016)	F: 1T; M 1T *USA - k.A.*	Offene Interviews; Falldarstellung

T = studienrelevant-traumatisierte Menschen
V = Vergleichsgruppe ohne studienrelevante, bekannte Traumatisierung
P = protestantisch
K = katholisch
k.A. = keine Angabe

4.4 Fazit

Die qualitativen Studien weisen eine sehr unterschiedliche Methodik auf. Individuelle Falldarstellungen und narratologische Analysen reihen sich an die Erhebung systematischer Theoriemodelle. Einige der Stichproben sind sehr spezifisch, während wie auch bei den quantitativen Studien Kinder und Jugendliche in keiner Stichprobe spezifisch betrachtet wurden. Thematisch findet sich das ganze Spektrum von Gewalt im sozialen Nahraum, allerdings mit einer starken Fokussierung auf die besonders traumatogene Gewaltform des sexuellen Missbrauchs. Wie in den quantitativen Studien wird deutlich, dass Traumata infolge von Gewalt im sozialen Nahraum eine tiefgreifende Auswirkung auf die persönliche Religiosität Betroffener haben können. Ebenso kann Religiosität in der Bearbeitung eine wichtige Rolle zukommen. Die qualitativen Studien machen beide Aspekte deutlich und diesbezüglich die Stimmen Betroffener – zumindest teilweise – hörbar. Einige Studien entstammen einem Kontext, der diese Einsichten dezidiert in Form spiritualitätsbasierter Therapie fruchtbar machen will, was von Seelsorge unterschieden werden muss, und wofür es im deutschsprachigen Raum bisher kein vergleichbares Äquivalent gibt.

Ganz klar stellen die Studien heraus, dass christliche Familien, Institutionen und Kirchen keine gewalt- bzw. missbrauchsfreien Kontexte sind. Zudem kann Religion innerhalb des Missbrauchs – z.B. um Opfer zum Schweigen zu bringen – funktionalisiert werden. Es ist kritisch zu reflektieren, welche Strukturen und Inhalte christlicher Religion das Ausbrechen und Andauern von Gewalt unterstützen und welche zu ihrer Prävention oder Beendigung beitragen.

Der größte Teil auch der religiösen Bewältigungsleistung wird von den betroffenen Menschen alleine erbracht. Institutionalisierte Religion scheint dem Befund nach bisher nur sehr selten konstruktive Impulse geben zu können. Die Aussagen der Betroffenen erwecken den Eindruck, dass dies vor allem mit einer geringen Aufmerksamkeit für die Thematik und entsprechend einer mangelhaften Ausbildung von MitarbeiterInnen zusammenhängt. In keiner der Studien scheinen diese als hinreichend qualifiziert und sensibilisiert erlebt worden zu sein.

Dem Befund der Studien zufolge führt das Erleben eines traumatischen Ereignisses weniger in Irreligiosität – auch wenn diese Möglichkeit durchaus besteht – als vielmehr in eine Transformation durch eine intensive Suchbewegung in Auseinandersetzung mit dem Trauma und seinen religiösen Implikationen.[245] Viele der Befragten berichten hierbei von sehr starken Spannungen und Zweifeln. Viele Betroffene setzen sich kritisch mit der eigenen religiösen Herkunft auseinander, bis hin zu der wohl häufig gewählten Option, mit dieser den Bruch zu suchen. Dies kann Ende oder Anfang eines spirituellen Suchprozesses sein.

---

[245] Dieser Befund deckt sich auch mit dem Ergebnis der quantitativen Studien.

Auffällig häufig finden sich Berichte über besonders intensive religiöse Erfahrungen. Die Studien legen nahe, dass verhältnismäßig viele der Betroffenen eine ausgeprägte religiösen Erfahrungstiefe aufweisen. In Bezug auf christliche Religiosität finden sich einige sehr problematische Topoi, die Betroffenen starke Probleme bereiten können. Dazu gehört die Betonung menschlicher Schuld und Sünde, das Elterngebot, patriarchale Strukturen und eine Rechtfertigung von Leiden. Von großer Ambivalenz und in das Zentrum christlichen Glaubens hineinreichend sind die Fragen nach dem Gottesbild, der Theodizee, nach Vergebung[246] und die Suche nach Sinn.

Neben einer konstruktiven Thematisierung der genannten Inhalte sind Ansätze für bewältigungsfördernde Aspekte von Religiosität sehr unterschiedlich. In den quantitativen wie qualitativen Studien wird die mögliche Bedeutung von Religion für die Entwicklung eines positiven Selbstbildes benannt. Zudem wird in beiden Studienformen die Bedeutung einer persönlich angeeigneten, intrinsischen Religiosität betont. In der Studie von Barbara Haslbeck werden die Einbeziehung von Körper, Natur und künstlerischen Formen in den religiösen Ausdruck thematisiert. In einer konstruktiven, für Traumata sensiblen Gemeinschaft (für betroffene Frauen vor allem auch Gemeinschaft mit anderen Frauen) scheint eine besondere Kraftquelle zu liegen. Auch macht z.B. die Studie von Skogrand, Singh und Kollegen auf die möglicherweise konstruktive Wirkung des Einsatzes für andere aufmerksam.[247] Die Studie von Rudolfsson und Tidefors benennt die Potentiale christlicher Ritualsprache und betont die Notwendigkeit, Zweifel, Trauer und Kritik artikulieren zu können.

Seelsorgenden kann bei der Begleitung Betroffener im Prozess der Bearbeitung der religiösen Dimension des Traumas eine wichtige Rolle zukommen. Um dies zu unterstützen, bedarf es allerdings Grundlinien einer traumasensiblen Seelsorge. Diese allerdings können nur vor dem Hintergrund traumasensibler theologischer Reflexionen entwickelt und dann auch verstanden werden.

---

[246] Der oben genannte Begriff „Vergebungsdruck" bezeichnet nur einen Aspekt, es handelt sich bei Vergebung aber um ein umfassenderes Konzept, das genauer zu reflektieren ist.
[247] Vgl. SKOGRAND; SINGH u.a. (2007): *The Process of Transcending*, 263ff.

E. Perspektiven für eine traumasensible Theologie

Die im vorhergehenden Abschnitt reflektierten Studien berühren an zahlreichen Stellen theologische Themen. Betroffene von traumatisierender Gewalt, die biographische Bezüge zum christlichen Glauben aufweisen, haben mit diesem im Kontext der traumatischen Gewalt und ihrer Verarbeitung konstruktive oder destruktive Erfahrungen gemacht. Sie bringen diese und damit eigene und wichtige Perspektiven in den theologischen Diskurs ein. Zielpunkt dieser Arbeit ist die Entwicklung von Grundlinien einer traumasensiblen Seelsorge. Bevor diese jedoch entwickelt werden können, bedarf es der traumasensiblen theologischen Reflexion jener Themenkomplexe, die den Studien nach aus Perspektive der Betroffenen besondere Relevanz besitzen. Der enzyklopädischen Einordnung nach beziehen sich diese Topoi vor allem auf die exegetischen Fächer und die Systematische Theologie, welche jeweils in seelsorgetheoretischem Bezug reflektiert werden sollen:

> „Das Verhältnis zwischen Praktischer Theologie und den anderen theologischen Disziplinen ist [...] ein kritisches hermeneutisches, weil deren Themenbestände und Argumentationsfiguren im Blick auf die gegenwärtige Situation auf ihre Relevanz und Adäquatheit untersucht werden. [...] Allerdings zielt die kritische Verhältnisbestimmung auch in die andere Richtung."[1]

Theologie ist die Denkform des christlichen Glaubens. Als solche erhebt sie sich aus dem Zusammenwirken von überlieferter Tradition, vernünftigem Diskurs und gegenwärtiger menschlicher Erfahrung. Alle drei Komponenten können verschiedenen Zuordnungen unterliegen, beeinflussen sich wechselseitig und haben eine potentiell konstruktive, bisweilen damit korrigierende Funktion im Verhältnis zueinander.

Dem gerade beschriebenen Modell aus drei Komponenten folgend versucht eine Theologie, die auch für traumatische menschliche Erfahrungen sensibel sein will, Unterschiedliches:

Sie geht erstens davon aus, dass manche traumatisierte Menschen Erfahrungen mit der christlichen Tradition gemacht haben, die positiv, negativ oder ambivalent gewesen sein können. Traumasensible Theologie versucht die Interaktion von traumatischer Erfahrung und überlieferter Tradition dem vernünftigen Diskurs zu plausibilisieren. Die Leitfrage ist hier: Was erleben traumatisierte Menschen mit der christlichen Tradition?

Sie nimmt zweitens die individuell erlebte und anhand von im vernünftig-wissenschaftlichen Diskurs entwickelten Kategorien verstandene traumatische

---

[1] ROSER (2017): Spiritual Care: Der Beitrag von Seelsorge zum Gesundheitswesen, 97.

Erfahrung und trägt diese an die überlieferte Tradition heran. Sie stellt damit die Frage nach der Plausibilität und Denkbarkeit bestimmter Aspekte dieser Tradition im Angesicht der traumatischen Erfahrung und folglich auch den Umgang mit dieser Tradition. Die Leitfrage ist hier: Was lehren traumatisierte Menschen über ein angemessenes Verstehen oder auch Nichtverstehen der christlichen Tradition und deren zukünftig notwendige Gestaltung?

Drittens trägt sie umgekehrt, durch vernünftigen Diskurs vermittelt, auch die überlieferte Tradition an die traumatische Erfahrung heran und versucht, betroffenen Menschen in ihr enthaltene konstruktive Potentiale zu erschließen. Die Leitfrage ist hier: Welche Aspekte der christlichen Tradition können für traumatisierte Menschen verletzend und welche heilsam sein?

Alle drei Fragekomplexe gehören zusammen und werden im Folgenden auf die ein oder andere Weise durchscheinen. Sofern sich die Reflexion auf einer höheren Abstraktionsebene bewegt, ist es möglich, dass das besagte hermeneutische Modell zwar zugrunde liegt, ohne aber selbst direkt sichtbar zu sein. Traumata bewirken eine „Erschütterung von Selbst- und Weltverständnis"[2]. Eine traumasensible Theologie will theologische Rekonstruktionsarbeit unterstützen, die auch unter der Perspektive von Traumata nicht an Plausibilität verliert. Dies ist wahrscheinlicher möglich, wenn sich die im Folgenden genannten Wesenszüge in ihr ausfindig machen lassen:

- Erfahrung der Opfer im Mittelpunkt
- Anerkennung des eigenen Provisorienstatus
- Theologische Konsistenz

- Eine Denkform des christlichen Glaubens, die für die traumatischen Erfahrungen von Menschen empfindsam sein will, muss in besonderer Weise dazu bereit sein, auf Betroffene zu hören und sich von ihnen in Frage stellen zu lassen. Das respektvolle Hören – unter Umständen auch in sich hineinhören –, ohne aufgeworfene theologische Probleme mit vorgefertigten Schemata abspeisen zu wollen, bildet einen ersten unersetzbaren Schritt. Traumasensible Theologie ist nicht über den Kopf Betroffener hinweg möglich. Vielmehr räumt sie deren Erfahrungen einen besonderen Stellenwert ein und versucht, die von diesen aufgeworfenen Fragen und Problemstellungen sich zu eigen zu machen. Kristina Augst nennt als den ersten Leitgedanken traumagerechter Theologie: „Die (Erfahrung der) Opfer in den Mittelpunkt rücken."[3]

---

[2] FISCHER; RIEDESSER (2009): Psychotraumatologie, 84.
[3] AUGST (2012): Auf dem Weg zu einer traumagerechten Theologie, 157.

E. Perspektiven für eine traumasensible Theologie

- Eine traumasensible Theologie sollte weiterhin ihren eigenen Provisorienstatus anerkennen.[4] Bei den Komponenten der Tradition, des Diskurses und der Erfahrung handelt es sich um vielfältige und historischen Wandlungen unterworfene Größen. Auch in der Biographie Einzelner ist die Verarbeitung von Traumata verschiedenen Phasen unterworfen, die auch die individuelle Religiosität betreffen können. Was einmal als adäquates Deutungsmuster erschien, kann unter veränderten Umständen stark an Plausibilität oder Relevanz einbüßen. Es kann deswegen nicht darum gehen, einen vorgegebenen theologischen Topos durch eine traumasensibel durchdachte aber letztgültig gemeinte Variante zu ersetzen.[5] Eine traumasensible Theologie ist sich ihrer eigenen Unabgeschlossenheit bewusst. Dabei ist ein selbstkritisches theologisches Bewusstsein notwendig, das die Verstrickungen von Kirche und Theologie in Gewalt und Trauma anerkennt. „Wenn heute die Zeit für eine Auseinandersetzung reif scheint, dann sollten diese Schwierigkeiten bewusst und die *Vor*-Geschichten nicht vergessen sein. Sie erinnern daran, dass der Blick auf das Trauma riskant, verstörend und selbstgefährdend ist. Eine Theologie, die sich durch das *tremendum* nicht verändert und am Ende bruchlos beim Überkommenen ankommt, setzt sich dagegen der Vorstellung aus, sich dem befremdlich Andringenden dieses Themas gar nicht gestellt zu haben."[6]
- Traumasensible Theologie ist außerdem theologisch konsistent. Sowohl die christliche Tradition, als auch der vernünftige Diskurs und die menschliche Erfahrung enthalten in sich normative Elemente, an denen vorbei tiefergehende christliche Theologie nicht möglich ist. Die menschliche Erfahrung ist darin normativ, dass sie in ihrem Eigenwert Quelle theologischen Denkens ist.[7] Der vernünftige Diskurs ist darin normativ, dass er an das theologische Denken die Kriterien der Kohärenz und Konsistenz anlegt. Die überlieferte Tradition ist darin normativ, dass sie theologische Kerneinsichten enthält, ohne die als Grundlage keine christliche Theologie möglich ist. Nur im Spannungsfeld dieser normativen Komponenten wird eine traumasensible Theologie ihren eigenen theologischen Kriterien gerecht. Dies allerdings ist die Voraussetzung, um in der Breite der christlichen Kirche

---

[4] Vgl. POTTER ENGEL, Mary (1998): Evil, Sin, and the Violation of the Vulnerable, in: Lift Every Voice: Constructing Christian Theologies from the Underside, Revised and Expanded Edition, hrsg. von BROOKS THISTLETHWAITE, Susan; POTTER ENGEL, Mary, Orbis Books: Maryknoll, 161.

[5] Vgl. POTTER ENGEL (1998): Evil, Sin, and the Violation of the Vulnerable, 161.

[6] SCHULT (in Vorb.): Ein Hauch von Ordnung, 133 (H.i.O.).

[7] Anton T. Boisen hat diesen Gedanken sehr treffend durch die Rede vom „living human document" eingefasst: BOISEN, Anton T. (1936): The Exploration of the Inner World: A Study of Mental Disorder and Religious Experience, Harper and Brothers: New York, 185. Ausführlicher dazu: GERKIN, Charles V. (1984): The Living Human Document: Revisioning Pastoral Counseling in a Hermeneutical Mode, Abingdon Press: Nashville.

Akzeptanz und Aufnahme zu finden und so eine konstruktive Wirkung für möglichst viele Betroffene zu entfalten.

Sind diese Voraussetzungen gegeben, ist eine traumasensible Theologie möglich, die hinreichend tief und zugänglich, flexibel und begründet ist, um das nachhaltig zu unterstützen, was weiter oben „theologische Rekonstruktionsarbeit" genannt wurde.

Diesem Anliegen sollen auch die Überlegungen an dieser Stelle dienen. In Bezug auf die hier dargelegten Erörterungen sind allerdings drei Einschränkungen zu machen:

Auch wenn die reflektierende Thematisierung christlicher Glaubensinhalte in den Bereich der Systematischen Theologie hineinragt, handelt es sich bei dieser Arbeit dezidiert um eine seelsorgetheoretische. Es werden verschiedene Problemstellungen und Topoi aufgegriffen, die für seelsorgliche Interaktionen Relevanz besitzen. Es geht hierbei nicht darum, eine christliche Dogmatik grundsätzlich unter traumasensibler Perspektive durchzudenken, wie das an anderer Stelle getan wurde.[8] Das Interesse ist hier ein seelsorgetheoretisches. Dies geht auch mit der thematischen Reduktion und verdichteten Darstellung der Inhalte auf die für die hiesige Fragestellung relevante Form einher.[9]

Dies setzt eine Gewichtung verschiedener Themen hin auf ihre seelsorgliche Relevanz voraus, die von anderen Theologietreibenden in anderen Kontexten auch anders getroffen werden könnte. Die weiter unten aufgeführten Topoi beanspruchen also in ihrer Summe keine vollständige Abdeckung des Themenfeldes. Für die nachfolgenden Ausführungen waren bei der Auswahl der Themen vor allem die Ergebnisse des Systematic Review leitend. Es ist aber durchaus realistisch, dass darüber hinaus auch andere theologische Themen seelsorgliche Relevanz gewinnen können. Zu denken wäre dabei z.B. an das Buch von Jennifer Erin Beste „God and the Victim"[10]. Hierin konfrontiert die Autorin vor allem die Topoi Freiheit und Gnade im Denken Karl Rahners mit Einsichten aus der feministischen Theorie und der Psychotraumatologie. Ihre leitende Frage ist, ob diese Topoi in ihrer anthropologischen Formulierung bei Karl Rahner die gleiche Plausibilität auch für im Kindesalter schwer traumatisierte Menschen besitzen,

---

[8] BALDWIN, Jennifer (2018): Trauma-Sensitive Theology: Thinking Theologically in the Era of Trauma, Cascade Books: Eugene.

[9] Themen wie Vergebung, Sünde oder Theodizee füllen ganze Bibliotheken. Es kann hier keine umfassende Bearbeitung geboten werden. Vielmehr sollen einerseits die grundsätzlichen Probleme benannt werden, die sich für Betroffene von Traumata infolge von Gewalt im sozialen Nahraum in Bezug auf diese ergeben können, und andererseits ein möglicher theologischer Umgang damit skizziert werden – das Ganze in der gebotenen Knappheit.

[10] BESTE, Jennifer E. (2007): God and the Victim: Traumatic Intrusions on Grace and Freedom, Oxford University Press: Oxford [u.a.].

E. Perspektiven für eine traumasensible Theologie

oder ob sie modifiziert werden müssen. Plausibel legt sie die Notwendigkeit von Modifikationen dar und nimmt diese vor.[11] Es ist denkbar, dass die Topoi Selbst, Freiheit und Gnade auch seelsorglich relevant werden, auch wenn sie im Folgenden nur indirekt Thema sind. Die Auswahl der Themen hat also keinen Anspruch auf Vollständigkeit. Traumasensible Theologie bleibt immer ein unabgeschlossenes Unterfangen.

Schließlich ist auf die dezidierte Perspektivität und Positionalität der dargestellten Überlegungen hinzuweisen. Der eingenommene Standpunkt soll möglichst dem von Opfern von Gewalt im sozialen Nahraum gerecht werden. Dieser ist von dem der Täter und Täterinnen zu unterscheiden. Täter und Opfer teilen nicht den gleichen theologischen Ort, beide befinden sich auf einem unterschiedlichen Weg. Die Botschaft für den Schläger ist eine andere als für die Geschlagene, die Seelennöte einer Demütigenden anders als die eines Gedemütigten.

Nun ist der Einwand berechtigt, dass in der Realität die Kategorien von Opfer und TäterIn nicht immer scharf getrennt sind. Viele TäterInnen waren einmal Opfer oder sind Opfer und Täter zugleich, wenn z.B. Gewalt erlitten aber gleichzeitig auch ausgeübt wird. Jedoch gelten diese Feststellungen nicht grundsätzlich für alle TäterInnen. Auch werden – wie eine umfassende Studie in Kapitel B nahelegt – die meisten Opfer nicht zu TäterInnen.[12] Vorschnelle Verallgemeinerungen oder Generalisierungen werden weder den Betroffenen noch den Sachverhalten gerecht.

Um dieser komplexen Ausgangslage und vor allem den Menschen im Zwischenfeld von Opferstatus und Täterstatus Rechnung zu tragen, ist es wichtig, ernst zu nehmen, was oft mit der Rede von unterschiedlichen Persönlichkeitsanteilen oder verschiedenen Ich-Zuständen beschrieben wird. Menschen können sehr Widersprüchliches vereinen und in Bezug auf traumatische Gewalt in sich ebenso Opfer- wie Täteranteile tragen. Das Erlebnis verschiedener Persönlichkeitsanteile bringt unterschiedliche religiöse Erfahrungshintergründe und damit womöglich auch unterschiedliche theologische Fragen mit sich.[13]

Manchmal sind Menschen Opfer und TäterIn zugleich. Dies heißt aber nicht, dass beide Perspektiven sich entsprechen. Andrew Sung Park fragt in Bezug auf eine Mutter mit Missbrauchsvergangenheit, die ihr eigenes Kind missbrauchte: „What could the Gospel do for her life? Did she need forgiveness for the abuse

---

[11] Vgl. BESTE (2007): God and the Victim, 85ff.
[12] Judith Herman schreibt zu diesem Thema: „Mißbrauchsopfer werden als Erwachsene sehr viel häufiger wieder zu Opfern, als daß sie ihrerseits andere missbrauchen. Es ist eigentlich überraschend, wie selten Mißbrauchsopfer selbst zu Tätern werden." HERMAN (1993): Die Narben der Gewalt, 158.
[13] Jennifer Baldwin spricht auch deswegen von der hohen Bedeutung von „psychological multiplicity" im Rahmen traumasensibler Theologie. Vgl. BALDWIN (2018): Trauma-Sensitive Theology, 9f.

she committed, healing from the abuse she suffered, or both?"¹⁴ Beides ist notwendig, aber beides entspricht nicht der gleichen theologischen Perspektive und dem gleichen inneren Weg. „I distinguish between the sinner and the sinned against to help people see the lines of their distinctive journeys. The sinner takes his or her sin to salvation, while the sinned against goes through a journey from his or her oppression to liberation and deliverance."¹⁵

Im Folgenden soll die Perspektive der/des "sinned against" plausibilisiert werden. Dies heißt nicht, dass die Perspektive des „sinner" damit irrelevant wäre. Es soll auch nicht abgestritten werden, dass beide Perspektiven sich auch in Bezug auf Gewalt im sozialen Nahraum in einem Menschen vereinen können. Es soll hier nur die Einschränkung transparent gemacht werden, dass sich die hiesige Darstellung durch ihre Positionalität auf die Perspektive der Opfer konzentriert.

Dem Aufbau nach ist die folgende Darstellung zweigeteilt. Im ersten Teil geht es um zu problematisierende Traditionsbestände. Dabei handelt es sich um Inhalte, die von der christlichen Tradition über Jahrhunderte tradiert wurden, die aber den Ergebnissen des Systematic Review zufolge aus der Perspektive von Betroffenen höchst problematisch erscheinen müssen. Diese Inhalte sind, wenn auch nicht Zentralgedanken christlichen Glaubens, so doch in der Geschichte zum Teil sehr wirkmächtig gewesen. Da sich viele dieser Inhalte auf unreflektiert aus dem Kontext gelöste Schriftstellen berufen können, sind vor allem in 1.1, 1.2 und 1.3 die exegetischen Bezüge stark, während 1.4, 1.5 und 1.6 sich primär ethischer Reflexion bedienen.

Der zweite Teil wendet sich zentralen Topoi christlicher Theologie zu, die für Betroffene von besonderer Relevanz sein können. Dieser Abschnitt will auch als Impuls an andere theologische Fachbereiche verstanden werden, ihre eigene hermeneutische Perspektive durch Inhalte aus der Psychotraumatologie anzureichern. Das dargestellte Material speist sich dabei weniger aus klassischen Werken, sondern vor allem aus der jüngeren traumasensiblen theologischen Literatur.

---

[14] PARK, Andrew S. (2004): From Hurt to Healing: A Theology of the Wounded, Abingdon Press: Nashville, 2.
[15] PARK (2004): From Hurt to Healing, 3.

E. Perspektiven für eine traumasensible Theologie

1. Problematik überlieferter Traditionsbestände

Bestimmte Inhalte der christlichen Tradition haben sich – der Stimme von Betroffenen nach – im Umgang mit Traumata als destruktiv erwiesen. Diese Inhalte wurden dazu benutzt, verschiedene Formen von Gewalt zu legitimieren, oder machten eine Verarbeitung der erlittenen Gewalt besonders schwer. Sie haben dazu beigetragen, dass das Problem von Gewalt im sozialen Nahraum über Jahrhunderte nicht in seiner Schwere erkannt wurde und Opfer dieser Gewalt in christlichen Kirchen und Gemeinden eher Verleugnung als Unterstützung zu erwarten hatten. Mit der Stimme von Betroffenen, den Einsichten der Psychotraumatologie und einem selbstkritischen theologischen Bewusstsein ist ein erneuter Blick auf diese Traditionen notwendig.

1.1 Biblische Gewalttexte und ihre Auslegungsgeschichte

> „Das Missbrauchsopfer wird nicht selten ausgerechnet durch biblische Texte bestärkt in seinem Erfahrungswissen um die vermeintliche Gewalttätigkeit Gottes. Wird nicht – vor allem im Alten Testament, aber auch im Neuen Testament – immer wieder kritiklos von Gewalt unter Menschen und von Gottes Gewalt gegenüber Menschen berichtet? Stimmt also der Vorwurf, die Bibel sei ein gewalttägiges Buch?"[16]

Die damit aufgeworfenen Fragen dürfen nicht vorschnell beantwortet oder abgewiesen werden. Gewalt ist Gegenstand zahlreicher biblischer Texte. Darin sind diese realistisch, denn Gewalt ist ein Kontinuum der Menschheitsgeschichte und jeder menschlichen Gesellschaft. Gewalt wird in der Bibel also nicht verschwiegen, sondern als wirklichkeitsformendes Phänomen benannt. Die Bibel beschreibt menschliche Wirklichkeit eher in ihrem Ist- als in ihrem Idealzustand. Gleichzeitig bringt dies viele Probleme mit sich, die durch die Wirkungsgeschichte einiger dieser Texte noch weiter verschärft wurden. Denn es ist nicht so, dass Gewalt in biblischen Texten klar benannt und ebenso klar verurteilt würde. Vielmehr sind viele biblische Texte hochambivalent: Gewalt wird berichtet, aber nicht verurteilt (Est 9). An einigen Stellen scheint Gott Gewalt einzufordern (z.B. 1. Sam 15). An anderen Stellen scheint Gott selbst Gewalttäter zu sein (z.B. Hos 2).

Auf der anderen Seite gibt die Bibel der Perspektive von Gewaltopfern besonderen Raum. Dies gilt kollektiv für das ganze Volk Israel. Weite Teile des Alten Testaments sind Auseinandersetzungen mit der durch verschiedene Großmächte verübten Gewalt und den daraus folgenden Verlusten, Demütigungen

---

[16] KERSTNER; HASLBECK u.a. (2016): Damit der Boden wieder trägt, 80.

und einer tiefen Heimatlosigkeit. Dies gilt auch für Einzelpersonen, unter denen z.B. die besonders gottesnahen Propheten immer wieder Gewalt erleiden (z.B. Jeremia oder Gottesknechtslieder). Im Zentrum des Neuen Testaments steht mit Jesus ein Opfer von Gewalt. Seine Nachfolger werden ebenfalls immer wieder Opfer gewaltverübender Autoritäten (z.B. Stephanus oder Paulus). Dadurch, dass die Perspektive der Opfer so stark im Zentrum steht, ist die Gewaltkritik ein starkes innerbiblisches Element.

Dennoch und auch dadurch stellen die Gewalttexte innerhalb des christlichen Kanons eine Herausforderung dar. „Der Kanon ist im Christentum […] nicht ‚rein historisch' vorgegeben, sondern […] vor allem hermeneutisch aufgegeben."[17] Traumasensible Theologie will und kann die biblischen Gewalttexte nicht einfach ausscheiden oder ausblenden. Die Beschäftigung mit dem Thema der Gewalt ist der Theologie ins Stammbuch geschrieben. Sie muss mit diesen sperrigen und bisweilen verstörenden Texten umgehen und dabei die Tradition durch den wissenschaftlichen Diskurs vermittelt immer auch aus der Perspektive der Opfer betrachten. Sie tut dies in Kontinuität und Solidarität mit der Kirche, die seit jeher mit diesen Texten gerungen hat.[18] An die Frage nach dem Umgang mit den Gewalttexten innerhalb der Bibel sind zahlreiche theologische Kernfragen geknüpft: Was ist ein angemessenes Verständnis der Bibel? Wie verhält sich dieses Gesamtverständnis zum Verständnis der Einzeltexte? Welche Ethik bzw. welche Ethiken werden von den Verfassern der Bibel vertreten? Wie werden diese Ethiken erhoben und wie verhalten sie sich zu einer zeitgemäßen christlichen Ethik? Welche Funktion haben die unterschiedlichen Gattungen biblischer Texte? Wie verhalten sich Schrift und Offenbarung? Wie verhalten sich verschiedene biblische Gottesbilder zum geglaubten Gott der Christinnen und Christen? Damit wären nur einige der Fragen benannt, und nur die Antwortversuche auf einige von ihnen werden im weiteren Verlauf dieser Arbeit durchscheinen können.[19]

Doch die benannten Fragen machen den hohen theologischen Anspruch deutlich, den der Umgang mit den biblischen Gewalttexten mit sich bringt. Keine der genannten Fragen ist einfach und unkompliziert zu beantworten, auch wenn es weiterführende Antwortversuche auf alle von ihnen gibt.[20] Auch sind

---

[17] HARTENSTEIN, Friedhelm (2017): Die bleibende Bedeutung des Alten Testaments. Studien zur Relevanz des ersten Kanonteils für Theologie und Kirche, Vandenhoeck & Ruprecht: Göttingen, 37.

[18] Sie tut dies auch in Solidarität mit dem Judentum, welches dieses Ringen mit dem Christentum teilt und für Antwortversuche den vielleicht wichtigsten Dialogpartner darstellt.

[19] Zum Thema Schrifthermeneutik, die in späteren Teilen der Arbeit nicht thematisiert werden kann, siehe die Beiträge in: MEYER-BLANCK, Michael (Hrsg.) (2015): Säkularität und Autorität der Schrift, Evangelische Verlagsanstalt: Leipzig.

[20] Siehe bspw. das Buch von Bernd Janowski, das die Spannungen und Komplexitäten des alttestamentlichen Gottesbildes gut herausarbeitet: JANOWSKI, Bernd (2014): Ein Gott, der straft und tötet? Zwölf Fragen zum Gottesbild des Alten Testaments, 2. Aufl.,

E. Perspektiven für eine traumasensible Theologie

die biblischen Gewalttexte im Einzelnen sehr unterschiedlich zu betrachten und zu bewerten. Traumasensible Theologie muss sich der Herausforderung durch diese stellen. Wo allerdings diese Fragen gestellt und im Zusammenwirken von christlicher Tradition, vernünftigem Diskurs und menschlicher Erfahrung beantwortet werden sollen, verlieren die biblischen Gewalttexte viel von ihrem Schrecken. Dabei kommt der Perspektive von Betroffenen *in* diesen Texten und *mit* diesen Texten eine besondere Bedeutung zu.[21] Indem die Erfahrung der Opfer in den Mittelpunkt gestellt wird, erschließen sich wichtige hermeneutische Einsichten. Auch muss es theologischer Anspruch sein, dass Antwortversuche zum Umgang mit diesen Texten zugänglich gestaltet und die theologische Bildung jedes Einzelnen und jeder Einzelner ermutigt und gefördert werden.

Traumasensibler christlicher Theologie ist es aufgetragen mit den biblischen Gewalttexten zu ringen, sie im Licht der Offenbarung Jesu Christi zu lesen und diesen Weg in Gemeinschaft und Solidarität mit den Betroffenen von Gewalt zu beschreiben. Das muss auch dazu führen, dass traumasensible Theologie zu Eindeutigkeit findet, wo die biblischen Texte in der Bewertung von Gewalt bisweilen ambivalent bleiben.[22] Und dies kann dazu führen, dass sich Christinnen und Christen durch die Perspektive von Betroffenen ihre eigene Heilige Schrift auf neue Weise erschließt.

1.2 Gewalt gegen Kinder[23]

Innerhalb der biblischen Schriften finden sich verschiedene Stellen, die Gewalt gegen Kinder zu legitimieren scheinen.[24] Primär in der Weisheitsliteratur wird

---

Neukirchener Verlagsgesellschaft: Neukirchen-Vluyn. Ein gut lesbares Buch: BAUMANN, Gerlinde (2006): Gottesbilder der Gewalt im Alten Testament verstehen, Wissenschaftliche Buchgesellschaft: Darmstadt.

[21] Ein gelungenes Beispiel einer solchen Perspektive ist: TRIBLE, Phyllis (1984): Texts of Terror: Literary-feminist Readings of Biblical Narratives, Fortress Press: Philadelphia. In deutscher Übersetzung, im Titel aber abgeschwächt: TRIBLE, Phyllis (1987): Mein Gott, warum hast du mich vergessen! Frauenschicksale im Alten Testament, Gütersloher Verlagshaus Mohn: Gütersloh.

[22] Dies mahnt Monica Coleman in Bezug auf sexualisierte Gewalt an einigen Stellen der Bibel an. Vgl. COLEMAN, Monica A. (2004): The Dinah Project: A Handbook for Congregational Response to Sexual Violence, The Pilgrim Press: Cleveland, 4f.

[23] Eine allgemeinverständliche Einführung und Problematisierung christlich-religiöser Wurzeln von Gewalt gegen Kinder stammt von JASCHKE, Helmut (2013): Du schlägst mit dem Stock, aber rettest sein Leben!: Die religiösen Wurzeln kindlichen Missbrauchs und die Folgen, Wagner Verlag: Gelnhausen.

[24] Geht man hier einmal von Stellen aus, die konkret zu Gewalt im sozialen Nahraum aufzufordern scheinen. Das Phänomen von Gewalt gegen Kinder an sich ist ein sehr viel breiteres Phänomen. Ein exegetischer Zugang, der zwar nicht unbedingt seelsorgetheoretisch fruchtbar ist, dafür aber einen guten Überblick vermittelt, bietet: MICHEL, Andreas (2003): Gott und Gewalt gegen Kinder im Alten Testament Mohr Siebeck: Tübingen.

die physische Züchtigung zur Erziehung von Kindern angemahnt.²⁵ Die besagten Bibelstellen finden sich vor allem in den Proverbien.²⁶ Die wichtigsten hiervon sind:

> „Denn wen der HERR liebt, den züchtigt er wie ein Vater den Sohn, den er gern hat." (Prv 3,12 ELB); „Wer seine Rute schont, hasst seinen Sohn; aber wer ihn lieb hat, züchtigt ihn beizeiten." (Prv 13,24 ELB); „Ein Narr verschmäht die Zucht seines Vaters; wer aber die Zurechtweisung beachtet, ist klug." (Prv 15,5 ELB); „Entziehe dem Knaben die Züchtigung nicht! Wenn du ihn mit der Rute schlägst, wird er nicht sterben. Du schlägst ihn mit der Rute, aber rettest sein Leben vom Scheol." (Prv 23,13f ELB); „Züchtige deinen Sohn, so wird er dich erquicken und dir Freude machen." (Prv 29,17 ELB).

In ihrer Rezeption haben diese Texte immer wieder Gewalt legitimiert und mitverursacht. Um sie besser einordnen zu können, ist ein grundlegendes Verständnis von Weisheitsliteratur – der die Proverbien zuzuordnen sind – notwendig.

Die grundsätzliche Intention von Weisheitsliteratur ist die Vermittlung von auf Erfahrung basierendem Lebenswissen. Oder in den Worten von Erich Zenger und Christian Frevel:

> „[Sie ist] praktisches Lebenswissen oder durch Praxis gewonnenes und auf Praxis zielendes Alltags- und Erfahrungswissen [...]. Der Weisheit geht es um das rechte Wissen vom Leben. Ihr geht es um das Erlernen, Praktizieren und Weitergeben von Lebenkönnen, von Lebenskunst und Lebensklugheit."²⁷

Das Anliegen ist ein konstruktives, es geht um ein Zum-Leben-befähigen-Wollen. Dies geschieht mit einem hohen ethischen Anspruch auch gegenüber Schutzbefohlenen:

> „Enthalte Gutes dem nicht vor, dem es gebührt, wenn es in der Macht deiner Hand steht, es zu tun! [...] Schmiede nicht Böses gegen deinen Nächsten, während er vertrauensvoll bei dir wohnt! [...] Beneide nicht den Mann der Gewalttat und wähle keinen seiner Wege!" (Prv 3,27.29.31 ELB)

In ihrer Intention von den Verfassern konstruktiv gemeint sind auch jene oben genannten Weisheitstexte, die dasjenige gegenüber Kindern befürworten, was im Hebräischen מוּסָר ,יכח bzw. יסר genannt und im Deutschen meist mit „Zucht" wiedergegeben wird. Das auch in Prv 3,12 gebrauchte Verb יכח setzt dabei einen juridischen Kontext voraus und kann neben „strafen" und „ahnden" vor allem

---

[25] Ein anderes Problemfeld bilden die Todesrechtssätze im Kontext des alttestamentlichen Elternrechts. Siehe dazu: JUNGBAUER, Harry (2002): „Ehre Vater und Mutter": Der Weg des Elterngebots in der biblischen Tradition, Mohr Siebeck: Tübingen, 37–79.

[26] Je nach konfessioneller Tradition von unterschiedlicher Relevanz auch im Buch Jesus Sirach. Hierin enthält vor allem das 30. Kapitel einige zu problematisierende Stellen.

[27] ZENGER, Erich; FREVEL, Christian (2016): Eigenart und Bedeutung der Weisheit Israels, in: Einleitung in das Alte Testament, hrsg. von ZENGER, Erich; FREVEL, Christian, 9. Aufl., Kohlhammer: Stuttgart, 407.

E. Perspektiven für eine traumasensible Theologie

mit „entscheiden", „richten", „für das Recht eintreten" und „zurechtweisen" übersetzt werden.²⁸ Das in den meisten der oben genannten Verse verwendete מוּסָר kann neben „Züchtigung" oder „Strafe" auch mit „Verwarnung", „gute Erziehung" oder „Bildung" übersetzt werden.²⁹ Die Bedeutungsgehalte sind weit entfernt von Willkür, Missbrauch oder Sadismus. Vielmehr geht es um eine konstruktive pädagogische Intention. Für das Wort „Gewalt" (die in weisheitlichen Texten durchweg negativ beurteilt wird) und dessen Derivate verwendet das Hebräische Termini wie חמס und עשק mit klar negativer Konnotation.³⁰

Es ist nicht zu verleugnen, dass hinter den Texten eine andere Evaluierung von bestimmten Formen physischer Züchtigung steht, als diese heute in weiten Teilen zumindest der westlichen Welt getroffen wird. Durch die Stimmen von Betroffenen plausibel und durch die Erkenntnisse der Psychotraumatologie (und vorher auch schon der Pädagogik) nachvollziehbar wird der Einsatz von physischer Gewalt zu pädagogischen Zwecken inzwischen entschieden abgelehnt.

Wer die Proverbien in Gänze liest, wird deswegen einiges aus heutiger Sicht pädagogisch Unangemessenes lesen. Insgesamt aber finden sich auch für heutige Lesende dort Ideale und Verhaltensregeln, die zum Einsatz für die Gefährdeten und ungeschützten Glieder der menschlichen Gesellschaft aufrufen und von den Lesenden selbst Tugenden wie Güte, Selbstbeherrschung, Ehrlichkeit und Aufrichtigkeit einfordern. Die Ideale weisheitlich geführten Lebens vor dem Hintergrund des inzwischen vorhandenen Wissens über Gewalt und Gewaltfolgen zeichnen ein Wertemuster, das den Einsatz für die Beendigung von Gewalt unterstützt und den Einsatz von Gewalt ablehnt. Nur herausgerissen aus ihrem Kontext und gegen die Intention der literarischen Gattung können moderne BibelleserInnen Einzelverse weisheitlicher Texte zur Legitimation von Machtmissbrauch verwenden.

Der einzige neutestamentliche Text, der zur Legitimation von Gewalt gegen Kinder instrumentalisiert werden könnte, steht im Hebräerbrief Kapitel 12:

> „[Ihr] habt die Ermahnung vergessen, die zu euch als zu Söhnen spricht: ‚Mein Sohn, schätze nicht gering des Herrn Züchtigung, und ermatte nicht, wenn du von ihm gestraft wirst! Denn wen der Herr liebt, den züchtigt er; er schlägt aber jeden Sohn, den er aufnimmt.' Was ihr erduldet, ist zur Züchtigung: Gott behandelt euch als Söhne. Denn ist der ein Sohn, den der Vater nicht züchtigt? Wenn ihr aber ohne Züchtigung seid, deren alle teilhaftig geworden sind, so seid ihr Bastarde und nicht Söhne. Zudem hatten wir auch unsere leiblichen Väter als Züchtiger und scheuten sie. Sollen wir uns nicht vielmehr dem Vater der Geister unterordnen und leben? Denn sie züchtigten uns zwar für wenige Tage nach ihrem Gutdünken, er aber

---

[28] GESENIUS (2013): Hebräisches und Aramäisches Handwörterbuch über das Alte Testament, 462f.
[29] GESENIUS (2013): Hebräisches und Aramäisches Handwörterbuch über das Alte Testament, 644.
[30] GESENIUS (2013): Hebräisches und Aramäisches Handwörterbuch über das Alte Testament, 366f und 1024f.

zum Nutzen, damit wir seiner Heiligkeit teilhaftig werden. Alle Züchtigung scheint uns zwar für die Gegenwart nicht Freude, sondern Traurigkeit zu sein; nachher aber gibt sie denen, die durch sie geübt sind, die friedvolle Frucht der Gerechtigkeit." (Heb 12,5–11 ELB)

Der Hebräerbrief will keine Erziehungsratschläge geben. Er richtet sich an eine Gemeinde, die unter Repressalien zu leiden hatte und unter diesem Leidensdruck in ihrem Bestand bedroht war.[31] Der Autor des Hebräerbriefes will diese Gemeinde ermutigen und bestärken und versucht dies, indem er eine Deutung zur Verfügung stellt, die dem Leiden Sinn abgewinnt.[32] Er greift dabei auf die Praxis der Züchtigung von Kindern mit pädagogischer Intention zurück, die er als Erfahrungshintergrund der Gemeindeglieder voraussetzt. Er führt dann für die Deutung des Leidens einen Gedanken ein, den er so in weisheitlicher Literatur findet (Prv 3,11f) und der tatsächlich zu problematisieren ist: Das Leiden ist eine von Gott so gewollte pädagogische Maßnahme in liebevoller Intention. Es ist Signatur der Zugehörigkeit zur Gemeinde und in seiner Konsequenz letztlich konstruktiv.[33]

In zwei Punkten ist der Text aus heutiger Sicht deswegen problematisch: 1. Er setzt die Züchtigung von Kindern als gegebene Praxis voraus und normalisiert sie damit. 2. Er transportiert eine Deutung von Leiden, die dieses spiritualisiert und damit aufwertet, statt zu seiner Beendigung beizutragen. Die Frage nach der problematischen Deutung von Leiden in der christlichen Theologie ist eine größere und soll deswegen zu einem späteren Zeitpunkt der Arbeit noch einmal gesondert aufgegriffen werden.

Der Text ist in zwei Punkten aber auch sehr hilfreich: 1. Er benennt Gewalt in ihrem Vorkommen auch als Phänomen in christlichen Familien. Gewalt betrifft nicht nur „die Anderen". Dies zeigt der Text klar auf und richtet damit eine Frage an die Lesenden: Wie steht es in euren Familien mit der Gewalt? 2. Der Autor des Textes ist selber ein Betroffener von Gewalt. Betroffene stehen nicht außerhalb der christlichen Gemeinde. Sie sind Teil von ihr, bis zu dem Grad, dass sie – ihre Erfahrung einbringend – Autoren biblischer Texte sind.

---

[31] Vgl. BACKHAUS, Knut (2009): Der Hebräerbrief, Pustet: Regensburg, 27ff.
[32] Ausführlicher zu dieser Bibelpassage siehe: BACKHAUS (2009): Der Hebräerbrief, 418–426.
[33] Die Rezeptionsgeschichte ähnlicher Gedankengänge beschränkt sich nicht auf den Hebräerbrief und sie setzte sich auch nach dessen Abfassung fort. Ein Beispiel hierfür bilden die Reflexionen Augustins über selbst erlittene Gewalt und den Umgang mit seinem Sohn: Vgl. CAPPS, Donald (1995): The Child's Song: The Religious Abuse of Children, Westminster John Knox Press: Louisville, 21–36.

1.3 Elterngebot

„Und dieses Gebot, dass man seine Eltern ehren soll, das übersteigt mittlerweile mein Fassungsvermögen."[34] So lautet die Aussage einer Frau, die nicht nur von ihrem Vater selbst, sondern auch von dessen Bekannten sexuell missbraucht wurde und zum Zeitpunkt des Interviews mit 35 Jahren nach mehreren Psychiatrieaufenthalten aufgrund massiver psychischer Beschwerden frühberentet war.[35] Sie wurde „so extrem gequält und gefoltert, dass sie dabei auch hätte sterben können. Dabei verstand sich ihr Vater sehr gut darin, sie so zu peinigen, dass sie gerade eben nicht starb."[36]

Menschen mit einer Lebensgeschichte wie diese Betroffene haben durch ihre Eltern Gewalt an den Grenzen des Vorstellbaren erlitten. Die Erfahrung dieser Frau trifft dabei auf die vorhandene Tradition des Elterngebotes. Für Betroffene, denen durch die eigenen Eltern so Schlimmes angetan wurde, muss das vierte der Zehn Gebote als unerträgliche Bürde erscheinen: „Ehre deinen Vater und deine Mutter, damit deine Tage lange währen in dem Land, das der HERR dein Gott dir gibt." (Ex 20,12 ELB)[37]

Für ein angemessenes Verständnis biblischer Texte ist die wissenschaftlich-vernünftige Betrachtung in ihrem historischen Kontext unerlässlich: Die Zehn Gebote richten sich ihrer Formulierung und ihrem Anliegen nach an erwachsene Männer mit Landbesitz und wollen diesen eine grundlegende Ordnung für zumindest einige Lebensbereiche im Dienste eines gelungenen Zusammenlebens zur Verfügung stellen. In einer Zeit, in der ein staatlich reguliertes Altersversorgungssystem weit jenseits des Vorstellbaren lag, diente das vierte Gebot dazu, den alt gewordenen Eltern eine grundsätzliche Versorgung durch ihre Nachkommenschaft zu garantieren.[38] Alles andere hätte die Verarmung der alten, nicht mehr arbeitsfähigen Eltern zur Folge gehabt.

In ihrer Rezeptionsgeschichte wurden die Zehn Gebote jedoch aus ihrem Kontext gelöst und entwickelten sich zu einem beliebten Referenztext für pädagogische Zwecke. In diesen Interpretationszusammenhängen führte das vierte Gebot zu einer Überhöhung der Eltern. Im großen Katechismus konnte Luther formulieren:

---

[34] HASLBECK (2007): Sexueller Missbrauch und Religiosität, 308.
[35] Vgl. HASLBECK (2007): Sexueller Missbrauch und Religiosität, 260f.
[36] HASLBECK (2007): Sexueller Missbrauch und Religiosität, 260.
[37] Siehe auch die hilfreichen Ausführungen bei: KERSTNER; HASLBECK u.a. (2016): Damit der Boden wieder trägt, 58–68.
[38] Die Gewährleistung der sozialen Sicherung der alt gewordenen Eltern ist nicht die einzige Funktion des Gebots und von der Begründung elterlicher Autorität nicht völlig zu lösen. Jedoch ist der eingehenden Untersuchung von Harry Jungbauer nach der Sicherungsaspekt der historisch primäre. Vgl. JUNGBAUER (2002): „Ehre Vater und Mutter", 80–87.

> „Diesem Vater und Mutterstand hat Gott sonderlich den preis gegeben für allen stenden, die unter ihm sind, das er nicht schlechts gebeut, die Eltern lieb zu haben, sondern zu ehren. [...] Denn es ist viel ein höher ding Ehren denn lieben, als das nicht alleine die Liebe begreifft, sondern auch eine zucht, demut und scheue als gegen einer maiestet alda verborgen. Auch nicht alleine fordert, das man sie freundlich und mit ehrerbietung anspreche, sondern allermeist, das man sich beide von hertzen und mit dem leibe also stelle und erzeige, das man viel von ihnen halte, und nach Gott für die Obersten ansehe."[39]

Eine Überhöhung der Eltern – die vor allem bei einer Herauslösung solcher und ähnlicher Passagen aus dem Denksystem Luthers möglich ist – wird in den meisten kirchlichen Kontexten nicht mehr präsent sein.[40] Doch geblieben ist meist die Forderung nach Gehorsam und später Dankbarkeit gegenüber den Eltern. Für wahrscheinlich die meisten Menschen stellt dies eine sinnvolle Richtschnur dar, denn sehr viele Menschen verdanken ihren Eltern sehr viel. Eine wichtige Sehhilfe ist das Gebot im Kontext von Gewalt im sozialen Nahraum auch insofern, als es einen respektvollen Umgang mit den alt gewordenen Eltern betont, was angesichts von Gewalt gegen alte Menschen, die in jüngster Zeit stärker ins Bewusstsein tritt, ebenfalls nicht zu vernachlässigen ist. Schwieriger gestaltet sich der Umgang mit dem Gebot, wenn sich im Umgang mit Eltern neben dem Grund zur Dankbarkeit auch viel oder sogar ausschließlich Grund zur Klage findet, bis hin zu Gewalt des im obigen Beispiel beschrieben Schweregrades. Wie kann dann ein seelsorglich-traumasensibler Umgang mit diesem Traditionsbestand, durch wissenschaftliche Vernunft vermittelt jenseits eines bloßen Hinweises auf den historisch spezifischen Entstehungskontext aussehen?

Drei Gedanken seien an dieser Stelle benannt:
- Anhaltspunkte dafür bietet der biblische Text selbst, als er sich ein Stück weit relativiert. Die Zehn Gebote sind in Exodus 20 und Deuteronomium 5 in zweifacher, zum Teil stark voneinander abweichender Form überliefert. Der Vorstellung eines eindeutigen unverbrüchlichen Regelkatalogs für alle Menschen steht der biblische Text gerade entgegen.
- Das hebräische Wort כבד das in seiner Piel-Form meist mit „ehren" oder „Ehre erweisen" übersetzt wird und dadurch eine bedingungslose Konnotation erhält, kann ebenfalls mit „belohnen" oder „honorieren" übersetzt werden.[41] In dieser Verstehensvariante verschiebt sich die Bedeutung

---

[39] LUTHER, Martin (2014): Großer Katechismus (bearbeitet von Robert Kolb), in: Die Bekenntnisschriften der Evangelisch-Lutherischen Kirche: Vollständige Neuedition, hrsg. von DINGEL, Irene, Vandenhoeck und Ruprecht: Göttingen, 968.
[40] Im Denken Luthers ist zum Beispiel zu beachten, dass innerhalb des kleinen Katechismus das Verständnis der folgenden Gebote immer am ersten Gebot orientiert ist.
[41] Vgl. GESENIUS (2013): Hebräisches und Aramäisches Handwörterbuch über das Alte Testament, 522f.

von einer unbedingten Dankbarkeit und Unterordnung hin zu einem Verständnis, das die eigene Handlung gegenüber den Eltern durchaus davon abhängig macht, wie diese sich gegenüber ihren Kindern verhalten haben.
- Eine andere Verstehensmöglichkeit kommt von einer Betroffenen selbst: „One of God's commandments ist to honor one's parents. I have had a hard time with that commandment, because it told me that I should honor the father who raped me and the mother who watched without interfering. Several years ago, I concluded that the commandment meant that I should behave in such a way as to bring honor to my parents for *my* sake, not theirs. To behave dishonorably would hurt me far more than it would hurt them."[42] Diese Betroffene fand es hilfreich, nicht Gleiches mit Gleichem zu vergelten, jedoch nicht um ihre Eltern zu schonen, sondern um ihres eigenen Wohlergehens und ihrer eigenen Integrität willen. Nicht die Gewalt mit Gewalt zu erwidern, um der eigenen Würde willen: In manchen Fällen mag auch dies eine hinreichende Erfüllung dieses Gebots darstellen.

1.4 Die Abwertung von Frauen

Die Abwertung von Frauen gehört aus heutiger Sicht zu den am stärksten zu problematisierenden Folgen bestimmter Aspekte der christlichen Tradition. Auch wenn vor allem die Evangelien die Bedeutung von Frauen immer wieder herausstellen und darin eine Kritik an ihrer patriarchalen Umwelt sind, hat das Christentum wirkungsgeschichtlich zu einer Stabilisierung patriarchaler Strukturen beigetragen und tut dies in weiten Teilen der Welt auch heute noch. Dies drückt sich neben vielem anderen in reduktionistischen Frauenidealen ebenso aus wie in der massiven Benachteiligung von Frauen in der Übernahme von Leitungsverantwortung innerhalb vieler Kirchen.

Für von Gewalt betroffene Frauen können manche Aspekte christlicher Tradition deswegen zu einer besonderen Bürde werden. So folgert Barbara Haslbeck in ihrer Studie:

> „Das kirchliche Frauenbild stößt die Interviewten ab, da sie darin Eigenschaften bestätigt finden, die sie in ihrem Bewältigungsprozess überwinden wollen: unterwürfig, liebevoll, aufopfernd und dienend tätig zu sein. Sie wollen als Frau nicht mehr darauf reduziert werden, Kinder zu kriegen und sich dem Mann zu fügen. Im Zuge der Auseinandersetzung mit dem Missbrauch wächst das Bewusstsein, dass das Bild des verführerischen, sündigen Mädchens bzw. Frau von der kirchlichen Tradition geprägt ist."[43]

---

[42] BLUMENTHAL, David R. (1993): Facing the Abusing God: A Theology of Protest, Westminster John Knox Press: Louisville, 200 (H.i.O.).
[43] HASLBECK (2007): Sexueller Missbrauch und Religiosität, 301.

Es werden in diesem Zitat verschiedene Probleme ausgemacht, vor allem aber eine engspurig festgeschriebene Geschlechterrolle, eine verlangte Unterwürfigkeit Männern gegenüber und die besondere Identifikation von Frauen mit Sündhaftigkeit.[44]

Die damit angesprochenen Problemfelder wurden nicht erst durch die Beschäftigung mit Gewalt im sozialen Nahraum aufgedeckt. Vielmehr handelt es sich um Themen, die inzwischen seit Jahrzehnten auf ganz unterschiedliche Weise von verschiedenen feministischen Strömungen und Bewegungen angesprochen und konkret angegangen werden. Die dabei beschrittenen methodischen und inhaltlichen Wege sind ebenso vielfältig wie die erarbeiteten Ergebnisse. Man kann der feministischen Theoriebildung nicht auf wenigen Seiten gerecht werden. Das Problem der Abwertung von Frauen ist so grundlegend und in so viele Verästelungen hinein wirksam, dass hier nur mit Verweis auf weiterführende Literatur eine eigenständige Beschäftigung mit der Problematik angeleitet werden kann.[45]

Es sollen hier aber drei Gedanken ausgeführt werden, warum feministischer Theoriebildung in Theologie und Kirchen besonders unter der Perspektive traumasensibler Theologie ein hoher Stellenwert zukommen sollte.

Grundlegend dafür ist die in Kapitel B gemachte Feststellung, dass es sich bei Gewalt im sozialen Nahraum um ein weit verbreitetes Phänomen handelt, das mit hoher Wahrscheinlichkeit auch einen Großteil christlicher Gemeinden betrifft. Auch konnte empirisch nachvollziehbar gezeigt werden, dass die Leidtragenden – im Speziellen, wenn es um besonders traumatogene Formen von Gewalt geht – nicht nur, aber überwiegend Frauen sind. Trägt man diese Erfahrung der Betroffenen, durch wissenschaftliche Vernunft vermittelt, an die christliche Tradition heran, stellt sich die Frage, wie diese fortgeschrieben werden soll. Theologie und Kirche können, wenn sie ihrem Auftrag gerecht werden wollen, nicht an diesem Problem vorübergehen. Der spezifischen Perspektive von Frauen kommt deswegen bei der Bearbeitung der Problematik eine besondere Bedeutung zu. Es ist das Proprium feministischer Theoriebildung, diese Perspektive zur Geltung zu bringen.

---

[44] Dieser Vorwurf wird nicht zu Unrecht erhoben. Vor allem die beiden letztgenannten Vorstellungskomplexe können berechtigterweise mit einer bestimmten Auslegungstradition von Genesis 2–3 verbunden werden, die innerhalb der lateinischen Kirche zu großem Einfluss gelangte: Vgl. Ess, Charles (1995): Reading Adam and Eve: Re-Visions of the Myth of the Woman's Subordination to Man, in: Violence against Women and Children: A Christian Theological Sourcebook, hrsg. von Adams, Carol J.; Fortune, Marie M., Continuum: New York, 92–120.

[45] Im Rahmen einer seelsorgetheoretischen Arbeit ein Hinweis auf einen der zentralen Entwürfe feministischer Seelsorge im deutschsprachigen Raum: Strecker, Julia; Riedel-Pfäfflin, Ursula (1999): Flügel trotz allem. Feministische Seelsorge und Beratung. Konzeption – Methoden – Biographien, 2. Aufl., Gütersloher Verlagshaus: Gütersloh.

E. Perspektiven für eine traumasensible Theologie

Bezogen auf Seelsorge sind feministische Perspektiven deswegen aus drei Gründen besonders wichtig:

Erstens sind sie besonders dazu prädestiniert, das Anliegen der Sorge für Betroffene wachzuhalten. Wie dargestellt wurde, ist traumatische Gewalt in der Geschichte stetig wiederkehrender Verdrängung und kollektivem Vergessen anheimgefallen. Ohne das entsprechend gesellschaftlich und politisch wirksame Umfeld wurden vor allem die Probleme von häuslicher und/oder sexualisierter Gewalt über Jahrhunderte nicht als signifikante *gesellschaftliche* Probleme erkannt. Das gleiche Verdrängen lässt sich für Seelsorge und ihre entsprechende akademische Reflexion konstatieren. Dass die vor allem im deutschsprachigen Raum vorhandene Forschung in diesem Themenfeld bisher nur so wenig hervorgebracht hat, deutet auf mangelnde Sensibilität innerhalb der Seelsorge und Seelsorgetheoriebildung hin. Angesichts der weiten Verbreitung des Phänomens und der Betroffenheitstiefe der Opfer ist das ein großes Problem. Die bisherige Geschichte der Psychotraumatologie deutet darauf hin, dass feministische Ansätze einen unersetzlichen Beitrag dadurch leisten – zumindest wenn es um die Betroffenheit von Frauen geht – das Anliegen, womöglich eben auch innerhalb der Seelsorge, wach zu halten. Umgekehrt müssen Verteidiger patriarchaler Strukturen innerhalb von Theologie und Kirche erklären, warum die von ihnen unterstützten Verhältnisse über so lange Zeit das Problem unerkannt ließen und damit die TäterInnen deckten.

Mit diesem ersten Anliegen ist ein weiteres verbunden. Ein Bestreben feministischer Ansätze ist eine hinreichende Repräsentanz von Frauen in Positionen von signifikanter gesellschaftlicher Stellung. Eine solche kommt auch Seelsorgenden immer wieder zu.[46] Wie gezeigt wurde, hat die Kategorie des Geschlechts bei traumasensibler Seelsorge eine besondere Bedeutung. Besonders bei sexualisierter Gewalt ist dieser geschlechtsspezifische Aspekt sehr stark: Es gibt gute Gründe, warum die Überlebende einer Vergewaltigung keine Seelsorge durch einen Mann in Anspruch nehmen will, oder dies nicht in der gleichen Weise tun kann, wie durch eine Frau. Entsprechend ist es für eine traumasensible Seelsorge wichtig, dass Frauen in seelsorglich relevanten Funktionen hinreichend repräsentiert sind. Dies schließt auch ein, dass keine für die Seelsorge bedeutsamen Handlungen allein Männern vorbehalten sein sollten.[47]

Schließlich kann feministische Theologie auch seelsorglich-inhaltlich wichtige Impulse geben. Es werden dort – ob traumaspezifisch oder nicht – dezidiert weibliche Ausdrucksformen und Anliegen christlichen Glaubens zugänglich gemacht. James Leehan fordert auch von männlichen Seelsorgern in der Arbeit mit Betroffenen von Gewalt im sozialen Nahraum Kenntnisse feministischer Theologie: „A male pastor must also develop an understanding of feminism and

---

[46] Man denke an die Rolle von z.B. PfarrerInnen in dörflichen Gemeinwesen.
[47] Zu denken wäre hier an die Spendung des Beichtsakraments in unterschiedlichen christlichen Kirchen.

feminist theology if he hopes to empower women who have previously felt helpless in their relationships."[48] Entsprechende Impulse werden auch in späteren Teilen dieser Arbeit durchscheinen.

Ohne das grundsätzliche Problem der Abwertung von Frauen anzugehen, werden sich Theologie und Kirche – ob ungewollt oder gewollt – im Ringen mit Gewalt im sozialen Nahraum nicht aus der Komplizenschaft mit TäterInnen befreien können.

1.5 ‚Idolisierung' von Ehe und Familie

Dass innerhalb von Theologie und Kirche für lange Zeit Gewalt im sozialen Nahraum nicht als nennenswertes Problem ausgemacht wurde, kann damit zusammenhängen, was hier die ‚Idolisierung' von Ehe und Familie genannt werden soll. ‚Idolisierung' meint, dass eine möglichst realistische Sicht auf die Wirklichkeit durch ein idealisiertes, religiös sanktioniertes Trugbild ersetzt wird. In der Geschichte hat die christliche Tradition immer wieder überprägnante Normenbilder hervorgebracht, die als konstruktives Vorbild einer idealen Ehe oder Familie dienen sollten. Diese Ideale können eine wichtige Funktion erfüllen. Sie werden aber problematisch, wenn sie in einer Weise überhöht werden, die den Blick auf die Realität verstellt. Ein Ideal wird dann zu einem Idol. Annemie Dillen sagt dazu:

> „Paradoxerweise ist die Vorstellung von einer idealen heiligen Familie in Bezug auf Gewalt nicht unproblematisch. Zum einen schämen sich Menschen, die Opfer von Gewalt in Familien sind, und sie verstummen, wenn vor allem das Gute und Schöne des Familienlebens betont werden [...]. Oft glauben sie, dass sie anders sind als alle anderen. Die Tabuisierung der Gewalt wird von vielen Seiten weitergeführt [...]. Das Tabu wird so bestätigt. Viele ehrenamtliche und hauptamtliche MitarbeiterInnen in der Kirche wissen nicht einmal, wie häufig familiäre Gewalt vorkommt, und glauben nicht, dass diese sich auch in ihrer Nähe ereignet."[49]

Traumasensible Theologie, die neben der christlichen Tradition und dem vernünftigen Diskurs die menschliche Erfahrung zu ihrem Ausgangspunkt macht, versucht möglichst unverstellt ernst zu nehmen, was Menschen in ihren Ehen und Familien erleben. Dazu gehört, dass für nicht wenige Menschen die Familie nicht ein Ort von Stärkung und Freude, sondern ein „Ort der Schmerzen"[50] ist. Diese Erfahrung ist auch theologisch wichtig.

Die Perspektive von Opfern von Gewalt im sozialen Nahraum ernst zu nehmen und ihrem Leiden einen zentralen Stellenwert im theologischen Denken

---

[48] Vgl. LEEHAN, James (1989): Pastoral Care for Survivors of Family Abuse, Westminster John Knox Press: Louisville, 118.
[49] DILLEN, Annemie (2016): Gewalt in Familien: Eine Herausforderung für das kirchliche und theologische Sprechen, in: Pastoraltheologische Informationen, 36, H. 1, 68.
[50] HASLBECK (2007): Sexueller Missbrauch und Religiosität, 303.

E. Perspektiven für eine traumasensible Theologie

einzuräumen, bringt neue Fragen und Sichtweisen auf verschiedene Kernbestände christlicher und im Falle dieser Arbeit vor allem protestantischer Sozialethik. Dies trifft in besonderer Weise auf Ehe und Familie zu. Beide genießen einen besonderen Schutzstatus, weil ihnen als meist engster Rahmen zwischenmenschlichen Zusammenlebens eine besondere Bedeutung im Leben Einzelner und der Gesellschaft als ganzer zukommt. Diese Leistung wurde seit jeher auch theologisch gestützt und mitgetragen. Dieser Schutzstatus nach außen ermöglicht und schützt Freiheit nach innen.

Opfer von Gewalt im sozialen Nahraum haben erlebt oder erleben immer noch, dass diese Freiheit nach innen missbraucht wurde. Der gesellschaftliche Schutz von Ehe und Familie ermöglicht dabei häufig, dass die Gewalt unentdeckt bleibt und die Befreiung aus den Gewaltverhältnissen noch weiter erschwert wird. Ethisch stellt sich deswegen die Frage nach dem Schutz Einzelner innerhalb der geschützten sozialen Einheit. Denn die beiden Güter des Schutzes Einzelner und des Schutzes der sozialen Einheit können bei Gewalt im sozialen Nahraum in einen Konflikt zueinander geraten. Nimmt man die Erfahrung Betroffener ernst, ist hierbei jedoch vernünftig plausibel, dass der Schutz der sozialen Einheit nur dann ein Wert ist, wenn er wiederum dem Schutz Einzelner dient, nicht aber diesem im Wege steht.[51]

Entsprechend stellen sich an die Tradition und Praxis von Theologie und Kirche wichtige Fragen: Ist der äußere Zusammenhalt der Familie ein schützenswertes Gut, wenn einzelne Familienmitglieder ungeschützt zerstörerischer Gewalt ausgesetzt sind und äußerer Schutz diese Gewalt mitermöglicht?[52] Wenn es zu Gewalt in einer Ehe kommt, der Schutz Einzelner in der sozialen Einheit also hochgradig gefährdet ist, wäre es dann nicht folgerichtig, den Zerbruch der sozialen Einheit und damit den Bruch des Eheversprechens zu konstatieren? So verstanden begeht diejenige Person Ehebruch, welche Gewalt anwendet, und nicht die Person, welche sich aus der Gewalt befreit und den Bruch durch eine Scheidung nur noch äußerlich-rechtlich kenntlich macht.[53] Diese Gedanken

---

[51] Auch der Gesetzgeber hat dies historisch immer stärker gesehen, wie dies z.B. an der Verschiebung in der Gesetzgebung zur Vergewaltigung in der Ehe, wie in Kapitel B erläutert, sichtbar wird.

[52] Bei einer Taufe ist es wahrscheinlicher, dass das Taufkind im Laufe seines Lebens seine größten Lebenswunden durch einen der dreißig bei der Kasualie anwesenden Menschen erleiden wird, als durch einen der sieben Milliarden nicht anwesenden. Dies legt sich zumindest in Bezug auf das Erleben von Gewalt nahe, wenn man die Studien aus Kapitel B und die Beziehungen von Opfern und TäterInnen genauer betrachtet.

[53] Siehe dazu: EILTS, Mitzi N. (1995): Saving the Family: When is the Covenant Broken?, in: Violence against Women and Children: A Christian Theological Sourcebook, hrsg. von ADAMS, Carol J.; FORTUNE, Marie M., Continuum: New York, 444-450.

weiter entwickelt würden das Versprechen der Gewaltabstinenz auch innerhalb der Ehegelübde hochgradig plausibilisieren.[54]

All diese Fragen und Probleme können an dieser Stelle nur benannt, aber nicht hinreichend tief beantwortet werden. Unterschiedliche Antwortversuche werden nach theologischem und konfessionellem Traditionshintergrund der Beantwortenden unterschiedlich ausfallen. Grundlegend aber sollte für alle Antwortversuche sein, dass sie den Opfern von Gewalt gerecht zu werden suchen. Nur dies würde einem christlichen Glauben entsprechen, der sich nach dem biblischen Zeugnis auf einen Gott richtet, der an der Seite der Entrechteten und Unterdrückten steht.

1.6 Defizitäre Sexualmoral

Die wahrscheinlich folgenschwerste Form von Gewalt im sozialen Nahraum ist sexualisierte Gewalt. Die Thematisierung von Sexualität in der Kirche hat über Jahrhunderte das Leiden der davon betroffenen Menschen kaum beachtet, oft sogar verstärkt und sich dadurch als defizitär erwiesen. Die Schwachpunkte sind dabei vielfältig.

Dabei ist ein grundsätzliches Problem der tradierte patriarchale Standpunkt christlicher Moral insgesamt und ihrer Sexualmoral im Besonderen. Über Jahrhunderte wurde diese nahezu ausschließlich von Männern definiert und speiste sich aus deren Lebenserfahrungen und Interessen.[55] Weibliche Sexualität wurde von Männern verwaltet, der Schutz von Kindern vernachlässigt. Einige biblische Texte machen deutlich, wie weit ein patriarchaler Standpunkt dabei führen kann. Man lese bspw. in Deuteronomium 22,23ff:

> „Wenn ein Mädchen, eine Jungfrau, einem Mann verlobt ist, und es trifft sie ein Mann in der Stadt und liegt bei ihr, dann sollt ihr sie beide zum Tor jener Stadt hinausführen und sie steinigen, dass sie sterben; das Mädchen deshalb, weil es in der Stadt nicht geschrien hat, und den Mann deshalb, weil er der Frau seines Nächsten Gewalt angetan hat. Und du sollst das Böse aus deiner Mitte wegschaffen. Wenn aber der Mann das verlobte Mädchen auf dem Feld trifft, und der Mann ergreift sie und liegt bei ihr, dann soll der Mann, der bei ihr gelegen hat, allein sterben. Aber dem Mädchen sollst du nichts tun, das Mädchen hat keine Sünde begangen zum Tode. Diese Sache ist vielmehr so, wie wenn ein Mann sich erhebt gegen seinen Nächsten und ihn totschlägt. Denn er hat sie auf dem Feld getroffen. Das verlobte Mädchen schrie, aber niemand war da, der es rettete. Wenn ein Mann ein Mädchen trifft, eine Jungfrau, die nicht verlobt ist, und ergreift sie und liegt bei ihr, und sie werden dabei angetroffen, dann soll der Mann, der bei ihr lag, dem Vater des Mädchens fünfzig

---

[54] Angesichts des weltweiten und gesellschaftlich verankerten Präsenz und Wirkungsräume vieler Kirchen hätte eine solche Entwicklung wahrscheinlich sehr konstruktive Folgen in der Prävention von Gewalt im sozialen Nahraum.

[55] Vgl. FORTUNE, Marie M. (2005): Sexual Violence: The Sin Revisited, The Pilgrim Press: Cleveland, 47ff.

E. Perspektiven für eine traumasensible Theologie

Schekel Silber geben, und es soll seine Frau werden, weil er ihr Gewalt angetan hat; er kann sie nicht entlassen all seine Tage." (Dtn 22, 23-29 ELB)

Marie Fortune schreibt in Bezug auf diese drei Gesetze zu Recht, dass nur das mittlere die gewalttätige Natur des Verbrechens betone.[56] In Bezug auf das erste sagt sie:

> „There is no recognition that force or fear may have prevented her screams or that her screams may have gone unheard. So if the attack is carried out without someone intervening, the victim must not have cried for help. This means that she must have eagerly participated in a sexual encounter and thus deserved to die because she ‚belonged' to another man (vv. 23-24)."[57]

Besonders am dritten Gesetz aber wird deutlich, dass das Sexualdelikt an einer Frau als ein Eigentumsdelikt unter Männern verhandelt wird, mit drastischen Folgen für das Opfer. Nun ist christliche Ethik nicht einfach so etwas wie die Anwendung biblischer Texte, sondern hat als „Selbstreflexion und Selbstexplikation des christlichen Ethos"[58] ganz unterschiedliche Referenzgrößen. Dieser biblische Text zeigt jedoch, wohin ein patriarchaler Standpunkt unter Ausklammerung der Perspektive von Frauen führen kann. In der christlichen Ethik hat dieser oft zu einer folgenreichen Einseitigkeit insofern geführt, als die Perspektive von Frauen auf sexualethisch relevante Belange und der Schutz von Kindern vernachlässigt wurden. Aus Sicht einer traumasensiblen Theologie ist es notwendig, die entsprechenden Traditionsbestände nicht nur wahrzunehmen, sondern wissenschaftlich vernünftig diese auch mit der Erfahrung Betroffener zu konfrontieren. Dies stellt Überliefertes in einen neuen Horizont und provoziert die Frage, wie Tradierungsprozesse zukünftig verlaufen sollen.

In diesen Zusammenhang gehört neben der Fokussierung christlicher Sexualmoral auf bestimmte Fragestellungen – unter Ausblendung anderer – auch die Auswahl der Kriterien zu deren Bearbeitung. Marie Fortune schreibt in ihrer Analyse traditioneller christlicher Sexualethik:

> „In traditional Christian sexual ethics the issues have focused on the form or type of sexual contact between persons. Consider how the following ethical questions are stated: Should persons engage in sexual activity before marriage? Should persons of the same gender engage in sexual activity? Should persons engage in any nonprocreative sexual activity? Should a person engage in extramarital activity? Should older persons engage in sexual activity? Should a person engage in masturbation? All these questions focus on the who, what, where, when and why of sexual activity. None of them considers the qualitative substance of the relationship (which may include sexual activity), such as the presence or absence of consent and the distribution of power."[59]

---

[56] Vgl. FORTUNE (2005): Sexual Violence: The Sin Revisited, 53.
[57] FORTUNE (2005): Sexual Violence: The Sin Revisited, 53.
[58] HERMS, Eilert (2017): Systematische Theologie: Das Wesen des Christentums: In Wahrheit und aus Gnade leben. Band 2, Mohr Siebeck: Tübingen, 1173.
[59] FORTUNE (2005): Sexual Violence: The Sin Revisited, 74f.

Durch die Perspektive der Erfahrung sexualisierter Gewalt und die darin wissenschaftlich vernünftig aufzeigbaren Zusammenhänge zwischen Sexualität und Machtmissbrauch werden bestimmte Texte bzw. Textauslegungen fragwürdig. Nach traditionellen christlichen Vorstellungen diente Sexualität vor allem der Fortpflanzung. Über das Richtig oder Falsch einer sexuellen Handlung entschied, ob sie innerhalb oder außerhalb einer ehelichen Bindung geschah. Für die evangelische Kirche in Deutschland traf dies weitgehend bis zum Anfang der 1970er Jahre zu.[60] Für die katholische Kirche gilt dies in weiten Teilen heute noch.[61] Vernachlässigt wurden Kriterien wie die Qualität der Beziehung, wechselseitige Zustimmung oder bestehende Machtverhältnisse. Innerhalb eines solchen Wertesystems scheint der liebevolle Sex von zwei Verlobten problematischer als eine Vergewaltigung in der Ehe. Auch weil in traditioneller christlicher Sexualethik jedwede Sexualität außerhalb einer ehelichen Bindung abgelehnt wird, sich also in einem Raum des Verbotenen befindet, werden die unterschiedlichen Phänomene innerhalb dieses Raumes keiner genaueren Beschäftigung unterzogen: Wenn außerehelicher Sex per se nicht ethisch legitim sein kann, ist der Unterschied zwischen einvernehmlichem Geschlechtsverkehr zwischen zwei gleichberechtigten, nicht-verheirateten Beziehungspartnern auf der einen Seite und einer Vergewaltigung auf der anderen Seite nur ein gradueller. Man erkennt an diesen Ausführungen deutlich: Sowohl die Kriterien zur Beurteilung einer sexuellen bzw. sexualisierten Handlung sind unzureichend, als auch die ausgemachten Gegenstandsbereiche von Sexualethik. Diese Fokusverengung hat dazu geführt, dass sexualisierte Gewalt als Thema christlicher Ethik stark vernachlässigt wurde.

Ein weiteres Defizit traditioneller christlicher Sexualmoral liegt in der schon an verschiedenen Stellen kritisierten Abwertung von Körperlichkeit und Sexualität. Über weite Strecken der Kirchengeschichte war sexuelle Lust die schlechthinnige Sünde. Dieser Sachverhalt wurde schon an verschiedenen Stellen dargelegt. Isolde Karle schreibt bspw. in Bezug auf Augustin:

> „Der Mensch nach dem Fall ist ‚dem Trieb und der Lust so unterworfen, dass er beim Sexualakt die Kontrolle über sich selbst verliert'. Deshalb sollte Sexualität am besten gleich ganz vermieden werden. [...] Zwar sind für Augustin die Sexualorgane und der Sexualtrieb nicht grundsätzlich sündig, aber insofern sie den Menschen seines rationalen Willens und der Vernunft berauben, liegen Sünde und Sexualität sehr nahe beieinander."[62]

---

[60] Vgl. KARLE, Isolde (2014): Liebe in der Moderne: Körperlichkeit, Sexualität und Ehe, Gütersloher Verlagshaus: Gütersloh, 83ff.
[61] Vgl. SALZMANN, Todd A.; LAWLER, Michael G. (2008): The Sexual Person: Torward a Renewed Catholic Anthropology, Georgetown University Press: Washington D.C., 6–46.
[62] KARLE (2014): Liebe in der Moderne, 80f.

E. Perspektiven für eine traumasensible Theologie

Die Folge einer solchen Bewertung von Sexualität waren in weiten Teilen deren Verdrängung und Unterdrückung. Rückblickend muss man sagen, dass eine solche Sicht auf die menschliche Sexualität ganz unterschiedliche negative Folgen hatte. Eine davon bezieht sich auch auf sexualisierte Gewalt. Denn es gibt starke Indikatoren dafür, dass eine Tabuisierung und Verdrängung von Sexualität sexuellen Missbrauch fördert. So weisen fast alle Familien in der Studie von Annie Imbens und Ineke Jonker nach Aussage der Befragten einen tabuisierenden und verdrängenden Umgang mit Sexualität auf.[63] So ist heute auch in theologischer Ethik stärker bewusst:

> „Das Vorkommen sexualisierter Gewalt wird gefördert durch eine Tabuisierung von Sexualität und durch eine sexuelle Erziehung, bei der Bedürfnisse nicht offen ausgesprochen und nicht in einer vertrauten Beziehung ausgehandelt werden können. [...] Lange Zeit glaubte man, dass das offene Sprechen über Sexualität sexualisierte Gewalt fördern würde, doch heute ist klar, dass das Gegenteil der Fall ist und eine Unterdrückung von Sexualität und die Verbindung von Sexualität und Angst nicht nur sexualisierte Gewalt wahrscheinlicher, sondern auch die Opfer wehrloser machen."[64]

Schließlich kann als Defizit traditioneller christlicher Sexualmoral ein Phänomen ausgemacht werden, das als Zusammenwirken von patriarchalem Standpunkt und einer Tabuisierung von Sexualität betrachtet werden kann. Dabei handelt es sich um eine starke Verknüpfung und Idealisierung von Jungfräulichkeit und sexueller Reinheit. In konservativ-protestantischen Kontexten hat sich dieses Phänomen zumindest im US-amerikanischen Raum wieder verstärkt.[65] In katholischen Kontexten findet sich Ähnliches, bspw. im Kontext einer Verehrung von Maria Goretti.[66] Unabhängig davon, wie solche Phänomene insgesamt von einem christlich-ethischem Standpunkt zu beurteilen sind, ist klar, dass

---

[63] Nur eine Befragte berichtet von einer Übersexualisierung, die meisten anderen von Verdrängung von Sexualität. Vgl. IMBENS; JONKER (1992): Christianity and Incest, 25–115.

[64] Vgl. DABROCK, Peter; AUGSTEIN, Renate u.a. (2015): Unverschämt – schön: Sexualethik: evangelisch und lebensnah, Gütersloher Verlagshaus: Gütersloh, 151.

[65] Siehe Initiativen wie www.chastityproject.com (aufgerufen am 24. August 2018). Besonders aufschlussreich sind die im Online-Shop zu findenden „commitment cards" oder das „purity pack".

[66] Nach Imbens und Jonker wird das Leben von Maria Goretti auf folgende Weise beschrieben und bewertet: Maria, ein junges Mädchen von 11 bis 12 Jahren, lebt in der Nähe eines älteren Jungen, der sie fortwährend belästigt. Als er versucht sie zu vergewaltigen, wehrt sie sich so stark, dass dieser sie ersticht. Später wird sie heiliggesprochen. Nach Imbens und Jonker wird die Figur der Maria Goretti in pädagogischen Kontexten so gedeutet, dass es für ein junges Mädchen besser ist zu sterben, als der Sünde Raum zu geben, die eigene sexuelle Reinheit zu verlieren und vergewaltigt zu werden. Vgl. IMBENS; JONKER (1992): Christianity and Incest, 223ff. Siehe ausführlicher zu Maria Goretti: YOUNG ZUANICH, Kathleen (1995): The Imperishable Virginity of Saint Maria Goretti, in: Violence against Women and Children: A Christian Theological Sourcebook, hrsg. von ADAMS, Carol J.; FORTUNE, Marie M., Continuum: New York, 279–286.

solche Wertemuster den Betroffenen von sexueller Gewalt eine Thematisierung ihres Leidens, geschweige eine Verarbeitung, noch weiter erschweren.

Christliche Sexualethik ist anders als vor einigen Jahrzehnten nicht mehr auf die benannten Problemfelder reduzierbar. Inzwischen finden sich Ansätze, die vorhandene Defizite beheben wollen.[67] Dieser Weg ist weiter zu beschreiben und dabei auch die Perspektive von Menschen einzubeziehen, die durch sexualisierte Gewalt Traumata erlitten haben. Aus der Perspektive einer traumasensiblen Theologie ist zu sagen, dass keine Sexualethik an den Betroffenen von sexualisierter Gewalt vorbei möglich ist. Nur so kann eine christliche Sexualethik erwachsen, die den großen Freuden und den großen Schmerzen gerecht wird, die auf dem Gebiet der Sexualität zu menschlichen Lebenserfahrungen gehören.

2. *Zentrale Topoi einer traumasensiblen Theologie*

Wenn an dieser Stelle zentrale theologische Topoi in traumasensibler Perspektive reflektiert werden sollen, so geht es darum, zentrale Problemstellungen im seelsorglich-theologischen Umgang mit diesen wichtigen Themen zu erschließen. In der Arbeit mit Betroffenen von Gewalt im sozialen Nahraum liegen im Umgang mit diesen Topoi besondere Herausforderungen.

2.1 Sünde

Bei der Rede von Sünde innerhalb der Kontexte christlicher Theologie handelt es sich um die Reflexion einer Deutekategorie, welche beschreiben will, dass der Mensch nach christlichem Glauben in einem Zustand der Entfremdung lebt.[68] Die Relation zwischen Schöpfer und Geschöpf ist gestört. Der Mensch als Geschöpf lebt in einer fragmentierten Beziehung zu Selbst, Welt und Gott. Jeder Mensch ist diesem Zustand der Entfremdung unterworfen, niemand lebt innerhalb seiner Relationen in völligem Einklang.

Worin sich diese Entfremdung konkret auswirkt, wurde verschieden benannt und beschrieben – in Abhängigkeit von historischen, kulturellen und

---

[67] Siehe bspw.: FARLEY, Margaret A. (2006): Just Love: A Framework for Christian Sexual Ethics, Continuum: New York. Auch in deutschsprachigen sexualethischen Entwürfen ist inzwischen ein erhöhtes Problembewusstsein in Bezug auf sexualisierte Gewalt erkennbar: DABROCK; AUGSTEIN u.a. (2015): Unverschämt – schön, 142–156.

[68] Das Verständnis von Sünde als Entfremdung speist sich vor allem aus dem Denken von Paul Tillich, wie er es im dritten Teil „Die Existenz und der Christus" in seiner Systematischen Theologie entfaltet.

E. Perspektiven für eine traumasensible Theologie

theologischen Voraussetzungen der jeweiligen DenkerInnen und den jeweiligen Lebenswelten, auf die sie sich beziehen.[69] Bisweilen führt dies zur konkreten Identifikation von Affekten oder Verhaltensweisen, die besonders Ausdruck und Folge der benannten Grundentfremdung sind. Prinzipiell ist aber zu beachten, dass der Einzigartigkeit des Beziehungsgefüges jedes einzelnen Menschen auch die Individualität der darin vorhandenen Entfremdung entspricht. Ein Phänomen im Leben eines Menschen kann – wie sich zeigen wird – Ausdruck von Beziehungslosigkeit sein, während das eben gleiche Phänomen im Leben eines anderen Menschen der gesunde Ausdruck einer intakten Beziehung ist.

Der Begriff der Sünde hat aber auch eine überpersönliche Bedeutungskomponente. Besonders in Befreiungstheologien wird seine strukturelle Dimension betont.[70] Der Bedeutungsgehalt von struktureller Gewalt und struktureller Sünde überschneidet sich dabei vielfältig. Beide Begriffe machen deutlich, dass es Übel gibt, die individuelle Verantwortung übersteigen und vielmehr systemisch sind. Dabei kann sowohl gemeint sein, dass übergeordnete Strukturen sich im Leben Einzelner gewaltförmig äußern, ohne dass Individuen dafür die volle Verantwortung zugeschrieben werden kann. Ein Beispiel hierfür wäre, wenn Frauen einem Schönheitsideal unterworfen sind, das sie in ein autoaggressives Verhältnis zu ihrem Körper bringt, oder wenn Männern die Männlichkeit abgesprochen wird, weil sie bestimmte Signa von Status nicht aufweisen. Der Begriff der strukturellen Sünde kann aber auch beschreiben, dass bestimmte systemische Gegebenheiten individuelle Gewalttaten mitverursachen. Ein Beispiel hierfür ist, dass die gesellschaftliche Verschwiegenheit über sexuellen Missbrauch diesen mit ermöglicht, indem sie TäterInnen ein Gefühl von Sicherheit vermittelt und Opfern das Durchbrechen des Schweigens besonders erschwert. Ebenso kann man die ökonomische Schlechterstellung von Frauen als strukturelle Sünde bezeichnen, weil sie dazu führt, dass sich diese aufgrund von wirtschaftlichen Abhängigkeiten nicht aus Gewaltbeziehungen lösen können. Ein weiteres Beispiel wäre, dass bei Gewalttaten intuitiv die Verantwortung vor allem bei Opfern gesucht wird.[71]

Wichtig ist, dass die Kategorie der Sünde insgesamt und die der strukturellen Sünde im Besonderen eine theologische Wahrnehmungskategorie und keine sozialwissenschaftliche Erklärungskategorie ist.[72] Es geht bei der Rede von

---

[69] Siehe bspw. die Zusammenstellung bei: AXT-PISCALAR, Christine (2001): Art. Sünde. VII. Reformation und Neuzeit, in: TRE 32, De Gruyter: Berlin [u.a.].
[70] Vgl. LEHNER-HARTMANN (2002): Wider das Schweigen und Vergessen, 231ff.
[71] Überlegungen dazu besonders in Bezug auf sexualisierte Gewalt: FORTUNE (2005): Sexual Violence: The Sin Revisited, 29ff.
[72] Dieser Gedanke geht zurück auf sehr ähnliche Überlegungen von Caroline Humphrey, die in Bezug auf die Kategorie des „Bösen" reflektiert: „In particular, caring professionals should be cognizant that the term ‚evil' is more of a descriptive label than an explanation so that it signals the beginning of an evidence-gathering adventure rather than it's

Sünde nicht um suffiziente Erklärungsmuster für Phänomene, sondern um deren Deutung und theologische Einordnung.

Trotz der großen Bedeutung überpersönlicher Komponenten betrifft die Kategorie der Sünde innerhalb christlicher Theologie vor allem ein individuelles Phänomen. Eine verantwortungsvolle Rede darüber ist im Kontext von Traumata aber nicht unproblematisch. Die Theologin Mary Potter Engel beschreibt in einem Beitrag, der besonders der Perspektive von Betroffenen von sexueller und häuslicher Gewalt gerecht werden will, dass eine zutreffende Metapher für eine angemessene Rede von Sünde das Bild der Hydra sei. Für jeden abgeschlagenen Kopf würden der mythischen Kreatur zwei neue wachsen. Jeder Versuch das Übel in den Griff zu bekommen, führt zum Erwachsen zweier neuer Übel. Die Kreatur wird nur umso gefährlicher.[73]

So verhält es sich auch mit der theologischen Rede von Sünde im Kontext von Traumata, zumal wenn diese von Menschen verursacht wurden. Dies wird noch einmal dadurch verstärkt, dass eine Bedeutungskomponente von Sünde wie oben ausgeführt etwas universal Menschliches beschreiben will. Im Kontext von Traumata bedeutet dies, dass Sünde etwas beschreiben will, das sowohl Opfer als auch TäterInnen gleichermaßen betrifft. Schon hier wird die große Gefahr deutlich, dass in der Rede von Sünde die Grenzen zwischen Opfer und TäterInnen verwischt und beide in gleicher Weise angesprochen werden. Wie Andrew Sung Park gezeigt hat, ist dies theologisch defizitär.[74] Wenn Rede über Sünde hier also auf undifferenzierte Weise geschieht, sind der Hydra zwei neue Köpfe gewachsen: Bei dem Versuch dem Problem habhaft zu werden, wurde es verschärft. Denn zwar ist nach theologischem Verständnis jeder Mensch in einem Zustand der Entfremdung, insofern als er in einer Beziehungsstörung im Verhältnis zu Gott lebt. Wie sich dies allerdings in konkreten Handlungen auswirkt, ist bei Opfern und TäterInnen höchst unterschiedlich und entsprechend auch anders zu bewerten.

Um deutlich zu machen, was genau damit gemeint ist, sind einige Überlegungen zu referieren. Mary Potter Engel schildert unterschiedliche traditionelle Vorstellungskomplexe, die so eng mit der Kategorie der Sünde verknüpft wurden, dass sie oft per se als illegitim erachtet wurden. Zu diesen oft pauschal verurteilten Aspekten gehören Zorn, Ungehorsam, Selbstliebe und sexuelle Begierde. Sie beschreibt, warum solche Einordnungen für Opfer von Gewalt sehr problematisch sein können. Auch hier werden Traditionsbestände, durch die

---

endpoint[.]" HUMPHREY, Caroline (2015): Evil, Child Abuse and the Caring Professions, in: Journal of Religion and Health, 54, H. 5, 1669.

[73] Vgl. POTTER ENGEL (1998): Evil, Sin, and the Violation of the Vulnerable, 170.

[74] Siehe die bereits weiter oben referierten Überlegungen aus: PARK (2004), From Hurt to Healing. Weiterhin auch in: PARK, Andrew Sung; NELSON, Susan L. (2001): The Other Side of Sin: Woundedness from the Perspective of the Sinned-Against, State University of New York Press: Albany.

E. Perspektiven für eine traumasensible Theologie

wissenschaftliche Vernunft vermittelt, mit den Erfahrungen Betroffener kontrastiert.

Als ersten Vorstellungskomplex benennt sie Zorn.[75] Tatsächlich kann ungezügelter Zorn eine Quelle von Tätergewalt sein und so hat auch aus Perspektive traumasensibler Theologie seine negative ethische Bewertung Plausibilität. Aus der Perspektive der Opfer betrachtet, ist Zorn jedoch unter Umständen eine höchst konstruktive Größe. Er kann Ausdruck eines gesunden Selbstverhältnisses und wichtige Antriebskraft zur konkreten Veränderung von gewaltermöglichenden Kontexten sein. Für Betroffene von Gewalt ist es deswegen destruktiv, wenn Modelle einer Überwindung von Sünde gezeichnet werden, die Zorn nicht zulassen oder dessen Unterdrückung fokussieren. Wenn Zorn also in die Nähe von Sünde gestellt wird, kann dies je nach Kontext eine Problemursache beschreiben oder aber genau die Kraft zur Veränderung von Problemkonstellationen destruktiv abwerten. Theologisch gesprochen kann deswegen gesagt werden, dass es auch Ausdruck von Sünde sein kann, keinen Zorn zu empfinden. Besonders trifft dies auf Menschen zu, welche um die Gewalt wissen oder sie erahnen, sich aber zu stiller Duldung entschließen. Entsprechend diskutiert Mary Potter Engel den Vorschlag von Mary Pellauer, die Rede von Zorn als Sünde durch die Rede von moralischer Unempfindlichkeit („moral calousness") zu ersetzen.[76] Und so richtig dies für TäterInnen und Dabeistehende sein kann, so falsch kann auch dies wiederum für Betroffene sein. Denn Unempfindlichkeit, Betäubung bis hin zur Dissoziation können auch nachvollziehbare Gewaltfolgen und für Betroffene notwendige Schutzmechanismen sein.[77]

Als zweiter für Gewaltbetroffene problematischer Vorstellungskomplex wird die enge Verknüpfung von Sünde und Ungehorsam benannt.[78] Weiter oben wurde bereits beschrieben, dass Kindern im Gegenüber zu ihren Eltern und Frauen im Gegenüber zu ihren Männern innerhalb christlicher Moralvorstellungen immer wieder Gehorsam abverlangt wird. Im benannten Beispiel aus dem Großen Katechismus Luthers wird dies dadurch untermauert, dass die Autorität der Eltern mit derjenigen Gottes in Verbindung gebracht wird.[79] In diesem Fall werden Sünde und Ungehorsam sehr nah aneinander gerückt. Ein solches Verständnis von Sünde als Ungehorsam wird aber möglicherweise Betroffenen von Gewalt nicht gerecht, denn sie befanden oder befinden sich in einer Situation, in der

---

[75] Vgl. POTTER ENGEL (1998): Evil, Sin, and the Violation of the Vulnerable, 163.
[76] Vgl. POTTER ENGEL (1998): Evil, Sin, and the Violation of the Vulnerable, 163.
[77] Vgl. POTTER ENGEL (1998): Evil, Sin, and the Violation of the Vulnerable, 164.
[78] Vgl. POTTER ENGEL (1998): Evil, Sin, and the Violation of the Vulnerable, 164.
[79] In diesem Kontext sagt Luther, man solle die Eltern „nach Gott für die Obersten ansehe[n]." Siehe LUTHER (2014): Großer Katechismus (bearbeitet von Robert Kolb), 968.

Gehorsam die destruktive Situation aufrechterhält und einer eigenen Verantwortungsübernahme im Weg steht.[80]

Stattdessen ist nach Mary Potter Engel die Rede von Sünde als dem Bruch von Vertrauen („betrayal of trust") angemessener.[81] Beziehungen innerhalb des sozialen Nahraumes basieren auf dem Vertrauen in das wechselseitige Wohlwollen. Gewalt bricht dieses Vertrauen. Ebenso werden eben die Inhalte, die in nicht missbräuchlichen Beziehungen sinnvollerweise durch eine Betonung von Gehorsam eingefordert werden, durch eine solche Umformulierung weitestgehend eingeholt.

Doch gilt auch hier, dass eine solche Umformulierung für Betroffene von Gewalt nicht unproblematisch ist. Denn Vertrauen kann für Menschen schwer sein, für die Misstrauen in jenem Raum überlebensnotwendig war, in dem sie hätten Vertrauen lernen sollen. Opfer von Gewalt können sich deswegen mit Vertrauensbeziehungen schwertun oder schnell aus diesen zurückziehen, was dann als Bruch von Vertrauen empfunden werden kann. „And instead of speaking easily of healing as the turning from lack of trust to trust, we should acknowledge the victim's damaged capacity to trust and difficulty in learning to trust and respect her need to develop her own process of discerning when and whom to trust."[82]

Ein weiteres für Betroffene möglicherweise problematisches Verständnis von Sünde ist, wenn deren primäre Ausdrucksform in Stolz oder Selbstliebe gesehen wird. Denn vor allem daran mangelt es Betroffenen häufig.

> „Whether it is called shame, guilt, or low self-esteem, self-blame, and self-hatred are the most commonly reported long term effects of abuse. And it is this more than anything else that is bound up in victims' experience with original sin. Brought up to believe, that they are inherently evil, they are all too willing to believe they are worthless and deserving of the abuse as punishment."[83]

Stolz und Selbstliebe können für Betroffene deswegen auch Ausdruck einer inneren Genesung und aus Perspektive von Seelsorge durchaus zu unterstützen sein.

Statt der problematisierenden Rede von Stolz ist daher nach Mary Potter Engel die Rede über die Sorge um die Achtung eigener Grenzen angemessener. Für Betroffene von Gewalt kann es in besonderer Weise wichtig sein, alles in der eigenen Macht Stehende zu tun, um die eigenen Grenzen zu schützen. Die Gefahr

---

[80] Die Kategorie des Gehorsams ist in Fällen von sexuellem Missbrauch noch einmal auf besondere Weise problematisch. Gehorsam wird hier oft von Tätern eingefordert, um die Kinder zu isolieren und Verschwiegenheit über den Missbrauch einzufordern. Siehe z.B. einige der Beispiele in: IMBENS; JONKER (1992): Christianity and Incest, 25–115.
[81] Vgl. POTTER ENGEL (1998): Evil, Sin, and the Violation of the Vulnerable, 165.
[82] POTTER ENGEL (1998): Evil, Sin, and the Violation of the Vulnerable, 166.
[83] POTTER ENGEL (1998): Evil, Sin, and the Violation of the Vulnerable, 166.

E. Perspektiven für eine traumasensible Theologie

mangelnder Selbstliebe und Selbstsorge sind hier größer als die Gefahr durch deren narzisstische Übertreibung.[84]

Eben diese Gefahr wurde aber in christlicher Theologie zu selten gesehen. Dies führte immer wieder zu Idealvorstellungen einer Überwindung von Sünde, die für Betroffene von Gewalt problematisch sein können. Beispielhaft zeigt dies Lisa Dahill in einer Arbeit auf, in der sie Texte von Dietrich Bonhoeffer mit der Perspektive von missbrauchten Frauen konfrontiert. Sehr eindrucksvoll plausibilisiert sie, dass die persönlichen Gefährdungen und Gefahren und das daraus resultierende Verständnis von Sünde für einen selbstbewussten, hochbegabten jungen Mann aus der Oberschicht fundamental anders sein können, als dies für eine Betroffene von Gewalt der Fall ist, welche diese Privilegien nicht teilt.[85] Zum Beispiel schreibt Bonhoeffer in „Gemeinsames Leben":

> „Weil der Christ sich nicht mehr selbst für klug halten kann, darum wird er auch von seinen eigenen Plänen und Absichten gering denken, er wird wissen, daß es gut ist, daß der eigene Wille gebrochen wird in der Begegnung mit dem Nächsten. Er wird bereit sein, den Willen des Nächsten für wichtiger und dringlicher zu halten als den eigenen. Was schadet es, wenn der eigene Plan durchkreuzt wird? Ist es nicht besser, dem Nächsten zu dienen, als den eigenen Willen durchzusetzen?"[86]

Lisa Dahill kommentiert diese Passage:

> „In fact, for victims of abuse it is *not* good for their own will to be broken in encounter with their neighbor, and the astonishing growing edge for them is to begin for the first time to consider their own will as important and urgent as that of the abuser (or even to perceive that they *have* a will of their own."[87]

Schließlich problematisiert Mary Potter Engel die Gleichsetzung von Sünde und sexueller Begierde.[88] Sie formuliert stattdessen ein Verständnis von Sünde, das die zwischenmenschliche Spannung von Freiheit und Abhängigkeit in einer verzerrten Weise in absolute Dominanz oder absolute Unterwerfung auflösen will,

---

[84] Die hiesigen Gedanken beziehen sich zwar auf das von Mary Potter Engel Gesagte (POTTER ENGEL (1998): Evil, Sin, and the Violation of the Vulnerable, 167f.), jedoch weichen sie auch in einigen signifikanten Punkten von ihr ab. Mary Potter Engel versucht ebenfalls ein Verständnis zu entwickeln, das dem Verhalten von Tätern angemessen ist. Dies bestehe darin, die eigenen Grenzen insofern nicht zu achten, als sie gegenüber anderen überschritten werden. Dabei arbeitet sie allerdings mit einem nahezu essentialistischen Dualismus zwischen Mann und Frau und zieht eine Grenze, die eher zwischen TäterInnen und Opfern und weniger zwischen Geschlechtern gezogen werden sollte.

[85] Vgl. DAHILL, Lisa E. (2009): Reading from the Underside of Selfhood: Bonhoeffer and Spiritual Formation, Pickwick Publications: Eugene, 20–164.

[86] BONHOEFFER, Dietrich (1987): Gemeinsames Leben, in: Gemeinsames Leben: Das Gebetbuch der Bibel, hrsg. von MÜLLER, Gerhard Ludwig; SCHÖNHERR, Albrecht, Chr. Kaiser: München, 80f.

[87] DAHILL (2009): Reading from the Underside of Selfhood, 204 (H.i.O).

[88] Dieser Zusammenhang wurde unter schon unter 1.6 Defizitäre Sexualmoral problematisiert und wird deswegen an dieser Stelle nur kurz erwähnt.

um so der eigenen Verwundbarkeit aus dem Weg zu gehen.[89] Für Menschen, welche die eigene Verwundbarkeit besonders schmerzlich erlebt haben, kann diese Herausforderung in besonderer Weise bestehen.

Aus den dargestellten Überlegungen wurde deutlich, warum die Metapher der Hydra so passend ist. Sie beschreibt, dass die Realität der Sünde zwar angesprochen werden muss. Besonders an Gewalt im sozialen Nahraum wird sichtbar, dass die Kategorie der Sünde eine tiefe Plausibilität hat. Aus theologisch-traumasensibler Perspektive kann ihre Thematisierung die Problematik jedoch verschärfen.[90] Die theologische Rede von der Sünde hat angesichts etwas so Abgründigem wie Gewalt im sozialen Nahraum etwas tief Realistisches.[91] Sie hat aber gleichzeitig etwas tief Problematisches.

Man kann theologisch sagen, dass jede Rede von der Sünde auch der Sünde unterworfen ist. Wer deswegen über Sünde redet, muss gleichzeitig vor den Gefahren der Rede über sie sprechen. Wer über Sünde spricht, muss ihres Fehlgebrauches und möglicher Missdeutungen eingedenk sein. Es macht deswegen wenig Sinn, Sünde oder ihre konkreten Äußerungen einfach pauschal anzuklagen; man muss sie vielmehr aufdecken. Nur in der Aufdeckung von Sünde und den Folgen der Beziehungslosigkeit, die jeweils sehr unterschiedlich sein können, kann ihr die Kraft genommen werden.

Seelsorgende, die vor dem Hintergrund des bisher Gesagten verantwortungsvoll über das Thema Sünde reden wollen, sollten deswegen versuchen, ihre Perspektive mit der von Gewaltbetroffenen abzugleichen. Wie die Arbeit von Lisa Dahill sehr zutreffend zeigt, ist das theologische Verständnis von Sünde hochgradig durch den eigenen existentiellen Ort beeinflusst. Die Reflexion seiner Grenzen sollte nicht die Perspektive von traumatisierten Menschen ausschließen.

Dies führt schließlich noch zu einer weiteren Problemstellung, welche die theologische Rede von der Sünde mit sich bringt und die hier nur angedeutet werden kann. Die Rede von der Sünde darf nicht daran vorbeigehen, dass – in den Worten von Andrew Sung Park – der Weg des „sinner" ein anderer ist als der Weg des „sinned-against"[92]. In der Rede von der Sünde darf die Schuld von TäterInnen nicht das größere Problem sein als die Wunden ihrer Opfer. Es ist unangemessen, wenn über Vergebung von Sünden ohne die Heilung von Wunden gesprochen wird. Es handelt sich dabei um eine Grundgefahr christlicher

---

[89] Vgl. POTTER ENGEL (1998): Evil, Sin, and the Violation of the Vulnerable, 168ff.
[90] Vor dem Hintergrund dieser Überlegungen lohnt sich auch eine Lektüre von Römer 7.
[91] Dies zeigt sich auch daran, dass eine langjährige Aktivistin im Kampf gegen sexualisierte Gewalt wie Marie Fortune, die um den vielfältigen Missbrauch des Begriff der Sünde weiß, ihn nicht aufgibt, sondern zu reformulieren sucht. Siehe den Titel: FORTUNE (2005): Sexual Violence: The Sin Revisited.
[92] Vgl. PARK (2004): From Hurt to Healing, 3.

Sündentheologie. Dies kann an dieser Stelle nur angedeutet werden.[93] Zu einem späteren Zeitpunkt wird darauf noch einmal zurückgekommen.[94]

2.2 Schuld, Schuldgefühle und Scham

Die theologische Kategorie der Sünde ist auch deswegen so schwierig, weil sie so oft mit der Rede über Schuld und Scham verbunden ist. Allen drei Begriffen ist gemeinsam, dass sie ein Missverhältnis in einer Beziehung bezeichnen. So wichtig es deswegen ist, nach Zusammenhängen zu fragen, so wichtig ist es auch, klar zwischen Sünde auf der einen und Phänomenen wie Schuld und Scham auf der anderen Seite zu unterscheiden.

Die Begriffe von Schuld und Scham haben gemeinsam, dass sie sich auf ein internalisiertes System aus Wertmaßstäben, Idealvorstellungen und dem eigenen Verhältnis zu diesen beziehen. Doch beide sind auch zu unterscheiden:

„Während Schuldempfindungen eher auf die Verletzung von Normen- und Wertmaßstäben hinweisen, die für den Betreffenden von Bedeutung sind, hat Scham eher mit dem Zurückbleiben hinter Idealen und Wunschbildern zu tun, die das Selbst und seine Beziehung zur Umwelt betreffen."[95]

Weiterhin werden innerhalb des Schuldbegriffes in den meisten Fällen so etwas wie das Schuldempfinden und die Realschuld differenziert. Schuldempfinden bezeichnet dabei das affektive Gewahr-Werden angenommener Verfehlungen gegenüber besagten Maßstäben. Realschuld bezeichnet die näherungsweise tatsächliche Verantwortung für diese Verfehlungen. Sind beide relativ kongruent, lässt sich von Schuldbewusstsein sprechen. Übersteigt das Schuldempfinden die Verantwortung deutlich, ist die Rede von irrationalen bis hin zu pathologischen Schuldgefühlen sinnvoll.[96] Ebenso kann tatsächliche Verantwortung aber auch ohne Schuldempfinden einhergehen.

Im Folgenden wird Schuld vor allem im Sinne von Schuldempfinden verwendet. Das Problem von Scham und Schuld infolge von Traumata ist kompliziert und tiefliegend, dass man ihm nur schwer gerecht werden kann.[97]

---

[93] Das theologische Werk von Andrew Sung Park beschäftigt sich an verschiedenen Punkten mit diesem Grundproblem. Neben dem oben genannten Buch sei außerdem hingewiesen auf: PARK; NELSON (2001): The Other Side of Sin.
[94] Siehe z.B. in diesem Kapitel unter 2.3 Vergebung.
[95] Vgl. RENTZ, Renja (2016): Schuld in der Seelsorge: Historische Perspektiven und gegenwärtige Praxis, Kohlhammer: Stuttgart, 152f.
[96] Vgl. HIRSCH, Mathias (1997): Schuld und Schuldgefühl: Zur Psychoanalyse von Trauma und Introjekt, Vandenhoeck & Ruprecht: Göttingen, 11.
[97] Ein informativer Text über Zusammenhänge von Schuld und Trauma stammt von Sabine Bobert. Der Text integriert dabei systematische und seelsorgliche Überlegungen: BOBERT, Sabine (2004): Trauma und Schuld: Fremder Schuld geopfert sein, in: Wege zum Menschen, 56, 421–435.

Es gibt psychische Abläufe, welche Schuldgefühle auf Seiten der Opfer infolge von Traumata begünstigen. Situationen von Missbrauch und häuslicher Gewalt erscheinen für die Opfer meist ausweglos. Eine Lage, in der das eigene Leben bedroht ist, die Situation aussichtslos erscheint und die TäterInnen, eben die Menschen sind, die den Opfern besonders nahestehen und eigentlich für Sorge und Schutz verantwortlich wären, sind für die menschliche Psyche kaum erträgbar. Menschen haben in solchen unerträglichen Situationen verschiedene Mechanismen, dennoch psychisch zu überleben und wenigstens Teile ihres Weltbildes intakt zu halten.[98] Als einen solchen Mechanismus kann man die Schuldübernahme oder Selbstbezichtigung bezeichnen. Judith Herman beschreibt diese Dynamik im Falle von missbrauchten Kindern sehr eindrücklich[99]:

> „Wenn das Kind böse ist, dann sind die Eltern gut. Wenn es böse ist, kann es versuchen, gut zu werden. Wenn es aus irgendeinem Grund selbst an seinem Schicksal schuld ist, hat es vielleicht auch die Macht, das Schicksal zu ändern. Wenn es seine Eltern zur Misshandlung getrieben hat, kann es, wenn es sich sehr anstrengt, vielleicht eines Tages auf Vergebung hoffen und erhält dann endlich den Schutz und die Fürsorge, die es so dringend braucht. [...] Selbstbezichtigung entspricht auch der Denkweise Traumatisierter jeden Alters, die die Schuld in ihrem eigenen Verhalten suchen, damit sie in dem, was ihnen angetan wurde, einen Sinn sehen können."[100]

Schuld als Grundsignatur des eigenen Lebens, sogar die Schuld am eigenen Trauma sind so womöglich frühzeitig in die menschliche Psyche eingeschrieben. Diese Entwicklung wird in vielen Fällen noch weiter verstärkt. Wahrscheinlich ist, dass TäterInnen versuchen, den Opfern die Schuld an der Gewalt einzureden, um sich selbst psychisch zu entlasten und ein Durchbrechen des Schweigens durch die Opfer noch unwahrscheinlicher werden zu lassen.[101] Es gibt weiterhin eine Vielzahl von Möglichkeiten, wie diese Dynamik noch intensiviert werden kann, z.B. wenn Opfer vordergründig Vorteile aus der Gewalt beziehen (z.B. durch Bestechung oder „Schweigegeld") oder selbst zu Verbrechen an anderen gezwungen werden.[102] Hinzu kommen Folgeprobleme: Die traumatische Gewalt hinterlässt Spuren im Menschen und hat Auswirkungen auf vor allem jene Lebensbereiche, welche die Interaktion mit anderen Menschen betreffen (z.B. Vertrauensbildung oder Emotionsregulation). So kann es sein, dass Betroffene sich aufgrund ihrer Erfahrungen gegenüber anderen Menschen in einer Weise verhalten, die ihre Verwundungen spüren lässt. Vor allem in der Beziehung zu nahestehenden Menschen wie Partnern oder eigenen Kindern können Betroffene sich deswegen schuldig fühlen, wie sehr das im Einzelfall auch angemessen oder unangemessen sei. Sie können erleben, dass sie nahestehenden

---

[98] Siehe bspw. die Ausführungen zum Thema der Dissoziation in Kapitel C.
[99] Eine andere sehr plausible Darstellung findet sich bei: HIRSCH (1997): Schuld und Schuldgefühl, 260ff.
[100] HERMAN (1993): Die Narben der Gewalt, 145.
[101] Vgl. SKOGRAND; SINGH u.a. (2007): The Process of Transcending, 259f.
[102] HERMAN (1993): Die Narben der Gewalt, 146f.

Menschen etwas schuldig bleiben oder durch ihr Handeln an ihnen schuldig werden.

> „Harte Urteile von außen können die Scham- und Schuldgefühle des Opfers verschlimmern, doch schlichte Stellungnahmen, die das Opfer von jeglicher Schuld freisprechen, sind ebenfalls nicht hilfreich, weil hinter solchen Sätzen, die wohlwollend gemeint sind, die Weigerung steckt, sich gemeinsam mit dem Opfer mit den verschlungenen moralischen Problemen in Extremsituationen auseinanderzusetzen. Das Opfer erwartet von den Menschen, vor denen es Zeugnis ablegt, keine Absolution, sondern Fairneß, Mitgefühl und die Bereitschaft, das schuldbehaftete Wissen darum, was in Extremsituationen mit Menschen geschieht, zu teilen."[103]

Ähnlich bestimmend wie Schuldgefühle kann auch das Gefühl der Scham sein. „Scham geht tief. Sie betrifft das Wesen eines Menschen, seine ganze Person. Scham ist das Gefühl, dass das Innerste vor den Blicken Anderer aufgedeckt ist und von ihnen abgelehnt und missbilligt wird."[104] Ähnlich wie bei Schuld ist eine Differenzierung von Scham und Schamgefühlen sinnvoll. Während Scham eine wichtige soziale Funktion besitzt und einen wichtigen Mechanismus zum Schutz der eigenen Integrität darstellt, können Schamgefühle unabhängig davon eine Eigendynamik entwickeln. Aus einer wichtigen Schutzfunktion wird so eine Belastung. Opfer von Gewalt, besonders von sexualisierter Gewalt, ringen häufig mit starken Schamgefühlen. Dies gilt auch im Bereich der Religiosität. „Die Scham, das Gefühl, beschmutzt und unwert zu sein, macht vor dem Glauben nicht halt. Auch vor Gott schämt sich das Missbrauchsopfer. Es ist sicherer, sich vor Gott zu verbergen."[105] Schamgefühle können es für Betroffene sehr schwer bis unmöglich machen, sich anderen Menschen mit ihrer Leidensgeschichte anzuvertrauen. Eben weil dies so ist, kann Beschämung von TäterInnen als Machtinstrument zur Unterdrückung der Opfer eingesetzt werden. Die Trennung zwischen Betroffenen und Mitmenschen wird dadurch vertieft. Zu groß können die Sorge und Angst sein, durch ein Offenlegen der Gewalt stigmatisiert und abgelehnt zu werden.

Diese Erfahrungen der Opfer müssen mit der christlichen Tradition konfrontiert werden, um vernünftig zu fragen, inwiefern diese vor dem Hintergrund der Opfererfahrungen neu interpretiert werden muss, aber auch, welche Aspekte an ihr möglicherweise hilfreich sein können. Scham ist Thema christlicher Theologie und Frömmigkeit, allerdings in einer subtileren Weise als das Thema der Schuld.[106] Es ist eher latenter Begleiter der Rede über Sünde und Schuld. Die

---

[103] HERMAN (1993): Die Narben der Gewalt, 101.
[104] RENTZ (2016): Schuld in der Seelsorge, 140.
[105] KERSTNER; HASLBECK u.a. (2016): Damit der Boden wieder trägt, 94.
[106] Zum Thema der Scham im evangelischen Christentum siehe das folgende Buch von Kristian Fechtner samt aktueller Literaturzusammenstellung im Anhang: FECHTNER, Kristian (2015): Diskretes Christentum: Religion und Scham, Gütersloher Verlagshaus: Gütersloh.

christliche Tradition transportiert jedoch auch Inhalte, die für einen seelsorglichen Umgang mit Schamgefühlen konstruktiv sein können. Eine sehr hilfreiche Zusammenstellung stammt von Dagmar Zobel, die u.a. die Taufidentität (als zugesprochene, in Gottes Bundeshandeln begründete Identität), die Arbeit mit Begrenzung und Endlichkeit und eine balancierte biblische Anthropologie aufführt.[107]

Schuld hingegen ist – meistens in einer nicht hilfreichen, undifferenzierten Verquickung mit Sünde und Scham – ein relativ prominentes Thema christlicher Theologie und Frömmigkeit.[108] Die Thematisierung von eigener Schuld ist zentraler Bestandteil christlicher Glaubenspraxis, sei dies beim Vaterunser, der Beichte oder dem Sündenbekenntnis im Gottesdienst. Es gilt an dieser Stelle Ähnliches, was schon in Bezug auf das Thema Sünde gesagt wurde: Die Rede von Schuld hat angesichts etwas so Abgründigem wie traumatischer Gewalt etwas tief Realistisches. Sie hat aber im Angesicht der Betroffenen auch etwas tief Problematisches. Verdeutlicht werden kann dies an einem Gedankengang von Tilman Moser, den dieser im Rückblick auf sein Buch die „Gottesvergiftung" formuliert und der m.E. auch für manche Phänomene von Religion im Kontext von Traumata Plausibilität hat. Das Buch über die „Gottesvergiftung" gibt Zeugnis von einer tief negativen religiösen Sozialisation im Zuge einer Kindheit, in der Vernachlässigung durchlitten wurde, die man wahrscheinlich als traumatisch bezeichnen kann. Er schreibt in Reflexion über die Zusammenhänge zwischen Kindheitserfahrungen und persönlicher Religiosität (in psychoanalytischem Sprachgewand):

> „Als primär sehe ich eher frühe, familiär vermittelte Dispositionen in der eigenen seelischen Struktur an, die sich auf bestimmte theologische und religionspädagogische Aussagen hin selektiv orientierten. Die schon angelegte Neurose saugte also sozusagen in destruktivem Instinkt die latent giftigen Gehalte an und verdichtete sie. Ich nenne ein frühes Verlorenheitsgefühl, Scham- und Schuldgefühle, frühen Hass [...]. Damit möchte ich nun Ursache und Wirkung, soweit wir überhaupt in solchen Kategorien denken können, nicht einfach umkehren, Gott und die Kirche oder die

---

[107] Vgl. ZOBEL, Dagmar (2013): Scham in der Seelsorge: Herausforderungen für die pastorale Praxis, in: Wege zum Menschen, 65, H. 1, 42ff.

[108] Sucht man nach konkreten Hinweisen für den seelsorglichen Umgang mit dem Thema Schuld, lohnt sich ein Blick in das Buch „Schuld - Macht - Sinn" von Chris Paul. Es handelt sich dabei nicht um dezidierte Seelsorgetheorie, das Buch enthält aber sehr viele hilfreiche Arbeitsansätze, die auch Seelsorgende sehr gut aufnehmen können. Arbeitsansätze in einer derartigen Konkretion fehlen seelsorgetheoretischen Arbeiten bisweilen. Schuld im Kontext von Traumata wird in diesem Buch nur gestreift, entsprechend muss immer wieder gefragt werden, wie plausibel das Gesagte auch in diesem Kontext ist: PAUL, Chris (2010): Schuld - Macht - Sinn: Arbeitsbuch für die Begleitung von Schuldfragen in Trauerprozessen, Gütersloher Verlagshaus: Gütersloh.

E. Perspektiven für eine traumasensible Theologie

vermittelnden Instanzen entschuldigen, sondern auf zirkuläre Prozesse und schicksalhaft vorgegebene Dispositionen hinweisen. Sie setzen destruktive Schleifen in Gang, aus denen es unter Umständen keinen Ausweg mehr gibt[.]"[109]

Aus zwei Gründen ist der Gedankengang an dieser Stelle sehr wichtig. Zum einen beschreibt er ein Phänomen, das man in spezifischer Übertragung in die Psychotraumatologie als eine ‚traumatoforme' Aneignung von Religiosität bezeichnen könnte. Es ist vor dem Hintergrund des bisher Ausgeführten plausibel, dass manche Betroffene von Traumata solche Inhalte christlichen Glaubensverständnisses besonders stark und womöglich ohne entsprechende Korrekturen oder Gegenbilder aufnehmen, welche die menschliche Sündhaftigkeit und Schuldigkeit betonen. Diese Inhalte können innerhalb einer Biographie, in der traumatisierende Gewalt Selbst- und Weltverhältnis prägten oder prägen, als besonders schlüssig empfunden werden.

Zum anderen entbindet dies Kirche und Theologie aber nicht aus ihrer Verantwortung. Es ist immer wieder ehrlich und kritisch zu fragen, wie besonders angesichts der Gefahr einer destruktiven Fokussierung auf menschliche Scham und Schuld diese Dimension dennoch in Kirche und Theologie zur Sprache kommen kann:

Wie lässt sich über Schuld und Scham in einer Weise reden, die Menschen nicht erniedrigt oder kleinmacht, sondern zu einem ehrlichen Blick auf sich selbst verhilft? Wie lässt sich über Schuld in einer Weise reden, die TäterInnen zur Umkehr und ein tatenloses Umfeld zur Verantwortungsübernahme ruft? Wie können Betroffene beim Ablegen falscher Schuldgefühle und der Bewältigung von Schamgefühlen unterstützt werden?

All diese Fragen können nicht einfach beantwortet werden. Der Weg zu glaubwürdigen traumasensiblen Antworten führt aber in jedem Fall über ein angemessenes Verständnis von Vergebung. Wie ein solches aussehen kann, soll Gegenstand des nächsten Abschnitts sein.[110]

---

[109] MOSER, Tilmann (2003): Von der Gottesvergiftung zu einem erträglichen Gott: Psychoanalytische Überlegungen zur Religion, Kreuz Verlag: Stuttgart, 71f.

[110] Eine Vielfalt theologischer Perspektiven auf die Zusammenhänge zwischen Schuld und Vergebung finden sich in der jüngst erschienenen Festschrift: GROSSHANS, Hans-Peter; SELDERHUIS, Herman J. u.a. (Hrsg.) (2017): Schuld und Vergebung: Festschrift für Michael Beintker zum 70. Geburtstag, Mohr Siebeck: Tübingen.

2.3 Vergebung

Vergebung gehört zu den schwierigsten und spannungsvollsten Themen im Umgang mit Traumata. Die Frauen aus der Studie von Imbens und Jonker geben an, was sie mit dem Wort „Vergebung" assoziieren:[111]

> „'It's a loaded word' (Ingrid). ‚Mostly negative things: awful, terrible' (Ellen). ‚Aggression' (Karen). ‚Sadness, anger' (Christine). ‚Nothing positive' (Susan). ‚Not knowing what to do, negative and aggressive feelings, and discontent' (Cathy). ‚Negative' (Charlotte). ‚Not daring to get angry, getting depressed' (Amy). ‚Feeling guilty and depressed, and not knowing why' (Tina)."[112]

Diese negative Sicht von Seiten Betroffener auf die Vergebungsthematik und damit einen prominenten Topos christlicher Tradition ist aus mehreren Gründen plausibel. Alltagssprachlich wird unter Vergebung innerhalb von Beziehungskonstellationen das Erlassen einer Schuld verstanden. Die beziehungstrennende Dimension der Schuld wird aufgehoben bzw. tritt stark in den Hintergrund. Im kollektiven kulturellen Gedächtnis schwingt häufig das Shakespeare Zitat aus King Lear „vergeben und vergessen" mit.[113] Für kleinere alltägliche Vorfälle ist dies plausibel, auch wenn selbst dort meist „vergeben und verdrängt" die zutreffendere Realitätsbeschreibung darstellt. Es kommt zu einer Entlastung des jeweiligen sozialen Gefüges. In jedem Fall wird durch Vergebung die Bedeutung des schuldverursachenden Geschehens für die Gegenwart und Zukunft stark relativiert.

Dies nun widerspricht der Wirklichkeitserfahrung vieler Betroffener diametral. Bei der erlebten Gewalt handelt es sich nicht um etwas Vergangenes. Durch Flashbacks, Alpträume, Angstattacken, intensiven Stress und körperliche Reaktionen wie Dissoziation und Selbstbetäubung ist die Gewalt nach wie vor gegenwärtig. Der erlittene Schaden potenziert sich über die Jahre und ist in sozialen Beziehungen, der eigenen Gesundheit und dem empfundenen Lebensglück spürbar. Durch das Trauma setzt sich die Gewalt im Inneren von Betroffenen häufig fort und wird dies in vielen Fällen bis an das Lebensende tun. Die Ausführungen in Kapitel C zeigen nachvollziehbar auf, welche Veränderungen in Körper und Geist von Betroffenen durch die Gewalt verursacht werden können. Diese Veränderungen sind einer bewussten Kontrolle der Betroffenen entzogen.

Betroffene berichten häufig, dass sie dennoch sehr häufig mit der fordernden Frage nach Vergebung konfrontiert werden.[114] Man kann dem eine gewisse Absurdität zuschreiben. Betroffene werden aufgefordert etwas loszulassen und

---

[111] Vgl. IMBENS; JONKER (1992): Christianity and Incest, 235.
[112] IMBENS; JONKER (1992): Christianity and Incest, 235.
[113] Vgl. FORTUNE (2005): Sexual Violence: The Sin Revisited, 163.
[114] Vgl. RUDOLFSSON; TIDEFORS (2015): The Struggles of Victims, 460f.

E. Perspektiven für eine traumasensible Theologie

der Vergangenheit anheimzustellen, was in der Gegenwart nach wie vor durchbricht, ohne dass dies steuerbar wäre. Auch wird Vergebung dabei als eine moralische Leistung und damit als eine Frage des Willens verstanden. Dies ist aber kaum zutreffend. Wenn Vergebung von Betroffenen authentisch ausgesprochen werden und damit mehr als eine vom Umfeld abgenötigte Floskel ohne inneres Erleben sein soll, kann sie nur eine Frucht innerer Heilung sein.[115] Dies wird noch näher ausgeführt werden. Aber schon an dieser Stelle sollte deutlich sein, dass die moralische Forderung der Vergebung im Kontext von traumatischer Gewalt nicht nur destruktiv, sondern auch schlichtweg kategorial falsch ist. Innere Heilung ist durch moralischen Druck nicht zu erreichen. Die Schuld dafür, dass das Trauma womöglich nicht vergeben ist, sondern mit seiner ganzen Schwere und Abgründigkeit im Raum steht, wird bei Vergebungsforderungen fälschlicherweise nicht als Folge der Gewalt der TäterInnen verstanden, sondern als ein moralisches Defizit der Opfer gesehen. So werden Verantwortlichkeiten verschoben und Schuldgefühle auf Seiten der Opfer verstärkt.

Warum dennoch Vergebungsforderungen für nicht unmittelbar Betroffene als ein funktionaler Lösungsansatz erscheinen können, wird dabei schnell klar. Traumata sind kaum zu ertragen. Dies gilt vor allem für Betroffene, aber auch für andere Menschen, die von der erlebten Gewalt erfahren. Weil Vergebung das Versprechen enthält, das Geschehene in die Vergangenheit zu stellen und damit in seiner gegenwärtigen Schwere zu relativieren, handelt es sich um eine verführerische, TäterInnen und Beistehende entlastende, aber das Opfer weiter belastende Option. Diese Umgangsweise wird dennoch in solchen Kontexten besonders energisch verfolgt werden, in denen es um den Zusammenhalt einer Gruppe, also z.B. einer Familie, geht und den meisten Beteiligten durch die Belastung des Beziehungsgefüges ein bedeutsamer Nachteil entsteht. Dies wird noch einmal verstärkt, wenn TäterInnen gegenüber Opfern eine machtvollere Position innehaben. Vergebung ist also kein unproblematisches Phänomen. Wer über Vergebung redet, befindet sich deswegen keinesfalls auf dem Terrain der moralischen Überlegenheit, sondern steht vielmehr in der Gefahr, schmerzhaften Wahrheiten und deren Folgen durch einfache, sich selbst entlastende Mechanismen ausweichen zu wollen. Die „christliche" Rede von Vergebung ist in diesen Fällen nicht mehr als ein Unterdrückungs- und Verdrängungsinstrument.

Die damit angesprochenen Gefahren sind auch für Seelsorgende virulent. In der Studie von Rudolfsson und Tidefors nannten Betroffene die leichtfertige Rede von Vergebung als eine der größten Schwierigkeiten im Umgang mit Kirche und Seelsorgenden. Sehr früh signalisierten Seelsorgende den Betroffenen, dass

---

[115] Für die Formulierung „forgivenss is a fruit of inner healing" danke ich Kathleen D. Billman, die allerdings nicht sicher war, ob sie den Satz einmal irgendwo gelesen oder selbst entwickelt hatte.

diese vergeben und vergessen müssten. Immer wieder wurde in einer Weise über Vergebung geredet, welche die Perspektive der Opfer nicht ernst nahm.[116]

Es gibt verschiedene Gründe, warum besonders Seelsorgende hier in einer großen Gefahr stehen. Neben der generell menschlichen Anfälligkeit für die oben beschriebenen Mechanismen und eventueller fachlicher Überforderung durch die Konfrontation mit Traumata können auch theologische Gründe wichtig sein. Hier ist vor allem an die hohe Bedeutung von Vergebung innerhalb der christlichen Tradition zu denken.[117] Gott vergibt den Menschen. Infolgedessen sollen auch die Menschen einander die Schuld erlassen. Dieser Zusammenhang wird an prominentester Stelle im Vaterunser hergestellt. Aber auch sonst enthalten vor allem die Evangelien die Aufforderung zu vergeben:

> „Und wenn ihr steht und betet, so vergebt, wenn ihr etwas gegen jemanden habt, damit auch euer Vater, der in den Himmeln ist, euch eure Übertretungen vergebe." (Mk 11, 25f ELB) „Dann trat Petrus zu ihm und sprach: Herr, wie oft soll ich meinem Bruder, der gegen mich sündigt, vergeben? Bis siebenmal? Jesus spricht zu ihm: Ich sage dir: nicht siebenmal, sondern bis siebzigmal siebenmal." (Mt 18, 21f ELB)

Die Bibel hebt in besonderer Weise den Wert von zwischenmenschlicher Vergebung hervor. Die benannten Bibelstellen können allerdings kombiniert mit einer schlecht durchdachten Theologie auch missbräuchlich verwendet werden, z.B. dann, wenn die Differenzierungen nicht getroffen werden, welche die biblischen Texte selbst vornehmen. So ist nach biblischem Zeugnis die Vergebung zwischen Menschen nicht bedingungslos.

> „Habt acht auf euch selbst: Wenn dein Bruder sündigt, so weise ihn zurecht, und wenn [!] er es bereut, so vergibt ihm." (Lk 17,3 ELB) „Wenn aber dein Bruder sündigt, so geh hin, überführe ihn zwischen dir und ihm alleine! Wenn er auf dich hört, so hast du einen Bruder gewonnen. Wenn er aber nicht hört, so nimm noch einen oder zwei mit dir, damit aus zweier oder dreier Zeugen Mund jede Sache bestätigt werde! Wenn er aber nicht auf sie hören wird, so sage es der Gemeinde; wenn er aber auch auf die Gemeinde nicht hören wird, so sei er dir wie der Heide und der Zöllner." (Mt 18, 15–17 ELB)

Es stellt sich damit die Frage, welche Art von Vorbedingungen für Vergebung im Falle von schwerer Gewalt notwendig sind.

---

[116] Vgl. RUDOLFSSON; TIDEFORS (2015): The Struggles of Victims, 460f. Wörtlich heißt es in der Studie: „Some informants described how, once they had told their stories, the pastoral caregiver quickly signaled that they needed to forgive and forget. However, the informants stressed their right to suffer through the hurt until they had worked it out. [...] All the informants spoke of the hazards of pushing forgiveness too quickly, and they stressed the need to work towards, and possibly reach, forgiveness in their own way. They described how the concept of forgiveness was sometimes talked about in an inattentive way – not acknowledging the meaning of forgiveness for those who had been sexually abused. When the informants talked about forgiveness, it was always described as a process stretching over several years, with a goal that never might be reached."

[117] Vgl. die Überlegungen dazu bei PARK (2004): From Hurt to Healing, 81.

E. Perspektiven für eine traumasensible Theologie

Grundsätzlich ist außerdem zu fragen, welche Arten des Aneinander-Schuldig-Werdens im Hintergrund der neutestamentlichen Texte stehen, auf welche Art der Verfehlungen also die Vergebungsforderungen reagieren. Es spricht vieles dafür, dass es dabei um eben die Probleme geht, die ansonsten zwischen den Jüngern bzw. Gemeindegliedern thematisiert werden. Es geht dabei um Spannungen und Probleme, welche die Schwelle zur traumatischen Gewalttat bei weitem nicht erreichen.[118]

Schließlich sind einzelne Verse immer im Kontext der Gesamtheit des biblischen Zeugnisses zu sehen. Nach diesem sind Gerechtigkeit und Vergebung nicht voneinander zu lösen. Zwischenmenschlich muss möglichst Gerechtigkeit hergestellt werden, bevor über Vergebung nachgedacht werden kann. Vergebung ist zwischenmenschlich an das Aushandeln und Einhalten bestimmter gerechtigkeitsermöglichender Regeln geknüpft. Marie Fortune, die an vielen Stellen ihres theologischen Werkes das Thema der Vergebung vertieft, formuliert zwei entscheidende Gedanken. Erstens ist Gerechtigkeit eine grundsätzliche Vorbedingung für Vergebung. Auf Seiten von TäterInnen muss diese Schuldbekenntnis („confession" bzw. *confessio*), Umkehr („repentance" bzw. *paenitentia*) und Entschädigung („restitution" bzw. *compensatio*) umfassen.[119]

– Schuldbekenntnis meint dabei, dass TäterInnen die verübte Gewalt zugeben, deren Falschheit anerkennen und die volle Verantwortung dafür übernehmen müssen.
– Umkehr bedeutet, dass TäterInnen eine grundsätzliche Abkehr von ihrem gewalttätigen Verhalten vollzogen haben. Dies ist nicht mit einem Gefühl der Reue oder inneren Zerknirschung zu verwechseln, sondern meint konkrete Veränderungen durch professionelle Therapie und harte Arbeit an sich selbst. Umkehr kann deswegen keine Momentaufnahme sein, sondern ist ein zeitintensives Unterfangen, das ohne langanhaltende Willenskraft seitens der TäterInnen nicht möglich ist.
– Eine angemessene Entschädigung für traumatisierende Gewalt ist sehr schwierig, weil der erlittene Schaden meist monetär kaum aufgewogen werden kann. Das Mögliche sollte aber getan werden, indem bspw. die Übernahme von Therapiekosten, Schmerzensgeld und sonstige messbare, durch die Gewalt entstandenen Kosten (z.B. Miete für Zweitwohnung bei häuslicher Gewalt) durch TäterInnen gewährleistet werden.[120]

Zweitens verweist Marie Fortune auf die Bedeutung der Gemeinschaft bzw. des Umfeldes, welches Entscheidendes dazu beitragen kann, damit Gerechtigkeit

---

[118] Zu denken ist dabei an die Streitigkeiten unter den Jüngern oder die Probleme, die in der Apostelgeschichte oder Briefliteratur thematisiert werden.
[119] FORTUNE, Marie M. (1995): Forgiveness: The Last Step, in: Violence against Women and Children: A Christian Theological Sourcebook, hrsg. von ADAMS, Carol J.; FORTUNE, Marie M., Continuum: New York, 202.
[120] Vgl. FORTUNE (1995): Forgiveness: The Last Step, 202.

hergestellt wird. Denn in den meisten Fällen werden TäterInnen versuchen, sich dieser zu entziehen. In diesem Fall sollte das Umfeld versuchen, sich für die Herstellung von Gerechtigkeit einzusetzen.[121] Neben praktischer Unterstützung für Betroffene meint dies eine ungeschmälerte Anerkennung ihres Leidens, mögliche Vorkehrungen für zukünftigen Schutz und den Einsatz für eine gesellschaftliche Thematisierung der dahinterstehenden Problematik.[122]

Innerhalb der Forschung wird das Phänomen der Vergebung unterschiedlich beurteilt. Wo Betroffene zu Wort kommen, wird meist klar, dass Vergebung gegenüber TäterInnen extrem schwierig ist.[123] Dass es sich bei Vergebung aber dennoch um einen sehr hohen Wert handelt, hängt damit zusammen, dass viele Betroffene selbst gerne von den Folgen des Traumas frei werden würden. Sie würden häufig gerne die belastenden Empfindungen von Hass, Wut, Scham- und Schuldgefühlen hinter sich lassen. Eine betroffene Person schreibt deswegen: „Forgiveness always begins with self-forgiveness. We always think it was something we did or did not that caused the abuse. So, to get to the place of forgiving oneself is the first step."[124] Wenn es zutrifft, dass Vergebung bei Selbstvergebung beginnt, sollte das auch die seelsorgliche Rede prägen.[125]

Das Thema der Vergebung angesichts von Taten, die als unverzeihlich betrachtet werden können, wird in der Seelsorgeliteratur verhältnismäßig intensiv diskutiert. Dabei kann nicht alles Wertvolle und Bedenkenswerte hier zusammengetragen, jedoch auf weiterführende Literatur verwiesen werden.[126]

---

[121] Was genau das soziale Umfeld umfasst und wie weit es zu spannen ist, muss jeweils im Einzelfall gesehen werden. Gemeint sein können z.B. andere Familienmitglieder oder eine Kirchengemeinde. Es stellt sich immer auch die Frage, in welchem Rahmen Betroffene ihr Leiden kommunizieren wollen.

[122] Marie Fortune betont noch etwas stärker den Öffentlichkeitscharakter des ganzen Unterfangens, wobei in jedem Fall und zuvorderst der Wunsch von Betroffenen nach angemessener Privatsphäre zu achten ist. Vgl. FORTUNE (1995): Forgiveness: The Last Step, 202f.

[123] Vgl. z.B. SKOGRAND; SINGH u.a. (2007): The Process of Transcending, 262f.

[124] SKOGRAND; SINGH u.a. (2007): The Process of Transcending, 262.

[125] Pamela Cooper-White macht darauf aufmerksam, dass diese Überzeugung in Menschen gefördert, aber nicht von außen auferlegt werden kann. Wenn die Frage nach der Selbstvergebung extern herangetragen wird, kann dies dazu führen, dass Schuldgefühle nur vermehrt werden, weil Selbstvergebung eventuell noch nicht möglich ist. Vgl. COOPER-WHITE, Pamela (2012): The Cry of Tamar: Violence against Women and the Church's Response, 2. Aufl., Fortress Press: Minneapolis, 256f.

[126] Siehe deutschsprachig: HASLBECK (2007): Sexueller Missbrauch und Religiosität, 406-413. Englischsprachig sind, in Bezug auf das Thema der Vergebung, besonders die Texte von Marie M. Fortune hervorzuheben: FORTUNE (2005): Sexual Violence: The Sin Revisited, 162-170. FORTUNE (1995): Forgiveness: The Last Step, 201-206. Weiterführendes findet sich auch bei: COOPER-WHITE (2012): The Cry of Tamar, 251-261. VAN DEUSEN HUNSINGER, Deborah (2015): Bearing the Unbearable: Trauma, Gospel and Pastoral Care, Eerdmans Publishing: Grand Rapids [u.a.], 42-69. Nicht ganz unproblematisch, weil sehr direktiv geschrieben, aber dennoch mit einigen hilfreichen Gedanken: LEEHAN, James (1993): Defiant Hope:

E. Perspektiven für eine traumasensible Theologie

Die oben beschriebenen Gefahren und Missverständnisse sind dabei an verschiedenen Stellen präsent. Ohne die vorgenommenen Differenzierungen und Problembeschreibungen kann die Rede von Vergebung im Kontext von Traumata sehr viel mehr Schaden anrichten, als sie Gutes hervorbringt.

Abschließend sollen elf thesenhafte Eckpfeiler einer traumasensiblen Rede von Vergebung benannt und zur Diskussion gestellt werden:

1. Vergebung ist keine Leistung, sondern aus rechtfertigungstheologischer Perspektive Frucht innerer Heilung und damit Gnade und nicht Werk.[127]
2. Rede von Vergebung soll keine Forderungen stellen, sondern einen Weg innerer Heilung anregen.
3. Vergebung beginnt bei Selbst-Vergebung.
4. Vergebung hat nicht nur mit Schuld, sondern auch der Heilung von Scham zu tun.[128]
5. Vergebung ist keine Abkürzung, die Trauer und Zorn umgänglich macht.
6. Vergebung ist nicht Vergessen. Leiden wird durch sie nicht ungeschehen gemacht.
7. Vergebung und Gerechtigkeit gehören untrennbar zusammen.
8. Vergebung ist nicht nur individuelles, sondern auch soziales Geschehen. Sie steht in einem engen Zusammenhang mit dem Verhalten des Umfeldes.
9. Vergebung ist nicht notwendigerweise Versöhnung.[129]
10. Vergebung wird missbraucht, wenn ihre Thematisierung zu Lasten der Opfer geht.[130]
11. Vergebung ist kein Ereignis, sondern ein stufiger, steiniger und zeitintensiver Weg mit einem manchmal nicht zu erreichenden Ziel.[131]

Spirituality for Survivors of Family Abuse, Westminster John Knox Press: Louisville, 101-126.

[127] Die Herkunft dieser Formulierung wurde oben erläutert. Auch der Beisatz, dass es sich um „grace" und nicht „works" handelt, stammt von Kathleen D. Billman.

[128] Vgl. PATTON, John (1990): Is Human Forgiveness Possible?, Abingdon Press: Nashville, 39ff. Das Buch ist ansonsten nicht spezifisch für den Umgang mit Traumata geschrieben, enthält also auch einiges aus traumasensibler Perspektive Kritikwürdiges.

[129] Versöhnung bezeichnet die Wiederherstellung einer Beziehung. Es kann Vergebung geschehen und dennoch der finale, nicht wieder aufzuhebende Bruch in einer Beziehung festgestellt werden.

[130] Eine solche missbräuchliche Thematisierung von Vergebung findet sich m.E. z.B. in Predigten, in denen Heldengeschichten von möglichst großen Vergebungsleistungen (z.B. nach Anschlägen von den Angehörigen der Opfer, die TäterInnen Stunden nach dem Geschehen schon vergeben zu haben meinen) tradiert und den Hörenden als Ideal vorgehalten werden.

[131] Vgl. RUDOLFSSON; TIDEFORS (2015): The Struggles of Victims, 461. Dort sprechen Betroffene von Vergebung als einem Kontinuum.

2.4 Leiden

Innere Heilung und Vergebung sind für viele Betroffene nur in Bruchstücken erfahrbar. Für viele Opfer von traumatisierender Gewalt ist fortwährendes Leiden ein prägendes Lebensthema. Die Frage nach dem Warum führt neben den Fragen nach der Ursache auch zur Frage nach dem Sinn von Leiden.[132] Ähnlich wie bei Schuld, Scham und Vergebung ist damit ein Sinnraum betreten, in dem theologische Deutungsangebote eine wichtige Rolle spielen können.

Um diesbezüglich über spezifische Problemstellungen reflektieren zu können, sind einige Differenzierungen vorzunehmen. Grundsätzlich handelt es sich bei der Frage nach dem Sinn von Leiden um eine der großen Fragen der Theologie.[133] Der Fragefokus soll an dieser Stelle allerdings auf eine sehr spezifische Form des Leidens eingeengt werden.[134] Es geht um Leid infolge von Gewalt durch Menschen aus dem sozialen Nahraum. Der Gegenstand und der Zusammenhang einer Sinnzuschreibung sind möglichst genau zu erfassen, bevor über den Sinn oder Unsinn von Deutungen geredet werden kann. Dies hängt damit zusammen, dass Deutungen stark kontextgebunden sind und je nach Zusammenhang Sinnzuschreibungen weiterführend, ambivalent oder aber auch hochproblematisch sein können. Denn „[u]nterschiedliche Deutungen von Leid bewirken auch unterschiedlichen Umgang mit Leid."[135]

Sinnzuschreibungen haben etwas Richtungsweisendes. Sofern ein Mensch handlungsfähig ist und eine Situation als sinnvoll erachtet wird, befördert dies Menschen meist darin, in dieser Situation zu verharren. Erscheint sie sinnlos oder steht in Spannung zu einem höherbewerteten Sinnangebot, wird dies eher Antrieb zu Veränderung sein.

Die erste Frage in der seelsorglichen Arbeit im Umgang mit Leid muss deswegen sein, in welcher Lebenssituation sich die betroffene Person befindet. Ist sie der unmittelbaren Ursache des Leidens ausgesetzt, also lebt sie in einer Situation akuter Gewaltbedrohung? Oder bezieht sich die Suche nach der Deutung von Leiden auf vergangene Gewalt, die womöglich in der Gegenwart noch spürbar ist, als unmittelbare Ursache aber nicht mehr fortbesteht? Diese Frage ist elementar. Denn in einer Situation akuter Gewaltbedrohung ist die zentrale Frage: Wie lässt sich Sicherheit herstellen?

---

[132] Wobei diese Fragestellungen auch ineinander verschränkt sein können, wenn aus Sicht von Betroffenen z.B. eine metaphysische Ursache für das Leid identifiziert wird.
[133] Die Frage berührt sich, ist aber nicht gleichzusetzen mit der Frage nach der Theodizee.
[134] Es geht nicht um Leid infolge von z.B. Naturkatastrophen, Flucht, Unfällen oder Kriegen. Die Reflexion darüber würde mit anderen spezifischen Fragen einhergehen.
[135] LEHNER-HARTMANN (2002): Wider das Schweigen und Vergessen, 220.

E. Perspektiven für eine traumasensible Theologie

Gewalt im sozialen Nahraum hat keinen höheren Sinn.[136] Sie kann ethisch nur als ein Übel bewertet werden, das Menschen schwer beschädigt. Jede Deutung, die dem Leiden deswegen Sinn abgewinnt und damit die Opfer zum passiven Ertragen der Gewalt bewegt, ist dysfunktional. Das Ertragen von Gewalt rettet keine Ehe, denn Gewalt hat den Ehebund bereits gebrochen. Ebenso schützt das Ertragen von Gewalt keine Familie. Vielmehr werden ihre Mitglieder in einem destruktiven Umfeld gefangen gehalten. Das gleiche gilt für theologische Deutungen: Gewalt im sozialen Nahraum ist keine göttliche Strafe für Sünde, keine Bewährung in der Kreuzesnachfolge, und hat keinerlei erlösende Funktion. Es lässt sich allerdings nicht ausschließen, dass Betroffene derartige oder ähnliche Deutungen mit sich herumtragen. Rebecca Parker berichtet von einem Seelsorgegespräch mit einer Frau, in dem diese ausführte:

> „I'm worried for my kids now. The problem is my husband. He beats me sometimes. Mostly he is a good man. But sometimes he becomes very angry and he hits me. He knocks me down. One time he broke my arm and I had to go to the hospital. But I didn't tell them how my arm got broken. [...] I went to my priest twenty years ago. I've been trying to follow his advice. The priest said I should rejoice in my sufferings because they bring me closer to Jesus. He said ‚Jesus suffered because he loved us.' He said ‚If you love Jesus, accept the beatings and bear them gladly, as Jesus bore the cross.' I've tried, but I am not sure anymore. My husband is turning on the kids now. Tell me, is what the priest told me true?"[137]

Das Verhalten des Geistlichen im zitierten Beispiel war aus mehreren Gründen problematisch. Er erkannte nicht die Notwendigkeit der Situation und seine Verantwortung darin, sondern gab der Sorgesuchenden in einer bedrohlichen Situation ein Deutungsmuster an die Hand, das theologisch höchst fragwürdig war und die nach Hilfe suchende Frau in die Passivität führte. In einer Situation akuter Gewaltbedrohung ist keine Deutung von Leid angebracht, welche zur Aufrechterhaltung der Situation und damit der fortwährenden Gefährdung beiträgt. Die Frage nach einem höheren Sinn von Leid ist hier die falsche Frage.

Das zitierte Beispiel weist auf die Fragematerie hin, welche Deutungen von Leiden in christlicher Theologie und Frömmigkeit vorhanden und wie diese im Einzelnen theologisch zu bewerten sind. Barbara Haslbeck benennt das Problem einer falsch verstandenen Leidensverklärung:

> „Bis in die Alltagssprache ist eine Interpretation zu finden [...]: Jeder Mensch hat sein Kreuz zu tragen. Es handelt sich um eine Version des Christentums, in dessen Mittelpunkt das Leid steht. Das Kreuz steht darin für einen sadomasochistischen Umgang mit Leid, der also nicht die aktive Auseinandersetzung mit Leid und eine

---

[136] Es ist an dieser Stelle noch einmal auf die Grundunterscheidung zwischen violentia und potestas zu verweisen. Gewalt im sozialen Nahraum ist eindeutig der violentia und nicht der potestas zuzuordnen.

[137] BROCK, Rita N.; PARKER, Rebecca A. (2001): Proverbs of Ashes: Violence, Redemptive Suffering, and the Search for What Saves Us, Beacon Press: Boston, 20f.

damit verbundene konstruktive Veränderung vorsieht, sondern das Leid als solches verklärt und glorifiziert, weshalb von einer Leidverliebtheit gesprochen werden könnte. So wie Jesus für die Sünde der Menschheit gelitten hat, so soll der Mensch sein Leid auf sich nehmen. Das Leid wird zum pädagogischen Mittel, um den Menschen zu läutern und Gott bzw. Jesus besonders nahe zu bringen."[138]

Marie M. Fortune forciert ihre Kritik an dieser und ähnlicher Leidensverklärung im Sprachbild einer „doormat theology"[139]. Menschen werden in einer „Fußabstreifer-Theologie" reduziert und zur Abreaktion anderer Menschen missbraucht. Es handelt sich dabei um eine missverstandene und vereinseitigte Aufnahme von Motiven, die sich innerhalb christlicher Theologie und Frömmigkeit tatsächlich finden.[140]

Grundsätzlich enthalten zentrale normative Texte des christlichen Glaubens Deutungen, die Leiden Sinn abgewinnen und einen Wert zuschreiben. Prominent sind z.B. die Worte von der Kreuzesnachfolge (z.B. Mk 8,34ff). Die Jüngerinnen und Jünger Jesu sind aufgerufen, Leid nicht zu scheuen, wenn dies dem dient, was im Neuen Testament βασιλεία τοῦ θεοῦ (bzw. „Reich Gottes") genannt wird. Sie sollen darin Jesus imitieren, der in seinem Auftragsbewusstsein aus Liebe zu den Menschen die Konfrontation mit den Autoritäten von Imperium und Tempel für ein höheres Gut nicht scheute. Der christliche Glaube kennt deswegen durchaus freiwillig auf sich genommenes Leiden für ein höheres Ziel und misst diesem hohe Bedeutung bei. Zu denken wäre dabei an Leiden aufgrund des religiösen Bekenntnisses in einem intoleranten Umfeld. Zu denken wäre dabei auch an Leiden im Kampf für höhere Güter, bspw. im Widerstand gegen ein verbrecherisches Regime. In solchen Fällen ist das Leiden kein Selbstzweck und es ist schon gar nicht gewünscht. Es kann aber unter Umständen zur Erreichung eines höheren Zieles nicht umgangen werden. Der christliche Glaube kann in derartiges Leiden führen und hält Deutungen bereit, um Menschen, die diesen schweren Weg wählen oder ihm nicht ausweichen können, zu unterstützen.

Leiden infolge von Gewalt im sozialen Nahraum dient allerdings keinem höheren Ziel. Die Opfer können bis in das tiefste Innere ihrer Persönlichkeit hinein Schaden nehmen. Und Täter – um auf der Deutungsebene des christlichen Glaubens zu bleiben – verharren in der Sünde und häufen Schuld auf Schuld, wenn sie ihre Gewalt ungehindert fortsetzten können und nicht zur Umkehr angehalten werden. Vielmehr lässt sich in Anschluss an Lehner-Hartmann mit Jon

---

[138] HASLBECK (2007): Sexueller Missbrauch und Religiosität, 432.
[139] FORTUNE (1995): The Transformation of Suffering, 89.
[140] Siehe z.B. auch: LEEHAN (1989): Pastoral Care for Survivors of Family Abuse, 110f. Das dort angeführte Zitat von Johannes Calvin wird heutigen Lesern aufstoßen. Wichtig ist allerdings, dass es – bei aller Problematik – extrem verkürzt und damit fast verfälscht angeführt wird, in jedem Fall also im Originalzusammenhang zur Kenntnis genommen werden sollte.

Sobrino sagen, dass durch Gewalt im sozialen Nahraum „etwas Letztes und Heiliges verletzt [wird]. Es werden menschliche Wesen unterdrückt und die Schöpfung Gottes entstellt."[141] Es dient keinem höheren Gut, wenn Menschen versuchen, die Ebenbildlichkeit Gottes zu entweihen. Nachfolge Jesu bedeutet in einer solchen Situation, möglichst Auswege aus dieser Gewalt zu suchen, die nur schadet und niemandem nützt.

Das Problem der Suche nach dem Sinn von Leiden ist etwas anders gelagert, wenn Betroffene sich gegenwärtig nicht in einer gefährlichen Situation befinden, die Gewalt also bspw. schon Jahre zurückliegt. Die Wunden der Gewalt können über das ganze Leben hinweg schmerzen und auf diese Weise Leid verursachen. Eine Weise der langfristigen Bewältigung kann die Suche nach Sinn und Deutungen auch aus den Quellen des Glaubens sein. Eine solche Suchbewegung können Seelsorgende begleiten und unterstützen. Vorgefertigte Deutungen können sie nicht anbieten, und bisweilen wird über das solidarische Leiden an der Sinnlosigkeit und die Klage darüber wenig möglich sein. Innerhalb der Suchbewegung sind allerdings einige Wegmarken wichtig, die abschließend thematisiert werden sollen.[142]

Wie bereits ausgeführt kommt dem Leiden kein Eigenwert zu. Vielmehr muss es, wo immer möglich, gemildert werden. Leid muss manchmal in Kauf genommen werden, wenn es zur Erreichung eines höheren Zieles notwendig ist. Zum Beispiel kann es im Rahmen einer professionellen Therapie nach einer Phase der Stabilisierung nötig sein, Schmerzhaftes aus der Vergangenheit aufzudecken – in den Diensten einer besseren Verarbeitung und psychischen Genesung. Dies kann im Schutz einer therapeutischen Beziehung zwischenzeitig stärkeres Leid verursachen, um es dann langfristig zu mildern.

In der Auseinandersetzung mit Leid können Menschen besondere Qualitäten entwickeln oder vertiefen. Zu denken wäre z.B. an Verantwortungsgefühl, Empathiefähigkeit oder eine besonders bewusste Gestaltung des Lebens.[143] In der Literatur ist immer wieder von Posttraumatischer Reifung (bzw. „Posttraumatic Growth") die Rede.[144] Wichtig ist dabei, das Leiden nicht zu verklären. Leiden kann Menschen auch entstellen. Das Leiden an sich bringt nichts Gutes hervor,

---

[141] SOBRINO, Jon (1992): „Theologie und Menschenrechte aus der Sicht der gekreuzigten Völker": Festvortrag des Preisträgers Univ.-Prof. Dr. Dr. h.c. mult. Jon Sobrino S.J. am 13. März 1992 an der Karl-Franzens-Universität Graz, Kienreich: Graz, 60. Das Zitat wurde im Zusammenhang der Reflexion häuslicher Gewalt gefunden bei: LEHNER-HARTMANN (2002): Wider das Schweigen und Vergessen, 219.
[142] Siehe zu diesem Thema auch die weiterführenden Überlegungen von: COLEMAN (2004): The Dinah Project, 78–88.
[143] Siehe das Beispiel bei: FORTUNE (1995): The Transformation of Suffering, 90.
[144] Vgl. FOOKEN, Insa (2013): Resilienz und posttraumatische Reifung, in: Posttraumatische Belastungsstörungen, hrsg. von MAERCKER, Andreas, 4. Aufl., Springer: Berlin [u.a.], 72ff.

vielmehr sind es die Auseinandersetzung und das Ringen damit, die Menschen manchmal reifen lassen.

Neben der Suche des Sinnes von Leiden ist die Frage nach der Suche von Sinn im Leiden wichtig. Beide Fragen nach Sinn sind aber zu differenzieren. Auf diesen Gedanken soll zu einem späteren Zeitpunkt der Arbeit zurückgekommen werden.[145] Die Frage nach dem Sinn von Leiden, als Frage nach dem Warum, kann sich aber auch an Gott richten. In diesem Fall stellt sich die Frage nach der Theodizee.

2.5 Theodizee

Die Frage nach der Theodizee, also die Frage nach der Gerechtigkeit Gottes angesichts des Leidens, ist eine spezifische Form der Frage nach Gott im Leiden.[146] Sie hat ihre gegenwärtige Form erst in der Neuzeit mit deren Hochbewertung der Leistungsfähigkeit menschlicher Vernunft gewonnen.[147] Gleichzeitig stellt sie auch gegenwärtig einen Diskursraum zur Verfügung, in dem zentrale Inhalte christlicher Gotteslehre und christlicher Lebens- und Leidensdeutung verhandelt werden.

Grundsätzlich müssen zwei Dimensionen der Frage differenziert werden, die unterschieden, aber dennoch miteinander verbunden sind. Die Frage nach der Theodizee hat eine philosophisch-theologische Ebene. Es geht dabei um die systematisch-theologischen Implikationen von vor allem menschlichem Leiden für zentrale Topoi christlicher Theologie, bspw. die Gottesattribute Allmacht, Allwissenheit und Güte. Die damit verbundenen systematisch-theologischen Fragen sind seit Jahrhunderten Gegenstand theologischer Erörterungen und haben zu einer kaum zu überblickenden Menge an Literatur geführt, deren Antwortversuche man je nach eigenem Standpunkt als weiterführend oder weniger weiterführend empfinden wird.[148]

---

[145] Siehe in Kapitel F der Abschnitt 3.2.7 Die Suche nach Sinn.

[146] Der Begriff ist ein philosophisches Kunstwort und geht auf die Abhandlung von Gottfried Wilhelm Leibniz von 1710 zurück: „Versuche in der Theodicée über die Güte Gottes, die Freiheit des Menschen und den Ursprung des Übels."

[147] Vgl. dazu die Ausführungen zum geistesgeschichtlichen Hintergrund bei: SCHOBERTH, Wolfgang (1997): Gottes Allmacht und das Leiden, in: Der Allmächtige: Annäherungen an ein umstrittenes Gottesprädikat, hrsg. von RITTER, Werner H.; FELDMEIER, Reinhard u.a., 2. Aufl., Vandenhoeck & Ruprecht: Göttingen, 51ff.

[148] Die Literatur zur Theodizee ist kaum zu überblicken, an dieser Stelle können nur einige Literaturhinweise gegeben werden: Ein aktuelles Werk aus der protestantischen Theologie mit zahlreichen Literaturhinweisen: LINK, Christian (2016): Theodizee: Eine theologische Herausforderung, Vandenhoeck & Ruprecht: Göttingen. Ebenfalls aus der protestantischen Theologie: HERMANNI, Friedrich (2002): Das Böse und die Theodizee: Eine philosophisch-theologische Grundlegung, Chr. Kaiser/Gütersloher Verlagshaus: Gütersloh. Für die katholische Theologie siehe z.B.: KREINER, Armin (2005): Gott im Leid:

E. Perspektiven für eine traumasensible Theologie

Die zweite Ebene ist die persönlich existentielle Ebene. Die Frage nach der Gerechtigkeit Gottes angesichts des Leidens ist für den theistisch-religiösen Menschen eine Frage, mit der er auf der Ebene der eigenen Existenz und des persönlichen Glaubens zu ringen hat. Sie stellt sich besonders dann, wenn Leiden im eigenen Leben erfahren wird, und ist deswegen für unmittelbar und mittelbar Betroffene von schwerer Gewalt in besonderer Weise wichtig. Antwortversuche aus dem spekulativen Denken philosophischer Theologie sind für diesen Bereich meist nur mittelbar hilfreich. Es handelt sich um eine Frage, die sich auf die Bereiche tief verankerter Glaubensvorstellungen und Lebenserfahrungen sowie ihren Zusammenhang mit persönlicher Leidensbewältigung erstreckt. In den meisten Fällen werden sich beide Ebenen mischen. Lebenserfahrung und Theologie können hier in besonderer Weise ineinander verwoben sein.[149]

Seelsorgende sollten um die Zusammenhänge und die Unterschiede beider Ebenen wissen. Ein Mensch, der mit erfahrenem Leiden ringt, braucht keine rationale Erörterung des Theodizee-Problems. Er benötigt meist vielmehr Räume, in denen die Sprachlosigkeit über das erlittene Leid erst einmal ausgehalten werden kann und in denen später womöglich Zweifel, Trauer und Klage artikuliert werden können. Seelsorgende sollten dazu fähig sein, in der Schwere und Bedrängnis der Theodizee-Frage solidarisch mit auszuharren. Dazu müssen sie verschiedene Spannungen aushalten. Deswegen ist es wichtig, mit der Theodizee-Frage ein Stück weit umgehen zu können. Dies heißt nicht, eine Art von „Antwort" gefunden zu haben, die das Problem der Theodizee „löst" oder herausstellt, dass es sich um kein tatsächliches Problem handle. Dies heißt auch nicht, berechtigte Fragen und Zweifel mit phrasenhaften Wendungen abzuspeisen.[150] Einen angemessenen Umgang mit der Theodizee-Frage zu finden, bedeutet erst einmal anzuerkennen, dass sie im letzten nicht lösbar ist.[151]

Jeder Mensch, der ernsthaft den christlichen Glauben durchzudenken sucht, weiß um das Potential der Theodizee, bestimmte Aspekte monotheistischen Glaubens zu erschüttern. Es ist für Seelsorgende wichtig, diese Erschütterungen als Infragestellung auch eigener Glaubensgewissheiten existentiell durchlebt

---

Zur Stichhaltigkeit der Theodizee Argumente, 3. Aufl., Herder: Freiburg [u.a.]. VON STOSCH, Klaus (2013): Theodizee, Schöningh: Paderborn.

[149] Vgl. SCHOBERTH (1997): Gottes Allmacht und das Leiden, 43ff.

[150] Solche Phrasen können sein: „Es wird schon alles seinen Sinn haben." „Was dich nicht tötet, macht dich stärker."

[151] Wolfgang Schoberth beschreibt die grundsätzliche Unlösbarkeit der Theodizee-Frage m.E. sehr treffend: „Das Dilemma, in das die Theodizee-Frage notwendig führen muß, besteht eben darin, daß sie die Forderung nach einer theoretischen Antwort auf die Frage nach dem Leiden impliziert, daß aber eben eine Reflexion niemals die Erfahrung des Leidens beruhigen kann. Keine Antwort auf die Theodizee-Frage kann darum je eine hinreichende Antwort sein: Die Theodizee-Frage ist eine ebenso unvermeidliche wie offensichtlich auch unbeantwortbare Frage." SCHOBERTH (1997): Gottes Allmacht und das Leiden, 51.

bzw. durchlitten und intellektuell durchdacht zu haben. Nur so kann man ein Gespür dafür entwickeln, welche Suchbewegungen auf beiden Ebenen letztlich weiterführen und welche dies nicht tun. Nur auf diese Weise ist es möglich, Betroffene solidarisch auf ihrem persönlichen Weg mit der Frage nach Gott im Leid zu begleiten. Kerstner, Haslbeck und Buschmann benennen dabei unterschiedliche Wege bzw. Wegetappen, welche Betroffene zurücklegen können: Für manche ist das Leid in ihrem eigenen Leben und der Welt nicht mit der Idee eines Gottes vereinbar. Gäbe es Gott, hätte es nicht die erlebte Gewalt gegeben. Einige davon bedauern diesen Weg, sehen aber für sich keine andere Möglichkeit. Andere Betroffene sehen das Leid als Strafe. Das Leid muss Folge einer großen eigenen Schuld sein. Wie im Abschnitt über Schuld beschrieben, kommt es zu einer Selbstbezichtigung, um das Bild guter Eltern oder in diesem Fall eines guten Gottes aufrecht zu erhalten. Wieder andere klammern die Frage nach der Theodizee aus: Gott muss geschont werden, er könnte zu schwach für Anklage oder Schuldvorwürfe sein. Für manche Betroffene ist der Glaube an das solidarischen Leiden Gottes in Jesus Christus tröstend. Andere fragen daraufhin aber nach dem Sinn eines ohnmächtigen Gottes oder problematisieren eine möglicherweise selbst erlebte Leidensverklärung. Wieder andere lehnen es ab, Gott anzuklagen, weil damit die Schuld von den Menschen zu Gott hin verschoben würde. Dabei waren es Menschen, die Gewalt ausübten und Menschen, die sie nicht verhinderten.[152]

An dieser Stelle wird deutlich, wie eng die Frage nach der Theodizee mit der Frage nach dem Gottesbild verknüpft ist. Einige der benannten Perspektiven sind aus christlich-theologischer Sicht zu problematisieren, vor allem die hergestellten Zusammenhänge zwischen Schuld und Strafe oder eine Schonung Gottes vor Anklage und Protest.[153] Es ist aber auch klar, dass jedwede Form

---

[152] Vgl. KERSTNER; HASLBECK u.a. (2016): Damit der Boden wieder trägt, 85ff.
[153] Auch zu differenzieren ist die Rede vom ohnmächtigen Gott am Kreuz: „Gottes Liebe, so wie sie sich in Jesu Leben gezeigt hat, wie sie am Kreuz vollendet und in der Auferstehung bestätigt wurde, wird deshalb zu Recht als die Macht der Neuschöpfung bekannt, weil sie sich bedingungslos uns Menschen und damit der Ohnmacht ausgesetzt hat – und gerade so den Sieg über Lieblosigkeit und Tod errungen hat. Dies Macht aber – nochmals sei dies festgehalten – ist nach dem Zeugnis des Neuen Testaments ganz und gar nicht die Impotenz eines nicht anders könnenden Gottes, sondern bewußter Verzicht auf die Übermacht zugunsten des anderen. Auf diese durchaus nicht ohnmächtige Liebe richtet sich auch die christliche Hoffnung für diese Welt. Begleiterin dieser Hoffnung aber bleibt die Anfechtung durch das ständig fortwirkende Böse in dieser Welt und die dadurch entstehenden Leiden, in denen Gottes Macht schmerzhaft verborgen ist: ‚Mein Gott, mein Gott, warum hast du mich verlassen' (Mk 15,34/Mt 27,46). In dieser Welt kann man daher an ihre Macht nur glauben. So verstanden drückt die Anrede ‚Allmächtiger' das Vertrauen aus auf die heilvolle Durchsetzung des Gottes, der am Ende ‚alles in allem' ist (1. Kor 15,28). Insofern ist im Allmachtsbekenntnis immer noch etwas Unabgegoltenes, es verweist wesentlich auch auf Gottes Zukunft: ‚Dein Reich komme'." FELDMEIER, Reinhard (1997): Nicht Übermacht noch Impotenz: Zum biblischen Ursprung des Allmachtbekenntnisses, in: Der

E. Perspektiven für eine traumasensible Theologie

theologischer Belehrung völlig fehl am Platz ist. Vielmehr ist zu fragen, warum Betroffene eben den theologischen Weg wählen, den sie wählen und dann vielleicht auch, welche anderen Sichtweisen möglich sind.

Die zentrale theologische Frage richtet sich im Kontext der Theodizee meist auf das richtige Verständnis des Gottesprädikates der Allmacht. Wird Allmacht dabei als Allwirksamkeit oder Allkausalität verstanden – also so, dass alles, was passiert, von Gott so gewollt und gewirkt ist –, führt dies zu einem Verständnis, bei dem Gott Urheber alles Bösen in der Welt, allen Leidens und folglich auch der traumatisierenden Gewalt ist.[154] Der Mensch wird dabei einer deterministischen und fatalistischen Weltdeutung unterworfen. Doch „[d]as Bekenntnis zur Allmacht Gottes würde dabei verwechselt mit dem metaphysischen Postulat der Allkausalität Gottes, der alles ohne Unterschied bewirkt."[155] Es kann so für Betroffene völlig nachvollziehbar das Gottesbild eines schrecklichen Tyrannen oder eines abgewandten, abgründigen Wesens entstehen. Außerdem würde die Verantwortung des bzw. der TäterIn damit aufgehoben. Einem solchem Verständnis von Allmacht ist allerdings im Kontext traumasensibler Theologie in jedem Fall zu widersprechen. Es ist für ein angemessenes Verständnis von Allmacht wichtig, sich des Entstehungskontextes dieses Begriffes und seiner Verwendung im biblischen Zeugnis zu vergewissern, das einen differenzierten Blick auf diesen Bestand der klassischen Gotteslehre ermöglicht.

Dabei ist auffällig, dass die Rede von Gott als dem παντοκράτορ in den biblischen Schriften nur sehr selten auftaucht. Im hebräischen Alten Testament findet sich kein entsprechendes Äquivalent.[156] Erst mit dessen griechischer Übersetzung hält der Begriff in den biblischen Kanon Einzug. Im Neuen Testament findet er sich außerhalb der Johannesapokalypse nur in 2. Kor 6,18. In den Evangelien geht es bei der Rede von der umfassenden Macht Gottes um sein Vermögen, das Heil der Menschen zu bewirken, nicht um sein Handeln in den Ursachen von erlittenem Leid.[157] Wird von der Allmacht Gottes in der Johannesapokalypse gesprochen, so geht es dabei ebenso wie im hellenistisch-jüdischen Entstehungs- bzw. mindestens Verbreitungskontext des Begriffes eben nicht darum, Geschehenes zu rechtfertigen oder sich einer deterministischen Weltdeutung zu unterwerfen.

Allmächtige: Annäherungen an ein umstrittenes Gottesprädikat, hrsg. von RITTER, Werner H.; FELDMEIER, Reinhard u.a., 2. Aufl., Vandenhoeck & Ruprecht: Göttingen, 39f (H.i.O.).

[154] Wie Schoberth zeigt, eignet einer derart verstandenen Allmacht ein metaphysischer Gottesbegriff, der mit dem biblisch bezeugten Gott nur wenig gemein hat. Vgl. SCHOBERTH (1997): Gottes Allmacht und das Leiden, 60.

[155] SCHOBERTH (1997): Gottes Allmacht und das Leiden, 61.

[156] Auch wenn das Alte Testament selbstverständlich zahlreiche Texte kennt, welche die Machtfülle Gottes und sein Königtum thematisieren.

[157] Siehe zum biblischen Befund in seiner historischen Tradition die hochinteressante Untersuchung von: FELDMEIER (1997): Nicht Übermacht noch Impotenz, 18–35. Auf Beobachtungen Feldmeiers bezieht sich auch die hiesige Darstellung.

> „Im Munde der Angefochtenen und Leidenden drückt die Anrufung Gottes als des Allmächtigen so nicht die Ergebung ins bestimmte Geschick, sondern im Gegenteil den Trotz des Glaubens aus, der entgegen allem Augenschein an den Möglichkeiten seines Gottes festhält. An diesen ursprünglichen Kontext zu erinnern, ist wichtig, weil man im Frühjudentum wie im Urchristentum im Gegensatz zu heute *bei dem Allmachtsprädikat nicht Gott als Tyrannen, sondern Gott als Retter assoziiert!*"[158]

Ähnlich formuliert dies auch Wolfgang Schoberth:

> „Allmacht Gottes heißt demnach nicht, daß Gott alles macht, was geschieht: Gott tut vielmehr Bestimmtes und Bestimmbares; er tut das, was seiner schöpferischen Liebe entspricht. Daß diese schöpferische Liebe nicht ihr Ende findet an dem, was ihr widerstreitet, bringt das Bekenntnis zur Allmacht zur Sprache."[159]

Bei der Rede von der Allmacht Gottes geht es in seiner ursprünglichen Bedeutung eben nicht darum, plausible Erklärungen für die Ursachen von Leid zu finden, sondern sich gegen dieses Leid zu stemmen und dies in der Hoffnung auf die Kraft Gottes zu tun, der mit seiner neuschaffenden Liebe die im Letzten bestimmende Wirklichkeit ist. Gott steht den Gläubigen im Ringen mit dem Leid nicht als Verursacher gegenüber, sondern in seiner liebenden Präsenz zur Seite.[160] Gegen Überformungen dieser Kerneinsicht, wie es sie auch im Christentum immer wieder gegeben hat und wie sie in der Alltagsfrömmigkeit wahrscheinlich sogar dominant sind, ist auf diese ursprüngliche Bedeutung zu verweisen.[161] Jenseits dessen bleibt die Bewältigung von Leiden eine nur vom individuellen Menschen zu leistende Aufgabe – im besten Fall gestärkt in Beziehungen zu Gott und Menschen. Kerstner, Haslbeck und Buschmann schreiben für Betroffene von sexuellem Missbrauch:

> „Wie auch immer Missbrauchsopfer ihr Leid interpretieren, am Ende bleibt für sie alle die Aufgabe, ihr Leid zu bestehen. Von Glück – oder Gnade – können die Opfer sexueller Gewalt sprechen, die ihr Leben nicht in Resignation und Verzweiflung verbringen müssen, sondern einen Weg finden, Gott mitten im Unverstehbaren und in seiner Verborgenheit zu vertrauen. [...] Sie kämpfen beharrlich auch um ihr eigenes Leben, nehmen jahrelange Therapien auf sich und ringen darum, ihre Vertrauensfähigkeit erstmals oder wieder zu gewinnen. Gott entlassen sie dabei nicht aus seiner Aufgabe, sich als rettender Gott zu erweisen. Immer wieder erinnern sie ihn an sein Gott-Sein. Sie lernen, die Hoffnung lebendig zu halten, dass am Ende

---

[158] FELDMEIER (1997): Nicht Übermacht noch Impotenz, 37 (H.i.O.).
[159] SCHOBERTH (1997): Gottes Allmacht und das Leiden, 66.
[160] Auf diese oder ähnliche Weise beschreiben auch einige der Frauen aus der Studie von Susan Shooter ihre Gotteserfahrung: SHOOTER (2012): How Survivors of Abuse Relate to God, 53ff.
[161] Die im Anschluss an die biblischen Schriften einsetzende Entwicklung ist ebenfalls sehr erhellend, kann hier aber nicht in voller Länge dargestellt werden. Einen knapper, aber sehr hilfreicher historischer Durchzug bis in die Gegenwart findet sich bei RITTER, Werner H. (1997): „Gott der Allmächtige" im religionspädagogischen Kontext: Zur Problematik einer Glaubensaussage, in: Der Allmächtige: Annäherungen an ein umstrittenes Gottesprädikat, hrsg. von RITTER, Werner H.; FELDMEIER, Reinhard u.a., 2. Aufl., Vandenhoeck & Ruprecht: Göttingen, 124–140.

E. Perspektiven für eine traumasensible Theologie

die Täter nicht über ihre Opfer triumphieren werden und dass es einmal eine Gerechtigkeit geben wird, die im Erbarmen Gottes gründet."[162]

2.6 Gottesbilder

Viele der bisher reflektierten Themenbereiche verdichten sich in der Frage nach dem Gottesbild. Grundsätzlich steht hinter der Rede von Gottesbildern theologisch die Einsicht, dass Gott den Menschen nicht direkt, sondern immer nur vermittelt und beschränkt durch geprägte Bilder zugänglich ist.

> „Gottesbilder sind also der Versuch einer menschlichen Antwort, sich zum Unverfügbaren in ein Verhältnis zu setzen, so dass dessen Unverfügbarkeit bewahrt und nicht in ein Verfügbares transformiert wird, zugleich aber der Mensch sich [...] zu diesem Unverfügbaren verhalten kann. Darin wird die Paradoxie der Gottesbilder deutlich: Sie sind aufgrund ihrer Orientierungsleistung unverzichtbar, aber zugleich geprägt durch das Bewusstsein, dass sie nicht die Sache selbst zu fassen vermögen."[163]

Gottesbilder sind stark durch die individuelle Erfahrungswelt beeinflusst und können sich im Laufe einer Biographie entwickeln und wandeln. Gottesbilder wurden dabei aus psychologischer Perspektive unterschiedlich hergeleitet.[164] Vor allem objektbeziehungstheoretische Ansätze haben immer wieder die große Bedeutung der primären Bezugspersonen – also meistens der Eltern – für die Entwicklung des Gottesbildes herausgestellt.[165] Zusätzlich sind Einflüsse aus Kultur, organisierter Religion, individueller Bedürfnisstruktur, charakterlicher Konstitution und spirituellen Erfahrungen plausibel.[166]

Gottesbilder sind dabei ambivalent. Sie können trösten, befreien und stärken oder verängstigen und klein halten.[167] In der bisherigen Arbeit wurde die Frage nach dem Gottesbild in verschiedenen Zusammenhängen wichtig. Zum einen deuten verschiedene Studien innerhalb des Systematic Review darauf hin, dass viele Betroffene von traumatisierender Gewalt ein negativeres Gottesbild

---

[162] KERSTNER; HASLBECK u.a. (2016): Damit der Boden wieder trägt, 87f.
[163] EVERS, Dirk (2009): Kein Bildnis machen? Theologische Bemerkungen zur Dynamik von Gottesbildern, in: Gottesbilder an der Grenze zwischen Naturwissenschaft und Theologie, hrsg. von SOUVIGNIER, Georg; LÜKE, Ulrich u.a., Wissenschaftliche Buchgesellschaft: Darmstadt, 16.
[164] Siehe den Überblick bei: KLESSMANN, Michael (2004): Pastoralpsychologie: Ein Lehrbuch, 2. Aufl., Neukirchener Verlagsgesellschaft: Neukirchen-Vluyn, 217–239.
[165] So Hellmut Santer über die Arbeit von Ana-Maria Rizzuto. Vgl. SANTER, Hellmut (2003): Persönlichkeit und Gottesbild: Religionspsychologische Impulse für eine Praktische Theologie, Vandenhoeck & Ruprecht: Göttingen, 237ff.
[166] Kenneth Pargament spricht von „Potraits des Heiligen", die sich aus verschiedenen Quellen speisen: Vgl. PARGAMENT, Kenneth I. (2007): Spiritually Integrated Psychotherapy: Understanding and Addressing the Sacred, The Guilford Press: New York [u.a.], 143.
[167] Vgl. KLESSMANN (2004): Pastoralpsychologie, 215.

aufweisen als Menschen jeweiliger Vergleichsgruppen.[168] Zum anderen wurde innerhalb der theologischen Reflexion dieses Kapitels deutlich, dass viele der reflektierten Topoi, denen innerhalb eines christlich-religiösen Weltbildes eine große Bedeutung zukommen kann, mit der Frage nach dem dahinterstehenden Gottesbild eng verknüpft sind. Eine bestimmte Deutung von Schuld, Sünde oder Leiden impliziert ein jeweils dahinterstehendes Gottesbild.

An dieser Stelle ist wichtig, dass die Thematisierung von Gottesbildern zwei Ebenen hat, die beide für Seelsorge bedeutungsvoll, aber untereinander verschieden sind.[169]

— Die erste Ebene ist die religionspsychologische Ebene. Unabhängig von der Frage, ob es so etwas wie Gott gibt oder nicht, also Gottesbilder auf eine Wirklichkeit hinweisen, oder dies nicht tun, lässt sich religionspsychologisch fragen, wie Gottesbilder mit der menschlichen Psyche interagieren. Beispielsweise hat Sebastian Murken gezeigt, dass eine negative Gottesbeziehung bzw. ein strafendes Gottesbild mit einer schlechteren psychischen Gesundheit zusammenhängt.[170]
— Die zweite Ebene ist die theologische Ebene. Hierbei geht es um die Fragestellung, wie sich individuelle Gottesbilder zu dem Gott verhalten, der sich nach christlichem Glauben in Jesus Christus den Menschen erschließt. Dirk Evers sagt dazu sehr treffend: „Gottesbilder, -vorstellungen, -begriffe oder -gedanken lassen sich nicht bestätigen, widerlegen oder rechtfertigen vor einem allgemeinen Forum der Vernunft, sondern nur relativ zu den Grundüberzeugungen und Erfahrungen, denen sie sich verdanken. Deshalb geht es in einer Diskussion um Gottesbilder nicht ohne Stellung zu beziehen, es geht nicht ohne Bekenntnis."[171]

Beide Ebenen sind für Seelsorge wichtig und beide Fragestellungen sollten in der theologischen Reflexion präsent sein. Denn Gottesbilder fassen nicht nur vorhandene Erfahrungen zusammen, sondern sollen auch neue Erfahrungen

---

[168] Vgl. DOEHRING (1993): Internal Desecration. REINERT; EDWARDS (2009): Attachment Theory. KANE; CHESTON u.a. (1993): Perceptions of God. PRITT (1998): Spiritual Correlates of Reported Sexual Abuse among Mormon Women.

[169] Für therapeutische Berufe können ebenso beide Ebenen wichtig sein, auch wenn die Fragestellung vor allem auf der ersten Ebene motiviert sein wird. Ein Artikel zu Gottesbildern in der therapeutischen Arbeit findet sich bei: FRAWLEY-O'DEA, Mary G. (2015): God Images in Clinical Work with Sexual Abuse Survivors: A Relational Psychodynamic Paradigm, in: Spiritually Oriented Psychotherapy for Trauma, hrsg. von WALKER, Donald F.; COURTOIS, Christine A. u.a., American Psychological Association: Washington D.C., 169-188.

[170] Vgl. MURKEN, Sebastian (1998): Gottesbeziehung und psychische Gesundheit: Die Entwicklung eines Modells und seine empirische Überprüfung, Waxmann: Münster [u.a.], 153f.

[171] EVERS (2009): Kein Bildnis machen?, 25.

E. Perspektiven für eine traumasensible Theologie

ermöglichen.[172] Es ist daher für die Frage nach Gottesbildern nicht unwichtig, wie sie sich auf die Erfahrungswelt des individuellen Menschen auswirken werden.

Für Betroffene von traumatisierender Gewalt kann die Suche nach angemessenen Gottesbildern schwierig sein. Mit einem anthropomorphen Gottesbild – wie es Anhaltspunkte in den biblischen Texten hat – verbindet sich oft die Vorstellung eines kontrollierenden Übervaters. Das Problem der Kontrolle bzw. Allwirksamkeit wurde bereits erläutert. Das Vertrauen in eine solche Instanz wird durch das traumatische Ereignis zerstört bzw. schwer erschüttert sein.

Die Problematik erhält allerdings eine andere, sich verstärkende Komplexität, wenn die Gewalt unmittelbar vom eigenen Vater oder einer Vaterfigur ausging und somit Elemente der väterlichen Gewalt auf das Gottesbild übertragen werden. In einem solchen Fall kann die Metapher des Vaters für Betroffene nicht mehr auf positive Weise erfahrungserschließend sein. Die Transformation von einem Gottesbild mit väterlichen Zügen hin zu einem Gottesbild mit mütterlichen Zügen, wird aber nicht für alle Betroffene ein gangbarer Pfad sein. Für manche Betroffene mag dieser häufig in der feministischen Theoriebildung beschrittene Weg weiterführen. Es ist aber denkbar, dass diese elterliche Metapher ebenso problematisch ist, bspw. wenn die Mutter die Gewalt duldete oder das Kind auf andere Weise vernachlässigte.[173]

Umgekehrt kann das Gottesbild aber ebenso ein Gegenbild zu gewalttätigen bzw. vernachlässigenden Eltern sein. In diesem Fall kann ein liebender Vater oder eine liebende Mutter im Himmel kompensatorische und vielleicht auch heilsam-überbietende Funktion für lieblose oder gar gewalttätige irdischen Eltern besitzen.[174]

Seelsorge kann Betroffene dabei unterstützen, Gottesbilder zu finden, die theologisch verantwortet und auf positive Weise erfahrungserschließend sind. Dafür sind jedoch vier leitende Gedanken wichtig.
- In Gottesbildern verdichten sich ganz unterschiedliche Erfahrungen auf verschiedenen Ebenen. Hellmut Santer fasst einen Teil der von ihm referierten Forschung so zusammen: „Ana-Maria Rizzutos Theoriebildung beinhaltet die These, dass die Gottesrepräsentanz zu den fundamentalen Beziehungserfahrungen des Menschen zu zählen ist und als auf das Engste mit der Beziehung zu sich selbst und den relevanten Bezugspersonen verbunden angesehen werden muss. Die Religions- und Pastoralpsychologen im Gefolge von Rizzuto betonen ihre Erfahrungen aus der seelsorglichen Beratung und der Psychotherapie, dass eine Veränderung in einem der drei Bereiche immer auch Veränderungen in den anderen Beziehungsbereichen

---

[172] Vgl. EVERS (2009): Kein Bildnis machen?, 22f.
[173] Vgl. LEEHAN (1989): Pastoral Care for Survivors of Family Abuse, 108.
[174] Vgl. das Beispiel bei: PARGAMENT (1997): The Psychology of Religion and Coping, 214f.

mit bedingt."[175] Die Bearbeitung des Gottesbildes[176] ist also von Bedeutung auch für Beziehungen zu Selbst und Mitmenschen. Umgekehrt heißt das aber auch, dass die Beziehung zu Selbst und Mitmenschen sich auf das Gottesbild auswirken werden. Deswegen ist es wichtig, dass Seelsorge sich dem ganzen Menschen zuwendet. Ein Prozess innerer Genesung und bestmöglichster Integration des Traumas kann einen Weg hin zu positiven Gottesbildern unterstützen.

- Betroffene können vor der Herausforderung stehen, dass eine traumatische Erfahrung, bzw. deren Gewahr-Werden, vorhandene Gottesbilder erschüttert und unplausibel werden lässt. Auf der Suche nach neuen Gottes- und Weltbildern sind Tiefe und Tragfähigkeit hohe Güter. Kenneth I. Pargament reflektiert über das Problem der „small gods"[177]. Er macht dabei als Problem aus, dass die formale religiöse Bildung für viele Menschen in der frühen Adoleszenz abgeschlossen ist, und Gottesvorstellungen (Pargament redet von „conceptions of divinity"[178]) aus dieser Zeit und psychosozialen Entwicklungsstufe beibehalten werden, die verschiedenen Komplexitäten und Dilemmata des Lebens nicht hinreichend gerecht werden können.[179] Gottesbilder, die zu klein und beschränkt sind, ohne Tiefe, Geheimnis, Weite und Rätsel, werden bei der Bewältigung von Traumata nur bedingt hilfreich sein, denn sie weisen keine innere Korrespondenz mit der Erfahrung von Leiden auf, das in seinem Letzten immer unergründlich bleibt.
- Schließlich wird jede theologisch verantwortete Suche nach Gottesbildern in dem Bewusstsein begangen, dass Gott unverfügbar ist. Jedes Gottesbild hat Grenzen und Unvollkommenheiten. Die kategoriale Unterscheidung zwischen Gott und Gottesbild und das Bewusstsein für die Grenzen menschlicher Sprache und Vorstellungskraft sind Grundsignatur einer theologischen Reflexion über Abbildungen dessen, was dem menschlich-erkennenden Zugriff immer entzogen bleibt. Diese prinzipielle Erkenntnis kann im seelsorglichen Gespräch eine konstruktive Distanz zu vorhandenen Gottesbildern schaffen, um dann möglicherweise neu zu fragen, aus welchen Grunderfahrungen diese erwachsen sind.
- Eingedenk dieser Grundlagen kann sich die Suche nach positiv-erfahrungserschließenden Gottesbildern dem reichen Schatz der theologischen Tradition zuwenden. Schon die Bibel enthält eine große Fülle unterschiedlichster Gottesbilder, die Gott bspw. als Ort der Quelle des Lebens (Ps 36,10), eine bergende Burg (Ps 18,3), Geist (2. Kor 3,17) oder als ein seine Jungen schützender Adler (Dtn 32,11) ins Bild setzen. Besonders (wenn auch nicht

---

[175] SANTER (2003): Persönlichkeit und Gottesbild, 303.
[176] Bzw. hier der Gottesrepräsentanz, wobei sich dieses Konzept stark mit dem des Gottesbildes überschneidet, wie es hier verstanden wird.
[177] PARGAMENT (2007): Spiritually Integrated Psychotherapy, 137.
[178] PARGAMENT (2007): Spiritually Integrated Psychotherapy, 137.
[179] Vgl. PARGAMENT (2007): Spiritually Integrated Psychotherapy, 137ff.

ausschließlich) für das christliche Gottesbild ist kennzeichnend, dass es Gott als mitleidenden Gott kennt. Die Quellen religiöser Tradition sprudeln diesbezüglich weiter. Annie Imbens-Fransens bspw. hat ein Buch für betroffene Frauen abgefasst, das aber auch Männern weiterführende Inspirationen bieten kann.[180] Gottesbilder sind dabei allerdings aus christlich-theologischer Perspektive nicht willkürlich. Sie müssen sich zu dem Grundereignis in Bezug setzen lassen, das den Ausgangspunkt christlichen Glaubens bildet.

2.7 Kreuz, Auferstehung und Karsamstag

Im Zentrum des christlichen Glaubens steht das Erlösungsgeschehen durch Jesus Christus, das sich in besonderer Weise in Kreuzestod und Auferstehung verdichtet. Das Nachdenken und Verstehen-Suchen dieser Grunderfahrung der werdenden Kirche bildet den Grundimpuls des Neuen Testaments und schlägt sich darin in verschiedenen Deutungen nieder.[181] Dieser Prozess des Verstehen-und-Plausibilisieren-Wollens hat sich in der Theologiegeschichte fortgesetzt und zu verschiedenen Modellen der Soteriologie geführt, von denen einige dann in vereinfachter Form starke Wirkung in verschiedene christliche Frömmigkeiten hinein entfalteten.[182] All diese Modelle müssen aus ihrem historischen Kontext heraus verstanden werden, und nicht alle haben ihr Sinnpotential über die Zeiten bewahrt.

Aus Perspektive traumasensibler Theologie sind vor allem Deutungen des Todes Jesu zu problematisieren, die Jesu Leiden verklären und oder gar als Forderung Gottes deuten. Auf eine solche Weise kann bspw. die Satisfaktionslehre des Anselm von Canterbury verstanden werden. Darin wird der Tod Jesu als *satisfactio* – also als Wiedergutmachung für die verletzte Ehre Gottes – interpretiert. Aus dem historischen Kontext des mittelalterlichen Rechtsdenkens gelöst und in seiner Tradierung oft vergröbert, muss man tatsächlich fragen, ob in einer solchen Interpretationsfigur das Anliegen des Neuen Testamentes auch heute noch zur Sprache kommt.[183] Für Betroffene von traumatisierender Gewalt

---

[180] IMBENS-FRANSEN, Annie (1997): Befreiende Gottesbilder für Frauen: Damit frühe Wunden heilen, Kösel Verlag: München.

[181] Siehe als Einführung in die Problemstellung: FREY, Jörg (2012): Probleme der Deutung des Todes Jesu in der neutestamentlichen Wissenschaft, in: Deutungen des Todes Jesu im Neuen Testament, hrsg. von FREY, Jörg; SCHRÖTER, Jens, 2. Aufl., Mohr Siebeck: Tübingen, 3–50.

[182] Einen Überblick über die wichtigsten Modelle christlicher Soteriologie: Vgl. PARK, Andrew S. (2009): Triune Atonement: Christ's Healing for Sinners, Victims and the Whole Creation, Westminster John Knox Press: Louisville, 1–36.

[183] Insgesamt handelt es sich um eine komplexe theologische Debatte, die hier nicht in Einzelheiten dargestellt werden kann. Eine differenzierte Diskussion bietet: WEAVER, John

werden Gedankengänge aus dem Kontext der Satisfaktionslehre häufig verstörend wirken müssen, zumal sie im Bild gesprochen eher den Mustern eines in sich selbst verkrümmten als denen eines liebenden Gott-Vaters entsprechen.[184]

Es ist deswegen auf die Pluralität soteriologischer Denkmodelle zu verweisen, wie sie sich auch im Neuen Testament finden.[185] Aus der Perspektive traumasensibler Theologie können diese auf ihr Gottes- und Menschenbild und die jeweilige Bewertung von Leiden hin befragt werden. Wie sprechen diese Verstehens-Weisen zu Betroffenen von traumatischer Gewalt? Es entspricht dem theologischen Gegenstand des Kreuzes an sich, dass bei seiner Interpretation und Auslegung der Perspektive von leidenden Menschen eine gewisse hermeneutische Priorität zukommt.[186]

Die Tatsache, dass Jesus als ein Opfer von Gewalt im Zentrum des christlichen Erlösungsgeschehens steht, kann aber im Kontext traumasensibler Theologie noch ein tieferer Sinn zugeschrieben werden. Das Geschehen, in dessen Zusammenhang gemeinsam mit der Auferstehung die Aufhebung von Sünde wirksam wird, stellt ein Opfer von Gewalt in den Mittelpunkt. Es ist deswegen nicht möglich, über Aufhebung von Sünde oder Vergebung von Schuld an den Leiden der Opfer vorbei zu sprechen. Es kann keine Auseinandersetzung mit Sünde und keine Aufarbeitung von Schuld geben, die um das Leiden der Betroffenen einen Umweg macht. Die biblischen Texte sparen nicht mit der klaren Benennung von Tätern und tatenlosen Zeugen. Christliche Erlösungslehre proklamiert deswegen aus der Sicht traumasensibler Theologie keine „billige Gnade",[187] sondern wird TäterInnen und Beistehende mit dem Schmerz der Opfer konfrontieren.

Umgekehrt heißt dies für Betroffene von Gewalt, dass sie im christlichen Glauben auf einen Gott vertrauen, der sich bis zur äußersten Solidarität mit den Gefolterten und Entrechteten entschieden hat. Im Kreuzestod stellt er sich auf die Seite der Opfer. Im Wertesystem der Antike war ein Kreuzestod die denkbar

---

D. (2016): Gewaltfreie Erlösung: Kreuzestheologie im Ringen mit der Satisfaktionstheorie, LIT: Berlin [u.a.].

[184] Entsprechend viel Kritik hat die Satisfaktionslehre, in besonderem Maße seitens feministischer Theologie, auf sich gezogen. Die Kritikpunkte sind ernst zu nehmen, allerdings ist auch die Kritik nicht kritiklos zu betrachten. Manche Auseinandersetzungen erwecken den Eindruck, als sei hier das Kind mit dem Bade ausgeschüttet worden, wenn z.B. die theologischen Anliegen des kritisierten Standpunktes nicht mehr gesehen werden können. Diesen Eindruck erweckt z.B. die Auseinandersetzung in vielen Teilen von: BROCK; PARKER (2001): Proverbs of Ashes.

[185] Siehe die unterschiedlichen Konzeptionen in Neuem Testament und früher Kirchengeschichte: FREY, Jörg; SCHRÖTER, Jens (Hrsg.) (2012): Deutungen des Todes Jesu im Neuen Testament, 2. Aufl., Mohr Siebeck: Tübingen, 297–574.

[186] Ein m.E. sehr weiterführender Entwurf, der dieser Perspektive gerecht wird, wurde von Andrew Sung Park vorgelegt: PARK (2009): Triune Atonement.

[187] So die klassische Formulierung von Dietrich Bonhoeffer.

größte Demütigung.[188] Dass Gott sich im Schicksal eines Gekreuzigten offenbart, zeigt nach christlichem Glauben, dass Gott auch im größten Schmerz gegenwärtig ist. Die Theologin und Betroffene von Missbrauch, Susanne Jensen, formuliert:

> „Das Kreuz vermittelt mir, dass Gott mich sieht. Dass es keinen gottverlassenen Ort auf dieser Erde gibt, wo er nicht ist. Seit ich der evangelischen Kirche als Pfarrerin dienen darf, gehe ich in der Kirche ganz bewusst auf das Kreuz zu und verbeuge mich tief und lange. Das erfasst meinen ganzen Körper – dort wo ich am schrecklichsten gelitten habe. Und gerade da war Gott an meiner Seite."[189]

Es sind Erfahrungen wie diese, die fern irgendeiner Leidensverklärung die theologische Bedeutung des Kreuzes vor Augen stellen.

Jede Thematisierung des Kreuzes ist aber unvollständig, wenn der Kreuzestod Jesu unabhängig vom Geschehen der Auferstehung betrachtet wird. Für die Jünger Jesu war die Kreuzigung ein vernichtendes Ereignis. Sie wurden von der Ermordung ihres Herrn verängstigt, verzweifelt und hoffnungslos zurückgelassen. „They left the scene of the crucifixion feeling abandoned and betrayed by God. The resurrection and subsequent events were the surprising realization that in the midst of profound suffering, God is present and new life is possible."[190] Nicht die Kreuzigung Jesu für sich bildet das Grundereignis christlichen Glaubens, sondern sie tut dies nur zusammen mit seiner Auferstehung. Die Botschaft des christlichen Glaubens ist nicht, dass Leiden sinnvoll oder auf irgendeine Weise erstrebenswert ist, sondern dass Gott auch im schlimmsten Leiden gegenwärtig und neues Leben möglich ist. Das Kreuz ist nur aus der Perspektive der Auferstehung etwas Rettendes und Heilsames. Nicht Leiden und Tod sind entscheidend, sondern ihre Überwindung.

> „If Jesus had merely suffered and died, his violent death would have been meaningless. Its redemptive value was made possible through his resurrection. [...] To preach a ‚theology of the cross' that fails to include the resurrection is to advocate a theology of death without the promise of new life."[191]

Im Blick traumasensibler Theologie ist die Hoffnung auf Überwindung von Leiden und das Versprechen von neuem Leben zentrales Element des christlichen Glaubens. Die Hoffnung auf die Kraft der Auferstehung auch im Hier und Jetzt kann zu einem ehrlichen Blick auf das Leiden und die Möglichkeiten seiner Überwindung verhelfen, weil dieses – in der Sprache der christlichen Hoffnung

---

[188] Nach Michael Wolter bezeichnete Cicero den Kreuzestod als die „grausamste und abstoßendste Hinrichtung" und Josephus nannte ihn die „jämmerlichste unter den Todesarten". (WOLTER, Michael (2011): Paulus: ein Grundriss seiner Theologie, Neukirchener: Neukirchen-Vluyn, 118.)

[189] JENSEN, Susanne; BAUMANN-LERCH, Eva (2015): Gott will im Dunkel wohnen, in: Publik-Forum, H. 6, 26.

[190] FORTUNE (1995): The Transformation of Suffering, 90.

[191] LEEHAN (1989): Pastoral Care for Survivors of Family Abuse, 111.

gesprochen – nicht das letzte Wort haben wird. Jedoch bedeutet Ostern keinen naiven Triumphalismus. Susanne Jensen bringt in Bezug auf Ostern zum Ausdruck:

> „An Ostern schauen wir erst mal auf das leere Grab. Auferstehung ist nicht greifbar. Sie ereignet sich leise und unsichtbar – jenseits unserer Wahrnehmung und Kontrolle. [...] An Ostern wird das Leben und die Würde wieder spürbar – wir sind nicht nur Opfer."[192]

Deswegen ist es wichtig, dass – bildlich gesprochen – das Evangelium nicht vor der Zeit gepredigt wird. Eine traumasensible Theologie wird nicht am Karfreitag stehen bleiben. Sie wird aber auch nicht von Ostern ohne Karfreitag reden können. Sie wird vielmehr für die Zwischenräume sensibel sein. Denn auch wenn ein Trauma als Ereignis vorüber ist, bleibt es doch auf verschiedene Weise präsent. Es ist die besondere Struktur von Traumata, dass sie sich einer einfachen zeitlichen Abgeschlossenheit entziehen. Deswegen ist auch ein solcher Narrativ von Karfreitag und Ostern aus Sicht traumasensibler Theologie zwar hoffnungsstiftend, aber für sich alleine insuffizient, der mit Ostern den Beginn von überfließendem neuem Leben markiert, das Leiden von Karfreitag aber als etwas Vorübergehendes und Abgeschlossenes betrachtet. Denn viele Betroffene erleben nach ihren Karfreitagen nicht ein Ostern, an dem das Alte vergangen ist und nach dem Tod ein Leben in Fülle folgt. Es geht nicht nur um Tod und Auferstehung, es geht darum, was vom Tod auch in der Auferstehung bleibt.

Shelly Rambo hat in ihrem Buch „Spirit and Trauma: A Theology of Remaining" aus dieser Problemwahrnehmung heraus eine neue Perspektive auf den Karsamstag als Zwischenraum von Karfreitag und Ostersonntag angeregt.[193] Im Rückgriff auf unterschiedliche theologische Texte und Passagen des Johannesevangeliums versucht sie diesen Zwischenraum zwischen Leben und Tod näher zu erschließen. Eine wichtige Rolle kommt dabei dem Geist zu, der als liebende Kraft im Leiden bezeugend gegenwärtig ist. Der Titel einer „Theology of Remaining" hat dabei einen doppelten Sinn. Es geht auf der einen Seite um eine Theologie die dem Bleibenden, sich Fortsetzenden von Traumata gerecht wird. Es geht dabei ebenso um die Zusage, dass der Geist Gottes gegenwärtig ist und auch im Spannungsraum zwischen Leben und Tod mit ausharrt.[194] „In the middle, there is breath. Breath is not silence, neither is it speech. It is the

---

[192] JENSEN; BAUMANN-LERCH (2015): Gott will im Dunkel wohnen, 30.
[193] Eine theologisch sehr umfassende Erkundung des Karsamstages findet sich bei: LEWIS, Alan E. (2001): Between Cross and Resurrection: A Theology of Holy Saturday, Eerdmans Publishing: Grand Rapids.
[194] Vgl. RAMBO, Shelly (2010): Spirit and Trauma: A Theology of Remaining, Westminster John Knox Press: Louisville, 1–14.

movement between the two, the possibility of both and the witness to the impossibility and the necessity of each."[195]

Im Leben mancher Betroffener ist vielleicht der Karfreitag vorüber, aber Ostern scheint noch in weiter Ferne. Das Leben kann dann so etwas wie ein perpetuierter Karsamstag sein. Durch das Trauma ist die Welt unsicherer geworden, das eigene Leben gebrochener, leidvoller, schwieriger. Und doch ist Karsamstag im Osterdrama kein ereignisloser Tag. Die christliche Tradition verortet hier das Hinabsteigen Jesu in das Reich der Toten bzw. die Höllenfahrt Christi. Theologisch gesehen gibt es deswegen nach Ostern keinen Ort der letztendlichen Gottverlassenheit mehr, denn Christus ist selbst in der Hölle gegenwärtig.

---

[195] RAMBO (2010): Spirit and Trauma: A Theology of Remaining, 137.

F. Grundlinien einer traumasensiblen Seelsorge

Am Anfang steht eine Geschichte. Schon in Kapitel C wurde Tamar als eine der im biblischen Narrativ ersten Betroffenen von Gewalt im sozialen Nahraum erwähnt. Nachdem die Königstochter aus den besten gesellschaftlichen Kreisen von ihrem Halbbruder Amnon durch eine Hinterlist an einen schutzlosen Ort gelockt, vergewaltigt und danach aus seinem Haus vertrieben wird, geht sie schreiend davon. Ihr Bruder Absalom spricht zu ihr, sie solle schweigen und sich die Sache nicht zu Herzen nehmen. Tamar bleibt verstört, isoliert und erschüttert im Hause Absaloms zurück.[1] Ihr Vater David erfährt von den Geschehnissen und wird sehr zornig, Gefühlsbande und Amnons privilegierte Stellung hindern ihn aber an der Ahndung des Verbrechens. Absalom beginnt Amnon zu hassen und plant einen Akt der Selbstjustiz, den er dann auch ausführt. Die Trauer über den toten Amnon ist groß und das Zerwürfnis zwischen Absalom und David tief. Wer jedoch nicht mehr auftaucht, ist Tamar. Absalom wird seine Tochter nach ihr benennen, aber ansonsten verschwindet die missbrauchte Tamar aus der Geschichte.[2] Der Text erwähnt nicht, wie ihr Leben nach der traumatischen Gewalt weitergeht. Es steht nichts geschrieben davon, dass David zu seiner Tochter geht, um ihr beizustehen, ihr zuzuhören und über die Gewalt an seiner Tochter zu weinen, wie er den Tod Amnons beweinen wird. Tamar verstummt und verschwindet von der Bildfläche des Alten Testaments.

So verstörend dieser biblische Text auf Lesende wirken kann, so realistisch ist er auch. Die meisten Fälle von Gewalt im sozialen Nahraum werden nicht geahndet. Familiäre Strukturen und Machtprivilegien der Täter verhindern häufig eine Aufdeckung. Geraten sie ans Tageslicht, wecken sie besonders in Fällen sexualisierter Gewalt intuitiv den Wunsch nach harter Bestrafung und Vergeltung. Oft wird gemeint, damit sei der Gerechtigkeit Genüge getan und eine adäquate Antwort auf das Problem gefunden. Die Opfer allerdings verstummen. Die Frage, wie sie mit den traumatischen Erfahrungen weiterleben, wird meist nicht gestellt. Es wird nicht gefragt, was sie zu sagen haben – ebenso wenig, wie Gesellschaft und Umfeld Betroffene langfristig unterstützen können. So ist es auch mit Tamar. Sie verstummt und verschwindet. Zwar hat die Vergeltung an ihrem Peiniger Raum, aber ihre eigene Stimme ist nicht mehr zu hören.

---

[1] Näheres zu dem Wort „שׁמם", das zur Beschreibung des Zustandes von Tamar im Urtext verwendet wird, findet sich in Kapitel C bei den näheren Ausführungen zu 2. Sam 13.

[2] Zwar sagt der Text nicht explizit, dass die Benennung von Absaloms Tochter in 2. Sam 14,27 nach ihrer Tante erfolgt, jedoch legt das der Gesamtzusammenhang der Kapitel 2 Samuel 13f nahe.

Christliche Kirchen, deren Heilige Schrift die Geschichte von Tamar erzählt, sind mit zentralen Fragen konfrontiert: Wie gehen sie mit den Tamars in ihrer Mitte um? Werden sie gesehen und gehört, oder verstummen und verschwinden sie? Sind Seelsorgende sensibel und qualifiziert, die Tamars und andere Gewaltbetroffene unter uns zu sehen und zu unterstützen? Was können Kirchen und Gemeinden tun? Und welche Formen christlicher Spiritualität sind angesichts der Realität von Gewalt hilfreich? Im Lukasevangelium (Lk 4,18) sagt Jesus im Rückgriff auf Trauma-Vokabular, er sei gesalbt und gesandt, die Gebrochenen in die Freiheit zu führen. Die theologische Suchbewegung ist also in Kongruenz zum Grundimpuls des christlichen Glaubens. Auf der Suche nach gangbaren Wegen, sollen im Folgenden Grundlinien einer traumasensiblen Seelsorge skizziert werden.

Seelsorge ist eine Dimension diakonischen Handelns, die aus dem christlichen Glauben heraus Lebensgestaltung und -bewältigung unterstützen will.[3] Damit Seelsorge diesem Auftrag gerecht werden kann, muss Sie sich an bestimmten Prinzipien orientieren. Diese müssen dazu in ihrer doppelten Funktion thematisiert werden: Zum einen handelt es sich um jene Prinzipien und Grundsatzentscheidungen, aus denen heraus die folgende Darstellung entwickelt wurde. Zum anderen handelt es sich um jene Prinzipien, die als hermeneutischer Schlüssel für alle dargestellte Theorie dienen wollen und zu denen ein sachgemäßes Verstehen deswegen immer wieder zurückkehren muss. Diese Prinzipien sind nicht nur methodischer, sondern dem Thema entsprechend auch ethischer Natur. Ihrer inneren Logik nach, folgen sie auseinander heraus. Sie sollen kurz benannt und im Folgenden ausführlicher dargestellt werden:

- Christlicher Horizont
- Stärkung der betroffenen Person
- Positionalität
- Konfliktfähigkeit
- Qualifikation

Seelsorge ist „eine Form der Lebensbegleitung und Lebensdeutung im Horizont des christlichen Glaubens."[4] Dieser begegnet außer in der Theologie als seiner Denkform in seinen Repräsentanten, Sozialformen und Praxisformen. Repräsentanten meint dabei vor allem Seelsorgende. Sozialformen bezeichnen insbesondere Kirchen und Gemeinden. Praxisformen bezeichnen unter Rückverweis auf hierzu bereits formulierte Grundlagen, was im Folgenden als christliche Spiritualität bezeichnet wird. Das erste Prinzip des christlichen Horizontes hat insofern formale Konsequenzen, als sich daraus der Aufbau dieses Kapitels ergibt: Sollen

---

[3] Siehe in Einleitungskapitel *2. Seelsorge*.
[4] KLESSMANN (2004): *Pastoralpsychologie*, 407.

F. Grundlinien einer traumasensiblen Seelsorge

die genannten Bereiche gegenüber der Traumata betroffener Menschen eine größere Aufmerksamkeit und Hörfähigkeit gewinnen, müssen sie in ihren möglichen Wachstumsräumen hin zu mehr Traumasensibilität erörtert werden. Basierend auf den theologischen Denkformen finden sich Repräsentanten, Sozialformen und Praxisformen des christlichen Glaubens in einem komplexen, interaktionalen Beziehungssystem. Es bestehen zwischen allen Komponenten Schnittflächen und wechselseitige Einflussnahmen. Die hier vorgenommene Aufteilung dient einer strukturierten Darstellung, will aber letztlich als Beschreibung eines Beziehungssystems verstanden werden. Schließlich folgt inhaltlich aus dem Prinzip des christlichen Horizontes der Fokus auf die Stärkung des Individuums. Die weiteren Prinzipien sind notwendig, um dies zu ermöglichen.

Im Zentrum jeder traumasensiblen Seelsorge steht die Stärkung der individuellen betroffenen Person. Traumasensible Seelsorge wendet sich dem Verwundet-Sein des betroffenen Menschen zu und fragt, was diesen stärkt. Dazu steht in Spannung, dass Seelsorgende nicht, bzw. nur in Annäherung wissen können, was gut oder stärkend für andere Menschen ist. Dieser Situation kann nur teilweise, nie aber vollkommen abgeholfen werden. Dies führt zur Frage nach der Erhöhung der Fachkompetenz und damit der Urteilsfähigkeit von Seelsorgenden. Der erste Abschnitt dieses Kapitels widmet sich besonders diesem Anliegen. Die skizzierte Spannung führt aber inhaltlich weiterhin zur Demut gegenüber dem Schicksal der Betroffenen und folglich auch zur Anerkennung ihrer Kompetenz und Leistung im Umgang mit Traumata, mögen die Lösungsversuche auch, wie in Kapitel C dargestellt, nicht immer funktional sein. Die Anerkennung der Kompetenz schließt auch die Anerkennung der theologischen Kompetenz ein. Seelsorge kann nur dann in ihrer Traumasensibilität wachsen, wenn sie diese Kompetenz würdigt. Dies bedeutet, zuerst einmal zuzuhören und sich in seinem theologischen Denken in Frage stellen zu lassen. In einem ersten Schritt heißt dies, das Du im Dialog ernst zu nehmen und sich verändern zu lassen, statt verändern zu wollen. Aus der Perspektive christlicher Seelsorge sind Personen eingebunden in ein Netzwerk aus Beziehungen zu Selbst, Welt[5] und Gott. In der Einleitung wurde definiert: *Heilung bzw. Integration hat sich je stärker dann eingestellt, je stärker das Verwundet-Sein als primäres Existenzerleben zurücktritt. Dies ist besonders dann der Fall, wenn sich der Mensch in seinen Beziehungsgefügen zu Selbst, Welt und Gott als gestärkt erlebt.*[6] Eine Stärkung der individuellen Person wird durch eine Erhöhung der Qualität und gegebenenfalls Quantität dieser Beziehungen ermöglicht. Während Seelsorge die Thematisierung von Beziehungen zu Selbst und Welt mit anderen Professionen teilt, findet die Gottes-

---

[5] Was in besonderem Maße auch Mitmenschen einschließt.
[6] Siehe in Kapitel A. *Einleitung* das Unterkapitel *2.1 Verwundung, Verwundet-Sein und Heilung*.

beziehung in ihr in besonderer Weise Anerkennung und eventuell auch Thematisierung. Die Perspektive auf diese ist jedoch an einen spezifischen religiösen Standpunkt gebunden und birgt somit die Gefahr der Vereinnahmung und Beeinflussung durch Seelsorgende. Deswegen ist an dieser Stelle wieder der Rückbezug auf das hier zugrundeliegende Prinzip von Seelsorge wichtig: im Zentrum steht die Stärkung der individuellen Person. Eine Stärkung der individuellen Gottesbeziehung kann nur durch eine Stärkung der individuellen Mündigkeit geschehen. Mündigkeit hat dabei Freiheit zur Voraussetzung und kann nicht durch das Oktroy dogmatischer Schemata befördert werden. In Bezug auf Fragen der Religiosität ist Seelsorge nicht primär dann gelungen, wenn das Gegenüber ein Mehr an Zustimmung zu bestimmten Glaubenssätzen aufweist. Sie ist dann gelungen, wenn das Gegenüber auf seinem eigenen religiösen Weg zu einer größeren Ehrlichkeit und Sprachfähigkeit findet.

Seelsorge mit Betroffenen von Gewalt im sozialen Nahraum ist positionell. Sie geschieht aus einer Haltung der Solidarität heraus. Innerhalb der Psychotraumatologie ist inzwischen das destruktive Potential von „Neutralität" seitens helfender Professionen klar bewusst.[7] Wer traumatische Gewalt erfahren hat, dem (bzw. der) ist großes Unrecht geschehen. Die Psychotraumatologie zeigt deutlich, dass und warum die Folgen der Gewalt im Leben der Betroffenen häufig fortwährend großes Leiden mit sich bringen werden. Leid fordert zum Handeln auf. Dadurch hat traumatische Gewalt einen ethischen Anspruch, zu dem man sich nicht nicht positionieren kann. Erfahrende PsychotraumatologInnen weisen auf die großen Schwierigkeiten hin, sollten helfende Professionen versuchen, von einem Ort der Neutralität aus zu agieren.[8] Seelsorge muss sich, wenn

---

[7] Gottfried Fischer und Peter Riedesser schreiben in ihrem Lehrbuch in Bezug auf Erfahrungen innerhalb von Psychotherapie, die in dieser Weise aber auch sehr plausibel für die Seelsorge erscheinen: „Traumatherapien können hilfreich sein, besonders wenn die Patienten bereits Erfahrungen hinter sich haben mit Therapeuten, die eine traditionelle Haltung von ‚therapeutischer Neutralität' gezeigt und so die Traumaverarbeitung erschwert hatten. [...] Bei Traumatherapien wird eine ‚neutrale' Haltung, z.B. gegenüber Opfern von Gewalttaten in der Regel zu einer Retraumatisierung führen. Anstelle eines von der Grundhaltung her solidarischen Gesprächs erleben die Patientinnen eine Art neutrales Verhör, wie sie es manchmal schon vor Gericht erfahren haben." Zitat bei: FISCHER; RIEDESSER (2009): *Psychotraumatologie*, 219.

[8] Michaela Huber schreibt aus ihrer Erfahrung als Traumatherapeutin heraus: „Während des psychotherapeutischen Prozesses ist die TherapeutIn keine ‚neutrale' Projektionsfläche für die KlientIn; sie versucht gar nicht erst ‚objektiv' sein zu wollen. Sondern sie ist an der Seite der KlientIn und begleitet diese mit einer grundsätzlich freundlich-solidarischen Haltung durch den Prozess. Auch dies hat sich als unerlässlich für den Erfolg der Traumatherapie erwiesen. Denn wenn eine TherapeutIn ihre KlientIn wie ein Naturwissenschaftler seinen aufgespießten Schmetterling betrachtet, wird die KlientIn bald eine Täterübertragung auf ihn oder sie entwickeln". HUBER, Michaela (2003): *Wege der Traumabehandlung: Trauma und Traumabehandlung Teil 2*, 5. Aufl., Junfermann Verlag: Paderborn, 33.

F. Grundlinien einer traumasensiblen Seelsorge

sie traumasensibel sein will, auf die Seite der Opfer von Gewalt stellen und deswegen aus einer Perspektive der Parteilichkeit und Solidarität heraus geschehen. Nur dann sind Seelsorgende ein glaubwürdiges Gegenüber und treten aus der von Betroffenen oft als ignorant erlebten Umwelt hervor.[9]

Damit logisch verbunden ist das Prinzip der Konfliktfähigkeit. Die Aufdeckung von traumatisierender Gewalt in Familien, Gemeinschaften oder Institutionen kann zu tiefen Spaltungen führen. Dass dies passiert, wird eher die Regel als die Ausnahme sein, da Täter und Täterinnen gegenüber den Opfern meist aus einer Position der Macht agieren und versuchen werden, das bzw. die Opfer unglaubwürdig erscheinen zu lassen.[10] Hinzu kommen Auswirkungen auf Helfende, die später unter sekundärer Traumatisierung beschrieben werden.[11] Die Aufdeckung von Traumata kann also zu Leid, Hass und Verletzungen unter Menschen führen, die von der Gewalt nur mittelbar betroffen sind.[12] An dieser Stelle ist ein Gedanke von Hilary Scarsella wichtig, die betont, dass diese gemeinschaftszerrüttenden Dynamiken als Sekundärfolgen der Tätergewalt betrachtet werden müssen.[13] Kommt es zu Spaltungen und Zerbruch, so sind dies Nachwirkungen der Tätergewalt und nicht Ergebnis dessen, dass Opfer übertreiben, nicht schweigen oder nicht vergeben können. Die Gewalt ist das Problem, nicht deren Benennung und Anklage. Entsprechend ist auch die Verantwortlichkeit für das daraus entstehende Leiden zu verteilen. Solidarität wird deswegen auch bedeuten, einen Teil des Schmerzes selber zu erleben, ohne die Verantwortung dafür bei den Opfern zu suchen. Diese Differenzierungen zu erkennen und existentiell auch durchhalten zu können, bedarf eines hohen Maßes an Konfliktfähigkeit.

Die bisher genannten Prinzipien sind ohne das fünfte Prinzip der Qualifikation nicht umsetzbar. Bei der Arbeit mit Menschen, die Traumatisches erlebt haben, handelt es sich um eine auf mehreren Ebenen herausfordernde Aufgabe. Lisa Rudolfsson und Inga Tidefors befragten in einer Fokusgruppen-Studie 15 Geist-

---

[9] Siehe dazu die Überlegungen und das Fallbeispiel bei: HASLBECK (2007): *Sexueller Missbrauch und Religiosität*, 388ff. In den seelsorgetheoretischen Überlegungen von Barbara Haslbeck ist Solidarität ein Kernbegriff, von dem aus die Arbeit mit Betroffenen von sexuellem Missbrauch erst entfaltet werden kann. Siehe dazu: HASLBECK (2007), *Sexueller Missbrauch und Religiosität*, 388–413

[10] Vgl. HERMAN (1993): *Die Narben der Gewalt*, 18f.

[11] Siehe unter: *1.1.4 Selbstsorge statt sekundärer Traumatisierung*.

[12] Siehe bspw. die Schilderungen bei: LADENBURGER, Petra; LÖRSCH, Martina u.a. (2014): *Schlussbericht der unabhängigen Kommission zur Aufarbeitung von Missbrauchsfällen im Gebiet der ehemaligen Nordelbischen Evangelisch-Lutherischen Kirche, heute Evangelisch-Lutherische Kirche in Norddeutschland*: Hamburg, 241–270.

[13] Vgl. SCARSELLA, Hilary (2017): *Not Making Sense: Why Stanley Hauerwas's Response to Yoder's Sexual Abuse Misses the Mark*, in: ABC Religion and Ethics (online publiziert unter: www.abc.net.au/religion/articles/2017/11/30/4774014.htm [aufgerufen am 4. Dezember 2017]).

liche (10 Männer, 5 Frauen) verschiedener Denominationen über ihre Seelsorgearbeit mit Betroffenen von sexuellem Missbrauch.[14] An unterschiedlichen Stellen machten die Befragten deutlich, dass es sich dabei um eine bedeutsame, aber emotional sehr schwierige Aufgabe handelt. Einige der Befragten formulierten, dass die Konfrontation mit Missbrauch erschütternder und belastender sei, als die Konfrontation mit dem Tod.[15] Durch die ganze Studie zog sich eine gewisse Unsicherheit der Befragten über die Grenzen und Möglichkeiten der eigenen Profession und es wurde an verschiedenen Stellen ein großer Mangel an traumaspezifischem Wissen deutlich.[16] Auch deckt sich dies mit den Befunden des Systematic Review, in dem eine konstruktive Rolle der Seelsorgenden nur selten ausgemacht wurde. Dieser Befund dürfte für den deutschsprachigen Raum nicht grundsätzlich anders sein und verweist auf die Notwendigkeit von Qualifikation. Dies schließt Fragen nach der grundsätzlichen Eignung ebenso ein wie die Sicherung von Qualitätsstandards durch eine hinreichende Fort- und Weiterbildung. Ein grundlegender, die gesamte Darstellung leitender Gedanke ist dabei, dass es sich bei der Sensibilität für Betroffene von traumatischer Gewalt um ein Thema handelt, das nicht an den Rand von Referaten und Spezialpfarrstellen delegiert werden darf.[17] Es handelt sich um ein Querschnittsthema, das sich über verschiedene Praxisfelder kirchlichen Handelns erstreckt, und auch der Theologie gibt das Thema grundsätzliche Fragestellungen auf. Insgesamt ist in der Arbeit mit Betroffenen aber die Rücksicht auf verschiedene Qualifikationsstufen hilfreich.[18]

Methodisch und inhaltlich fußen die folgenden Darstellungen auf den Ergebnissen und aufgezeigten Problemstellungen der bisherigen Kapitel, besonders jenen des Systematic Review und der traumasensiblen theologischen Reflexionen. Diese sollen anhand poimenischer und psychotraumatolgischer Literatur näher reflektiert und zu einer Seelsorgetheorie weiterentwickelt werden.

---

[14] Die Befragten arbeiteten in der lutherischen Kirche, Freikirchen und der katholischen Kirche. Soweit ersichtlich, wurde das gesamte Sample in Schweden erhoben. Vgl. RUDOLFSSON, Lisa; TIDEFORS, Inga (2013): *I Stay and I Follow: Clerical Reflections on Pastoral Care for Victims of Sexual Abuse*, in: *Journal of Pastoral Care & Counseling*, 67, H. 2, 1–14.

[15] Vgl. RUDOLFSSON; TIDEFORS (2013): *I Stay and I Follow*, 5.

[16] So lassen sich viele der Antworten deuten: Vgl. RUDOLFSSON; TIDEFORS (2013): *I Stay and I Follow*, 5–9.

[17] So wichtig Referate und Spezialpfarrstellen im Einzelnen sein können, damit dies auch fachlich auf fundierte und verantwortungsvolle Weise möglich ist.

[18] Kerstin Lammer differenziert hier zwischen Seelsorge als Auftrag aller Christen aneinander, Seelsorge durch geschulte Ehrenamtliche, professionelle Seelsorge durch hauptamtliche GeneralistInnen und Professionelle Seelsorge durch hauptamtliche Seelsorge-SpezialistInnen. Vgl. LAMMER, Kerstin (2015): *Wer ist zur Seelsorge beauftragt?: Akteure/Akteurinnen und Qualifikationsstufen*, in: *Menschen stärken: Seelsorge in der evangelischen Kirche*, hrsg. von LAMMER, Kerstin; BORCK, Sebastian u.a., Gütersloher Verlagshaus: Gütersloh, 76ff.

F. Grundlinien einer traumasensiblen Seelsorge

1. Traumasensible Seelsorgende

Ebenso wie sich traumasensible Seelsorge der einzelnen Person zuwendet, fängt ihre angemessene Theorie bei der Reflexion der einzelnen Seelsorgerin bzw. des einzelnen Seelsorgers an. Von dort aus werden im folgenden Abschnitt verschiedene Bezüge entwickelt, bevor ab Gliederungspunkt 1.2 die traumasensible Seelsorgebeziehung besonders reflektiert wird.

1.1 Traumasensible Einzelpersonen

1.1.1 Selbstverständnis und Eignung

Für ein sachgemäßes Selbstverständnis ist ein angemessenes Leitbild zentral. Seelsorgende wollen Lebensgestaltung und -bewältigung unterstützen. Dies ist für Betroffene von Gewalt je stärker dann gelungen *je stärker das Verwundet-Sein als primäres Existenzerleben zurücktritt.*[19] Seelsorgende können auf dem Weg dahin solidarische und gut vernetzte Bezugspersonen sein, die eine besondere Kompetenz in der Bearbeitung von Glaubensfragen mitbringen. Dadurch können sie zur Entwicklung einer lebendigen Spiritualität beitragen. Was dies im Einzelnen bedeutet, wird im Laufe dieses Kapitels zu erläutern sein. Zu Beginn ist jedoch eine Feststellung wichtig:

Weder sind kirchliche Gemeinden bzw. Einrichtungen und christliche Familien missbrauchsfreie Orte, noch stehen Seelsorgende jenseits der Kategorien von Opfer und Täter. Seelsorgende waren Opfer oder Täter von Gewalt im sozialen Nahraum und werden dies potentiell in Gegenwart und Zukunft sein.[20] Dieser Sachverhalt wurde in den Studien deutlich, und mit dieser Tatsache muss transparent umgegangen werden.[21]

Seelsorgende, die selber potentiell traumatisierende Gewalt verübt haben, Gewalt verüben, oder akut in der Gefahr stehen dies zu tun, können keine solidarischen Begleiter von Betroffenen sein. Eigene Täterschaft widerspricht dem Prinzip der Positionalität für Betroffene, denn die Gefahr einer Identifikation und damit Solidarisierung mit TäterInnen ist in hohem Maße gegeben. Die einzig konstruktive Verhaltensweise angesichts des Leidens der Betroffenen, die hier

---

[19] Siehe in Kapitel A. das Unterkapitel 2.1 Verwundung, Verwundet-Sein und Heilung.
[20] Seelsorgende als Täter finden sich z.B. bei: RYAN (1998): *An Exploration of the Spirituality*, 90. In der Studie von Susan Shooter war ein signifikanter Teil der befragten von Gewalt betroffenen Frauen in kirchlichen Ämtern tätig, bzw. strebten dies an: SHOOTER (2012): *How Survivors of Abuse Relate to God*, 72.
[21] Zu diesem Thema auch aufschlussreich: NOTH, Isabelle (2015): *Mythen des seelsorgerlichen Selbstverständnisses*, in: Schaut hin! Missbrauchsprävention in Seelsorge, Beratung und Kirchen, hrsg. von NOTH, Isabelle; AFFOLTER, Ueli, Theologischer Verlag Zürich: Zürich, 89–94.

angeraten werden kann, ist die volle Übernahme der Verantwortung. Dies schließt sowohl die Inanspruchnahme von externer professioneller Hilfe als auch die Ermöglichung eines möglichst hohen Grades an Gerechtigkeit für die Betroffenen unaufgebbar mit ein. Eine Alternative hierzu gibt es nicht.[22]

Seelsorgende, die selber traumatische Gewalt erlebt haben, bringen eine besondere Chance und ein besonderes Risiko mit ein. Die besondere Chance kann in einem tieferen Verstehen der Situation der Betroffenen liegen und in einem glaubwürdigeren durch Erfahrungen angereicherten Sprechen über den Umgang mit Traumata. Das besondere Risiko besteht darin, dass Berichte von Traumata als Trigger wirken und so eigene Traumata wachrufen können.[23] Die eigene emotionale Stabilität und Gesundheit sind auf diese Weise gefährdet, ebenso wie eine gelungene seelsorgliche Interaktion. Es ist deswegen unabdingbar, dass eine hinreichende Aufarbeitung und Integration des bzw. der traumatischen Erlebnisse stattgefunden hat.

Es wäre weiterhin eine gefährliche Illusion, Seelsorgende in einer Retter-Funktion zu sehen. Die psychotraumatologische Forschung zeigt deutlich, wie tiefgreifend und langwierig sich Gewaltfolgen im Leben der Betroffenen auswirken können.[24] Nicht einmal erfahrene Fachkräfte in Traumatherapie beanspruchen, aus sich selbst heraus Betroffenen eine schnelle Heilung zu ermöglichen. Vor allem Seelsorgende, die keine traumaspezifische Ausbildung haben, sollten ihre eigenen Fähigkeiten und Möglichkeiten nicht überschätzen. Hinzu kommt, dass der Faktor Religiosität und damit der Bereich, in dem Seelsorgende besondere Kompetenz haben, wie vor allem in den quantitativen Studien deutlich wurde, in seiner Wirkkraft nicht überbewertet werden darf.[25]

Es wäre aber ebenso problematisch, die Bedeutung von Seelsorge zu unterschätzen. Die empirischen Studien zeigen klar auf, dass Traumata eine religiöse Dimension haben, die in einem vorurteilsfreien wissenschaftlichen Diskurs nicht ignoriert werden sollte. Über ihre durchaus mögliche Bedeutung in einem Heilungs- bzw. Bearbeitungsprozess kommt diesem Bereich aus Perspektive der christlichen Theologie ein von gesundheitlicher Relevanz unabhängiger Eigenwert zu. In einem Kulturkreis, in dem ein signifikanter Bevölkerungsteil seine religiöse Selbstverortung in Bezugnahme auf das Christentum vollzieht, liegt bei der Bearbeitung religionsspezifischer Themen die besondere Verantwortung und Kompetenz von Seelsorgenden. Hinzu kommt, dass Gemeinden und Kirchen signifikante Ressourcen einbringen können, sofern sie sich hilfreich verhalten.

---

[22] Dies sollte in den meisten Fällen auch dann gelten, wenn gewalttätige Personen eine erfolgreiche Therapie durchlaufen haben. Im Falle von SexualstraftäterInnen gilt dies ohne Ausnahme.
[23] Siehe näher zu Triggern bzw. Hinweisreizen und den möglichen Folgen Kapitel C.
[24] Dies wurde ausführlich in Kapitel C. dargestellt.
[25] Siehe dazu die Darstellung in Kapitel D.

F. Grundlinien einer traumasensiblen Seelsorge

Ein realistisches Selbstverständnis ist Ausgangs- und Zielpunkt eines fortwährenden Prozesses der Selbstreflexion. Ein solcher wird traumasensible Seelsorge fortwährend begleiten.[26] Ein nicht zu vernachlässigender Aspekt ist dabei das Geschlecht der Seelsorgerin bzw. des Seelsorgers.[27] Seelsorgende sind an sich und in ihrem Verhalten und Sprechen immer auch potentielle Trigger, zumal, aber nicht nur, wenn sie in ihrem Geschlecht dem des Täters bzw. der Täterin entsprechen. In den Studien wurde dies z.B. daran deutlich, dass für manche Frauen, die Opfer von sexuellem Missbrauch geworden waren, nur Frauen als sicher und ungefährlich empfunden wurden.[28] Diesem Sachverhalt muss von entsprechend Verantwortlichen Rechnung getragen und für eine hinreichende Repräsentanz von Männern – aber vor allem auch Frauen – in Seelsorgefunktionen gesorgt werden. Für das Selbstverständnis bedeutet dies, dass dem Bewusstsein des eigenen Geschlechts und dessen möglichen Implikationen in einer traumasensiblen Seelsorge besondere Aufmerksamkeit zukommt.

1.1.2 Qualifizierung und Theoriebezüge

Für qualifizierte Seelsorge im Themenspektrum dieser Forschungsarbeit besteht der Fortbildungsbedarf in zwei sich überschneidenden aber dennoch unterschiedenen Bereichen, die einer genaueren Betrachtung bedürfen: Kompetenz im Umgang mit Traumata und Kompetenz im Umgang mit Gewalt im sozialen Nahraum.

Gelungene seelsorgliche Arbeit im Umgang mit traumatisierten Menschen erfordert ein situationsgemäß anwendbares Handlungswissen. Seelsorgende müssen mit verschiedenen Traumafolgen und deren eventuell problematischem Niederschlag in der Seelsorgebeziehung in einer praktischen Weise umgehen können. Dazu ist neben Theoriewissen die Kenntnis und Beherrschung von Methoden, vor allem zur Stabilisierung und die Reflexion der eigenen Erfahrung

---

[26] Ein hilfreicher Text zum Thema der Selbstreflexion in Bezug auf sexuelle Gewalt wurde von Herbert Ulonska verfasst. Besonders hilfreich ist die Einteilung der Leitlinien zur Selbstreflexion in Wissen, Gefühle, Einstellung, Grenzen und Fähigkeiten. ULONSKA, Herbert (2010): *Selbstreflexion im Umgang mit sexualisierter Gewalt*, in: *Sexuelle Gewalt: Fragen an Kirche und Theologie*, hrsg. von GOERTZ, Stephan; ULONSKA, Herbert, LIT Verlag: Münster, 193ff.

[27] Siehe dazu ein früher und erfahrungsgesättigter Text, der viel Hilfreiches enthält, auch wenn er die Spannungen und Probleme, die durch die Geschlechtsdifferenz möglicherweise gegeben sind, noch nicht hinreichend thematisiert: WIGGEN, Cooper (1987): *The Male Minister and the Female Victim*, in: *Sexual Assault and Abuse: A Handbook for Clergy and Religious Professionals*, hrsg. von PELLAUER, Mary D.; CHESTER, Barbara u.a., Harper & Row: San Francisco.

[28] Vgl. RUDOLFSSON; TIDEFORS (2015): *The Struggles of Victims*, 458.

notwendig.[29] Sitzt eine extrem verängstigte und aufgebrachte Person gegenüber, ist das theoretische Verständnis der Funktionsweise menschlicher Stressregulation hilfreich. Für eine gelungene Situationsbewältigung bedarf es zusätzlich aber der Kenntnis möglicher Interventionsmethoden und der inneren Sicherheit, diese auch anzuwenden. Ebenso verhält es sich in einer Situation, in der eine Person mit traumatischer Vergangenheit die Retter- oder Täterrolle auf den oder die Seelsorgende/n projiziert bzw. überträgt.

Bezüglich Theoriewissen bietet das Kapitel C dieser Arbeit einen orientierenden Einblick in die Psychotraumatologie. Grundsätzlich ist jedoch eine Pluralität fundierter Perspektiven hilfreich und entsprechend ein möglichst breites und tiefes Wissen über Traumata. Dieses lässt sich anhand der inzwischen reichhaltig vorhandenen Fachliteratur erwerben.[30] Ein kritischer Blick auf mögliche Hinweise bzgl. der Fachkompetenz der jeweiligen Autorenschaft ist angesichts der momentanen Popularität des Themas in jedem Fall hilfreich.

In Bezug auf konkrete Handlungsmethodik ist bei vielen Arbeiten innerhalb der Psychotraumatologie zu beachten, dass sich diese an PsychotherapeutInnen bzw. Ärztinnen, Ärzte und Forschende im psychomedizinischen Bereich richten. Für ein interessiertes Verstehen und wissenschaftliche Theoriebildung ist das kein Problem bzw. sollte diese Literatur auch den Vorzug genießen. Jedoch wollen darin enthaltene handlungsmethodische Vorschläge eben genau diese und keine anderen Berufsgruppen erreichen. Die Erläuterungen von Therapiemethoden sollten Seelsorgende deswegen nicht als Handlungsanweisungen missverstehen. Seelsorge und Therapie sind zu trennen, und eine Überschreitung dieser Grenzen stellt eine mutwillige Gefährdung der betroffenen Menschen dar.

Innerhalb des deutschsprachigen Raumes hat sich allerdings eine Disziplin herausgebildet, die im Spektrum ihrer Handlungsmöglichkeiten viel mit Seelsorgenden teilt und als „Traumapädagogik" bzw. „Traumafachberatung" bezeichnet wird.[31] Ende der 90er Jahre entstanden geht diese Disziplin auf die Einsicht zurück, dass Traumabewältigung sehr viel mehr als Traumatherapie umfasst und verschiedene Berufsgruppen (vor allem – aber nicht nur – im Bereich der Pädagogik und Jugendhilfe) konstruktive Beiträge leisten können.[32]

---

[29] Dabei handelt es sich um eine Grundlage seelsorgerlicher Qualifizierung, der z.B. bei der Ausbildung zur Krankenhausseelsorge eine hohe Bedeutung zukommt.

[30] In den Fußnoten von Kapitel C finden sich zahlreiche Literaturhinweise. In jedem Fall zu empfehlen sind: HERMAN (1993): *Die Narben der Gewalt.* VAN DER KOLK (2015): *Verkörperter Schrecken.* Sprachlich etwas anspruchsvoller ist das Standardlehrbuch für den deutschsprachigen Raum: FISCHER; RIEDESSER (2009): *Psychotraumatologie.*

[31] Eine prägnante und gute Einführung findet sich bei: BÜSCHI, Eva (2015): *Traumasensible Beratung: Kommunikation und Ressourcenorientierung,* in: *Schaut hin! Missbrauchsprävention in Seelsorge, Beratung und Kirchen,* hrsg. von NOTH, Isabelle; AFFOLTER, Ueli, Theologischer Verlag Zürich: Zürich, 69–76.

[32] Vgl. WEIß, Wilma (2016): *Traumapädagogik: Entstehung, Inspiration, Konzepte,* in: *Handbuch Traumapädagogik,* hrsg. von WEIß, Wilma; KESSLER, Tanja u.a., Beltz: Weinheim [u.a.], 20ff.

F. Grundlinien einer traumasensiblen Seelsorge

Diese Disziplinen teilen miteinander, dass sie vor ihrem jeweils eigenen fachlichen Hintergrund eine Übersetzungsleistung von psychotraumatologischem Wissen erbringen. Sie bieten eine umfassende Reflexion dessen, was oben Selbst- und Weltbezug der betroffenen Menschen genannt wurde – neben entsprechenden konstruktiven Methoden, die größtenteils im Handlungsspektrum von Seelsorgenden liegen.[33] Konkrete, von den großen psychotraumatologischen Gesellschaften (z.B. DIPT oder DeGPT) zertifizierte Curricula und Fortbildungen finden sich inzwischen in allen größeren deutschen Städten. Diese sind insofern sehr zu empfehlen, als sie meist eine Vernetzung mit anderen Professionen, geschützte Räume für die Erlernung und Erprobung von Methoden und fachkundige Supervision ermöglichen. Eine Zertifizierung der Fortbildungen ist wichtig, um eine hinreichende Qualitätssicherung zu garantieren und damit auch dem Prinzip der Qualifikation zu entsprechen.[34]

Für eine kompetente und fachgerechte Seelsorge ist weiterhin grundlegendes Wissen über die Dynamik von und den praktischen Umgang mit Gewalt im sozialen Nahraum notwendig. Dieser Bereich geht über bisher Gesagtes in zweierlei Hinsicht hinaus:

Zum einen geraten Betroffene hier in einer potentiell akuten Notsituation in den Blick. Vor dem Handeln innerhalb einer Notsituation steht das Erkennen derselben. Seelsorgende werden ihrer Verantwortung für ihre Mitmenschen nur dann gerecht, wenn sie aufmerksam für die Anzeichen von Gewalt und Missbrauch sind. Sie müssen diese fachkundig erkennen und lesen können, ohne im Anschluss daran in einen möglicherweise schadenbringenden Aktionismus zu verfallen. Das bedarf aber, neben dem Willen, die Problematik von Gewalt im sozialen Nahraum ernst zu nehmen, vor allem qualifizierter Schulung und Weiterbildung. Dies muss dazu führen, dass sich Seelsorgende in einer akuten oder vermuteten Notsituation innerhalb der Grenzen und Möglichkeiten ihrer Profession solidarisch und sachkundig verhalten. Wie sollten sich Seelsorgende verhalten, wenn ein Kind im Religionsunterricht fortwährend altersungemäße sexuelle Darstellungen zeichnet?[35] Was ist zu tun, wenn eine Frau (welche die

---

[33] Auf dem neuesten Stand und sehr umfassend zu diesem Thema ist: WEISS, Wilma; KESSLER, Tanja u.a. (Hrsg.) (2016): *Handbuch Traumapädagogik*, Beltz: Weinheim [u.a.].

[34] Für den Anstoß zu diesem Hinweis danke ich Isabelle Noth.

[35] Ein informativer Text mit weiterführender Literatur stammt von Ursula Enders. Ihrer Einschätzung nach weist kein Verhalten eindeutig auf sexuellen Missbrauch hin. Jedes Verhalten kann immer auch andere Ursachen haben. Doch ist es für Fachkräfte verpflichtend und auch moralisch geboten, Hinweisen auf sexuellen Missbrauch nachzugehen. In dem Text werden dafür klare Kriterien entwickelt. Wichtig ist hierfür die Kooperation und gemeinsame Risikoabschätzung mit einer Kinderschutzfachkraft (in vielen Texten IeF „insoweit erfahrenen Fachkraft" genannt) noch vor der Kontaktaufnahme mit den Eltern. Es wird hier die Kenntnisnahme des gesamten Textes empfohlen: ENDERS, Ursula (2015): *Umgang mit Vermutung und Verdacht bei sexuellem Kindesmissbrauch*, in: *Sexueller Missbrauch von Kindern und Jugendlichen: Ein Handbuch zur Prävention und Intervention für*

Problematik womöglich in einem vorhergehenden Seelsorgegespräch thematisiert hat) kurz vor dem Eintreffen ihres betrunkenen und aggressiven Partners bei der Seelsorgerin oder dem Seelsorger anruft, weil sich eine Situation häuslicher Gewalt abzeichnet?[36] In Kapitel B wurden verschiedene Gewaltformen thematisiert und es lässt sich jeweils fragen, ob entsprechende Kompetenz im Umgang damit besteht.[37]

Zum anderen arbeiten Seelsorgende meist in Kontexten, in denen sich Opfer und TäterInnen gleichermaßen finden. In derart gemischten Kontexten kann es keinen professionellen Umgang mit Opfern von Gewalt im sozialen Nahraum ohne professionellen Umgang mit deren TäterInnen geben. Sachgemäßer Umgang mit diesen ist für die solidarische Unterstützung und Sicherheit der Opfer von zentraler Bedeutung.

Dies schließt ein Wissen über Gewaltdynamik und das Agieren von TäterInnen ein. In der Seelsorgeliteratur findet sich immer wieder das Fallbeispiel, in dem Seelsorgende den reuigen prügelnden Ehemann unterstützen, seine Frau zurückzugewinnen, ohne dabei zu wissen, dass Phasen der (möglicherweise sogar echten) Reue meist fester Bestandteil von fortwährenden Gewaltzyklen sind.[38] Ebenso ist das Empfehlen einer Paartherapie bei gewaltbelasteten Beziehungen hochproblematisch.[39] Ähnliche Fehler sind in der Arbeit mit Familien möglich, in denen sexueller Missbrauch verübt wird. Jenny Schneider-von Egten schildert ein eindrückliches Beispiel:

> „Mein erster Kontakt mit Inzest möge verdeutlichen, wie nahe richtiges und falsches Handeln in Seelsorge und Beratung beieinander liegen. Es ist schon 20 Jahre her. Eine meiner Töchter erzählte mir, daß eine ihrer Freundinnen so sonderbare Geschichten über ihren Vater erzählte und ob sie nicht mal mit mir darüber reden könnte. Das geschah. Mein Mann war Pfarrer, und da wir seelsorgerisch richtig handeln wollten, luden wir Vater, Mutter und Tochter zu einem Gespräch ein. Die Tochter erzählte

---

Fachkräfte im medizinischen, psychotherapeutischen und pädagogischen Bereich, hrsg. von FEGERT, Jörg M.; HOFFMANN, Ulrike u.a., Springer: Berlin, Heidelberg, 155–164.

[36] Sehr klare und nach wie vor aktuelle Überlegungen finden sich im Buch „Woman-Battering" von Carol J. Adams. Es handelt sich um ein praxisnahes Handbuch für Pastorinnen und Pastoren. Im Anhang findet sich ein Abschnitt zum Umgang mit Notfällen, wie er an dieser Stelle geschildert wurde. Einige Minuten intensiver Lektüre der geschilderten Richtlinien können helfen, Grundlegendes richtig zu machen und die gröbsten Fehler zu vermeiden. Vgl. ADAMS, Carol J. (1994): *Woman-Battering*, Augsburg Fortress Press: Minneapolis, 119ff.

[37] Konkrete Überlegungen, wie v.a. Mitarbeiterinnen und Mitarbeiter im kirchlichen Dienst bei Fällen häuslicher Gewalt tätig werden können und sollen, enthält eine Handreichung der Württembergischen Landeskirche. Es handelt sich bei dieser ausführlichen Handreichung leider um eine Ausnahme im deutschsprachigen Raum. NOLLER; BRÜCKNER (2008): *Handreichung häusliche Gewalt: Interventionsmöglichkeiten in Fällen häuslicher Gewalt in Pfarramt, Diakonat und Religionsunterricht*.

[38] Eine kurze Erläuterung eines Gewaltzyklus-Modells findet sich bei: LEEHAN (1989): *Pastoral Care for Survivors of Family Abuse*, 74f

[39] Vgl. COOPER-WHITE (2012): *The Cry of Tamar*, 146f.

F. Grundlinien einer traumasensiblen Seelsorge

teilweise ihre Seite der Geschichte. Der Vater erschrak und sagte, daß er alles gut gemeint hätte, er wollte nur lieb sein, aber wenn sie es lieber nicht hätte, würde er es nie mehr machen. Die Mutter sagte nichts. Ein guter Verlauf, die Harmonie war wieder hergestellt. Ich hatte etwas richtig gemacht. Ich glaubte der Tochter. Ich hatte etwas falsch gemacht. Ich glaubte dem Vater. Die Familie ging nach Hause. Er schlug erst seine Tochter zusammen und hat danach fünf Jahre lang nicht nur diese Tochter, sondern auch noch zwei andere Kinder mißbraucht. [...] Ich habe nichts gemerkt, und war froh, daß die Harmonie wiederhergestellt war. Meine Meinung über Familie war nicht durch die Wirklichkeit korrigiert worden. Diese Meinung war nicht einfach aus dem Nichts entstanden, sondern durch christliche Tradition, Ausbildung und gesellschaftlichen Status geformt worden."[40]

Das Beispiel zeigt – neben theologischen Implikationen des Themas – wie uninformierte und womöglich wohlmeinende Seelsorgende unreflektiert in Komplizenschaft geraten können.

Das Beispiel verweist außerdem auf das Themenfeld einer adäquaten Seelsorge mit TäterInnen. Diese ist nicht zuletzt aus Präventionsgründen notwendig, auch wenn sie nie auf Kosten der Opfer oder an ihrem Leiden vorbei geschehen darf. Die Sicherheit und das Wohlergehen der Opfer hat auch in der Seelsorge mit TäterInnen höchste Priorität. Seelsorgetheorie, die das Handeln in diesem Bereich anleiten will, muss für den deutschsprachigen Kontext in weiten Teilen erst noch entwickelt werden.[41]

1.1.3 Vernetzung und Grenzen

Sowohl Vernetzung als auch Grenzziehungen sind grundlegende Prinzipien einer Seelsorge für Betroffene von Traumata. Dies liegt an den vielfältigen Herausforderungen und spezifischen Bedürfnissen, die eine solche Arbeit mit sich bringt.

Der hohe Stellenwert von Vernetzung klang im bisher Dargelegten immer wieder an. Die relevanten Bedürfnisse von Betroffenen überschreiten die Kompetenz von Seelsorgenden womöglich sehr deutlich. Zu denken wäre hierbei

---

[40] SCHNEIDER-VON EGTEN, Jenny (1996): *Zerbrochenes Heil: Sexuelle Gewalt – kein Thema in der christlichen Gemeinde*, in: *Theologische Wurzeln der Gewalt gegen Frauen, Dokumentation einer Tagung im Frauenstudien- und -bildungszentrum der EKD*: Gelnhausen, 26f. Zitiert nach: KIRCHENAMT DER EKD (2000): *Gewalt gegen Frauen*, 111f.

[41] Innerhalb des deutschsprachigen Raumes gibt es seelsorgespezifisch nur sehr wenig Literatur. Eine Ausnahme stellen die Publikationen von Martin Dubberke dar, bspw.: DUBBERKE, Martin (1997): *Mann, Macht, Gewalt und christlicher Bußgedanke im Kontext: Zur Notwendigkeit spezifischer Beratung gewalttätiger Männer in der Evangelischen Kirche*, Männerarbeit der Evangelischen Kirche in Berlin-Brandenburg: Berlin. Im anglophonen Bereich gibt es hierzu seit geraumer Zeit sehr viel mehr Theoriebildung. Einige Literaturhinweise zur seelsorglichen Arbeit mit TäterInnen: POLING, James N. (2003): *Understanding Male Violence: Pastoral Care Issues*, Chalice Press: St. Louis. Pamela Cooper-White formuliert grundlegende Gedanken aus feministischer Perspektive zur seelsorglichen Arbeit mit Tätern: COOPER-WHITE (2012): *The Cry of Tamar*, 205–227.

bspw. an das Bedürfnis nach äußerer Sicherheit, therapeutischer Unterstützung, medizinischer Behandlung oder anderer Bereiche, die im deutschsprachigen Raum in die Zuständigkeit sozialer Dienste fallen. Weder sollte, noch kann Seelsorge all diese Bereiche abdecken. Aber sie kann und sollte die vorhandenen Ressourcen und Möglichkeiten innerhalb des Sozial- und Hilfesystems kennen und den Weg zu ihnen begleiten können. Das Pfarrhaus muss nicht zum Frauenhaus umgebaut werden. Jedoch sollte ein Wissen über vorhandene Frauenhäuser in der Region und im besten Fall auch ein persönlicher Kontakt zu ihnen vorhanden sein.[42] Die Suche nach einer Traumatherapeutin oder einem Traumatherapeuten kann für die Betroffenen ebenfalls sehr belastend und schwierig sein.[43] Auch diesen Weg kann Seelsorge begleiten und im besten Fall mit Kontakten unterstützen. Ebenso hilfreich sind Verbindungen zu Polizei, Justiz und sozialen Diensten. Je besser die Vernetzung von Seelsorgenden, desto besser können sie Betroffene auch dann begleiten, wenn die Kompetenzgrenzen von Seelsorge erreicht sind. Monica A. Coleman, eine amerikanische Pastorin, die in ihrer Gemeinde ein sehr umfassendes Projekt in der Gewaltarbeit aufgebaut hat, gibt diesbezüglich zwei sehr gute Richtlinien: Zum einen sei es wichtig, eine Referenzliste mit verschiedenen für Betroffene von Gewalt im sozialen Nahraum relevanten Ressourcen und Diensten zur Verfügung zu haben und möglichst auch persönliche Kontakte zu knüpfen. Dazu gehören auch andere für die Problematik von Traumata sensibilisierte Seelsorgende. Zum anderen rät sie Seelsorgenden im Gemeindedienst, sich mit hilfreichen (z.B. aufgrund ihrer Berufsausübung) Kontaktpersonen auch innerhalb der eigenen Kirchengemeinde zu vernetzen.[44] Der zweite Aspekt wird zu einem späteren Zeitpunkt der Arbeit noch einmal aufgenommen.

Die Frage nach der Vernetzung impliziert die Frage nach Grenzen. Drei Grenzlinien scheinen von besonderer Bedeutung: Die Verantwortung von Seelsorgenden endet da, wo die Souveränität der Betroffenen beginnt. Das Ziel von Seelsorge ist, basierend auf einer Vertrauensbeziehung, die Stärkung der individuellen Person und hat die Anerkennung der Kompetenz der Betroffenen zur

---

[42] Siehe z.B. auch die Arbeitshilfe von EKD und Diakonie bei sexualisierter Gewalt zum Thema Vernetzung: „Die Vernetzung mit anderen Einrichtungen und Fachkräften sollte frühzeitig, unabhängig von Verdachtsfällen und als regelmäßiger Bestandteil der Arbeit etabliert werden. Eine gute Vernetzung mit anderen Einrichtungen und Fachstellen sowie die Mitarbeit in entsprechenden Fachgruppen ist wesentlicher Bestandteil einer konsequenten Umsetzung des Präventionsauftrages der einzelnen Einrichtung oder Institution." DIAKONIE DEUTSCHLAND; EVANGELISCHE KIRCHE IN DEUTSCHLAND (EKD) (2014): Auf Grenzen achten, 41.
[43] Siehe z.B. die Ausführungen der Betroffenen bei: RUDOLFSSON; TIDEFORS (2015): The Struggles of Victims, 462.
[44] COLEMAN (2004): The Dinah Project, 17–29.

F. Grundlinien einer traumasensiblen Seelsorge

notwendigen Voraussetzung. Stärkung gelingt durch eine erhöhte Verantwortungsübernahme seitens Betroffener und nicht durch deren Reduzierung.[45] Dies schließt den Respekt vor der individuellen Willensbildung und den daraus folgenden Entscheidungen ein. Deswegen dürfen Seelsorgende nichts unternehmen, was dem erklärten Willen Betroffener widerspricht oder an ihm vorübergeht. Ein Musterbeispiel wäre die Einschaltung von Strafverfolgungsbehörden in einem Falle häuslicher Gewalt, ohne dies mit dem Opfer der Gewalt abgesprochen zu haben.[46] Auch das Seelsorgegeheimnisgesetz schützt hier die Souveränität der Sorgesuchenden auf besondere Weise.[47] In der nicht seelsorgespezifischen Fachliteratur finden sich indes Hinweise auf die Ausnahmen von dieser Maxime bei akuter Suizidalität,[48] bei der Arbeit mit Minderjährigen,[49] und in akuten Gefährdungslagen.[50] Hierbei ist zu beachten, dass Ausnahmen von der Wahrung des Seelsorgegeheimnisses zum gegenwärtigen Zeitpunkt im Seelsorgegeheimnisgesetz nicht vorgesehen sind.[51] Es ist kritisch anzufragen, ob die kirchenrechtliche Gesetzgebung die beschriebenen Problemfälle – bei der in außertheologischer Literatur im deutschsprachigen Raum und theologischer

---

[45] Siehe dazu auch die zentralen Überlegungen von Judith Herman: HERMAN (1993): *Die Narben der Gewalt*, 183ff.

[46] Auch andere helfende Berufe und z.B. auch Traumatherapie folgen dieser Maxime. Die Fachliteratur berichtet, dass dies durchaus schmerzhaft sein kann, zumal wenn helfende Professionen das richtige Verhalten für die Betroffenen zu kennen meinen. Eine langfristige Stärkung der Eigenverantwortung und damit der ganzen Person wird aber nur erreicht, wenn die jeweilige Entscheidung respektiert und auf die Kompetenz der Betroffenen vertraut wird. Sehr gute Überlegungen zu dem Spannungsfeld aus Vertraulichkeit und Meldepflicht finden sich bei: FORTUNE, Marie M. (1987): *Confidentiality and Mandatory Reporting: A Clergy Dilemma?*, in: *Sexual Assault and Abuse: A Handbook for Clergy and Religious Professionals*, hrsg. von PELLAUER, Mary D.; CHESTER, Barbara u.a., Harper & Row: San Francisco, 198–205.

[47] Dort heißt es in §2 Absatz 4: „Jede Person, die sich in einem Seelsorgespräch einer Seelsorgerin oder einem Seelsorger anvertraut, muss darauf vertrauen können, dass daraus ohne ihren Willen keine Inhalte Dritten bekannt werden." KIRCHENAMT DER EKD (2009): *Kirchengesetz zum Schutz des Seelsorgegeheimnisses (Seelsorgegeheimnisgesetz - SeelGG)*, in: *Amtsblatt der Evangelischen Kirche in Deutschland*, H. 12, 352.

[48] Weiterführende Überlegungen und praktische Hinweise zu dieser Thematik finden sich z.B. bei: COOPER-WHITE (2012): *The Cry of Tamar*, 230ff.

[49] Siehe dazu die Überlegungen bei: MARQUARDT, Claudia (2015): *Rechtliche Grundlagen zu Kinderrechten, Kindeswohl und Kindeswohlgefährdung*, in: *Sexueller Missbrauch von Kindern und Jugendlichen: Ein Handbuch zur Prävention und Intervention für Fachkräfte im medizinischen, psychotherapeutischen und pädagogischen Bereich*, hrsg. von FEGERT, Jörg M.; HOFFMANN, Ulrike u.a., Springer: Berlin, Heidelberg, 165ff.

[50] Überlegungen und Hinweise dazu bei: COOPER-WHITE (2012): *The Cry of Tamar*, 228ff.

[51] Zur Erläuterung des Seelsorgegeheimnisgesetzes der EKD siehe: DE WALL, Heinrich (2011): *Der Schutz des Seelsorgegeheimnisses und das Seelsorgegeheimnisgesetz der EKD (SeelGG EKD)*, in: *Zeitschrift für evangelisches Kirchenrecht*, 56, H. 1, 4–26.

Literatur außerhalb des deutschsprachigen Raumes zu Recht auf die große Wichtigkeit der Einschaltung weiterer Instanzen hingewiesen wird – hinreichend auf der Suche nach sinnvollen rechtlichen Regelungen einbezogen hat.

Eine weitere wichtige Grenzlinie verläuft entlang der Kompetenzen der seelsorgerlichen Profession. Wo beginnen und wo enden die Möglichkeiten von Seelsorge? Grundsätzlich handelt es sich bei dieser Grenzbestimmung um einen fortwährenden Reflexionsprozess, der eng mit dem Selbstverständnis verknüpft ist und immer auch fachkompetent begleitet werden sollte. Bezüglich der Qualifikationsstufen gibt es unter Seelsorgenden in der Arbeit mit Betroffenen individuelle Unterschiede. Besonders wichtig ist in der Arbeit mit traumatisierten Menschen jedoch die Unterscheidung und Trennung von Therapie und Seelsorge. In den Kompetenzbereich von Seelsorge fällt in keinem Fall das Spekulieren über Diagnosen oder die Anwendung von Methoden zur Traumakonfrontation, z.B. der Exposition. Exposition meint ein therapeutisch betreutes methodengeleitetes Aufdecken von Traumainhalten in den Diensten seiner besseren Verarbeitung.[52] Dies ist Aufgabe speziell dafür ausgebildeter TraumatherapeutInnen. Eine Grenzüberschreitung von Seelsorgenden stellt eine Gefährdung für das psychische Wohlergehen aller Beteiligten dar. Ziel von Seelsorge ist die Stärkung der individuellen Person. Seelsorgende können anbieten, aufmerksame Zuhörer zu sein, und einen Raum eröffnen, in dem auch die Geschichte des Verwundet-Seins erzählt werden kann, sofern Betroffene das wünschen. Berührt die Erzählung des Verwundet-Seins dabei das Ereignis der Verwundung, ist es wichtig, darauf zu achten, dass eine solche Erzählung die jeweiligen Belastungsgrenzen nicht überschreitet. Betroffene sollten in der Erzählung nicht in das Trauma hineingezogen werden. Eine therapeutisch-methodisch angeleitete Exposition des Traumas ist Sache professioneller Therapie.[53]

Eine dritte Grenzlinie verläuft entlang der jeweils individuellen Möglichkeiten und Kräfte. Seelsorgende, die sich für die Arbeit mit traumatisierten Menschen nicht hinreichend ausgebildet oder aus anderen Gründen persönlich befähigt finden, sollten diese eigenen Grenzen achten und respektieren. Ebenso verhält es sich, wenn emotionale oder zeitliche Ressourcen nicht in ausreichendem Maße vorhanden sind, um einer betroffenen Person gerecht werden zu können. Hier ist die gemeinsame Suche nach Alternativen ein verantwortungsvoller Umgang mit der Situation. Mit dem Hinweis auf die eigenen Kräfte ist jedoch ein

---

[52] Vgl. HEMBREE, Elizabeth A.; ROTHBAUM, Barbara O. u.a. (2013): *Expositionsfokussierte Therapie der posttraumatischen Belastungsstörung*, in: Posttraumatische Belastungsstörungen, hrsg. von MAERCKER, Andreas, 4. Aufl., Springer: Berlin [u.a.], 227.

[53] Bei der Lektüre US-amerikanischer Seelsorgeliteratur ist zu beachten, dass diese von anderen Ausbildungsstandards und Systemen ausgeht und entsprechend die Grenzziehung zwischen Therapie und Seelsorge anders verläuft, als das für den deutschen Kontext sinnvoll und geboten ist. Methodische Hinweise sollten deswegen nicht unreflektiert übertragen werden. Ein Negativbeispiel ist: LEEHAN (1989): *Pastoral Care for Survivors of Family Abuse*, 126ff.

F. Grundlinien einer traumasensiblen Seelsorge

Bereich angesprochen, der von großer Wichtigkeit ist und deswegen näher dargestellt werden soll.

1.1.4 Selbstsorge statt sekundärer Traumatisierung

„Self-care must precede and surround any of our work with victims, or we will surely sink into our own internal issues, into fatigue and into burnout."[54] Dieses Zitat von Pamela Cooper-White transportiert sehr wichtige Inhalte: Hinreichende Selbstsorge ist nicht ein optionaler Zusatz zur Arbeit mit traumatisierten Menschen, sondern sie ist ein zentrales Element, das jede Seelsorgetätigkeit umgeben muss. Hat Selbstsorge keinen Raum, vermindert das nicht nur die Qualität von Seelsorge, sondern stellt dies für Seelsorgende eine ernstzunehmende gesundheitliche Gefahr dar.[55] Dies gilt in besonderem Maße für die Arbeit mit traumatisierten Menschen: Denn auch für Menschen, die Traumata nicht durchleben mussten, kann die Auseinandersetzung mit diesen ein ausgesprochen belastender Prozess sein. Die Konfrontation mit Traumata kann Gefühle der Angst und Verzweiflung hervorrufen, mit der eigenen Verwundbarkeit und der Verwundbarkeit nahestehender Menschen konfrontieren. Sie kann das Selbst-, Welt- und Gottesbild erschüttern,[56] schreckliche Bilder evozieren und die eigene Hilflosigkeit vor Augen führen, um an dieser Stelle nur einige Aspekte zu benennen.

Schon in der Besprechung der Diagnosemanuale in Kapitel C wurde deutlich, dass die „Erfahrung wiederholter oder extremer Konfrontation mit aversiven Details von einem oder mehreren derartigen traumatischen Ereignissen"[57] für helfende Berufe ein mögliches Traumakriterium darstellt. In der Psychotraumatologie hat sich für dieses Phänomen das Konzept der „sekundären Traumatisierung" (engl. „secondary traumatization") herausgebildet.[58] Gemeint ist, dass

---

[54] COOPER-WHITE (2012): *The Cry of Tamar*, 228.
[55] Ein Überblick, der besonders auch potentielle gesundheitliche Folgen für Seelsorgende thematisiert, findet sich bei: HENDRON, Jill A.; IRVING, Pauline u.a. (2012): *The Unseen Cost: A Discussion of the Secondary Traumatization Experience of Clergy*, in: *Pastoral Psychology*, 61, H. 2, 221–231.
[56] Beispielsweise fand eine Studie von Anat Ben-Porat und Haya Itzhaky mit TherapeutInnen in Israel heraus, dass jene, die im Bereich von familiärer Gewalt arbeiteten (n=143), ein deutlich negativeres Welt- und Menschenbild hatten, als die Vergleichsgruppe (n=71) aus anderen Bereichen. Vgl. BEN-PORAT, Anat; ITZHAKY, Haya (2009): *Implications of Treating Family Violence for the Therapist: Secondary Traumatization, Vicarious Traumatization, and Growth*, in: *Journal of Family Violence*, 24, H. 7, 507–515.
[57] AMERICAN PSYCHIATRIC ASSOCIATION (2015): *DSM-5 (Deutsche Ausgabe)*, 369.
[58] Ebenso wird der Begriff der „stellvertretenden Traumatisierung" bzw. „vicarious traumatization" verwendet. An dieser Stelle wird der Begriff der sekundären Traumatisierung bevorzugt, da er präziser scheint. Schließlich handelt es sich nur sehr bedingt um einen Akt der Stellvertretung.

auch die mittelbare Konfrontation mit einem Trauma, den direkten Traumafolgen sehr ähnliche Symptome herbeiführen kann.⁵⁹ Andreas Maercker spricht hier von einer Mischung aus direkter PTBS- (Intrusionen, Albträume, Schlafstörungen) und Burnout-Symptomatik (Niedergeschlagenheit, somatische Beschwerden, Zynismus).⁶⁰ Aufgrund dieser Risiken und Gefährdungen ist Selbstsorge kein vernachlässigbarer Anhang, sondern zentrales, unersetzliches Element traumasensibler Seelsorge.⁶¹

Selbstsorge kann als auf das Selbst bezogene Seelsorge verstanden werden. Damit stellt sich hier modifiziert die grundlegende Frage von Seelsorge: Was stärkt die eigene Person in ihrem Selbst-, Welt- und Gottesbezug?

Ein konstruktiver Selbstbezug kann in Freiräumen der persönlichen Verarbeitung und Reflexion wachsen, bei ausreichend Ruhe und der Verfolgung eigener intellektueller und sonstiger Interessen. Innerer und äußerer Abstand zur Arbeit und der Thematik von Traumata ist dazu notwendige Voraussetzung. Genuss ist ebenso hilfreich. Dem eigenen Körper und seinen Bedürfnissen Raum zu geben ist ein wichtiges Element jeder Selbstsorge und ein Prinzip, das vor allem in der protestantischen Tradition nicht unbedingt auf eine lange Geschichte zurückblicken kann. Innerhalb der Literatur wird immer wieder auch auf die hohe Bedeutung von physischer Aktivität für das psychische Wohlbefinden hingewiesen.⁶²

Menschen sind Beziehungswesen, und so sind für die Stärkung des Weltbezuges die Pflege von qualitätsvollen sozialen Bindungen von herausgehobener Bedeutung. Raum für Partnerschaft, Familie und Freunde, oder wo auch immer erfüllende soziale Beziehungen erlebt werden, haben nicht nur einen hohen Eigenwert an sich, sondern sind auch für ausgewogene Selbstsorge zentral.

Schließlich bedeutet Selbstsorge auch, der eigenen spirituellen Praxis Raum zu geben und der letzte Abschnitt dieses Kapitels⁶³ kann hierfür als Anregung

---

⁵⁹ Vgl. MAERCKER (2013): *Behandlung und Selbstfürsorge*, 172f.
⁶⁰ Vgl. MAERCKER (2013): *Behandlung und Selbstfürsorge*, 172.
⁶¹ Selbstsorge in Traumaarbeit und Seelsorge ist schon an verschiedenen Stellen thematisiert worden, und mit Verweis auf diese Literatur sollen hier nur einige grundlegende Überlegungen dargestellt werden. Als aktuelles Werk mit viel weiterführender Literatur sei hier genannt: SENDERA, Alice; SENDERA, Martina (2013): *Trauma und Burnout in helfenden Berufen: Erkennen, Vorbeugen, Behandeln - Methoden, Strategien und Skills*, Springer: Wien. Einen kurzen Überblick für Seelsorgende bietet: COOPER-WHITE (2012): *The Cry of Tamar*, 198ff.
Eine traumapädagogische Behandlung findet sich bei: JEGODTKA, Renate (2016): *Sekundäre Traumatisierung. Existentielle Berührung und Selbstfürsorge in pädagogischen Arbeitsfeldern*, in: *Handbuch Traumapädagogik*, hrsg. von WEIß, Wilma; KESSLER, Tanja u.a., Beltz: Weinheim [u.a.], 139–151.
⁶² Siehe mit umfassender empirischer Evidenz: FOX, Kenneth R (1999): *The Influence of Physical Activity on Mental Well-Being*, in: *Public health nutrition*, 2, H. 3a.
⁶³ Gemeint sind die Grundlinien einer traumasensiblen Spiritualität.

F. Grundlinien einer traumasensiblen Seelsorge

gelesen werden. Es ist letztlich grundlegend für die Wahrnehmung des Propriums ihrer Aufgabe, dass sich Seelsorgende immer wieder neu die Frage stellen, wie sich ihre Beziehung zu Gott in ihrer eigenen Religiosität verkörpert. Es handelt sich dabei um eine Suche, die zwischen festen Formen und deren Aufbrechen alteriert. Dass Seelsorgende dieser Suche viel Raum geben dürfen, gehört zu den großen Privilegien ihrer Profession.

Selbstsorge ist auch während der Seelsorgeinteraktion von hoher Bedeutung. Die Grundfrage ist hierbei, wie stark sich Seelsorgende auf die belastenden Erzählungen von Traumata auch emotional einlassen und damit ein Stück weit auch sich selber gefährden. Grundsätzlich ist emotionale Stabilität eine wichtige Voraussetzung für eine konstruktive Seelsorge. Ein Übermaß an eigenen Emotionen, wie sie leicht aus einer Überidentifikation mit dem betroffenen Menschen erfolgen kann, wirkt destabilisierend. Jedoch wird affektive Apathie weder den Betroffenen gerecht, noch kann sie ein Signum solidarischer Seelsorge sein. Es deutet sich hier eine Spannung an, der verschiedene PsychotraumatologInnen in auch für Seelsorgende relevanter Weise gerecht zu werden suchen. Michaela Huber spricht von „empathischer Abstinenz"[64]. Luise Reddemann arbeitet mit der Differenzierung von konstruktivem „Mitgefühl" und leidvergrößerndem „Mitleiden"[65]. Es geht um eine Spannungsform: Es ist wichtig, im Rahmen der eigenen Stabilität den für den Seelsorgeprozess hilfreichen Gefühlen Raum zu geben.[66] Ebenso wichtig ist es aber, den inneren Abstand und die innere Abgrenzung nicht zu verlieren. Dies ist in den Diensten der Betroffenen, aber ebenso in den Diensten einer besonnenen Selbstsorge. Äußer-

---

[64] Vgl. HUBER (2003): Wege der Traumabehandlung, 33f. Michaela Huber schreibt hier: „Empathie heißt Mitempfinden, und wenn eine TherapeutIn das gar nicht kann, sollte sie diesen Beruf nicht ausüben; wenn sie es vorübergehend nicht kann, sollte sie sich profesionelle Unterstützung suchen [...]. Abstinenz ist deshalb sehr wichtig, weil die KlientIn zu Recht in ihrer TherapeutIn jemanden erwartet, die sich nicht in ihre alten Mechanismen, Rollenspiele und Täter-Opfer- bzw. Täter-Retter-Spaltungen verwickeln lässt. [...] Während des psychotherapeutischen Prozesses ist die TherapeutIn keine ‚neutrale' Projektionsfläche für die KlientIn; sie versucht gar nicht erst ‚objektiv' sein zu wollen. Sondern sie ist an der Seite der KlientIn und begleitet diese mit einer grundsätzlich freundlich-solidarischen Haltung durch den Prozess. Auch dies hat sich als unerlässlich für den Erfolg der Traumatherapie erwiesen. Denn wenn eine TherapeutIn ihre KlientIn wie ein Naturwissenschaftler seinen aufgespießten Schmetterling betrachtet, wird die KlientIn bald eine Täterübertragung auf ihn oder sie entwickeln". (HUBER [2003]: Wege der Traumabehandlung, 33f H.i.O.).

[65] Ausführungen zum Thema Mitgefühl auch in Abgrenzung zu Mitleid finden sich in mehreren Texten von Luise Reddemann in folgendem Werk: REDDEMANN, Luise (Hrsg.) (2017): Kontexte von Achtsamkeit in der Psychotherapie, 2. Aufl., Kohlhammer: Stuttgart.

[66] Entsprechend dem hiesigen Verständnis von Seelsorge sind Emotionen seitens Seelsorgender dann hilfreich, wenn sie nicht zu eigener Überforderung führen und wenn ihre Äußerung das Gegenüber stärkt.

lich kann sich diese notwendige innere Abgrenzung im Umgang mit Zeit manifestieren. Es ist sinnvoll, wenn Seelsorgegespräche vorher vereinbarten zeitlichen Grenzen unterliegen, welche einer emotionalen Überlastung ein Stück weit vorbeugen können.[67]

Abschließend ist zu sagen, dass zu einer verantwortungsvollen Selbstsorge die eigene, regelmäßige Inanspruchnahme von Seelsorge und Supervision gehören. Im besten Fall kann diese von Fachkräften angeleitet werden, die mögliche Auswirkungen von Traumata auf Angehörige helfender Berufe erkennen und sachkundig damit umgehen können. Sie muss aber auch um die spezifischen Bezüge von Seelsorgenden wissen und die Fragen und Probleme, die sich darin ergeben können.[68] Ist dies gegeben, ist Supervision ein ausgesprochen konstruktives Element gelungener Selbstsorge, die wiederum die Grundlage für eine seelsorgliche Arbeit mit Betroffenen von Traumata bildet.

1.2 Traumasensible Beziehungsgestaltung

Der Fokus der Arbeit richtet sich nun von der Person der bzw. des Seelsorgenden stärker hin auf eine traumasensible Beziehungsgestaltung. Für diese sind zwei Aspekte elementar: Vertrauen und Personenzentrierung. Beides wird an dieser Stelle genauer behandelt, bevor aufbauend darauf ein Modell traumasensibler Beziehungsgestaltung vorgestellt werden soll.

1.2.1 Vertrauen

Vertrauen ist die Grundlage einer Atmosphäre der Sicherheit und damit jeder Seelsorgebeziehung. Diese lebt davon, dass Sorgeempfangende sich und ihre Lebensgeschichte, bzw. was sie davon teilen wollen, bei Seelsorgenden gut aufgehoben finden. Seelsorgende müssen dazu aufweisen, was Carl R. Rogers als „Echtheit" bzw. „Kongruenz" bezeichnet.[69] „Dass die Person, die Seelsorge in Anspruch nimmt, dem Seelsorger vertrauen kann, ist für die Selbstöffnung und damit für ein vertieftes seelsorgerliches Gespräch eine grundlegende Voraussetzung. Dieses Vertrauen, das alle weiteren kommunikativen Prozesse zu grundieren vermag, bezieht sich gleichermaßen auf die Kompetenz des Seelsorgers

---

[67] Vgl. KERSTNER; HASLBECK u.a. (2016): *Damit der Boden wieder trägt*, 189.212f.
[68] Damit sind bspw. Aspekte von Dienstrecht und Schweigepflicht gemeint, aber auch theologische Fragen, welche die Arbeit mit traumatisierten Menschen aufwerfen kann.
[69] Vgl. ROGERS, Carl R.; SCHMIDT, Peter F. (1991): *Person-zentriert: Grundlagen von Theorie und Praxis*, Matthias-Grünewald-Verlag: Mainz, 201ff.

wie auf seine Verlässlichkeit und Integrität und muss durch kommunikative Präsenz gewonnen werden."[70] Der Aufbau einer Vertrauensbeziehung ist aber ein wechselseitiges Geschehen und auf Seiten Sorgesuchender gehört dazu die Inkaufnahme eines Risikos. Denn mit Vertrauen geht Verletzlichkeit einher. Hier besteht eine große Schwierigkeit, denn jede Vertrauensfähigkeit ist aus der Erfahrung eines personalen Traumas heraus von einem Bruch durchzogen. Das Erleiden eines Traumas durch Menschen aus dem sozialen Nahraum ist die Erfahrung tief missbrauchten Vertrauens. Wohlwollen wurde verkehrt in Ausbeutung, und über das Geschehene wurde eine verschleiernde Decke aus Lügen gebreitet. Einmal missbrauchtes Vertrauen macht erneutes Vertrauen schwierig. In Kapitel C wurden einige Implikationen von Traumata für die Beziehungsgestaltung erläutert. Grundlegend für den Aufbau einer Vertrauensbeziehung seitens der Seelsorgenden ist also zuvorderst die Einsicht, dass es sich dabei um etwas sehr Schwieriges, Risikobehaftetes, womöglich Belastendes und deswegen alles andere als Selbstverständliches handelt. Weiterhin, dass die Erfahrung des missbrauchten Vertrauens so tiefgreifend ist, dass Misstrauen eine plausible und womöglich überlebenswichtige Komponente jeder sogenannten oder echten Vertrauensbeziehung war und ist.[71] Die Herausforderung ist entsprechend für beide Seiten groß.

Kerstner, Haslbeck und Buschmann beschreiben in ihrem Handbuch, dass Opfer von sexuellem Kindesmissbrauch Seelsorgende erst einmal einige Zeit beobachten und abwägen, ob diese traumasensibel und vertrauenswürdig sind. Es wird versucht zu erspüren, wie diese mit anderen Menschen umgehen, ob gebrochene Biographien in ihrem Weltbild einen Platz haben, welche Rolle Macht spielt, und ob sie von ihnen Wohlwollen zu erwarten haben.[72] Weiterhin geben Kerstner, Haslbeck und Buschmann konkrete Hinweise aus der Praxis traumasensibler Seelsorge, was Vertrauensbildung fördern kann:

> „Als Beraterin muss ich darauf achten, meinem Gegenüber einen sicheren Rahmen zu schaffen. Dieser ist einzuhalten. Ich muss benennen können, was möglich ist und was nicht. Seelsorge muss nicht die gesamte Last aushalten, sie darf Grenzen haben, aber sie muss bedingungslos ehrlich sein. Die Beratung traumatisierter Menschen braucht ein authentisches Gegenüber, einen Menschen, der die eigenen Möglichkeiten kennt und um eigene Grenzen weiß. Trauma ist die Erfahrung absoluten Kontrollverlustes, der sich auch auf die Zeit- und Raumwahrnehmung bezieht. Deshalb ist es wichtig, einen verlässlichen äußeren Rahmen zu setzen, der eine klare zeitliche Begrenzung hat. Ich will einen Raum anbieten, der Sicherheit vermittelt.

---

[70] PENG-KELLER, Simon (2012): *Kommunikation des Vertrauens in der Seelsorge*, in: *Kommunikation des Vertrauens*, hrsg. von DALFERTH, Ingolf U.; PENG-KELLER, Simon, Evangelische Verlagsgesellschaft: Leipzig, 117.
[71] Vgl. KERSTNER; HASLBECK u.a. (2016): *Damit der Boden wieder trägt*, 146f.
[72] Vgl. KERSTNER; HASLBECK u.a. (2016): *Damit der Boden wieder trägt*, 144f.

Und hier ist es wichtig, mit der Betroffenen zu schauen, was für sie ein sicherer Raum ist. Was ist notwendig, damit Sicherheit erfahren werden kann?"[73]

Die letztgenannte Frage kann als eine Leitfrage traumasensibler Seelsorge bezeichnet werden. Auch wenn es keine absolute Sicherheit gibt, fördert ein möglichst hoher Grad von Sicherheit die Vertrauensbildung. Es ist deswegen wichtig, immer wieder zu fragen, was die Erfahrung von Sicherheit unterstützt. Zur Erfahrung der Sicherheit gehört, dass Betroffenen Souveränität im Umgang mit ihren Daten zugestanden wird. Der Wunsch nach Anonymität kann seitens Betroffener sehr groß sein und sollte unbedingt respektiert und geschützt werden. Dem Wunsch nach Anonymität muss also – sofern dies irgend möglich ist – in jedem Fall entsprochen werden. Sicherheit meint außerdem sowohl äußere als auch innere Sicherheit. Was unterstützt das Empfinden äußerer Sicherheit? In welchem Rahmen soll ein Seelsorgegespräch stattfinden? Wie ist ein sicherer Ort gestaltet? Die räumliche Flexibilität von Seelsorge kann hilfreich sein, den Bedürfnissen von Betroffenen hier entgegen zu kommen. Ebenso wichtig ist die Frage, was innere Sicherheit unterstützt. Äußere Sicherheit ist hierzu notwendige aber nicht unbedingt eine hinreichende Voraussetzung. Deswegen ist die Frage wichtig, was innere Sicherheit fördert. Was hilft, um sich innerlich möglichst ruhig und sicher zu fühlen? Was reduziert möglicherweise traumabezogenen Stress? Seelsorgende, die ein Bewusstsein für diese Fragen und Probleme haben, zeigen Feingefühl für die großen Schwierigkeiten von Vertrauensbildung im Kontext traumasensibler Seelsorge.

Im obigen Zitat werden weitere Aspekte genannt, die von Seiten der Seelsorgenden das Wachsen einer Vertrauensbeziehung unterstützen können. Ehrlichkeit und Verlässlichkeit sind dabei ebenso wichtig wie das Bewusstsein von Grenzen. Auch die zu Anfang des Kapitels als konstitutiv benannte Solidarität mit Betroffenen ist Voraussetzung für Vertrauensbildung. Wenn sich Seelsorgende in ihrem Reden und Handeln als solidarisch, ehrlich und verlässlich zeigen, können sie Betroffenen als authentische BegleiterInnen begegnen, die vertrauenswürdig sind, und so eine positive Beziehungserfahrung vermitteln. Schließlich kommt dem Faktor Zeit eine wichtige Rolle zu. Vertrauen muss wachsen und Bewährungsproben bestehen.

Das Fassen von Vertrauen kann aber auch für Seelsorgende schwierig sein. Weil Traumata auch Zuhörende an oder über die Grenzen der Belastbarkeit führen, können Leugnung und Unglauben seitens der Seelsorgenden als psychische Abwehrmechanismen verstanden werden. Ein Traumanarrativ ist leichter erträglich, wenn er als Phantasieprodukt oder Übertreibung abgetan werden kann. Diese Versuchung ist umso größer, wenn die Täterseite mit Personen besetzt ist, welche Seelsorgende aus anderen Kontexten in eventuell positiver

---

[73] KERSTNER; HASLBECK u.a. (2016): *Damit der Boden wieder trägt*, 145.

z.B. gemeindetragender Rolle kennen. Ebenso können in der Erzählung des Traumas signifikante Inkonsistenzen auftreten. In Kapitel C wurde dargelegt, dass das Gedächtnis unter traumatischen Bedingungen anders funktioniert. Unter enormem Stress werden verschiedene Sinneseindrücke nicht integriert oder können für das menschliche Sprachzentrum unzugänglich abgespeichert werden.[74] Entsprechend können Erinnerungen ehrlich berichtet, aber dennoch unvollständig oder verzerrt sein.

Wichtig für Seelsorgende ist, um diese Probleme zu wissen und Betroffenen mit einem Vertrauensvorschuss zu begegnen. Da Seelsorge keine judikative Funktion zukommt, ist letztgültige Wahrheitsfindung nicht ihre primäre Aufgabe. Das heißt nicht, dass Seelsorgende leichtgläubig naiv sein sollen. Es heißt aber wohl, dass sie ihre Aufgabe als solidarische Begleiter für Menschen kennen, denen gegenüber Misstrauen von starken Mechanismen befördert wird. Es ist dem seelsorglichen Auftrag deswegen gemäß, eher zu viel als zu wenig Vertrauen zu schenken. Nur wenn Seelsorgende Sorgesuchenden integer vermitteln können, dass sie ihnen glauben, ist eine authentische Beziehung möglich.

Ob und wie sehr eine Vertrauensbeziehung wachsen kann, wird auch von den Spuren abhängen, welche die traumatischen Erfahrungen im betroffenen Menschen hinterlassen haben. So individuell Menschen sind, so unterschiedlich sind die traumatischen Erfahrungen wie auch der Umgang damit. Es kann deswegen keine pauschale Regel geben, ob oder wie sehr zerstörte Vertrauensfähigkeit sich wieder entwickeln oder nicht entwickeln kann. Wichtig für Seelsorge ist, dass es immer einen Raum für das Wachsen von Vertrauen gibt, bis zu welchem Grad es sich dann auch je und je ausbildet.

Christliche Seelsorge sieht den Menschen in einem Relationsgefüge zu Selbst, Welt und Gott. Eine positive Beziehungserfahrung kann sich dabei konstruktiv auf das Ganze des Gefüges auswirken. Eine positive Erfahrung in der Bindung an Mitmenschen kann das Vertrauen in die Verlässlichkeit der eigenen Gottesbeziehung ebenso stärken, wie das umgekehrt der Fall ist. Eine vertrauenswürdige Bezugsperson zu sein, ist deswegen nicht Akzidens, sondern Substanz christlicher Seelsorge.

1.2.2 *Personenzentrierung*

Im Zentrum traumasensibler Seelsorge steht die Stärkung der individuellen Person. Es ist jedoch nicht immer klar, was anderen Menschen hilft. Wichtig ist deswegen, was hier in Anschluss an Carl R. Rogers „Personenzentrierung" genannt werden soll.[75] Gemeint ist, dass im Seelsorgegespräch immer wieder

---

[74] Siehe dazu in Kapitel C den Abschnitt *Gedächtnis* unter *2. Der Mensch im Trauma*.
[75] Siehe zu diesem Ansatz von Carl R. Rogers und seiner Rezeption in der Seelsorgetheorie: LEMKE, Helga; THÜRNAU, Wilhelm (2016): *Personenzentrierte Psychotherapie und Seelsorge*, in:

neu der betroffene Mensch in das Zentrum gestellt wird. Immer wieder neu muss gefragt werden, was grundlegende Bedürfnisse sind und was ihn stärkt. Es kann darauf keine pauschalen, sondern nur situativ plausible Antworten geben. Das Modell von Rogers impliziert dabei ein Vertrauen auf die Ressourcen von Sorgesuchenden und deren Kompetenz, sich selbst zu verstehen und konstruktive Veränderungen herbeizuführen.[76] Neben den im Folgenden näher ausgeführten fachlichen Überlegungen gehört zur Grundvoraussetzung von Personenzentrierung vonseiten Seelsorgender genuines menschliches Interesse. Wer ist der Mensch, der im Seelsorgegespräch zum Gegenüber wird? Diese Frage steht an erster Stelle.

Die Bearbeitung und im besten Fall Bewältigung von Traumata verläuft in verschiedenen Phasen, die jeweils unterschiedliche Herausforderungen und Bedürfnisse mit sich bringen. Eine Frau, die akut in einer gewaltbelasteten Beziehung lebt, hat andere Nöte und Fragen als eine Frau, die auf eine solche aus fünfjährigem Abstand zurückblickt. Ein junger Konfirmand, der in seinem sozialen Nahraum sexuellem Missbrauch ausgesetzt ist, befindet sich in einer fundamental anderen Situation als ein älterer Mensch, dessen Verdrängungsmechanismen für traumatische Kindheitserinnerungen auf dem Sterbebett nachlassen. Ebenso ist es ein großer Unterschied, ob ein Trauma in einem Seelsorgegespräch zum ersten Mal thematisiert wird, oder schon mit therapeutischer Hilfe bearbeitet wurde. Um in den jeweiligen Situationen entsprechend reagieren zu können, sind die oben aufgeführten Weiterbildungsmaßnahmen elementar.

An dieser Stelle soll außerdem auf Überlegungen aus Kapitel C zurückgegriffen werden. Dort wurde in Bezug auf die Integration von Traumata in die drei Phasen „1. Sicherheit und Stabilisierung", „2. Traumaintegration: Erinnern und Trauern" und „3. Wiederanknüpfen" unterschieden. Dieses Modell entstammt zwar einem therapeutischen Kontext, kann aber auch für Seelsorge leitend sein. Denn es berücksichtigt grundsätzlich die zeitliche Komponente der Trauma-Verarbeitung und damit auch die Varianz der jeweils dienlichen Unterstützungsmöglichkeiten. Die Orientierung an der zeitlichen Dimension dieser Modelle ist auch für die Seelsorge sinnvoll. Gleichzeitig darf ein solches Verlaufsmodell nicht zu starr gefasst werden. Verschiedene Phasen können sich immer überlagern, erneut wiederkehren und sich individuell verschieden äußern. Vor dem Hintergrund dieser Überlegungen ist es konstruktiv, grundsätzlich zu fragen, wo auf diesem Verarbeitungsweg Betroffene tendenziell stehen und was sie in der jeweiligen Phase brauchen. Sie können das Bewusstsein dafür erhöhen, welche Form der seelsorglichen Unterstützung für

---

[76] *Handbuch der Seelsorge*, hrsg. von ENGEMANN, Winfried, 3. Aufl., Evangelische Verlagsanstalt: Leipzig, 330–346. Den AutorInnen zufolge sprach sich Carl R. Rogers gegen Ende seiner wissenschaftlichen Laufbahn für den Begriff des „Personenzentrierten Ansatz[es]" gegenüber dem „Klientenzentrierten Konzept aus", (Vgl. ebda. S. 331). ROGERS; SCHMIDT (1991): *Person-zentriert*, 187.

F. Grundlinien einer traumasensiblen Seelsorge

Betroffene in ihrer jeweiligen Situation hilfreich ist. In Kapitel C wurden die basalen Notwendigkeiten der jeweiligen Phase dargestellt und auch die Abgrenzung von Seelsorge und Therapie in diesem Prozess thematisiert. Innerhalb ihrer fachlichen Grenzen können auch Seelsorgende Betroffene im Prozess der Verarbeitung begleiten. Bleibt man in obigem Phasenmodell, sind innerhalb der Seelsorgeliteratur für die erste Phase der Sicherheit und Stabilisierung die Überlegungen von Kerstin Lammer hilfreich, die eine seelsorgliche Hilfe nach traumatisierenden Ereignissen an den Begriffen „Stabilisieren", „Orientieren" und „Ressourcen aktivieren" ausrichtet und dazu jeweils konkrete Hinweise gibt.[77] Ebenso die Darstellung von Sabine Haupt-Scherer und Uwe Scherer, die eine „traumazentrierte Seelsorge" anhand der Aufgaben „erkennen, verstehen, erklären, reorientieren und stabilisieren"[78] entfalten. Wichtig ist, dass Seelsorgende für die Anwendung von Methoden innerhalb der jeweiligen Schritte entsprechend fortgebildet sind.

Auch wenn die erste Phase alle weiteren grundiert und Stabilisierung immer wichtig bleibt, sind die Herausforderungen der zweiten Phase der Traumaintegration und des Erinnerns und Trauerns etwas anders gelagert. Es kann Situationen geben, in denen es nicht darum geht, Ressourcen zu aktivieren oder zu reorientieren, sondern Trauer über erlittenes Leid anzuerkennen und solidarisch mit auszuhalten. Weiterhin ist in dieser Phase wichtig, dass es Arbeitsschritte und Methoden gibt, die dezidiert ihren Ort in der Traumatherapie haben. Die Erarbeitung eines Trauma-Narratives ist nicht Aufgabe der Seelsorge.[79] Ein solcher Schritt wendet sich über das Verwundet-Sein hinaus der Verwundung zu und sollte deswegen der Therapie vorbehalten sein.[80] Schließlich ist der Schritt des Wiederanknüpfens wichtig und wertvolle Stütze auch für zukünftige Stabilität. Hierzu erfolgen Überlegungen in einem späteren Abschnitt der Arbeit.[81]

Auch für die Frage nach der Bedeutung von Religiosität und Spiritualität und darauf bezogener Krisen, Fragen oder Bedürfnisse ist ein grundsätzliches Verständnis des benannten Phasenmodells hilfreich. Die religiösen Fragen und Bedürfnisse können in dem jeweiligen Stadium sehr unterschiedlich sein, ebenso wie die Antwortversuche darauf. Deswegen wurde im vorhergehenden Kapitel auch so viel Wert darauf gelegt, den Provisorienstatus traumasensibler

---

[77] Vgl. LAMMER, Kerstin (2012): *Beratung mit religiöser Kompetenz: Beiträge zu pastoralpsychologischer Seelsorge und Supervision*, Neukirchener Verlagsgesellschaft: Neukirchen-Vluyn, 102ff.

[78] HAUPT-SCHERER; SCHERER (2011): *Einen Schritt voran folgen*, 568.

[79] Auch wenn insgesamt große Zustimmung zur Arbeit von Kristina Augst besteht und von ihr wichtige Impulse für diese Untersuchung ausgingen, besteht hier ein fachlicher Dissens. Vgl. AUGST (2012): *Auf dem Weg zu einer traumagerechten Theologie*, 193ff.

[80] Vorhandene hilfreiche Seelsorgeliteratur ist hier das Buch: GAST; MARKERT u.a. (2009): *Trauma und Trauer: Impulse aus christlicher Spiritualität und Neurobiologie*.

[81] Bspw. unter *2.3 Traumasensible Gemeinde*.

theologischer Reflexionen anzuerkennen. Etwas sehr Ähnliches lässt sich auch für die Überlegungen zu traumasensibler christlicher Spiritualität feststellen. Es geht um einen Weg, auf dem sich vieles nach und nach verändern kann.

Personenzentrierung meint, rücksichtsvoll damit umzugehen, dass jeder Mensch, jedes Trauma und jede Phase des Umgangs damit verschieden sind. Seelsorgende müssen deswegen immer wieder neu fragen, wer das Gegenüber ist, wo er oder sie gerade steht und was bei der Verarbeitung des Verwundet-Seins unterstützt. Dies meint auch, sensibel für möglicherweise religiöse Zweifel, Ressourcen und Herausforderungen zu sein und immer neu zu fragen, welchen konstruktiven Beitrag Seelsorge jetzt gerade leisten kann.

1.2.3 Beziehungsmodell multidimensionaler Präsenz

Fußend auf den bisherigen Überlegungen soll hier ein Modell traumasensibler Seelsorgebeziehungen dargestellt werden. Es handelt sich um eine Übertragung und Weiterentwicklung einer Konzeption, die innerhalb des Trainingscurriculums „Risking Connection in Faith Communities: A Training Curriculum for Faith Leaders Supporting Trauma Survivors" dargestellt wurde.[82] Die Autoren machen darin den Vorschlag, dass unterstützende Beziehungen mit Betroffenen von Traumata „RICH" sein sollten. Es handelt sich dabei um ein Akronym, das aus den Anfangsbuchstaben der Wörter „respect", „information", „connection" und „hope" zusammengesetzt ist. Sie bezeichnen je eine Qualität bzw. eine Beziehungsebene, die in einer gelungenen Seelsorgebeziehung Raum hat.[83] Die folgende Darstellung orientiert sich am Rahmen dieser Konzeption, nimmt aber eine weitgehend eigenständige Füllung der leitenden Begriffe vor. In deutscher Sprache wären diese: „Respekt", „Information", „Empathie" und „Hoffnung". Als Akronym lässt sich dies deutschsprachig in leichter Umstellung mit „HIER" wiedergeben. HIER bringt besonders zum Ausdruck, dass traumasensible Seelsorge die volle Gegenwart der Seelsorgenden auf verschiedenen Ebenen beansprucht. Entsprechend wird die Formulierung eines Beziehungsmodells multidimensionaler Präsenz verwendet.

---

[82] DAY, Jackson H.; VERMILYEA, Elizabeth u.a. (2006): *Risking Connection in Faith Communities: A Training Curriculum for Faith Leaders Supporting Trauma Survivors*, Sidran Institute Press: Baltimore.

[83] Vgl. DAY; VERMILYEA u.a. (2006): *Risking Connection*, 21ff.

1.2.3.1 Hoffnung

Das erste Element einer traumasensiblen Seelsorgebeziehung ist Hoffnung.[84] Es handelt sich dabei um einen Begriff mit einer reichen und vielfältigen theologischen Tradition. Der christliche Glaube lebt in dem tiefen Wissen, dass Tod, Leid und Schmerz in der Geschichte jedes einzelnen Menschen und der Welt als ganzer nicht das letzte Wort haben werden. In der Heilsgeschichte steht das Beste dem Menschen immer noch bevor. Nimmt man diese christliche Hoffnung ernst, stehen am Ende nicht Trauma und Schmerzen, sondern Gottes heilende Liebe. Das Vertrauen darauf kann nicht nur die Seelsorgebeziehung und dadurch auch Betroffene, sondern auch Seelsorgende selbst nähren. Hoffnung darf jedoch nicht mit seiner vulgärtheologischen Adaption des „positiven Denkens" verwechselt werden. Als hätte alles Leiden seinen Sinn oder könnte mit Optimismus, Willenskraft und ein paar Ressourcen, wenn nicht zum Verschwinden gebracht, so zumindest gut eingeordnet werden.

Zu den Erfahrungen des christlichen Glaubens gehört, dass das, worauf sich diese Hoffnung richtet, im Hier und Jetzt nur in Brechungen erfahrbar ist. Die letzte Erfüllung steht noch aus. Auch wenn Trauma und Leiden nicht das letzte Wort haben, sind sie Realitäten dieser Welt, die Menschen zu einem Grad peinigen können, der jede Hoffnung unglaubwürdig scheinen lässt.

> „Missbrauchsopfer, die über lange Zeit massivster Gewalt ausgesetzt waren, haben manchmal für einen Teil ihres Lebens weder Trost noch Hoffnung. Nicht selten sind sie dem Tod näher als dem Leben. [...] Wer trösten möchte, darf diese bitteren Wahrheiten nicht unterschlagen. Wer die Wahrheit umgehen will und eine Abkürzung sucht, wird scheitern. Das Aussprechen-Dürfen von Wahrheit und das wirkliche Gehört-Werden sind ein erster und unverzichtbarer Bestandteil von Trost."[85]

Zu einem theologisch tiefen Verständnis von Hoffnung gehört, diesen Schmerz zuzulassen und anzuerkennen. Hoffnung bedeutet aber das Vertrauen darauf, dass dieser Schmerz nicht die am Ende bestimmende Realität sein wird. So wichtig es ist, diese Hoffnung in sich zu tragen, so problematisch wäre es jedoch, zu meinen, man könne sie Betroffenen überstülpen. Wann und wo Hoffnung durchbricht oder ihre Zeichen sichtbar werden, kann nur von Betroffenen selbst beantwortet oder auch nicht beantwortet werden. Seelsorgende sind solidarische Begleiter auf diesem Weg.[86]

---

[84] Interessante Überlegungen zum Thema Hoffnung, auch in der Unterscheidung zwischen einem theologischen von einem therapeutischen Hoffnungsbegriff, findet sich bei: TSCHANZ COOKE, Karin (2013): *Hoffnungsorientierte Systemische Seelsorge: Die Familientherapie Virgina Satirs in der Seelsorgepraxis*, Kohlhammer: Stuttgart, 271–280.
[85] KERSTNER; HASLBECK u.a. (2016): *Damit der Boden wieder trägt*, 190.
[86] Vgl. KERSTNER; HASLBECK u.a. (2016): *Damit der Boden wieder trägt*, 191.

1.2.3.2 Information

Zwei Arten von Informationen können sehr wichtiger Bestandteil traumasensibler Seelsorgebeziehungen sein. Die erste Art von Information, bzw. deren Weitergabe, wurde schon in Kapitel C erwähnt und in der Fachsprache „Psychoedukation" als Element von Stabilisation genannt. Gemeint ist die verständliche Weitervermittlung von wissenschaftlich fundiertem Wissen über Traumata und den grundlegenden Umgang damit. Grundvoraussetzung dafür ist ein fundierter aktueller Wissensstand seitens der Seelsorgenden, damit diese Traumafolgen erkennen, grundlegend erklären und idealerweise Wissen über mögliche Umgangsweisen damit zur Verfügung stellen können. Entsprechende seelsorgetheoretische Überlegungen von Kerstin Lammer[87] auf der einen und stärker noch Sabine Haupt-Scherer und Uwe Scherer[88] auf der anderen Seite wurden bereits erwähnt.

Die zweite Art von Information bezieht sich auf die verschiedenen Möglichkeiten und Ressourcen innerhalb des Sozial- und Hilfesystems. Seelsorgende können informieren, welche Möglichkeiten Betroffene in ihrer jeweiligen Situation haben. Betroffene können dadurch gefördert werden, ihr Unterstützungsnetzwerk zu erweitern bzw. die Schritte zu tun, die sie für angebracht halten. Es gilt hier, was bereits oben unter „Vernetzung und Begrenzung" gesagt wurde.

Schließlich gilt, dass Informationsvermittlung keine Einbahnstraße ist. Betroffene von Traumata sind die eigentlichen Experten im Umgang mit diesen. Seelsorgende tun also gut daran, aufmerksame Zuhörer zu sein und von den Erfahrungen Betroffener in Bezug auf die genannten Informationsbereiche zu lernen.

1.2.3.3 Empathie

Empathie gehört zu den wichtigen Qualitäten, die Seelsorgende in ihre Arbeit mit traumatisierten Menschen einbringen können. Im Modell von Carl R. Rogers stellt Empathie eine wichtige Grundlage für eine im wörtlichen Sinne therapeutische Beziehung dar. Er meint damit „die Fähigkeit, genau und empfindsam die Erfahrungen und Gefühle des Klienten und die Bedeutungen, die sie für ihn haben, zu verstehen."[89] Das gleiche lässt sich für Seelsorge festhalten. Auch dort ist Empathie Ausdruck einer genuinen menschlichen Beziehung, indem sie eine Verbindung zwischen zwei sonst in ihrer Gefühlswelt getrennten Individuen herstellt. Empathie überwindet Einsamkeit und Isolation. Menschen sind zutiefst soziale Wesen und brauchen einander, vor allem in Situationen großen

---

[87] Vgl. LAMMER (2012): *Beratung mit religiöser Kompetenz*, 112ff.
[88] Vgl. HAUPT-SCHERER; SCHERER (2011): *Einen Schritt voran folgen*, 561–571.
[89] ROGERS; SCHMIDT (1991): *Person-zentriert*, 194.

Leidens. Traumata und die Erinnerung daran sind ohne Zweifel Situationen schweren Leidens, und so ist Empathie für traumasensible Seelsorge unersetzlich.

Es ist jedoch vor allem im Kontext traumasensibler Seelsorge unentbehrlich, ein ausgewogenes Verständnis von Empathie zugrunde zu legen, denn schon in dem Wort an sich liegt eine gewisse Ambivalenz. Das griechische Wort πάθος kann sowohl „Gefühl" also auch „Leiden" bedeuten.[90] Zusammen mit der Präposition ἐν kann es wörtlich als „Hineinfühlen" oder „Hineinleiden" übersetzt werden. So wichtig es ist, mit Betroffenen mitzufühlen, so problematisch ist es, sich in ihre Traumata hinein zu leiden. Traumata übersteigen die situative menschliche Bearbeitungsfähigkeit. Sich in Leiden hineinzubegeben, das selbst ausgesprochen resiliente Menschen brechen kann, gefährdet die eigene psychische Gesundheit und vergrößert das Leiden, statt es zu mindern. An dieser Stelle sei auf die sehr ähnlichen Überlegungen unter dem Abschnitt „Selbstsorge" rückverwiesen.

Empathie ist problematisch, wenn es die eigene psychische Gesundheit gefährdet, sich im Leiden des Gegenübers verliert oder in einen lähmenden Weltschmerz mündet. Empathie ist unersetzbar wichtig, wenn sie eine Beziehung herstellt, das Gegenüber auf Augenhöhe verstehen und unterstützen will und zu solidarischem Engagement führt.

> „Berührbarkeit, die Fähigkeit der Anteilnahme am Leid eines Menschen, scheint ein Schlüssel für den Zugang zu den Opfern sexueller Gewalt jeglichen Kontextes zu sein. Sie setzt die Nähe zu einem Menschen voraus, der einem anderen Menschen von seinem Leid erzählen darf, dem zugehört und geglaubt wird."[91]

So verstanden stellt Empathie zwischen Menschen eine heilsame Bindung her und ist tiefer Ausdruck dessen, was Seelsorgende als solidarische Begleiter im besten Fall sein können.

1.2.3.4 Respekt

Der Begriff des Respekts hat eine doppelte Konnotation. Zum einen drückt er Wertschätzung und Anerkennung aus, zum anderen ein Bewusstsein für Grenzen. Beide Aspekte sind für traumasensible Seelsorge relevant.

Jedem Menschen ist nach christlichem Menschenbild eine Würde zugesprochen, unabhängig von seinen Leistungen. Ein grundsätzlicher Respekt vor der unverlierbaren Würde des anderen Menschen ist besonders dann wichtig, wenn

---

[90] Vgl. GEMOLL (2006): *Griechisch-deutsches Schul- und Handwörterbuch*, 598.
[91] KERSTNER; HASLBECK u.a. (2016): *Damit der Boden wieder trägt*, 195.

einem Menschen diese Würde von anderen Menschen durch Gewalt abgesprochen wurde.[92] Die Anerkennung von Würde ist eine Grundvoraussetzung traumasensibler Seelsorge. Respekt vor Betroffenen sollte die potentiellen Leistungen Betroffener im Umgang mit Traumata im Blick haben, jedoch auch ganz unabhängig von diesen gelten.

Betroffene von Gewalt mussten erfahren, dass die Welt und selbst ihr nahes Umfeld keine sicheren Orte sind. Sie mussten erleben, dass Menschen generell, aber vor allem Menschen, denen sie vertrauten, zu verstörender Gewalt fähig sind, und in den meisten Fällen niemand da war, der ihnen half. Sie haben ihre eigene Verwundbarkeit auf schmerzliche Weise durchlitten und sind meist noch viele Jahre danach den Folgen der Gewalt ausgesetzt. Diese Aufzählung ließe sich noch weiter fortsetzen. Wichtig an dieser Stelle ist, dass Betroffene trotz all dem nicht aufgegeben haben. Sie haben Resilienz ausgebildet. Sie haben Kraft und Energie entwickelt, weiterzuleben. Sie haben Wege gefunden – ob im Einzelnen mehr oder weniger konstruktiv – mit den Folgen umzugehen.[93] Sie haben Fähigkeiten entwickelt, in einem gefährlichen Umfeld zu überleben.[94] Und sie haben das alles fast immer ohne die Hilfe von Seelsorgenden, sondern weitestgehend auf sich selbst gestellt geschafft. Den entscheidenden und mit Abstand größten Beitrag zur Bearbeitung und im besten Fall Bewältigung eines Traumas leisten Betroffene selbst. Den Betroffenen gebührt für diese Leistung, aber auch unabhängig von ihr, zuvorderst Respekt. Es geht jedoch nicht darum, Betroffene zu idealisieren.

> „Opfer sind [...] weder besser noch heiliger als andere Menschen. Die Idealisierung des Opfers kann dazu führen, dass das Opfer auch in der Seelsorge ein falsches Selbst aufbauen muss. Damit will es den Ansprüchen, die an es gestellt werden, entgegenkommen und genügen."[95]

Idealisierungen sind also weder wirklichkeitsnah noch hilfreich. Respekt meint deswegen keine naive Bewunderung, sondern eine wertschätzende Anerkennung. Diese allerdings ist ein Grundzug traumasensibler Seelsorge.

Respekt meint ebenfalls eine Anerkennung von Grenzen. Einige davon wurden bereits thematisiert. In einer Seelsorgebeziehung sind verschiedene Formen von Grenzen wichtig. Diese sind auch physischer Natur: Mit Körperkontakt bei der Arbeit mit traumatisierten Menschen sollte ausgesprochen zurückhaltend

---

[92] Ein sehr dichter und informativer Text zum Thema Menschenwürde: HUBER, Wolfgang (1992): Art. Menschenrechte/Menschenwürde, in: TRE 22, De Gruyter: Berlin [u.a.], 577–593.

[93] Gemeint sind dabei z.B. als konstruktive Umgangsweisen eine verstärkte Investition in soziale Beziehungen, weniger konstruktiv wären Selbstverletzung oder Selbstmedikation.

[94] Als eine dieser Fähigkeiten wird bspw. immer wieder eine enorme emotionale Sensorik und Empathiefähigkeit genannt, um das Verhalten des Täters bzw. der Täterin vorhersehen zu können. Vgl. HERMAN (1993): Die Narben der Gewalt, 191f. Siehe auch die ausführliche Aufstellung bei: KERSTNER; HASLBECK u.a. (2016): Damit der Boden wieder trägt, 193.

[95] Vgl. KERSTNER; HASLBECK u.a. (2016): Damit der Boden wieder trägt, 115.

F. Grundlinien einer traumasensiblen Seelsorge

und reflektiert umgegangen werden.[96] Die Gefahr von Triggern ist groß. In zwei Fällen ist sie auf jeden Fall zu vermeiden: Zum einen, wenn sich das Geschlecht des bzw. der Seelsorgenden und das Geschlecht des Täters bzw. der Täterin entsprechen, bzw. keine absolute Sicherheit besteht, dass dies nicht der Fall ist. Zum anderen, wenn aufgrund des Geschlechts des bzw. der Seelsorgenden eine Form von sexueller Anziehung bestehen kann. Im ersten Fall ist die Gefahr des Aussendens von Hinweisreizen ausgesprochen groß, im zweiten Fall wird eventuell eine für den Seelsorgeprozess nicht hilfreiche Form von Nähe aufgebaut. Selbst wenn keines der beiden Kriterien zutrifft, sollte eine seelsorglich dienliche Form von Körperkontakt nur mit ausgesprochener Zustimmung der betroffenen Person aufgenommen werden. Zu viel Respekt vor den körperlichen Grenzen des Gegenübers ist in jedem Fall hilfreicher als zu wenig.

Schließlich sind respektvolle Grenzen in Bezug auf die Beziehungsform wichtig.[97] Grundsätzlich stellen sexuelle Kontakte mit Sorgesuchenden ein aus ethischer Perspektive schwerwiegendes Vergehen dar.[98] In diesen Fällen wird mit den Komponenten asymmetrischer Machtverhältnisse und sexueller Ausbeutung womöglich das Trauma reinszeniert. Seelsorgende stehen in der Verantwortung, entsprechenden Dynamiken frühzeitig vorzubeugen.[99] Marie Fortune begründet auf vierfache Weise, warum sexuelle Kontakte zwischen Seelsorgenden und Sorgesuchenden in jedem Fall abzulehnen sind:

- Sexuelle Kontakte verletzten die Rollenerwartung an professionelles seelsorgliches Verhalten.
- Sie stellen einen Missbrauch von Macht dar, weil Seelsorger in einer Funktion stehen, der Autorität zugeschrieben wird.
- Sie nutzen die Verwundbarkeit von Sorgesuchenden für die Befriedigung eigener sexueller Interessen aus.

---

[96] Gemeint ist hier nicht ein kulturübliches Begrüßungsritual, wie bspw. im deutschsprachigen Raum das Händeschütteln, sondern Interaktion innerhalb des Seelsorgegesprächs.

[97] Weiterführende Überlegungen, warum besonders Seelsorge für Situationen sexueller Grenzüberschreitungen gefährdet ist, werden ausgeführt bei: MORGENTHALER, Christoph (2009): *Seelsorge*, Gütersloher Verlagshaus: Gütersloh, 372ff.

[98] Ein grundsätzlicher Artikel zu den meist extrem negativen Auswirkungen für Sorgesuchende findet sich bei: FORTUNE (1995): *Is Nothing Sacred? The Betrayal of the Ministerial or Teaching Relationship*. Über konstruktiven Umgang mit Sorgesuchenden, die von Mitgliedern helfender Professionen sexuell ausgenutzt wurden, reflektiert der Artikel von: HOFSTEE MILGROM, Janette; SCHOENER, Gary R. (1987): *Responding to Clients Who Have Been Sexually Exploited by Counselors, Therapists, and Clergy*, in: *Sexual Assault and Abuse: A Handbook for Clergy and Religious Professionals*, hrsg. von PELLAUER, Mary D.; CHESTER, Barbara u.a., Harper & Row: San Francisco, 209–216.

[99] Überlegungen zu dieser Thematik, welche die in Bezug auf Grenzziehung besonders herausgeforderte Rolle von Seelsorgenden thematisieren, finden sich bei: WILD, Thomas (2015): *Risikofaktoren und Risikomanagement seelsorgerlicher Beziehungen*, in: *Schaut hin! Missbrauchsprävention in Seelsorge, Beratung und Kirchen*, hrsg. von NOTH, Isabelle; AFFOLTER, Ueli, Theologischer Verlag Zürich: Zürich, 29–46.

— Gleichberechtigte Einwilligung wird durch die Beziehungskonstellation mit asymmetrischem Machtgefüge verunmöglicht.[100]

Abgesehen davon müssen auch sonst Nähe und Distanz austariert werden. Vor allem Seelsorgende, die in Gemeindekontexten arbeiten, befinden sich in einem Raum, in dem Berufliches und Privates nicht immer klar unterschieden ist. Privatperson und Amt bzw. Funktion sind oft ineinander verwoben und werden auch so wahrgenommen. Entsprechend ist nicht immer klar, wie weit Seelsorgebeziehungen auch in das private Feld reichen. In der bereits eingeführten Studie von Rudolfsson und Tidefors äußerten Befragte den Wunsch, mit der bzw. dem Seelsorgenden befreundet zu sein.[101] Entscheidungen in diesem Bereich müssen individuell getroffen werden, jedoch wird in den meisten Fällen hier die respektvolle Kommunikation von Grenzen wichtig sein.[102] Damit in Zusammenhang stehen Erwägungen, welcher Ort für ein Seelsorgegespräch im Einzelfall sinnvoll ist.

---

[100] FORTUNE (2005): *Sexual Violence: The Sin Revisited*, 89f.
[101] Vgl. RUDOLFSSON; TIDEFORS (2015): *The Struggles of Victims*, 458.
[102] Eine besondere Problematik kann entstehen, wenn Seelsorgende Einzelnen eine hervorgehobene Position vermitteln bzw. bei Opfern von Missbrauch in Institutionen ebenso wie Täter eine Vermischung von privatem und beruflichem Kontext anstreben. So kann ungewollt Täterverhalten widergespiegelt werden. Vgl. die Überlegungen dazu bei: LADENBURGER; LÖRSCH u.a. (2014): *Schlussbericht der unabhängigen Kommission*, 298f.

2. Traumasensible Kirche

Betroffenen von Traumata begegnet der christliche Glaube zudem in seiner Sozialform. Dies meint nicht erschöpfend, aber zu einem großen Teil, christliche Kirchen und Gemeinden. Sowohl Betroffene als auch Seelsorgende[103] können sich hier in institutionellen und sozialen Bezügen befinden. Darin liegen große Chancen, aber auch zu reflektierende Herausforderungen. Vor allem Gemeinden kann in traumasensibler Seelsorge eine entscheidende Rolle zukommen. Die großen Potentiale werden ab 2.3 genauer erläutert. Das Leben in und das Bild von diesen wird allerdings von übergreifenden kirchlichen Strukturen mitbestimmt. Diese sollen in den ersten Abschnitten in ihrer Verantwortung nach innen (2.1) und nach außen (2.2) reflektiert werden. Dabei wird deutlich, dass es sich bei dieser Dissertation um eine evangelisch-theologische Arbeit an einer deutschen Fakultät handelt, der Fokus also primär auf den evangelischen Landeskirchen der EKD liegt. Vieles wird allerdings auf andere Kirchen übertragbar sein.

2.1 Verantwortung der Kirchen nach innen

2.1.1 Missbrauch in der Kirche

Gewalt und Missbrauch finden sich nicht nur außerhalb, sondern auch innerhalb der Kirche und ihr zugehöriger Einrichtungen. Die Kirche ist nicht per se ein sicherer Ort. Es gibt im Gegenteil sogar Strukturen, die kirchliche Kontexte für Missbrauch durch haupt- und ehrenamtliche MitarbeiterInnen besonders anfällig machen.[104] Die Kirche ist für Betroffene von traumatisierender Gewalt nur dann vertrauenswürdig, wenn mit dieser Tatsache ehrlich und verantwortungsvoll umgegangen wird.

Fachlich beziehen sich die hiermit verknüpften Fragen, wie in Kapitel B näher ausgeführt, auf den Bereich von Gewalt in Institutionen. Es wird damit ein Themenkomplex berührt, der eine sehr viel umfassendere Bearbeitung nötig

---

[103] Wobei sich beide Kategorien wechselseitig nicht ausschließen.
[104] Bei der Lektüre des unten näher dargestellten Berichtes werden solche Strukturen schnell deutlich: Dazu gehören bspw. die häufige und kaum aufzuhebende Vermischung von beruflichen und privaten Kontexten, der Hang zu geschlossenen Systemen und die potentiell große und bisweilen unkontrollierte Machtentfaltung von Geistlichen. Siehe dazu die beiden Fallbeispiele in: LADENBURGER; LÖRSCH u.a. (2014): *Schlussbericht der unabhängigen Kommission*, 170–184.

hat, als das im Rahmen dieser Arbeit möglich ist.[105] Doch aus gerade benannten Gründen sollen einige grundlegende Gedanken auch hier dargestellt werden.

Als im Jahre 2010 im deutschsprachigen Raum zahlreiche Fälle von Missbrauch bekannt wurden, war davon auch die evangelische Kirche betroffen. Das war stärker der Fall, als weiten Teilen dieser das bewusst ist.[106] Beispielsweise in der Nordelbischen Evangelisch-Lutherischen Kirche (heute Teil der Evangelisch-Lutherischen Kirche in Norddeutschland bzw. Nordkirche) wurden Fälle von sexuellem Missbrauch und massiven sexuellen Fehlverhaltens durch einige Pastoren bekannt, bzw. traten einige Fälle wieder neu ins Bewusstsein. Die vorläufige Kirchenleitung der Nordkirche setzte daraufhin 2012 eine unabhängige Expertenkommission zur Untersuchung der Vorfälle ein. Dies war ein Schritt, der in dieser Form bei weitem nicht von allen betroffenen Landeskirchen gemacht wurde. Die Kommission legte 2014 einen umfassenden Schlussbericht vor.[107] Dieser gliedert sich in einen juristischen und einen sozialwissenschaftlichen Teil und legt unterschiedliche Problematiken, die Missbrauch begünstigen und seine Aufarbeitung erschweren, auf verschiedenen Ebenen kirchlichen Lebens offen. Eine traumasensible Kirche wird versuchen, diese Missstände zu einem möglichst hohen Grad zu beheben.

Auch wenn sich der Bericht auf die ehemalige Nordelbische Evangelisch-Lutherische Kirche bzw. die Nordkirche als ihre Rechtsnachfolgerin bezieht, können viele der angesprochenen Probleme als repräsentativ auch für andere Landeskirchen gelten.[108] Der Bericht umfasst ca. 80 Seiten Empfehlungen und weist auf zahlreiche, zum Teil gravierende Defizite hin. Ein signifikanter Teil davon bezieht sich auf kirchenrechtliche Graubereiche, die klar anzeigen, dass die spezifischen Problematiken, die mit sexuellem Missbrauch in Institutionen einhergehen, kirchenrechtlich keineswegs hinreichend reguliert sind.[109] Dies bezieht sich den Autorinnen des Berichts zufolge bspw. auf das sexuelle Abstinenzgebot in Seelsorgebeziehungen oder den Schutz von Jugendlichen und

---

[105] Es soll an dieser Stelle noch einmal auf den Forschungsbedarf in diesem Bereich hingewiesen werden. Gewalt und Missbrauch in religiösen Institutionen stellen ein gravierendes Problem dar, das auch von theologischer Seite bearbeitet werden muss.

[106] Eine Auflistung von Presseartikeln, die verschiedene Missbrauchsfälle innerhalb der evangelischen Kirche in Deutschland dokumentieren, findet sich unter: http://missbrauch-in-ahrensburg.de/presse-und-tv/faelle-in-anderen-evangelischen-landeskirchen-deutschlands/ (aufgerufen am 31. Oktober 2017).

[107] Bei den Mitgliedern der Expertenkommission handelt es sich um Petra Ladenburger; Martina Lörsch, Ursula Enders und Dirk Bange. Der Bericht ist unter dem Titel: „*Schlussbericht der unabhängigen Kommission zur Aufarbeitung von Missbrauchsfällen im Gebiet der ehemaligen Nordelbischen Evangelisch-Lutherischen Kirche, heute Evangelisch-Lutherische Kirche in Norddeutschland*" zum kostenlosen Download verfügbar.

[108] Dies gilt zum Beispiel für verschiedene kirchenrechtliche Regelungen, die landeskirchenübergreifend durch Rechtskorpora der VELKD kodifiziert wurden.

[109] LADENBURGER; LÖRSCH u.a. (2014): *Schlussbericht der unabhängigen Kommission*, 11–126 und 341–378.

F. Grundlinien einer traumasensiblen Seelsorge

Heranwachsenden vor sexuellen Grenzverletzungen und Übergriffen durch kirchliche MitarbeiterInnen.[110]

Der sozialwissenschaftliche Teil der Untersuchung legt in seiner Analyse verschiedene Ambivalenzen und Missstände kirchlichen Lebens offen, die in den untersuchten Fällen den Missbrauch erst ermöglichten, oder seiner Erkennung und Ahndung im Wege standen.[111] Immer wieder wird dabei deutlich, dass für viele Verantwortliche nicht die Interessen der Opfer, sondern die Interessen der Institution Priorität hatten.[112] Die Studienautoren beklagen in der Analyse eines kirchlichen Krisenstabes weiterhin ungenügende Fachlichkeit, Vernachlässigung der Opferperspektive, Vernachlässigung der interdisziplinären Kooperation und Rollenkonfusion, die dann durch das Engagement Einzelner, kaum zu kompensieren sind.[113]

Der Empfehlungsteil für Maßnahmen von Aufarbeitung und Prävention ist für kybernetische und kirchentheoretische Fragestellungen weiterführend.[114] Die dort geschilderten Konzeptionen und Maßnahmen können als ein kritisches Reflexionsinstrument für die Maßnahmen und Konzeptionen dienen, die in den unterschiedlichen Landeskirchen tatsächlich eingeleitet wurden.[115]

Menschen, die in Kirchen – besonders aber der Evangelischen Kirche in Deutschland – Verantwortung tragen, ist die Lektüre des Berichtes an dieser Stelle empfohlen. Er sensibilisiert für die zerstörerische Dynamik von Missbrauch in der Kirche und legt offen, dass die Möglichkeiten des Umgangs damit zum momentanen Zeitpunkt noch unzureichend sind.

Die Aufarbeitung der Missbrauchsvorfälle hat aber auch eine in weiten Teilen vernachlässigte theologische Dimension. Das Proprium von Kirchen im Gegenüber zu anderen nicht-religionsbezogenen Institutionen ist die Theologie. Dies

---

[110] Vgl. LADENBURGER; LÖRSCH u.a. (2014): *Schlussbericht der unabhängigen Kommission*, 357ff.
[111] Vgl. LADENBURGER; LÖRSCH u.a. (2014): *Schlussbericht der unabhängigen Kommission*, 127–295.
[112] So kommen die Autoren z.B. in der Analyse eines kirchlichen Krisenstabes zu dem Ergebnis: „Dem ‚Krisenstab‘ kam [...] die Funktion einer kircheninternen Arbeitsgruppe zu, die vor allem bemüht war, den öffentlichen Ruf der Kirche zu schützen. Man versuchte, die kircheninternen Kommunikations- und Kooperationskonflikte unter Kontrolle zu halten und eine ‚öffentliche Selbstzerfleischung‘ durch gegenseitige Schuldzuweisungen zu stoppen. Im Management der (Sofort-)Hilfen für Betroffene, die Kirchengemeinde und die kirchlichen Mitarbeiterinnen und Mitarbeiter versagte der ‚Krisenstab‘. Weder die Betroffenen sexualisierter Gewalt, noch die Kirchengemeinde und deren hauptamtliche Mitarbeiterinnen und Mitarbeiter bekamen eine zeitnahe, fachlich qualifizierte und ausreichende Hilfe in der Krisensituation oder eine entsprechende langfristige Unterstützung von Landeskirche und/oder Kirchenkreis zur Verfügung gestellt." LADENBURGER; LÖRSCH u.a. (2014): *Schlussbericht der unabhängigen Kommission*, 285.
[113] LADENBURGER; LÖRSCH u.a. (2014): *Schlussbericht der unabhängigen Kommission*, 285f.
[114] Vgl. LADENBURGER; LÖRSCH u.a. (2014): *Schlussbericht der unabhängigen Kommission*, 296–340.
[115] Der Bericht bezieht sich spezifisch auf die Nordkirche, nennt aber verschiedene Möglichkeiten sinnvoller Prävention und Vorbereitung von Intervention, die darüber hinaus auch für andere Landeskirchen ausgesprochen sinnvoll sind.

meint, dass theologisches Denken ein prinzipieller Auftrag der Kirche ist, aber auch, dass ihr Selbstverständnis eine grundsätzliche theologische Dimension hat. Probleme und Missstände innerhalb der Kirche sind deswegen immer auch theologische Probleme, und deren gründliche Bearbeitung hat deren theologische Reflexion zur Voraussetzung. Wenn Fälle von Missbrauch durch kirchliche Amtsträger an das Tageslicht kommen, dann ist ein Moment gekommen, um inne zu halten und zu fragen: Was ist hier passiert? Wer und wo sind die Opfer? Was haben diese Opfer zu sagen? Wie kann Gerechtigkeit hergestellt werden? Was können wir tun, damit so etwas nie wieder passiert? Und wie kann Kirche in diesem Nachdenken und Handeln Kirche sein, was also ist die theologische Dimension? Was also sind z.B. die Folgen für das Amtsverständnis? Welche theologisch sanktionierten Dynamiken befördern den Missbrauch von Macht? All diese Fragen brauchen Raum, und können – sofern sie ernst genommen werden – nicht schnell beantwortet werden.

Nimmt man die kirchliche Publikationstätigkeit zu sexuellem Missbrauch in den letzten Jahren zur Kenntnis, so werden einige dieser Fragen gestellt. Andere der genannten Fragen kommen kaum oder überhaupt nicht vor. In den Jahren seit 2010 erschienen bspw. seitens der EKD vor allem vier Publikationen: „Auf Grenzen achten – Sicheren Ort geben. Prävention und Intervention. Arbeitshilfe für Kirche und Diakonie bei sexualisierter Gewalt."[116]; „Unsagbares sagbar machen. Anregungen zur Bewältigung von Missbrauchserfahrungen insbesondere in evangelischen Kirchengemeinden."[117]; „Das Risiko kennen – Vertrauen sichern. Kinder und Jugendliche vor sexualisierter Gewalt schützen: Risikoanalyse in der Arbeit von Kirchengemeinden."[118]; „Hinschauen – Helfen – Handeln. Hinweise für den Umgang mit Verletzungen der sexuellen Selbstbestimmung durch beruflich und ehrenamtlich Mitarbeitende im kirchlichen Dienst."[119]

Bei den drei letztgenannten Publikationen handelt es sich um knappe, praxisbezogene Richtlinien von ca. 20–30 Seiten, die im jeweils im Titel benannten Arbeitsfeld konkrete Prävention und Intervention anleiten wollen.

Die einzige etwas grundlegendere Auseinandersetzung mit der Thematik ist „Auf Grenzen achten – Sicheren Ort geben." In der Anlage und Zielsetzung ist das Papier wichtig, und es ist davon auszugehen, dass es den an seiner Ausarbeitung beteiligten Personen mit der Thematik ernst ist. Dennoch offenbart diese Arbeitshilfe Mängel, die einen Blick auf grundsätzliche Probleme zulassen.

---

[116] DIAKONIE DEUTSCHLAND; EVANGELISCHE KIRCHE IN DEUTSCHLAND (EKD) (2014): *Auf Grenzen achten.*

[117] EVANGELISCHE KIRCHE IN DEUTSCHLAND (EKD) (2014): *Unsagbares sagbar machen.*

[118] EVANGELISCHE KIRCHE IN DEUTSCHLAND (EKD) (2014): *Das Risiko kennen – Vertrauen sichern: Kinder und Jugendliche vor sexualisierter Gewalt schützen: Risikoanalyse in der Arbeit von Kirchengemeinden.*

[119] KIRCHENAMT DER EKD (2012): *Hinschauen – Helfen – Handeln. Hinweise für den Umgang mit Verletzungen der sexuellen Selbstbestimmung durch beruflich und ehrenamtlich Mitarbeitende im kirchlichen Dienst.*

F. Grundlinien einer traumasensiblen Seelsorge

Ursula Enders und Dirk Bange, beide durch viel Praxiserfahrung und reiche Publikationstätigkeit ausgewiesene Fachkräfte im Bereich des sexuellen Missbrauchs in Institutionen, kommen im sozialwissenschaftlichen Teil der bereits genannten Untersuchung in Bezug auf die Arbeitshilfe zu dem Urteil:

> „Das Material vermittelt den Eindruck, dass Texte durch Referentinnen/Referenten ohne Interventionskompetenz und -praxis zusammengestellt wurden. [Es] ist davon auszugehen, dass die neue ‚Arbeitshilfe' der EKD in der Praxis wenig hilfreich ist."[120]

Schon diese sozialwissenschaftliche Beurteilung sollte grundsätzlich zu denken geben. Doch auch am theologischen Teil werden grundlegende Probleme sichtbar. Dieser umfasst drei Seiten und fällt damit für eine Institution, deren Proprium ein theologisches Selbstverständnis ist, ausgesprochen gering aus.[121] Institutionelle Selbstkritik findet sich nicht. Es wird nicht reflektiert, ob oder wie sich die Kirche an den Betroffenen durch ihre Lehre und ihr Leben schuldig gemacht hat. Wie in Kapitel E gezeigt wurde, gäbe es dazu hinreichenden Anlass. Es wird nicht erwähnt, dass christliche Ethik das Problem über Jahrhunderte als solches kaum erkannt und schwer vernachlässigt hat. Erstaunlich sind dann auch Formulierungen wie diese, wenn es im salbungsvollen Duktus in Bezug auf christliche Ethik heißt: „Sie ermutigt Kinder und Jugendliche, die sexualisierte Gewalt erlitten haben, zur Klage und zum Protest."[122] Es gehört zu den tendenziell unmöglichen Denkaufgaben, die schwer zu versprachlichenden Folgen, die sexuelle Gewalt für Betroffene – zumal Kinder und Jugendliche – hat, mit der formelhaft anmutenden Ermutigung „zur Klage und zum Protest" zusammen zu denken.

In einem weiteren wichtigen Punkt ist die Arbeitshilfe ambivalent. Immer wieder wird deutlich, dass den Verfassenden viel am guten Ruf der Institution liegt.[123] Dies ist in gewisser Hinsicht verständlich, gleichzeitig jedoch hochproblematisch. Denn ist der Wunsch zu wichtig, einen guten Ruf wahren zu wollen, setzt dies Mechanismen in Kraft, welche die Verschleierung von Missbrauch begünstigen.

---

[120] LADENBURGER; LÖRSCH u.a. (2014): *Schlussbericht der unabhängigen Kommission*, 314.

[121] Es ist insgesamt genauer zu bedenken, wie wenig theologische Reflexion die Kirche dem Thema des sexuellen Missbrauches einräumt. Einen zaghaften Versuch stellt eine Publikation der Evangelisch-Lutherischen Landeskirche Hannovers dar. So wichtig dieser Versuch ist, werden die großen Mängel bei der Lektüre schnell klar. Vgl. LANDESKIRCHENAMT DER EVANGELISCH-LUTHERISCHEN LANDESKIRCHE HANNOVERS (2012): *Prävention Sexualisierter Gewalt: Theologische Beiträge zur Diskussion*.

[122] DIAKONIE DEUTSCHLAND; EVANGELISCHE KIRCHE IN DEUTSCHLAND (EKD) (2014): *Auf Grenzen achten*, 10.

[123] Dies legen zumindest Sätze nahe wie: „Eine gut strukturierte und transparent gestaltete sowie nach Möglichkeit öffentlichkeitswirksame Präventionsarbeit ist für jeden Träger und jede Institution ein Ausweis hoher Qualität." DIAKONIE DEUTSCHLAND; EVANGELISCHE KIRCHE IN DEUTSCHLAND (EKD) (2014): *Auf Grenzen achten*, 41.

Die Arbeitshilfe teilt weiterhin die wahrscheinlich gravierendste Schwäche mit den anderen drei oben genannten Publikationen, dass sich darin kein signifikanter Raum für die Stimmen der Betroffenen findet. Es gibt keinen Raum für deren Selbstzeugnisse, Erfahrungsberichte oder theologischen Beiträge.[124] Dabei könnten diese nicht nur anderen Betroffenen zu mehr Sprachfähigkeit verhelfen. Sie könnten auch dazu beitragen, eine Betroffenheit zu vermitteln, die jenseits einer oberflächlichen Beschäftigung zu einer tiefgreifenden Auseinandersetzung mit der Thematik führt.

Ebenso ist erstaunlich, dass sich innerhalb der bisher vorhandenen Publikationen keinerlei seelsorgliche Ansprache findet. Keine Publikation versucht, sich ehrlich und unaufdringlich an Betroffene zu wenden. Dies ist irritierend, da Seelsorge ein Grundauftrag der Kirche ist.

Insgesamt erwecken die Publikationen den Eindruck, als seien sie nicht das Ergebnis eines authentischen Gesprächsweges mit Betroffenen, sondern die Produkte politischer Absicherungsprozesse.

Wollen Kirchen in ihrer Traumasensibilität wachsen – und es sollte zu ihrem Selbstverständnis gehören, dies tun zu wollen – dann müssen sie aufmerksam darauf hören, was Betroffene von traumatisierender Gewalt zu sagen haben. Sie müssen bereit sein, zuzuhören und als Kirchen die Kompetenz ihrer Gesprächspartner ernst nehmen. Dies schließt, wie oben gesagt, die theologische Kompetenz mit ein. Denn nur wenn das Gespräch auch als theologisches geführt wird, werden die Auswirkungen auf die Kirche nachhaltig sein. Die in der Einleitung zitierte Betroffene „Anna" formuliert im Anschluss an die Beschreibung ihres Leidens: „Ich weiß, das mag ziemlich arrogant klingen, aber ich habe mich von einem hilflosen Opfer in eine Überlebende verwandelt. Ich denke, meine Geschichte – unsere Geschichte, die von uns allen, die Verletzung und Missbrauch erlitten haben, ist eine reiche Quelle für die Kirche, aus der sie schöpfen kann."[125] Dabei ist klar, dass ein solches Gespräch nicht glaubwürdig ist, wenn es mit der Intention geführt wird, den eigenen Ruf zu schönen. Es ist weiterhin nicht glaubwürdig, wenn es nicht mit der Bereitschaft geführt wird, sich selbst in seiner Theologie, Struktur und seinem Selbstverständnis in Frage stellen zu lassen. Vielmehr schließt ein ehrliches Zuhören die Bereitschaft zur eigenen Veränderung mit ein. Die Publikationen der EKD lassen zu diesem Zeitpunkt nur den

---

[124] Dass es diese Beiträge gibt, sie sich auf einem hohen inhaltlichen und sprachlichen Niveau befinden, sie allerdings sehr aufwühlend sein können und institutionenkritisch sind, zeigt sich bspw. an den „Stimmen von Betroffenen" auf www.gottes-suche.de (aufgerufen am 24. August 2018).

[125] MACDONALD (1998): *Jetzt schweigen die Frauen nicht mehr: Die Antwort der Kirche auf männliche Gewalt gegen Frauen*, 65.

Schluss zu, dass dieser Gesprächsweg der evangelischen Kirche abgesehen von einigen individuellen Ausnahmen in weiten Teilen noch bevorsteht.[126]

Hoffnung machte die Thematisierung der Problematik auf der EKD-Synode 2018 in Würzburg. Kritisch ist zu fragen, warum Missbrauch erst so spät umfassend thematisiert wurde. Als kirchliches Problem war es spätestens 2010 auf dem Tableau. Die MHG-Studie der Deutschen Bischofskonferenz war bereits veröffentlicht. Vielversprechend ist das Engagement Einzelner, das auf der Synode durchschien, ebenso wie der 11-Punkte Handlungsplan, der bei tatsächlicher Umsetzung wichtige Impulse bringen könnte. Kritisch zu fragen bleibt aber weiterhin, ob es nicht dem Auftrag der Kirche gemäß wäre, über die Grenzen der Institution hinaus zu denken. Denn viele zehntausend Menschen, die Mitglieder oder MitarbeiterInnen der Kirchen sind oder es auch nicht sind, haben Gewalt nicht in Institutionen, sondern eben dem sozialen Nahraum erlebt. Die Kirche wird ihrem diakonischen Auftrag nur dann gerecht, wenn sie die Realität dieser Betroffenen in ihr Denken und Handeln einbezieht.

2.1.2 Befähigte Mitarbeitende

Alles in diesem Kapitel bisher Ausgeführte stellt sehr hohe Ansprüche an Seelsorgende. Die unter „1. Traumasensible Seelsorgende" formulierten Grundlagen verlangen einen hohen Grad an emotionaler Intelligenz, die Bereitwilligkeit sich zu investieren und die Bereitschaft sich eigeninitiativ fortzubilden. Gleichzeitig sind diese Grundlagen erst die Voraussetzung für die Möglichkeit, als Kirche verantwortungsvoll einen wie oben skizzierten Gesprächsweg zu beginnen. Die zweite große Verantwortung, welche eine traumasensible Kirche deswegen wahrnehmen muss, ist die Befähigung ihrer Mitarbeitenden.

Dies rührt an die größere strukturelle Problematik von Kapazitäten für Gesprächsseelsorge. Diese Güter sind aber für die Arbeit mit Betroffenen von traumatischer Gewalt sehr wichtig. Der Aufbau einer Vertrauensbeziehung braucht Zeit und Regelmäßigkeit. Die Konfrontation mit Traumanarrativen kann Zuhörende viel Kraft kosten. Deswegen erübrigt sich die Frage nach Traumasensibilität von Seelsorge, wenn für Seelsorge nicht die notwendigen Voraussetzungen gegeben sind. Kirchen können einen grundsätzlichen Beitrag zur Befähigung ihrer Mitarbeitenden leisten, indem sie diesen Raum zur Seelsorge schaffen.

In Kapitel B dieser Arbeit konnte anhand repräsentativer Studien plausibilisiert werden, dass sich wahrscheinlich in jeder größeren Gemeindeveranstaltung Betroffene von Gewalt im sozialen Nahraum finden. Infolgedessen wäre

---

[126] Ein knapper aber lesenswerter Artikel, der die Erfahrungen von Betroffenen mit der katholischen Kirche zur Sprache bringt, ist: HASLBECK; KERSTNER (2016): „Es dauerte mehr als 10 Jahre, bis ich einen Seelsorger fand, der mir zuhörte": Was Menschen mit Missbrauchserfahrung in der Kirche erleben.

es wichtig, hinreichende Kompetenzvermittlung an Mitarbeitende möglichst grundsätzlich zu verankern, und zwar in der Aus-, aber auch der Fort- und Weiterbildung. Grundsätzliche Überlegungen dazu wurden unter „1.1.2 Weiterbildung und Theoriebezüge" bereits dargestellt.[127] Auch ist der Tatsache Rechnung zu tragen, dass sich Seelsorgende nicht jenseits der Kategorien von Opfer und Täter befinden. Die Kirche tut also gut daran, ihre Mitarbeitenden bei der Aufarbeitung eigener diesbezüglicher Erfahrungen zu unterstützen.

Weiterhin sind Strukturen wichtig, die Seelsorgenden regelmäßige und sachkundige Supervision ermöglichen. Diese ist Grundlage für eine langfristig konstruktive Seelsorge. Viele Kirchen sind sich der hohen Bedeutung von Supervision für die Seelsorge bewusst und ermutigen und unterstützen eine entsprechende Praxis. Wichtig ist für eine traumasensible Seelsorge, dass Supervisorinnen und Supervisoren um die spezifischen Herausforderungen der Arbeit mit traumatisierten Menschen wissen.

Für eine realistische Umsetzung der oben aufgeführten Aspekte bedarf es neben einer generellen Schulung der Mitarbeitenden auch spezialisierter Fachkräfte. Der bereits genannte Schlussbericht zur Aufarbeitung von Missbrauchsfällen im Bereich der ehemaligen Nordelbischen Evangelisch-Lutherischen Kirche macht den Vorschlag einer „Arbeitsstelle gegen sexualisierte Gewalt", die so auch in anderen Landeskirchen eingerichtet werden könnte.[128] Dies meint nicht die Benennung vereinzelter Ansprechpersonen, die dieser Aufgabe berufsbegleitend nachgehen und mehr oder weniger qualifiziert sind.[129] Gemeint ist die Einrichtung eines in diesem Arbeitsfeld erfahrenen, interdisziplinär zusammengesetzten Teams, welches sich der Thematik in Vollzeit widmet.[130] Während sich der Vorschlag des Schlussberichtes auf sexualisierte Gewalt innerhalb von

---

[127] Die Ausrichtung der unter *1.1.2 Weiterbildung und Theoriebezüge* dargestellten Überlegungen findet sich insofern durch den oben besprochenen Bericht unterstützt, als auch dort neben Erfahrung psychologische Grundsatzqualifikationen angemahnt werden. Zum Beispiel heißt es: „Insbesondere fehlten psychologisch-beraterisch qualifizierte Ansprechpartnerinnen/-partner mit langjähriger Berufserfahrung in der Hilfe traumatisierter Menschen. Es waren vielmehr die Betroffenen, die in der für sie ohnehin extrem belastenden Phase der Aufdeckung des ihnen zugefügten Leids geschockte Theologen der betroffenen Kirchengemeinde auffingen, da auch für diese keine Krisenintervention angeboten wurde[.]" LADENBURGER; LÖRSCH u.a. (2014): *Schlussbericht der unabhängigen Kommission*, 297.

[128] Vgl. LADENBURGER; LÖRSCH u.a. (2014): *Schlussbericht der unabhängigen Kommission*, 337ff.

[129] Diesen Eindruck erwecken einige der „Ansprechpersonen für Missbrauchsopfer in Gliedkirchen der EKD", die auf der Homepage der EKD gelistet sind. (www.ekd.de/Ansprechpartner-fuer-Missbrauchsopfer-23994.htm [aufgerufen am 24. August 2018]). Es scheint dabei keine transparenten Qualifikationsstandards zu geben. Während einige Ansprechpartner über eine wahrscheinlich sehr spezialisierte Qualifikation verfügen (z.B. Fachberatungsstellen), ist diese bei anderen nicht ersichtlich.

[130] Entsprechende Überlegungen, die vor allem auch die hohe Bedeutung der Interventionskompetenz betonen, finden sich bei: LADENBURGER; LÖRSCH u.a. (2014): *Schlussbericht der unabhängigen Kommission*, 338ff.

F. Grundlinien einer traumasensiblen Seelsorge   305

Institutionen bezieht und die Arbeitsstelle entsprechend konzipiert, wäre eine solche Arbeitsstelle auch modifiziert mit erweitertem Tätigkeitsfeld denkbar. Gemeint ist, dass diese „Arbeitsstelle gegen traumatische Gewalt" neben der Gewalt in kirchlichen Institutionen auch Gewalt im sozialen Nahraum in den Blick nimmt, deren Opfer sich zu großen Zahlen in Kirchen und Gemeinden finden. Eine solche Arbeitsstelle könnte in Seelsorge, Intervention, Prävention und Weiterbildung ausgesprochen wertvolle Arbeit leisten und so für Betroffene, Seelsorgende, Gemeinden und Kirche eine große Unterstützung sein.

2.2   Verantwortung der Kirche nach außen

Prinzipiell erstreckt sich die Verantwortung der Kirche nicht nur nach innen. Nach außen hat sie an der gesellschaftlichen Gestaltung teil. Doch hat die Verantwortung nach innen insofern Priorität, als ihre gewissenhafte Wahrnehmung erst die Voraussetzung ist, glaubwürdig nach außen sprechen zu können. Bevor die Kirchen sich also darum bemühen, nach außen die Interessen von Opfern zu vertreten, bzw. ihnen eine Stimme zu geben, müssen sie ihre Verantwortung nach innen wahrnehmen. Dies heißt, ihrer Fürsorgepflicht gegenüber den Betroffenen in ihren eigenen Reihen nachzukommen und keinen Einsatz für eine möglichst gute Präventionsarbeit zu scheuen. Sofern sie dies nicht tun, ist der Einsatz nach außen unglaubwürdig. Da zum gegenwärtigen Zeitpunkt, wie gezeigt wurde, die Verantwortung nach innen nur ungenügend wahrgenommen wird, haben die Überlegungen zur äußeren Verantwortung weniger einen gegenwartsbezogenen, als einen zukunftsweisenden Charakter.

Kerstner, Haslbeck und Buschmann stellen Überlegungen vor, wie Seelsorgende ein Sprachrohr für die Belange von Betroffenen sein können.[131] Einige der Überlegungen lassen sich auch auf die Verantwortung der Kirche nach außen übertragen. Diese könnte in der

> „Gesellschaft das Verständnis für die Situation von Missbrauchsopfern wecken und fördern. Trotz aller Öffentlichkeitsarbeit und aller Verbreitung von Wissen über Traumafolgen herrschen noch immer Unkenntnis und Vorurteile. Das Wissen über Gewalt und Gewaltfolgen hat die Neigung, immer wieder vergessen zu werden. [...] Missbrauchsopfer selbst wagen wegen der hohen Belastung oft nicht, Aufklärungsarbeit zu leisten. Sie haben die berechtigte Sorge, damit ihre eigene weitere Ausgrenzung zu befördern."[132]

Die Kirchen sind im deutschsprachigen Raum nach wie vor relativ starke und stabile Institutionen mit privilegierten Zugängen zu materiellen Ressourcen, politischen Entscheidungsträgern und medialer Aufmerksamkeit. Würden sich die Kirchen durch das von häuslicher Gewalt und Missbrauch verursachte Leid

---

[131] Vgl. KERSTNER; HASLBECK u.a. (2016): *Damit der Boden wieder trägt*, 188f.
[132] KERSTNER; HASLBECK u.a. (2016): *Damit der Boden wieder trägt*, 188.

stärker berühren lassen und die Anliegen von Betroffenen zu ihren eigenen Anliegen machen, könnten sie einen wichtigen Beitrag zu konstruktiven gesellschaftlichen Veränderungen leisten.

Weiterhin haben Kirchen eine besondere Verantwortung voreinander und füreinander. Eine theologisch richtig verstandene Ökumene kann keine Harmonie über Missstände hinweg befördern wollen, sondern muss eine wechselseitige Ermutigung zur Treue gegenüber der christlichen Botschaft bedeuten.[133] Die Kirchen können sich deswegen auf ihrem Weg zu mehr Traumasensibilität in kritischer Solidarität gegenseitig unterstützen. Das bedeutet auch, sich gegenseitig zur Verantwortung zu ziehen, wenn sich Strukturen oder Vorgänge identifizieren lassen, welche Gewalt und Missbrauch befördern, deren Aufarbeitung verhindern oder zu einem ungebührlichen Umgang mit dessen Opfern führen. Ebenso wäre eine Zusammenarbeit für opfersensible Gottesdienste denkbar und anzustreben.

„Is the Church among the Prophets?" lautet eine provokante Frage von Ron Clark innerhalb des Diskurses um häusliche Gewalt, Missbrauch und die Rolle der Kirche darin.[134] Ist die Kirche unter den Propheten?

Versteht man den Prophetenbegriff vor allem in seiner sozialkritischen Traditionslinie, in dem Wortsinn eines „öffentlich Hervor-Sagens"[135], so bedeutet diese Frage, ob die Kirche zu denjenigen gehört, die gesellschaftliche Probleme mutig benennen. Häusliche Gewalt und Missbrauch gehören im Kontext des Westens zu den gravierendsten sozialen Problemen unserer Zeit. Gleichzeitig existieren starke Verdrängungsmechanismen. Die Kirche ist dann unter den Propheten, wenn sie dies mutig benennt und glaubwürdig für die Betroffenen eintritt.

---

[133] Treue zur christlichen Botschaft kann nur bedeuten, sich für die Betroffenen einzusetzen und der kirchlichen Fürsorgepflicht gegenüber diesen nachzukommen. Wenn Kirchenvertreter feststellen, dass dies nicht eingehalten wird, dann hilft es nicht zu einer größeren Treue gegenüber dem Evangelium, diesen Missstand zu verschweigen, sondern dann gehört zu einer guten Ökumene, dies zu kritisieren.

[134] CLARK, Ron (2009): *Freeing the Oppressed: A Call to Christians Concerning Domestic Abuse*, Cascade Books: Eugene, 129. Es handelt sich bei dem Zitat um eine Kapitelüberschrift.

[135] SCHMIDT, Konrad (2016): *Hintere Propheten (Nebiim)*, in: *Grundinformation Altes Testament*, hrsg. von GERTZ, Jan C., 5. Aufl., Vandenhoeck & Ruprecht: Göttingen, 314.

2.3 Traumasensible Gemeinde

Die Kirche verkörpert sich in der Vielzahl ihrer Ortsgemeinden. Diese sind der primäre Ort, an dem Menschen kirchliches Leben erfahren und formen. Insofern ist für die Fragestellung dieser Arbeit zentral, inwiefern Gemeinden sensibel für die traumatischen Erfahrungen ihrer Mitglieder sein können.[136]

Im Folgenden sollen einige elementare Gedanken über Voraussetzungen und Potentiale einer traumasensiblen Gemeinde dargestellt werden.[137] Dabei bilden die Überlegungen aus *1. Traumasensible Seelsorgende* die Grundlage für die folgenden Überlegungen. Auch wenn die dortige Theoriebildung auf hauptamtliche Seelsorgende bezogen ist, können die zugrundeliegenden Prinzipien demokratisiert werden. Für alle Christinnen und Christen sind in der Auseinandersetzung mit traumatischer Gewalt ein realistisches Selbstverständnis, Weiterbildung, ein Bewusstsein für eigene Möglichkeiten und Grenzen und eine hinreichende Selbstsorge konstitutiv. Wenn eine innergemeindliche Beziehung in der Auseinandersetzung mit Traumata seelsorgliche Qualität gewinnt, sind Vertrauen, die Fähigkeit zur Ausrichtung am Gegenüber und die Beziehungsdimensionen von Respekt, Information, Empathie und Hoffnung basal. Im Folgenden werden diese Grundlagen immer wieder sichtbar, auch wenn der Fokus auf überindividuellem kirchlichen Handeln liegt.

2.3.1 Ein informierter und sicherer Ort

Sicherheit und Information sind zwei Voraussetzungen einer traumasensiblen Gemeinde. Beides hängt eng zusammen. Damit Gemeinden traumasensibel sein können, müssen sie sichere Orte sein. Um sicher sein zu können, muss ein möglichst großes Verständnis über Gewalt und den Umgang damit vorhanden sein. Ebenso wie in der Arbeit der Kirchen gibt es in der Arbeit von Gemeinden für Sicherheit und Information eine Verantwortung nach innen und eine Verantwortung nach außen. Und gleichermaßen wie für die Kirchen sind die Voraussetzung für die Umsetzung dieser Überlegungen auf Gemeindeebene befähigte

---

[136] Auch Christine Rost macht darauf aufmerksam, dass Gemeinden für Betroffene eine wichtige Unterstützung sein können. „In Gemeinden gibt es eine Fülle von Ressourcen, Menschen zu helfen, z.B. durch Gesprächskreise, Begleitung, praktische Unterstützung, Gebet, Seelsorge, Segnung, Salbung oder Beichte und Angebote zur speziellen Themen wie sexuellem Missbrauch, Kindstod etc." ROST, Christine (2010): *Der Glaube als Ressource in der Behandlung psychisch traumatisierter Menschen christlicher Prägung*, in: *Religiöse Krankheitsbewältigung: Zur Rolle von Christentum und Islam im Umgang mit psychischen Erkrankungen*, hrsg. von EHM, Simone; UTSCH, Michael, Bd. 208, EZW-Hefte, 60.

[137] Der Fokus der hiesigen Überlegungen ist insofern verengt, als primär Traumata infolge von Gewalt im sozialen Nahraum reflektiert werden. In einem Kontext, in dem andere Traumata – bspw. Kriegstraumata in einer Gemeinde mit mehreren Veteranen – eine große Rolle spielen, bedarf es entsprechend angepasster Überlegungen.

Mitarbeitende, welche die Thematik ernst nehmen und sich entsprechend dazu verhalten.

Grundlegend für die Verantwortung nach außen ist die Verantwortung nach innen. Der Wert der Sicherheit in der Verantwortung nach innen bedeutet, dass Gemeinden möglichst Orte sein sollten, an denen Menschen keine Gewalt widerfährt. Dafür ist alles Mögliche zu tun. Vollständige Sicherheit ist ein Ziel, das allerdings nie erreicht werden kann. Das Wissen darum und eine möglichst daraus folgende Haltung der Aufmerksamkeit, sind ein erster Schritt, den Grad an Sicherheit zu erhöhen.

Weiterhin ist zu fragen, welche Orte gemeindlichen Lebens für das Vorkommen von Gewalt besonders anfällig sind. Dies gilt insbesondere für die Arbeit mit vulnerablen Gruppen wie Kindern und Jugendlichen. Eine Risikoanalyse der Gemeindearbeit ist insofern ein unersetzlicher Schritt hin zu mehr Traumasensibilität.[138] Entsprechend der Risikoanalyse ist eine möglichst gute Präventionsarbeit wichtig.[139]

Die hohe Bedeutung von Vernetzung wurde schon in Bezug auf einzelne Seelsorgende genannt, gilt aber ebenso für Gemeinden als Ganze. Je besser diese mit für den Problembereich von Gewalt im sozialen Nahraum relevanten Fachkräften und Einrichtungen vernetzt sind, desto besser. In vielen Gemeinden werden sich selbst Mitarbeiterinnen und Mitarbeiter solcher Einrichtungen finden, denen dann eine wichtige Brückenfunktion zukommen kann. Aber auch unabhängig davon können Gemeinden bspw. auf entsprechende Beratungsstellen oder Krisenhotlines hinweisen, indem sie entsprechende Flyer auslegen, Plakate aufhängen oder in gemeindlichen Publikationen (v.a. Gemeindebrief) auf entsprechende Angebote hinweisen.[140] Die Möglichkeiten der Vernetzung sind vielfältig. Wichtig ist, dass die Realität von Traumata infolge von Gewalt im sozialen Nahraum nicht ausgeblendet wird, und deutlich ist, dass es in jeder Situation Möglichkeiten der Unterstützung gibt.

Ebenso wichtig wie die Frage der Vernetzung nach außen ist, welche Felder gemeindlicher Arbeit zu einer Steigerung von Sensibilität und Kompetenz im Umgang mit Gewalt und daraus folgenden Traumata beitragen können. Neben Verkündigung und Gottesdienst ist dabei vor allem an Gemeindepädagogik zu

---

[138] Konkret anwendbar ist die oben angeführte Publikation der EKD „Das Risiko kennen – Vertrauen sichern". Dort sind neben näheren sachlichen Klärungen auch konkrete Schritte in einer Risikoanalyse aufgeführt. Es ist aber in jedem Fall hilfreich, die dortigen Informationen vor der Anwendung weiter fachlich zu vertiefen. Vgl. EVANGELISCHE KIRCHE IN DEUTSCHLAND (EKD) (2014): *Das Risiko kennen – Vertrauen sichern*.

[139] Das Thema der Prävention wurde bei der Frage des Missbrauchs innerhalb der Kirche schon berührt. Wie dort näher ausgeführt, gibt es erste Ansätze, Prävention umfassender in kirchlichen Gemeinden und Einrichtungen zu verankern. Jedoch müssen diese Ansätze oft noch weiterentwickelt werden.

[140] Es ist hilfreich, wenn entsprechendes Informationsmaterial an einem Ort ausliegt, an dem Betroffene es möglichst unbeobachtet und niedrigschwellig zur Kenntnis und eventuell an sich nehmen können. Sehr gut geeignet sind dafür bspw. Toilettenräume.

F. Grundlinien einer traumasensiblen Seelsorge

denken. Damit dies auf konstruktive Weise geschehen kann, ist ein selbstkritisches Bewusstsein dafür notwendig, wie Religiosität selbst in die Problematik von Gewalt im sozialen Nahraum verstrickt ist, und an welchen Stellen für religiöse Betroffene besondere Herausforderungen liegen.[141]

Es gibt verschiedene Orte in Verkündigung und Gottesdienst, an denen Traumata infolge von Gewalt auf gute Weise thematisiert werden können und auch sollten, sei dies z.B. in Gebeten, Bibelarbeiten oder Predigten.[142] Wichtig ist, dies auf ehrliche, aber vorsichtige Weise zu tun. Die Realität der Gewalt ist als solche zu benennen, es muss aber möglichst vermieden werden, Gewaltopfer zu triggern. Das gottesdienstliche Reden sollte entsprechend von Respekt, Empathie und Hoffnung gegenüber den Betroffenen gekennzeichnet sein.[143]

In der Literatur und Praxis finden sich immer wieder Gottesdienstentwürfe, die z.B. als Klagegottesdienste speziell auf Opfer von Gewalt abgestimmt sind.[144] Auch wenn solche Gottesdienstformen durchaus ihr Recht haben und wichtig sein können, sollten diese nicht auf Kosten einer breiten Verankerung der Thematik in Verkündigung und Gottesdienst gehen. Betroffene sind das ganze Jahr über Glieder der Gemeinden und sollten entsprechend nicht nur bei Sondergottesdiensten diesen Teil ihrer Lebensrealität wiederfinden.[145]

Gemeindepädagogik ist ein Teil der Religionspädagogik, worunter sich zahlreiche Handlungsfelder versammeln, die über gemeindliche bzw. kirchlich im engeren Sinne gesehene Arbeitsbereiche weit hinausgehen. Es ist eine wichtige Forschungsfrage, welchen Beitrag Religionspädagogik zu Prävention und Bewältigung von Gewalt im sozialen Nahraum beitragen kann.[146] An dieser Stelle der Dissertation ist allerdings nur ein fokussierender Hinweis auf die Gemeindepädagogik möglich. Eng verknüpft mit der Frage der Prävention ist es eine wichtige gemeindepädagogische Aufgabe, Inhalte im Spannungsbereich von Sexualität,

---

[141] Ein Buch auf dem neusten Forschungsstand, welches genau diese Frage zu ihrem Thema hat, ist: NASON-CLARK, Nancy; FISHER-TOWNSEND, Barbara u.a. (2018): *Religion and Intimate Partner Violence: Understanding the Challenges and Proposing Solutions*, Oxford University Press: New York, besonders 26–61.

[142] Vergleiche dazu auch die Überlegungen, weiterführenden Anregungen und konkreten Vorschläge bei: KIRCHENAMT DER EKD (2000): *Gewalt gegen Frauen*, 151f.

[143] Auch die Komponente der „Information" kann wichtig sein, bspw. wenn in einer Predigt über häusliche Gewalt erwähnt wird, dass Flyer einer Notfalleinrichtung auch in den kirchlichen Räumlichkeiten ausliegen, oder eine Bibelarbeit auch psychoedukative Elemente hat. Auf der anderen Seite sollten bspw. Fürbittengebete nicht für eine Informationsvermittlung funktionalisiert werden.

[144] Siehe bspw. den „trotz-allem-Gottesdienst", der jährlich in Hamburg gehalten wird. www.trotz-allem-gottesdienst.de/gottesdienst.html (aufgerufen am 24. August 2017).

[145] Eine frei zugängliche Online-Ressource, welche dies unterstützten kann (u.a. mit Beispielpredigten) ist: www.theraveproject.org (aufgerufen am 24. August 2017).

[146] Auf diese Frage kann im Rahmen dieser Arbeit nicht eingegangen werden. Aufgrund der großen Bedeutung der Religionspädagogik für die religiöse Sozialisation und damit persönliche Entwicklung sehr vieler Menschen (z.B. durch den Religionsunterricht) wäre es wünschenswert, wenn diese Frage aufgegriffen und weiter bearbeitet würde.

Identität und Gewalt in altersgemäßer und pädagogisch verantworteter Form aufzugreifen. Wie in den Studien in Kapitel B gezeigt wurde, handelt es sich bei Gewalt im sozialen Nahraum um eine Realität, die sehr viele Menschen betrifft. Gemeindepädagogik kann einen sehr konstruktiven Beitrag leisten, wenn sie hilft, herrschende Schweigegebote zu durchbrechen und Worte für ansonsten schwer Benennbares an die Hand zu geben.

Schließlich ist es für eine möglichst ausgewogene Umsetzung wünschenswert, dass verschiedene Gruppen innerhalb der Gemeinde in entscheidungstragenden, aber vor allem auch seelsorglichen Funktionen, hinreichend repräsentiert sind. Dabei ist eine Parität zwischen Frauen und Männern ebenso wichtig, wie eine hinreichende Repräsentanz von jungen Menschen und – sofern im Gemeindeleben vorhanden – Menschen mit Migrationshintergrund.[147]

2.3.2 Ein Raum für Initiativen

Sind Gemeinden sichere und informierte Orte, können sie auch ein Raum für Initiativen sein. Während die oben genannten Überlegungen sich konkret nachvollziehbar umsetzen lassen, ist die Schaffung eines Raumes für Initiativen sehr viel unverfügbarer. Zwar können Voraussetzungen entwickelt werden, die Initiativen ermutigen, und der Einsatz für eine sichere und informierte Gemeinde gehört in jedem Fall dazu. Weiterhin braucht es jedoch für Initiativen neben Ermutigung und Unterstützung vor allem engagierte Individuen oder Gruppen, welche diese unter Einsatz von meist viel Kraft und Zeit umzusetzen suchen.

Ein Beispiel für eine gelungene Initiative soll hier näher dargestellt werden, nämlich das bereits erwähnte „The Dinah Project" von Monica Coleman.[148] Bei dem Projekt handelt es sich um eine sehr umfassende Gewaltarbeit einer Kirchengemeinde in den USA. Ein besonderer Fokus liegt dabei auf dem Kampf gegen sexualisierte Gewalt. Tragend für den Aufbau der Arbeit war neben der persönlichen Betroffenheit und dem hohen Engagement der Pastorin, dass sich eine Gruppe von Mitarbeiterinnen und Mitarbeitern bildete, deren Mitglieder jeweils unterschiedliche Qualifikationen in der Gewaltarbeit einbrachten und in der Zusammenarbeit ein hohes synergetisches Potential entfalteten.[149] Besonders drei Merkmale sollten Mitglieder der geformten Arbeitsgruppe nach Monica Coleman mitbringen: 1. Sie sollten persönliches Interesse an der Thematik haben. 2. Sie sollten Expertise in einem für die Arbeit wichtigen

---

[147] Wie Studien in Kapitel B zeigen, ist Migrationshintergrund mit einer Höherbelastung durch Gewalt im sozialen Nahraum assoziiert. Entsprechend ist es auch für Gemeinden wichtig, eine möglichst gute Kenntnis von spezifischen Bedürfnissen und Problemstellungen und einen konstruktiven Umgang damit zu besitzen. Die Bedeutung des Geschlechts wurde schon an verschiedenen Stellen thematisiert.
[148] COLEMAN (2004): *The Dinah Project*.
[149] Vgl. COLEMAN (2004): *The Dinah Project*, 23ff.

Bereich mitbringen. 3. Sie sollten möglichst unterschiedlichen Erfahrungshintergründen in Bezug auf Welt und Kirche entstammen.[150] Die entwickelte Arbeit umfasst der Beschreibung nach neben stark entwickelten Komponenten, die nach obiger Einteilung in Gottesdienst und Verkündigung bzw. Gemeindepädagogik fallen, auch Arbeiten von Selbsthilfe- bzw. Unterstützungsgruppen.[151] Das Dinah Projekt kann ein inspirierendes Vorbild darin sein, wie sehr Gemeinden sich zu einem Raum für Initiativen entwickeln können. Die Beschreibungen sind aber auch kritisch zu lesen. Zum einen sind bestimmte Formate nicht eins zu eins vom US-amerikanischen in deutschsprachige Kontexte übertragbar. Weiterhin ist seit der Entstehung des Buches ein stärkeres Bewusstsein in Bezug auf Datenschutz gewachsen. Es ist bei den Ausführungen nicht immer klar, wie stark dieser gewahrt bleibt.[152] Für eine vertrauensvolle Arbeit ist es ausnahmslos wichtig, dass die Anonymität der Betroffenen nach deren Wünschen auf jeden Fall sichergestellt ist. Ansonsten handelt es sich allerdings um ein vorbildliches Projekt, das in seiner erfahrungsreichen und praxisbezogenen Beschreibung im entsprechenden Buch auch für den deutschsprachigen Raum zahlreiche Anregungen geben kann.

Solche Initiativen können – bei vorhandenem Bewusstsein dafür, welche Chancen und Risiken mit eigener Betroffenheit einhergehen – auch ein guter Rahmen sein, in denen sich Menschen engagieren, die selbst Opfer von Gewalt geworden sind. In Kapitel C wurde gezeigt, dass für Betroffene in der Phase des Wiederanknüpfens im Rahmen der Traumaintegration das Engagement für Andere wichtig werden kann. Die Betroffenen in der Studie von Susan Shooter zeichneten sich alle durch ein hohes ehrenamtliches Engagement aus.[153] Positiv wird der Einsatz für andere auch für die Betroffenen selbst in der Studie von Skogrand und Kollegen bewertet.[154] Der Einsatz in der Gewaltarbeit ist dabei nur eine Möglichkeit des Engagements, in jedem Fall aber ein Bereich, in dem es innerhalb kirchlicher Kontexte noch viel zu tun gibt.

2.3.3 Eine heilsame Gemeinschaft

Unterschiedlichste Forscherinnen und Forscher innerhalb der Psychotraumatologie betonen die große Bedeutung von positiven sozialen Beziehungen im konstruktiven Bearbeitungsprozess eines Traumas. So schreibt Judith Herman:

> „Ohnmacht und Isolation sind die Grunderfahrungen des psychologischen Traumas. Wichtigste Voraussetzung für seine Überwindung ist daher die Stärkung der

---

[150] Vgl. COLEMAN (2004): *The Dinah Project*, 24.
[151] Vgl. COLEMAN (2004): *The Dinah Project*, 50.
[152] Siehe als problematische Beispiele die Ausführungen: COLEMAN (2004): *The Dinah Project*, 56f.
[153] SHOOTER (2012): *How Survivors of Abuse Relate to God*, 65ff.
[154] SKOGRAND; SINGH u.a. (2007): *The Process of Transcending*, 263ff.

Persönlichkeit und die Schaffung neuer Kontakte. In sozialer Isolation ist keine Genesung möglich. Mit den neuen Beziehungen zu anderen Menschen wachsen beim Opfer die psychologischen Fähigkeiten wieder neu, die durch die traumatische Erfahrung verstümmelt oder deformiert wurden."[155]

Der renommierte Kinderpsychiater Bruce D. Perry schreibt:

„Die Erforschung der effektivsten Behandlungsformen zur Unterstützung von kindlichen Trauma-Opfern lässt sich genau so zusammenfassen: Was am besten wirkt, ist alles, was die Qualität und die Anzahl der Beziehungen im Leben der Kinder erhöht."[156]

Dies heißt nicht, dass qualitätvolle menschliche Gemeinschaft eine suffiziente Alternative zu professioneller Hilfe darstellt, sondern vielmehr, dass beides einander unterstützen muss, wenn Betroffene langfristig gestärkt werden sollen. Zwischenmenschliche Beziehungen ersetzen keine Therapie, aber menschliche Gemeinschaft kann heilsam sein.[157] Die unverfügbarste und gleichzeitig größte traumasensible Qualität, die Gemeinden entfalten können, besteht darin, eine solche heilsame Gemeinschaft zu ermöglichen. Für eine christliche Gemeinde kann das bedeuten, dass sich in der sozialen Realität unter Menschen das widerspiegelt, was nach christlicher Vorstellung in der theologischen Realität zwischen Gott und Menschen geschieht: Dass der Mensch in Liebe angenommen ist in der Realität seines ganzen Lebens. Und dass diese Wirklichkeit zwischen Gott und Mensch eine neue Wirklichkeit zwischen Menschen schafft.

Wie kann sich diese theologische Realität in einer sozialen Realität widerspiegeln? Zunächst darin, dass Menschen sich einander in Liebe annehmen in der Realität ihres ganzen Lebens. Damit dies keine Floskel bleibt, muss erklärt werden, wie das in einer traumasensiblen Gemeinde geschehen kann, bzw. vielmehr woran man erkennen kann, dass dies geschieht. Denn das Wachsen und Entstehen einer heilsamen Gemeinschaft ist nichts, was sich durch Rezept, kirchliches Dekret oder theologische Abhandlung irgendwie verordnen ließe. Sie ist unverfügbar und Folge dessen, was man theologisch Gnade nennt. Eine heilsame Gemeinschaft kann innerhalb einer christlichen Gemeinde nur entstehen, wenn Menschen eben diese Erfahrung der liebevollen Annahme durch Gott machen, und diese Erfahrung auch in ihren sozialen Beziehungen durchscheint. Gleichzeitig ist nach christlicher Vorstellung die Erfahrung Gottes in dieser Welt

---

[155] Vgl. HERMAN (1993): *Die Narben der Gewalt*, 183.

[156] PERRY, Bruce D.; SZALAVITZ, Maia (2008): *Der Junge, der wie ein Hund gehalten wurde: Was traumatisierte Kinder uns über Leid, Liebe und Heilung lehren können*, 7. Aufl., Kösel-Verlag: München, 106.

[157] Dies wird auch deutlich am in Kapitel C vorgestellten multifaktoriellen Rahmenmodell. Bindungs- und Beziehungssystem stellen einen sehr wichtigen prätraumatischen Resilienz-Faktor dar. Vor allem aber nach dem Erlebnis eines Traumas ist soziale Unterstützung von hoher Bedeutung. Viele PsychotraumatologInnen sehen in ihr den wichtigsten Schutzfaktor gegen schwere posttraumatische Folgen. Vgl. FORD; GRASSO u.a. (2015): *Posttraumatic Stress Disorder*, 115f.

F. Grundlinien einer traumasensiblen Seelsorge

nur in Brechungen möglich, entsprechend gibt es in dieser Welt keine perfekte christliche Gemeinde.

Woran ist also sichtbar, dass Menschen einander in Liebe annehmen in der Realität ihres ganzen Lebens, auch wenn dies nur als Stückwerk erfahren werden kann?

Liebe ist immer Ausdruck einer Beziehung. Eine Annahme in Liebe bedeutet deswegen zuallererst die Bestärkung eines Beziehungsangebotes, auf welches das Gegenüber eingehen kann, aber nicht muss. Eine heilsame Gemeinschaft ist daran erkennbar, dass kein Mitglied von Beziehungsangeboten – zu denen es sich in Freiheit verhalten kann – ausgeschlossen ist. Eine traumasensible Gemeinde versucht also vor allem denjenigen Mitgliedern ein Ort von Zugehörigkeit und zwischenmenschlicher Verbindung zu sein, die am stärksten von Einsamkeit und Isolation bedroht sind. Und Betroffene von Traumata sind dies in jedem Fall:

> „Es ist wichtig, sich klarzumachen, dass gerade das Leiden am ‚Anders-als-andere-Menschen-Sein', das in der Verlassenheit der Gewalterfahrung[en] seinen Ursprung hat, durch soziale Ausgrenzung fortgesetzt wird. Umgekehrt kann es durch die Erfahrung der Zugehörigkeit gelindert werden."[158]

„In Liebe annehmen" beschreibt weiterhin eine bestimmte Qualität der Beziehungsgestaltung. Wie bereits ausgeführt, können die zentralen Elemente traumasensibler Seelsorge demokratisiert werden. Diese ergeben eine gute Grundlage für eine Beziehungsgestaltung, wie sie an dieser Stelle hervorgehoben werden soll: Eine Anerkennung der Würde des anderen Menschen, Respekt vor seinen Grenzen und Zeit für den Aufbau von Vertrauen sind dabei ebenso wichtig wie Empathie, Solidarität und Hoffnung.

Richtet sich oben benanntes Beziehungsangebot an das Gegenüber in der Realität seines (bzw. ihres) ganzen Lebens, so wird es – sofern dies die Möglichkeiten der individuellen Person nicht übersteigt – auch dann nicht zurückgezogen, wenn Schmerzliches oder Belastendes zu Tage tritt, vielmehr wird es gerade dann bestärkt. Dies bedeutet bspw., dass innerhalb einer heilsamen Gemeinschaft auch die Erzählungen oder sonstigen Ausdrucksformen traumatischer Erfahrungen einen Raum haben und nicht verdrängt oder ausgeblendet werden müssen. „In der Erinnerungs- und Erzählgemeinschaft der Christen sollten Unheilsgeschichten ebenso ihren Raum wie Heilsgeschichten haben."[159] Die Kirche ist zu aktiver Zeugenschaft beider Arten von Geschichten berufen und sollte ein Raum sein, in dem beide erzählt werden dürfen.[160] Besonders dann, wenn Menschen traumatische Ereignisse erleben oder an ihren Folgen leiden, müssen sie eine besondere Zuwendung und Unterstützung der Gemeinschaft

---

[158] KERSTNER; HASLBECK u.a. (2016): *Damit der Boden wieder trägt*, 119.
[159] KERSTNER; HASLBECK u.a. (2016): *Damit der Boden wieder trägt*, 119.
[160] Und angesichts der Verbreitung des Phänomens werden Erzählende selten alleine stehen.

erfahren. Solidarität ist dabei ein grundsätzlicher Wert. Eine authentische Unterstützung ist nicht aus einer Haltung der Neutralität heraus möglich.

Zu einer heilsamen Gemeinschaft gehört auch, dass sie um ihre Unvollkommenheit weiß. Auch die hier dargestellte Theoriebildung plausibilisiert anzustrebende Ideale, die nicht immer in der beschriebenen Weise umgesetzt werden können. Zwischenmenschliche Beziehungen werden nicht immer respektvoll und empathisch sein. Und auch Gemeinschaften, die sich um eine möglichst gute Integration aller Glieder bemühen, sind nie davor gefeit, einzelne Menschen zu übersehen und in der Isolation zu belassen. Zu einer heilsamen Gemeinschaft gehören deswegen Selbstkritik und das Eingeständnis von Schuld ebenso wie die Stärkung von Verantwortungsübernahme. Denn es sollten Defizite nicht nur gesehen, sondern auch ein Wachstum hin auf ihre Überwindung gefördert werden.

Schließlich unterscheidet eine christliche Gemeinde von potentiellen anderen heilsamen Gemeinschaften, dass sie sich um den christlichen Glauben herum versammelt. Claudia Kohli Reichenbach fragt in einem Text nach den heilsamen Aspekten kirchlicher Gemeinschaft. Diese teilt möglicherweise mit anderen Gemeinschaften die Schaffung von sozialer Integration und Zugehörigkeit, außerdem ermöglicht sie Sinnstiftung neben emotionaler und materieller Unterstützung.[161] Doch ein Aspekt zeichnet kirchliche Gemeinschaften aus: „Das gemeinsam vollzogene Ritual im gemeinsamen Gottesdienst. Im Ritual wird ein Raum für eine weitere Dimension, für die Transzendenz eröffnet."[162] Wie im Systematic Review gezeigt wurde, sind Religiosität und Spiritualität ein menschlicher Lebensbereich, der durch Traumata betroffen ist. Kirchengemeinden sind ein entscheidender Ort, an dem Ausdrucksformen christlichen Glaubens eingeübt und vorgelebt werden. Insofern entscheidet sich hier zu einem hohen Grad, welche Rolle christliche Religiosität im Leben einzelner Gemeindeglieder spielt. Sofern Gemeindeglieder traumatische Gewalt erlebt haben, ist diese Rolle möglicherweise negativ, ambivalent oder positiv. Eine christliche Gemeinde wird dann eine heilsame Gemeinschaft sein, wenn sie sich dieser Spannungslage bewusst ist und danach fragt, wie sie in Theologie und Spiritualität zu traumasensiblen Ausdrucksformen finden kann. Das heißt, theologisch verantwortungsvoll mit Inhalten und Praktiken umzugehen, die aus theologisch-traumasensibler Perspektive als gefährlich, problematisch oder zumindest ambivalent erscheinen und solche Inhalte und Praktiken umso tiefer zu verstehen und leben zu suchen, die aus theologisch-traumasensibler Perspektive eine konstruktive Rolle spielen können. Für diesen Weg will das folgende Unterkapitel Anregungen bieten.

---

[161] Vgl. REICHENBACH, Claudia Kohli (2012): *Gemeinschaft der Heiligen - heilende Gemeinschaft?: Zur salutogenetischen Funktion kirchlicher Gemeinschaft*, in: *Nachdenkliche Seelsorge - seelsorgerliches Nachdenken: Festschrift für Christoph Morgenthaler zum 65. Geburtstag*, hrsg. von NOTH, Isabelle; KUNZ, Ralph, Vandenhoeck & Ruprecht: Göttingen, 252.

[162] REICHENBACH (2012): *Gemeinschaft der Heiligen - heilende Gemeinschaft?*, 252.

3. Traumasensible christliche Spiritualität[163]

Die Suche nach einer traumasensiblen Spiritualität ist die Suche nach Praxisformen christlichen Glaubens, die für Betroffene in der Bearbeitung ihres Traumas vor allem in seiner religiösen Dimension hilfreich sein können. Sie umfasst aber auch Aspekte, die für Seelsorgende und andere potentielle Unterstützer wichtig sind, ebenso wie für christliche Gemeinden, die ein unterstützender Ort für Betroffene sein wollen. Der Umgang mit Traumata und die eigene Spiritualität sind dabei zwei hochgradig individuelle und von Person zu Person unterschiedliche Bereiche. Das Gesagte beansprucht also nicht, für alle Betroffenen zu jeder Zeit ihres Weges etwas in gleichem Maße Plausibles oder Weiterführendes zu formulieren. Es handelt sich vielmehr um eine Suchbewegung, welche die Erfahrung von Traumata nicht übergehen will, sondern fragt, wie Betroffene und deren Unterstützer im Horizont christlicher Religiosität ihren eigenen Glauben in konkreten, lebensdienlichen Formen ausdrücken können. Dies wird im Einzelnen zu unterschiedlichen Stilen und Weisen der Aneignung führen. Im ersten Teil des Kapitels sollen jedoch Prinzipien formuliert werden, die vor dem Hintergrund der bisherigen Ausführungen als Grundierung einer christlichen, traumasensiblen Spiritualität dienen können. Im zweiten Teil werden einige mögliche Konkretisierungen dargestellt.

3.1 Grundlagen

3.1.1 Die Kompetenz der Betroffenen

Die Experten auf der Suche nach einer traumasensiblen Spiritualität sind die Betroffenen selbst. Sie kennen sich und ihre weltanschaulichen Voraussetzungen am besten. Sie selbst können am besten beurteilen, was sie im Bereich von Religiosität und Spiritualität als hilfreich und was als belastend empfinden, und wie sie jeweils mit dem einen oder anderen umgehen möchten.

Wie die Suche nach einer traumasensiblen Theologie ist die Suche nach einer traumasensiblen Spiritualität ein unabgeschlossenes Unterfangen und eine Entwicklung von Provisorium zu Provisorium. Dies ist durch die zeitliche Komponente im Umgang mit Traumata mitbestimmt. Manche Aspekte aus dem Bereich der Religiosität können in einer Phase als unplausibel, fragwürdig oder gar abstoßend erlebt werden, während sie in einer späteren Phase positiv und

---

[163] An dieser Stelle wird der Begriff der Spiritualität dem der Religiosität insofern vorgezogen, als der Begriff der Spiritualität – wie in der Einleitung dargelegt – die schöpferischen und gestaltenden Möglichkeiten des Individuums bei der Suche nach Praxisformen menschlichen Transzendenzbezuges herausstellt.

wichtig sind.[164] Ein Beispiel hierfür ist Dankbarkeit: Unmittelbar nach einem Trauma oder am Anfang seiner Aufarbeitung kann die Suche nach Gutem im bisherigen Leben als deplatziert erscheinen. Und diese Einschätzung ist angebracht. Zu einem späteren Zeitpunkt kann die gleiche Frage allerdings wichtig und heilsam sein. Die Einschätzung darüber, wo Betroffene stehen und was in der gegenwärtigen Situation als weiterführend erachtet wird, kann nur von diesen selbst getroffen werden.[165] Deswegen liegt bei ihnen die Kompetenz für den eigenen spirituellen Weg und die Suche nach angemessenen Ausdrucksformen.

Dies hat auch Implikationen für die Rolle von Seelsorgenden. Zu dem in dieser Arbeit formulierten Leitbild gehört es, dass diese zur Entwicklung einer lebendigen Spiritualität beitragen können.[166] Das ist aber nur möglich, wenn sie dies in einer Weise tun, welche die Kompetenz der Betroffenen anerkennt und fördert. Auf der Suche nach einer traumasensiblen Spiritualität können Seelsorgende also nur begleiten und hinweisen. Sie sind keine spirituellen Meister. Vielmehr sind sie selbst Fragende und Lernende.

3.1.2 Einsatz für Gerechtigkeit

Eine zweite Grundlage traumasensibler Spiritualität ist der Einsatz für Gerechtigkeit für die betroffene Person und den weiteren gesellschaftlichen Kontext. Damit ist gemeint, dass traumasensible Spiritualität nicht in einen weltabgewandten Quietismus, sondern in konkretes Engagement führt, auch über die Seelsorgebeziehung hinaus. Es geht nicht um ein wirklichkeitsfernes religiöses Trostpflaster, sondern um das Erschließen von Kraftquellen in den Diensten von Wirklichkeitsgestaltung. Das im vorhergehenden Abschnitt Gesagte gilt vorbehaltlich auch hier: Alles zu seiner Zeit. Welcher Schritt oder welche Form des Engagements als angemessen empfunden wird, unterliegt der Entscheidung der Betroffenen selbst. Ihnen soll auf ihrem Weg ein möglichst hohes Maß an Kontrolle und Autonomie zugestanden werden.

Marie Fortune, die jahrzehntelang mit Opfern von Gewalt zusammengearbeitet hat, räumt dem Einsatz für Gerechtigkeit einen sehr hohen Stellenwert ein. In diesem Kontext werden von den Betroffenen ihrer Erfahrung nach ver-

---

[164] Für den Hinweis auf diesen Gedankengang danke ich Erika Kerstner.
[165] Hierbei ist noch einmal zu vergegenwärtigen, dass chronologisch-lineare Modelle der Komplexität der Wirklichkeit nicht gerecht werden. Rückfälle oder die modifizierte Wiederkehr bereits abgeschlossener Phasen sind jederzeit möglich. Etwas das hilfreich und wichtig war, kann an Bedeutung verlieren, die es aber zu einem späteren Zeitpunkt wiedergewinnen kann.
[166] Gemeint ist das Leitbild für Seelsorgende: „Seelsorgende können solidarische und gut vernetzte Bezugspersonen sein, die eine besondere Kompetenz in der Bearbeitung von Glaubensfragen mitbringen und so zur Entwicklung einer lebendigen Spiritualität beitragen können." Vgl. in Kapitel F. *1.1.1 Selbstverständnis und Eignung*.

F. Grundlinien einer traumasensiblen Seelsorge

ständliche Bedürfnisse artikuliert, die sich in sieben Untergruppen zusammenfassen lassen: „Truth telling; acknowledgement; compassion; protection of others; accountability for offender; restitution by offender; vindication of victim/survivor."[167]

- *Wahre Geschichten* („truth telling"): Einsatz für Gerechtigkeit bedeutet, dass es Orte gibt, an denen Betroffene die Wahrheit darüber erzählen können, was sie durchlebt und durchlitten haben. Es geht dabei nicht darum, dass die Gewalt näher beschrieben wird, oder alle Fakten im Einzelnen vollständig kohärent sind – wie gezeigt wurde, arbeitet das Gedächtnis unter traumatischen Bedingungen anders, und manche Erinnerungen sind nicht zugänglich, treten verändert oder erst sehr viel später zu Tage. Es geht darum, dass Betroffene ihre Geschichte erzählen dürfen, so wie sie sie selbst durchlebt haben, mit welchen Gefühlen und welchen Abgründen.[168] In welchem Rahmen und in welcher Form dies möglich und weiterführend ist, liegt im Entscheidungsfeld der Betroffenen. Seelsorgende können durch das Gespräch selbst ein Forum zur Verfügung stellen oder die Suche und Etablierung weiterer Gesprächsräume unterstützen.[169]
- *Anerkennung* („acknowledgement") bedeutet erst einmal eine Anerkennung des Opfer-Seins der Betroffenen. Niemand hat Gewalt im sozialen Nahraum oder gar seine massivsten Formen des Missbrauchs verdient, unabhängig vom eigenen Verhalten. Den Betroffenen ist Unrecht geschehen. Dies anzuerkennen, ohne die Gewalt in irgendeiner Weise schmälern oder rechtfertigen zu wollen, ist ein wichtiger Schritt im Einsatz für Gerechtigkeit.
- *Mitgefühl* („compassion"): Mitgefühl ist auf verschiedene Weise ein wichtiges Element von Gerechtigkeit. Es wurde im oben dargestellten Beziehungsmodell die große Wichtigkeit von Empathie seitens Seelsorgender näher beschrieben. Seelsorgende werden Betroffenen nicht gerecht, wenn sie kein Mitgefühl zeigen. Mitgefühl ist aber auch für Betroffene im Umgang mit sich selbst wichtig. Luise Reddemann betont bspw. an verschiedenen Stellen die große Bedeutung von Mitgefühl – man könnte auch sagen Barmherzigkeit – für sich selbst.[170] Für Betroffene kann dies ein gerechter Umgang mit sich und der eigenen Geschichte sein.
- *Schutz Dritter* („protection of others"): Der Schutz Dritter ist im Einsatz für Gerechtigkeit zentral und stellt sich als Herausforderung für Betroffene und Seelsorgende gleichermaßen. Mit Dritten können Menschen gemeint sein, die demselben sozialen Kontext wie die betroffene Person entstammen und

---

[167] FORTUNE (2005): *Sexual Violence: The Sin Revisited*, 134f. Die Füllung der jeweiligen Begriffe wird (wenn nicht anhand von Fußnoten wie z.B. beim ersten Begriff anders vermerkt) eigenständig vorgenommen.
[168] Vgl. FORTUNE (2005): *Sexual Violence: The Sin Revisited*, 135.
[169] Siehe hierzu die Ausführungen über eine traumasensible Gemeinde, die immer auch einen Raum für Initiativen darstellen kann.
[170] Vgl. REDDEMANN (2016): *Imagination als heilsame Kraft*, 71ff.

durch TäterInnen nach wie vor gefährdet sind. Je nach Perspektive können dies vor allem Geschwister, Kinder oder Elternteile sein. Eventuell ist die Gefährdung durch den Schweigebruch Betroffener erhöht. Dritte meint aber ebenso Menschen, die – ohne dass sie persönlich bekannt wären – potentielle Opfer desselben Täters bzw. derselben Täterin sind.[171] Schließlich bezeichnet der Schutz Dritter auch den Einsatz für gefährdete bzw. betroffene Menschen insgesamt. Es gibt Menschen mit einem ähnlichen Schicksal, und Einsatz für Gerechtigkeit bedeutet Einsatz für das größere soziale Anliegen.

– *TäterInnen verantwortlich halten* („accountability of offender"): Wo immer es möglich ist und auch von Betroffenen so gewollt wird, sollten TäterInnen für ihre Taten zur Verantwortung gezogen werden. Es ist davon auszugehen, dass die meisten TäterInnen unter allen ihnen zur Verfügung stehenden Mitteln versuchen werden, sich dem zu entziehen.[172] Konfliktbereitschaft ist deswegen eine Tugend traumasensibler Spiritualität. Der Fokus der Aufmerksamkeit darf sich aber nicht zulasten des Opfers verschieben. Da das Procedere des staatlichen Polizei- und Justizsystems für Betroffene sehr belastend sein kann, ist für diese in besonderem Maße emotionale und organisatorische Unterstützung notwendig.

– *Entschädigung durch TäterInnen* („restitution by offenders"): Sollte es auf irgendeine Weise möglich sein, gehört zum Einsatz für Gerechtigkeit auch die Entschädigung der Opfer.

– *Reintegration der Betroffenen* („vindication of victim/survivor"): Gewalt und deren Aufdeckung gehen oft mit der Stigmatisierung ihrer Opfer einher. Sie werden zu Trägern eines Makels, der sie von anderen Menschen abgrenzt. Schamgefühle können diese Dynamik noch verstärken. Gerechtigkeit ist deswegen erst dann hergestellt, wenn die Betroffenen wieder in die menschliche Gemeinschaft integriert sind. Vom Umfeld erfordert dies Solidarität und Engagement. Dazu gehört die Einsicht, dass das Trauma keine Definitionshoheit über den Menschen hat. Betroffene sind immer viel mehr als Gewaltopfer. Die Betroffenen brauchen Zeit. Der Gerechtigkeit dient deswegen, was der inneren Heilung der Opfer dient.

---

[171] Im Falle sexuellen Missbrauchs bspw. andere Kinder, die in Kontakt mit dem Täter stehen.
[172] Weiterführende Überlegungen, warum die Versuchung sehr groß sein kann, dem Verantwortungsentzug stattzugeben, finden sich bei: FORTUNE (2005): *Sexual Violence: The Sin Revisited*, 112ff.

3.1.3 Unterstützende Beziehungen

Mit dem letztgenannten Aspekt von Gerechtigkeit ist ein Zusammenhang benannt, der an ein weiteres Prinzip traumasensibler Spiritualität rührt. In der Verarbeitung eines Traumas auch in seiner religiösen Dimension spielen unterstützende, zwischenmenschliche Beziehungen eine entscheidende Rolle. Unterstützende Beziehungen gehören deswegen unbedingt zu einer traumasensiblen Spiritualität. Diese sollte Betroffene nicht in Isolation führen, sondern in die Suche nach stärkenden, nährenden Beziehungen. Diese Beziehungen können privater oder professioneller Natur sein. Entscheidend ist, dass die Bezugspersonen sich als vertrauenswürdig und respektvoll erweisen. Die große Bedeutung von zwischenmenschlichen Beziehungen vor allem in der Bearbeitung von durch Menschen verursachten Traumata wurde an verschiedenen Stellen dieser Arbeit bereits thematisiert. Dies gilt auch für die religiöse Dimension von Traumata. Im Kapitel über traumasensible Theologie wurden verschiedene Inhalte angesprochen, in welchen sich religiöse Sinngehalte und zwischenmenschliche Erfahrungswelt eng verschränken.[173] Um die Wunden im Bereich der eigenen Spiritualität bearbeiten zu können, ist wohlwollende menschliche Gemeinschaft elementar. Jennifer Erin Beste formuliert diese Einsicht theologisch, indem sie sagt „a primary way that God conveys grace is through human nurturing, care, and love."[174] Unterstützende Beziehungen können sich zu Einzelpersonen oder innerhalb von Gemeinschaften entwickeln. Die besondere Chance von Gemeinschaften, die sich vor dem Horizont des christlichen Glaubens versammeln, ist, dass Fragen der Spiritualität hier explizit zur Sprache kommen dürfen. Das Zitat sagt aber auch aus, dass Gottes Gnade durch menschliche Fürsorge und Liebe vermittelt werden kann, unabhängig davon, in welchem weltanschaulichen Kontext dies geschieht.

3.1.4 Ausdrucksformen für Unsagbares

Traumata befinden sich jenseits des in Sprache völlig Fassbaren. Worte können womöglich die äußeren Fakten, kaum aber das innere Geschehen angemessen beschreiben.[175] Doch Schweigen verstärkt die Isolation und hält den Menschen im Trauma gefangen.[176] Die menschliche Sprache ist in der Bearbeitung von Traumata sehr wichtig, sie stößt allerdings immer wieder an ihre Grenzen.[177]

---

[173] Vor allem Schuld, Scham, Vergebung aber auch Sünde oder Gottesbilder.
[174] BESTE (2007): *God and the Victim*, 101.
[175] Dafür, dass dies von Betroffenen so erlebt wird, gibt es neurowissenschaftliche Erklärungsansätze: vgl. VAN DER KOLK (2015): *Verkörperter Schrecken*, 57ff.
[176] Vgl. VAN DER KOLK (2015): *Verkörperter Schrecken*, 277.
[177] Interessante Ausführungen zu Bedeutung und Begrenzungen menschlicher Sprache in der Bearbeitung von Traumata finden sich bei: VAN DER KOLK (2015): *Verkörperter Schrecken*, 275–295.

Deswegen berührt die Thematisierung von Verarbeitungsmöglichkeiten von Traumata immer wieder die Suche nach metaphorischen oder nonverbalen Ausdrucksformen und damit den Bereich der Kunst.[178] Ein Gemälde, ein Gedicht oder ein Lied kann innere Empfindungen zutreffender beschreiben, als das einer benennenden Sprache möglich ist. Das Malen eines Gemäldes, das Verfassen eines Gedichts oder das Komponieren, Spielen oder Anhören eines Musikstückes können heilsamer sein als ein Gespräch. Diese Einsichten haben innerhalb der Kunsttherapie zu weiterführenden Ansätzen in der Traumaarbeit geführt.[179] Auch religiöse und spirituelle Erfahrungen können in den Bereich der Kunst leiten. Wobei beide Bereiche durchaus in ihrem Eigenrecht belassen und Kunsttherapie und Seelsorge in ihrer Unterschiedlichkeit anerkannt werden sollten. Dennoch stößt in Kunst und Religion die menschliche Sprache an ihre Grenzen und drängt damit hin zu literarisch-metaphorischen oder nonverbalen Sprachformen. Die Kunstgeschichte gibt reiches Zeugnis davon. Und auch wenn in der Moderne beide Bereiche ihr Eigenrecht haben, gibt es auch hier zwischen Kunst und Religion zahlreiche Struktur- und Funktionsanalogien.[180]

Diese Bezüge zwischen Kunst, Religion und Traumata weisen darauf hin, dass sich für eine traumasensible Spiritualität ein weites und wichtiges Feld auftut. Es sollen Empfindungen, Fragen, Abgründe ausgedrückt werden, die an oder jenseits der Grenze sprachlicher Fassbarkeit liegen. Eine traumasensible Spiritualität ermutigt deswegen verschiedene künstlerische Ausdrucksformen und deren Rezeption in der Bearbeitung von Traumata. Die Möglichkeiten sind so weit und vielfältig wie die Kunst an sich. Maike Schult bspw. betont in ihrer Arbeit auch die poimenische Bedeutung von Literatur im Umgang mit Traumata.[181] So können manche Beispiele aus der Literatur

> „verstehen helfen, was in Traumatisierten vor sich geht, und sind denen, die mit ihnen arbeiten, wohl auch ein tröstlicher Hinweis darauf, dass die Destruktion nicht das letzte Wort behält. Indem es einzelnen Schriftstellern gelingt, ihre Erfahrungen künstlerisch zu sublimieren und den Schrecken in sprachlich gebändigter Form in den Kontext der Kultur zu überführen, stellen sie auch anderen ein Rahmengeländer bereit, an dem diese sich wie an einem Handlauf bewegen können."[182]

Myriaden von Beispielen wären möglich, nur zwei aus Literatur und Musik können hier exemplarisch näher dargestellt werden. Besonders ausdrucksstarke poetische Texte – beeindruckend in ihrer Sprachmächtigkeit, erschütternd ob

---

[178] Siehe z.B. die Einzelbeispiele in: BROCK; PARKER (2001): *Proverbs of Ashes*, 165–215.
[179] Auch wenn der Titel des Buches den Betroffenen von Traumata nur partiell gerecht wird, finden sich sehr gute Überlegungen bei: VON SPRETI, Flora; MARTIUS, Philipp u.a. (Hrsg.) (2012): *Kunsttherapie bei psychischen Störungen*, 2. Aufl., Elsevier, Urban & Fischer: München [u.a.].
[180] Vgl. AUGST (2012): *Auf dem Weg zu einer traumagerechten Theologie*, 82.
[181] In der Habilitationsschrift von Maike Schult finden sich dazu weiterführende Überlegungen und Beispiele: SCHULT (in Vorb.): *Ein Hauch von Ordnung*, 164–203.
[182] SCHULT (in Vorb.): *Ein Hauch von Ordnung*, 119.

F. Grundlinien einer traumasensiblen Seelsorge

ihres Inhaltes – wurden in deutscher Sprache von Carola Moosbach geschaffen. Der hier ausgewählte Beispieltext spricht dabei für sich:

> „Such- und Klagegebet
> Mit der Anrede fängt es schon an Gott
> Du unbekannte Größe mit vier Buchstaben
> die mir nicht aus der Seele will.
>
> Sag mir wie soll ich Dich nennen?
> Es ist besser, wenn du nicht zur Familie gehörst
> mit denen spreche ich nicht.
>
> ‚Vater' ist der mir die Seele gemordet hat
> der mir beibrachte ein stinkender Lappen zu sein
> dazu da seinen Samen zu schlucken
> Soll ich Dich wirklich ‚Vater' nennen Gott?
>
> ‚Mutter' ist die mir ein Loch in die Seele brannte
> die mich lehrte ein Mülleimer ihrer Sorgen zu sein
> Soll ich Dich wirklich ‚Mutter' nennen Gott?
>
> Nur gut daß ich keine Schwestern hatte Schwester Gott
> aber darunter kann ich mir nichts vorstellen
>
> Und wo warst Du als ich in dem Keller war
> und mein Vater über mir Gott?
>
> Als ich vom Rand der Erde gesprengt wurde
> um als Gesteinsbrocken
> durchs Universum zu kreisen wo warst Du da Gott?
> Es stimmt nicht daß man aus dir nicht herausfallen kann
>
> Und was hast Du zu tun mit diesen schleimigen Pfaffen
> die Dich an die Mächtigen verschachern
> und familiären Umgang
> mit deinem Bibel-Buch pflegen Gott?
>
> Und was soll ich mit Deiner Liebe anfangen Gott wenn sie
> auch meinem Vater gilt?
>
> Ich weiß
> es gibt da einen Strom
> ein zartes Gewebe das die Erde zusammenhält
> ein Schweben über den Tönen der h-Moll Messe
> und ich weiß das bist du Gott
> aber ich verstehe es nicht und es bringt mich zum Weinen
>
> Bitte finde mich bald Schwester Gott"[183]

---

[183] MOOSBACH, Carola (1997): *Gottflamme Du Schöne: Lob- und Klagegebete*, Gütersloher Verlagshaus: Gütersloh, 19f (H.i.O.).

Der Text ist ein eindrückliches Zeugnis des Zusammentreffens von künstlerisch-poetischer Begabung, traumatischen Erlebnissen und religiöser Suchbewegung. Die inneren Bezüge zueinander sind eng. Das Gebet ist als Gedicht, bzw. das Gedicht als Gebet formuliert. Der unaussprechliche Schrecken des Traumas wird durch plastisch explizite Beschreibung („stinkender Lappen" „Samen schlucken") einerseits und chiffrenhafte Andeutung („mein Vater über mir") in seiner Beschreibbarkeit und gleichzeitig Unbeschreiblichkeit eingefasst. Die innere Isolation wird durch die Metapher vom abgesprengten Gesteinsbrocken, der durch das Universum kreist, ausgedrückt. Man assoziiert Ziellosigkeit, Verlassenheit, die Kälte des Universums und den Abstand zur Welt der Menschen. Das Gedicht durchzieht die Frage nach Gott und seine Anklage. Die einzigen von der Autorin verwendeten Interpunktionszeichen im gesamten Gedicht sind Fragezeichen. Mit der Suche nach einer möglichen Ansprache setzt das Gebet an. Die familiären Metaphern sind durch die traumatischen Erinnerungen vergiftet. Althergebrachte Gewissheiten haben ihre Kraft verloren („es stimmt nicht, dass man aus dir nicht herausfallen kann"). Die Kirche wird durch „schleimige Pfaffen" repräsentiert. Deren Umgang mit der Bibel wird mit der im Gedicht hoch aufgeladenen Formulierung des „familiären Umgangs" beschrieben und angeklagt. Gott wird im Gegensatz zu den sprachlosen Worthülsen als „Strom" beschrieben, ein „zartes Gewebe" ein „Schweben über den Tönen der h-Moll Messe". Der durch die traumatische Erfahrung bedingte Metaphernverlust führt in den Bereich vorpersonaler Gottesbilder.[184] Der Text schließt mit dem Ausruf: „Bitte finde mich bald Schwester Gott"[185].

Das Gedicht von Carola Moosbach kann auf verschiedenen Ebenen gelesen, interpretiert und analysiert werden. An dieser Stelle ist wichtig, dass es eindrucksvoll zeigt, wie durch poetische Sprachmittel Sprachformen für Unsagbares gefunden werden. Das Trauma wird – auch in seiner religiösen Dimension – benannt und womöglich auch für andere Betroffene, die diesen Text lesen, in seiner Unaussprechlichkeit ausgesprochen. Es kann deswegen ein wichtiges Element traumasensibler Spiritualität sein, kreative und künstlerische Ausdrucksformen in der Bearbeitung zu suchen.[186]

---

[184] Dieser Gedanke verdankt sich einem Gespräch über dieses Gedicht mit Tobias Stäbler.
[185] Carola Moosbach hat als Schriftstellerin verschiedene Texte geschrieben und ihr Werk ist nicht auf die Trauma-thematisierenden Schriften reduzierbar. Da diese Texte aber für den hiesigen Themenzusammenhang in besonderer Weise relevant sind, soll auf sie hier verwiesen werden. Diese finden sich vor allem in den Büchern (leider alle zum Zeitpunkt der Abfassung der Arbeit vergriffen und auch antiquarisch kaum erhältlich): MOOSBACH (1997): *Gottflamme Du Schöne: Lob- und Klagegebete*. MOOSBACH, Carola (2000): *Lobet die Eine: Schweige- und Schreigebete*, Matthias Grünewald Verlag: Mainz. MOOSBACH, Carola (2001): *Himmelsspuren: Gebete durch Jahr und Tag*, Neukirchener Verlagshaus: Neukirchen.
[186] Ein weiterführendes Buch, das Betroffene von sexueller Gewalt bei der Suche nach schriftlichen Ausdrucksformen für das Erlebte und seine Bearbeitung unterstützt: CROSS, Jen (2017): *Writing Ourselves Whole: Using the Power of Your Own Creativity to Recover and Heal from Sexual Trauma*, Mango: Miami.

F. Grundlinien einer traumasensiblen Seelsorge

Ein zweites Beispiel für das Suchen nach Sprachformen an den Grenzen des Aussprechlichen und der Frage nach Rezeptionsmöglichkeiten für Betroffene finden sich in der Aufnahme des Werkes von Johann Sebastian Bach durch Luise Reddemann.[187] Auch wenn Johann Sebastian Bach aller Wahrscheinlichkeit nach kein Opfer von schwerer Gewalt war, trug sich in seinem Leben viel Leidvolles und, je nach Füllung des Begriffes, auch Traumatisches zu. Sein Lebensweg war gesäumt von Todesfällen in seinem familiären Umfeld. In seinem Geburtsjahr stirbt ein Bruder, in seinem ersten Lebensjahr eine Schwester. Als Johann Sebastian neun Jahre alt ist, stirbt seine Mutter, weniger als ein Jahr später sein Vater. Mit 35 Jahren stirbt seine erste Ehefrau. Von seinen in beiden Ehen geborenen insgesamt 20 Kindern sterben zehn im ersten Lebensjahr, einige weitere sterben später.[188]

Trotz und wegen dieser Umfangenheit vom Tod im Leben schuf Johann Sebastian Bach eine Musik, die auf virtuose Weise die Höhen und Tiefen des Daseins in die Sprache von Klang und Musik gießt. Die Bach-Liebhaberin Luise Reddemann hat sich in einem Buch neben ihrem privaten Interesse dem Werk Bachs auch aus der Perspektive der Traumatherapeutin genähert.[189] Sie fragt nach der tröstenden, heilsamen und resilienzfördernden Wirkung von Musik insgesamt und der von Bach im Besonderen.[190] Sie sucht nach potentiellen Ressourcen, die in der Musik Bachs ausgedrückt und dadurch in den Hörenden potentiell angeregt werden. Luise Reddemann betrachtet hier Geborgenheit, Glücksfähigkeit, Dankbarkeit oder Gelassenheit anhand einzelner Werke (vor allem den Kantaten) Bachs.[191] Beispielsweise reflektiert sie die Ressource „Gemeinschaftserleben" anhand der Kantate „Am Abend aber desselbigen Sabbath" (BWV 42). Sie bringt dazu persönliche, musikwissenschaftliche, theologiegeschichtliche und psychotraumatologische Gedankengänge ein.[192] Der Autorin geht es dabei nicht um eine musikalische Hausapotheke, die für alle Menschen auf gleiche Weise wirksam ist. Die Wirkung von Musik unterliegt stark den persönlichen Präferenzen der Hörenden. Während sich eine Person in der

---

[187] Auch Carola Moosbach hat sich intensiv mit Bach beschäftigt und poetische Kommentare zu fast 200 Kantaten verfasst. Auch wenn Traumata nicht dezidert das Thema ihres Buches über die Kanten von Bach sind, werden sensibilisierte Lesende zahlreiche Bezüge finden: MOOSBACH, Carola (2012): *Bereitet die Wege: Poetische Kommentare zu Bachs geistlichen Kantaten*, Strube Verlag: München.

[188] Vgl. RUEGER, Christoph (2000): *Johann Sebastian Bach: Wie im Himmel so auf Erden. Die Kunst des Lebens im Geist der Musik*, Wilhelm Heyne Verlag: München, 39f.

[189] REDDEMANN, Luise (2016): *Überlebenskunst: Von Johann Sebastian Bach lernen und Selbstheilungskräfte entwickeln*, 8. Aufl., Klett-Cotta: Stuttgart.

[190] Vgl. REDDEMANN (2016): *Überlebenskunst*, 34–58.

[191] Vgl. REDDEMANN (2016): *Überlebenskunst*, 59–140.

[192] Vgl. REDDEMANN (2016): *Überlebenskunst*, 71–82.

Musik Bachs eine Kraftquelle erschließen kann, wird eine andere Person sie ablehnen und einen Zugang zu anderen Formen der Musik vorziehen.[193]

Das hiesige Beispiel will nicht die Bedeutung der Bachschen Musik gegenüber anderen musikalischen Werken für eine traumasensible Spiritualität betonen.[194] Es soll gezeigt werden, dass Musik insgesamt eine auch von VertreterInnen aus dem Felde der Psychotraumatologie hoch geschätzte Ressource für Betroffene sein kann. Die Wertschätzung von Kunst und Musik ist ein wichtiges Element christlicher Tradition. Eine traumasensible Spiritualität hat deswegen neben anderen Künsten besonders auch zur Musik einen positiven Zugang.

3.1.5 Die Bedeutung des Körpers[195]

Ein Trauma ist ein körperliches Geschehen. In Kapitel C wurde dargestellt, wie das menschliche Nervensystem in Situationen angenommener oder tatsächlicher Gefahr in höchste Erregungsstufen versetzt wird, wie Gehirn, Hormondrüsen, Organe und Muskulatur im Kampf um die eigene Unversehrtheit interagieren. Ein Trauma hinterlässt im menschlichen Körper Spuren, es verändert ihn, z.B. in seiner Weise, Gefühle wahrzunehmen oder Stress zu empfinden. Ein Trauma kann fortwährend körperlich spürbar sein, z.B. in Schmerzempfinden, Schweißausbrüchen oder Zittern. In Momenten der Dissoziation hingegen kann ein Trauma zu empfundener Körperlosigkeit führen. Weil der Körper der Ort des Traumas ist, ist er auch bei dessen Bearbeitung so wichtig.[196]

Auch christliche Spiritualität weiß um die große Bedeutung des Körpers. Sie spürt dem nach, dass das Wort Fleisch ward. Gott verleiblicht sich. Körper und Transzendenz haben aufgehört, einander ausschließende Gegensätze zu sein. Das Bewusstsein für dieses Grundmotiv christlicher Spiritualität war nicht zu allen Zeiten gleich groß. Vor allem im Protestantismus schien es immer wieder in Vergessenheit geraten zu sein. Der Mensch wurde bisweilen primär als Seele, Vernunft und Geist und erst deutlich nachgeordnet und dann meistens negativ

---

[193] Diese subjektiven Faktoren sind Luise Reddemann dabei vollkommen bewusst: REDDEMANN (2016): Überlebenskunst, 44ff.

[194] Christine Rost zitiert einen traumatisierten Patienten: „Der Glaube wird für mich zum Trost durch Text und Musik. Zum Beispiel in ‚Warum ist ein Licht gegeben den Mühseligen?' in einer Motette von Brahms, in der Arie ‚Ich will euch trösten' im Brahmsrequiem und im Kirchenlied ‚Wer nur den lieben Gott lässt walten' – besonders in der dritten Strophe." ROST (2010): Der Glaube als Ressource, 60.

[195] Die theologische Differenzierung zwischen Körper und Leib ist dem Autor bewusst, ist psychotraumatologisch betrachtet aber eine wenig hilfreiche Differenzierung und soll deswegen an dieser Stelle keine Verwendung finden.

[196] Dies hat zur Entwicklung verschiedener körperorientierter Ansätze in der Traumaarbeit geführt. Die wahrscheinlich wichtigsten Akteure in diesem Feld sind Pat Ogden und Peter Levine: OGDEN, Pat (2015): Sensorimotor Psychotherapy: Interventions for Trauma and Attachment, W.W. Norton & Company: New York City. LEVINE, Peter (2010): In an Unspoken Voice: How the Body Releases Trauma and Restores Goodness, North Atlantic Books: Berkeley.

F. Grundlinien einer traumasensiblen Seelsorge

als Körper betrachtet. Dies hat in der christlichen Tradition zu einer Ab- oder zumindest Unterbewertung des Körpers geführt, die für eine traumasensible Spiritualität nicht hilfreich ist. Jennifer Baldwin merkt dazu an:

> „The demonization of the body as a deceiver and locus of sin has rendered human persons from our most innate wisdoms and compounded the shame associated with traumatic wounding. Before communities of faith can step fully into their roles as supporters of resiliency and fullness of life, we must come to terms with the ways in which we have traumatically rendered body from spirit."[197]

Verbindet man diese beiden Einsichten, zum einen die Wichtigkeit des Körpers in der Bearbeitung von Traumata, und zum anderen im Anschluss an das Geschehen der Inkarnation seine Bedeutung in der christlichen Spiritualität, führt dies an den Anfang einer Suchbewegung. Wie kann der Körper bewusst und affirmativ in eine christliche traumasensible Spiritualität einbezogen werden?

Für Jennifer Baldwin ist „reclaiming somatic wisdom" ein zentrales Element traumasensibler Theologie.[198] „Body or somatic wisdom includes attention to all of the human senses, personal and communal intuition, and an intentional reweaving of sensation and intuition into the life of worship and communities of faith."[199] In die religiöse Praxis sollen möglichst alle Sinne eingebunden werden. Stärker systematisch-theologisch gedacht, geht es ihr um eine theologische Epistemologie, welche über die Sinne des Hörens und Sehens hinausgeht.[200]

Monica Coleman bezieht sich aus einer sehr ähnlichen Problemwahrnehmung auf das sechste Kapitel des 1. Korintherbriefes und das dortige Motiv, dass der Körper Tempel und Wohnstatt des Heiligen Geistes sei. Dies habe Auswirkungen in der Beziehung zu Gott, Selbst und Mitmenschen.[201]

– Der Körper ist vollwertig in die Suche nach Ausdrucksformen der menschlichen Gottesbeziehung einbezogen. Er ist Ort göttlicher Präsenz und deswegen entscheidend für das Kommunikationsgeschehen im menschlichen Transzendenzbezug. Beispielsweise kann ein Gebet durch Gestik und somatischen Ausdruck große Sinngehalte transportieren.
– Dass der Körper Tempel des Heiligen Geistes ist, spricht dem Körper unabhängig von seiner Gestalt, seinem Alter und eventueller Beeinträchtigungen eine große Würde zu. Es ist deswegen wichtig, ihn zu achten und gut für ihn

---

[197] BALDWIN (2018): Trauma-Sensitive Theology, 57.
[198] BALDWIN (2018): Trauma-Sensitive Theology, 57.
[199] BALDWIN (2018): Trauma-Sensitive Theology, 57.
[200] BALDWIN (2018): Trauma-Sensitive Theology, 57f.
[201] Monica Coleman spricht von „God-respect", „Self-respect" und „Other-respect". Die inhaltliche Füllung des ersten Aspektes wurde dabei eigenständig vorgenommen, die der anderen in Bezugnahme auf die Gedanken von Monica Coleman, vgl. COLEMAN (2004): The Dinah Project, 73f.

zu sorgen. Nicht nur die Betätigung des Körpers, auch seine Ruhe und Pflege können ein Gottesdienst sein.[202]

— Weil der Körper ein Tempel des Heiligen Geistes ist, führt dies zu einem respektvollen Umgang mit dem Körper anderer Menschen. Gewalt ist deswegen nicht akzeptabel. Dieser Umgang muss allerdings wiederum auch von anderen Menschen eingefordert werden.[203] Jede Form von Gewalt gegen den eigenen Körper durch andere Menschen ist – im theologischen Motiv bleibend – ein Frevel gegen den, der sich den Körper zum Tempel erwählt hat.

Eine in der christlichen Tradition zentrale Weise, den Körper in das Glaubensgeschehen einzubeziehen, ist durch die Sakramente gegeben. Hierzu stellt Lisa Dahill weiterführende Überlegungen an.

> „Christian sacraments are embodied: a person gets physically wet, touched, anointed, fed, slaked. [...] One's whole person, body and spirit, feeds on Christ and shares in his life; this powerfully physical communion is especially important to those who, for reasons of depression or shame, find it hard to take in emotionally the unconditional divine love proffered here and in the Word. And the bodily participation in Jesus' life not only draws into healing contact one's own wounds and cruxification with his but reveals as holy and sacred even this wounded (and female) flesh. Thus, a Eucharistic spirituality allows a person gradually to perceive even her own body as worthy of attention and care, like Jesus', in fact itself a locus for Jesus self-revelation. Paying attention to one's body becomes a form of prayer, a means of attending to the One whose body and blood saturate the very cells of one's physical being."[204]

Die körperliche Partizipation am Heiligen heiligt auch den Körper selbst und gibt ihm und seinen Bedürfnissen dadurch einen hohen Stellenwert. Eine christliche Spiritualität ist traumasensibel, wenn sie die körperbezogenen Aspekte in ihrer Tradition auf intensive Weise zu leben sucht.

3.1.6 Die Kraft der Rituale

Die Thematisierung des Abendmahles leitet in die Frage nach der Bedeutung und Kraft von Ritualen innerhalb einer traumasensiblen Spiritualität. Rituale können ein Element auch von Seelsorge sein. Sie stellen dort eine „verdichtete Begehung einer spezifischen Lebenssituation dar"[205]. Bevor Chancen erschlossen werden sollen, müssen jedoch zwei Ambivalenzen und Risiken benannt werden.

---

[202] Vgl. COLEMAN (2004): *The Dinah Project*, 73f.
[203] Die vorherigen Gedanken dieses Abschnittes finden sich bei: COLEMAN (2004): *The Dinah Project*, 74.
[204] Vgl. DAHILL (2009): *Reading from the Underside of Selfhood*, 214f.
[205] WAGNER-RAU, Ulrike (2017): *Seelsorge*, in: *Praktische Theologie: Ein Lehrbuch*, hrsg. von FECHTNER, Kristian; HERMELINK, Jan u.a., Kohlhammer: Stuttgart, 176.

F. Grundlinien einer traumasensiblen Seelsorge

- Grundsätzlich gilt, dass religiöse Rituale in einer traumasensiblen Spiritualität nicht mit magischen Praktiken verwechselt werden dürfen. Rituale jeder Art, seien es Gebete, Liturgien oder Segnungen, sind keine Heilungszauber und deswegen keine esoterischen Alternativen zu traumatologisch-kompetenter Unterstützung und Aufarbeitung. Der lange und schmerzhafte Weg der Stabilisierung, der Trauer und Integration kann durch sie unterstützt, aber nicht umgänglich gemacht werden. Die Versuchung, derartige Abkürzungen nehmen zu wollen, kann sowohl für Betroffene als auch für das Umfeld sehr groß sein. „Specialized ritual, even Christian-based ritual planned and conducted by faithful and caring church members, can easily deteriorate into a technique or an unconscious desire for a quick fix that bypasses deeper elements essential in a survivor's recovery."[206] Es handelt sich um eine Scheinalternative, die das nicht zu haltende Versprechen macht, einen langen, kräftezehrenden und ungewissen Weg durch eine einzelne Handlung überflüssig zu machen. Rituale können heilsam und unterstützend sein, aber sie können den langen und schmerzhaften Weg der Trauma-Bearbeitung nicht ersetzen.
- Rituale werden meist entweder gemeinschaftlich vollzogen oder als überindividuell entwickelte Formen im persönlichen Leben angeeignet. Darin kann etwas Bestärkendes liegen: Der einzelne Mensch stellt sich in einen größeren Zusammenhang. Im Kontext traumasensibler Spiritualität ist aber auch zu fragen, wie überindividuell entwickelte Formen und Vollzüge auf den einzelnen Menschen zurückwirken. Was löst ein Ritual in Betroffenen aus? Haben bspw. Rituale in der traumatischen Gewalt eine Rolle gespielt? Gibt es bestimmte Aspekte eines Rituals, die Betroffenen eine Partizipation erschweren?[207] In einer traumasensiblen Spiritualität werden derartige Fragestellungen ernst genommen. Dies heißt nicht, dass Rituale keine widerständigen oder der eigenen Erfahrung – evtl. momentan – unzugängliche Gehalte haben dürfen.[208] Sie sollten jedoch theologisch gesprochen insgesamt darauf gerichtet sein, in Gemeinschaft und nicht in Entfremdung von Gott zu führen. Dafür ist die Beachtung der individuellen Biographie und der traumatischen Erlebnisse darin elementar.[209]

---

[206] COOPER-WHITE (2012): *The Cry of Tamar*, 248.

[207] Marjorie Procter-Smith gibt bspw. zu denken, dass beim Abendmahl die Aspekte der Autorität, der Schuld und Scham des Opfers in bestimmten Interpretationsformen für Betroffene von Gewalt problematisch sein können: Vgl. PROCTER-SMITH, Marjorie (1995): *The Whole Loaf: Holy Communion and Survival*, in: *Violence against Women and Children: A Christian Theological Sourcebook*, hrsg. von ADAMS, Carol J.; FORTUNE, Marie M., Continuum: New York, 464–478.

[208] Diese können sogar sehr wichtig sein, wie Andreas Odenthal in Bezug auf die kirchliche Liturgie ausführt: ODENTAHL, Andreas (2011): *Heilsame Liturgie? Die Feier des Gottesdienstes in der Spannung zwischen symbolischer und traumatischer Erfahrung*, in: *Diakonia*, 42, H. 2, 114f.

[209] Um dieses Anliegen noch einmal zu Betonen: Die Beziehung der einzelnen Personen zu einem bestimmten Ritual ist wichtig. Unabhängig davon, wie es theologisch gefüllt sein

Rituale haben in christlicher Spiritualität einen Ort sowohl im persönlichen als auch im gemeinschaftlichen Leben. Rituale können für sich im Privaten begangen werden. Ein Beispiel wäre eine persönlich praktizierte Gebets- oder Meditationszeit. Ein Gebet ist eine „allgemein verbreitete religiöse Handlungsform"[210]. Seinem religiösen Sinn nach dient ein Gebet der Kommunikation mit Gott, bzw. der Kommunikation Gottes mit dem Menschen. Ein Trauma kann als eine schwere Erschütterung der Gottesbeziehung erlebt werden. Für Betroffene kann es deswegen mindestens phasenweise kaum oder sogar unmöglich sein zu beten.[211] Dies ist legitim. Hilfreich kann eventuell sein, auf die Vielgestaltigkeit von Gebeten zu verweisen.[212]

Im Kontext von Notfallseelsorge formuliert Frank Waterstraat einen Gedanken, der auch im Verständnis von Ritualen in einer traumasensiblen Spiritualität weiterführend ist: „Rituale ordnen den Raum und die Zeit und geben ansatzweise verloren gegangene Orientierung zurück, [...] sie verdichten helfende Erfahrung[.]"[213] Rituale haben eine ordnende und orientierende Funktion. Nach Ulrike Wagner-Rau kann ein Ritual helfen „eine chaotische und überwältigende Situation [...] zu strukturieren und damit die Menschen zu stabilisieren."[214] Auf diese Weise können sie Struktur herstellen und damit Stabilität vermitteln. In Momenten der Überforderung oder des Übergangs ermöglichen sie den Rückbezug auf Bekanntes und Bewährtes. Im besten Fall stellen sie einen Bezug zu unterstützenden Erfahrungen her. Richard Mollica, der in Flüchtlingscamps in Südostasien therapeutisch gearbeitet hat, schreibt:

---

mag, kann die persönlich beigemessene Bedeutung davon stark abweichen. Zu erinnern ist an dieser Stelle bspw. an die Aussagen eines/einer Befragten in der Studie von Rudolfsson und Tidefors, der/die eine Mundkommunion mit erzwungenem Oralverkehr assoziierte. Vgl. RUDOLFSSON; TIDEFORS (2014): *I Have Cried to Him*, 915.

[210] ROSER, Traugott; ZITT, Renate (2006): *Praktische Theologie, Religions- und Gemeindepädagogik*, in: *Handbuch Evangelische Theologie: Ein enzyklopädischer Zugang*, hrsg. von BECKER, Eve-Marie; HILLER, Doris, A. Francke Verlag: Tübingen [u.a.], 358.

[211] Probleme im persönlichen Gebetsleben und mögliche Hilfestellungen werden thematisiert bei: LEEHAN (1993): *Defiant Hope*, 141–149.

[212] Diese können frei sein oder sich an vorgegebenen Formularen (z.B. Psalmen) orientieren, jede denkbare Emotion zum Ausdruck bringen (auch Hass, Enttäuschung oder Wut auf Gott), und auch der Form nach ist keine Beschränkung auferlegt. (Siehe die Gedanken im Abschnitt zu 3.1.4 *Ausdrucksformen für Unsagbares*.

[213] WATERSTRAAT, Frank (2009): *Dem Chaos gestaltend begegnen - Aspekte christlicher Rituale in der Notfallseelsorge*, in: *Berliner Theologische Zeitschrift*, 26, H. 1, 19.

[214] WAGNER-RAU (2017): *Seelsorge*, 177.

F. Grundlinien einer traumasensiblen Seelsorge

> „Emotionen werden durch konkrete Rituale und Praktiken eingedämmt, durch die der Betroffene eine bestimmte Zeit und einen bestimmten Ort zum Ausdrücken und Verstehen seiner Gefühle erhält. [...] [Es] können kleine tägliche Rituale, wie Gebete, Meditationen, Tagebuchschreiben [sein, die] im Laufe der Zeit immense Therapieerfolge bringen."[215]

Rituale können ebenfalls Fokussierung und Sammlung ermöglichen. Gleichzeitig kann in solchen Momenten der Introspektion auch Belastendes zu Tage treten. Rituale müssen deswegen auf eine Weise gestaltet sein, die nicht in Überforderung führt. Die Kompetenz liegt hierbei bei den Betroffenen. Hilfreich erscheint die Orientierung an spezieller Literatur.[216]

Rituale sind etwas Dynamisches und können auch selbst gestaltet werden. Vorhandene Rituale können angepasst oder in einen anderen Kontext gestellt werden. Sandra M. Flaherty bspw. greift die Praxis von Kreuzwegen auf und bezieht sie auf die Situation von Missbrauchsüberlebenden. Für jede der Stationen werden spezifische Fragen formuliert.[217] Eine solche Ritualpraxis ist sowohl alleine als auch in besonderen Gruppen möglich.

Gemeinschaftlich begangene Rituale können ebenfalls etwas sehr Kraftvolles sein.[218] An verschiedenen Stellen in der Literatur finden sich im Blick auf Betroffene entwickelte Klage- oder Heilungsliturgien.[219] Insgesamt haben Angebote gezielt für Betroffene die Chance, besonders auf deren Bedürfnisse einzugehen. Sie bergen andererseits die Gefahr, das Thema aus dem Leben im Zentrum von Kirche und Gemeinden auszulagern und damit wider Willen zu marginalisieren.[220] Diesbezüglich ist in jedem Fall Problembewusstsein angebracht.

Der gemeinschaftliche Ausdruck von Klage speziell für Betroffene kann etwas sehr Konstruktives sein. Um dies zu ermöglichen, sollten solche Gottesdienste oder Gebete in enger Abstimmung und Mitarbeit mit Betroffenen konkretisiert werden. Die Realität von Gewalt wird dann nicht weiter verdrängt, im besten Fall die Verstrickung von Theologie und Kirche darin angeklagt und

---

[215] MOLLICA (2009): *Unsichtbare Wunden heilen: Wie traumatisierte Menschen inneren Frieden finden*, 213.

[216] Einige Bücher für Betroffene enthalten angeleitete Meditationen, die vor allem für den Anfang sinnvoller erscheinen als z.B. lange Zeiten der Stille. Sehr gut umsetzbare Beispiele finden sich bei: FAULDE (2002): *Wenn frühe Wunden schmerzen*, 45ff.78ff.106ff.141ff.

[217] Vgl. FLAHERTY, Sandra M. (1992): *Woman, Why Do You Weep? Spirituality for Survivors of Childhood Sexual Abuse*, Paulist Press: Mahwah, 73ff. Einige Beispiele hierzu: Station 1 – Jesus wird verurteilt: Wann wurde man selber in Bezug auf seinen Missbrauch ungerecht verurteilt? Wo hat man sich selber ungerecht verurteilt? Station 2 – Jesus nimmt sein Kreuz auf sich: Welche Bürden müssen wegen des Missbrauchs getragen werden? Sandra M. Flaherty formuliert Fragen zu 14 Stationen.

[218] Siehe z.B. das im Systematic Review zitierte Beispiel aus: RUDOLFSSON; TIDEFORS (2014): *I Have Cried to Him*, 915.

[219] Siehe z.B. BIELER (2000): *Psalmengottesdienste als Klageräume für Überlebende sexueller Gewalt: Poimenische und liturgische Überlegungen*. Zahlreiche englischsprachige Beispiele finden sich bei COOPER-WHITE (2012): *The Cry of Tamar*, 327.

[220] Vgl. COOPER-WHITE (2012): *The Cry of Tamar*, 248.

dem Schmerz und Zorn von Betroffenen Raum gegeben. Sinnvoll kann auch sein, der Klage über Gewalt noch andere Anliegen (z.B. den Tod geliebter Menschen) an die Seite zu stellen, wenn dadurch das Anliegen der Klage über Gewalt nicht zu sehr in den Hintergrund tritt. Scham, oder die Angst, sich als Gewaltopfer zu zeigen, können auf diese Weise gemindert und der Zugang zu entsprechenden Angeboten erleichtert werden.

Heilungsliturgien verfolgen ebenfalls einen konstruktiven Ansatz. Sie sind aber aufgrund von Erkenntnissen der Psychotraumatolgie kritisch zu sehen, wenn sie eine Finalität des Heilungsprozesses suggerieren.[221] Die oben benannte Gefahr ist groß, falsche Hoffnungen in ein magisch wirksames Ritual zu wecken, das suggeriert, der lange und schmerzhafte Weg der Trauma-Integration könne durch einzelne Handlungen umgangen werden. „Efforts at healing through ritual can do more harm than good if not grounded first in the solid pastoral relationship and context of Christian community described above."[222] Pamela Cooper-White verweist als Voraussetzung für vergleichbare Rituale auf eine tragfähige, vertrauensvolle Seelsorgebeziehung und eine Gemeinschaft, die in die Auseinandersetzung mit Gewalt im sozialen Nahraum sowohl seelsorglich als auch gesellschaftspolitisch intensiv eingebunden ist. Nur eine solche Gemeinschaft kann Problembewusstsein dafür entwickeln, wann ihre eigene Ritualpraxis stärker der Verdrängung als der Aufarbeitung dient. Insgesamt ist wichtig, dass die Frage nach Heilung eher als Suche, Klage oder Bitte thematisiert wird und nur sehr vorsichtig und zurückhaltend als Zuspruch.

Statt Heilungsliturgien scheint der Ansatz von Segnungen m.E. hilfreicher. Die Kraft und Liebe Gottes werden hier ebenfalls zugesprochen und womöglich erlebbar, die benannten Vorbehalte bestehen hier nicht im gleichen Maße. Außerdem ist Segnen nach Christian Grethlein ein sehr niedrigschwelliges Ritual: „Alle Menschen können gesegnet werden, unabhängig von ihrem Alter, dem Bildungsgrad, aber auch ihrer Erfahrung mit Kirche."[223] Es werden sinnhafte und zärtliche Aspekte christlichen Gottesverständnisses kommuniziert, die manchmal unterbelichtet bleiben.[224]

Auch ist an dieser Stelle darauf hinzuweisen, was Pamela Cooper-White in Bezug auf Taufe und Abendmahl sagt:

> „The two central sacraments of the Christian tradition, Baptism and Eucharist, are in and of themselves, arguably, the most powerful rituals for healing. [...] Baptism and Eucharist assure the survivor that she is, like every other member of the community, adopted by God and heir to God's realm of love and justice. [...] In the Eucharist, the community of faith established by baptism is gathered to reaffirm this

---

[221] Hier ist zu beachten, dass Traumata zwar integriert werden, aber dennoch in späteren Lebensphasen immer wieder aufbrechen können. Eine ‚finale Heilung' ist deswegen ein unrealistisches Versprechen.
[222] COOPER-WHITE (2012): *The Cry of Tamar*, 248.
[223] GRETHLEIN (2016): *Praktische Theologie*, 571.
[224] Vgl. GRETHLEIN (2016): *Praktische Theologie*, 571.

promise of restoration, to join in solidarity with all who suffer, and so share in Christ's promise of the realm of God in which such evil and injustice is banished forever."[225]

Wichtiger als über spezifische Heilungsliturgien nachzudenken, ist im Rahmen einer traumasensiblen Spiritualität deswegen, die heilsame Kraft eben jener Rituale zu erschließen, die im Zentrum der christlichen Kirche stehen. Dies sind vor allem Taufe (bzw. Tauferinnerung) und Abendmahl. Können entsprechende Bedeutungsgehalte plausibilisiert werden, ermöglicht dies Betroffenen einen niedrigschwelligen und schamfreien Zugang zu einer potentiell heilsamen Ritualpraxis.

3.1.7 Die Texte der Bibel

Eine christliche Spiritualität kann aus der Fülle der Erfahrungen schöpfen, die sich in den Texten der Bibel manifestiert. Diese können von Betroffenen selbstständig oder in Gruppen gelesen, oder als seelsorglicher Impuls in ein Gespräch eingebracht werden.[226] Die Bandbreite biblischer Texte ist dabei auf vielen Ebenen sehr groß, zu denken ist z.B. nur an die Fülle von Textgattungen oder versprachlichten Lebenssituationen. Wie in den Ausführungen zu traumasensibler Theologie allerdings deutlich wurde, sind die biblischen Texte aus traumasensibler Perspektive ambivalent zu bewerten. Vor allem der große historische Abstand und die Fremdheit der biblischen Sprach- und Denkwelt machen das Textverstehen auf besondere Weise für Missverständnisse anfällig. Betroffene werden deswegen in den biblischen Texten nicht nur Erbauliches, sondern auch Verstörendes finden. Das ist zu problematisieren. Dies meint nicht, dass es mit biblischen Texten nicht auch Fremdheitserfahrungen geben darf. Es meint aber, dass die Bibel auch eine kritische Offenheit demgegenüber hat, was weiter oben eine ‚traumatoforme Aneignung' genannt wurde. Es werden dann jene Inhalte besonders aufgenommen und verstärkt, welche im Trauma schon angelegt sind. Biblische Texte können dann eher traumaverstärkend als integrierend wirken.

Dies rührt an die Frage einer traumasensiblen Bibelhermeneutik. Es handelt sich hierbei um eine grundsätzliche Frage, die eine ausführlichere Bearbeitung verdient und nötig hat. An dieser Stelle dazu ein sehr grundsätzlicher Gedankengang:

Die biblischen Texte sind Zeugnis eines lebendigen Traditionsstromes, der durch die Kanonisierung zwar zur Erstarrung gekommen ist, seinem Inhalt nach aber auf immer neue Interpretation und Aktualisierung drängt. Der Verweis auf ihre Traditionsgeschichte ist also in den biblischen Texten selber angelegt. Zu

---

[225] COOPER-WHITE (2012): The Cry of Tamar, 248.
[226] Zu zweitem siehe die Überlegungen im Standardwerk: BUKOWSKI, Peter (2004): Die Bibel ins Gespräch bringen: Erwägungen zu einer Grundfrage der Seelsorge, 5. Aufl., Neukirchener: Neukirchen-Vluyn.

dieser Traditionsgeschichte gehört auch, dass Betroffene von Gewalt diese Texte immer wieder gelesen und vor dem Hintergrund ihrer eigenen Erfahrung interpretiert haben, bzw. auch nicht-Betroffene versucht haben, die Texte aus dieser spezifischen Perspektive zu lesen. Einigen dieser Betroffenen, bzw. deren Perspektive würdigenden Mitfragenden, war und ist daran gelegen, ihre Erfahrungen an andere Betroffene weiterzugeben. Entsprechend hat sich inzwischen Selbsthilfeliteratur gebildet, welche sich der Verarbeitung von Gewalterfahrungen insgesamt widmet und auch immer wieder aufzeigt, welche biblischen Texte dabei hilfreich sein können. Diese Traditionsgeschichte ist ernst zu nehmen. Eine traumasensible Spiritualität wird die nähere Beschäftigung mit eben jenen Texten eher suchen, welche sich für andere Betroffene schon als hilfreich erwiesen haben.[227] Dies soll keinen traumasensiblen Kanon im Kanon anregen. Eine Konzentration und Vertiefung dieser Texte scheint aber einen konstruktiven Ausgangs- und Bezugspunkt für eine weitere Erschließung biblischer Texte darzustellen. Diese Konzentration ist kein Mangel. Grundsätzlich gilt, dass Menschen in ihr spirituelles Leben keine Unmenge an Texten einbeziehen können. Vielmehr ist oft die Fokussierung auf einige wenige Texte weiterführend, die dann meditiert und vertieft werden können. Grundsätzlich gilt aber auch hier, dass die Kompetenz der Betroffenen im Zentrum steht. Sofern diese andere Texte für sich als weiterführender erachten, ist das in jedem Fall legitim.

Insgesamt findet sich in der traumabezogenen Literatur eine große Fülle kreativer Aneignung und spiritueller Vertiefung biblischer Texte, oder auch ihrer tieferen theologischen Erschließung durch psychotraumatologische Perspektiven.[228] Vor allem die Psalmen sind dabei immer wieder wichtig. Diese bieten eine Sprache und Struktur an, die aufgegriffen und auf die eigene Erfahrung bezogen werden kann.[229] Peter Bukowski zeigt, wie vor allem die Psalmen eine Sprachhilfe für die Artikulation von Wut sein können.[230] Die biblischen Texte können aber auch Bezugspunkte kreativer Aneignung sein: Beispielsweise bei Cornelia Faulde finden sich Gebete, die in Anlehnung an die Psalmen abgefasst sind und in einer Verschränkung aus eigener Sprache und Psalmensprache

---

[227] Eine deutschsprachige Zusammenstellung solcher Texte findet sich bspw. bei: KERSTNER; HASLBECK u.a. (2016): *Damit der Boden wieder trägt*, 218–221.

[228] Ein Beispiel für letzteres sind die bereits erwähnten Arbeiten POSER (2012): *Das Ezechielbuch als Trauma-Literatur.*) und FANDER (2005): „*Mein Gott, mein Gott, warum hast du mich verlassen?*", 116–156.).

[229] Barbara Strumann hat dazu jüngst eine sehr interessante religionspädagogische Arbeit vorgelegt, in der Schüler, die in Gewaltzusammenhängen stehen, anhand von Klagepsalmen zu einer Auseinandersetzung mit eigenen Emotionen und religiösen Inhalten finden. Vgl. STRUMANN, Barbara (2018): *In Psalmen der Gewalt begegnen: Überführung der Gewaltverflochtenheit in Sprache*, Ferdinand Schöningh: Paderborn.

[230] BUKOWSKI (2004): *Die Bibel ins Gespräch bringen: Erwägungen zu einer Grundfrage der Seelsorge*, 71–78.

F. Grundlinien einer traumasensiblen Seelsorge

unterschiedliche Gefühle und Fragen auf dem Weg der Trauma-Bearbeitung zum Ausdruck bringen.[231] David R. Blumenthal referiert das literarische Zeugnis einer Gewaltüberlebenden, die Psalm 27 mit den eigenen Erfahrungen kontrastiert. Die einzelnen Verse werden kommentiert, und die eigene Erfahrung wird scharf der Sprache des Psalmisten gegenübergestellt.[232] James Leehan legt ebenfalls mehrere Gedichte vor, die eine Betroffene in Auseinandersetzung mit den Psalmen abgefasst hat.[233] Die Reihe ließe sich fortsetzen.

Eine ebenfalls interessante, sehr eigenständige und kreative Aneignung biblischer Texte findet sich bei Sandra M. Flaherty. Sie lädt Lesende ein, sich als Teil bestimmter biblischer Geschichten zu imaginieren:[234]

> „One way scripture can be of help is by imagining that you are part of the story – you are present there with Jesus. One scriptural story which fits in nicely with this kind of prayer is the resurrection account of Mary Magdalene at the tomb (Jn 20:1–17). [...] You can make use of this story by sitting with it and imagining yourself at the tomb. The empty tomb can symbolize all the losses you have incurred because of your abuse. Imagine Jesus before you and listen to him as he questions, ‚Woman, why are you weeping?' In response to the question recount for Jesus the multitude of reasons for your tears. Speak to him honestly about the loss of innocence, loss of family, loss of self; share with him the heart-wrenching, ‚why?' If speaking is difficult, try writing the losses down or symbolizing them with art. Making use of the story of Mary Magdalene can help you to experience the presence of Jesus in your pain."[235]

Einen ebenfalls beachtenswerten Zugang entwickelt Sandra M. Flaherty zu den Texten der Exoduserzählung. So versieht sie die verschiedenen Stationen des Exodus mit spezifischen Fragen der Traumaverarbeitung.[236] Es ließen sich noch weitere Beispiele anführen, die zeigen, wie konstruktiv Bibeltexte in die Bearbeitung von Traumata einbezogen werden können.

---

[231] Vgl. FAULDE (2002): *Wenn frühe Wunden schmerzen*, 40f.76f.103ff.137f.

[232] Vgl. BLUMENTHAL (1993): *Facing the Abusing God*, 227ff.

[233] Vgl. LEEHAN (1993): *Defiant Hope*, 169ff.

[234] Einige der Ansätze, sich in den biblischen Text hinein zu imaginieren, werden deutschsprachige Lesende an Bibliolog und Bibliodrama erinnern. Auch bei den Textbegegnungen wie sie Flaherty anregt, geht es um ein „Ineinander von Texterfahrung und Selbsterfahrung: Ich entdecke einen biblischen Text neu, und ich gewinne aus dieser Begegnung mit dem Text wichtige Erkenntnisse über mich selbst und meine Lebensgeschichte." (POHL-PATALONG, Uta (2005): *Bibliolog: Gemeinsam die Bibel entdecken*, Kohlhammer: Stuttgart, 23.) Jedoch geht es bei Flaherty um eine individuelle Praxis, und der Schwerpunkt liegt weniger auf der Texterkundung als auf der Bearbeitung von Erfahrungen.

[235] FLAHERTY (1992): *Woman, Why Do You Weep?*, 56.

[236] Vgl. FLAHERTY (1992): *Woman, Why Do You Weep?*, 129ff. So wird bspw. in Bezug auf den Bericht der Versklavung der Hebräer in Ex 1,11–15 gefragt, in welcher Weise man selber Unterdrückung erfahren hat oder was es bedeutet, von Erinnerungen an Missbrauch versklavt zu sein. Später zu den Murrgeschichten in Ex 16 wird gefragt, wie oft schon bereut wurde, sich auf den Weg der Aufarbeitung zu machen, und in Bezug auf das Manna, was man während seiner Wüstenerfahrungen als hilfreich empfunden hat usw.

Insgesamt ist also festzuhalten, dass die Bibel für eine traumasensible Spiritualität eine sehr wichtige Bezugsgröße sein kann. Die benannten Problematiken sollten dabei nicht ausgeklammert werden. Sie sollten allerdings ebenso wenig daran hindern, die großen Potentiale und Chancen biblischer Texte in einer traumasensiblen Spiritualität zu heben.

3.2 Applikationen

Auf den benannten Grundlagen basierend sollen im Folgenden verschiedene Applikationen bzw. Konkretisierungen christlicher Spiritualität dargestellt werden, die unter einer Perspektive der Traumasensibilität weiterführen. Sie richten sich an Betroffene ebenso wie Seelsorgende und christliche Gemeinden als Ganze. Dabei gilt, dass zumindest die meisten der unter *3.1 Grundlagen* formulierten Gesichtspunkte, je Wichtiges zu den einzelnen Konkretisierungen beitragen können. Bei den konkret dargestellten Möglichkeiten handelt es sich um eine Auswahl und Fokussierung, die sich durch Bezugnahme auf verschiedene Grundlagen aber je erweitern ließe.[237]

3.2.1 Raum für Trauer, Zweifel und Klage[238]

Eine traumasensible christliche Spiritualität bietet Raum für Trauer, Zweifel und Klage. Es entspricht häufig dem Wunsch von Betroffenen[239] und dem Thema von Traumata an sich, dass dies möglich ist. Gewissheiten über Gott und die Welt wurden erschüttert, Gebete blieben unerhört, viel ist durch das Trauma verloren gegangen und muss betrauert werden.[240]

Eine traumasensible Spiritualität verdrängt den wichtigen Prozess der Trauer nicht, sondern gibt ihm Raum und Formen. Zum Beispiel finden sich in der Bibel Texte, die Trauer in tiefgründiger Weise in Sprache gießen. Texte, die

---

[237] Zum Beispiel lässt sich fragen, inwiefern in einem Raum für Zweifel und Klage die Orientierung an der Kompetenz der Betroffenen, dem Einsatz für Gerechtigkeit, unterstützende Beziehungen, Sprachformen für Unsagbares, der menschliche Körper, Rituale oder die Texte der Bibel wichtige Impulse geben können.

[238] Ein sehr guter Text zum Thema Klage, der im folgenden Abschnitt deswegen auch immer wieder zitiert wird, ist: BEIRER, Georg (2000): *Die heilende Kraft der Klage*, in: *Schweigen wäre gotteslästerlich: Die heilende Kraft der Klage*, hrsg. von STEINS, Georg, Echter: Würzburg, 16–41.

[239] Vgl. RUDOLFSSON; TIDEFORS (2015): *The Struggles of Victims*, 460. In der Studie wird an dieser Stelle auch thematisiert, welche negativen Folgen es haben kann, wenn Zweifel nicht ausgedrückt werden dürfen. Dies wirkt sich der Studie zufolge sowohl negativ auf die Beziehung zwischen Seelsorgenden und Sorgesuchenden als auch auf das Selbstbild Betroffener aus.

[240] Vgl. MANLOWE (1995): *Faith Born of Seduction*, 79ff.

F. Grundlinien einer traumasensiblen Seelsorge

in Trauer hinein- und aus ihr hinausführen können. Man kann hier Passagen der Bücher Hiob und Jeremia, die Klagelieder und die Psalmen als einige Beispiele nennen. Trauern ist dort kein Akt der Demütigung oder Unterwerfung, sondern ein Akt der Ermächtigung und des Mutes, bis hin zu der Würde, mit Gott selbst zu ringen. Dass Texte über Trauer und auch die damit verbundenen offenen Fragen und Zweifel als heilige Texte gesehen werden können, adelt Trauer wie Zweifel. Die Schriften der Bibel können eine Grundlage bilden, auf der nach weiteren Ausdrucksformen gesucht werden kann. Ein Beispiel dafür können Klageliturgien sein, in denen der Trauer bewusst Raum gelassen wird, ohne völlig in ihr zu versinken.[241] Sehr viele weiterführende Anregungen und Hintergründe bietet auch das Buch von Gast, Markert, Onnasch und Schollas: „Trauma und Trauer: Impulse aus christlicher Spiritualität und Neurobiologie."[242]

Als Ausdruck von Trauer sind Zweifel und der Wunsch nach Klage nachvollziehbar. Kathleen D. Billman und Daniel L. Migliore zeigen in ihrem Buch „Rachel's Cry", warum Klagegebete wichtig sind, wobei einige Ausführungen auch die konstruktiven Potentiale von Trauer insgesamt beschreiben. Klagegebete haben mehrere wichtige Funktionen. Dazu gehört:

> „offering a needed language of pain; confirming the value of embodied life; granting permission to grieve and protest; challenging inadequate understandings of God and preparing the way for new understandings; strengthening our self-understanding as responsible agents; purifying anger and the desire for vengeance; increasing solidarity with others who suffer; and revitalizing praise and hope."[243]

Diese Überlegungen sind in weiten Teilen auf die Bedeutung von Zweifel und Klage in einer traumasensiblen Spiritualität übertragbar.[244]
- Zweifel und Klage sind wichtig, weil sie manchmal zumindest Teile dessen in Worte fassen können, was sich aufgrund seiner großen Schmerzhaftigkeit der Versprachlichung entzieht. Traumata gehören zu solchem Leiden. Menschliche Sprache kann nie ganz fassen, was Personen hier durchlitten haben. Und sofern sie es zu fassen versucht, ist die ihr angemessene Form viel weniger der Bericht als die Klage. Klage kann ein Ventil sein, etwas von dem empfundenen Schmerz nach außen zu setzen. Manchmal ist es hilfreich, wenn sich Klage individuellen Ausdruck sucht. In dem Abschnitt über Sprachformen für Unsagbares wurde deutlich, dass die Möglichkeiten hierzu mannigfaltig sind. Die Verbindung zu verschiedenen Künsten ist flie-

---

[241] Vgl. HENDERSON, J. Frank (2006): *Abuse of Children: A Liturgy of Lament*, in: *Journal of Religion & Abuse*, 8, H. 1, 27–30.

[242] Siehe vor allem: GAST; MARKERT u.a. (2009): *Trauma und Trauer: Impulse aus christlicher Spiritualität und Neurobiologie*, 197–246.

[243] BILLMAN, Kathleen D.; MIGLIORE, Daniel L. (1999): *Rachel's Cry: Prayer of Lament and Rebirth of Hope*, United Church Press: Cleveland, 104f.

[244] Die folgenden Unterabschnitte beziehen sich jeweils auf einen der im Zitat genannten Punkte in entsprechender Reihenfolge.

ßend. Manchmal fällt individueller Ausdruck schwer. Dann kann es einfacher sein, sich vorhandener Formen zu bedienen, die andere Menschen vorher gefunden haben.[245] In der Bibel finden sich mit der Hiobserzählung, den Klageliedern und Klagepsalmen zahlreiche Texte, die Sprachhilfe sein können.

– Trauer und Zweifel sind keine primär kognitive Angelegenheit. Sie erfassen die ganze Existenz und den ganzen Körper.[246] Die Psalmen finden eine plastische Sprache dafür. So heißt es in Psalm 22,15f: „Wie Wasser bin ich hingeschüttet, und alle meine Gebeine haben sich zertrennt; wie Wachs ist mein Herz geworden, zerschmolzen in meinem Inneren. Meine Kraft ist vertrocknet wie gebrannter Ton, und meine Zunge klebt an meinem Gaumen; und in den Staub des Todes legst du mich."[247] (Psalm 22,15f ELB) Der ganze Körper ist in den Schmerz und so auch in die Trauer darüber einbezogen. Nach Kathleen D. Billman und Daniel L. Migliore führt Klage uns die Körperlichkeit unserer Existenz und damit auch die Bedeutung unseres Körpers insgesamt vor Augen.[248]

– Die tiefe Verankerung von Klage und Zweifel in der christlichen Tradition bestärken die Legitimität von Trauer und Protest. Trauer, Klage, Zweifel und Protest haben einen wichtigen Ort in traumasensibler christlicher Spiritualität. Sie sind legitim und wichtig, auch wenn sie nie erzwungen werden dürfen.[249] Dabei gibt es keine Denk- und keine Sprachverbote. Aussagen oder Texte von Betroffenen können verstörend sein. Auch in Bezug auf religiöse Glaubensbestände haben sie manchmal eine Heftigkeit, die irritieren oder abstoßen kann. Wer der Vehemenz von Klage und Zweifel Grenzen setzen will, sollte sich bewusstmachen, dass diese in den biblischen Texten selbst immer wieder überschritten werden. Hiob spricht über Gott: „Rechtschaffen bin ich! Ich kümmere mich nicht um meine Seele, ich verachte mein Leben, es ist eins! Darum sage ich: Den Rechtschaffenen wie den Gottlosen vernichtet er. Wenn die Geißel plötzlich tötet, so spottet er über die Verzweiflung Unschuldiger. Die Erde ist in die Hand des Gottlosen (רָשָׁע) gegeben, das Angesicht ihrer Richter verhüllt er. Wenn er es nicht ist, wer sonst?" (Hiob 9,21–24 ELB) Gott wird als ein רָשָׁע bezeichnet, ein Sünder, Frevler, Gottloser, der sich über die Verzweiflung Unschuldiger lustig

---

[245] An dieser Stelle seien noch einmal die Gedichte und Gebete von Carola Moosbach genannt: MOOSBACH (2000): Lobet die Eine: Schweige- und Schreigebete.

[246] Vgl. BILLMAN; MIGLIORE (1999): Rachel's Cry, 107ff.

[247] Der Hinweis auf diese Stelle in diesem Kontext stammt von BILLMAN; MIGLIORE (1999): Rachel's Cry, 107.

[248] Vgl. BILLMAN; MIGLIORE (1999): Rachel's Cry, 108f.

[249] Kathleen D. Billman und Daniel L. Migliore weisen darauf hin, dass Ausdrucksformen für Zweifel und Klage kulturell und individuell höchst unterschiedlich sein können. Es ist auch legitim, wenn Betroffene diese nicht offen oder öffentlich aussprechen wollen. Vgl. BILLMAN; MIGLIORE (1999): Rachel's Cry, 111.

macht.²⁵⁰ Dies ist in der Rede der Klage legitim. Klage und Zweifel sollten nicht möglichst dogmatisch korrekt, sondern dem Empfinden der Klagenden nach ehrlich sein. „Klage geht nie zu weit. Im Klagen spricht der Mensch gerechter von Gott als in Entschuldigungen und Rechtfertigungen Gottes, als im theologischen Glätten und Vertrösten."²⁵¹

- Klage und Zweifel ebnen auch den Weg dahin, durch das Trauma unplausibel gewordene Gottesbilder abzulegen und neue Gottesbilder zu suchen.²⁵² Die Frage nach Gottesbildern wurde bereits im Kontext traumasensibler Theologie diskutiert. Ihre tiefste Form findet diese Suchbewegung im Klagegebet: „If the prayer of lament enables us to give honest expression to the experience of the hiddenness of God, it is also paradoxically a form of resistance to all ideas about God as immutable and unaffected by what happens in the world."²⁵³ Das Klagegebet artikuliert die Verborgenheit Gottes, aber gibt im gleichen Moment die Frage nach ihm nicht auf. „Klage ist Fragen. Sie fasst das Nichtverstandene in Worte, ist oft heftiges Anfragen, ja radikales Hinterfragen bisheriger Lebens- und Glaubensentwürfe. Sie ist Ausdruck des Infrage-gestellt-Seins, aber auch des aktiven Infrage-Stellens."²⁵⁴

- Klage hilft bei der Wiedergewinnung von Handlungsfähigkeit. „Die Klage verschließt nicht den Menschen in sich selbst, sondern ist therapeutisch heilsame Öffnung auf die Wirklichkeit seines Lebens hin. Sie beendet den Verdrängungsprozess des Elends, [...] ist vielmehr Verweigerung der weiteren Verdrängung der Wirklichkeit. Klage deckt so auf, was nicht stimmt, was nicht so bleiben kann, was verändert, aufgegeben werden muss."²⁵⁵ Darin führt sie den Menschen auch an seine Verantwortung und Handlungsmöglichkeiten heran.

- Die biblischen Klagegebete enthalten oft Rachefantasien oder plastische Schilderungen der den Unterdrückern in Gedanken angetanen bzw. gewünschten Gewalt. Darin liegt eine Ambivalenz, die im nächsten Abschnitt zu reflektieren sein wird. Wichtig ist, dass auch in diesem Punkt dem Gebet keine Grenzen gesetzt sind. Im Gebet haben auch die tiefsten menschlichen Abgründe ihren Ort. Rache und Zorn sind im Klagegebet nicht ziellos. Sie dürfen ausgesprochen werden. Dadurch werden sie ein Stück weit kanalisiert, verarbeitet und stellen vor die Frage nach deren konstruktiven Ausdrucksformen.

---

[250] Zur Bedeutung von רשׁע siehe GESENIUS (2013): *Hebräisches und Aramäisches Handwörterbuch über das Alte Testament*, 1271.
[251] BEIRER (2000): *Die heilende Kraft der Klage*, 20.
[252] Ähnliche Überlegungen formuliert auch: FLAHERTY (1992): *Woman, Why Do You Weep?*, 108ff.
[253] BILLMAN; MIGLIORE (1999): *Rachel's Cry*, 112.
[254] BEIRER (2000): *Die heilende Kraft der Klage*, 19.
[255] Vgl. BEIRER (2000): *Die heilende Kraft der Klage*, 20f.

- Klage über Leid, vor allem wenn sie gemeinschaftlich vorgebracht wird, fordert immer auch zum gemeinsamen Bestehen des Leides heraus. Sie fördert Empathie und Mitgefühl, plausibilisiert die Sicht der Klagenden und Zweifelnden. Dabei handelt es sich nicht um einen Automatismus, aber um eine Möglichkeit von Klage und Zweifel. Sie können auch dazu führen, dass Menschen sich streckenweise auf sich selbst zurückziehen. In einer traumasensiblen Spiritualität ist es wichtig, dass dieser Rückzug nicht endgültig ist, sondern immer wieder auch auf die Suche nach unterstützenden Beziehungen führt. Dann kann auch gefragt werden, welche Formen von Solidarität mit anderen im eigenen Leben gefunden werden können.
- Schließlich kann Klage auch die Hoffnung revitalisieren. Diese Dynamik findet sich nicht nur in vielen Klagepsalmen.[256] Klage schafft zumindest etwas Erleichterung von der Schwere des Leidens. Weil Klage eben nicht Resignation und Abwendung von der Wirklichkeit ist, sondern Konfrontation mit und Verarbeitung derselben, ein „Handeln durch Sprechen"[257], kann sie aufzeigen, dass die Unterwerfung unter die gegenwärtige Wirklichkeit keine endgültige ist. Klage und Zweifel sind deswegen immer auch ein Samenkorn der Hoffnung.

Diese grundlegenden Gedanken zum Thema Trauer, Klage und Zweifel sollen an dieser Stelle genügen. Es wurde plausibilisiert, warum der Raum für Trauer, Zweifel und Klage in einer traumasensiblen Spiritualität wichtig ist, und welche möglichen Chancen hier für Betroffene liegen.[258] Seelsorge kann den Vollzug von Klage, Trauer und Zweifel sowohl im gemeinschaftlichen- als auch individuellen Glaubensleben anregen.

---

[256] Auch wenn die Erklärungshypothesen hierfür vielfältig und nicht eindeutig sind: RECHBERGER, Uwe (2012): *Von der Klage zum Lob: Studien zum „Stimmungsumschwung" in den Psalmen*, Neukirchener Theologie: Neukirchen-Vluyn.

[257] HIEKE, Thomas (2000): *Schweigen wäre gotteslästerlich: Klagegebete - Auswege aus dem verzweifelten Verstummen*, in: *Schweigen wäre gotteslästerlich: Die heilende Kraft der Klage*, hrsg. von STEINS, Georg, Echter: Würzburg, 52.

[258] Die Fülle von Literatur innerhalb und außerhalb der Theologie ist enorm. Theologisch sind die zahlreichen Studien zu den Klagepsalmen besonders interessant. Lesenswert sind einige Beiträge aus dem bereits genannten von Georg Steins herausgegebenen Buch: MÜLLNER, Ilse (2000): *Klagend laut werden: Frauenstimmen im Alten Testament*, in: *Schweigen wäre gotteslästerlich: Die heilende Kraft der Klage*, hrsg. von STEINS, Georg, Echter: Würzburg, 69-86. BERGES, Ulrich (2000): *Ijob. Klage und Anklage als Weg der Befreiung*, in: *Schweigen wäre gotteslästerlich: Die heilende Kraft der Klage*, hrsg. von STEINS, Georg, Echter: Würzburg, 103-112. Eine interessante fächerübergreifende Perspektive bietet: HINTERHUBER, Hartmann; BOSCHKI, Reinhold (Hrsg.) (2006): *Der Mensch in seiner Klage: Anmerkungen aus Theologie und Psychiatrie*, Tyrolia: Innsbruck [u.a.]. Andra Bieler reflektiert die Bedeutung von Klagepsalmen Einzelner für Betroffene sexueller Gewalt näher: BIELER (2000): *Psalmengottesdienste als Klageräume für Überlebende sexueller Gewalt: Poimenische und liturgische Überlegungen*, 117-130.

3.2.2 Raum für Zorn

Für Betroffene von Gewalt wird die Auseinandersetzung mit dem Trauma oft in starke Aggressionen führen. Dann

> „bricht oft auch ein unbändiges Gefühl von Wut und Zorn auf, das sich wie ein Vulkan nach außen entladen oder wie ein nagendes Tier im eigenen Innern festsetzen kann. Wut und Zorn sind häufig ein Zeichen von Gesundung, weil sie das Ende der Verdrängung bedeuten und angemessene Reaktionen auf Unrecht und Verletzung darstellen."[259]

An dieser Beschreibung von Cornelia Faulde sind mehrere Aspekte wichtig:
- Zorn ist erst einmal positiv ein Zeichen psychischer Genesung. Er zeigt an, dass emotionale Betäubung und Verdrängung durchbrochen werden und Lebensenergien zurückkehren.
- Zorn drückt aus, dass Unrecht getan wurde, und stellt die Frage nach der Verantwortung. Er ist ein Impuls, eigene Grenzen zu schützen und Ungerechtigkeit nicht hinzunehmen.
- Die Sprachbilder des Vulkans und des nagenden Tieres drücken aus, dass es sich bei Zorn um eine ambivalente Größe handelt, sowohl für die Betroffenen selbst als auch für das Umfeld. Im Bild gesprochen können Vulkanausbrüche Landstriche verheeren oder erschaffen.
- Die Sprachbilder drücken auch aus, dass sich Zorn sowohl nach außen (Vulkan) als auch nach innen (nagendes Tier) richten kann.

Zorn ist eine sehr machtvolle Größe, und es stellt sich in einer traumasensiblen Spiritualität die Frage, wie dieser dem Leben dienen kann und es nicht zerstört. Dafür ist grundlegend, die großen Leistungen anzuerkennen, die Zorn im Leben von Betroffenen erbringen kann. Es handelt sich um eine Emotion, die von der Passivität in die Aktivität führen kann. Der gesamte Körper wird mobilisiert und große Mengen an Kraft und Energie werden freigesetzt, um wichtige Güter, wie die eigene Gesundheit, zu verteidigen. Weiterhin kann er eine starke Kraft in der Veränderung und Gestaltung der Umwelt und im sozialen Leben, z.B. hin auf mehr Gerechtigkeit sein. Wut und Zorn[260] sind beträchtliche Lebensenergien, und es ist für Betroffene sehr wichtig, sie empfinden zu können.

Es ist deswegen nicht hilfreich, wenn sie verleugnet oder unterdrückt werden. „Much of the current literature about anger suggests that repressed anger has much more destructive potential than anger that is openly acknowledged. This is especially true for those who have experienced the

---

[259] FAULDE (2002): *Wenn frühe Wunden schmerzen*, 109.
[260] Die Begriffe Wut und Zorn werden an dieser Stelle aufgrund der großen Überschneidungen des Bedeutungsgehaltes synonym verwendet.

helplessness of victimization."[261] Unterdrückter Zorn wird entweder unkontrolliert hervorbrechen und so zu einer erneuten, wenn auch anders gelagerten Erfahrung der Hilflosigkeit führen – unabhängig von den Auswirkungen auf das Umfeld –, oder sich nach innen richten. Beides ist für Betroffene nicht hilfreich. Der Ausdruck und das Ausleben von Zorn und Wut sind eine Notwendigkeit. Wichtig sind die Fragen, auf wen sie sich richten und welche Form sie finden.

Zorn kann sich auf Unterschiedliches richten, und die Wahrscheinlichkeit ist groß, dass die Zielrichtungen vor allem am Anfang der Traumabearbeitung sehr unterschiedlich sind, bzw. sich der Zorn willkürlich auf unterschiedliche Ziele richten kann.[262] Er kann auf die eigene Person zielen, auf Helfende, das soziale Umfeld, TäterInnen, am Trauma als mitschuldig ausgemachte Personen, oder auch religiös auf Gott und noch andere mögliche Objekte. Es ist nicht gesagt, dass die für die traumatische Gewalt Verantwortlichen auch das Hauptziel der Wut sind. Vielmehr handelt es sich um Übertragungsprozesse infolge unverarbeiteter Erfahrungen, die unabhängig von tatsächlichen Verantwortlichkeiten sein können. Die Wut auf TäterInnen zu richten, kann oft erst Frucht eines langen Bearbeitungsprozesses sein.[263] Für nahestehende Menschen und Unterstützende wie z.B. Seelsorgende kann es belastend sein, wenn sie selbst Ziel der Wut werden. Der Umgang mit dem Zorn der Betroffenen kann für deren soziales Umfeld deswegen durchaus schwierig sein. Wichtig ist, ein Bewusstsein für die Übertragungsdynamik zu entwickeln und sich in diese nicht hineinnehmen zu lassen.[264]

Die wahrscheinlich größte Gefahr für Betroffene selbst besteht darin, dass sich Wut und Zorn gegen sie selber richten. Es wurde in der Reflexion theologischer Topoi schon deutlich, dass Dynamiken von Schuldübernahme und dem Empfinden von Scham zu Wut auf sich selbst führen können, bis hin zu Selbsthass. In diesen Fällen werden Zorn und Wut für Betroffene zu einer schweren Bürde. Für eine bestimmte Zeit kann dies ein unumgänglicher Schritt in der Bearbeitung des Traumas sein, halten Zorn und Wut aber an, wird Zorn zu einer destruktiven Größe. Er wird dann, bildlich gesprochen, zum oben erwähnten nagenden Tier im eigenen Innern.

Mit der Frage nach der Zielrichtung von Zorn und Wut ist die Frage nach deren Ausdrucksformen eng verknüpft. Unterdrückung und Verdrängung sind, wie bereits festgestellt, keine weiterführenden Umgangsweisen. Ebenfalls ist es abzulehnen, wenn sich Wut und Zorn in Gewalt gegen andere Menschen entladen, zumal wenn die Opfer solcher Gewalt selber schwächer und an dem

---

[261] BILLMAN; MIGLIORE (1999): *Rachel's Cry*, 119f.
[262] Vgl. FLAHERTY (1992): *Woman, Why Do You Weep?*, 91f.
[263] Vgl. FLAHERTY (1992): *Woman, Why Do You Weep?*, 94ff.
[264] Marie Fortune thematisiert diese Problematik und gibt einige weiterführende Hinweise. Vgl. FORTUNE (2005): *Sexual Violence: The Sin Revisited*, 153f.

F. Grundlinien einer traumasensiblen Seelsorge

Trauma unschuldig sind.[265] Es stellt sich deswegen die Frage nach konstruktiven Ausdrucksformen von Zorn. Dem Körper kann dabei eine wichtige Rolle zukommen (z.B. durch physische Aktivität), ebenso wie der menschlichen Imaginationskraft und auch der Sprache.[266] Zorn lässt sich körperlich abreagieren, auch ohne andere Menschen zu versehren.[267] Im Rahmen einer traumasensiblen Spiritualität sind an dieser Stelle drei Aspekte wichtig:

- Christliche Spiritualität (und dieser Befund wird auf andere Arten von Spiritualität übertragbar sein) betont tendenziell Werte wie Vergebung, Frieden, Nächstenliebe und Gelassenheit. Es ist wichtig anzuerkennen, dass diese Güter nicht am Zorn vorbei, sondern nur durch ihn hindurch verwirklicht werden können. Werden sie als eine moralisch höherwertige Alternative angesehen, die das Empfinden von Zorn umgänglich macht, führt dies zu ihrer Unterdrückung und letztlich dazu, dass dieser sich nach innen richtet. Traumasensible christliche Spiritualität sollte deswegen konstruktive Ausdrucksweisen von Zorn ermutigen und unterstützen. Zorn kann eine Tugend sein.
- Die christliche Tradition enthält vor allem durch den Kanon aus Altem und Neuem Testament Elemente, die beim Ausdruck von Zorn hilfreich sein können. Eine traumasensible Spiritualität sucht diese und gibt ihnen Raum. Innerhalb der Bibel, vor allem der Psalmen, finden sich Texte, welche die Artikulation von Zorn unterstützen. Psalm 94 ist bspw. ein solcher Text. Wie im obigen Abschnitt über „Die Texte der Bibel" am Beispiel von Psalm 27 angeführt, ließe sich dieser Text im Rahmen einer kreativen Aneignung aufgreifen und Vers für Vers mit eigenen Gedanken und Anmerkungen versehen bzw. kommentieren und könnte so zum Ausdruck von Zorn verhelfen.[268] Sandra M. Flaherty beschreibt, wie sie, um ihrem Zorn Ausdruck zu verleihen, Steine sammelt und in Gedanken daran, was sie wütend macht, ins Wasser wirft.[269] Dieses Beispiele wollen als Anregung für die Frage dienen, wie in einer christlicher Spiritualität Zorn ausgedrückt werden kann.

---

[265] Zu denken wäre hierbei z.B. an Gewalt gegen eigene Kinder. Doch auch Gegengewalt gegen TäterInnen wird – sofern dies als Alternative besteht – in vielen Fällen nicht weiterführend sein, sondern die Situation von Betroffenen eher verschlechtern, weil sie z.B. dann selbst strafrechtlich belangt werden können.

[266] Siehe zum Beispiel den Rachepsalm von Carola Moosbach: MOOSBACH (1997): *Gottflamme Du Schöne: Lob- und Klagegebete*, 71.

[267] Weiterführend hierzu: FLAHERTY (1992): *Woman, Why Do You Weep?*, 90–110.

[268] Das weiter oben erwähnte Beispiel findet sich bei: BLUMENTHAL (1993): *Facing the Abusing God*, 227ff.

[269] Der Kontext ist in diesem Fall speziell das Ausdrücken von Wut in Bezug auf Gott. Dieses Ritual lässt sich aber auch auf den Ausdruck von Zorn insgesamt übertragen. Vgl. FLAHERTY (1992): *Woman, Why Do You Weep?*, 107.

- Zorn kann sich auch auf Gott richten. Ähnlich wie in Bezug auf die Klage gilt auch hier, dass der Zorn weder aus Pietät unterdrückt werden, noch theologischen Sprachkonventionen genügen muss. In einer traumasensiblen christlichen Spiritualität sollte sich der Zorn auf Gott so frei und heftig wie möglich entladen dürfen. Sandra M. Flaherty formuliert zu dieser Thematik wichtige Gedanken und gibt Beispiele aus ihrer eigenen Lebensgeschichte.[270] Marie M. Fortune berichtet von einer Seelsorgesituation, in der eine Betroffene einen wutentbrannten Brief an Gott schrieb, und diesen dann auch mit der Seelsorgerin teilte, was ein sehr konstruktives Gespräch in Gang setzte.[271] Zorn auf Gott hat Raum in einer traumasensiblen Spiritualität. Zorn ist eine Weise, mit Gott in Kontakt zu bleiben. Auch für die Gottesbeziehung gilt, dass sie nicht am Zorn vorbei, sondern nur durch ihn hindurch an Ehrlichkeit und Tiefe gewinnen kann.
-

Alles in allem ist Zorn eine ambivalente Größe. Es finden sich konstruktive und destruktive Formen, wobei genaue Grenzen dazwischen in der Theorie sehr viel einfacher zu ziehen sind als in der Praxis. In der konkreten Lebensrealität werden sich beide Formen immer wieder überschneiden. Zorn kann eine befreiende oder belastende Erfahrung, ein Geschenk oder eine Bürde sein. Seine Unterdrückung und Verdrängung ist aber in keinem Fall hilfreich. Eine traumasensible Spiritualität bejaht Zorn als wichtige Lebenskraft und sucht nach Wegen, wie dieser nicht unkontrolliert Zerstörung anrichtet, sondern der Gerechtigkeit für die Opfer und deren Genesung dient. Wichtige Anregungen hierfür finden sich in den genannten Zeugnissen Betroffener und ihrer Unterstützer.

3.2.3 Die Kraft der Natur[272]

Der Bezug zur Natur kann ein wichtiges Element einer traumasensiblen christlichen Spiritualität sein. Die Natur ist oft ein Ort abseits der menschlichen Gesellschaft. Weil Traumata infolge von Gewalt im sozialen Nahraum durch Menschen verübt werden, kann sie ein besonders sicheres Rückzugsgebiet sein. Besonders in der Natur ist körperliche Aktivität möglich. Natur lässt sich ästhetisch erleben. Allein dies macht sie zu einem potentiell sehr konstruktiven Umfeld.

---

[270] FLAHERTY (1992): *Woman, Why Do You Weep?*, 100ff.
[271] Vgl. FORTUNE (2005): *Sexual Violence: The Sin Revisited*, 153.
[272] Der Begriff der Natur ist ein schwieriger und in wissenschaftlichen Diskursen ganz unterschiedlich verwendeter und bestimmter Begriff. (Zur Bedeutungsvarianz des Begriffes siehe: ROSENAU, Hartmut (1994): *Art. Natur*, in: *TRE 24*, De Gruyter: Berlin [u.a.], 98f.) An dieser Stelle ist er als Komplementärbegriff zur menschlichen Kultur gemeint. Er bezeichnet eine Größe, die der sinnlichen Wahrnehmung des Menschen zugänglich ist, vom Menschen verändert, nicht jedoch hervorgebracht werden kann und deswegen einen Ort jenseits der menschlichen Gesellschaft markiert.

F. Grundlinien einer traumasensiblen Seelsorge

Sie kann in christlicher Tradition auch dezidiert Ort religiöser Praxis sein. Interessante Überlegungen hierzu hat Sandra M. Flaherty formuliert. Ihr Buch richtet sich direkt an Betroffene. Sie schreibt bspw. über die besondere Kraft, die das Beten in der Natur haben kann:

> „At times our prayer may take more active forms, where it might be more helpful to be outside, in nature, with God. Walking in the park, watching the waves at the ocean, sitting by the lake or stream, can be ways of touching the healing energy of nature. Sometimes the gift of nature is that it pulls us outside of ourselves and affirms the fact that there is a life force bigger than ourselves. But again we must listen to what nature has to say to us about healing. Whether it be the roar of the ocean or the softness of the quiet stream, in prayer, listening is vital."[273]

In ein solches Gebet ist der ganze Körper mit allen seinen Sinnen eingebunden.[274] Für Sandra M. Flaherty ist elementar, auf die Natur zu hören und zu fragen, was man von ihr über innere Heilung lernen kann. Im obigen Zitat erwähnt sie, dass die Natur aus der Fokussierung auf sich selbst herausholen und in den Zusammenhang einer größeren Lebenskraft stellen kann. Später in ihrem Buch wird sie erwähnen, dass die Natur umgekehrt auch helfen kann, Ablenkungen aus dem Weg zu gehen und sich zu fokussieren.[275] In Bezug auf die Integration von Traumata ist für sie an der Natur die Prozesshaftigkeit allen Geschehens, auch der psychischen Genesung ablesbar: Die Natur befindet sich ständig in einem Prozess der Schöpfung und Neu-Schöpfung. Sie ist begriffen in ständigem Wachsen, Wandeln, Sterben, Auferstehen und Genesen.[276]

In einem späteren Abschnitt schreibt Sandra M. Flaherty:

> „In a mysterious way, nature affirms our humanity and allows us to be who we are in her presence. For this very reason, praying honestly from the heart surrounded by nature can be a freeing and healing experience. The wonders of creation remind us of our humanity; its healing energy comforts us in our grief. In the midst of nature may be just the place to pour out whatever it is that we may want to say to God about the injustice we have endured. I have found that walking while speaking (out loud) to God allows me to feel more free in expressing my feelings openly and also expels the energy I'm carrying. Just the movement of walking can assist in moving the anger to the surface. A brisk walk by the ocean with its pounding surf can image the interior turmoil we experience. Let your words rise from within like the thunderous surf. I have found it to be helpful to pick up rocks and throw them as hard as I can into the ocean, where they are swallowed up by the water. Sometimes I have collected several stones and while throwing them have recounted all the reasons why I was angry at God."[277]

---

[273] FLAHERTY (1992): *Woman, Why Do You Weep?*, 34.
[274] Ein sehr auf die Sinne bezogenes und für den Weg der Traumaverarbeitung wichtiges, intensives Naturerleben beschreibt auch Rebecca Parker in: BROCK; PARKER (2001): *Proverbs of Ashes*, 207f.
[275] Vgl. FLAHERTY (1992): *Woman, Why Do You Weep?*, 145.
[276] Vgl. FLAHERTY (1992): *Woman, Why Do You Weep?*, 145.
[277] FLAHERTY (1992): *Woman, Why Do You Weep?*, 107.

Die im obigen Zitat erwähnte Möglichkeit einer größeren möglichen Ehrlichkeit hängt wahrscheinlich mit der eingangs gemachten Feststellung zusammen, dass die Natur als Ort jenseits der menschlichen Welt und damit ihren Konventionen, Unwägbarkeiten und Gefahren empfunden werden kann. Die Natur stellt außerdem durch ihre Reichhaltigkeit und Vielfalt eine Fülle von Eindrücken und Bildern zur Verfügung, die zu Symbolen für das innere Erleben werden können. So enthält sie Bilder für den Aus- bzw. Eindruck von Stille und Ruhe ebenso wie Wut und Zorn.[278]

Nur kurz erwähnt werden kann an dieser Stelle der potentiell konstruktive Kontakt zwischen Menschen und Tieren. Weil Traumata infolge von Gewalt im sozialen Nahraum von Menschen verübt werden, sind diese immer auch potentielle Trigger.[279] Anders ist dies bei Tieren, mit denen somit eine sehr viel einfachere Interaktion möglich ist. Beispielsweise Hunde können als treu und vertrauenswürdig empfunden werden und somit Sicherheit vermitteln.[280] So hat inzwischen die US-Army ein Programm aufgelegt, in dem Service-Hunde speziell für die Arbeit mit traumatisierten Soldaten ausgebildet werden.[281] Die Entwicklungen und deren entsprechende wissenschaftliche Reflexion stehen an diesem Punkt aber noch am – wenn auch vielversprechenden – Anfang.[282]

Auch lädt die Natur zum Spüren ein. Sie schenkt einen Raum, die Sinne auszuprobieren: den Duft von Blumen riechen, die Schönheit einer Landschaft sehen, das Streicheln des Windes fühlen, die Süße einer Frucht schmecken, das Plätschern eines Baches hören. Die Natur hetzt nicht, sie ist geduldig und stiftet einen geschützten Rahmen, in dem sich Menschen langsam ihren Empfindungen öffnen können. Dies kann besonders für Betroffene heilsam sein, die unter Taubheit und Empfindungslosigkeit als Traumafolge leiden.[283]

---

[278] Siehe das Beispiel im Abschnitt 3.2.2 *Raum für Zorn*, bei dem eine Art Ritual beschrieben wird, bei dem das Werfen von Steinen ins Wasser mit Gedanken daran, was wütend macht, verbunden wird.

[279] Vgl. YOUNT, Rick A.; OLMERT, Meg D. u.a. (2012): *Service Dog Training Program for Treatment of Posttraumatic Stress in Service Members*, in: *The United States Army Medical Department Journal*, H. 2, 66.

[280] Vgl. YOUNT; OLMERT u.a. (2012): *Service Dog Training Program for Treatment of Posttraumatic Stress*, 66.

[281] Siehe dazu näher: www.warriorcanineconnection.org (aufgerufen am 24. August 2018). Für die Hinweise auf diese Thematik danke ich Maija Mikkelsen und Kerstin Hedlund. Kerstin Hedlund, die als Militärseelsorgerin in der US-Army tätig ist, berichtete mir in einem Gespräch von einer anderen Militärseelsorgerin, die einen speziell ausgebildeten Hund mit sich führt und dabei in der Arbeit mit traumatisierten Soldaten sehr konstruktive Erfahrungen macht.

[282] Eine Vielzahl interessanter Perspektiven enthält die Ausgabe zu „Canine-Assisted Therapy in Military Medicine". In: *The United States Army Medical Department Journal* (2012), H. 2.

[283] Für den Hinweis in diesem Zusammenhang, dass die Natur zum Spüren und ausprobieren der Sinne einlädt, danke ich Barbara Haslbeck.

F. Grundlinien einer traumasensiblen Seelsorge

Poetische Gedanken, welche die Bedeutung der Natur für innere Ruhe hervorheben, hat Franz Alt formuliert. Er schreibt in Bezug auf einen Waldspaziergang:

> „Die Seele pilgert besonders gern zu Fuß, um zu erleben, dass die Schönheit der Schöpfung göttlich, gewissermaßen das Gewand Gottes selbst ist. Gott ist in allen Religionen schön. Auch die Natur des Waldes ist eins mit dem Pulsschlag des göttlichen Herzens, weshalb ihr eine starke heilende Kraft innewohnt: Ein Tag, ja schon eine Stunde im Wald, aber auch am Meer oder in den Bergen hilft, unseren Körper zu entkrampfen. Unsere Seele findet zu neuer Energie, denn die Natur ist ein großes Gebet, ein Ort der Stille, der uns zu innerer Ruhe führt. Es ist, als ob Gott die Seele küsst. Hier, in der Stille des abendlichen Waldes oder mit dem Blick über das weite Meer in der Dämmerung, wird das Schweigen des Göttlichen zur größten Nähe. Jetzt macht uns die leise Stimme unseres Herzens mit der Melodie unserer Seele vertraut. Und so wird unser Inneres zum Tempel des göttlichen Herzschlages."[284]

3.2.4 Orte der Heimat und des Friedens

Ein Trauma kann Menschen aus der Welt fallen lassen. Betroffene berichten davon, dass sie durch das Trauma heimatlos geworden sind und ihr Zugehörigkeitsgefühl verloren haben.[285] Unter Umständen kann dieser Zustand auch nach einer langen Zeit nur teilweise überwunden werden. Doch auch wenn traumasensible Spiritualität nur einen Teil leisten kann und übersteigerte Heils- und Heimatversprechen nicht hilfreich sind, kann eine christliche Spiritualität auf zwei Weisen zur Schaffung von Orten beitragen, an denen Betroffene Heimat finden können. Die eine Weise ist die der menschlichen Gemeinschaft. Eine heilsame Gemeinschaft, wie sie weiter oben beschrieben wurde, kann Betroffenen zumindest ein Stück weit das Gefühl von Zugehörigkeit und Heimat vermitteln. Hierbei geht es um einen sozialen Ort. Kerstner, Haslbeck und Buschmann stellen konkrete Überlegungen an, welche Voraussetzungen seitens christlicher Gemeinden gegeben sein müssen, damit Betroffene darin Beheimatung finden können.[286] In jedem Fall müssen Gemeinden dazu geschützte und auffindbare Orte sein. Die Zugehörigkeit ist dabei theologisch gesehen tiefer als alle Zugehörigkeit, auch tiefer als die Zugehörigkeit zur Herkunftsfamilie.[287] Wer in dieser

---

[284] ALT, Franz (2017): *Wenn Leben gelingt: Eine Anleitung zum Glücklichsein*, ZS Verlag: München, 45f.

[285] Vgl. KERSTNER; HASLBECK u.a. (2016): *Damit der Boden wieder trägt*, 202f.

[286] Vgl. KERSTNER; HASLBECK u.a. (2016): *Damit der Boden wieder trägt*, 204ff. Konkrete Überlegungen finden sich auch in: KERSTNER, Erika (2019): *Sexueller Missbrauch und christlicher Glaube: Auf der Suche nach Beheimatung*, in: *P & S. Magazin für Psychotherapie und Seelsorge*, H 1, 10–13.

[287] So lassen sich zumindest zentrale Aussagen in den Evangelien deuten, z.B.: „Als er aber noch zu den Volksmengen redete, siehe, da standen seine Mutter und seine Brüder draußen und suchten ihn zu sprechen. Und es sprach einer zu ihm: Siehe, deine Mutter und deine Brüder stehen draußen und suchen dich zu sprechen. Er aber antwortete und sprach zu dem, der es ihm sagte: Wer ist meine Mutter, und wer sind meine Brüder? Und

keine Heimat finden konnte, kann sie vielleicht in der Gemeinschaft der Kirche finden. Eben jener Gemeinschaft, die mit manchen Betroffenen teilt, dass sie in ihrem irdischen Leben keine letzte Heimat in der Welt finden kann.[288]

Menschen können auch – in nur bedingter Abhängigkeit von zwischenmenschlichen Aspekten – im christlichen Glauben beheimatet sein. Dieser erzählt eine unabgeschlossene Geschichte, in die sich hineinzustellen und deren Mitgestalter zu werden jeder Mensch eingeladen ist. Ort ist hierbei eine symbolische Größe. Vertrautheit und Bekanntes alterieren mit Veränderung und Entwicklung. In gelebter Glaubenspraxis spielen Lieder, Texte und Rituale eine wichtige Rolle. Diese können Menschen über die Zeit hin vertraut und so eine Quelle der Geborgenheit werden.

> „Gottesdienste mit ihren ritualisierten und vertrauten Formen und Gebeten bieten einen sicheren äußeren Rahmen an, der im Voraus schon bekannt ist. Die Feste des Kirchenjahres erlauben es, sich auch in der Zeit zu beheimaten. Für Menschen, die mit dem Erleben von Gewalt nicht selten ,aus der Zeit herausgefallen' sind, kann die Mitfeier der Feste des Kirchenjahres eine Hilfe sein, sich neu zu verorten. Manchen Opfern von Kindesmissbrauch ist es möglich, sich in einer Sprache, in bekannten und vertrauten Bibel- und Gebets-Texten und in Geschichten daheim zu fühlen."[289]

Sofern Menschen im christlichen Glauben Heimat gefunden haben, kann manchen von ihnen dieser zu einer Quelle dessen werden, was in spiritueller Literatur ,innerer Frieden' genannt wird. Der Mensch kann in Momenten der Andacht, der Meditation, des Gebets oder des bewussten Hörens auf Musik innerlich zur Ruhe kommen. In solchen Momenten der inneren Sammlung können Gedanken und Gefühle abklingen, und ein inneres Schweigen mag sich einstellen. Manche Menschen erleben dann, dass sie sich von Gott gehalten wissen und sich in ihm geborgen fühlen. Für manche Betroffenen können die meditativen und einen einfachen Text immer wieder widerholenden Lieder von Taizé etwas Beruhigendes und Bestärkendes haben.[290] Je nachdem, wo Betroffene stehen und welcher Schritt nottut, können Seelsorgende wichtige Begleiter darin sein, solche Rituale zu finden, in denen Betroffene Beheimatung und Frieden finden können. Die Psychotherapeutin Christine Rost zitiert den Text einer Patientin, der, bei all dem Leid, das bleibt, als Zeugnis einer solchen Beheimatung im Glauben gelesen werden kann:

---

er streckte seine Hand aus über seine Jünger und sprach: Siehe da, meine Mutter und meine Brüder! Denn wer den Willen meines Vaters tut, der in den Himmeln ist, der ist mein Bruder und meine Schwester und meine Mutter." (Mt 12,46–50 ELB)

[288] Dies ist eine theologische Deutung, die aber ein Motiv aufgreift, das im Neuen Testament an vielen Stellen thematisiert wird, z.B. Hebr 13,14.
[289] KERSTNER; HASLBECK u.a. (2016): *Damit der Boden wieder trägt*, 204.
[290] Die Lieder aus Taizé werden unter anderem für Betroffene empfohlen bei: FLAHERTY (1992): *Woman, Why Do You Weep?*, 73.

F. Grundlinien einer traumasensiblen Seelsorge

> „Herr, warum weckst Du mich in der dunkelsten Stunde der Nacht?
> Weil ich dir zeigen will, wie das Licht durchbricht und ich da bin.
> Herr, warum weckst Du mich in der dunkelsten Stunde der Angst?
> Weil du dich verbinden sollst mit den treuesten Betern der Erde und ich da bin.
> Herr, warum weckst Du mich in der dunkelsten Stunde der Trauer?
> Weil ich dich trösten will mit meinem tiefen Frieden und ich da bin.
> Herr, warum weckst Du mich in der dunkelsten Stunde des Schmerzes?
> Weil ich deine Wunden verbinden will und dich halten und ich da bin.
> Herr, warum weckst Du mich in der dunkelsten Stunde des Leidens?
> Weil ich dir meine Freude schenke und ein Lachen des Himmels, denn ich bin da."[291]

Wichtig dabei ist, dass eine solche Praxis und ein solches Erleben womöglich erst nach einem längeren Prozess der Traumaintegration möglich sind. Die Suche nach Beheimatung und Frieden sollte die Integration von Traumata deswegen unterstützen und nicht überlagern.

3.2.5 Der Blick auf die Freude

Es kann erst einmal unangemessen wirken, wenn im Rahmen einer traumasensiblen Spiritualität, also einer Spiritualität, die besonders für den großen Schmerz Betroffener empfindsam sein will, die Rede von Freude ist. Es geht dabei aber nicht darum, in Überlagerung des Leidens Optimismus anzuregen, geschweige einer masochistischen Leidensverklärung das Wort zu reden. Es geht vielmehr darum, den Blick auf eine Ressource zu richten, die sowohl für Betroffene als auch deren Unterstützer sehr Wichtiges bereithält. Bessel van der Kolk schreibt:

> „Die Schwierigkeit einer Traumabehandlung liegt nicht nur darin, daß man sich mit der Vergangenheit auseinandersetzen muß, sondern noch stärker in der Notwendigkeit, die Qualität des alltäglichen Erlebens zu verbessern. Traumatische Erinnerungen erlangen im Falle einer PTBS u.a. deshalb die Vorherrschaft, weil es den Patienten so schwerfällt, sich im gegenwärtigen Augenblick lebendig zu fühlen."[292]

Die Suche nach Freude im Rahmen einer traumasensiblen Spiritualität will nicht die Auseinandersetzung mit der Vergangenheit umgehen, sondern die Qualität des Lebens im Hier und Jetzt erhöhen. Es geht deswegen nicht um positives Denken, das die schmerzhafte Wirklichkeit verdrängt. Luise Reddemann sagt sehr treffend:

> „Positives Denken ist eine Lüge. Das Leben ist nicht nur ‚positiv', aber es ist fast immer wenigstens gelegentlich *auch* ‚positiv'. [...] Selbst wenn es bisher im Leben so aussah, als bestünde es überwiegend aus Unerfreulichem und Schmerz, so hat es vermutlich einige Momente gegeben, in denen sich die Patientin besser gefühlt

---

[291] ROST (2010): *Der Glaube als Ressource*, 57.
[292] VAN DER KOLK (2015): *Verkörperter Schrecken*, 90.

haben dürfte. Wir raten, die Schale des Glücks so aufzufüllen, dass sie ein Gegengewicht bilden kann zur Schale des Unglücks."²⁹³

Die Theologin Mary Clark Moschella hat sich in ihrem Buch „Caring for Joy: Narrative, Theology and Practice" eingehend mit dem Thema der Freude im Kontext von Seelsorge und Spiritualität beschäftigt.²⁹⁴ Sie trifft dabei eine Unterscheidung zwischen zwei miteinander verbundenen Bedeutungsmöglichkeiten, die ihrer Einschätzung nach für eine theologische Rede von Freude wichtig sind. Freude ist – bei aller Überschneidung – zum einen eine emotionale Erfahrung, zum anderen ein spiritueller Weg.²⁹⁵

Dass Freude eine emotionale Erfahrung ist, unabhängig von der Frage, wie kulturelle Prägung und biologische Vorgaben in ihrer spezifischen Ausprägung interagieren, ist Allgemeingut.²⁹⁶ Ein als positiv bewertetes Ereignis löst angenehme Empfindungen wie Glück und Leichtigkeit aus, die sich initial oft auf verschiedene Weise körperlich ausdrücken, wie z.B. durch Lächeln, Lachen oder Jubeln. Die Erinnerung an das entsprechende Ereignis kann zu einem späteren Zeitpunkt zumindest einen Teil der Emotionen aktualisieren. Aus Perspektive der Neurowissenschaften kann das Empfinden von Freude ganz unterschiedliche konstruktive Auswirkungen haben: Freude reduziert Stress, erhöht Motivation, Kreativität, den Willen zur sozialen Interaktion und emotionales Wohlsein.²⁹⁷ In Bezug auf die Fragestellung, was die Emotion der Freude bedingt, gibt Mary Moschella unterschiedliche Anhaltspunkte: „Joy builds upon love and wonder and interest."²⁹⁸ Sie stellt sich ein in der Begegnung mit dem Guten, Schönen und Wunderbaren („goodness and beauty and wonder)"²⁹⁹.

Betroffene von Gewalt im sozialen Nahraum haben sehr viel Leidvolles erlebt und es ist für die Integration des Traumas wichtig, sich damit auseinanderzusetzen. Es ist aber auch wichtig, den Blick darauf zu richten, wo ihnen in ihrem Leben Gutes widerfahren ist, wo ihnen Liebe und Schönheit begegneten.

> „Danken soll nicht gegen Klagen ausgespielt werden. Doch das Einüben von Freude, Lob und Dank kann ein wichtiger Heilungsmoment sein, da es die Wahrnehmungsfähigkeit hinsichtlich der gegebenen Ressourcen stärkt und über das Bestehende hinausweist."³⁰⁰

Dankbarkeit kann eine wichtige Grundlage für Freude sein. Wichtig ist, dass weder Dankbarkeit noch Freude erzwungen werden können. Betroffene müssen selbst entscheiden, ob sie den Blick auf entsprechende Lebensaspekte in ihrer

---

²⁹³ REDDEMANN (2016): *Imagination als heilsame Kraft*, 45 (H.i.O.).
²⁹⁴ MOSCHELLA, Mary C. (2016): *Caring for Joy: Narrative, Theology and Practice*, Brill: Leiden [u.a.].
²⁹⁵ Vgl. MOSCHELLA (2016): *Caring for Joy*, 4ff.
²⁹⁶ Zu der Frage nach kultureller Prägung und biologischen Vorgaben sowie der Positionierung der Autorin diesbezüglich: MOSCHELLA (2016): *Caring for Joy*, 11f.
²⁹⁷ Vgl. MOSCHELLA (2016): *Caring for Joy*, 39ff.
²⁹⁸ MOSCHELLA (2016): *Caring for Joy*, 43.
²⁹⁹ MOSCHELLA (2016): *Caring for Joy*, 46.
³⁰⁰ AUGST (2012): *Auf dem Weg zu einer traumagerechten Theologie*, 192.

F. Grundlinien einer traumasensiblen Seelsorge

gegenwärtigen Situation als angemessen empfinden. Es gibt unterschiedliche Möglichkeiten, der Suche nach Freude Raum zu geben bzw. sie ein Stück weit einzuüben. Luise Reddemann weist auf den Vorschlag von Verena Kast hin, eine Freudenbiographie zu schreiben, welche die wichtigsten Momente zusammenstellt, die im Leben bisher als glücklich und freudvoll erlebt wurden.[301] Für wen der Blick in die Vergangenheit zu schmerzvoll ist, kann versuchen, sich darauf zu fokussieren, was in der Gegenwart Dankbarkeit verdient. So lässt sich z.B. jeden Abend ein Dankgebet formulieren, das die schönsten Augenblicke des Tages einfasst, oder ein Dankbarkeitstagebuch führen.

Mit dem Verweis auf eine Praxis des Einübens von Dankbarkeit und Freude ist die von Mary Moschella erwähnte zweite Bedeutungsfacette berührt: Freude kann auch einen spirituellen Weg bezeichnen. Im benannten Buch untersucht Moschella die Narrative unterschiedlicher Persönlichkeiten aus der jüngeren US-amerikanischen Kirchengeschichte, die sich in ihrer Biographie mit starkem Leiden auseinandersetzen mussten, aber dennoch immer wieder von Erlebnissen tiefer Freude berichteten. In allen untersuchten Narrativen spielte spirituelle Praxis dafür eine entscheidende Rolle, „to attend to the love, beauty, and goodness of God"[302]. Empfindsam sein für die Liebe, Schönheit und Güte Gottes. Die Rede davon kann für manche Betroffene sehr unwirklich und fernab ihrer Realität erscheinen, für andere ein heilsames Gegengewicht zu eben dieser sein. Spiritualität ist etwas höchst persönliches und individuelles; was für eine Person weiterführend ist, muss es nicht für eine andere sein. Manchmal sind kleine Schritte sinnvoll:

> „[A]ny occasion to take in beauty, whether in a human soul or from a work of art of on a forest path, can become a moment when the sacred breaks through to us. We cannot command such moments, but we can make time and space for them, and we can train the eye to notice, pause, and take them into our awareness. We can give these moments the theological weight that they deserve."[303]

Der Freude kommt in christlicher Spiritualität eine zentrale Rolle zu. In den biblischen Schriften finden sich ausgesprochen schöne Texte, welche die Suche nach Freude anregen können. Beispielsweise heißt es in Jesaja 35,10: „Und die Befreiten des Herrn werden zurückkehren und nach Zion kommen mit Jubel, und ewige Freude wird über ihrem Haupt sein. Sie werden Wonne und Freude erlangen, und Kummer und Seufzen werden entfliehen." (Jes 35,10 ELB) In Jesaja 61,10 steht: „Freuen, ja, freuen will ich mich in dem HERRN! Jubeln soll meine Seele in meinem Gott! Denn er hat mich bekleidet mit Kleidern des Heils, den Mantel der Gerechtigkeit mir umgetan[.]" (Jes 61,10abc ELB) Das Thema der

---

[301] Vgl. REDDEMANN (2016): *Imagination als heilsame Kraft*, 44. Das entsprechende Buch von Verena Kast lautet: KAST, Verena (2013): *Freude, Inspiration, Hoffnung*, 6. Aufl., Patmos-Verlag: Ostfildern.
[302] MOSCHELLA (2016): *Caring for Joy*, 137.
[303] MOSCHELLA (2016): *Caring for Joy*, 139.

Freude hat sich auch vielfach in der Kirchenmusik niedergeschlagen. Man denke an viele der Kantaten Bachs, die Freude und Dankbarkeit nicht nur zum Thema haben, sondern sie auch musikalisch erlebbar machen.[304] In der kirchlichen Liturgie ist die Freude besonders in der österlichen Festzeit ein zentrales Element. Plastische Beispiele sind hierfür der Osterjubel oder das Osterlachen als Ausdruck der Osterfreude. Im Rahmen einer traumasensiblen Spiritualität ist wichtig, dass neben der Versorgung der Wunden auch vom Blick auf die Freude Heilsames ausgehen kann.

3.2.6 Identität

Traumata erschüttern das Selbst- und Weltbild. Die Frage nach der eigenen Identität und dem eigenen Ort im Weltganzen werden für Betroffene damit im Prozess der Traumabearbeitung aufgeworfen. Dies kann in den Bereich von Religiosität und Spiritualität hineinführen, denn auch darin werden Antworten auf Fragen von Selbstbild und Identität thematisiert. In den weiter oben dargestellten Studien wurde deutlich, dass für manche Betroffenen vor allem dieser Aspekt von Religiosität und Spiritualität hilfreich war und neue Ressourcen erschlossen hat.

Antonia M. van Loon und Debbie L. Kralik zeigen in ihrer Studie, dass es sehr hilfreich sein kann, wenn sich Betroffene mit ihrer individuellen Lebensgeschichte in die größere kollektive Geschichte hineinstellen können, die von einer Religion erzählt wird. Dies half ihnen, Erfahrungen der Andersheit zu überwinden, sich mit der Gesellschaft als ganzer wieder verbunden zu fühlen und ihre Identität neu zu bestimmen.[305]

„Religion provided the woman with frameworks to make meaning. They had answers to where they were, and who they were, and where they were going, which provided a sense of purpose."[306] Es zeigt sich an diesem Zitat, wie eng die Suche nach Sinn mit der Suche nach Identität verbunden ist. Religiosität und Spiritualität können aber auch auf andere Bereiche wirken, die mit Fragen der Identität verknüpft sind. Einige der oben dargestellten quantitativen Studien legen für Betroffene einen positiven Zusammenhang zwischen Religiosität und Selbstvertrauen nahe.[307] Edgar Hipolito und Kollegen stellten einen positiven

---

[304] Vgl. REDDEMANN (2016): *Überlebenskunst*, 91–96.
[305] Vgl. VAN LOON; KRALIK (2006): *Religious Understandings*, 174.
[306] VAN LOON; KRALIK (2006): *Religious Understandings*, 174.
[307] Auch wenn man einschränkend sagen muss, das nicht immer klar ist, ob der Faktor Religiosität in den folgenden Studien direkt oder vermittelnd wirkt: DOXEY; JENSEN u.a. (1997): *The Influence of Religion*, 182ff. und REILAND; LAUTERBACH (2008): *Effects of Trauma and Religiosity on Self-Esteem*, 784ff.

F. Grundlinien einer traumasensiblen Seelsorge

Zusammenhang fest zwischen Spiritualität und einem Wert, der unter dem Begriff „sense of empowerment" zusammengefasst wurde.[308]

Spiritualität und Religiosität können also zu Fragen von Selbstbild und Identität einen positiven Beitrag leisten. Anliegen einer traumasensiblen Spiritualität ist, diesen Beitrag in einem möglichst hohen Maße zu erbringen.

In der theologischen Reflexion wurde deutlich, dass christliche Spiritualität dazu, aber auch zu einer gegenteiligen Entwicklung, Potentiale enthält. Die wahrscheinlich größte Gefahr für christliche Spiritualität ist, dass sie durch eine theologisch mangelhafte Bestimmung von Topoi wie Sünde, Schuld und Scham und deren Überbetonung eine sehr negative und belastende Existenzsicht und damit auch Identitätskonstruktion entwirft. Wenn der Mensch primär als schuldbeladener, schamhafter Sünder gesehen wird, ist christliche Spiritualität nicht traumasensibel, sondern tendenziell traumaverstärkend. Umgekehrt ist es aber wenig sinnvoll, die mit den benannten Topoi angesprochenen Grundzüge menschlicher Existenz einfach zu ignorieren, oder aus der Identitätskonstruktion auszuklammern. Denn auch sie beschreiben Aspekte, die in der Bewältigung von Traumata thematisiert und integriert werden müssen. Eine tragfähige Identitätsentwicklung ist nicht an den destruktiven Seiten des Menschseins vorbei möglich, darf sie aber auch nicht überbewerten.

Vor dem Hintergrund dieser grundsätzlichen Überlegung sollen vier Motive benannt werden, die unabhängig von ambivalenten oder destruktiven Seiten menschlicher Existenz in besonderer Weise den unverlierbaren Wert und die Bedeutsamkeit jedes einzelnen Menschen hervorheben. Es handelt sich dabei um vier Motive, die insbesondere dem Anliegen dienen können, den einzelnen Menschen zu stärken, und damit eine Entsprechung mit dem Grundanliegen traumasensibler Seelsorge haben. Traumasensible Spiritualität wird in Bezug auf den Menschen immer wieder eben diese Motive betonen:

– Jeder Mensch hat eine unverlierbare Würde. Diese Würde kann dem Menschen nie genommen, niemals gültig abgesprochen werden, auch nicht durch massivste Gewalt. Die Würde ist dem Menschen von Gott zugesprochen. Er kann ihrer nicht beraubt werden.[309]

– Der menschliche Körper ist ein Tempel des Heiligen Geistes. Dieses Motiv aus dem 1. Korintherbrief (3,16f und 6,19) kann vor allem für Betroffene von sexueller Gewalt bestärkend sein. Diese berichten immer wieder, dass die Gewalt als eine Desakralisierung bzw. Entheiligung empfunden wurde.[310] Marie Fortune formuliert in einem Buch, das sich an missbrauchte Frauen

---

[308] Vgl. HIPOLITO; SAMUELS-DENNIS u.a. (2014): Trauma-Informed Care: Accounting for the Interconnected Role of Spirituality and Empowerment in Mental Health Promotion, 204ff.

[309] Zum Begriff der Würde und seiner christlich-theologischen Begründung siehe: HÄRLE, Wilfried (2010): *Würde: Groß vom Menschen denken*, Diedrichs Verlag: München.

[310] Vgl. PARGAMENT (2007): *Spiritually Integrated Psychotherapy*, 94ff. Auch Carrie Doehring schreibt entsprechenden Formulierungen eine große Aussagekraft zu: DOEHRING (1993): *Internal Desecration*, xvf.

richtet: „You are valued in God's eyes; your whole self is regarded by God as a temple, a sacred place. Just as God does not want a dimple defiled by violence, neither does God want you to be harmed. God's spirit dwells in you and makes you holy."[311]

— Durch die Taufe sind Menschen nach christlichem Glauben der Macht des Bösen entrissen und in den Herrschaftsbereich der heilsamen Liebe Gottes gestellt. Die Taufe als „spirituelles Grunddatum"[312] versichert den einzelnen Menschen seines Gewollt- und Geliebtseins. Traugott Roser beschreibt zwei unterschiedliche Konzepte der Tauferinnerung: So könne die Taufe in Zeiten existenzieller Verzweiflung als eine spirituelle Ressource erinnert werden.[313] Roser nennt verschiedene Möglichkeiten dies rituell zu vollziehen. Außerdem schildert er die Möglichkeiten einer „täglichen Einübung in Tauferinnerung und Vergegenwärtigung des Getauftseins"[314]. Hierbei kann im Rahmen einer privaten Praxis das Getauftsein im Alltag immer wieder vergegenwärtigt, ja ein Bewusstsein dieses Zentralelements christlicher Identität eingeübt werden.[315]

— Der Gebrauch familiärer Metaphern in religiösem Ausdruck kann für manche Betroffene vergiftet und damit nicht positiv erfahrungserschließend sein. Andere können darin und dadurch das suchen, was sie in ihren Herkunftsfamilien nicht finden konnten. Für diese Betroffenen kann die Rede von dem Tochtersein bzw. der Sohnschaft des Menschen in Bezug auf Gott fruchtbar sein. Denn eine theologisch verstandene Kindschaft impliziert neben einer Zugehörigkeit, die tiefer reicht als biologische Abstammungsverhältnisse, auch ein Angenommen- und Geliebt-Sein, welche beide die Grundlage einer positiven Identitätskonstruktion insgesamt darstellen.[316]

---

[311] FORTUNE, Marie M. (1987): *Keeping the Faith: Questions and Answers for the Abused Woman*, Harper & Row: San Francisco [u.a.], 13.

[312] ROSER, Traugott (in Vorbereitung): *Welche Bedeutung hat die Taufe für die Praxis evangelischer Spiritualität?*, in: Handbuch Evangelische Spiritualität. Band 3, hrsg. von ZIMMERLING, Peter, Vandenhoeck & Ruprecht: Göttingen (unveröffentlichtes Manuskript; angekündigt für 2019) 4.

[313] ROSER (in Vorb.): *Welche Bedeutung hat die Taufe*, 13.

[314] ROSER (in Vorb.): *Welche Bedeutung hat die Taufe*, 13.

[315] Vgl. ROSER (in Vorb.): *Welche Bedeutung hat die Taufe*, 12ff.

[316] Zu letztgenanntem Aspekt siehe die Zitate Betroffener bei: SHOOTER (2012): *How Survivors of Abuse Relate to God*, 68.

3.2.7 Die Suche nach Sinn

Die Frage nach der eigenen Identität ist schließlich mit der Suche nach Sinn eng verknüpft. Und damit ist ein sehr schwieriges, aber ebenso wichtiges Terrain betreten. Denn besonders über Traumata, die sich im Bereich des schwerlich Fassbaren befinden, prangt die Frage nach dem „Warum?". Auf diese Frage können viele problematische bis geradezu irrige Antworten gegeben werden:

— Irrig sind Antworten, die von außen durch Dritte formuliert werden. Die Frage nach dem Sinn von Leiden kann, wenn überhaupt, nur von den jeweils Betroffenen selbst beantwortet werden. Von Dritten dargebrachte Deutungsversuche – in ihrer hilflosesten Gestalt in Form vorgefertigter Floskeln – sind nicht konstruktiv. Sie dienen Dritten als innerer Schutz- und Abwehrmechanismus, aber verstärken das Leiden der Betroffenen. Denn nicht nur setzt sich die deutende Person in eine Stellung sinngenerierender Überlegenheit. Sie kommuniziert auch an Betroffene, dass sie die Schwere der Ohnmacht und Sinnlosigkeit nicht mit ihnen aushalten wolle oder könne, und verstärkt so das Gefühl der Isolation.

— Problematisch sind Antwortversuche, die in Situationen akuter Gewalt die Verhältnisse stabilisieren und so eine ungehinderte Fortsetzung der Gewalt mit ermöglichen. Diese Problematik wurde im obigen Abschnitt über die theologische Deutung von Leiden näher erläutert. Ein Beispiel wäre hier eine Frau in einer gewaltbelasteten Beziehung, die z.B. ihrem Leiden einen theologischen Sinn zuschreibt und deswegen in einer grundsätzlich änderbaren Situation verharrt.

— Ebenso problematisch sind Antwortversuche, welche die Ursache und die Verantwortung des Traumas bei den Betroffenen selbst sehen. Beispielsweise die beschriebenen Mechanismen von Schuld- und Verantwortungsübernahme durch Betroffene können zu Sinnzuschreibungen führen, die deren Selbstkonzept stark belasten.[317] Wenn z.B. das Leiden eine metaphysisch verhängte Strafe für die eigene Verdorbenheit ist, legt sich jede Sinnzuschreibung wie ein dunkler, drückender Schleier auf jede Antwort auf das „Warum?" – und damit die fragende Person.

Die benannten Optionen sind jeweils nicht weiterführend, bzw. bilden eine nicht tragfähige Behelfskonstruktion und gehen in vielen Fällen zu Lasten der Betroffenen. Es ist dennoch wichtig, einen Blick auf ihr konstruktives Anliegen zu werfen, auch wenn dieses in den benannten Antwortversuchen nur unzureichend aufgenommen wird. Denn das Bedürfnis nach Sinn liegt tief: Der Mensch will die Welt und seinen Ort in ihr verstehen. Er will in einer Welt leben,

---

[317] Siehe Beispiele bei: FORTUNE (2005): *Sexual Violence: The Sin Revisited*, 136.

deren grundsätzliche Regeln und Abläufe er verstanden hat, in der er handlungsfähig ist und die er als sinnvoll erlebt. Aaron Antonovsky beschreibt den für die menschliche Gesundheit elementaren „sense of coherence" (dt. Kohärenzsinn oder Kohärenzgefühl) als aus drei Komponenten bestehend: „Verstehbarkeit, Handhabbarkeit und Bedeutsamkeit"[318]. Verstehbarkeit meint dabei, dass Geschehenes als kognitiv sinnhaft und erklärbar wahrgenommen werden kann, und solches auch für zukünftige Ereignisse zutrifft. Handhabbarkeit bezeichnet, dass die jeweilige Person davon ausgeht, hinreichende Ressourcen und Fähigkeiten zur Bewältigung von Herausforderungen zu besitzen. Bedeutsamkeit meint die emotionale und kognitive Sinnhaftigkeit des Lebens.[319] Das Kohärenzgefühl ist nach Antonovsky folglich „eine globale Orientierung, die ausdrückt, in welchem Ausmaß man ein durchdringendes, andauerndes und dennoch dynamisches Gefühl des Vertrauens hat"[320].

Weil das so entworfene Sinnnetzwerk durch aversive Erlebnisse potentiell destabilisiert wird, ist es nachvollziehbar und wichtig, dass möglichst alle Geschehnisse im eigenen Leben oder dem Leben anderer in dieses Netzwerk eingeordnet werden sollen. Dazu dürfen die Einzelereignisse in ihrem Bedeutungsgehalt nicht in zu großer Unstimmigkeit zu bestimmten Grundüberzeugungen stehen, welche das Fundament der Sinnkonstruktion bilden. Diese können z.B. sein, dass die Welt ein sicherer Ort sei, alles aus einem guten Grund geschehe, und der Mensch sein Schicksal selber bestimme. Ein Trauma kann zentrale Aspekte des so entworfenen Selbst- und Weltbildes grundsätzlich erschüttern. Mit diesen Erschütterungen ist schwer umzugehen. Es ist deswegen nachvollziehbar, dass zumindest einige der vorhandenen Grundüberzeugungen aufrechterhalten werden, und die Ereignisse dementsprechend interpretiert werden sollen. Sofern eine Grundüberzeugung z.B. ist, dass alles aus einem guten Grund geschehe, muss dieser möglichst gefunden werden, auch wenn dies mit hohen Kosten einhergeht.[321] Ebenso werden Dritte versuchen, das Trauma basierend auf ihren eigenen Grundüberzeugungen einzuordnen. Ist dies nicht möglich, bleibt das Ausweichen auf eine Floskel und damit zumindest die Illusion, eine sinnvolle Antwort gefunden zu haben.

Die Begrenzungen und Problematiken von Sinnzuschreibungen sind damit deutlicher geworden. Ebenso ist aber das konstruktive Anliegen und Bedürfnis dahinter etwas sichtbarer. Denn das Grundbedürfnis bleibt bestehen: Der Mensch will die Welt und seinen Ort in ihr verstehen. Er will in einer Welt leben, deren grundsätzliche Regeln und Abläufe er verstanden hat, in der er handlungsfähig ist, und die als sinnvoll erlebt wird. Viktor E. Frankl hat im Rahmen

---

[318] ANTONOVSKY, Aaron (1997): *Salutogenese: Zur Entmystifizierung der Gesundheit*, dgvt-Verlag: Tübingen, 34.
[319] Für die Erklärung der drei Komponenten vgl. ANTONOVSKY (1997): *Salutogenese*, 34ff.
[320] ANTONOVSKY (1997): *Salutogenese*, 36.
[321] Vgl. FORTUNE (2005): *Sexual Violence: The Sin Revisited*, 139f.

seiner Logotherapie an verschiedenen Stellen das elementare Bedürfnis des Menschen nach Sinn herausgestellt. Das Finden von Sinn vor allem auch in Phasen des Leidens ist nicht nur heilsam, sondern kann auch große Kräfte freisetzen. Die vergebliche Suche danach kann Menschen in tiefe Verzweiflung stoßen, ja geradezu krankmachen. In den Texten von Frankl gibt es dabei zahlreiche Berührungspunkte mit dem Thema der Religion, aber auch in Absehung davon sehr viel Weiterführendes zur Suche nach Sinn. Seine Texte und die der Schule der Logotherapie insgesamt bilden deswegen sowohl für die seelsorgliche Arbeit, als auch für die persönliche Spiritualität eine wichtige Referenzgröße, auf die hier hingewiesen werden soll.[322]

Die Aussage, dass Leiden keinen Sinn habe, enthält eine tiefe, unaufgebbare Wahrheit. Sie ist ein Korrektiv für unzureichende, im destruktivsten Fall die Betroffenen belastende Leidensdeutungen. Traumata lassen Menschen oft sprachlos angesichts des unermesslichen Leidens zurück. Manchmal und vielleicht sogar sehr oft bleibt nichts anderes übrig, als die Ohnmacht und Sinnlosigkeit zu ertragen und möglichst nicht daran zu zerbrechen. Manchen ist dies möglich, andere gehen daran zu Grunde.

So wahr und so schmerzhaft die Sinnlosigkeit so vielen Leidens ist, und wie wenig der Versuchung nachgegeben werden darf, dieser Trostlosigkeit und der Trauer darüber durch vorschnelle Deutungsversuche auszuweichen, so wichtig ist es dennoch, das Anliegen hinter der Suche nach Sinn nicht aufzugeben. Denn die Erschütterung von Selbst- und Weltverständnis kann nur zum Teil bewältigt werden, indem die Erschütterung festgestellt und betrauert wird. Ohne diesen Schritt ist freilich keine Bewältigung möglich. Er stellt aber nur einen Abschnitt und nicht unbedingt bereits den Abschluss dar, auch wenn dies für manchen Leidensweg der Fall sein kann. Von einer Integration des Traumas lässt sich dann eher sprechen, wenn ein neues Selbst- und Weltbild konstruiert werden konnte. Dazu müssen Grundannahmen über Selbst und Welt modifiziert werden. Sie müssen der eigenen Verwundbarkeit in einer unsicheren Welt gerecht werden. Die Frage ist dann, wie das Trauma bzw. die Traumata in den neuen Interpretationskontext eingeordnet werden können. Kristina Augst schreibt dazu:

„Schmerzhafte Erfahrungen können im hohen Maße willkürlich und sinnlos sein. Nichts desto trotz muss ihnen im Rahmen der eigenen Lebensdeutung ein Platz zugewiesen werden. Das Trauma muss im eigenen Sinngefüge eingeordnet werden. Damit bekommt es einen Ort, die Angst kann nicht mehr frei flotieren. Es bleibt nicht

---

[322] Das Werk von Viktor E. Frankl und im Anschluss an ihn das von AutorInnen aus dem Forschungsfeld der Logotherapie ist ausgesprochen umfassend. Eine gute erste Einführung in das Denken von Frankl bietet die Textauswahl: FRANKL, Viktor E. (1985): *Der Mensch vor der Frage nach dem Sinn*, 4. Aufl., Piper: München [u.a.].

grenzen- und bezugslos, sondern wird eingegrenzt. [...] Die Erfahrung selbst muss aber nicht als sinnvoll deklariert werden."[323]

Es stehen damit zwei Grundeinsichten spannungsvoll nebeneinander:
- Leiden ist in den meisten Fällen sinnlos.[324]
- Die Suche nach Sinn trotz Leiden bleibt unaufgebbar wichtig.

Beide Grundeinsichten sind wichtig und müssen deswegen festgehalten werden. Damit ist ein Spannungsfeld aufgetan. Im Zwischenraum dieses Spektrums, lassen sich einige Wegmarken formulieren, welche die Suche nach Sinn orientieren können:
- In dem beschriebenen Spannungsfeld kann die Orientierung und Fokussierung einer der Pole zu seiner Zeit seine Wahrheit haben. Es gibt Zeiten, da ist die Sinnlosigkeit des Leidens zu beklagen und zu betrauern; es gibt Zeiten, da kann es richtig sein zu versuchen, ihm einen Sinn abzuringen.
- Insgesamt ist es sinnvoller von Sinn und nicht absolut „dem" Sinn zu reden. Die Rede von „dem" Sinn unterstellt, dass dieser fest vorgegeben, vielleicht sogar prädestiniert ist. Der Weg ist dann nicht mehr weit, das Trauma als metaphysisch auferlegte Notwendigkeit zu verstehen. Dem Leiden wird dann leicht ein Sinngehalt zugeschrieben, der es überhöht und idealisiert.
- Manche Menschen können ihrem sinnlosen Leiden dennoch Sinn abringen. Sie konnten in der Auseinandersetzung mit dem Leiden z.B. menschliche Qualitäten wie Empathie oder ein Verantwortungsgefühl für andere Betroffene entwickeln. Die Chancen und Grenzen einer Rede vom Posttraumatischen Wachstum wurde schon an anderer Stelle erörtert. Wichtig sind an dieser Stelle zwei Aspekte: Erstens heißt dem Leiden Sinn abringen nicht, dass die durch das Leiden hindurch erlangten Güter das Leid irgendwie aufwiegen könnten oder rechtfertigen. Zweitens verdanken die Betroffenen die durch das Leiden womöglich erlangten Güter nicht dem Trauma, sondern ihrer eigenen Kraft und ihren Fähigkeiten, sich mit diesem auseinanderzusetzen. Ihre Widerstandskraft hat entsprechende Güter hervorgebracht, nicht die Verletzung.
- Sinn wird weniger in der Isolation, als in sozialen Beziehungen gefunden. Einige der benannten Studien weisen auf das hohe Sinnstiftungspotential eines Engagements für Andere hin.[325] Hier ist z.B. denkbar, dass Betroffene andere Betroffene unterstützen.
- Von der Frage nach dem Sinn des Leidens ist die Frage nach dem Sinn im Leiden zu differenzieren. Auch wenn das Leiden selbst als sinnlos erlebt wird, kann es dennoch andere Güter oder Werte geben, für die es sich lohnt,

---

[323] AUGST (2012): *Auf dem Weg zu einer traumagerechten Theologie*, 198.
[324] Siehe zu näheren Differenzierungen in Bezug auf sinnvolles und sinnloses Leiden die theologischen Erörterungen in Kapitel E *2.4 Leiden*.
[325] Vgl. z.B. VAN LOON; KRALIK (2006): *Religious Understandings*, 176f.

das Leiden zu ertragen und nicht aufzugeben. Viktor E. Frankl schildert in den Erinnerungen seines KZ-Aufenthaltes, wie ihm die Gedanken an seine von ihm innig geliebte Frau und ihre gemeinsame Liebe die Unbill und Grausamkeit um ihn herum streckenweise leichter ertragen ließen.[326] Deswegen ist die Frage wichtig, was im Leben Betroffener Sinn stiftet, auch und vor allem, wenn dies keinen direkten Bezug zur traumatischen Erfahrung hat. Die Fokussierung und Verstärkung dessen, was als sinnhaft und sinnstiftend erlebt wird, kann ein Gegengewicht zur Sinnlosigkeit des Leidens bilden und dieses dadurch leichter erträglich machen.

Im Rahmen einer traumasensiblen Spiritualität führt besonders der letztgenannte Aspekt in den Bereich der Sinnpotentiale der christlichen Religion. Diese kamen in der vorliegenden Arbeit an verschiedenen Stellen zur Sprache. Der christliche Glaube erzählt die Geschichte von einem Gott, der sich besonders denen zuwendet, die aus dem Zentrum der Gesellschaft an ihre Ränder gestoßen wurden, und besonders jenen Menschen, die Gewalt erlitten haben. Die individuelle Sinnfindung und eigene Verortung in dieser Geschichte ist dabei ein existentieller Vorgang. Eine wissenschaftliche Darstellung kommt hier an ihr Ende. Die weiteren Schritte sind innerer Weg.

---

[326] Vgl. FRANKL, Viktor E. (2014): ... trotzdem Ja zum Leben sagen: Ein Psychologe erlebt das Konzentrationslager, 6. Aufl., Kösel: München, 63ff.

G. Abschließende/Anschließende Gedanken

1. Zusammenfassung und zentrale Erkenntnisse

Die wichtigsten Einsichten dieser Arbeit lassen sich in Entsprechung zur Gliederung anhand der jeweiligen Kapitel folgendermaßen zusammenfassen:

Nachdem in der Einleitung Stimmen Betroffener zitiert, die Problem- und Aufgabenstellung bestimmt und eine Standortbestimmung vorgenommen wurden, erfolgte eine Klärung des hinter der Arbeit stehenden Seelsorgeverständnisses. Der Bezug auf eine vorhandene Konzeption stellte sich dabei als nicht sinnvoll heraus. Als allgemeine Bestimmung diente: *Seelsorge ist eine Dimension diakonischen Handelns, die aus dem christlichen Glauben heraus Lebensgestaltung und -bewältigung unterstützen will.* In einer seelsorgetheoretischen Arbeit ist die heuristische Differenzierung zwischen Verwundung und Verwundet-Sein hilfreich. Seelsorge wendet sich anders als die Traumatherapie weniger der Verwundung als vielmehr dem Verwundet-Sein zu. Für Seelsorge gilt: *Heilung bzw. Integration hat sich je stärker dann eingestellt, je stärker das Verwundet-Sein als primäres Existenzerleben zurücktritt. Dies ist besonders dann der Fall, wenn sich der Mensch in seinen Beziehungsgefügen zu Selbst, Welt und Gott als gestärkt erlebt.* Die Kompetenz in Fragen von Spiritualität und Religiosität kann dabei ein wichtiger Beitrag von Seelsorgenden in der Arbeit mit Betroffenen sein. Jedoch zeigte der Forschungsüberblick, dass Zusammenhänge zwischen Traumata und Religiosität in der deutschsprachigen praktisch-theologischen Literatur relativ wenig erforscht und vorhandene Erkenntnisse kaum rezipiert wurden. Dieses Theoriedefizit wird durch eine geringe Rezeption englischsprachiger Literatur verstärkt. Entsprechend finden sich für den deutschsprachigen Kontext keine ausgearbeiteten Modelle, die eine konkrete seelsorgliche Praxis anleiten könnten.

In Kapitel B wurde Gewalt im sozialen Nahraum näher bestimmt. Gewalt wurde verstanden als: *eine zu verantwortende, schädigende Handlung (was Tun oder Unterlassen in sich einschließt) in physischer, psychischer oder sexueller Form, unter Ausnutzung bestehender Machtverhältnisse.* Die Gewalt ereignet sich gerade in jenen Räumen, in denen Menschen *geschützt durch Privatheit und getragen von gesellschaftlichen Vorstellungen in besonderem Maße verlässliche, gefühl- und vertrauensvolle Bindungen aufbauen können.* Es handelt sich dabei um eine gesellschaftliche Realität, die erst ab den 1970er Jahren durch Frauen- und Kinderschutzbewegung näher thematisiert wurde. In den Kirchen kam das Thema nur verzögert an, theologisch ist es sehr wenig bearbeitet. Anhand verlässlicher empirischer Studien lässt sich allerdings zeigen, dass Gewalt im sozialen Nahraum in Deutschland – und ähnliches legt sich für andere deutschsprachige Räume nahe – ein relativ verbreitetes Phänomen ist. Vor allem Frauen und

Kinder sind häufig und von schweren Gewaltformen betroffen. Doch auch Gewalt gegen Männer kommt vor. Wichtig ist weiterhin, das Bewusstsein für vulnerable Gruppen wie alte Menschen und Menschen mit Behinderung, wie auch das Vorkommen von Partnergewalt in hetero- und homosexuellen Beziehungen.

Das Vorkommen von schweren Formen von Gewalt kann für direkt oder indirekt Betroffene ein potentiell traumatisches Erlebnis sein. Dieser Thematik wendet sich Kapitel C zu. Der Begriff des Traumas leitet sich aus dem Griechischen ab und bedeutet u.a. „Wunde" oder „Verletzung". Er kann als kulturelles Deutungsmuster verwendet werden oder – wie in dieser Arbeit – als medizinisch-psychologischer Begriff. Der Terminus changiert dabei zwischen einem bestimmten Ereignis oder aber den Folgen des Ereignisses. Darin wird inhaltlich aufgenommen, dass ein Trauma ein Ereignis ist, das nicht einfach vorübergeht, sondern mit seinen Folgen gegenwärtig bleiben kann. Der Ausdruck „Trauma" bezeichnet dabei ein historisch früh belegtes Phänomen, dessen wissenschaftliche Thematisierung aber besonders ab der Mitte des 19. Jh. nachgezeichnet werden kann. Inzwischen kommt insbesondere den Definitionen in ICD und DSM orientierende Bedeutung zu. Ein Trauma ist vor allem ein körperliches Geschehen, wobei insbesondere den diesbezüglichen Reflexionsebenen von *Gedächtnis*, *Beziehungen und Bindungen* sowie *Emotionen* wichtig sind. Wichtige Traumafolgen werden durch das Diagnosebild der PTBS abgedeckt, wobei die Auswirkungen auch deutlich vielfältiger bis hin zu unterschiedlichen Komorbiditäten ausfallen können. Auch müssen die Folgen komplexer Traumatisierungen eigens beschrieben werden. Ob ein Ereignis zum Trauma wird, hängt von verschiedenen prä-, peri- und posttraumatischen Faktoren ab. Besonders Kinder sind verwundbar, und die iterative Dymanik von Traumata insgesamt ist groß. Traumata können aber auch verarbeitet und bewältigt werden, wobei vor allem für das Verständnis professionell-therapeutischer Prozesse die Orientierung an Phasenmodellen mit je unterschiedlichen Aufgaben und Herausforderungen hilfreich ist.

Traumata können weitreichende Auswirkungen auch auf die Religiosität der Betroffenen haben. Um diese möglichen Folgen nachzuvollziehen, wurde in Kapitel D ein Systematic Review durchgeführt. Insgesamt 56 Studien aus dem Forschungsbereich von tendenziell christlich geprägter Religiosität und Traumata wurden dabei einer Sekundäranalyse unterzogen. Die quantitativen Studien ließen sich dabei in zwei Gruppen unterteilen, je nachdem, ob stärker nach Zusammenhängen bzw. möglichen Einflüssen von Traumata auf Religiosität oder umgekehrt gefragt wurde. Mögliche Auswirkungen von Traumata auf Religiosität sind dem Bild der Studien nach komplex und individuell verschieden. In vielen Fällen ist weniger die Rede von einer Zu- oder Abnahme von Religiosität nach traumatischen Ereignissen weiterführend, sondern vielmehr der Blick auf mögliche Transformationsprozesse. So können traumatische Ereignisse bspw. „Negative Religious Coping" intensivieren und „Positive

G. Abschließende/Anschließende Gedanken

Religious Coping" abschwächen. Konkrete Folgen und deren Bearbeitung sind von unterschiedlichen Faktoren abhängig. Diverse Studien, die nach Zusammenhängen zwischen Religiosität und Traumata fragen, legen positive Auswirkungen von Religiosität auf z.B. Werte für Selbstbewusstsein oder mentale Gesundheit nahe. Die positiven Zusammenhänge mit der Gesundheit Betroffener zeigen einige, aber nicht alle relevanten Samples. Auch zeigt sich, dass Religiosität für verschiedene Betroffene verschieden bedeutsam ist und deswegen in der Bewältigung eine je unterschiedlich wichtige Rolle spielen kann. Die qualitativen Studien passen insgesamt in dieses Bild. In ihnen wird noch einmal deutlich, dass Religion ein ambivalenter Faktor ist, der sowohl eine konstruktive als auch destruktive Rolle bei der Bewältigung von Traumata spielen kann. Es werden verschiedene Traditionsbestände benannt, die von Betroffenen vor allem als Last empfunden werden. Einige zentrale Topoi christlicher Theologie treten in einer tendenziell ambivalenten Bedeutung hervor. Es wird aber auch deutlich, dass Religiosität eine sehr wichtige Ressource bei der Bewältigung sein kann. In jedem Fall ist Religiosität eine Größe, die in Wissenschaft und Praxis nicht vernachlässigt werden sollte.

Nachdem Kapitel B, C und D dem praktisch-theologischen Interesse an einer Wahrnehmung des Phänomens dienten, erfolgte mit Kapitel E der Übergang zur Reflexion. Im Rückgriff auf die Ergebnisse der Sekundärauswertung und vorhandene themenbezogene theologische Literatur wurden Perspektiven für eine traumasensible Theologie entwickelt. Hierbei kam hermeneutisch dem Zusammenwirken von überlieferter Tradition, wissenschaftlicher Vernunft und konkreter Erfahrung der Betroffenen eine große Bedeutung zu. Die enzyklopädische Einordnung in das Ganze der Theologie und die dezidierte Bezugnahme darauf, war in diesem Abschnitt wichtig. In einem ersten Teil wurden als besonders problematisch benannte Traditionsbestände kritisch reflektiert. Die theologische Reflexion machte deutlich, dass bestimmte Aspekte christlicher Tradition unter traumasensibler Perspektive tatsächlich einer kritischen Reflexion und teils auch einer Revision bedürfen. Dazu gehören biblische Gewalttexte bzw. Texte, die relativ einfach zur Legitimation von Gewalt im sozialen Nahraum herangezogen werden können, als auch ein undifferenzierter Umgang mit dem Elterngebot, die Abwertung von Frauen, die ‚Idolisierung' von Ehe und Familie und eine Sexualmoral, die dem Vorkommen von Gewalt in diesem Bereich keine Rechnung trägt. Im Anschluss daran wurden zentrale Topoi christlicher Theologie reflektiert. Deren Bedeutung für Betroffene differiert je nach konkreter inhaltlicher Füllung und perspektivischem Zugang. Oberflächlich tradiert und unter Ausschluss einer traumasensiblen Perspektive wird die Thematisierung und Aneignung dieser Topoi den Betroffenen tendenziell die Verarbeitung erschweren. Traumasensibel reflektiert aber können die unterschiedlichen Themenbereiche nicht nur bestimmte Lebensrealitäten und -fragen Betroffener auf weiterführende Weise deuten und erschließen, sondern auch für die Theologie insgesamt vertiefend wirken.

Auf diese Ausführungen aufbauend wandte sich Kapitel F der konkreten seelsorglichen Gestaltung zu und entfaltete Grundlinien einer traumasensiblen Seelsorge. Deren Prinzipien sind die Stärkung der betroffenen Person, Positionalität und Konfliktfähigkeit jeweils in den Diensten der Betroffenen, ein christlicher Horizont und hinreichende Qualifikation der Seelsorgenden. Traumasensible Seelsorgetheorie muss auf diesem Fundament die verschiedenen, interdependenten Größen des in ihr beschriebenen Tätigkeitsfeldes reflektieren. Hierzu gehören seelsorgende Einzelpersonen ebenso wie die Sozialformen von Kirche und Gemeinde und Praxisformen christlicher Spiritualität.

Die Entwicklung von Grundlinien traumasensibler Seelsorge erstreckte sich für seelsorgende Einzelpersonen sowohl auf die Person an sich, als auch auf deren Beziehungsgestaltung. Dabei ist neben einer grundsätzlichen Eignung und der Entwicklung eines angemessenen Selbstverständnisses eine entsprechende Weiterqualifizierung wichtig. Darüber hinaus ist für Seelsorgende bei der Unterstützung Betroffener elementar, mit anderen Berufsgruppen möglichst gut vernetzt zu sein und die eigenen Chancen, aber auch Grenzen wahrzunehmen. Zur Rücksicht auf eigene Grenzen gehört weiterhin und unaufgebbar eine ausreichende Selbstsorge. Jede traumasensible Seelsorgebeziehung basiert auf Vertrauen. Dieses zu entwickeln ist der erste und alles Weitere grundierende Schritt. Vertrauensbildend, aber auch darüber hinaus von Bedeutung, ist eine Haltung der Personenzentrierung: Im Zentrum stehen immerfort der betroffene Mensch und die Fragen, wer er ist, wo er steht, was er will und was ihn stärken kann. Auf dieser Grundlage ist eine Seelsorge möglich, in der die verschiedenen Ebenen von Hoffnung, Information, Empathie und Respekt präsent sind.

Eine traumasensible Kirche hat Verantwortung nach innen und nach außen, wobei die glaubwürdige Wahrnehmung der ersteren die zweite voraussetzt. Kirchen sind keine missbrauchsfreien Orte, sondern tendenziell sogar anfällig für das Auftreten von Gewalt. Die Verantwortung nach innen wird wahrgenommen, wenn mit dieser Tatsache transparent umgegangen wird und neben einer möglichst guten Prävention eine ehrliche Aufarbeitung geschehenen Missbrauchs umgesetzt wird. Der Schutz der Opfer ist wichtiger als der Schutz der Institution. All dies ist jedoch nur möglich, wenn die Kirche und die in ihr Verantwortung Tragenden bereit sind, sich von der Erfahrung Betroffener berühren und verändern zu lassen. Zur Verantwortung nach innen gehört überdies, Mitarbeitende zu einer traumasensiblen Seelsorge zu befähigen. Auf dieser Grundlage kann die Verantwortung nach außen wahrgenommen werden, die vor allem den gesellschaftspolitischen Einsatz für Betroffene impliziert. Christliche Gemeinden können traumasensible Orte sein. Dazu müssen sie jedoch informiert und geschützt sein. Ist dies gegeben, eröffnen sie einen Raum für Initiativen von und für Betroffene. Unverfügbar – aber in ihrem Wert kaum zu überschätzen – ist das Wachsen einer heilsamen Gemeinschaft, in der Menschen mit der Ganzheit ihrer Lebensgeschichten in Liebe angenommen werden und sich gegenseitig unterstützen.

G. Abschließende/Anschließende Gedanken

Schließlich wurde gefragt, wie eine traumasensible christliche Spiritualität für Betroffene selbst, aber auch für Seelsorgende und Gemeinden näher zu beschreiben ist. Diese ruht im besten Fall auf bestimmten Grundlagen: der Anerkennung der Kompetenz der Betroffenen, dem Einsatz für Gerechtigkeit, unterstützenden Beziehungen, der Suche nach Ausdrucksformen für Unsagbares, einer Einbeziehung des Körpers, dem Bewusstsein für die Kraft biblischer Texte und christlicher Ritualpraxis. Im Sinne dieses Ansatzes wurden einige Applikationen exemplarisch dargestellt. Christliche Spiritualität kann Räume eröffnen, in denen Trauer, Zweifel und Klage ebenso ihren Ort haben wie Zorn. Sie kann die Kraft der Natur zu erschließen helfen und dabei unterstützen, Orte der Heimat und des Friedens zu schaffen. Der Blick auf die Freude im Leben der Betroffenen – trotz all dem Leid – kann den Blick für wichtige Ressourcen eröffnen. Christliche Spiritualität kann sowohl eine unterstützende Quelle positiver Identitätsbildung sein, als auch ein wichtiges Element auf der Suche nach Sinn.

2. *Impulse für die Weiterarbeit*

Das Thema von Traumata infolge von Gewalt im sozialen Nahraum ist in Bezug auf die Seelsorgetheorie – aber auch darüber hinaus – mit dieser Arbeit noch nicht erschöpfend behandelt. Vielmehr ergeben sich zahlreiche Impulse für die Weiterarbeit, von denen einige hier dargestellt werden sollen.

Für den größeren Forschungskontext der Psychotraumatologie konnte die Arbeit zeigen, dass Religiosität und Spiritualität durchaus Dimensionen bezeichnen, die durch ein Trauma betroffen sind. Es wäre für das Verständnis von Traumata und die Unterstützung von Betroffenen hilfreich, diesen Bereich deswegen stärker auch wissenschaftlich zu thematisieren. Insofern ist zu hoffen, dass dieses Forschungsdesiderat, das in erster Linie im deutschsprachigen Raum so besteht, zukünftig verstärktes Interesse auf sich zieht. Das Spektrum relevanter Forschungsfragen ist hier sehr breit. Wichtig wären zu deren Beantwortung in jedem Fall die Entwicklung spezifischer empirischer Messinstrumente. Wie in den Studien deutlich wurde, sind die bisher in diesem Forschungsfeld verwendeten Instrumente größtenteils anderen Kontexten entlehnt und deswegen nur bedingt aussagekräftig. Hinzu kommt das bereits erwähnte Fehlen von Langzeitstudien.

Auch für die Theologie als Ganze kann die Beschäftigung mit der Thematik weiterführende Impulse freisetzen. Für die exegetischen Fächer wurde schon auf das Forschungsfeld biblischer (und angrenzender) Texte und Trauma verwiesen, das im anglophonen Raum eine intensive und ergiebige Publikationstätigkeit anregt, in Deutschland aber nur vereinzelt Aufnahme findet. Das hermeneutische Potential der Psychotraumatologie auch für das Verstehen biblischer Texte ist m.E. ausgesprochen groß. Für den Bereich der Kirchengeschichte wäre zu fragen, inwiefern nicht die Kategorie des Traumas als kulturelles Deutungsmuster die historische Forschung befruchten kann. So gibt es historische Ereignisse, die auch Jahrzehnte nach ihrem Auftreten in einer Weise präsent bleiben, dass sie die folgende Epoche bestimmen, als würden sie immer noch geschehen.[1] Geschichte also, die für Zeitgenossen bestimmende Gegenwart ist. Die Impulse für die Systematische Theologie wurden in Kapitel E angedeutet. Viele der dort benannten Themen bedürfen der Vertiefung. Darüber hinaus müssten zahlreiche weitere Topoi – genannt wurde das Verständnis von Freiheit und Gnade – im Lichte der Traumatherapie neu reflektiert werden. Für die Seelsorgetheorie relevant wären dabei auch solche theologischen Reflexionen, die nicht nur die für traumatisierte Menschen problematischen Aspekte christlicher Theologie bedenken, sondern auch konstruktive Potentiale erschließen.

Für die Praktische Theologie wurden verschiedene Impulse für die Weiterarbeit im Kapitel über eine traumasensible Kirche angedeutet. Diese reichen in Kirchenrecht, Homiletik, Liturgik, Kybernetik und Gemeindepädagogik. Das bereits angezeigte Erfordernis verstärkter empirischer Forschung erstreckt sich auch auf die Praktische Theologie und Seelsorgetheorie. Es findet sich nur eine einzige deutschsprachige empirische Arbeit in diesem Bereich. Noch einmal betont werden soll an dieser Stelle die Notwendigkeit von theologischen Arbeiten über sexuellen Missbrauch in religiösen Institutionen. Was in den Missbrauchsfällen aufgedeckt wurde, ist bisher weder auf der institutionellen noch auf der theologischen Ebene hinreichend bearbeitet und reflektiert worden.

Speziell für die Seelsorgeforschung ergeben sich aus der hiesigen Darstellung vier Anregungen für die Weiterarbeit:
- Es wurden Grundlinien für eine traumasensible Seelsorge entwickelt. In einem nächsten Schritt wäre es notwendig, diese anknüpfend daran zu konkretisieren und anhand von Fallbeispielen, Verbatims und zusätzlichem Material näher an die Praxis zu rücken. So können sie für eine konkrete Ausbildung und Schulung weiterentwickelt werden.
- Diese Arbeit fokussiert vor allem die seelsorgliche Arbeit mit betroffenen Erwachsenen. Wichtig wären Forschungsarbeiten, welche die seelsorgliche

---

[1] Es bestehen an dieser Stelle interessante Anknüpfungspunkte zur Theorie des Kulturellen Gedächtnisses von Jan und Aleida Assmann. Diese greifen psychologische bzw. psychologisierende Deutungskategorien auf bzw. entwickeln diese erst. Eine stärkere Rezeption der Psychotraumatologie in diesem Zusammenhang könnte sich als durchaus interessant erweisen. Für diesen Hinweis danke ich Tobias Stäbler. Erste wissenschaftliche Aufnahmen finden sich in einigen der Beiträge im Sammelband von: BECKER, Eve-Marie; DOCHHORN, Jan; HOLT, Else K. (Hrsg.) (2014): *Trauma and Traumatization in Individual and Collective Dimensions: Insights from Biblical Studies and Beyond*, Vandenhoeck & Ruprecht: Göttingen.

G. Abschließende/Anschließende Gedanken

Arbeit mit Kindern und Jugendlichen, bzw. deren Bezugspersonen näher zu bestimmen suchen.[2]
– Überdies wäre genauer zu fragen, wo spezifische Herausforderungen für ethnische, sexuelle oder kulturelle Minderheiten liegen. Es ist davon auszugehen, dass bestimmte Herausforderungen wie z.B. Sprachbarrieren oder die erschwerte Suche nach passenden Hilfsangeboten die seelsorgliche Arbeit hier tendenziell komplexer machen.
– Schließlich wurden besonders in Bezug auf eine traumasensible christliche Spiritualität an dieser Stelle nur Grundlinien aufgezeigt. Hier ist die Weiterarbeit in jedem Fall sinnvoll. Reflexionen aus diesem Bereich sind weit über das Spektrum der Theologie hinaus anschlussfähig.

3. *Abschließendes Gedicht*

Eine theologische Arbeit, die sich den seelsorglichen Umgang mit Traumata infolge von Gewalt durch nahestehende Menschen zum Thema gesetzt hat, wird diesem Thema nicht gerecht, wenn sie einen zu runden und korrekten Abschluss findet. Die Suchbewegung dieser Arbeit säumten zu viel Sprachlosigkeit, zu viel Leid an den Grenzen des Denkbaren und zu viele offene Fragen, um zu einem vollauf befriedigenden und glatten Ende zu finden. Stattdessen soll am Ende dieser Arbeit ein Gedicht einer Betroffenen stehen. Die Frage der eigenen Verortung, die das Gedicht für die Kirche stellt, gilt in gleichem Maße für die Theologie.

> „Gern erinnern wir uns an den kleinen Mönch
> der dem Papst die Stirn bot
> Der dastand und sagte
> – ich kann nicht anders, Gott helfe mir –
> der den Glauben an eine andere Kirche nicht opferte
> sondern Kopf und Kragen riskierte
>
> Wie viel ruhiger lebt diese Kirche heute
> sitzend am Tisch der reichlich gedeckt ist
> für alle Mächtigen auf dieser Welt
> Sie kennt die Täter
> sie kennt die Opfer
> und bietet allen gleichermaßen Raum für Gnade und Vergebung
> Mich würgt es in deinen Mauern
> Mutter Kirche

---

[2] Zu diesem Thema wird in Kürze die Dissertation von Miriam Schade erscheinen: SCHADE, Miriam (2019): *Dem Schrecklichen begegnen: Seelsorge mit traumatisierten Kindern*, Evangelische Verlagsanstalt: Leipzig.

Ich sehe zum Altar
und sehe Kain dort stehen – in seiner Kirche
und auch Abel
der zum Himmel schreit
Ich sehe den Gekreuzigten
Und alle deren Seelen Kain
gemordet hat
Ich trete zum Altar
in dieser zerrissenen Kirche
Ich stehe da und kann nicht anders
Gott helfe mir"[3]

---

[3] Text der Autorin „Nora", erschienen unter dem Titel „Reformationstag" auf der Seite www.gottes-suche.de/4.1.Ueberlebenstexte-Protestantin.html (aufgerufen am 27. Juli 2018). Abgedruckt mit Genehmigung der Autorin.

H. Literaturverzeichnis

Bibliographische Abkürzungen sind entnommen aus: SCHWERTNER, Siegfried M, *IATG2: Internationales Abkürzungsverzeichnis für Theologie und Grenzgebiete*, 2. Aufl., Berlin/New York 1992.

ADAMS, Carol J. (1994): *Woman-Battering*, Augsburg Fortress Press: Minneapolis.
AHRENS, Courtney E.; ABELING, Samantha; AHMAD, Sarah; HINMAN, Jessica (2010): *Spirituality and Well-Being: The Relationship Between Religious Coping and Recovery from Sexual Assault*, in: Journal of Interpersonal Violence, 25, H. 7, 1242–1263.
ALBUS, Michael; BRÜGGEMANN, Ludwig (Hrsg.) (2011): *Hände weg! Sexuelle Gewalt in der Kirche*, Butzon & Bercker: Kevelaer.
ALT, Franz (2017): *Wenn Leben gelingt: Eine Anleitung zum Glücklichsein*, ZS Verlag: München
AMERICAN PSYCHIATRIC ASSOCIATION (1952): *Diagnostic and Statistical Manual: Mental Disorders*, Mental Hospital Service: Washington D.C.
AMERICAN PSYCHIATRIC ASSOCIATION (1980): *Diagnostic and Statistical Manual of Mental Disorders (DSM-III)*, 3. Aufl.: Washington D.C.
AMERICAN PSYCHIATRIC ASSOCIATION (2015): *Diagnostisches und Statistisches Manual Psychischer Störungen (DSM-5)*, Hogrefe: Göttingen [u.a.].
ANTONOVSKY, Aaron (1997): *Salutogenese: Zur Entmystifizierung der Gesundheit*, dgvt-Verlag: Tübingen.
APPELT, Birgit; HÖLLRIEGL, Angelika; LOGAR, Rosa (2001): *Gewalt gegen Frauen und ihre Kinder*, in: Gewalt in der Familie. Gewaltbericht 2001. Von der Enttabuisierung zur Professionalisierung, hrsg. von BUNDESMINISTERIUM FÜR SOZIALE SICHERHEIT UND GENERATIONEN: Wien, 377–502.
ASMUNDSON, Gordon J.G.; TYLOR, Steven (2008): *Avoidance*, in: The Encyclopedia of Psychological Trauma, hrsg. von REYES, Gilbert; ELHAI, Jon D.; FORD, Julian D., Wiley: Hoboken, 70–71.
ASTIN, Millie C.; LAWRENCE, Kathy J.; FOY, David M. (1993): *Posttraumatic Stress Disorder Among Battered Women: Risk and Resiliency Factors*, in: Violence and Victims, 8, H. 1, 17–28.
AUGST, Kristina (2012): *Auf dem Weg zu einer traumagerechten Theologie: Religiöse Aspekte in der Traumatherapie - Elemente heilsamer religiöser Praxis*, Kohlhammer: Stuttgart.
AXT-PISCALAR, Christine (2001): *Art. Sünde. VII. Reformation und Neuzeit*, in: TRE 32, De Gruyter: Berlin [u.a.], 400–436.
BACKHAUS, Knut (2009): *Der Hebräerbrief*, Pustet: Regensburg.
BAIL, Ulrike (1994): *„Vernimm, Gott, mein Gebet": Psalm 55 und Gewalt gegen Frauen*, in: Feministische Hermeneutik und Erstes Testament: Analysen und Interpretationen, hrsg. von JAHNOW, Hedwig, Kohlhammer: Stuttgart, 67–84.
BALDWIN, Jennifer (2018): *Trauma-Sensitive Theology: Thinking Theologically in the Era of Trauma*, Cascade Books: Eugene.
BANGE, Dirk (2015): *Gefährdungslagen und Schutzfaktoren bei Kindern und Jugendlichen in Bezug auf sexuellen Kindesmissbrauch*, in: Sexueller Missbrauch von Kindern und Jugendlichen: Ein Handbuch zur Prävention und Intervention für Fachkräfte im medizinischen, psychotherapeutischen und pädagogischen Bereich, hrsg. von FEGERT, Jörg M.; HOFFMANN, Ulrike u.a., Springer: Berlin, Heidelberg, 103–107.
BANGE, Dirk (2015): *Planung der Intervention nach Aufdeckung eines sexuellen Kindesmissbrauchsfalls*, in: Sexueller Missbrauch von Kindern und Jugendlichen: Ein Handbuch zur Prävention und Intervention für Fachkräfte im medizinischen, psychotherapeutischen und pädagogischen Bereich, hrsg. von FEGERT, Jörg M.; HOFFMANN, Ulrike u.a., Springer: Berlin, Heidelberg, 203–212.

BANGE, Dirk (2015): *Unterstützung für Bezugs- und Kontaktpersonen sexuell missbrauchter Kinder und Jugendlicher*, in: *Sexueller Missbrauch von Kindern und Jugendlichen: Ein Handbuch zur Prävention und Intervention für Fachkräfte im medizinischen, psychotherapeutischen und pädagogischen Bereich*, hrsg. von FEGERT, Jörg M.; HOFFMANN, Ulrike u.a., Springer: Berlin, Heidelberg, 273-284.

BANGE, Dirk (2016): *Geschichte der Erforschung von sexualisierter Gewalt im deutschsprachigen Raum unter methodischer Perspektive*, in: *Forschungsmanual Gewalt*, hrsg. von HELFFERICH, Cornelia; KAVEMANN, Barbara; KINDLER, Heinz, Springer VS: Wiesbaden, 33-50.

BAR-SHAI, Marina; KLEIN, Ehud (2015): *Neurobiological Risk Factors and Predictors of Vulnerability and Resilience to PTSD*, in: *Future Directions in Post-Traumatic Stress Disorder: Prevention, Diagnosis, and Treatment*, hrsg. von SAFIR, Marilyn P.; WALLACH, Helene S.; RIZZO, Albert S., Springer: New York [u.a.], 31-64.

BAR-SHAI, Marina; KLEIN, Ehud (2015): *Vulnerability to PTSD: Psychosocial and Demographic Risk and Resilience Factors*, in: *Future Directions in Post-Traumatic Stress Disorder: Prevention, Diagnosis, and Treatment*, hrsg. von SAFIR, Marilyn P.; WALLACH, Helene S.; RIZZO, Albert S., Springer: New York [u.a.], 3-30.

BARNOW, Sven; LOTZ, Julia (2013): *Stabilisierung und Affektregulation*, in: *Posttraumatische Belastungsstörungen*, hrsg. von MAERCKER, Andreas, 4. Aufl., Springer: Berlin [u.a.], 205-222.

BASS, Ellen; DAVIS, Laura (2001): *Trotz allem: Wege zur Selbstheilung für sexuell mißbrauchte Frauen*, 9. Aufl., Orlanda: Berlin.

BASSELER, Michael (2008): *Kulturelle Erinnerung und Trauma im zeitgenössischen afroamerikanischen Roman*, Wissenschaftlicher Verlag Trier: Trier.

BAUMANN, Gerlinde (2006): *Gottesbilder der Gewalt im Alten Testament verstehen*, Wissenschaftliche Buchgesellschaft: Darmstadt.

BECKER, Eve-Marie (2014): *'Trauma Studies' and Exegesis: Challenges, Limits and Prospects*, in: *Trauma and Traumatization in Individual and Collective Dimensions: Insights from Biblical Studies and Beyond*, hrsg. von BECKER, Eve-Marie; DOCHHORN, Jan; HOLT, Else K., Vandenhoeck & Ruprecht: Göttingen, 15-29.

BECKER, Eve-Marie; DOCHHORN, Jan; HOLT, Else K. (Hrsg.) (2014): *Trauma and Traumatization in Individual and Collective Dimensions: Insights from Biblical Studies and Beyond*, Vandenhoeck & Ruprecht: Göttingen.

BEHRMAN, Gary U. (2013): *The Community as Family: Resilience in Older Women Religious Sexually Abused in Early Life*, in: *Handbook of Family Resilience*, hrsg. von BECVAR, Dorothy S., Springer: New York [u.a.], 531-548.

BEIRER, Georg (2000): *Die heilende Kraft der Klage*, in: *Schweigen wäre gotteslästerlich: Die heilende Kraft der Klage*, hrsg. von STEINS, Georg, Echter: Würzburg, 16-41.

BELL, Duncan (2006): *Memory, Trauma and World Politics: Reflections on the Relationship between Past and Present*, Palgrave Macmillan: Basingstoke [u.a.].

BEN-PORAT, Anat; ITZHAKY, Haya (2009): *Implications of Treating Family Violence for the Therapist: Secondary Traumatization, Vicarious Traumatization, and Growth*, in: *Journal of Family Violence*, 24, H. 7, 507-515.

BERGES, Ulrich (2000): *Ijob. Klage und Anklage als Weg der Befreiung*, in: *Schweigen wäre gotteslästerlich: Die heilende Kraft der Klage*, hrsg. von STEINS, Georg, Echter: Würzburg, 103-112.

BESTE, Jennifer E. (2007): *God and the Victim: Traumatic Intrusions on Grace and Freedom*, Oxford University Press: Oxford [u.a.].

BEVERIDGE, Kelli; CHEUNG, Monit (2004): *A Spiritual Framework in Incest Survivors Treatment*, in: *Journal of Child Sexual Abuse: Research, Treatment, & Program Innovations for Victims, Survivors, & Offenders*, 13, H. 2, 105-120.

H. Literaturverzeichnis

BIELER, Andrea (2000): *Psalmengottesdienste als Klageräume für Überlebende sexueller Gewalt: Poimenische und liturgische Überlegungen*, in: Evangelische Theologie, 60, H. 2, 117–130.

BIELER, Andrea; BINGEL, Christian; GUTMANN, Hans-Martin (Hrsg.) (2011): *After Violence: Religion, Trauma and Reconciliation*, Evangelische Verlagsanstalt: Leipzig.

BIERMAN, Alex (2005): *The Effects of Childhood Maltreatment on Adult Religiosity and Spirituality: Rejecting God the Father Because of Abusive Fathers?*, in: Journal for the Scientific Study of Religion, 44, H. 3, 349–359.

BILLMAN, Kathleen D.; MIGLIORE, Daniel L. (1999): *Rachel's Cry: Prayer of Lament and Rebirth of Hope*, United Church Press: Cleveland.

BLUMENTHAL, David R. (1993): *Facing the Abusing God: A Theology of Protest*, Westminster John Knox Press: Louisville.

BOASE, Elizabeth; FRECHETTE, Christopher G. (Hrsg.) (2016): *Bible through the Lens of Trauma*, SBL Press: Atlanta.

BOBERT, Sabine (2004): *Trauma und Schuld: Fremder Schuld geopfert sein*, in: Wege zum Menschen, 56, 421–435.

BOCK, Veronika (2008): *Die Erfahrung der Gegenmenschlichkeit: pastoraltheologische und sozialethische Zugänge zur Psychotraumatologie*, LIT Verlag: Berlin [u.a.].

BÖCKERS, Anja (2015): *Gliederung des Nervensystems*, in: Anatomie: Das Lehrbuch, hrsg. von WASCHKE, Jens; BÖCKERS, Tobias M.; PAULSEN, Friedrich, Urban und Fischer: München, 603–613.

BOGAR, Christine B.; HULSE-KILLACKY, Diana (2006): *Resiliency Determinants and Resiliency Processes Among Female Adult Survivors of Childhood Sexual Abuse*, in: Journal of Counseling & Development, 84, H. 2, 318–327.

BÖHM, Bettina; ZOLLNER, Hans; FEGERT, Jörg M.; LIEBHARDT, Hubert (2014): *Child Sexual Abuse in the Context of the Roman Catholic Church: A Review of Literature from 1981-2013*, in: Journal of Child Sexual Abuse, 23, H. 6, 635–656.

BOISEN, Anton T. (1936): *The Exploration of the Inner World: A Study of Mental Disorder and Religious Experience*, Harper and Brothers: New York.

BONHOEFFER, Dietrich (1987): *Gemeinsames Leben*, in: Gemeinsames Leben: Das Gebetbuch der Bibel, hrsg. von MÜLLER, Gerhard Ludwig; SCHÖNHERR, Albrecht, Chr. Kaiser: München.

BOTTOMS, Bette L.; NIELSEN, Michael; MURRAY, Rebecca; FILIPAS, Henrietta (2003): *Religion-Related Child Physical Abuse: Characteristics and Psychological Outcomes*, in: Journal of Aggression, Maltreatment & Trauma, 8, H. 1, 87–114.

BOWLAND, Sharon; EDMOND, Tonya; FALLOT, Roger D. (2012): *Evaluation of a Spiritually Focused Intervention with Older Trauma Survivors*, in: Social Work, 57, H. 1, 73–82.

BRADLEY, Rebekah; SCHWARTZ, Ann C.; KASLOW, Nadine J. (2005): *Posttraumatic Stress Disorder Symptoms Among Low-Income, African American Women With a History of Intimate Partner Violence and Suicidal Behaviors: Self-Esteem, Social Support, and Religious Coping*, in: Journal of Traumatic Stress, 18, H. 6, 685–696.

BREMNER, J. Douglas; PEARCE, Brad (2016): *Neurotransmitter, Neurohormonal, and Neuropeptidal Function in Stress and PTSD*, in: Posttraumatic Stress Disorder: From Neurobiology to Treatment, hrsg. von BREMNER, J. Douglas, Wiley: Hoboken, 181–232.

BREWIN, Chris R.; DALGLEISH, Tim; JOSEPH, Stephen (1996): *A Dual Representation Theory of Posttraumatic Stress Disorder.*, in: Psychological Review, 103, H. 4, 670–686.

BRISCH, Karl H. (2009): *Bindungsstörungen und Trauma: Grundlagen für eine gesunde Bindungsentwicklung*, in: Bindung und Trauma: Risiken und Schutzfaktoren für die Entwicklung von Kindern, hrsg. von BRISCH, Karl H.; HELLBRÜGGE, Theodor, 3. Aufl., Klett-Cotta: Stuttgart, 105–135.

BRISCH, Karl Heinz (2013): *Bindungsstörungen: Von der Bindungstheorie zur Therapie*, 12. Aufl., Klett-Cotta: Stuttgart.

BRISCH, Karl Heinz (2017): *Trauma ist nicht gleich Trauma*, in: *Bindungstraumatisierungen: Wenn Bindungspersonen zu Tätern werden*, hrsg. von BRISCH, Karl Heinz, Klett-Cotta: Stuttgart, 12–22.
BROCK, Rita N.; PARKER, Rebecca A. (2001): *Proverbs of Ashes: Violence, Redemptive Suffering, and the Search for What Saves Us*, Beacon Press: Boston.
BROOTEN, Bernadette (1982): *Das Problem von Sexualität und Macht*, in: *Schlangenbrut*, 2, 25–27.
BROWNMILLER, Susan (1975): *Against Our Will: Men, Women and Rape*, Simon & Schuster: New York.
BUCHER, Anton A. (2004): *Wer sind die „nur" Spirituellen?: Eine spiritualitätspsychologische empirische Pilotstudie*, in: *Wege zum Menschen*, 60, H. 5, 460–471.
BUKOWSKI, Peter (2004): *Die Bibel ins Gespräch bringen: Erwägungen zu einer Grundfrage der Seelsorge*, 5. Aufl., Neukirchener: Neukirchen-Vluyn.
BUNDESMINISTERIUM DES INNERN: *Polizeiliche Kriminalstatistik 2015, Version 5.0*.
BURGESS, Ann W.; HOLMSTROM, Lynda L. (1974): *Rape Trauma Syndrome*, in: *The American Journal of Psychiatry*, 131, H. 9, 981–986.
BÜSCHI, Eva (2015): *Traumasensible Beratung: Kommunikation und Ressourcenorientierung*, in: *Schaut hin! Missbrauchsprävention in Seelsorge, Beratung und Kirchen*, hrsg. von NOTH, Isabelle; AFFOLTER, Ueli, Theologischer Verlag Zürich: Zürich, 69–76.
CAMPANELLA, Carolina; BREMNER, J. Douglas (2016): *Neuroimaging of PTSD*, in: *Posttraumatic Stress Disorder: From Neurobiology to Treatment*, hrsg. von BREMNER, J. Douglas, Wiley: Hoboken, 291–318.
CAPPS, Donald (1995): *The Child's Song: The Religious Abuse of Children*, Westminster John Knox Press: Louisville.
CARR, David M. (2014): *Holy Resilience: The Bible's Traumatic Origins*, Yale University Press: New Haven [u.a.].
CHAPMAN, Alexander L. (2008): *Self-Injurous Behavior*, in: *The Encyclopedia of Psychological Trauma*, hrsg. von REYES, Gilbert; ELHAI, Jon D.; FORD, Julian D., Wiley: Hoboken, 595–597.
CHODAN, Wencke; REIS, Olaf; HÄßLER, Frank (2015): *Sexueller Missbrauch von Kindern und Jugendlichen mit Behinderung*, in: *Sexueller Missbrauch von Kindern und Jugendlichen: Ein Handbuch zur Prävention und Intervention für Fachkräfte im medizinischen, psychotherapeutischen und pädagogischen Bereich*, hrsg. von FEGERT, Jörg M.; HOFFMANN, Ulrike u.a., Springer: Berlin, Heidelberg, 408–419.
CHU, James A. (2011): *Rebuilding Shattered Lives: Treating Complex PTSD and Dissociative Disorders*, 2. Aufl., Wiley: Hoboken.
CIZEK, Brigitte; BUCHNER, Gabriele (2001): *Entwicklung des Gewaltverständnisses*, in: *Gewalt in der Familie. Gewaltbericht 2001. Von der Enttabuisierung zur Professionalisierung*, hrsg. von BUNDESMINISTERIUM FÜR SOZIALE SICHERHEIT UND GENERATIONEN: Wien, 20–35.
CLARK, Ron (2009): *Freeing the Oppressed: A Call to Christians Concerning Domestic Abuse*, Cascade Books: Eugene.
COLEMAN, Monica A. (2004): *The Dinah Project: A Handbook for Congregational Response to Sexual Violence*, The Pilgrim Press: Cleveland.
COLEMAN, Vallerie E. (2013): *Ein Eiertanz: Therapie häuslicher Gewalt bei gleichgeschlechtlichen Paaren*, in: *Handbuch: Familiäre Gewalt im Fokus: Fakten, Behandlungsmodelle, Prävention*, hrsg. von HAMEL, John; NICHOLLS, Tonia L., Ikaru-Verlag: Frankfurt am Main, 453–474.
CONNOR, Kathryn M.; DAVIDSON, Jonathan R. T.; LEE, Li-Ching (2003): *Spirituality, Resilience, and Anger in Survivors of Violent Trauma: A Community Survey*, in: *Journal of Traumatic Stress*, 16, H. 5, 487–494.
COOPER-WHITE, Pamela (2012): *The Cry of Tamar: Violence against Women and the Church's Response*, 2. Aufl., Fortress Press: Minneapolis.
COSTANDI, Moheb (2016): *Neuroplasticity* The MIT Press: Cambridge, MA.

H. Literaturverzeichnis

CROSS, Jen (2017): *Writing Ourselves Whole: Using the Power of Your Own Creativity to Recover and Heal from Sexual Trauma*, Mango: Miami.

DABROCK, Peter; AUGSTEIN, Renate; HELFFERICH, Cornelia; SCHARDIEN, Stefanie; SIELERT, Uwe (2015): *Unverschämt - schön: Sexualethik: evangelisch und lebensnah*, Gütersloher Verlagshaus: Gütersloh.

DAHILL, Lisa E. (2009): *Reading from the Underside of Selfhood: Bonhoeffer and Spiritual Formation*, Pickwick Publications: Eugene.

DAVIES, Patrick T.; STURGE-APPLE, Melissa L. (2013): *Die Auswirkungen häuslicher Gewalt auf die Entwicklung des Kindes*, in: *Handbuch: Familiäre Gewalt im Fokus: Fakten, Behandlungsmodelle, Prävention*, hrsg. von HAMEL, John; NICHOLLS, Tonia L., Ikaru-Verlag: Frankfurt am Main, 219–247.

DAY, Jackson H.; VERMILYEA, Elizabeth; WILKERSON, Jennifer; GILLER, Esther (2006): *Risking Connection in Faith Communities: A Training Curriculum for Faith Leaders Supporting Trauma Survivors*, Sidran Institute Press: Baltimore.

DE WALL, Heinrich (2011): *Der Schutz des Seelsorgeheimnisses und das Seelsorgegeheimnisgesetz der EKD (SeelGG EKD)*, in: *Zeitschrift für evangelisches Kirchenrecht*, 56, H. 1, 4–26.

DEEGENER, Günther (2013): *Kindesmisshandlung und Vernachlässigung*, in: *Posttraumatische Belastungsstörungen*, hrsg. von MAERCKER, Andreas, 4. Aufl., Springer: Berlin [u.a.], 377–398.

DIAKONIE DEUTSCHLAND; EVANGELISCHE KIRCHE IN DEUTSCHLAND (EKD) (2014): *Auf Grenzen achten - Sicheren Ort geben: Prävention und Intervention. Arbeitshilfe für Diakonie und Kirche bei sexualisierter Gewalt*.

DILLEN, Annemie (2016): *Gewalt in Familien: Eine Herausforderung für das kirchliche und theologische Sprechen*, in: *Pastoraltheologische Informationen*, 36, H. 1, 63–74.

DOEHRING, Carrie (1993): *Internal Desecration: Traumatization and Representations of God*, University Press of America: Lanham.

DÖGE, Peter (2013): *Männer - die ewigen Gewalttäter? Gewalt von und gegen Männer in Deutschland*, 2. Aufl., Springer VS: Wiesbaden.

DOXEY, Cynthia; JENSEN, Larry; JENSEN, Janet (1997): *The Influence of Religion on Victims of Childhood Sexual Abuse*, in: *The International Journal for the Psychology of Religion*, 7, H. 3, 179–186.

DRUMM, René; POPESCU, Marciana; COOPER, Laurie; TRECARTIN, Shannon; SEIFERT, Marge; FOSTER, Tricia u.a. (2014): *„God Just Brought Me Through It": Spiritual Coping Strategies for Resilience Among Intimate Partner Violence Survivor*, in: *Clinical Social Work Journal*, 42, H. 4, 385–394.

DUBBERKE, Martin (1997): *Mann, Macht, Gewalt und christlicher Bußgedanke im Kontext: Zur Notwendigkeit spezifischer Beratung gewalttätiger Männer in der Evangelischen Kirche*, Männerarbeit der Evangelischen Kirche in Berlin-Brandenburg: Berlin.

ECHTERLING, Lennis G.; FIELD, Thomas A.; STEWART, Anne L. (2015): *Evolution of PTSD Diagnosis in the DSM*, in: *Future Directions in Post-Traumatic Stress Disorder: Prevention, Diagnosis, and Treatment*, hrsg. von SAFIR, Marilyn P.; WALLACH, Helene S.; RIZZO, Albert S., Springer: New York [u.a.], 189–212.

EHLERS, Anke; CLARK, David M. (2000): *A Cognitive Model of Posttraumatic Stress Disorder*, in: *Behaviour Research and Therapy*, 38, 319–345.

EICHLER, Ulrike; MÜLLNER, Ilse (Hrsg.) (1999): *Sexuelle Gewalt gegen Mädchen und Frauen als Thema der feministischen Theologie*, Chr. Kaiser: Gütersloh.

EILTS, Mitzi N. (1995): *Saving the Family: When is the Covenant Broken?*, in: *Violence against Women and Children: A Christian Theological Sourcebook*, hrsg. von ADAMS, Carol J.; FORTUNE, Marie M., Continuum: New York, 444–450.

ELLIOTT, Ann N.; CARNES, Connie N. (2001): *Reactions of Nonoffending Parents to the Sexual Abuse of Their Child: A Review of the Literature*, in: *Child Maltreatment*, 6, H. 4, 314–331.

ELLIOTT, Diana M. (1994): *The Impact of Christian Faith on the Prevalence and Sequelae of Sexual Abuse*, in: *Journal of Interpersonal Violence*, 9, H. 1, 95–108.

ELLISON, Craig W. (1983): *Spiritual Well-Being: Conceptualization and Measurement*, in: *Journal of Psychology & Theology*, 11, H. 4, 330–340.

ENDERS, Ursula (2015): *Umgang mit Vermutung und Verdacht bei sexuellem Kindesmissbrauch*, in: *Sexueller Missbrauch von Kindern und Jugendlichen: Ein Handbuch zur Prävention und Intervention für Fachkräfte im medizinischen, psychotherapeutischen und pädagogischen Bereich*, hrsg. von FEGERT, Jörg M.; HOFFMANN, Ulrike u.a., Springer: Berlin, Heidelberg, 155–164.

ERICHSEN, John Eric (1866): *On Railway and Other Injuries of the Nervous System*, Walton and Maberly: London.

ESS, Charles (1995): *Reading Adam and Eve: Re-Visions of the Myth of the Woman's Subordination to Man*, in: *Violence against Women and Children: A Christian Theological Sourcebook*, hrsg. von ADAMS, Carol J.; FORTUNE, Marie M., Continuum: New York, 92–120.

EVANGELISCHE KIRCHE IN DEUTSCHLAND (EKD) (2014): *Das Risiko kennen - Vertrauen sichern: Kinder und Jugendliche vor sexualisierter Gewalt schützen: Risikoanalyse in der Arbeit von Kirchengemeinden*.

EVANGELISCHE KIRCHE IN DEUTSCHLAND (EKD) (2014): *Unsagbares sagbar machen. Anregungen zur Bewältigung von Missbrauchserfahrungen insbesondere in evangelischen Kirchengemeinden*.

EVERS, Dirk (2009): *Kein Bildnis machen? Theologische Bemerkungen zur Dynamik von Gottesbildern*, in: *Gottesbilder an der Grenze zwischen Naturwissenschaft und Theologie*, hrsg. von SOUVIGNIER, Georg; LÜKE, Ulrich u.a., Wissenschaftliche Buchgesellschaft: Darmstadt, 9–25.

FALLOT, Roger D.; HECKMAN, Jennifer P. (2005): *Religious/Spiritual Coping Among Women Trauma Survivors With Mental Health and Substance Use Disorders*, in: *The Journal of Behavioral Health Services & Research*, 32, H. 2, 215–226.

FANDER, Monika (2005): *„Mein Gott, mein Gott, warum hast du mich verlassen?" (Mk 15,34): (Kriegs-)Traumatisierung als Thema des Markusevangeliums*, in: *Christologie im Lebensbezug*, hrsg. von MOLTMANN-WENDEL, Elisabeth; KIRCHHOFF, Renate, Vandenhoeck & Ruprecht: Göttingen, 116–156.

FARLEY, Margaret A. (2006): *Just Love: A Framework for Christian Sexual Ethics*, Continuum: New York.

FAULDE, Cornelia (2002): *Wenn frühe Wunden schmerzen: Glaube auf dem Weg zur Traumaheilung*, Matthias Grünewald Verlag: Mainz.

FECHTNER, Kristian (2015): *Diskretes Christentum: Religion und Scham*, Gütersloher Verlagshaus: Gütersloh.

FEINAUER, Leslie; MIDDLETON, Kenneth C.; HILTON, Gil H. (2003): *Existential Well-Being as a Factor in the Adjustment Of Adults Sexually Abused as Children*, in: *The American Journal of Family Therapy*, 31, 201–213.

FELDMEIER, Reinhard (1997): *Nicht Übermacht noch Impotenz: Zum biblischen Ursprung des Allmachtbekenntnisses*, in: *Der Allmächtige: Annäherungen an ein umstrittenes Gottesprädikat*, hrsg. von RITTER, Werner H.; FELDMEIER, Reinhard u.a., 2. Aufl., Vandenhoeck & Ruprecht: Göttingen, 13–42.

FINKELHOR, David; HOTALING, Gerald T.; LEWIS, I. A.; SMITH, Christine (1989): *Sexual Abuse and its Relationship to later Sexual Satisfaction, Marital Status, Religion, and Attitudes*, in: *Journal of Interpersonal Violence*, 4, H. 4, 379–399.

FISCHER, Gottfried; RIEDESSER, Peter (2009): *Lehrbuch der Psychotraumatologie*, 4. Aufl., Reinhardt: München.

FLAHERTY, Sandra M. (1992): *Woman, Why Do You Weep? Spirituality for Survivors of Childhood Sexual Abuse*, Paulist Press: Mahwah.

FOOKEN, Insa (2013): *Resilienz und posttraumatische Reifung*, in: *Posttraumatische Belastungsstörungen*, hrsg. von MAERCKER, Andreas, 4. Aufl., Springer: Berlin [u.a.], 71–94.

FORD, Julian D. (2008): *Somatic Complaints*, in: *The Encyclopedia of Psychological Trauma*, hrsg. von REYES, Gilbert; ELHAI, Jon D.; FORD, Julian D., Wiley: Hoboken, 612–619.

FORD, Julian D.; GRASSO, Damion J.; ELHAI, Jon D.; COURTOIS, Christine A. (2015): *Posttraumatic Stress Disorder*, 2. Aufl., Elsevier: Amsterdam [u.a.].
FORTUNE, Marie M. (1983): *Sexual Violence: The unmentionable Sin*, The Pilgrim Press: New York.
FORTUNE, Marie M. (1987): *Confidentiality and Mandatory Reporting: A Clergy Dilemma?*, in: *Sexual Assault and Abuse: A Handbook for Clergy and Religious Professionals*, hrsg. von PELLAUER, Mary D.; CHESTER, Barbara; BOYAJIAN, Jane A., Harper & Row: San Francisco, 198–205.
FORTUNE, Marie M. (1987): *Keeping the Faith: Questions and Answers for the Abused Woman*, Harper & Row: San Francisco [u.a.].
FORTUNE, Marie M. (1995): *Forgiveness: The Last Step*, in: *Violence against Women and Children: A Christian Theological Sourcebook*, hrsg. von ADAMS, Carol J.; FORTUNE, Marie M., Continuum: New York, 201–206.
FORTUNE, Marie M. (1995): *Is Nothing Sacred? The Betrayal of the Ministerial or Teaching Relationship*, in: *Violence against Women and Children: A Christian Theological Sourcebook*, hrsg. von ADAMS, Carol J.; FORTUNE, Marie M., Continuum: New York, 351–360.
FORTUNE, Marie M. (1995): *The Transformation of Suffering: A Biblical and Theological Perspective*, in: *Violence against Women and Children: A Christian Theological Sourcebook*, hrsg. von ADAMS, Carol J.; FORTUNE, Marie M., Continuum: New York, 85–91.
FORTUNE, Marie M. (2005): *Sexual Violence: The Sin Revisited*, The Pilgrim Press: Cleveland.
FOWLER, Dawnovise N.; HILL, Hope M. (2004): *Social Support and Spirituality as Culturally Relevant Factors in Coping Among African American Women Survivors of Partner Abuse*, in: *Violence Against Women*, 10, H. 11, 1267–1282.
FOWLER, Dawnovise; ROUNTREE, Michele (2010): *Exploring the Meaning and Role of Spirituality for Women Survivors of Intimate Partner Abuse*, in: *Journal of Pastoral Care & Counseling (Online)*, 64, H. 2, 1–13.
FOX, Kenneth R (1999): *The Influence of Physical Activity on Mental Well-Being*, in: *Public health nutrition*, 2, H. 3a, 411–418.
FRANKL, Viktor E. (1985): *Der Mensch vor der Frage nach dem Sinn*, 4. Aufl., Piper: München [u.a.].
FRANKL, Viktor E. (2014): *… trotzdem Ja zum Leben sagen: Ein Psychologe erlebt das Konzentrationslager*, 6. Aufl., Kösel: München.
FRAUENFELDER, Arnold (2002): *Neuinszenierungen der Traumen: Von der Macht des Wiederholungszwangs*, in: *Recht & Psychiatrie*, 20, H. 4, 215–223.
FRAWLEY-O'DEA, Mary G. (2015): *God Images in Clinical Work with Sexual Abuse Survivors: A Relational Psychodynamic Paradigm*, in: *Spiritually Oriented Psychotherapy for Trauma*, hrsg. von WALKER, Donald F.; COURTOIS, Christine A.; ATEN, James D., American Psychological Association: Washington D.C., 169–188.
FREUD, Sigmund (1886): *Zur Ätiologie der Hysterie*, in: *Gesammelte Werke Band 1*, hrsg. von FREUD, Anna; BIBRING, Edward u.a., 2. Aufl., Fischer: Frankfurt am Main 1964, 404–438.
FREUD, Sigmund (1986): *Briefe an Wilhelm Fließ, 1887–1904*, Fischer: Frankfurt am Main.
FREY, Jörg (2012): *Probleme der Deutung des Todes Jesu in der neutestamentlichen Wissenschaft*, in: *Deutungen des Todes Jesu im Neuen Testament*, hrsg. von FREY, Jörg; SCHRÖTER, Jens, 2. Aufl., Mohr Siebeck: Tübingen, 3–50.
FREY, Jörg; SCHRÖTER, Jens (Hrsg.) (2012): *Deutungen des Todes Jesu im Neuen Testament*, 2. Aufl., Mohr Siebeck: Tübingen.
FREYBERGER, Harald J.; STIEGLITZ, Rolf-Dieter (2015): *Die Posttraumatische Belastungsstörung und die Anpassungsstörungen in der ICD-10 und im DSM-IV bzw. DSM-5*, in: *Handbuch der Psychotraumatologie*, hrsg. von SEIDLER, Günter H.; FREYBERGER, Harald J.; MAERCKER, Andreas, 2. Aufl., Klett-Cotta: Stuttgart, 160–168.
FREYBERGER, Hellmuth; GLAESNER, Heide; KUWERT, Philipp; FREYBERGER, Harald J. (2015): *Transgenerationale Traumatransmission (am Beispiel der Überlebenden des Holocaust)*, in:

Handbuch der Psychotraumatologie, hrsg. von SEIDLER, Günter H.; FREYBERGER, Harald J.; MAERCKER, Andreas, 2. Aufl., Klett-Cotta: Stuttgart, 93-107.

GAHLEITNER, Silke-Birgitta (2003): *Geschlechtsspezifische Aspekte sexueller Gewalterfahrung*, in: *Frauen und Gewalt: Interdisziplinäre Untersuchungen zu geschlechtsgebundener Gewalt in Theorie und Praxis*, hrsg. von HILBIG, Antje; KAJATIN, Claudia; MIETHE, Ingrid, Königshausen & Neumann: Würzburg.

GALEA, Michael; CIARROCCHI, Joseph W.; PIEDMONT, Ralph L.; WICKS, Robert J. (2007): *Child Abuse, Personality, and Spirituality as Predictors of Happiness in Maltese College Students*, in: *Research in the Social Scientific Study of Religion*, 18, H. 1, 141-154.

GALL, Terry; BASQUE, Viola; DAMASCENO-SCOTT, Marizete; VARDY, Gerard (2007): *Spirituality and the Current Adjustment of Adult Survivors of Childhood Sexual Abuse*, in: *Journal for the Scientific Study of Religion*, 46, H. 1, 101-117.

GALL, Terry Lynn (2006): *Spirituality and Coping with Life Stress Among Adult Survivors of Childhood Sexual Abuse*, in: *Child Abuse & Neglect*, 30, 829-844.

GALTUNG, Johann (1975): *Strukturelle Gewalt. Beiträge zur Friedens- und Konfliktforschung*, Rohwohlt: Reinbek.

GANZEVOORT, R. Ruard (2001): *Religion in Rewriting the Story: Case Study of a Sexually Abused Man*, in: *International Journal for the Psychology of Religion*, 11, H. 1, 45-62.

GANZEVOORT, R. Ruard (2002): *Common Themes and Structures in Male Victims' Stories of Religion and Sexual Abuse*, in: *Mental Health, Religion & Culture*, 4, H. 3, 313-325.

GAST, Ursula; MARKERT, Elisabeth C.; ONNASCH, Klaus; SCHOLLAS, Thomas (2009): *Trauma und Trauer: Impulse aus christlicher Spiritualität und Neurobiologie*, Klett-Cotta: Stuttgart.

GELLES, Richard J. (2017): *Intimate Violence and Abuse in Families*, 4. Aufl., Oxford University Press: New York.

GEMOLL (2006): *Griechisch-deutsches Schul- und Handwörterbuch*, 10. Aufl., Oldenbourg Schulbuchverlag: München.

GENIA, Vicky (1997): *The Spiritual Experience Index: Revision and Reformulation*, in: *Review of Religious Research*, 38, H. 4, 344-361.

GERKIN, Charles V. (1984): *The Living Human Document: Revisioning Pastoral Counseling in a Hermeneutical Mode*, Abingdon Press: Nashville.

GESENIUS (2013): *Hebräisches und Aramäisches Handwörterbuch über das Alte Testament*, 18. Aufl., Springer: Heidelberg [u.a.].

GILLUM, Tameka L.; SULLIVAN, Cris M.; BYBEE, Deborah I. (2006): *The Importance of Spirituality in the Lives of Domestic Violence Survivors*, in: *Violence Against Women*, 12, H. 3, 240-250.

GNANADASON, Aruna (1993): *Die Zeit des Schweigens ist vorbei: Kirche und Gewalt gegen Frauen*, Edition Exodus: Luzern.

GODENZI, Alberto (1996): *Gewalt im sozialen Nahraum*, 3. Aufl., Helbing & Lichtenhahn: Basel, Frankfurt am Main.

GOERTZ, Stephan; ULONSKA, Herbert (2010): *Sexuelle Gewalt: Fragen an Kirche und Theologie*, LIT Verlag: Münster [u.a.].

GÖRGEN, Arno; GRIEMMERT, Maria; KESSLER, Sebastian (2015): *Sexueller Missbrauch und Kinderschutz – Perspektiven im Wandel*, in: *Sexueller Missbrauch von Kindern und Jugendlichen: Ein Handbuch zur Prävention und Intervention für Fachkräfte im medizinischen, psychotherapeutischen und pädagogischen Bereich*, hrsg. von FEGERT, Jörg M.; HOFFMANN, Ulrike u.a., Springer: Berlin, Heidelberg, 27-40.

GÖRGEN, Thomas (2009): *„Sicherer Hafen" oder „gefahrvolle Zone"? Kriminalitäts- und Gewalterfahrungen im Leben alter Menschen*, Bundesministerium für Familie, Senioren, Frauen und Jugend.

GÖRGEN, Thomas; KREUZER, Arthur; NÄGELE, Barbara; KRAUSE, Sabine (2003): *Gewalt gegen Ältere im persönlichen Nahraum: Wissenschaftliche Begleitung und Evaluation eines Modellprojekts*, Kohlhammer: Stuttgart [u.a.].
GRABE, Hans J. (2015): *Genetik der Posttraumatischen Belastungsstörung*, in: *Handbuch der Psychotraumatologie*, hrsg. von SEIDLER, Günter H.; FREYBERGER, Harald J.; MAERCKER, Andreas, 2. Aufl., Klett-Cotta: Stuttgart, 84–92.
GRETHLEIN, Christian (2016): *Praktische Theologie*, 2. Aufl., De Gruyter: Berlin [u.a.].
GRIFFIN, Susan (1979): *Rape and the Power of Consciousness*, Harper & Row: New York.
GROSSHANS, Hans-Peter; SELDERHUIS, Herman J.; DÖLECKE, Alexander; SCHLEIFF, Matthias (Hrsg.) (2017): *Schuld und Vergebung: Festschrift für Michael Beintker zum 70. Geburtstag*, Mohr Siebeck: Tübingen.
GROSSMAN, Frances K.; SORSOLI, Lynn; KIA-KEATING, Maryam (2006): *A Gale Force Wind: Meaning Making by Male Survivors of Childhood Sexual Abuse*, in: *American Journal of Orthopsychiatry*, 76, H. 4, 434–443.
GUTMANN, Hans-Martin (2009): *Gewaltunterbrechung: Warum Religion Gewalt nicht hervorbringt, sondern bindet. Ein Einspruch*, Gütersloher Verlagshaus: Gütersloh.
GUZMAN, Dora B.; HOWELL, Brittany; SANCHEZ, Mar (2016): *Early Life Stress and Development: Preclinical Science*, in: *Posttraumatic Stress Disorder: From Neurobiology to Treatment*, hrsg. von BREMNER, J. Douglas, Wiley: Hoboken, 61–80.
HAGEMANN-WHITE, Carol (2016): *Grundbegriffe und Fragen der Ethik bei der Forschung über Gewalt im Geschlechterverhältnis*, in: *Forschungsmanual Gewalt*, hrsg. von HELFFERICH, Cornelia; KAVEMANN, Barbara; KINDLER, Heinz, Springer VS: Wiesbaden, 13–31.
HALAY-WITTE, Mary; JANSSEN, Bettina (Hrsg.) (2016): *Schweigebruch: Vom sexuellen Missbrauch zur institutionellen Prävention*, Herder: Freiburg [u.a.].
HALL, Terese A. (1995): *Spiritual Effects of Childhood Sexual Abuse in Adult Christian Women*, in: *Journal of Psychology and Theology*, 23, H. 2, 129–134.
HAMEL, John (2013): *Häusliche Gewalt: Eine geschlechtsspezifische Auffassung*, in: *Handbuch: Familiäre Gewalt im Fokus: Fakten, Behandlungsmodelle, Prävention*, hrsg. von HAMEL, John; NICHOLLS, Tonia L., Ikaru-Verlag: Frankfurt am Main, 35–62.
HANSWILLE, Reinert (2015): *Trauma und Systemische Therapie*, in: *Handbuch der Psychotraumatologie*, hrsg. von SEIDLER, Günter H.; FREYBERGER, Harald J.; MAERCKER, Andreas, 2. Aufl., Klett-Cotta: Stuttgart, 150–159.
HARDMEIER, Ursula (2003): *Gewalt gegen Frauen: Ein Thema in Theologie und Kirche*, in: *Frauen und Gewalt: Interdisziplinäre Untersuchungen zu geschlechtsgebundener Gewalt in Theorie und Praxis*, hrsg. von HILBIG, Antje; KAJATIN, Claudia; MIETHE, Ingrid, Königshausen & Neumann: Würzburg.
HÄRLE, Wilfried (2010): *Würde: Groß vom Menschen denken*, Diedrichs Verlag: München.
HARRIS, J. Irene; ERBES, Christopher R.; WINSKOWSKI, Ann Marie; ENGDAHL, Brian E.; NGUYEN, Xuan V. (2014): *Social Support as a Mediator in the Relationship Between Religious Comforts and Strains and Trauma Symptoms*, in: *Psychology of Religion and Spirituality*, 6, H. 3, 223–229.
HARTENSTEIN, Friedhelm (2017): *Die bleibende Bedeutung des Alten Testaments. Studien zur Relevanz des ersten Kanonteils für Theologie und Kirche*, Vandenhoeck & Ruprecht: Göttingen.
HASLBECK, Barbara (2007): *Sexueller Missbrauch und Religiosität: Wenn Frauen das Schweigen brechen: eine empirische Studie*, LIT Verlag: Berlin [u.a.].
HASLBECK, Barbara (2010): *Der Stachel der Opfer: Zum kirchlichen Umgang mit Opfern sexualisierter Gewalt*, in: *Sexuelle Gewalt: Fragen an Kirche und Theologie*, hrsg. von GOERTZ, Stephan; ULONSKA, Herbert, LIT Verlag: Münster [u.a.], 83–92.
HASLBECK, Barbara; KERSTNER, Erika (2016): *„Es dauerte mehr als 10 Jahre, bis ich einen Seelsorger fand, der mir zuhörte": Was Menschen mit Missbrauchserfahrung in der Kirche erleben*, in: *Pastoraltheologische Informationen*, 36, H. 1, 75–83.

HASSIJA, Christina M.; TURCHIK, Jessica A. (2016): *An Examination of Disclosure, Mental Health Treatment Use, and Posttraumatic Growth Among College Women Who Experienced Sexual Victimization*, in: *Journal Of Loss And Trauma*, 21, H. 2, 124-136.

HAUPT-SCHERER, Sabine; SCHERER, Uwe (2011): *Einen Schritt voran folgen: Psychotraumatologische Grundlagen und konzeptionelle Überlegungen zu einer traumazentrierten Seelsorge*, in: *Wege zum Menschen*, 63, H. 6, 561-571.

HÄUSER, Winfried; SCHMUTZER, Gabriele; BRÄHLER, Elmar; GLAESMER, Heide (2011): *Misshandlungen in Kindheit und Jugend*, in: *Deutsches Ärzteblatt*, 108, 287-294.

HEITMEYER, Wilhelm; HAGAN, John (2002): *Gewalt: Zu den Schwierigkeiten einer systematischen internationalen Bestandsaufnahme*, in: *Internationales Handbuch der Gewaltforschung*, hrsg. von HEITMEYER, Wilhelm; HAGAN, John, Westdeutscher Verlag: Wiesbaden, 15-25.

HELFFERICH, Cornelia; KAVEMANN, Barbara; KINDLER, Heinz (2016): *Einleitung*, in: *Forschungsmanual Gewalt*, hrsg. von HELFFERICH, Cornelia; KAVEMANN, Barbara; KINDLER, Heinz, Springer VS: Wiesbaden, 1-12.

HELLMANN, Deborah F. (2014): *Repräsentativbefragung zu Viktimisierungserfahrungen in Deutschland*, Kriminologisches Forschungsinstitut Niedersachsen: Hannover.

HEMBREE, Elizabeth A.; ROTHBAUM, Barbara O.; FOA, Edna B. (2013): *Expositionsfokussierte Therapie der posttraumatischen Belastungsstörung*, in: *Posttraumatische Belastungsstörungen*, hrsg. von MAERCKER, Andreas, 4. Aufl., Springer: Berlin [u.a.], 224-237.

HENDERSON, J. Frank (2006): *Abuse of Children: A Liturgy of Lament*, in: *Journal of Religion & Abuse*, 8, H. 1, 27-30.

HENDRON, Jill A.; IRVING, Pauline; TAYLOR, Brian (2012): *The Unseen Cost: A Discussion of the Secondary Traumatization Experience of Clergy*, in: *Pastoral Psychology*, 61, H. 2, 221-231.

HERMAN, Judith L. (1993): *Die Narben der Gewalt: Traumatische Erfahrungen verstehen und überwinden*, Kindler: München.

HERMANNI, Friedrich (2002): *Das Böse und die Theodizee: Eine philosophisch-theologische Grundlegung*, Chr. Kaiser/Gütersloher Verlagshaus: Gütersloh.

HERMS, Eilert (2017): *Systematische Theologie: Das Wesen des Christentums: In Wahrheit und aus Gnade leben. Band 2*, Mohr Siebeck: Tübingen.

HIEKE, Thomas (2000): *Schweigen wäre gotteslästerlich: Klagegebete - Auswege aus dem verzweifelten Verstummen*, in: *Schweigen wäre gotteslästerlich: Die heilende Kraft der Klage*, hrsg. von STEINS, Georg, Echter: Würzburg, 45-68.

HILL, Peter C.; PARGAMENT, Kenneth I. (2003): *Advances in the Conceptualization and Measurement of Religion and Spirituality: Implications for Physical and Mental Health Research*, in: *American Psychologist*, 58, H. 1, 64-74.

HINTERHUBER, Hartmann; BOSCHKI, Reinhold (Hrsg.) (2006): *Der Mensch in seiner Klage: Anmerkungen aus Theologie und Psychiatrie*, Tyrolia: Innsbruck [u.a.].

HIPOLITO, Edgar; SAMUELS-DENNIS, Joan A.; SHANMUGANANDAPALA, Babitha; MADDOUX, John; PAULSON, Rene; SAUGH, Daniel u.a. (2014): *Trauma-Informed Care: Accounting for the Interconnected Role of Spirituality and Empowerment in Mental Health Promotion*, in: *Journal of Spirituality in Mental Health*, 16, H. 3, 193-217.

HIRSCH, D. Rolf (2016): *Gewalt gegen alte Menschen*, in: *Bundesgesundheitsblatt*, 59, H. 1, 105-112.

HIRSCH, Mathias (1997): *Schuld und Schuldgefühl: Zur Psychoanalyse von Trauma und Introjekt*, Vandenhoeck & Ruprecht: Göttingen.

HIRSCH, Mathias (2004): *Psychoanalytische Traumatologie: Das Trauma in der Familie*, Schattauer: Stuttgart.

HOFSTEE MILGROM, Janette; SCHOENER, Gary R. (1987): *Responding to Clients Who Have Been Sexually Exploited by Counselors, Therapists, and Clergy*, in: *Sexual Assault and Abuse: A Handbook for Clergy and Religious Professionals*, hrsg. von PELLAUER, Mary D.; CHESTER, Barbara; BOYAJIAN, Jane A., Harper & Row: San Francisco, 209-216.

HOROWITZ, Mardi J. (2013): *Persönlichkeitsstile und Belastungsfolgen*, in: *Posttraumatische Belastungsstörungen*, hrsg. von MAERCKER, Andreas, 4. Aufl., Springer: Berlin [u.a.], 259-280.

HUBER, Michaela (2003): *Wege der Traumabehandlung: Trauma und Traumabehandlung Teil 2*, 5. Aufl., Junfermann Verlag: Paderborn.

HUBER, Michaela (2010): *Multiple Persönlichkeiten: Seelische Zersplitterung nach Gewalt*, Jungfermann Verlag: Paderborn.

HUBER, Wolfgang (1992): *Art. Menschenrechte/Menschenwürde*, in: *TRE 22*, De Gruyter: Berlin [u.a.], 577-593.

HUMPHREY, Caroline (2015): *Evil, Child Abuse and the Caring Professions*, in: *Journal of Religion and Health*, 54, H. 5, 1660-1671.

IMBENS, Annie; JONKER, Ineke (1992): *Christianity and Incest*, Fortress Press: Minneapolis.

IMBENS-FRANSEN, Annie (1997): *Befreiende Gottesbilder für Frauen: Damit frühe Wunden heilen*, Kösel Verlag: München.

IMBUSCH, Peter (2002): *Der Gewaltbegriff*, in: *Internationales Handbuch der Gewaltforschung*, hrsg. von HEITMEYER, Wilhelm; HAGAN, John, Westdeutscher Verlag: Wiesbaden, 26-57.

IVERSON, Katherine; RESICK, Patricia A. (2013): *Kognitive Verarbeitungstherapie für Opfer sexuellen Missbrauchs und anderer Traumata*, in: *Posttraumatische Belastungsstörungen*, hrsg. von MAERCKER, Andreas, 4. Aufl., Springer: Berlin [u.a.], 419-440.

JANET, Pierre (1889): *L'Automatisme psychologique*, Librairie Félix Alcan: Paris.

JANOWSKI, Bernd (2014): *Ein Gott, der straft und tötet? Zwölf Fragen zum Gottesbild des Alten Testaments*, 2. Aufl., Neukirchener Verlagsgesellschaft: Neukirchen-Vluyn.

JASCHKE, Helmut (2013): *Du schlägst mit dem Stock, aber rettest sein Leben!: Die religiösen Wurzeln kindlichen Missbrauchs und die Folgen*, Wagner Verlag: Gelnhausen.

JEFFREY, Alexander [2004]: *Toward a Theory of Cultural Trauma*, in: *Cultural Trauma and Collective Identity*, hrsg. von ALEXANDER, Jeffrey C.; EYERMAN, Alexander R. u.a., University of California Press: Berkeley, 1-30.

JEGODTKA, Renate (2016): *Sekundäre Traumatisierung. Existentielle Berührung und Selbstfürsorge in pädagogischen Arbeitsfeldern*, in: *Handbuch Traumapädagogik*, hrsg. von WEIß, Wilma; KESSLER, Tanja; GAHLEITNER, Silke B., Beltz: Weinheim [u.a.], 139-151.

JENSEN, Susanne; BAUMANN-LERCH, Eva (2015): *Gott will im Dunkel wohnen*, in: *Publik-Forum*, H. 6, 26-30.

JOHNSON, Andy J. (Hrsg.) (2015): *Religion and Men's Violence Against Women*, Springer: New York [u.a.].

JOHNSON, Sharon D.; WILLIAMS, Sha-Lai L.; PICKARD, Joseph G. (2016): *Trauma, Religion, and Social Support Among African American Women*, in: *Social Work & Christianity*, 43, H. 1, 60-73.

JUD, Andreas (2015): *Sexueller Kindesmissbrauch: Begriffe, Definitionen und Häufigkeiten*, in: *Sexueller Missbrauch von Kindern und Jugendlichen: Ein Handbuch zur Prävention und Intervention für Fachkräfte im medizinischen, psychotherapeutischen und pädagogischen Bereich*, hrsg. von FEGERT, Jörg M.; HOFFMANN, Ulrike u.a., Springer: Berlin, Heidelberg, 41-50.

JUNGBAUER, Harry (2002): *„Ehre Vater und Mutter": Der Weg des Elterngebots in der biblischen Tradition*, Mohr Siebeck: Tübingen.

KANE, Donna; CHESTON, Sharon E.; GREER, Joanne (1993): *Perceptions of God by Survivors of Childhood Sexual Abuse: An Exploratory Study in an Underresearched Area*, in: *Journal of Psychology and Theology*, 21, H. 3, 228-237.

KARDINER, Abram (1977): *My Analysis with Freud: Reminiscences*, Norton: New York.

KARLE, Isolde (2014): *Liebe in der Moderne: Körperlichkeit, Sexualität und Ehe*, Gütersloher Verlagshaus: Gütersloh.

KAST, Verena (2013): *Freude, Inspiration, Hoffnung*, 6. Aufl., Patmos-Verlag: Ostfildern.

KEMPE, C. Henry; SILVERMAN, Frederic N.; STEELE, Brandt F.; DROEGEMUELLER, William; SILVER, Henry K. (1962): *The Battered-Child Syndrome*, in: *Journal of the American Medical Association*, H. 181, 17–24.

KENNEDY, Paul; DREBING, Charles E. (2002): *Abuse and Religious Experience: A Study of Religiously Committed Evangelical Adults*, in: *Mental Health, Religion & Culture*, 5, H. 3, 225–237.

KERSTNER, Erika; HASLBECK, Barbara; BUSCHMANN, Annette (2016): *Damit der Boden wieder trägt: Seelsorge nach sexuellem Missbrauch*, Schwabenverlag: Ostfildern.

KERSTNER, Erika (2019): *Sexueller Missbrauch und christlicher Glaube: Auf der Suche nach Beheimatung*, in: *P & S. Magazin für Psychotherapie und Seelsorge*, H 1, 10–13.

KICK, Andreas; DIETZ, Günther (Hrsg.) (2010): *Trauma und Versöhnung: Heilungswege in Psychotherapie, Kunst und Religion*, LIT Verlag: Berlin [u.a.].

KIM, Jungmeen; MCCULLOUGH, Michael E.; CICCHETTI, Dante (2009): *Parents' and Children's Religiosity and Child Behavioral Adjustment Among Maltreated and Nonmaltreated Children*, in: *Journal of Child and Family Studies*, 18, H. 5, 594–605.

KIRCHENAMT DER EKD (2000): *Gewalt gegen Frauen als Thema der Kirche: Ein Bericht in zwei Teilen*, Gütersloher Verlagshaus: Gütersloh.

KIRCHENAMT DER EKD (2009): *Kirchengesetz zum Schutz des Seelsorgegeheimnisses (Seelsorgegeheimnisgesetz – SeelGG)*, in: *Amtsblatt der Evangelischen Kirche in Deutschland*, H. 12, 352–353.

KIRCHENAMT DER EKD (2012): *Hinschauen – Helfen – Handeln. Hinweise für den Umgang mit Verletzungen der sexuellen Selbstbestimmung durch beruflich und ehrenamtlich Mitarbeitende im kirchlichen Dienst.*

KIRCHENAMT DER EKD (2013): *Zwischen Autonomie und Angewiesenheit: Familie als verlässliche Gemeinschaft stärken*, Gütersloher Verlagshaus: Gütersloh.

KIRSCH, Anke; MICHAEL, Tanja; LASS-HENNEMANN, Johanna (2015): *Trauma und Gedächtnis*, in: *Handbuch der Psychotraumatologie*, hrsg. von SEIDLER, Günter H.; FREYBERGER, Harald J.; MAERCKER, Andreas, 2. Aufl., Klett-Cotta: Stuttgart, 15–21.

KIRSCHT, Ralph (2014): *Der Emmaus-Weg: Trauma-Heilung in der Emmauserzählung (Lukas 24,13-35) und das Modell einer Spirituellen Traumafolgen-Therapie*, Uthlande-Verlag: Nordstrand.

KLEINMANN, Arthur; SUNG, Lilias H. (1979): *Why Do Indigenous Practitioners Successfully Heal?*, in: *Social Science and Medicine*, 13B, 7–26.

KLESSMANN, Michael (2004): *Pastoralpsychologie: Ein Lehrbuch*, 2. Aufl., Neukirchener Verlagsgesellschaft: Neukirchen-Vluyn.

KLESSMANN, Michael (2011): *Religion und Gesundheit*, in: *Pastoralpsychologie und Religionpsychologie im Dialog*, hrsg. von NOTH, Isabelle; MORGENTHALER, Christoph; GREIDER, Kathleen J., Kohlhammer: Stuttgart, 28–40.

KLESSMANN, Michael (2015): *Seelsorge: Begleitung, Begegnung, Lebensdeutung im Horizont des christlichen Glaubens: Ein Lehrbuch*, 5. Aufl., Neukirchener Verlag: Neukirchen-Vluyn.

KNAPIK, Gregory P.; MARTSOLF, Donna S.; DRAUCKER, Claire B. (2008): *Being Delivered: Spirituality in Survivors of Sexual Violence*, in: *Issues in Mental Health Nursing*, 29, H. 4, 335–350.

KRAUSE, Neal; HAYWARD, R. David (2012): *Humility, Lifetime Trauma, and Change in Religious Doubt Among Older Adults*, in: *Journal of Religion and Health*, 51, H. 4, 1002–1016.

KREINER, Armin (2005): *Gott im Leid: Zur Stichhaltigkeit der Theodizee Argumente*, 3. Aufl., Herder: Freiburg [u.a.].

KREJCI, Mark J.; THOMPSON, Kevin M.; SIMONICH, Heather; CROSBY, Ross D.; DONALDSON, Mary Ann; WONDERLICH, Stephen A. u.a. (2004): *Sexual Trauma, Spirituality, and Psychopathology*, in: *Journal of Child Sexual Abuse*, 13, H. 2, 85–103.

KRUTZENBICHLER, Sebastian (2004): *Sexueller Missbrauch als Thema der Psychoanalyse von Freud bis zur Gegenwart*, in: *Sexueller Missbrauch, Misshandlung, Vernachlässigung: Erkennung, Therapie und Prävention der Folgen früher Stresserfahrungen*, hrsg. von EGLE, Ulrich T.; HOFFMANN, Sven O.; JORASCHKY, Peter, 3. Aufl., Schattauer: Stuttgart [u.a.], 170–179.

KUHLE, Laura F.; GRUNDMANN, Dorit; BEIER, Klaus M (2015): *Sexueller Missbrauch von Kindern: Ursachen und Verursacher*, in: *Sexueller Missbrauch von Kindern und Jugendlichen: Ein Handbuch zur Prävention und Intervention für Fachkräfte im medizinischen, psychotherapeutischen und pädagogischen Bereich*, hrsg. von FEGERT, Jörg M.; HOFFMANN, Ulrike u.a., Springer: Berlin, Heidelberg, 109–130.

KUWERT, Philipp; KNAEVELSRUD, Christine (2013): *Gerontopsychotraumatologie*, in: *Posttraumatische Belastungsstörungen*, hrsg. von MAERCKER, Andreas, 4. Aufl., Springer: Berlin [u.a.], 455–468.

LADENBURGER, Petra; LÖRSCH, Martina; ENDERS, Ursula; BANGE, Dirk (2014): *Schlussbericht der unabhängigen Kommission zur Aufarbeitung von Missbrauchsfällen im Gebiet der ehemaligen Nordelbischen Evangelisch-Lutherischen Kirche, heute Evangelisch-Lutherische Kirche in Norddeutschland*: Hamburg.

LAMMER, Kerstin (2009): *Kalter Schweiß auf dem Rücken: Seelsorge nach traumatischen Ereignissen*, in: *Deutsches Pfarrerblatt*, 109, H. 4, 179–183.

LAMMER, Kerstin (2012): *Beratung mit religiöser Kompetenz: Beiträge zu pastoralpsychologischer Seelsorge und Supervision*, Neukirchener Verlagsgesellschaft: Neukirchen-Vluyn.

LAMMER, Kerstin (2015): *Wer ist zur Seelsorge beauftragt?: Akteure/Akteurinnen und Qualifikationsstufen*, in: *Menschen stärken: Seelsorge in der evangelischen Kirche*, hrsg. von LAMMER, Kerstin; BORCK, Sebastian u.a., Gütersloher Verlagshaus: Gütersloh, 73–79.

LAMMER, Kerstin; BORCK, Sebastian; HABENICHT, Ingo; ROSER, Traugott (Hrsg.) (2015): *Menschen stärken: Seelsorge in der evangelischen Kirche*, Gütersloher Verlagshaus: Gütersloh.

LAMNEK, Siegfried; LUEDTKE, Jens; OTTERMANN, Ralf; VOGL, Susanne (2012): *Tatort Familie: Häusliche Gewalt im gesellschaftlichen Kontext*, 3. Aufl., Springer VS: Wiesbaden.

LANDESKIRCHENAMT DER EVANGELISCH-LUTHERISCHEN LANDESKIRCHE HANNOVERS (2012): *Prävention Sexualisierter Gewalt: Theologische Beiträge zur Diskussion*.

LAWSON, Ronald; DREBING, Charles; BERG, Gary; VINCELLETTE, Aime; PENK, Walter (1998): *The Long Term Impact of Child Abuse on Religious Behaviour and Spirituality in Men*, in: *Child Abuse & Neglect*, 22, H. 5, 369–380.

LEEHAN, James (1989): *Pastoral Care for Survivors of Family Abuse*, Westminster John Knox Press: Louisville.

LEEHAN, James (1993): *Defiant Hope: Spirituality for Survivors of Family Abuse*, Westminster John Knox Press: Louisville.

LEHNER-HARTMANN, Andrea (2002): *Wider das Schweigen und Vergessen: Gewalt in der Familie: Sozialwissenschaftliche Erkenntnisse und praktisch-theologische Reflexionen*, Tyrolia-Verlag: Innsbruck [u.a.].

LEMKE, Helga; THÜRNAU, Wilhelm (2016): *Personenzentrierte Psychotherapie und Seelsorge*, in: *Handbuch der Seelsorge*, hrsg. von ENGEMANN, Winfried, 3. Aufl., Evangelische Verlagsanstalt: Leipzig, 330–346.

LEVENDOSKY, Alytia A.; BOGAT, G. Anne; HUTH-BOOKS, Alissa C. (2011): *The Influence of Domestic Violence on the Development of the Attachment Relationship between Mother and young Child*, in: *Psychoanalytic Psychology*, 28, H. 4, 512–527.

LEVINE, Peter (2010): *In an Unspoken Voice: How the Body Releases Trauma and Restores Goodness*, North Atlantic Books: Berkeley.

LEWIS, Alan E. (2001): *Between Cross and Resurrection: A Theology of Holy Saturday*, Eerdmans Publishing: Grand Rapids.

LINK, Christian (2016): *Theodizee: Eine theologische Herausforderung*, Vandenhoeck & Ruprecht: Göttingen.

LUPIEN, Sonia J.; MCEWEN, Bruce S.; GUNNAR, Megan R.; HEIM, Christine (2009): *Effects of Stress Throughout the Lifespan on the Brain, Behaviour and Cognition*, in: Nature Reviews Neuroscience, 10, H. 6, 434–445.

LUTHER, Martin (2014): *Großer Katechismus (bearbeitet von Robert Kolb)*, in: Die Bekenntnisschriften der Evangelisch-Lutherischen Kirche: Vollständige Neuedition, hrsg. von DINGEL, Irene, Vandenhoeck und Ruprecht: Göttingen, 912–1164.

MACDONALD, Lesley (1998): *Jetzt schweigen die Frauen nicht mehr: Die Antwort der Kirche auf männliche Gewalt gegen Frauen*, in: Reformierte Kirchenzeitung, 139, H. 2, 65–71.

MAERCKER, Andreas (2013): *Besonderheiten bei der Behandlung und Selbstfürsorge für Traumatherapeuten*, in: Posttraumatische Belastungsstörungen, hrsg. von MAERCKER, Andreas, 4. Aufl., Springer: Berlin [u.a.], 159–174.

MAERCKER, Andreas (2013): *Psychologische Modelle*, in: Posttraumatische Belastungsstörungen, hrsg. von MAERCKER, Andreas, 4. Aufl., Springer: Berlin [u.a.], 35–53.

MAERCKER, Andreas (2013): *Symptomatik, Klassifikation und Epidemiologie*, in: Posttraumatische Belastungsstörungen, hrsg. von MAERCKER, Andreas, 4. Aufl., Springer: Berlin [u.a.], 13–34.

MAERCKER, Andreas (2013): *Systematik und Wirksamkeit der Therapiemethoden*, in: Posttraumatische Belastungsstörungen, hrsg. von MAERCKER, Andreas, 4. Aufl., Springer: Berlin [u.a.], 149–158.

MAERCKER, Andreas; HORN, Andrea B. (2013): *A Socio-Interpersonal Perspective on PTSD: The Case for Environments and Interpersonal Processes*, in: Clinical Psychology and Psychotherapy, 20, H. 6, 465–481.

MAERCKER, Andreas; HORN, Andrea B. (2015): *Psychologische Theorien zum Verständnis der Posttraumatischen Belastungsstörung*, in: Handbuch der Psychotraumatologie, hrsg. von SEIDLER, Günter H.; FREYBERGER, Harald J.; MAERCKER, Andreas, 2. Aufl., Klett-Cotta: Stuttgart, 38–49.

MAHLER, Jessie; GRABE, Hans J. (2015): *Traumatisierung und Depression*, in: Handbuch der Psychotraumatologie, hrsg. von SEIDLER, Günter H.; FREYBERGER, Harald J.; MAERCKER, Andreas, 2. Aufl., Klett-Cotta: Stuttgart, 282–292.

MALLEY-MORRISON, Kathleen; HINES, Denise A.; WEST, Doe; TAURIAC, Jesse J.; ARAI, Mizuho (2013): *Häusliche Gewalt in ethnisch-kulturellen Minderheiten*, in: Handbuch: Familiäre Gewalt im Fokus: Fakten, Behandlungsmodelle, Prävention, hrsg. von HAMEL, John; NICHOLLS, Tonia L., Ikaru-Verlag: Frankfurt am Main, 391–414.

MANLOWE, Jennifer L. (1995): *Faith Born of Seduction: Sexual Trauma, Body Image and Religion*, New York University Press: New York [u.a.].

MARQUARDT, Claudia (2015): *Rechtliche Grundlagen zu Kinderrechten, Kindeswohl und Kindeswohlgefährdung*, in: Sexueller Missbrauch von Kindern und Jugendlichen: Ein Handbuch zur Prävention und Intervention für Fachkräfte im medizinischen, psychotherapeutischen und pädagogischen Bereich, hrsg. von FEGERT, Jörg M.; HOFFMANN, Ulrike u.a., Springer: Berlin, Heidelberg, 165–172.

MCGUIRE, Leah A. (2016): *The Epidemiology of Posttraumatic Stress Disorder in Children and Adolescents: a Critical Review*, in: Posttraumatic Stress Disorder: From Neurobiology to Treatment, hrsg. von BREMNER, J. Douglas, Wiley: Hoboken, 27–60.

MENNEL, Hans-Dieter; HOLDORFF, Bernd; BEWERMEYER, Katrin; BEWERMEYER, Heiko (2007): *Hermann Oppenheim und die deutsche Nervenheilkunde zwischen 1870 und 1919*, Schattauer: Stuttgart [u.a.].

MEYER-BLANCK, Michael (2000): *Traumatische Erlebnisse: Theologische Reflexionen*, in: Wege zum Menschen, 52, H. 2, 68–77.

MEYER-BLANCK, Michael (Hrsg.) (2015): *Säkularität und Autorität der Schrift*, Evangelische Verlagsanstalt: Leipzig.

MEYER-WILMES, Hedwig (1983): *Gewalt gegen Frauen - Vergewaltigung*, in: Schlangenbrut, 3, 22–25.

MICHEL, Andreas (2003): *Gott und Gewalt gegen Kinder im Alten Testament* Mohr Siebeck: Tübingen.

MIKULINCER, Mario; SHAVER, Phillip R.; SOLOMON, Zahava (2015): *An Attachment Perspective on Traumatic and Posttraumatic Reactions*, in: *Future Directions in Post-Traumatic Stress Disorder: Prevention, Diagnosis, and Treatment*, hrsg. von SAFIR, Marilyn P.; WALLACH, Helene S.; RIZZO, Albert S., Springer: New York [u.a.], 79–96.

MOLLICA, Richard (2009): *Unsichtbare Wunden heilen: Wie traumatisierte Menschen inneren Frieden finden*, Südwest Verlag: München.

MOOSBACH, Carola (1997): *Gottflamme Du Schöne: Lob- und Klagegebete*, Gütersloher Verlagshaus: Gütersloh.

MOOSBACH, Carola (2000): *Lobet die Eine: Schweige- und Schreigebete*, Matthias Grünewald Verlag: Mainz.

MOOSBACH, Carola (2001): *Himmelsspuren: Gebete durch Jahr und Tag*, Neukirchener Verlagshaus: Neukirchen.

MOOSBACH, Carola (2012): *Bereitet die Wege: Poetische Kommentare zu Bachs geistlichen Kantaten*, Strube Verlag: München.

MORGENTHALER, Christoph (2009): *Seelsorge*, Gütersloher Verlagshaus: Gütersloh.

MOSCHELLA, Mary C. (2016): *Caring for Joy: Narrative, Theology and Practice*, Brill: Leiden [u.a.].

MOSER, Tilmann (2003): *Von der Gottesvergiftung zu einem erträglichen Gott: Psychoanalytische Überlegungen zur Religion*, Kreuz Verlag: Stuttgart.

MÜLLER, Ursula; SCHRÖTTLE, Monika (2004): *Lebenssituation, Sicherheit und Gesundheit von Frauen in Deutschland: Eine repräsentative Untersuchung zu Gewalt gegen Frauen in Deutschland*, Bundesministerium für Familie, Senioren, Frauen und Jugend.

MÜLLER, Wunibald (2010): *Verschwiegene Wunden: Sexuellen Missbrauch in der katholischen Kirche erkennen und verhindern*, Kösel: München.

MÜLLNER, Ilse (2000): *Klagend laut werden: Frauenstimmen im Alten Testament*, in: *Schweigen wäre gotteslästerlich: Die heilende Kraft der Klage*, hrsg. von STEINS, Georg, Echter: Würzburg, 69–86.

MURKEN, Sebastian (1998): *Gottesbeziehung und psychische Gesundheit: Die Entwicklung eines Modells und seine empirische Überprüfung*, Waxmann: Münster [u.a.].

MURRAY-SWANK, Nichole A.; PARGAMENT, Kenneth I. (2005): *God, Where are You?: Evaluating a Spiritually-Integrated Intervention for Sexual Abuse*, in: *Mental Health, Religion & Culture*, 8, H. 3, 191–203.

MÜTING, Christina (2010): *Sexuelle Nötigung; Vergewaltigung (§177 StGB): Reformdiskussion und Gesetzgebung seit 1870*, De Gruyter: Berlin, New York.

NASH, Shondrah Tarrezz; HESTERBERG, Latonya (2009): *Biblical Framings of and Responses to Spousal Violence in the Narratives of Abused Christian Women*, in: *Violence Against Women*, 15, H. 3, 340–361.

NASON-CLARK, Nancy; FISHER-TOWNSEND, Barbara; HOLTMANN, Catherine; MCMULLIN, Stephen (2018): *Religion and Intimate Partner Violence: Understanding the Challenges and Proposing Solutions*, Oxford University Press: New York.

NOLLER, Annette; BRÜCKNER, Susanne (2008): *Handreichung häusliche Gewalt: Interventionsmöglichkeiten in Fällen häuslicher Gewalt in Pfarramt, Diakonat und Religionsunterricht*, Evangelisches Medienhaus im Auftrag des Evangelischen Oberkirchenrates Stuttgart: Stuttgart.

NOTH, Isabelle (2015): *Mythen des seelsorgerlichen Selbstverständnisses*, in: *Schaut hin! Missbrauchsprävention in Seelsorge, Beratung und Kirchen*, hrsg. von NOTH, Isabelle; AFFOLTER, Ueli, Theologischer Verlag Zürich: Zürich, 89–94.

NOTH, Isabelle; AFFOLTER, Ueli (Hrsg.) (2015): *Schaut hin! Missbrauchsprävention in Seelsorge, Beratung und Kirchen*, Theologischer Verlag Zürich: Zürich.

ODENTAHL, Andreas (2011): *Heilsame Liturgie? Die Feier des Gottesdienstes in der Spannung zwischen symbolischer und traumatischer Erfahrung*, in: *Diakonia*, 42, H. 2, 112–118.

OGDEN, Pat (2015): *Sensorimotor Psychotherapy: Interventions for Trauma and Attachment*, W.W. Norton & Company: New York City.

OPPENHEIM, Hermann (1889): *Die traumatischen Neurosen*, Hirschwald: Berlin.

OPPENHEIM, Hermann (1915): *Der Krieg und die traumatischen Neurosen*, Springer-Verlag: Berlin [u.a.].

ORTH, Ulrich; MAERCKER, Andreas (2009): *Posttraumatic Anger in Crime Victims: Directed at the Perpetrator and at the Self*, in: Journal of Traumatic Stress, 22, H. 2, 158–161.

PARGAMENT, Kenneth I. (1997): *The Psychology of Religion and Coping: Theory, Research, Practice*, The Guilford Press: New York.

PARGAMENT, Kenneth I. (2007): *Spiritually Integrated Psychotherapy: Understanding and Addressing the Sacred*, The Guilford Press: New York [u.a.].

PARGAMENT, Kenneth I.; ENSING, David S.; FALGOUT, Kathryn; OLSEN, Hannah; REILLY, Barbara; HAITSMA, Kimberly Van u.a. (1990): *God Help Me: (I): Religious Coping Efforts as Predictors of the Outcomes to Significant Negative Life Events*, in: American Journal of Community Psychology, 18, H. 6, 793–824.

PARGAMENT, Kenneth I.; SMITH, Bruce W.; KOENIG, Harold G.; PEREZ, Lisa (1998): *Patterns of Positive and Negative Religious Coping with Major Life Stressors*, in: Journal for the Scientific Study of Religion, 37, H. 4, 710–724.

PARK, Andrew S. (2004): *From Hurt to Healing: A Theology of the Wounded*, Abingdon Press: Nashville.

PARK, Andrew S. (2009): *Triune Atonement: Christ's Healing for Sinners, Victims and the Whole Creation*, Westminster John Knox Press: Louisville.

PARK, Andrew Sung; NELSON, Susan L. (2001): *The Other Side of Sin: Woundedness from the Perspective of the Sinned-Against*, State University of New York Press: Albany.

PATTON, John (1990): *Is Human Forgiveness Possible?*, Abingdon Press: Nashville.

PAUL, Chris (2010): *Schuld - Macht - Sinn: Arbeitsbuch für die Begleitung von Schuldfragen in Trauerprozessen*, Gütersloher Verlagshaus: Gütersloh.

PENG-KELLER, Simon (2012): *Kommunikation des Vertrauens in der Seelsorge*, in: Kommunikation des Vertrauens, hrsg. von DALFERTH, Ingolf U.; PENG-KELLER, Simon, Evangelische Verlagsgesellschaft: Leipzig, 101–132.

PERNER, Rotraud A. (Hrsg.) (2010): *Missbrauch: Kirche - Täter - Opfer*, LIT Verlag: Münster [u.a.].

PERRY, Bruce D.; SZALAVITZ, Maia (2008): *Der Junge, der wie ein Hund gehalten wurde: Was traumatisierte Kinder uns über Leid, Liebe und Heilung lehren können*, 7. Aufl., Kösel-Verlag: München.

PFEIFER, Samuel (2014): *Traumaverarbeitung und Spiritualität*, in: Psychotherapie und Spiritualität, hrsg. von UTSCH, Michael; BONELLI, Raphael M.; PFEIFER, Samuel, SpringerMedizin: Heidelberg, 165–172.

PIELMAIER, Laura; MAERCKER, Andreas (2015): *Risikofaktoren, Resilienz und posttraumatische Reifung*, in: Handbuch der Psychotraumatologie, hrsg. von SEIDLER, Günter H.; FREYBERGER, Harald J.; MAERCKER, Andreas, 2. Aufl., Klett-Cotta: Stuttgart, 74–83.

POHL-PATALONG, Uta (2005): *Bibliolog: Gemeinsam die Bibel entdecken*, Kohlhammer: Stuttgart.

POHL-PATALONG, Uta (2007): *Seelsorge*, in: Handbuch Praktische Theologie, hrsg. von GRÄB, Wilhelm; WEYEL, Birgit, Gütersloher Verlagshaus: Gütersloh, 675–686.

POLING, James N. (2003): *Understanding Male Violence: Pastoral Care Issues*, Chalice Press: St. Louis.

PONS (2001): *Wörterbuch für Schule und Studium: Lateinisch-Deutsch*, 2. Aufl., Ernst Klett Verlag: Stuttgart [u.a.].

PORGES, Stephen W. (2010): *Die Polyvagal-Theorie: Neurophysiologische Grundlagen der Therapie. Emotionen, Bindung, Kommunikation & ihre Entstehung*, 2. Aufl., Junfermann: Paderborn.

POSER, Ruth (2012): *Das Ezechielbuch als Trauma-Literatur*, Brill: Leiden [u.a.].

H. Literaturverzeichnis

POTTER ENGEL, Mary (1998): *Evil, Sin, and the Violation of the Vulnerable*, in: *Lift Every Voice: Constructing Christian Theologies from the Underside, Revised and Expanded Edition*, hrsg. von BROOKS THISTLETHWAITE, Susan; POTTER ENGEL, Mary, Orbis Books: Maryknoll, 159-171.

POTTER-EFRON, Ronald T. (2013): *Wut, Aggression, häusliche Gewalt und Substanzmissbrauch*, in: *Handbuch: Familiäre Gewalt im Fokus: Fakten, Behandlungsmodelle, Prävention*, hrsg. von HAMEL, John; NICHOLLS, Tonia L., Ikaru-Verlag: Frankfurt am Main, 501-524.

PRITT, Ann F. (1998): *Spiritual Correlates of Reported Sexual Abuse among Mormon Women*, in: *Journal for the Scientific Study of Religion*, 37, H. 2, 273-285.

PROCTER-SMITH, Marjorie (1995): *The Whole Loaf: Holy Communion and Survival*, in: *Violence against Women and Children: A Christian Theological Sourcebook*, hrsg. von ADAMS, Carol J.; FORTUNE, Marie M., Continuum: New York, 464-478.

PUCHERT, Ralf; JUNGNITZ, Ludger; WALTER, Willi; LENZ, Hans-Joachim; PUHE, Henry (2004): *Gewalt gegen Männer in Deutschland. Personale Gewaltwiderfahrnisse von Männern in Deutschland. Pilotstudie im Auftrag des Bundesministeriums für Familie, Senioren, Frauen und Jugend*.

RADHAKRISHNA, Aruna; BOU-SAADA, Ingrid E.; HUNTER, Wanda M.; CATELLIER, Diane J.; KOTCH, Jonathan B. (2001): *Are Father Surrogates a Risk Factor for Child Maltreatment?*, in: *Child Maltreatment*, 6, H. 4, 281-289.

RAMBO, Shelly (2010): *Spirit and Trauma: A Theology of Remaining*, Westminster John Knox Press: Louisville.

RECHBERGER, Uwe (2012): *Von der Klage zum Lob: Studien zum „Stimmungsumschwung" in den Psalmen*, Neukirchener Theologie: Neukirchen-Vluyn.

REDDEMANN, Luise (2013): *Psychodynamisch-imaginative Traumatherapie (PITT)*, in: *Posttraumatische Belastungsstörungen*, hrsg. von MAERCKER, Andreas, 4. Aufl., Springer: Berlin [u.a.], 281-295.

REDDEMANN, Luise (2016): *Imagination als heilsame Kraft*, 19. Aufl., Klett-Cotta: Stuttgart.

REDDEMANN, Luise (2016): *Überlebenskunst: Von Johann Sebastian Bach lernen und Selbstheilungskräfte entwickeln*, 8. Aufl., Klett-Cotta: Stuttgart.

REDDEMANN, Luise (Hrsg.) (2017): *Kontexte von Achtsamkeit in der Psychotherapie*, 2. Aufl., Kohlhammer: Stuttgart.

REESE-SCHNITKER, Annegret (1997): *Gewalt gegen Frauen: Macht und Geschlecht als Instrumente einer feministisch-theologischen Analyse*, LIT Verlag: Münster [u.a.].

REICHENBACH, Claudia Kohli (2012): *Gemeinschaft der Heiligen - heilende Gemeinschaft?: Zur salutogenetischen Funktion kirchlicher Gemeinschaft*, in: *Nachdenkliche Seelsorge - seelsorgerliches Nachdenken: Festschrift für Christoph Morgenthaler zum 65. Geburtstag*, hrsg. von NOTH, Isabelle; KUNZ, Ralph, Vandenhoeck & Ruprecht: Göttingen, 248-259.

REILAND, Sarah; LAUTERBACH, Dean (2008): *Effects of Trauma and Religiosity on Self-Esteem*, in: *Psychological Reports*, 102, H. 3, 779-790.

REINERT, Duane F.; EDWARDS, Carla E. (2009): *Attachment Theory, Childhood Mistreatment, and Religiosity*, in: *Psychology of Religion and Spirituality*, 1, H. 1, 25-34.

REINERT, Duane F.; SMITH, Caroline E. (1997): *Childhood Sexual Abuse and Female Spiritual Development*, in: *Counseling and Values*, 41, H. 3, 235-245.

REINERT, Katia G.; CAMPBELL, Jacquelyn C.; BANDEEN-ROCHE, Karen; LEE, Jerry W.; SZANTON, Sarah (2016): *The Role of Religious Involvement in the Relationship Between Early Trauma and Health Outcomes Among Adult Survivors*, in: *Journal of Child & Adolescent Trauma*, 9, H. 3, 231-241.

RENTZ, Renja (2016): *Schuld in der Seelsorge: Historische Perspektiven und gegenwärtige Praxis*, Kohlhammer: Stuttgart.

REUTER, Wolfgang (2004): *Heilsame Seelsorge: Ein psychoanalytisch orientierter Ansatz von Seelsorge mit psychisch Kranken*, Lit-Verlag: Münster.

RICHTER, Cornelia (Hrsg.) (2017): *Ohnmacht und Angst aushalten: Kritik der Resilienz in Theologie und Philosophie*, Kohlhammer: Stuttgart.

RICHTER-LEVIN, Gal; HOROVITZ, Omer; TSOORY, M. Michael (2015): *The Early Adolescent or „Juvenile Stress" Translational Animal Model of Posttraumatic Stress Disorder*, in: *Future Directions in Post-Traumatic Stress Disorder: Prevention, Diagnosis, and Treatment*, hrsg. von SAFIR, Marilyn P.; WALLACH, Helene S.; RIZZO, Albert S., Springer: New York [u.a.], 65–78.

RIEDESSER, Peter (2009): *Entwicklungspsychopathologie von Kindern mit traumatischen Erfahrungen*, in: *Bindung und Trauma: Risiken und Schutzfaktoren für die Entwicklung von Kindern*, hrsg. von BRISCH, Karl H.; HELLBRÜGGE, Theodor, 3. Aufl., Klett-Cotta: Stuttgart, 160–171.

RITTER, Werner H. (1997): *„Gott der Allmächtige" im religionspädagogischen Kontext: Zur Problematik einer Glaubensaussage*, in: *Der Allmächtige: Annäherungen an ein umstrittenes Gottesprädikat*, hrsg. von RITTER, Werner H.; FELDMEIER, Reinhard u.a., 2. Aufl., Vandenhoeck & Ruprecht: Göttingen, 97–151.

ROBST, John; SMITH, Stacy (2011): *Childhood Sexual Victimization and the Role of Religion in Recovery*, in: *Sexual Abuse: Types, Signs and Treatments*, hrsg. von HYNES, Lauren E., Nova Science Publishers: Hauppauge, 23–42.

ROESSLER, Ingeborg (2007): *Krise, Trauma und Konflikt als Ausgangspunkte der Seelsorge*, in: *Handbuch der Seelsorge: Grundlagen und Profile*, hrsg. von ENGEMANN, Wilfried, Evangelische Verlagsanstalt: Leipzig, 354–376.

ROGERS, Carl R.; SCHMIDT, Peter F. (1991): *Person-zentriert: Grundlagen von Theorie und Praxis*, Matthias-Grünewald-Verlag: Mainz.

ROSENAU, Hartmut (1994): *Art. Natur*, in: *TRE 24*, De Gruyter: Berlin [u.a.], 98–107.

ROSER, Traugott (2017): *Spiritual Care: Der Beitrag von Seelsorge zum Gesundheitswesen*, 2. Aufl., Kohlhammer: Stuttgart.

ROSER, Traugott (in Vorbereitung): *Welche Bedeutung hat die Taufe für die Praxis evangelischer Spiritualität?*, in: *Handbuch Evangelische Spiritualität. Band 3*, hrsg. von ZIMMERLING, Peter, Vandenhoeck & Ruprecht: Göttingen (unveröffentlichtes Manuskript; angekündigt für 2019).

ROSER, Traugott; ZITT, Renate (2006): *Praktische Theologie, Religions- und Gemeindepädagogik*, in: *Handbuch Evangelische Theologie: Ein enzyklopädischer Zugang*, hrsg. von BECKER, Eve-Marie; HILLER, Doris, A. Francke Verlag: Tübingen [u.a.], 301–362.

ROSSETTI, Stephen J. (1995): *The Impact Of Child Sexual Abuse on Attitudes Toward God and The Catholic Church*, in: *Child Abuse & Neglect*, 19, H. 12, 1469–1481.

RÖSSLER, Dietrich (1994): *Grundriß der Praktischen Theologie*, 2. Aufl., De Gruyter: Berlin [u.a.].

ROST, Christine (2010): *Der Glaube als Ressource in der Behandlung psychisch traumatisierter Menschen christlicher Prägung*, in: *Religiöse Krankheitsbewältigung: Zur Rolle von Christentum und Islam im Umgang mit psychischen Erkrankungen*, hrsg. von EHM, Simone; UTSCH, Michael, Bd. 208, EZW-Hefte, 54–63.

RUDOLFSSON, Lisa; TIDEFORS, Inga (2013): *I Stay and I Follow: Clerical Reflections on Pastoral Care for Victims of Sexual Abuse*, in: *Journal of Pastoral Care & Counseling*, 67, H. 2, 1–14.

RUDOLFSSON, Lisa; TIDEFORS, Inga (2014): *I Have Cried to Him a Thousand Times, But It Makes No Difference: Sexual Abuse, Faith, and Images of God*, in: *Mental Health, Religion & Culture*, 17, H. 9, 910–922.

RUDOLFSSON, Lisa; TIDEFORS, Inga (2015): *The Struggles of Victims of Sexual Abuse Who Seek Pastoral Care*, in: *Pastoral Psychology*, 64, H. 4, 453–467.

RUEGER, Christoph (2000): *Johann Sebastian Bach: Wie im Himmel so auf Erden. Die Kunst des Lebens im Geist der Musik*, Wilhem Heyne Verlag: München.

RUSSEL, Diana E. H. (1975): *The Politics of Rape*, Stein & Day: New York.

RYAN, Patricia L. (1998): *An Exploration of the Spirituality of Fifty Women Who Survived Childhood Violence*, in: *The Journal of Transpersonal Psychology*, 30, H. 2, 87–102.

H. Literaturverzeichnis

SACHSSE, Ulrich; SACK, Martin (2015): *Die komplexe Posttraumatische Belastungsstörung*, in: *Handbuch der Psychotraumatologie*, hrsg. von SEIDLER, Günter H.; FREYBERGER, Harald J.; MAERCKER, Andreas, 2. Aufl., Klett-Cotta: Stuttgart, 196-206.

SALZMANN, Todd A.; LAWLER, Michael G. (2008): *The Sexual Person: Torward a Renewed Catholic Anthropology*, Georgetown University Press: Washington D.C.

SANSONE, Randy A.; KELLEY, Amy R.; FORBIS, Jeremy Scott (2013): *Abuse in Childhood and Religious/Spiritual Status in Adulthood Among Internal Medicine Outpatients*, in: *Journal of Religion and Health*, 52, H. 4, 1085-1092.

SANTER, Hellmut (2003): *Persönlichkeit und Gottesbild: Religionspsychologische Impulse für eine Praktische Theologie*, Vandenhoeck & Ruprecht: Göttingen.

SAX, William S. (2008): *Heilen Rituale?*, in: *Die neue Kraft der Rituale*, hrsg. von ALTHOFF, Gerd; MICHAELS, Axel, 2. Aufl., Winter: Heidelberg, 213-235.

SCARSELLA, Hilary (2017): *Not Making Sense: Why Stanley Hauerwas's Response to Yoder's Sexual Abuse Misses the Mark*, in: ABC Religion and Ethics (online publiziert unter: www.abc.net.au/religion /articles/2017/11/30/4774014.htm [aufgerufen am 4. Dezember 2017]).

SCHADE, Miriam (2019): *Dem Schrecklichen begegnen: Seelsorge mit traumatisierten Kindern*, Evangelische Verlagsanstalt: Leipzig.

SCHÄFER, Ingo (2015): *Traumatisierung und Sucht*, in: *Handbuch der Psychotraumatologie*, hrsg. von SEIDLER, Günter H.; FREYBERGER, Harald J.; MAERCKER, Andreas, 2. Aufl., Klett-Cotta: Stuttgart, 263-272.

SCHÄFER, Ingo; BARNOW, Sven; PAWILS, Silke (2016): *Substanzbezogene Störungen als Ursache und als Folge früher Gewalt*, in: *Bundesgesundheitsblatt*, 59, H. 1, 35-43.

SCHERWATH, Corinna; FRIEDRICH, Sibylle (2014): *Soziale und pädagogische Arbeit bei Traumatisierung*, 2. Aufl., Ernst Reinhardt Verlag: München.

SCHETSCHE, Michael (2014): *Empirische Analyse sozialer Probleme: Das wissenssoziologische Programm*, 2. Aufl., Spinger VS: Wiesbaden.

SCHICKEDANZ, Harald; PLASSMANN, Reinhard (2015): *Belastende Kindheitserfahrungen und körperliche Erkrankungen*, in: *Handbuch der Psychotraumatologie*, hrsg. von SEIDLER, Günter H.; FREYBERGER, Harald J.; MAERCKER, Andreas, 2. Aufl., Klett-Cotta: Stuttgart, 455-469.

SCHMAHL, Christian (2013): *Neurobiologie*, in: *Posttraumatische Belastungsstörungen*, hrsg. von MAERCKER, Andreas, 4. Aufl., Springer: Berlin [u.a.], 55-70.

SCHMIDT, Konrad (2016): *Hintere Propheten (Nebiim)*, in: *Grundinformation Altes Testament*, hrsg. von GERTZ, Jan C., 5. Aufl., Vandenhoeck & Ruprecht: Göttingen, 313-413.

SCHNEIDER-VON EGTEN, Jenny (1996): *Zerbrochenes Heil: Sexuelle Gewalt - kein Thema in der christlichen Gemeinde*, in: *Theologische Wurzeln der Gewalt gegen Frauen, Dokumentation einer Tagung im Frauenstudien- und -bildungszentrum der EKD*: Gelnhausen, 24-34.

SCHOBERTH, Wolfgang (1997): *Gottes Allmacht und das Leiden*, in: *Der Allmächtige: Annäherungen an ein umstrittenes Gottesprädikat*, hrsg. von RITTER, Werner H.; FELDMEIER, Reinhard u.a., 2. Aufl., Vandenhoeck & Ruprecht: Göttingen, 43-67.

SCHRÖTTLE, Monika; ANSORGE, Nicole (2008): *Gewalt gegen Frauen in Paarbeziehungen: Eine sekundäranalytische Auswertung zur Differenzierung von Schweregraden, Mustern, Risikofaktoren und Unterstützung nach erlebter Gewalt*, Bundesministerium für Familie, Senioren, Frauen und Jugend.

SCHRÖTTLE, Monika; HORNBERG, Claudia (2013): *Lebenssituation und Belastung von Frauen mit Behinderung und Beeinträchtigung in Deutschland*, Bundesministerium für Familie, Senioren, Frauen und Jugend.

SCHULT, Maike (2011): *Aus der Spur: Traumaarbeit als Aufgabe der Seelsorge*, in: *Praktische Theologie*, 46, H. 3, 168-175.

SCHULT, Maike (2013): *Einbruch des Fremden: Trauma-Erzählung und seelsorgliche Arbeit*, in: *Kulturwelten: Zum Problem des Fremdverstehens in der Seelsorge*, hrsg. von MERLE, Kristin, LIT Verlag: Berlin [u.a.], 151-170.

SCHULT, Maike (2016): *Wunden versorgen. Dimensionen der Sorge in der Traumaarbeit*, in: *Dimensionen der Sorge. Soziologische, philosophische und theologische Perspektiven*, hrsg. von HENKEL, Anna; KARLE, Isolde u.a., Nomos Verlag: Baden-Baden, 225-238.

SCHULT, Maike (2017): *„Unkraut vergeht nicht." Resilienz und posttraumatische Reifung*, in: *Ohnmacht und Angst aushalten: Kritik der Resilienz in Theologie und Philosophie*, hrsg. von RICHTER, Cornelia, Kohlhammer: Stuttgart, 183-196.

SCHULT, Maike (in Vorbereitung): *Ein Hauch von Ordnung: Traumaerzählung und seelsorgerliche Arbeit* (Habilitationsschrift im Fach Praktische Theologie, unveröffentlichtes Manuskript; angekündigt für 2019), Evangelische Verlagsanstalt: Leipzig.

SCHÜSSLER-FIORENZA, Elisabeth (1994): *Gewalt gegen Frauen*, in: *Concilium*, 30, H. 2, 95-107.

SCHÜTZ, Helmut (2008): *Missbrauchtes Vertrauen: Sexueller Missbrauch als Herausforderung an Seelsorge, Kirche und Bibelauslegung*, Bibelwelt: Gießen.

SEIDLER, Günter H. (2013): *Einleitung: Geschichte der Psychotraumatologie*, in: *Posttraumatische Belastungsstörungen*, hrsg. von MAERCKER, Andreas, 4. Aufl., Springer: Berlin [u.a.], 3-12.

SEIDLER, Günter H.; FREYBERGER, Harald J.; MAERCKER, Andreas (Hrsg.) (2015): *Handbuch der Psychotraumatologie*, 2. Aufl., Klett-Cotta: Stuttgart.

SENDERA, Alice; SENDERA, Martina (2013): *Trauma und Burnout in helfenden Berufen: Erkennen, Vorbeugen, Behandeln – Methoden, Strategien und Skills*, Springer: Wien.

SHOOTER, Susan (2012): *How Survivors of Abuse Relate to God*, Ashgate: Farnham [u.a.].

SKOGRAND, Linda; SINGH, Archana; ALLGOOD, Scot; DEFRAIN, John; DEFRAIN, Nikki; JONES, Jean E. (2007): *The Process of Transcending a Traumatic Childhood*, in: *Contemporary Family Therapy: An International Journal*, 29, H. 4, 253-270.

SOBRINO, Jon (1992): *„Theologie und Menschenrechte aus der Sicht der gekreuzigten Völker": Festvortrag des Preisträgers Univ.-Prof. Dr. Dr. h.c. mult. Jon Sobrino S.J. am 13. März 1992 an der Karl-Franzens-Universität Graz*, Kienreich: Graz.

SPITZER, Carsten; FREYBERGER, Harald J. (2015): *Dissoziative Störungen*, in: *Handbuch der Psychotraumatologie*, hrsg. von SEIDLER, Günter H.; FREYBERGER, Harald J.; MAERCKER, Andreas, 2. Aufl., Klett-Cotta: Stuttgart, 249-262.

SPITZER, Carsten; WIBISONO, Dennis; FREYBERGER, Harald J. (2015): *Theorien zum Verständnis von Dissoziation*, in: *Handbuch der Psychotraumatologie*, hrsg. von SEIDLER, Günter H.; FREYBERGER, Harald J.; MAERCKER, Andreas, 2. Aufl., Klett-Cotta: Stuttgart, 22-37.

SPITZER, Carsten; WINGENFELD, Katja; FREYBERGER, Harald J. (2015): *Geschlechtsspezifische Aspekte der Posttraumatischen Belastungsstörung*, in: *Handbuch der Psychotraumatologie*, hrsg. von SEIDLER, Günter H.; FREYBERGER, Harald J.; MAERCKER, Andreas, 2. Aufl., Klett-Cotta: Stuttgart, 108-120.

STADLER, Lena; BIENECK, Steffen; PFEIFFER, Christian (2012): *Repräsentativbefragung Sexueller Missbrauch 2011*, Kriminologisches Forschungsinstitut Niedersachsen: Hannover.

STARNINO, Vincent R. (2016): *When Trauma, Spirituality, and Mental Illness Intersect: A Qualitative Case Study*, in: *Psychological Trauma: Theory, Research, Practice, and Policy*, 8, H. 3, 375-383.

STEIL, Regina; ROSNER, Rita (2013): *Posttraumatische Belastungsstörung bei Kindern und Jugendlichen*, in: *Posttraumatische Belastungsstörungen*, hrsg. von MAERCKER, Andreas, 4. Aufl., Springer: Berlin [u.a.], 351-376.

STEINMANN, Christina L. (2013): *Medien und Psychische Prozesse: Wie sich Traumata und Wünsche in Medien ausdrücken und deren Entwicklung antreiben*, Transcript: Bielefeld.

STERMOLJAN, Christine; FEGERT, Jörg M. (2015): *Unterstützung für von sexuellem Missbrauch betroffene Kinder und Jugendliche*, in: *Sexueller Missbrauch von Kindern und Jugendlichen: Ein Handbuch zur Prävention und Intervention für Fachkräfte im medizinischen, psychotherapeutischen und pädagogischen Bereich*, hrsg. von FEGERT, Jörg M.; HOFFMANN, Ulrike u.a., Springer: Berlin, Heidelberg, 251-267.

STRASSER, Philomena (2013): *„In meinem Bauch zitterte alles." Traumatisierung von Kindern durch Gewalt gegen die Mutter*, in: *Handbuch Kinder und häusliche Gewalt*, hrsg. von KAVEMANN, Barbara; KREYSSIG, Ulrike, 3. Aufl., Springer: Wiesbaden, 47-59.

STRAßMAIER, Stephan (2018): *Neuro- und Evolutionsbiologie der Aggression*, in: *Aggression und Gewalt: Theorien, Analysen und Befunde*, hrsg. von STRAßMAIER, Stephan; WERBIK, Hans, De Gruyter: Oldenbourg, 11-53.

STRAßMAIER, Stephan (2018): *Soziale Lerntheorie nach Albert Bandura*, in: *Aggression und Gewalt: Theorien, Analysen und Befunde*, hrsg. von STRAßMAIER, Stephan; WERBIK, Hans, De Gruyter: Oldenbourg, 143-192.

STRECKER, Julia; RIEDEL-PFÄFFLIN, Ursula (1999): *Flügel trotz allem. Feministische Seelsorge und Beratung. Konzeption - Methoden - Biographien*, 2. Aufl., Gütersloher Verlagshaus: Gütersloh.

STREECK-FISCHER, Annette (2015): *Traumafolgestörungen bei Kindern und Jugendlichen*, in: *Handbuch der Psychotraumatologie*, hrsg. von SEIDLER, Günter H.; FREYBERGER, Harald J.; MAERCKER, Andreas, 2. Aufl., Klett-Cotta: Stuttgart, 470-488.

STREIB, Heinz; KELLER, Barbara (2015): *Was bedeutet Spiritualität?: Befunde, Analysen und Fallstudien aus Deutschland*, Vandenhoeck & Ruprecht: Göttingen.

STRUMANN, Barbara (2018): *In Psalmen der Gewalt begegnen: Überführung der Gewaltverflochtenheit in Sprache*, Ferdinand Schöningh: Paderborn.

TER KUILE, Hagar; EHRING, Thomas (2014): *Predictors of Changes in Religiosity after Trauma: Trauma, Religiosity, and Posttraumatic Stress Disorder*, in: *Psychological Trauma: Theory, Research, Practice, and Policy*, 6, H. 4, 353-360.

TRIBLE, Phyllis (1984): *Texts of Terror: Literary-feminist Readings of Biblical Narratives*, Fortress Press: Philadelphia.

TRIBLE, Phyllis (1987): *Mein Gott, warum hast du mich vergessen! Frauenschicksale im Alten Testament*, Gütersloher Verlagshaus Mohn: Gütersloh.

TSCHANZ COOKE, Karin (2013): *Hoffnungsorientierte Systemische Seelsorge: Die Familientherapie Virgina Satirs in der Seelsorgepraxis*, Kohlhammer: Stuttgart.

ULONSKA, Herbert (2010): *Selbstreflexion im Umgang mit sexualisierter Gewalt*, in: *Sexuelle Gewalt: Fragen an Kirche und Theologie*, hrsg. von GOERTZ, Stephan; ULONSKA, Herbert, LIT Verlag: Münster, 193-204.

VALENTINE, LaNae; FEINAUER, Leslie L. (1993): *Resilience Factors Associated with Female Survivors of Childhood Sexual Abuse*, in: *The American Journal of Family Therapy*, 21, H. 3, 216-224.

VAN DER KOLK, Bessel A. (2015): *Verkörperter Schrecken: Traumaspuren in Gehirn, Geist und Körper und wie man sie heilen kann*, Probst: Lichtenau.

VAN DEUSEN HUNSINGER, Deborah (2015): *Bearing the Unbearable: Trauma, Gospel and Pastoral Care*, Eerdmans Publishing: Grand Rapids [u.a.].

VAN LOON, Antonia M.; KRALIK, Debbie L. (2006): *Religious Understandings Inform Women's Self Discovery: Participatory Action Research With Adult Survivors of Child Sexual Abuse*, in: *Religion and Psychology: New Research*, hrsg. von AMBROSE, Sylvan D., Nova Science Publishers: New York, 153-184.

VINE, Vera; SALTERS-PEDNEAULT, Kristalyn; LITZ, Brett T. (2008): *Emotional Numbing*, in: *The Encyclopedia of Psychological Trauma*, hrsg. von REYES, Gilbert; ELHAI, Jon D.; FORD, Julian D., Wiley: Hoboken, 249-252.

VOLZ, Rainer; ZULEHNER, Paul M. (2008): *Männer in Bewegung. Zehn Jahre Männerentwicklung in Deutschland. Ein Forschungsprojekt der Gemeinschaft der Katholischen Männer Deutschlands und der Männerarbeit der Evangelischen Kirche in Deutschland*, Nomos Verlag: Baden-Baden.

VON BAEYER, Walter Ritter; HÄFNER, Heinz; KISKER, Karl Peter (1964): *Psychiatrie der Verfolgten. Psychopathologische und gutachterliche Erfahrungen an Opfern der nationalsozialistischen Verfolgung und vergleichbarer Extrembelastungen*, Springer: Berlin.
VON SPRETI, Flora; MARTIUS, Philipp; FÖRSTL, Hans (Hrsg.) (2012): *Kunsttherapie bei psychischen Störungen*, 2. Aufl., Elsevier, Urban & Fischer: München [u.a.].
VON STOSCH, Klaus (2013): *Theodizee*, Schöningh: Paderborn.
WAGNER, Frank (2015): *Die Posttraumatische Belastungsstörung*, in: *Handbuch der Psychotraumatologie*, hrsg. von SEIDLER, Günter H.; FREYBERGER, Harald J.; MAERCKER, Andreas, 2. Aufl., Klett-Cotta: Stuttgart, 182–195.
WAGNER-RAU, Ulrike (2017): *Seelsorge*, in: *Praktische Theologie: Ein Lehrbuch*, hrsg. von FECHTNER, Kristian; HERMELINK, Jan u.a., Kohlhammer: Stuttgart, 171–192.
WALKER, Donald F.; REID, Henri Webb; O'NEILL, Tiffany; BROWN, Lindsay (2009): *Changes in Personal Religion/Spirituality During and After Childhood Abuse: A Review and Synthesis*, in: *Psychological Trauma: Theory, Research, Practice, and Policy*, 1, H. 2, 130–145.
WATERSTRAAT, Frank (2009): *Dem Chaos gestaltend begegnen - Aspekte christlicher Rituale in der Notfallseelsorge*, in: *Berliner Theologische Zeitschrift*, 26, H. 1, 16–30.
WATLINGTON, Christina G.; MURPHY, Christopher M. (2006): *The Roles of Religion and Spirituality Among African American Survivors of Domestic Violence*, in: *Journal of Clinical Psychology*, 62, H. 7, 837–857.
WEAVER, John D. (2016): *Gewaltfreie Erlösung: Kreuzestheologie im Ringen mit der Satisfaktionstheorie*, LIT: Berlin [u.a.].
WEBB, Marcia; WHITMER, Kara J. Otto (2001): *Abuse History, World Assumptions, and Religious Problem Solving*, in: *Journal for the Scientific Study of Religion*, 40, H. 3, 445–453.
WEBER, Linda J.; CUMMINGS, Anne L. (2003): *Relationships Among Spirituality, Social Support, and Childhood Maltreatment in University Students*, in: *Counseling and Values*, 47, H. 1, 82–95.
WEINBERG, Michael; GIL, Sharon (2016): *Trauma as an Objective or Subjective Experience: The Association between Types of Traumatic Events, Personality Traits, Subjective Experience of the Event, and Posttraumatic Symptoms*, in: *Journal Of Loss And Trauma*, 21, H. 2, 137–146.
WEIß, Wilma (2016): *Traumapädagogik: Entstehung, Inspiration, Konzepte*, in: *Handbuch Traumapädagogik*, hrsg. von WEIß, Wilma; KESSLER, Tanja; GAHLEITNER, Silke B., Beltz: Weinheim [u.a.], 20–32.
WEIß, Wilma; KESSLER, Tanja; GAHLEITNER, Silke B. (Hrsg.) (2016): *Handbuch Traumapädagogik*, Beltz: Weinheim [u.a.].
WERBIK, Hans (2018): *Zur Terminologie der Begriffe „Aggression" und „Gewalt"*, in: *Aggression und Gewalt: Theorien, Analysen und Befunde*, hrsg. von STRAßMAIER, Stephan; WERBIK, Hans, De Gruyter: Oldenbourg, 236–249.
WERDEL, Mary Beth; DY-LIACCO, Gabriel S.; CIARROCCHI, Joseph W.; WICKS, Robert J.; BRESLFORD, Gina M. (2014): *The Unique Role of Spirituality in the Process of Growth Following Stress and Trauma*, in: *Pastoral Psychology*, 63, H. 1, 57–71.
WIGGEN, Cooper (1987): *The Male Minister and the Female Victim*, in: *Sexual Assault and Abuse: A Handbook for Clergy and Religious Professionals*, hrsg. von PELLAUER, Mary D.; CHESTER, Barbara; BOYAJIAN, Jane A., Harper & Row: San Francisco, 151–160.
WILD, Thomas (2015): *Risikofaktoren und Risikomanagement seelsorgerlicher Beziehungen*, in: *Schaut hin! Missbrauchsprävention in Seelsorge, Beratung und Kirchen*, hrsg. von NOTH, Isabelle; AFFOLTER, Ueli, Theologischer Verlag Zürich: Zürich, 29–46.
WOLTER, Michael (2011): *Paulus: ein Grundriss seiner Theologie*, Neukirchener: Neukirchen-Vluyn.
YOUNG ZUANICH, Kathleen (1995): *The Imperishable Virginity of Saint Maria Goretti*, in: *Violence against Women and Children: A Christian Theological Sourcebook*, hrsg. von ADAMS, Carol J.; FORTUNE, Marie M., Continuum: New York, 279–286.

YOUNT, Rick A.; OLMERT, Meg D.; LEE, Mary R. (2012): *Service Dog Training Program for Treatment of Posttraumatic Stress in Service Members*, in: *The United States Army Medical Department Journal*, H. 2, 63–69.

ZANNAS, Anthony S.; BINDER, Elisabeth; MEHTA, Divya (2016): *Genomics of PTSD*, in: *Posttraumatic Stress Disorder: From Neurobiology to Treatment*, hrsg. von BREMNER, J. Douglas, Wiley: Hoboken, 233–264.

ZENGER, Erich; FREVEL, Christian (2016): *Eigenart und Bedeutung der Weisheit Israels*, in: *Einleitung in das Alte Testament*, hrsg. von ZENGER, Erich; FREVEL, Christian, 9. Aufl., Kohlhammer: Stuttgart, 407–416.

ZHANG, Huaiyu; PITTMAN, Delishia M.; LAMIS, Dorian A.; FISCHER, Nicole L.; SCHWENKE, Tomina J.; CARR, Erika R. u.a. (2015): *Childhood Maltreatment and PTSD: Spiritual Well-Being and Intimate Partner Violence as Mediators*, in: *Journal of Aggression, Maltreatment & Trauma*, 24, H. 5, 501–519.

ZIPPERT, Thomas (2000): *Traumatische Wahrheiten: Zum gegenwärtigen Umgang mit traumatischen Erfahrungen*, in: *Befreiende Wahrheit. FS für Eilert Herms zum 60. Geburtstag*, hrsg. von HÄRLE, Wilfried; HEESCH, Matthias; PREUL, Reiner, Elwert: Marburg, 395–426.

ZIPPERT, Thomas (2001): *Zur Theologie der Notfallseelsorge*, in: *Handbuch Notfallseelsorge*, hrsg. von MÜLLER-LANGE, Joachim, Stumpf & Kossendey: Edewecht [u.a.], 25–56.

ZIPPERT, Thomas (2004): *Indikationen für die Seelsorge: Versuch einer Grundlegung zu ihren genuinen Themen in Auseinandersetzung mit der Psychotraumatologie*, in: *Pastoraltheologie*, 93, 312–332.

ZIPPERT, Thomas (2006): *Notfallseelsorge: Grundlegungen - Orientierungen - Erfahrungen*, Winter: Heidelberg.

ZOBEL, Dagmar (2013): *Scham in der Seelsorge: Herausforderungen für die pastorale Praxis*, in: *Wege zum Menschen*, 65, H. 1, 33–48.

Verzeichnis der verwendeten Internetquellen

www.eh-freiburg.de/hochschule/personenverzeichnis/prof-dr-kerstin-lammer/19/publications (aufgerufen am 2. August 2018).

www.bpb.de/nachschlagen/lexika/recht-a-z/23282/zuechtigungsrecht (aufgerufen am 18. August 2018).

www.frauenhaus-zhv.ch/frauenhaus-stiftung.php?t=Geschichte&read_group=68 (aufgerufen am 12. Juni 2018).

www.bmfsfj.de/bmfsfj/studie--lebenssituation--sicherheit-und-gesundheit-von-frauen-in-deutschland/80694 (aufgerufen am 18. Juni 2018).

www.zartbitter.de/gegen_sexuellen_missbrauch/Aktuell/Stellungnahme_zu_KFN_03.11.2011.pdf (aufgerufen am 25. Juli 2018).

www.icd-code.de/icd/code/F43.1.html (aufgerufen am 9. Mai 2018)

www.stirmingard.de/fileadmin/05_Klinik_St._Irmingard/Downloads/Traumastation_Skript_2016.pdf (aufgerufen am 16. Juli 2018).

www.apa.org/pubs/databases/psycinfo/index.aspx?tab=3 (aufgerufen am 21. Juni 2018).

www.chastityproject.com (aufgerufen am 24. August 2018).

www.gottes-suche.de (aufgerufen am 24. August 2018).

www.ekd.de/Ansprechpartner-fuer-Missbrauchsopfer-23994.htm (aufgerufen am 24. August 2018).

www.trotz-allem-gottesdienst.de/gottesdienst.html (aufgerufen am 24. August 2017).

www.theraveproject.org (aufgerufen am 24. August 2017).

www.warriorcanineconnection.org (aufgerufen am 24. August 2018).

www.gottes-suche.de/4.1.Ueberlebenstexte-Protestantin.html (aufgerufen am 27. Juli 2018).